陳英傑 著

金文與青銅器研究論集

己亥秋黃錫全

上海古籍出版社

圖書在版編目(CIP)數據

金文與青銅器研究論集 / 陳英傑著. —上海：上海古籍出版社，2020.12
ISBN 978 - 7 - 5325 - 9838 - 0

Ⅰ.①金… Ⅱ.①陳… Ⅲ.①金文—中國—文集②青銅器(考古)—中國—文集 Ⅳ.①K877.34 - 53
②K876.414 - 53

中國版本圖書館 CIP 數據核字(2020)第 246908 號

金文與青銅器研究論集

陳英傑　著

上海古籍出版社出版發行

(上海瑞金二路 272 號　郵政編碼 200020)

(1) 網址：www.guji.com.cn
(2) E-mail：guji1@guji.com.cn
(3) 易文網網址：www.ewen.co

常熟市新驊印刷有限公司印刷

開本 700×1000　1/16　印張 30.5　插頁 2　字數 469,000
2020 年 12 月第 1 版　2020 年 12 月第 1 次印刷
印數：1—1,300
ISBN 978 - 7 - 5325 - 9838 - 0
K・2940　定價：128.00 元
如有質量問題，請與承印公司聯繫

目　錄

序一　　　　　　　　　　　　　　　　　　　　　001

序二　　　　　　　　　　　　　　　　　　　　　001

凡例　　　　　　　　　　　　　　　　　　　　　001

史、吏、事、使分化時代層次考　　　　　　　　　001

談兩周金文中的訛字問題　　　　　　　　　　　　127

西周金文形態特徵研究三論　　　　　　　　　　　153

商周文字形義系統對比研究淺探　　　　　　　　　174

談談古文字資料中的異體字研究　　　　　　　　　188

　附：侯馬盟書異體字研究淺論　　　　　　　　　200

談金文中一種長期被誤釋的象形"甗"字

　　——兼論"鬲"、"甗"的形體結構　　　　　　213

商周金文異體字研究：以"旅"字爲例　　　　　　235

談《金文編》的 𣄴 和庚姬鼎的 𣄴　　　　　　　320

商周金文中"庚"字形體上的時代標記　　　　　　332

🗆字从宀還是从勹？　　　　　　　　　　　　　　370

戰國金文補證三則　　　　　　　　　　　　　　　377

386	説戕
402	鄭井叔鐘之"龥鐘"正義
	——兼説大克鼎之"史小臣龥鼓鐘"
409	青銅盤自名考釋三則
420	談青銅器中器與銘相照應的現象
449	從金文"辟"字所關涉的人物關係看"辟"的身份性質
461	容庚《商周彝器通考·上編·第十二章〈辨僞〉》校補
473	後記

序　一

陳英傑教授的這本文集收入的 18 篇文章，可分爲兩類，一類是對金文等古文字從文字學角度所作的研究，另一類是對青銅器與銘文的綜合研究，這在一定程度上反映了他近年來主要的學術研究範疇。

我閱讀英傑教授治古文字學的著作，感到他以往雖亦有考證具體的金文文例或金文字詞的論著，但近年來研究的重點，則放在了以比較宏觀的視野去探究古文字學中一些重要的理論性問題，特别是對古文字的構形系統及有關的形聲系統的考察。

收入本文集中的有關史、吏、事、使四字分化的長文，即是反映作者研究古文字構形系統的代表作。此四字同音，字形有聯繫，顯然有從一字分化的可能，但長久以來，對於古文字中哪個字形在哪個時代可以讀作四字中的哪個字，並不完全清楚，研究者意見也不盡一致。文章列舉、梳理了從甲骨文、商與兩周金文及戰國秦漢簡牘中有關字形的出現情況與其所代表的字義，將四字字形分化與字義發展的過程理出了一個清晰的脈絡。所得出的非常重要的結論是：在殷墟甲骨文中，"史"與上邊帶叉的字形是異體關係，二者的區别主要表現爲卜辭不同類組的用字習慣的差異，"吏"的字義尚未産生；在商、西周、春秋金文中，上述兩個字形的記詞職能已基本上分開，偶有混用，但終無"吏"字的用法；在戰國文字中，史、事用法已分清，表示"使"、"吏"義的字形在戰國金文中已有少量出現（"使"用帶辵或彳旁的"史"字表示），而楚文字則用假借字表示"使"，且無"吏"的用法，文字的區域特徵多有體現。直到戰國晚期以後的簡牘中，才見到史、吏、事、使四字在字形上的分化。

在此文之前，雖亦有學者討論過此四字的分化，但從未做到如此系統。由英傑教授的這篇文章所梳理的此四字分化的過程，可以使我們看到漢字字形是如何隨着時代發展爲適應語言、詞義不斷豐富的要求而分化，由一兩個字形藉助文字假借功能代表更多的字義、詞義（如賦予"使"的字義），及因其分工擔負字義（如、所代表的名、動詞字義）而逐漸增添形符（如"使"字的出現），或作字形結構的調整（如"事"字字形出現），使文字的分工更爲明確。古文字字形的分化、演變過程及其方式是古文字學研究中最爲基本的，也是最爲重要的課題，其研究成果不僅有助於古文字的斷代（如青銅器銘的斷代），同時也有益於古代史的研究，比如這篇文字中對"吏"字字義、字形分化出來的年代的考證，正揭示了"吏"階層形成的時間。

文集收入了三篇專論"異體字"的文章。異體字作爲同一文字構形系統中有相同字音、字義，但字形結構有所差異的字形，造成了古文字研究的複雜性，但也正因此成爲古文字研究的主要内容。英傑教授此前曾有《異體字論稿》一文（刊於《文字與文獻研究叢稿》中），已指出異體字的研究對古文字研究的重要性。在本文集中所收入的論異體字的文章中，更明確指出"記録一個詞的多種異體字形的存在，動態地顯示了古人在字形與詞義的結合道路上所作的各種努力和探索，可以成爲展示不同時代漢字構形體貌的一個很好的載體"。用今天的話説，我覺得這段話講得很到位，有助於促進對異體字的研究。在本文集中所收對"旅"字諸異體字作斷代研究的論文，指出帶"車"旁表示器名的"𨏴"字，集中於西周早期至中期前段，而此時段中"車"旁的簡化起了穩定文字結構的重要作用。文章還剔除了商金文中不該視爲"旅"異體字的字形。這篇文章，可以認爲是英傑教授以其所倡導的研究方法研究異體字的一個實踐，對於同行來説也具有借鑒意義。

在文集中有關金文與青銅器的幾篇論文中，我很有興趣的是《西周金文形態特徵研究三論》。作者指出，在研究金文的文字形態及章法時，一定要考慮銘文所在的空間與其製作方法的影響。比如銘文若是在圓形器底，自然會限制文字體勢。商銘給人奔放、舒展的感覺，這跟字數少、空間充足有很大關係，而其章法佈局的不整齊恰給銘文藝術化提供了自如發揮的空間；西周器銘長，章法佈局自然要工整化，單字也向方塊化發展，這就會給人以禮儀的莊重、尊嚴感。雖然這篇文章所講商周銘文之特徵是研究者都瞭解的，但是將金文書法與作爲載體的器物形制及禮器功能相聯繫來解釋其所以然，則不如作者這裏講得透徹。至於作者在這篇文章中講到的在對銘文作斷代前，先要分類，將具有時代特徵的關鍵字分型式，同時也要注意區域、族屬、書體造成的不同風格，比如小國器物的銘文多變異奇葩，這些問題正是以往研究金文時不夠細緻之處，是今後推動金文研究走向深入時要重視的。

英傑教授攻讀博士學位於中山大學，師從張振林先生，中山大學的老師多得容庚先生的學術思想與治學方法之真傳，在青銅器方面也多有深厚造詣。正因此，我們可以看到英傑教授在研究金文中的訛字問題時，即依靠青銅器的專業知識說明了金文研究中一些不好解釋的現象。如鄭虢仲簋中"隹十又一月"中的"一"、"又"二字顛倒，而"又"字下有一鉤識，作者指出此"又"字下的鉤識標明此字應與上面一字調位，所以如此是因爲在鑄器之前會對銘模作校對，此鉤識即是校訂的遺迹。解釋得有一定道理。也正因重視青銅器研究本身，故作者在研究商周金文時，並不僅僅局限於從古文字學角度去選擇題目，作單純的文字考證，而是高度重視器形與銘文的相互關係。《談青銅器中器與銘相照應的現象》一文，即聯繫器物形制來釋讀銘文，對作册般黿、盉駒尊等形制特異的器物之性質與彼此功用之異同作了精細的分析，論述了器物的明禮與教育的功用。作者在青銅盤自名考釋的那篇文章中更明確指出"青銅器器形構成文字形義釋讀的特定語境"，將金文研究歸爲青銅器學的一個分支，這一理念的確是非常重要的。

總之，本文集中所收論文很有學術思想，相信讀者自會品味，不再贅述了。在最後，我還想指出的是，英傑教授寫書、寫文章都有一個研究的路徑，或說治學的方法，即是對所研究的對象，盡可能詳盡地掌握與其相關的各種資料，精心梳理，依照研究的需要作分類、排比，而且每寫一個題目都會在文前不厭其煩地將他所瞭解到的諸家相關研究成果與其學術成績一一指出。可以説，英傑教授在資料收集、整理與分析前人研究成果方面所下的功夫，是我見到的論著中最爲詳盡、扎實的。文如其人，這種文風也正是作者作爲一個真正的學者嚴謹治學態度的體現，在當下尤其應該受到格外的尊重與倡導。

朱鳳瀚

2019 年 1 月 14 日

序　二

　　金文入門容易，深入難。

　　文字大而清晰，内容程式化，結構固定，大部分金文如此。精讀百十來篇各種類型的長篇之後，再讀其他成千上萬的銘文，便有了一覽衆山小之感，學習古文字從金文入手有諸多便利。

　　歷史上我們能見到的古文字研究成果中，金文研究最早，成果積累也最多，一些識讀的基本問題清代以前就解決了。就一般的識讀而言，難度並不大。

　　古文字中，甲骨見於前，竹簡見於後，彼此不相接，只有金文，首尾貫通，可見漢字演變的全程。

　　甲骨文、竹簡文字是當時的俗體字，變化多端；金文中有各個時代正體字的代表，知其正才能通其變。

　　從金文入門學習古文字，很快就能破除古文字的神秘，容易有成就感，容易產生對古文字的興趣。有了興趣才想邁過門檻，入得門來。

　　入了門，深入研究可就難了！

　　文字考釋、文本識讀前人做得很深入，給了我們很多便利，自然也就没留下太多進一步研究的餘地。能夠解決的已經成爲共識，解決不了的大都是不論怎麽說也只能備一說，確切的結論只能等待新材料。所以，當今金文考釋很難，做得好的很少。一些年輕學者孜孜以求，一點一點推進，真是令人欽敬。

　　金文牽涉的面很廣，歷史文獻只是其一端，文字學研究大有可爲。陳英傑教授在這一方面成就突出。

　　史、吏、事、使是一字之分化，這似乎是常識。怎麼分化的？機制是什麼？時間的節點在哪裏？分化後的通用情況如何？習焉不察，各種工具書只是憑感覺處理，學者也没有詳實的論證。英傑大作，窮盡材料，窮盡研究成果，在此基礎上條分縷析，錙銖必較，得出詳實的結論。這樣的文章需要深厚的功底、足够的耐心，那些空談分化的泛泛之作與其相比不可以道里計。

　　漢字是一個區别系統，每一個變化都會引起系統内的調適。在一個共時系統内，文字使用者對異體字的容忍是有度的，這個"度"是什麼？選擇淘汰的機制是什麼？需要從文字的實際應用中分析、歸納、探索。英傑高度重視異體字，稱其爲"文字構形系統研究中的核心問題"，已經搭起一個異體字研究的框架，也有具體操作的示例。研究空間很大，期望能够形成更加系統的成果，以見其何以爲"核心"。

　　歸納現象，探究規律，這是文字學努力的方向，英傑正是在這條路上一步一個脚印往前走。

　　我喜歡讀金文，但並不研究金文。英傑讓我就其大作説幾句話，本可以以外行爲由推辭，之所以没有推辭，是因爲我和英傑有共同的興趣——在漢字本體研究基礎上的漢字理論。

　　漢字自古至今都關乎現實，關乎時政。秦始皇統一天下廢除六國文字，清末國家危亡，學者提出要改革漢字、廢除漢字，現在國家昌盛又提倡漢字。學者不都是咬文嚼字老雕蟲，也在尋求自己的研究成果在國家重大需求中的位置。這是應該的、合理的，但合理的前提是尊重事實、尊重學理。

　　西方的文字理論是從西方的語言文字事實中提煉出來的，用以闡釋表音系統文字正確無疑；用來闡釋漢字就不充分，就有問題。世界上還應當有一套闡釋表意文字系統的文字學。從漢字本體出發，建構表意文字的理論，簡明而準確地闡釋漢字，是我們的責任。

附和時政，附和"科學理論"，忽左忽右，遭難的不僅僅是漢字，可能是中華民族。

　　我們得把漢字作爲一個客觀的研究對象，對各類問題都深入研究，言不虛發。裘錫圭先生給我們做出了榜樣。我願意與英傑共勉，從漢字實際出發，一點一點做起，逐漸認識漢字的真相，爲漢字學添磚加瓦。

李守奎

2018年初冬於清華大學西北社區

凡　　例

一、本書收入作者2012年以來所發表的與商周金文及青銅器學有關的論文，共計18篇，其中《侯馬盟書異體字研究淺論》作爲《談談古文字資料中的異體字研究》一文的附錄收錄。文章按照内容進行了大致的分類。

二、文章發表時，大多標注了項目資助信息，今除個别情況外，一律删除。

三、文章發表時多有内容提要和關鍵詞，今删不録。個别較長文章保留了原發表時附在文前的"目次"内容，方便讀者迅速瞭解長文的基本結構，也方便讀者把握文章的主要觀點。

四、文中"附記"均爲原來發表時所加，文章發表後，正文内容或續有修訂，或於文末增加"補記"，補充有關資料或研究意見。本次結集，由於時間與精力所限，難以加寫詳細的按語，只能就平時耳目所及，對個别文章略加補充性説明，標以"【編按】"，請讀者諒解。

五、《西周金文形態特徵研究三論》、《談談古文字資料中的異體字研究》二文的寫作，利用了《談金文中一種長期被誤釋的象形"甋"字——兼論"鬲"、"甋"的形體結構》、《侯馬盟書異體字研究淺論》、《商周金文異體字研究：以"旅"字爲例》等文的研究結論，所以相關文章之間出現内容上的一些重複，由於文章各有主題，今仍保留原貌。另，《談〈金文編〉的󰀁和庚姬鬲的󰀂》寫作在前，《商周金文中"庚"字形體上的時代標記》是該文第二部分内容的擴展和延伸，二文在内容上有些交叉。請讀者明鑒。

六、本書所收各文引用金文著錄書時一般使用簡稱，但存在同一種書在不同論文中使用不同簡稱的情況，如《新收殷周青銅器銘文暨器影彙編》簡稱"新收"或"彙編"，《近出殷周金文集錄》簡稱"近出"或"集錄"。另外，所引用的吳鎮烽先生《商周金文資料通鑒》電子數據庫，其後來更新版本的著錄編號跟舊版不同，若把舊版著錄號更換成新版著錄號，難以一時完成。鑒於以上情況，引書簡稱不再作全書統一，而是仍其舊貌，在文中各自注明。《商周金文資料通鑒》數據庫簡稱"通鑒"，最新版包括了吳先生所編著的《商周青銅器銘文暨圖像集成》和《商周青銅器銘文暨圖像集成續編》二書，本書引用時，則分別簡稱"銘圖"、"銘續"。

七、各文所引用的銘文資料在標注時代時，經常使用簡稱，如"商代早期"簡稱"商早"，"西周早期"簡稱"西早"，"春秋早期"簡稱"春早"，"戰國早期"簡稱"戰早"，"商中"、"商晚"、"西中"、"西晚"、"春中"、"春晚"、"戰中"、"戰晚"例此。

史、吏、事、使分化時代層次考[*]

前言

一、古文字字編、字典、引得類書籍中"史、吏、事、使"的處理情況

二、殷商甲骨文中的情況

三、商、西周、春秋金文中的情況

四、戰國金文中的情況

五、戰國簡牘資料中的情況

（一）楚簡：清華簡、上博簡、郭店簡（附包山簡）

（二）秦簡：睡虎地秦簡、嶽麓書院秦簡

六、傳世文獻中的情況（《尚書》、《詩經》、《左傳》、《周禮》、《呂氏春秋》等）

七、結語

前　言

史、吏、事、使一字分化，這是文字學和古文字學界公認的意見。[①] 但

---

[*] 鑒於在古文字資料中字及其所表示的詞或尚未分化或正處於分化的過程中，本文在分析材料時以字（形）爲經、以詞爲緯，以字（形）統詞。爲求簡潔，本文題目實際包含了字的分化和詞的分化兩個層面的意思，正文中需要對字和詞加以區分時，用"{ }"表示文字形體所表示的詞。

[①] 黃德寬主編《古文字譜系疏證》（商務印書館 2007 年 5 月）第一册 251 頁"史"字下云"古文字史、事、使、吏本一字分化"；253 頁"吏"字下云"史、吏本一字分化"。馮其庸、鄧安生《通假字彙釋》（北京大學出版社 2006 年 3 月）7 頁"吏"字下云"吏、史、使、事本即一字，後分化而義別"。

對於古文字資料中史、吏、事、使等字的字際關係的認識，學界給出的都是一些概括性的籠統説法，記録{史}、{吏}、{事}、{使}的形體是否有一定規範，"史、吏、事、使"的分化開始於什麼時代及其分化的時代層次如何，"吏"與{吏}的最晚分化是由什麼因素決定的，對於這些問題，學界並没有給出具體而詳確的答案。本文以古文字資料爲重點考察對象，上起殷商甲骨文，下至戰國、秦文字材料，並聯繫傳世文獻，試着對這些問題做出回答。甲骨文資料數量龐大(十幾萬片)，窮盡考索的難度很大，因此我們對於甲骨文中這幾個字的使用情況的判斷，一是源自對各種甲骨文字編的分析，一是吸納學術界最新的相關研究成果。甲骨文字編所反映出來的現象與學界采用類組①方法對甲骨文字分析得出的結論具有高度的一致性，這也可以證明我們所作判斷的可信性。兩周金文資料，以《殷周金文集成》、吳鎮烽《商周金文資料通鑒》(資料庫光碟，2010 年 1 月)所收爲主。戰國簡帛材料數量巨大，難以逐一考索，本文以《清華大學藏戰國竹簡》(一～二)、《上海博物館藏戰國楚竹書》(一～八)、《郭店楚墓竹簡》、《睡虎地秦墓竹簡》和《嶽麓書院藏秦簡》爲主要考察對象。傳世文獻的考察，以《尚書》、《詩經》、《周禮》、《左傳》、《吕氏春秋》五書爲主，但不全面鋪開，而是重點考察"吏"的情況以及書中是否保留這幾個字分化之前的通用痕迹。

一、古文字字編、字典、引得類書籍中"史、吏、事、使"的處理情況

本節先考察一下各種古文字字編和古文字字典對"史"、"吏"、"事"、"使"等字的處理情況，目的是看看這些工具書對這些字的字際關係是怎麽處理的，其中存在哪些問題，從中尋找解決問題的途徑，並對字編相關字目的設立也提出建議。同時，也希望藉助這種對從殷商到秦漢各個歷史時期文字資料的字編、字典、引得類工具書的考察分析，從中找尋語詞分化和文字分化的語言綫索和時代綫索。

---

① "類組"是指根據卜辭字體本身的特點爲甲骨卜辭劃分出來的不同類型。參王子楊《甲骨文字形類組差異現象研究》，中西書局 2013 年 10 月，第 1 頁。今天甲骨文字考釋取得的許多重要進展都得益於這種分類組考察的方法，其對甲骨學的影響將是全局性的。

《甲骨文編》①3頁"吏"字作󰀀或󰀀形（見圖一，自右而左讀，下同），其用法有四：吏；用爲"使"；用爲"事"；貞人名。127頁"史"字作󰀀或󰀀形，云："卜辭史、事同字。"同頁"事"字收"󰀀"一形，云："卜辭用吏爲事，重見吏下。"（見圖二）343頁"使"字下收"󰀀"一形，云："卜辭用吏爲使，重見吏下。""吏"、"史"爲主條目，"事"、"使"爲"吏"字的重見條目。總結其説，當是認爲󰀀、󰀀二形雖然存在混用情況，但記詞功能存在差別，豎筆分叉字形釋爲"吏"，不分叉者釋爲"史"。

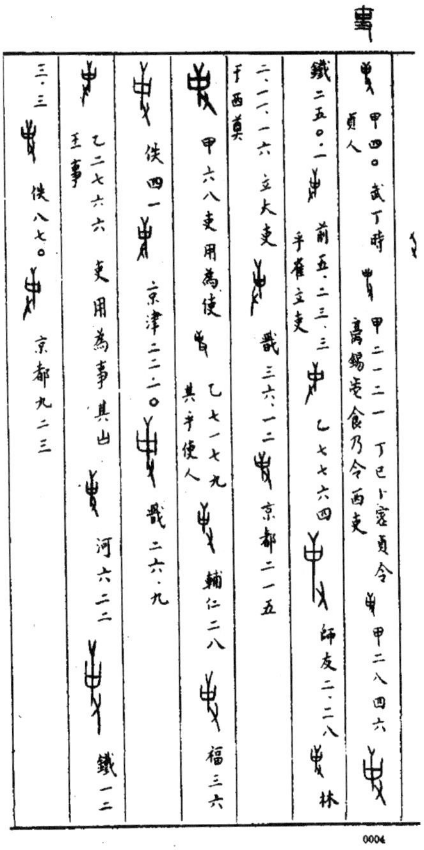

圖一 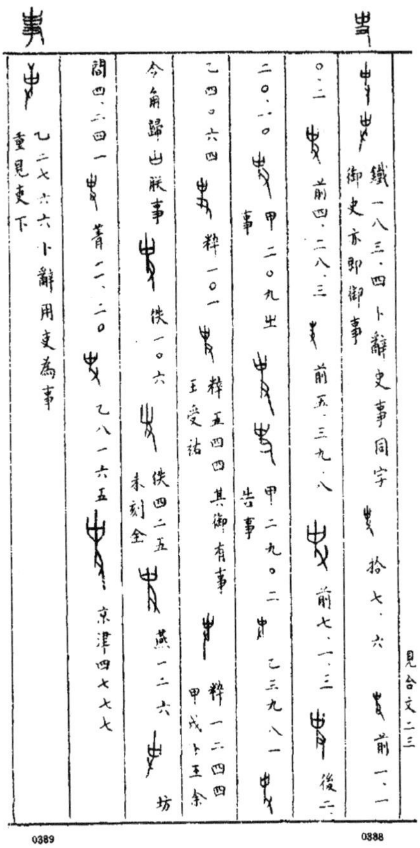　圖二

---

① 中國社會科學院考古研究所編《甲骨文編》，中華書局1965年9月。

《續甲骨文編》①未立"吏"字頭,卷三 21 頁"史"字下收🖐、🖐形,22 頁"事"字下收🖐、🖐形,卷八 5 頁"使"字下收🖐形,云:"史之重文。""史"、"事"爲主條目,"使"爲"史"字重見條目。附錄一"合文及甲詞舉隅"47 頁所舉"北史"、"西史"等詞,二種字形是混用的。《甲骨文編》"吏"字下的"西吏",金氏釋爲"西史"。金書各字條下沒有類似《甲骨文編》那樣的用法説明,但比勘各字條,可以看出,金氏把不分叉的字形釋爲"史",分叉的釋爲"事",並認爲甲骨文中沒有"吏"和{吏}。金書對史、事、使的認識與處理方式,與《甲骨文編》差别較大。

《新甲骨文編》②3 頁"吏"字下收竪筆分叉字形,云:"卜辭'吏'用爲'事'、'使'。"177 頁"史"字下收不分叉字形,云:"卜辭史、事同字。"同頁"事"字下未收相關字形,云:"卜辭用'吏'爲'事',重見'吏'下。"460 頁"使"字處理方式與"事"同,云:"卜辭用'吏'爲'使',重見'吏'下。""吏"、"史"爲主條目,"事"、"使"爲"吏"字的重見條目,字條設立同於《甲骨文編》。從相關字形及其用法説明看,此書亦認爲甲骨文中沒有{吏},雖然從字形上把分叉的字形與《説文》的"吏"字相銜接。③

《甲骨文字典》④5 頁"吏"爲重見字條,云:"卜辭史、吏一字,見卷三史

---

① 金祥恒《續甲骨文編》,《金祥恒先生全集》之一,藝文印書館 1993 年 9 月。
② 劉釗、洪颺、張新俊《新甲骨文編》,福建人民出版社 2009 年 5 月。
③ 張世超曾説:就古文字與《説文》的銜接而言,我們認爲有兩種不同的銜接方法:據字形銜接、據詞義銜接。前一種方法是不顧及字在古文獻語言中的意義和用法,惟以字形相同者相對應。其優點是從字形角度看比較客觀,缺點是忽視了在歷史上不同的時期或不同的地域文字中,同一個字形可以記録不同的詞。例如人們以先秦文字中的"帀"與《説文》卷六的"帀"對應,前者是"師"的異體,而後者是"匝"的古字,以後者解釋前者,顯然是不合理的。後一種方法則是不考慮字形上的差異,據其所記録的詞銜接(當然,這是字與詞固定的對應關係,不包括那些臨時性的假借)。例如《説文》:"位,列中庭之左右謂之位,从人立。"也就是説,"位"這個字記録的是"位置"之"位",而戰國古文字材料中"位置"之"位",秦、楚文字作"立",晉文字作"㣤",便於"位"字之下收秦、楚文字"立"字形,收晉文字"㣤"字形。這樣做的優點是可以詞爲綫索,反映出同一詞在不同時期、不同地域文字系統中的用字差異,缺點是不便於觀察同一字形在不同歷史時期的變化,不便於比較同一字形在不同地域文字中的差異。當然,我們所説的不同銜接方法所涉及的字形僅爲一部分,從整體古文字材料來看,大部分文字的形義關係還是一致的。以上兩種銜接方法,我們都曾作過嘗試,經驗是:對於形義關係不一致的現象,無論是據字形銜接還是據詞義銜接,都應始終貫徹,而不宜二者混用,使體例混亂,並且應在古字形下加以簡短的説明,以互見的形式反映出這種形義關係的錯位。參《佔畢腾説(八)》,復旦大學出土文獻與古文字研究中心網站,http://www.gwz.fudan.edu.cn/SrcShow.asp? Src_ID=1800,2012 年 3 月 9 日。
④ 徐中舒主編《甲骨文字典》,四川辭書出版社 1989 年 5 月。

部史字説解。"316 頁"史"字條下分叉與不分叉字形兼收,云:中象干形,乃上端有杈之捕獵器具,口象丫上捆綁之繩索,中乃中之簡化;,實爲事字之初文,後世復分化孳乳爲史、吏、使等字,事、史、吏、使等字應爲同源之字。其用法有四:1. 用如事,事業之意;2. 任事者之稱(例爲"我史"、"帝史鳳"、"在北史");3. 用如使,令也;4. 一期貞人名。318 頁"事"字下云:"卜辭史、事一字,見本部史字説解。"890 頁"使"字條下分叉與不分叉字形兼收(另收从又持之字形,見於地名之用法舉例①),有與"史"字所收重合者,其用法有四:1. 使令也;2. 出使也;3. 人名;4. 地名。舉例有與"史"字重合者,有相互矛盾者(如"于帝史鳳二犬","史"字下解爲"任事者之稱","使"字下解爲"出使也")。"史"、"使"爲主條目,"吏"、"事"爲"史"字重見條目,認爲甲骨文中無{吏}之用法。

《甲骨學辭典》②198 頁"史"字,分叉與不分叉字形兼收,云:"卜辭中史、使、事同形,視辭意而定。"其用法有六:1. 貞人;2. 族名;3. 人名;4. 職官:(1) 内廷史官,掌祭祀、占卜、典册、天象;(2) 專祭史官,專司祭祀某一先公、先王、先妣或其他神祇之史官;(3) 駐方國監察官,如"東使"、"西使"、"北使"。5. 事情,事業;6. 使。231 頁"吏"字下云:"甲骨文吏、史同字,見'史'。"342 頁"事"字下所列字形與"史"字同,云:"卜辭中史、使、事同形,視辭意而定……參見'史⑤'。"354 頁"使"字下所列均爲分叉字形,云:"卜辭中史、吏、使、事大多同一形,用法視在辭中之意而定。"其用法有三:1. 人名;2. 使令;3. 出使。"史"、"使"、"事"爲主條目,"吏"爲"史"字重見條目。亦認爲甲骨文中無{吏}之用法。

《甲骨文字編》③僅立"史"字頭,臚列、、中三種異體(參下册 1166～1171 頁)。但偏旁中有"事"(參中册 479 頁"淨")。

各字書主條目與重見條目設立的不一致,跟古文字字形與《説文》字形銜接認識的不同有很大關係。《甲骨文編》、《續甲骨文編》和《新甲骨文編》

---

① 此字又釋爲"揮",地名,見 1297 頁"揮"字,又見 181 頁"延"字"祭名"義下所引卜辭。

② 孟世凱《甲骨學辭典》,上海人民出版社 2009 年 1 月。詞目排序按筆畫數目,但其詞目的設立可與按《説文》排序的字書相比勘。

③ 李宗焜《甲骨文字編》(全四册),中華書局 2012 年 3 月。此書字形歸類乃據自然分類法。

偏重字形銜接，《甲骨文字典》和《甲骨學辭典》偏重詞義銜接，這也是由於兩類工具書功能性質不同所造成的。除《甲骨文編》外，其他各書均認爲甲骨文中無{吏}之用法。對於分叉字形與不分叉字形到底有無記詞功能的區別，由於對甲骨文分類組研究的方法認識不足，各家均無詳確可從的意見，均采取"某某同字"或"某某一字分化"的籠統說法。對於字形的分析，諸家也存在分歧。對於分叉之形體是跟《說文》之"吏"銜接，還是跟《說文》之"事"銜接，諸家意見不一。這又影響到"字源"的確認，出現"吏"和"事"的分歧（表一）：

表一

字書 \ 字條	主條目	重見條目	備注
《甲骨文編》	吏、史	事、使爲吏字的重見條目	有"吏"、{吏}
《續甲骨文編》	史、事	使爲史字重見條目	無"吏"、{吏}
《新甲骨文編》	吏、史	事、使爲吏字的重見條目	有"吏"無{吏}
《甲骨文字典》	史、使	吏、事爲史字的重見條目	有"吏"無{吏}
《甲骨學辭典》	史、使、事	吏爲史字的重見條目	有"吏"無{吏}
《甲骨文字編》	史		"事"見於偏旁

《說文新證》上冊① 33 頁"吏"下收分叉字形，云："甲骨文'吏'字作![字形]形，是'史'字的分化字。于省吾以爲古文字'吏'與'事'同字，有時與'史'通用……據此，'吏'字的字義來自'史'的引申，後來爲了讓字形有區別，於是在'史'字的上端加'V'形分化符號，因而分化出'吏'字。"199 頁"史"字下收不分叉字形，云："《說文》以爲記事者。但從古文字、文獻所記'史'職之多元、古文字史事吏一字分化等現象來看，先秦'史'的性質應該是很廣泛的，不是只限於'記事者'。"200 頁"事"字下甲骨文收分叉字形，云："甲骨文'事'與'吏'同字，均爲'史'之引申分化字，即把'史'字的上端加上'V'形的分化符號。'史'爲'記（原誤爲'職'）事者'，所從事之事即爲'事'。"季先生於"使"字沒有新證意見，②對於甲骨文中是否有{吏}沒有明確說法，但認同分叉與不分叉字形的記詞功能的區別。

---

① 季旭昇《說文新證》上冊（卷一～卷七），藝文印書館 2004 年 10 月初版二刷。
② 季旭昇《說文新證》下冊（卷八～卷十四），藝文印書館 2008 年 3 月修訂版。

《金文編》①5頁"吏"字收盂鼎一形,云:"吏,與事爲一字。事字重見。"(參圖三)195～198頁"史"(參圖四)字下收一分叉字形(見於趞簋,197頁),注云:"以事爲史。"最後一個字形見於戰國中期的中山國器物銮壺,作 復,云:"从彳从吏。"198～200頁"事"字(參圖五)下均收分叉字形②,第一形見於叔卣,注云:"事,與吏使爲一字。"200頁鰲鎛字形下注云:"又孳乳爲使。"567頁"使"字(參圖六)下收二形,一見於鰲鎛("事"字下重見),一見於中山王鼎,作 ,从辵。第471頁"旋"單立字頭,所收字形見於元年師旋簋和五年師旋簋。其處理方式,是以"史"、"事"爲主條目,"吏"爲"事"之重見條目。"使"字處理比較特殊,既與"事"字互見,但同時又收有戰國時期纔分化產生的"使"字。這樣處理是《金文編》自身體例的局限造成的。《金文編》專收兩周金文,但西周、東周時間跨度很大,其間字形之變易孳乳也發生了很大變化,一概以"金文"涵納之,難免會顧此失彼,所以就要求有更細緻的斷代文字編的編纂。體會其意,《金文編》當是認爲兩周金文中尚未出現{吏}之用法。

　　《新金文編》③第9頁"吏"字下收出自吏④從壺(9530 西早)、井侯方彝(麥方彝9893 西早)、吏從盤(10061 西早)、師寰簋(4313 西晚)和子禾子釜(10374 戰國)的五種字形。除子禾子釜" "外,均爲分叉字形。348～351頁"史"字下,除濒史禺(643 西早)、史頌鼎(2787 西晚)、簋大史申鼎(2732 春晚)三例分叉字形和史客簋(3996 西晚)之从史从口(增口爲飾)字形外,其他均爲不分叉字形。352～356頁"事"字收分叉字形和旋,其中子禾子釜字形重出於"吏"下。頌器及史頌諸器中的"史"和"事"區別清楚,史頌之"史"均作不分叉字形,"用事"、"休有成事"之"事"均作分叉字形,此書"史"下收史頌鼎(2787 西晚)之 ,其文例爲"休有成

---

① 容庚編著,張振林、馬國權摹補《金文編》,中華書局1985年7月。
② 殷墟甲骨文之分叉多作 Y 形,金文中畫絕大多數向上突出爲三歧形,作 ψ 或 形。作 ψ 者,殷商甲骨文中也出現過,見於何組二類和圓體類非王卜辭,參李宗焜《甲骨文字編》下册 1168 頁;作 者,最早見於周原甲骨文,參《新甲骨文編》3 頁。中畫歧出並曲頭,乃周文字之特點。
③ 董蓮池《新金文編》,作家出版社 2011 年 10 月。
④ 或釋爲"事(史)",義即字是"事"而用爲{史},參中國社會科學院考古研究所編《殷周金文集成》(修訂增補本),中華書局 2007 年 4 月。

008　金文與青銅器研究論集

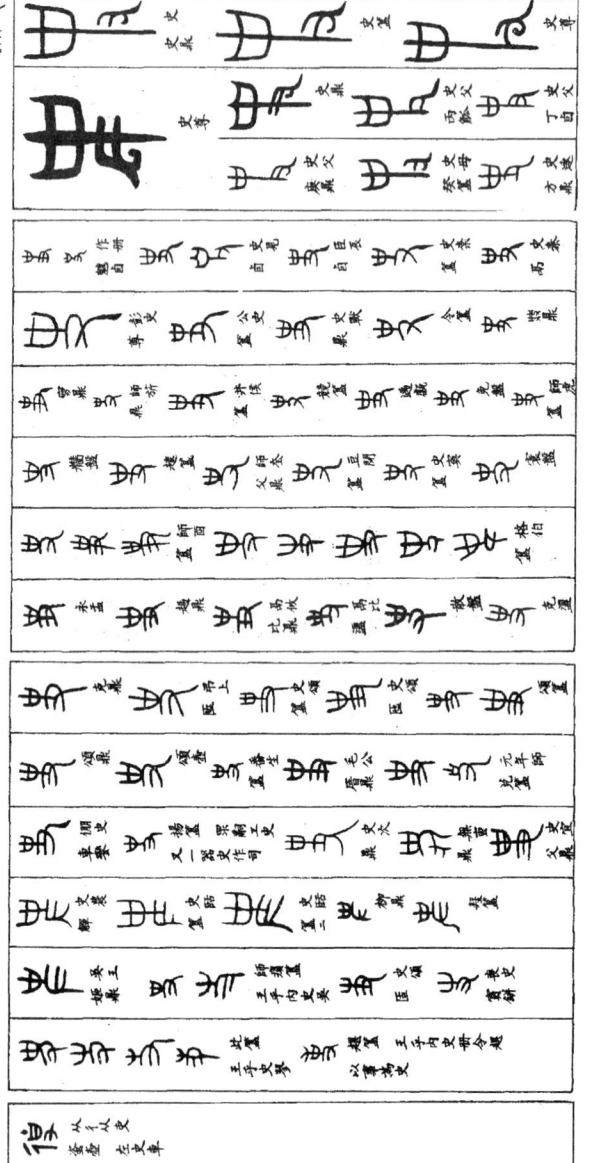

圖四

圖三

史、吏、事、使分化時代層次考

事",置於"史"字下非是。第1101頁"使"字下收徔、逨二形,均爲戰國時期之中山國文字。此書認爲金文中有{吏},但子禾子釜字一見於"吏",一見於"事",認識不統一。相關字形下没有任何字際關係説明。

《新見金文字編》①3頁"吏"字下收廿年冢子戈和三年大將李牧弩機二形(參圖七),注曰:"吏、事爲一字之分化,參卷三'事'字。"93～94頁"史"字(參圖八)下所收琱生尊之"🔣"({使})以及二年邦司寇趙春鈹之"🔣"({事})均非"史"字。94頁"事"字(參圖八)注云"'事'所從'又'或訛作'人'",蓋指古盨蓋(《通鑒》5660西中)之🔣及尸鼎(《通鑒》2181西中)之🔣,但未收古盨蓋同銘器古鼎(《通鑒》2367西中)之🔣字。247頁"使"(參圖九)收兩個中山國文字:使、徔。四字均爲主條,但據"吏"字按語,"吏"當爲"事"的重見條,但此條所收廿年冢子戈"吏"形義統一,可以視爲次主條。據此書所收資料,吏、{吏}見於戰國(僅1例,另一例"吏"讀爲"李")。

《金文大字典》②收字不按《説文》排序,分部原則以金文實際形體結構爲根據。267～280頁"史"字下均收不分叉字形,按語引用王國維《觀堂集林》卷六《釋史》之説:殷人卜辭皆以史爲事,尚無"事"字,周初始别爲二字;古之官多由史出,史之本義爲持書之人,引申而爲大官及庶官之稱,又引申而爲職事之稱,其後三者各需專字,於是史、吏、事三字於小篆中截然有别,持書者謂之史,治人者謂之吏,職事者謂之事,此蓋出於秦漢之際,而《詩》、《書》之文尚不甚區别。282～294頁收分叉字形,字頭按原形隸定爲"叓",括注"(吏、事)",當是認爲{吏}、{事}一字,按語云:"金文吏(夾註:事)的結構,當分析爲從㠯省從史,史亦聲,金文中用作事……或用作使。"其下所引辭例基本上是"吏"、"事"分開羅列的,但實際用法没有這麽整齊劃一。③ 295～296頁爲"㫃"字,是

---

① 陳斯鵬、石小力、蘇清芳《新見金文字編》,福建人民出版社2012年5月。
② 戴家祥主編《金文大字典》,學林出版社1999年5月。
③ "凡例"云:"每字所列字例,先按字形歸類;字形相同各字,按句銘的句型歸類。相同句型的字例,按字數多寡排列。""句型"一語内涵不明確,如果句型可以理解爲辭例,其所謂句型與字的實際用法頗不統一,如果按字的用法考量,其辭例排列頗爲混亂,如282頁之"大吏、吏屬誓、吏于曾、吏舀于會、反工吏"之排序實無規律可言。

史、吏、事、使分化時代層次考　011

図九

"叓(吏、事)"的異體字頭,①此字西周金文中用同"事"(如"卿叓"),或作人名,戴氏認爲金文"吏"字之形由之省變。"使"字按照金文實際形體,歸入彳部(1232頁),字隷爲"彶",云:"彶,乃使之異構……又作逡,金文从辵字可省作彳,故彶、逡、使均爲同字。參見人部使字。"但人部未立"使"字條。1233頁是彶之異體字頭逡,二字均收戰國中期中山國文字。②《金文編》中"彶"列於"史"字下,"逡"列於"使"下。戴書以"史"、"叓(吏、事)"、"彶(使)"爲主條目,未設重見條目,字詞關係於按語中加以說明。

《金文常用字典》③6頁"吏"字下收叟、旋、逡三類字形,云:"吏在金文中有三種構形:一、吏(按:即分叉字形,本文隷爲叟);二、从攴吏聲;三、从辵吏聲。吏與事、使爲一字。"其用法:1.同"事":(1)職事、職責;(2)侍奉;(3)官名用字(如"有事"、"卿事寮");(4)人名用字。2.同"使":(1)派遣、使用;(2)讓、叫。337頁"史"字下除趠簋字形外,均爲不分叉字形,云:"趠簋以吏爲史。"《金文編》則認爲是"以事爲史"。其用法有四:1.官名;2.同"事";3.通"使";4.通"䬅"(矢令簋"用尊史于皇宗",引唐蘭說④)。第338頁"事"字下收叟、旋二類字形,其用法有九:1.事情;2.職事;3.官吏的泛稱(如"三事");4.任職;5.侍奉;6.對待;7.同"史";8.同"使";9.人名。以"吏"、"史"、"事"立目,未設"使"字目。由字形及用法看,如果不是出於與《說文》字形的銜接,實在看不出吏、事分立字頭的可行性和必要性。

《簡明金文詞典》⑤詞目排序按筆畫數。85頁"史"字下列不分叉字形,云:"甲骨、金文及《詩》、《書》史、事、吏三字常混用,秦漢之際三字截然

---

① 書中以( )加以標示。
② 如果以使用頻率爲準,則逡當爲正字,以"彶"爲正字,當是出於與《說文》之"使"銜接的考慮。考察使用頻率,不能單看使用次數,還要考察使用的語言環境的多樣性。由《通鑒》統計,"逡"使用了5次,"彶"字使用了69次,但"彶"字只有左使車、右使車兩種語境。
③ 陳初生《金文常用字典》,陝西人民出版社2004年1月。
④ 唐蘭云"史讀如䬅,《說文》:'䬅,列也。'"沒有進一步解說,其究指何義難明。參《西周青銅器銘文分代史徵》,中華書局1986年12月,第278頁。段玉裁認爲"列"當作"烈",謂酒氣酷烈,引伸爲迅疾之義。參《說文解字注》,上海古籍出版社1988年2月,第218頁。
⑤ 王文耀《簡明金文詞典》,上海辭書出版社1998年12月。

分別,持書者謂之史,治人者謂之吏,職事者謂之事。"乃暗引王國維意見。其用法有三：1. 官名（如"太史"、"內史"）；2. 通"使"（以令簋"用尊史于皇宗"爲例）；3. 通"事"。188 頁"事"字收叟、旐二類字形,云："古文事、史、使三字不分。"其用法有五：1. 事情、事件；2. 使（"出入事人"）；3. 同"史"；4. 任職；5. 服侍。以"史"、"事"立目,未設"吏"、"使"字目。

《金文形義通解》①7 頁"吏"下僅出孟鼎字形,附注云："與'事'同字,參見 0529'事'。"（按：0529 等爲字頭編號）657 頁"史"字下所收均爲不分叉字形（參圖十）,云："史、事同源。"其用法有四：1. 官名；2. 族氏名；3. 用爲"使"；4. 用爲"事"。附注："參見 0529'事'、1493'使'。"661 頁"事"字下收分叉字形和旐二類字形（參圖十一）,云："史、吏、事同源,殷虛甲骨文通用不別,周金文則 爲'事', 爲'使', 爲'吏', 爲'史',偶亦通用。或从仈,當爲甲骨文从 （'中'省）之變……旐爲'事'字異體無疑,然周金文中或有意別之……書者操筆,或增點畫若意符,或用已有之異體以志別詞義內涵中某些差別,後人承之,則別爲二字,否,則仍歸一字,此志別即成爲歷史現象。後者古文字材料中不乏其例,自今日視之,當爲異體字,不應以某一歷史現象爲據,判其爲二字。"其用法有十二：1. 官名（"三事"、"卿事"、"御事"、"視事"、"詔事"）；2. 官,治人者,典籍作"吏"；3. 任也,服事,此義典籍多作"仕"；4. 名詞,職事,彝銘與"服"同義；5. 事功；6. 事件；7. 事奉,對待；8. 動詞,使令,典籍作"使"；9. 出使,典籍作"使"；10. 氏名；11. 人名；12. 用爲"史"。附注："參見 0528'史'、1493'使'、0277'遒'。"1686 頁"旐"字僅出五年師旐簋字形,附注云："此爲'事'之繁化異體,參見 0529'事'。"2012 頁"使"字（參圖十二）收東周字形 、 、 三種,云："使令字春秋以前金文但作'吏（事）',戰國文字始增从辵,以示出使之義。意符或省,則从彳作倲。从人之'使',肇始於秦系文字,蓋由從辵之'徲'訛誤以致,而爲《說文》篆文所本。"其義有二：1. 致使；2. 任用。此二義典籍均作"使"。357 頁"遒"字下僅出中山王嚳壺字形,附注云："此爲'使'古字,參見 1493'使'、0529'事'。"此書以史、事、使爲主條目,吏、旐爲事的重見條目,遒爲使的重見條目。認爲金文中有｛吏｝。

---

① 張世超、孫淩安、金國泰、馬如森《金文形義通解》（全三冊）,（日本）中文出版社 1996 年 3 月。

014　金文與青銅器研究論集

勢。然則字上作三岐者乃周文字之特點。王國維曰：「史之本義為持書之人，引申而為大官及庶官之稱，又引申而為職事之稱。其後三者各需專字，于是史吏事三字於小篆中截然有別。持書者謂之史，治人者謂之吏，職事謂之事。《觀堂集林》六卷四葉。史、吏、事同源，殷虛甲骨文通用不別，周金文則叓為「事」，為「使」，為「吏」，史為「史」，偶亦通用。或从「㫃」，當為甲骨文从𠂇（「中」省）之變。小子𣪕簋「卿旋」，令方彝、毛公厝鼎「卿旋寮」，𢉝弔多父盤、番生簋作「卿事」，「卿事」即典籍之「卿士」。師寰簋：「夙夜卹氒牆（將）旋。」中山王譽鼎：「旋𡭔（少）女（如）張，旋愚女（如）智。」「旋」皆「事」字，「旋」為「事」異體無疑，然周金文中或有意別之，毛公厝鼎「庶出入事于外尃命尃政」作「事」，「卿旋寮」則作「旋」，與令方彝等同。元年師旋簋「敬夙夕用事」作「事」，人名則作「旋」，不混用。此為詞彙文字交互作用之結果，書者操筆，或增點畫若義符，或用已有之異體以志別詞義內涵中某些差別，後人承之，則別為二字，否，則仍歸一字，此志別即成為歷史現象。後者古文字材料中不乏其例，自今日視之，當為異體字，不應以某一歷史現象為據，判其為二字。「旋」或省作𠁩，李學勤隸定為「㫋」，曰：「『㫋』係『旋』字之省（原注：甲骨文『立史[事]』的『史』也有省『又』的，如《續存》二·八〇三）。《北京琉璃河出土西周有銘銅器座談紀要》，《考古》一九八九年十期。

【釋義】

一、官名，見於「三事」、「卿旋」、「御事」、「視事」、「詔事」等。

二、官，治人者，典籍作「吏」。𦡱匜：「氒吕告吏𦡱、吏曶于會。」陽安君劍：「右庫工帀吏筡胡、冶吏痆教齎。」

三、任也，服事，此義典籍多作「仕」。克鼎：「敬夙夜用事，勿灋（廢）朕令。」叔卣：「王姜史（使）叔事于大倸（保）。」匽侯鼎：「匽侯旨初見事于宗周。」楊樹達謂「見事」即《書·康誥》「侯甸男邦采衛百工播民和，見士于周」之「見士」，「初見事」亦作「初見」，賢簋：「公叔初見于衛。」詳《金文說》一七三至一七四葉。

四、名詞，職事，彝銘與「服」同義。曶鼎：「令（命）女（汝）更乃且考嗣卜事。」麥鼎：「用從井侯征事。」追簋：「追虔夙夕卹氒死事。」陳猶釜：「陸猶立事歲。」

五、事功。史頌簋：「休又（有）成事。」

六、事件。五年琱生簋：「琱生有事，𥁰來合事。」此為獄訟之事。新郪虎符：「燔隧事，雖毋（毋）會符，行殹。」此為軍警之事。

七、事奉，對待。邵鐘：「余頡𠁨事君。」𤔲盤：「龕事氒辟。」伯中父簋：「白（伯）中父夙夜事𨑹（走）考。」中山王譽鼎：「旋（事）𡭔（少）女（如）張（長）。」

八、動詞，使令，典籍作「使」。封簋：「王事（使）焚蔑曆。」𦡱匜：「白（伯）揚父迺或事（使）牧牛誓曰。」己侯壺：「事（使）小臣台（以）汲。」

九、出使，典籍作「使」。易鼎：「事（使）于𨝰。」𨖹盂：「命𨖹事（使）于述（遂）土𨸏、諆。」

十、氏名。事伯尊：「事白（伯）乍旅彝。」事族簋：「事族乍寶毁。」

十一、人名。事鼎：「事乍□𣪕彝。」

十二、用為「史」。史喪尊：「事（史）喪乍丁公寶彝。」喪史𢦚簋：「喪事（史）𢦚乍寶簋。」

【𤔲注】

參見0528「史」，1493「使」，0277「速」。

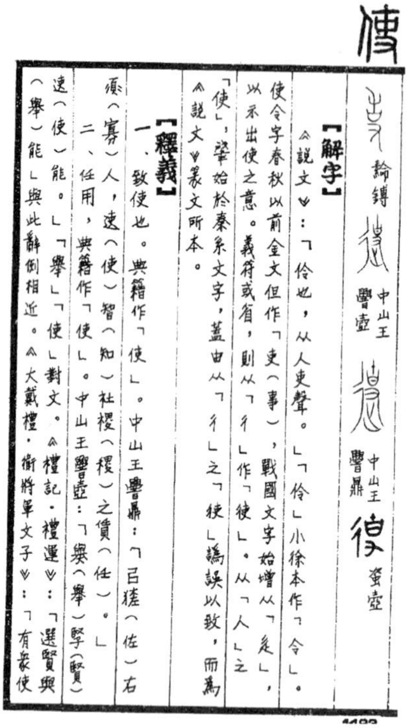

張亞初《〈殷周金文集成〉引得》①檢索字頭有"使、迻"（255頁）②、"史"（953頁）和"事"（957頁），沒有"吏"字，"事"字文例中有{吏}的用法，作者均做了括注。按其隨文括注應該釋讀的分化字與常用假字的體例，"史"字有{史}（族名、職官名、氏名）、{事}、{使}三類用法，族名、職官名爲常見用法，{使}、{事}僅有少數用例。"事"有{事}（侍奉、職事、政事，人名，職官名）、{史}、{使}、{吏}、{士}五類用法，職事、侍奉、政事以及{使}爲常見用法，其他用法只有少數用例，{士}用法僅有一例。金文中表{事}的"旋"字均直接隸爲"事"，"旋"字頭（909頁）下所收均爲用爲人名的文例，這樣處理明顯不妥。一些銘例的具體釋讀也有待商榷。

《金文引得》（殷商西周卷）③有"史"（262頁）④、"使"（263頁）⑤、"事"（265頁）⑥、"吏"（182頁）⑦四種檢索字頭，"旋"字頭（352頁）下均爲人名用例⑧。此書檢索功能科學而便捷，在此基礎上，字形與用法兼顧的

圖十二

---

① 張亞初《〈殷周金文集成〉引得》，中華書局 2001 年 7 月。
② 實際亦含迻字，釋文中一律釋爲"使"。
③ 華東師範大學中國文字研究與應用中心編《金文引得》（殷商西周卷），廣西教育出版社 2001 年 10 月。
④ "史"按用法分列三處：一在"史"（262 頁），一在"使"（263 頁），一在"事"（266 頁）。
⑤ 金文用字分"史"和"事"兩類羅列金文文句。
⑥ 金文用字分"事"、"旋"、"吏"、"史"四類羅列金文文句。"事"字文例按用法分列三處：一在"使"（263 頁），一在"士"（264 頁，"卿事"文例），一在"事"（265 頁，職事、政事、侍奉義，人名，官名）。
⑦ "吏"按用法分列兩處：一在"吏"（182 頁），一在"事"（266 頁）。
⑧ "旋"字文例按用法分列三處：一在"士"（264 頁，"卿旋寮"文例），一在"事"（266 頁，"見旋"和"卿旋"文例），一在"旋"（352 頁）。

處理方式是可從的,但具體銘例的釋讀也存在一些問題,導致字形歸併或用法歸併不當或矛盾。《金文引得》(春秋戰國卷)①設"吏"(74 頁)、"事"(114 頁)、"使"(115 頁)、"史"(115 頁)②四種檢索字頭,"使"字處理最混亂,金文用字有"使"、"𢓊"、"𢓴"、"事"、"𢓲"、"遞"六種,而"使"字形中又包括了"遞"、"使"、"𢓊"等字形。"𢓊"、"𢓴"爲一字異寫,與"𢓲"當合併。

金文中是否有{吏},如果有,什麼時代才開始出現,諸家認識分歧較大。《金文編》認爲無{吏},之所以設立"吏"字頭,乃是字目排序一依《說文》的局限造成的。其他有"吏"而無{吏}的字編也是這一原因造成的。《金文大字典》於釋文中有"吏"字,但未明確金文中是否有{吏}。《金文形義通解》明確指出金文中有用"事"爲{吏}者,字形上却未與《說文》之"吏"銜接,而是以"吏"作"事"的重見條目,不妥。主字頭的設立,《金文編》與《金文大字典》、《金文形義通解》基本一致,《金文常用字典》立目稍顯雜亂(表二)。

表二

字書 \ 字條	主條目	重見條目	備 注
《金文編》	史、事、使	吏爲事的重見條目	有"吏"無{吏}。"使"字條字形有與"事"重見者
《新金文編》	吏、史、事、使		有"吏"、{吏},"吏"字條字形有與"事"字重出者
《新見金文字編》	吏、史、事、使		"吏"、{吏}見於戰國時期
《金文大字典》	史、叓(吏、事)、使(𢓲)		{吏}、{事}共用一形。未立重見條目,正字後附列異體字頭旋、遞
《金文常用字典》	吏、史、事立目		有"吏"無{吏},無"使"字目
《簡明金文詞典》	史、事立目		無"吏"、"使"字目,亦無{吏}
《金文形義通解》	史、事、使	吏、旋爲事的重見條目,遞爲使的重見條目	有"吏"、{吏}

---

① 華東師範大學中國文字研究與應用中心編《金文引得》(春秋戰國卷),廣西教育出版社 2002 年 10 月。

② 金文用字有作"吏"一例,"大吏(史)"。

《戰國文字編》①分別爲吏、史、事、逨、使設立了字頭(參圖十三)。2頁"吏"下收秦、楚、三晉、齊文字。112頁"逨(使)"下僅收中山國文字(三晉系)。184頁"史"下收秦、楚、三晉文字。185頁"事"下收秦、楚、三晉、齊、燕五系文字。558頁"使"字下僅收秦文字。此書於各字下沒有任何字際關係的説明。其中"史"、"吏"形體有交叉。

圖十三

《楚文字編》②5頁"吏"下均爲𠭖、𠭥類字形，隸定爲"𠭖"，注云："吏、史、使同用。"186頁"事"字下除春秋晚期金文二形及其他個別寫法外均爲𠭥、𠭥類字形。未立"史"、"使"字目。在後來李守奎等編纂的《上海博物館藏戰國楚竹書(一～五)文字編》③中，字形收列標準相同，但字頭設立與《楚文字編》有些差别。5頁"吏"下注云："𠭖之繁、簡諸體，除五・季14用作官名外，餘皆讀爲'使'。楚文字中，吏、史、使尚未分化，史部、

---

① 湯餘惠主編《戰國文字編》，福建人民出版社2001年12月。
② 李守奎《楚文字編》，華東師範大學出版社2003年12月。
③ 李守奎、曲冰、孫偉龍《上海博物館藏戰國楚竹書(一～五)文字編》，作家出版社2007年12月。

人部重出。"158 頁"史"下收三・中 14.2,①注云:"叀多讀爲使,此例用爲職官,字形詳見卷一一部。"此形又録於"吏"字下,但注語與"吏"字注語矛盾,"吏"字注語是。158 頁"事"字下除 𠭯 類寫法外,均爲 𣉞、𡙕 類字形。395 頁"使"字下收 𣉞(見於一・緇 12.49)、𡙕(見於二・子 1.44)二形,第二形重出於"吏"字,注云:"楚'使令'之'使'多作叀。詳見卷一之一部。"此書以"吏"、"事"爲主條目,"史"爲"吏"之重見條目。"使"字處理特殊,一方面與"吏"重見,另一面又有與《説文》"使"銜接的字形,與《金文編》情況相像,可以看作主條目。《包山楚墓文字全編》②只立"史"、"事"(124 頁)兩個字頭,而包山簡中{使}是用"囟"或"思"來表示的(400 頁)。

《郭店楚簡文字編》③未立"吏"、"使"字頭,53 頁立"事"字頭,52 頁立"叀"字頭,但"叀"字未與《説文》字形銜接,按其凡例,此字乃《説文》所無,字頭以楷體隸字,處理欠妥。張氏編撰之《包山楚簡文字編》④與此處理方式全同,參 43 頁"事"、"叀"字。二書於相關字形下均無任何字際關係説明。

《睡虎地秦簡文字編》⑤"吏"(1 頁)、"史"(第一形下注云"通使")、"事"(第一形下注云"吏字重見",43 頁)、"使"(127 頁)分立字頭,事、吏字形有交叉。

《秦文字類編》⑥23 頁"使"、71 頁"史"、72 頁"事(吏)"設立字頭(參圖十四),{事}、{吏}一字,合立字頭。没有相關字際關係的説明。

《秦簡牘文字彙編》⑦1 頁"吏"、63 頁"史"(或通"使")、64 頁"事"(一部分寫作"吏"形,一部分寫同今日之"事"形)、196 頁"使"(字形與《説文》銜接)分立字頭。吏、事字形有交叉。

---

① 字形出處標注據原書。
② 李守奎、賈連翔、馬楠《包山楚墓文字全編》,上海古籍出版社 2012 年 12 月。
③ 張守中、張小滄、郝建文《郭店楚簡文字編》,文物出版社 2000 年 5 月。
④ 張守中《包山楚簡文字編》,文物出版社 1996 年 8 月。
⑤ 張守中《睡虎地秦簡文字編》,文物出版社 1994 年 2 月。
⑥ 袁仲一、劉鈺《秦文字類編》,陝西人民教育出版社 1993 年 11 月。
⑦ 方勇《秦簡牘文字彙編》,吉林大學博士學位論文,2010 年 6 月,指導教師:吳振武教授。

圖十四

《馬王堆簡帛文字編》①中"吏"(2頁)、"史"、"事"(119頁)、"使"(332頁)四字在字形上完全分立。《銀雀山漢簡文字編》②同,參5頁"吏",103頁"史"、"事"和276頁"使"(表三)。

表三

字書 \ 字條	主條目	重見條目	備　注
《戰國文字編》	吏、史、事、迹、使立目		各字下沒有任何字際關係的說明,其中史、吏形體有交叉
《楚文字編》	吏、事立目		未設使、史字目
《上海博物館藏戰國楚竹書(一～五)文字編》	吏、事、使	史爲吏之重見條目	"使"字處理特殊,一方面與"吏"重見,另一面又有與《說文》"使"銜接的字形

---

① 陳松長《馬王堆簡帛文字編》,文物出版社2001年6月。
② 駢宇騫《銀雀山漢簡文字編》,文物出版社2001年7月。

續 表

字書＼字條	主條目	重見條目	備注
《包山楚墓文字全編》	史、事立目		包山簡中{使}用"囟、思"表示
《郭店楚簡文字編》①	事、叀立目		未立吏、使字目。"叀"字未與《說文》字形銜接
《睡虎地秦簡文字編》	吏、史、事、使分立字頭		事、吏字形有交叉
《秦簡牘文字彙編》	吏、史、事、使分立字頭		吏、事字形有交叉
《秦文字類編》	使、史、事（吏）設立字頭		{事}、{吏}合立字頭。沒有相關字際關係的說明
《馬王堆簡帛文字編》	吏、史、事、使立目		西漢時期，此四字在字形上完全分立

由上文的梳理可以看出，史、吏、事、使四字在西漢前期字形上已經完全分立。② 需要繼續探討的有如下幾個問題：一、"史、吏、事、使"的分化，不是一次性完成的，而是經過了很長時間的分化過程，我們要找出其分化的時代層次；二、在西周、東周時期，記錄這幾個詞的字形有沒有一定的形體規範性；三、{吏}產生於什麼時代，在什麼背景下分化而出的；四、"史、吏、事、使"與"{史}、{吏}、{事}、{使}"的分化情況，秦文字資料與楚文字資料是有較大區別的（楚文字中無"吏"和{吏}），應當分開討論，並探尋其背後可能隱藏的重要歷史信息；五、古文字字編或字典該如何

---

① 張光裕主編《郭店楚簡研究·第一卷·文字編》（藝文印書館 1999 年）字頭設置同。此書字形按《康熙字典》部首順序編排，"事"見於 42 頁，"叀"見 103 頁（含{弁}）、{使}二詞，"弁"用爲{辨}或{變}。

② 王志平、董琨云："甲骨文、金文中'史'、'事'、'吏'無法分別，楚簡文字中這幾個字仍然不能明確區分，需要隨文釋讀；而睡虎地秦簡文字中'史'、'吏'已經能夠加以區別；至於'事'字，睡簡文字中雖然也出現了與《說文》小篆字形相同的'事'字，但是仍然經常與'吏'字混用字形。也就是說，秦簡中'事'、'吏'仍然無法加以明確區分。但是到了漢簡中，'史'、'事'、'吏'三字已經可以各自加以明確區分了。"參《簡帛文獻語言研究·王志平、董琨〈簡帛文獻文字研究〉》，社會科學文獻出版社 2009 年 5 月，第 274 頁。英傑按：其說缺陷有三：1. 未解決"吏"和{吏}的分化問題；2. 由於此書出版時，嶽麓書院藏秦簡資料尚未公佈，因此對秦簡中史、事、吏的分化說法欠當；3. 對楚文字中史、事、吏的判斷欠妥，楚簡文字中"史"、"事"區分明確。

設立字頭,或者如何設立主條目和重見條目。

二、殷商甲骨文中的情況

殷商甲骨文中史、事、使的表達情況,據王子楊的研究,甲骨卜辭中"右史"、"大史"、"小史"之"史","派遣"、"役使"之"使",以及"由王(或朕)事"、"立事"之"事",都用"史"這個形體來表示,即在殷商時代,"史"、"使"和"事"三者還没有分化。卜辭中"史"字常見,幾乎各個類組的卜辭都有出現,總的來説形體比較一致。𠂤組、何組、歷組二類、無名組、黄組、子組、花東子卜辭都用"𠀁"這個形體表示,不同的只是具體筆勢的差異。然而,有的類組所用的形體却有不同。賓組卜辭和出組一類卜辭的"史"一般作"𠀁",中間豎筆頂端開叉,二者是異體關係。𠂤賓間類卜辭一般用"𠀁"形表示,省去下部的手形偏旁。這種省簡的"史"也偶爾出現在歷組一類和歷草類卜辭中。與𠂤賓間類卜辭"史"字的寫法相對應,賓組卜辭"史"字也有省作𠀁形的。刀卜辭的"史"一般作"𠀁"、"𠀁",① 上部缺刻橫畫。刀卜辭也有不缺刻橫畫的。從數量上看,缺刻橫畫的"史"字形體不在少數,可能是刀卜辭刻手刻寫習慣。缺刻上部橫畫的"史"也偶見𠂤組小字類和無名組卜辭。花東子卜辭"𠀁"、"𠀁"二形都有,但用法不同,表示國族名時寫作"𠀁",中間豎筆上端開叉;表示"有事"之"事"、"派使"之"使"、"右史"之"史"的形體作"𠀁"。花東子卜辭刻手可能有意用上端開叉的"史"字異體"𠀁"跟"有事"之"事"的形體"𠀁"相區分,已經有分化的趨勢。② 王文認爲,"異體分工"的存在是有條件的,即只出現在某一類組或某幾個類組卜辭之中,本質上是不同類組卜辭的刻手的刻寫習慣決定的。因此,"異體分工"仍然是甲骨文字形存在類組差異的體現。由王文

---

① 李宗焜《甲骨文字編》下册第 1169~1171 頁,在這類字形下,一部分標注"缺刻",一部分則没有標注説明,當是認爲這種寫法的一部分是由於缺刻橫畫,另一部分已成爲一種異體。

② 王子楊《甲骨文字形類組差異現象研究》,首都師範大學博士學位論文,2011 年 10 月,指導教師:黄天樹教授,第 46、136 頁。同名著作已由中西書局於 2013 年 10 月出版,本文所引相關説法見該書第 54~55、160 頁。

相關論述看，甲骨文中史、使、事尚未分化，還没有産生{吏}。①

三、商、西周、春秋金文中的情况

本節斷代分析商周金文中跟{史}、{吏}、{事}、{使}有關的全部銘例，對其形體使用情况作出考察。

（一）⚍類形體

1. 用爲{史}

（1）族氏符號

如史鼎（1073 商晚②）⚍、史父庚鼎（1623 商晚）⚍、史父己觶（《通鑒》10580 商晚）⚍、史簋（《通鑒》5005 西早）⚍、史祖己觶（《通鑒》10581 西早）⚍，又如薛侯鼎（2377 西早）、榮仲方鼎（《彙編》1567 西早）等。

（2）用於人名③

狀馭觥蓋（9300 西早）"狀馭弟史"，生史簋（4100～4101 西中）"生史"，未史小子⚍鼎（2598 西晚）⚍，吴王姬鼎（2600 西晚）"南宫史叔"之⚍，齊夯史喜鼎（2586 西晚）⚍，曾孫史夷簠（4591 春晚）⚍，伯索史盂

---

① 李峰認爲，在商代甲骨文中，"史"通常應讀爲"事"或"使"，從未出現在一個人名之前表示職官名稱（除了表示使動詞"使"）；商代"史"的意思與西周背景中的"史"十分不同，西周政府中"史"的作用，金文中没有發現可以證明其作爲宗教職官的例子，相反，有清楚的例子表明"史"實際上在處理行政文書；"史"的本質作用是書記類的和文書性的。參李峰《西周的政體：中國早期的官僚制度和國家》，三聯書店 2010 年 8 月，第 61 頁注 25。

② 器物出自《殷周金文集成》者，直接標注器物編號。出自其他著録書者，標注簡稱，具體書目信息參見"引用書目"。

③ 史哽鼎（2036 西中）器主名作"⚍⚍"，字渹。史柞鐘（《首陽吉金》41 西晚）之所謂"史"字稍渹，其實應該釋事，我對此器有些懷疑。2013 年 9 月 29 日蔡哲茂先生來首都師範大學作學術報告，題目是《史柞鐘辨僞》，他認爲震榮堂《中國夏商周三代金銅器》（此書在 2011 年由周亞審定、震榮堂出版）所收柞鐘是真器僞銘，乃是抄自《首陽吉金》柞鐘而來。震榮堂藏柞鐘之銘爲僞刻，應該是没有問題的，我很贊同蔡先生的意見。蔡先生回臺後，我們又曾通過郵件討論相關問題。震榮堂首字作"事"，反觀首陽齋本，首字上面好像是曲頭的筆畫，也應該是"事"字，"某某"之"事"應該是氏名，現在的金文中没有確定的"事某"讀爲"史某"的例子，此器應該稱"事柞鐘"。我很懷疑，是不是造假的人誤讀了齊家村柞鐘（《集成》133）"五邑佃人事，柞作"而從中摘出"事柞"。

(10317 春早,宋人摹本)☒。

中甗(949 西早)"史兒",字作☒。史次鼎(1354 西早)☒、①史遣方鼎(2164～2165 西早)☒(采自 2164)、史話簋(4030～4031 西早)☒☒、䚄觶(《首陽吉金》②23 西早)"史䚄"字作☒(蓋銘)、☒(器銘)、史昔鼎(2189 西中)☒、史𢓊鼎(2326 西中)☒(清代摹本)、史盉父鼎(2196 西晚)☒。同類字形如帚蓑鼎(2710 商晚)"作册友史"、③史秦鬲(468 西早)、嚳鼎(2740～2741 西早)"史旗"、史獸鼎(2778 西早)、史楳觥簋(3644 西早)、史🤷爵(9041 西早)、史🤷尊(5815 西早)④、史見觚(7279 西早)、史見尊(5868 西早)、史見卣(5305 西早)⑤、史犬觶(6168 西早)、史農觶(6169 西早)⑥、史伏尊(5897 西早)、史戉卣(5288 西早)、士上卣(5421～5422 西早)、士上尊(5999 西早)、士上盉(9454 西早)之"史寅"、員卣(5387 西早)"史旗"、⑦十五年趞曹鼎(2784 西中)"史趞曹"(後文又稱"趞曹")、⑧免尊(6006 西中)、免卣(5418)"史懋"、史☒爵(《集錄》912 西中)、史酏敖尊(《集錄》634 西中)、史☒簋(3583 西中)、史述簋(3646 西中)、望簋(4272 西中)"史年"、師酉簋(4288～4291 西中)"史牆"、史密簋(《集錄》489 西中)、史懋壺(9714 西中,銘中又單稱"懋")、吳方彝(9898 西中)

---

① 銘刻於右耳上。
② 首陽齋、上海博物館、香港中文大學文物館合編《首陽吉金》,上海古籍出版社 2008 年 10 月。最初我們僅依據《首陽吉金》著錄的三件䚄器,曾把"史"屬上讀爲"事",現在綜合史䚄尊、爵、觶等器看,這種讀法是錯誤的,今更正於此(參拙著《文字與文獻研究叢稿》,社會科學文獻出版社 2011 年 6 月,第 49 頁)。關於䚄所作器,另參李魯滕《䚄鼎及其相關問題》,載謝治秀主編《齊魯文博——山東省首屆文物科學報告月文集》,齊魯書社 2002 年 8 月;朱鳳瀚《滕州莊里西滕國墓地出土䚄器研究》、《中國古代青銅器國際研討會論文集》,上海博物館、香港中文大學文物館 2010 年 11 月。
③ 依據五祀衛鼎(2832 西中)"内史友寺芻"、善夫克盨(4465 西晚)"尹氏友史趙"等稱名看,此銘之史可能是省略了私名。吳鎮烽認爲"史"是人名,參《金文人名彙編》(修訂本)90 頁,中華書局 2006 年 8 月。
④ 字作☒。
⑤ "史"字器銘作☒,蓋銘作☒。
⑥ 字作☒。
⑦ 銘曰"從史旗伐會"。
⑧ 七年趞曹鼎(2783)中稱"趞曹"。

"史戍"、史牆盤(10175 西中)、史𩵦鼎(2762 西晚)、史伯碩父鼎(2777 西晚)①、史頌鼎(2787～2788 西晚)、史頌簋(4229～4236 西晚)、史頌盤(10093 西晚)、史頌匜(10220 西晚)②、無叀鼎(2814 西晚)"史翏"(王呼史翏册命)、趩鼎(2815 西晚)"史留"、酬比鼎(2818 西晚)和酬比簋蓋(4278)"史南"、袁鼎(2819 西晚)和袁盤(10172 西晚)"史淅"和"史減"、此鼎(2821～2823 西晚)和此簋(4303～4310 西晚)"史翏"③、善夫山鼎(2825 西晚)"史奉"、頌鼎(2827～2829 西晚)、頌盤(《文物》2009 年第 9 期 52 頁圖 3)和頌簋(4332～4339)"史虢生"、四十二年逑鼎(《彙編》745 西晚)"史減"、吳虎鼎(《集錄》364 西晚)"史由"、史叀鼎(《集錄》346 西晚)、史叀簋(《集錄》463 西晚)、史窆簋(3786 西晚)、史張父簋蓋(3789 西晚)、史𩵦盨(4366～4367 西晚)和史𩵦簋(4523)、善夫克盨(4465 西晚)"尹氏友史趛"、史利簋(4473～4474 西晚)、史免簋(4579 西晚)、史僕壺(9653～9654 西晚，銘中又單稱"僕")、逆鐘甲(60 西晚)"史𤰔"，史孔卮(10352 春秋，字作)。

史旂父鼎(2373 西早)省作 中。史喜鼎(2473 西中)作 。史宜父鼎(2515 西晚)作 。史宋鼎(2203 春早)字泐，辨其筆畫，似作 ，中竪右側有一短横畫。

根據册命銘文中出現的史官稱名看，西周金文人名中的字，除了少數作純人名外，"史＋私名"中的"史"絶大多數都應該是官名。由揚簋(4294～4295 西中)"内史史佚"之"史"作重文看，西周時期可能已經出現以官爲氏的"史"氏，還有一些"史"可能是作私名。

(3) 官名：某國或某地、某族之史，大史、内史、省史、書史、御史等

散史鼎(西早 2166)④、應史爵(9048 西早)"應史"⑤、其史觶(6489 西

---

① 宋代黄伯思認爲史𩵦鼎與史伯碩父鼎爲同人所作，𩵦蓋碩父之名，云："考之經傳，周有史佚，衛有史蝤，晉有史趙，率以官爲氏，故碩父之名與字皆冠以史。曰'伯'者，蓋五十所加，猶伯陽父、仲山父之類是也。"參《東觀餘論》，人民美術出版社 2010 年 7 月，第 75 頁。
② 史頌簋(4481 西晚)字作 。
③ "史"字，4308 作 ，4310 作 。
④ 字作 。
⑤ 字作 ，或釋"事"非。

早)①、齊史疑觶(6490～6491 西早)、作彭史尊(5810 西早)、羕史尊(5811 西早)、耇史尊(5885 西早)、耳卣(5384 西早)"寧史"、佣史鑾鈴(12012 西周)②、寡史𠭯甗(888 西早)③、史牆盤(10175 西中)、癲鐘(251～252 西中)"微史④剌祖"、郜史碩父鼎(《通鑒》2242 西晚)⑤、䢅史殿壺(9718 西晚)。這些史官均爲某國或某地、某族之史,於"史"字上標明。

公大史方鼎⑥(2370 西早,2339、2371 字泐)⑦、作册魋卣(5432 西早)"公大史"(三見)⑧、大史旮甗(915 西早)。

中方鼎(2785 西早)"大史"、大史觶(《通鑒》10558 西早)⑨、大史罍(9809 西早)、融比盨(4466 西晚)"大史"、毛公鼎(2841 西晚)"大史

---

①　字作。

②　。

③　字作。同類文例又如懋史䜌鼎(1936 西中),銘曰"懋史䜌鼎";齊史逗簋(3740 西中)。

④　李零認爲,"微史"是以原來的居地加官職而稱,説可從。參《重讀史牆盤》,《吉金鑄國史——周原出土西周青銅器精粹》,文物出版社 2002 年 6 月,第 50 頁。或讀"史"爲"使",解爲"微氏高祖使其子烈祖來朝覲武王",非是。參馬承源主編《商周青銅器銘文選》(三),文物出版社 1988 年 4 月,第 156 頁注[17]。王輝説同,參《商周金文》,文物出版社 2006 年 1 月,第 152 頁注[31]、[32]。黄德寬主編《古文字譜系疏證》第一册亦讀爲"使",參 251 頁"史"字下説解。

⑤　此名也可以另作解釋,"郜"標明國族,是郜國之人名史碩父,而非郜史名碩父者,與"齊史疑"、"寡史𠭯"之類文例不同,當是以官爲氏之例。

⑥　公大史簋(3699 西早)銘泐。吴鎮烽認爲是西周早期擔任太史的某人,參《金文人名彙編》(修訂本),第 56 頁。張亞初、劉雨云:"大史的地位比較尊崇,作册魋卣就稱爲公大史,稱公之職決不是一般的官吏。"並云:"太史和内史是史官中的兩個系統。"參《西周金文官制研究》,中華書局 1986 年 5 月,第 26 頁"大史"條、30 頁"内史友"條。或認爲鼎銘之"公大史"當爲周初畢公高之子或召公奭之子,參朱繼平《考古所見楚對鄂東銅礦的爭奪與控制》(《中國歷史文物》2010 年第 6 期)所引張亞初説。

⑦　字作。

⑧　作册魋卣中的"公大史"有學者認爲是武王的弟弟畢公。李峰云,較之單稱之"史","太史"之"太"表示其擁有更高威望與地位,在西周早期銘文中有時太史由很高地位的人如某"公"擔任,即以此卣爲例。他還説,西周早期"史"頻頻出現在銘文中,其中有很多一定是中央政府的部門官員,但不清楚他們是否形成了一個獨立的官署機構——"寮",即以太史作爲其最高長官的一種"官僚化"管理,或是不同政府部門如卿事寮甚至軍事部門中的文書職員;像"太史"這個顯赫稱謂的存在似乎説明文書職官發展成了一個獨立政府機構,但也有可能,該職銜的授予是由於該職的擔任者直接服務於周王所致;换言之,它可能只是一種尊貴身份的標誌,而並不是一種實際的制度。參《西周的政體:中國早期的官僚制度和國家》60～62 頁(附録一《西周金文中所見官名列表》313 頁云:"公太史:有特殊的'公'的地位的太史;爲中央朝廷的顯赫人物",例爲作册魋卣和公太史鼎)。

⑨　字作。

寮"。榮簋(4241 西早)"内史"、戜方鼎(2789 西中)"内史"、利鼎(2804 西中)"作命内史"、五祀衛鼎(2832 西中)"内史友寺芻"、師奎父鼎(2813 西中)"内史駒"、古鼎(《通鑒》2367 西中)"内史尹"、師毛父簋(4196 西中)"内史"、救簋蓋(4243 西中)"内史①尹"、廿七年衛簋(4256 西中)"内史"、趞簋(4266 西中)"内史"、豆閉簋(4276 西中)"内史"、王臣簋(4268 西中)"内史失(佚，※)"、諫簋(4285 西中)"内史佚"、揚簋(4294～4295 西中)"内史史佚"("史"字有重文符)②、師𤊾簋蓋(4284 西中)"内史吴"、師虎簋(4316 西中)"内史吴"、牧簋(4343 西中)"内史吴"、弭伯師耤簋(4257 西中)"内史尹氏"、虎簋蓋甲(《集録》491 西中)"内史"、師俞簋蓋(4277 西中)"作册内史"、免盤(10161 西中)"作册内史"、趩鼎(2815 西晚)"内史"、殷簋(《通鑒》4850～4851 西中)"内史音"(4850)③、宰獸簋(《集録》490、《彙編》663 西中)"内史尹仲"、楚簋(4246～4249 西晚)"内史尹氏"、元年師兑簋(4274～4275 西晚)和三年師兑簋(4318～4319 西晚)"内史尹"、鄦簋蓋(4296～4297 西晚)"内史"、師顈簋(4312 西晚)"内史遣"、訇比盨(4466 西晚)"内史無※"(又有"大史※")、古盨蓋(《通鑒》5660 西中)"内史④尹"。

省史趙尊(5951 西早)"省史"、師旂鼎(2809 西中)"中史"、倗生簋(格伯簋，4262～4265 西中)"書史"、永盂(10322 西中)"※(敵，或釋敎)史"、御史競簋(4134～4135 西中)"御史"。⑤ 大克鼎(2836 西晚)

---

① 字作※。
② 銘作※(4294)。蔡簋(4340 西中)、癲盨(4462～4463 西中)有"史佚"。
③ "史"字器銘作※，蓋銘作※。
④ 字作※，同銘器古鼎(《通鑒》2367 西中)作※。
⑤ 張亞初、劉雨云"省史可能是視察、執法之官"，"省史是掌管百官過失之史"；"中史是職掌司法案件備案的官吏，或者説，司法案件備案是中史的職掌之一"；"書史也出現在訴訟案件中……與中史是性質相近的官吏"；"御史系掌管文書和檔案的官吏"。參《西周金文官制研究》第 32 頁"省史"、"書史"條，31 頁"中史"、"御史"條。李峰認爲，"省史"很可能指奉王命到地方進行巡視的史官，"御史"可能是在重要場合下隨從周王出現的史官。他還認爲，"與經常出現的'史'字後面加一人名的情況不同，有些銘文中的'史'字之前有一修飾語如敵史、兼史、省史及御史，這些名稱可能表示一個具體史官的上級官員，或其所屬的行政'單位'，如西周中期的'齊史'……史官的功能在西周早期可能已經變得更爲專門化……我們還不清楚西周早期青銅器銘文中出現的這麼多的史官是否都是中央王室的官員，可能並不全是。"《西周的政體：中國早期的官僚制度和國家》，第 60 頁。

"史小臣"。① 散氏盤(10176 西晚)"㔽左執縷(要)史正仲農","史正"是官名。② 匍盉(《集錄》943 西中)"匍即于氏,青公事（𠀎）鬻史（𠭯）𠭯",司史𠭯,名𠭯,擔任司史之職。③

鄭大內史叔上匜(10281 春早)"鄭大內史（𠭯）叔上",④陳大喪史仲高鐘(350～355 春中)"陳大喪史（𠭯,采自 355）仲高",蔡大史𥊑盙(10356 春晚)"蔡大史（𠭯）𥊑"。

2. 用爲{事}

(1) 侍奉、服事

中方鼎(2785 西早,宋人摹本)"王令大史（𠭯）貺𥛚土,王曰:中,兹𥛚人入史（𠭯,事）"。"史"與"事"未作區別。

作册矢令簋(4300 西早)"用尊史（𠭯,事）于皇宗","史",4301 同銘器字泐,從字畫痕迹觀察,也當是"史"字。或直接隸爲"事",不妥。

虎簋蓋甲(《集錄》491 西中)"乃祖考史（𠭯,事）先王"、"克史（𠭯,事）

---

① 金文中"小臣"有 40 多例,大多單用,但也有在"小臣"前面加上標誌身份的語詞的情況,如魯內小臣𤔲生鼎(2354 西晚)之"內小臣",曾侯蘇鐘(《集錄》41、43 西晚)之"大室小臣","史小臣"是小臣的一種,不應析分爲"史、小臣"。參拙文《鄭井叔鐘之"鬶鐘"正義——兼説大克鼎之"史小臣鬶鼓鐘"》,《中國文字研究》第 17 輯,上海人民出版社 2013 年 3 月。

② 此句不與前文連接,而是單獨一行記於銘末。張亞初、劉雨認爲"縷史"是官名,可能就是《周禮》中的司約,縷即約劑之約,正即長,仲農爲縷(約)史之名,參《西周金文官制研究》,第 32～33 頁"縷史"條。古之要約,或稱券、稱契,原分左右,右要由付方所執,左要歸收受方所執,各以爲憑證。古有"右契"(《禮記·曲禮》)、"左契"(《老子》)之稱,張振林師認爲此句應理解爲"㔽左執縷者是史正仲農",散氏是訟事勝方,屬受方,是㔽執左縷方,即執左契者。此盤的主人是散氏做史官的仲農,按銅器命名常例,應稱散氏史正仲農盤,簡稱仲農盤或散氏盤。參張振林《先秦"要"、"㔽"二字及相關字辨析——兼議散氏盤之主人與定名》,第三届國際中國古文字學研討會論文,香港中文大學,1997 年 10 月。

③ 吳鎮烽《金文人名彙編》(修訂本)100 頁"司史𠭯",94 頁"史𠭯"與此實爲同一條,當合并。或曰司史即使,本銘之司使,爲邢國專門管理出使他國或接待他國來使的官吏,𠭯爲司使的私名,亦可解爲接待、會見。參王龍正、姜濤、婁金山《匍鴨銅盉與頫聘禮》,《文物》1998 年第 4 期。

④ 郭沫若云:"内史上冠以大字,此例僅見,殆是内史之長。"參《兩周金文辭大系圖録考釋》,科學出版社 2002 年 10 月,第 389 頁。張亞初、劉雨云"内史之長銘文稱爲内史尹或内史尹氏","大内史可能就相當於西周銘文中的内史尹"。參《西周金文官制研究》,第 28 頁"内史尹"條。

先王"。另有"内史",字作🦌,"用史(事)",字作🦌。"史"字四見,一次用爲官名"内史",三次讀爲"事":二次用爲侍奉、一次用爲職事。虎簋蓋乙(《彙編》1874 西中)銘同。

(2) 做事、辦理事務

中甗(949 西早,宋人摹本)"史(🦌)兒至,以王令曰:余令汝史(史,事)小大邦"。史、事未作區別。"余令汝史小大邦"之"史"與叔簋(4132~4133 西早)"王姜史叔事于大保"、小臣宅簋(4201 西早)"同公在豐,令宅事伯懋父"之"事"義同。此義舊多釋爲"使",出使義。此義置於中甗中尚可解釋順暢,置於叔簋等銘文中,頗有隔閡。其文例一貫,意義亦當一貫。在周天子勢力強大、"溥天之下,莫非王土;率土之濱,莫非王臣"的西周時代,把此類"事"字解爲出使似乎不妥,當解爲做事、辦事之義。到了東周時期,諸侯邦國之間頻繁往來,周天子共主地位式微,在這種背景下才產生"出使"之義。

(3) 事情,在不同的語言環境中可以具體地理解爲職事、職守等

揚簋(4295 西中)"王若曰:揚,作司工,官嗣量田甸眔嗣立、眔嗣匋、眔嗣寇眔嗣工史(🦌,事)",4294 同銘器則作"眔嗣工司"。① 很多學者據此異文認爲"史(事)"、"司"通假,幾無異辭。古書異文之間的關係存在多種可能性,有字形關係、語音關係、語義關係、音義關係等。② "事"爲職

---

① 李峰云:"揚被任命爲司工,負責量地的農事、住宅、匋草、法律案件和建築工程(即工事)。"他認爲嗣立、嗣匋、嗣寇、嗣工均非官職名稱,而是揚作爲司工的職責,所以他把"工事"解釋爲"建築工程"。參《西周的政體:中國早期的官僚制度和國家》,第 76 頁。這種讀法恐怕是有問題的,"眔"作連詞多是連接名詞(連接人名的情況常見),至於如小臣謎簋(4238 西早)"小臣謎蔑曆,眔易貝"、士上尊(5999 西早)"王令士上眔史寅殷于成周,誉百生豚,眔賞卣、鬯、貝"中的"眔"當是表示遞進(不包括士上尊中的第一處"眔"),可以理解爲"而且",即使解釋爲連詞,其句子内部的層次結構與此銘也不相同。可與此銘類比的是免簋(4626 西中)"令免作嗣土,嗣鄭還(縣)廩眔吴(虞)眔牧",廩、虞、牧均爲免所司之職責,是沒有問題的,其所司職責有一個統一的動詞謂語進行總括。在每一職責前用同一個動詞進行分述的,則未見用例。揚簋中數個"司×"均看作官名是很順暢的。不過,李氏認爲"量"總括後面的職官應該是對的,即總括其中心語。張亞初、劉雨沒有解釋"司工事",但他們好像認爲"事"字總括前面的各項職官,即總括其前之定語。參《西周金文官制研究》23 頁"嗣工"條、24 頁"嗣寇"條、26 頁"嗣匋"條。如此,則揚爲周王朝所任命之司工,屬王官,其職責是負責量地的有關事務,"司工事"之"司工"乃是量地之司工,屬地方官。這與西周的職官體系是符合的,周王朝有不少職官有王官、地方官與諸侯屬官的區别,如師、司土、司馬等。

② 參朱承平《異文類語料的鑒别與應用》,嶽麓書社 2005 年 7 月,第 45~68 頁。

事,"司"爲職司,各有側重,不必認作通假。

南宮柳鼎(2805 西晚)"王呼作册尹册令柳:䚄六師牧陽(場)大奤(友),䚄羲夷陽(場)甸史(󰀀,事)"。①

訓匜(10285 西中)"伯揚父廼或事(使)牧牛誓曰:自今余敢夔(擾)小大史(󰀀,事)"。

虎簋蓋甲(《集録》491 西中)"用史(󰀀,事)"。

3. 用爲{使},派遣、使令義

叔簋(4132～4133 西早)"王姜史(󰀀,使)叔事(󰀀)于大保"(字形采自 4132 蓋銘)。小臣宅簋(4201 西早)"同公在豐,令宅事(󰀀)伯懋父"。中甗(949 西早)"史兒至,以王令曰:余令汝史小大邦"。"史(使)"與"令"同義。

徵簋(3862 西早)"公史(󰀀,使)徵事(󰀀)又(有)息"。

遇甗(948 西中)"師雍父戍在古師,遇從,師雍父肩史(󰀀)遇事(󰀀)于𢿳侯"。張亞初句讀爲"遇從師雍父,肩(󰀀,肩)史(事)遇事(使)于𢿳侯",張氏大概是把"肩事"理解爲"任用"義了。

綜上,"史"字絕大多數寫作󰀀形,是社會通行的規範形體。偶作󰀀、󰀀、󰀀、󰀀、󰀀等形,其中󰀀、󰀀、󰀀,可能是殷商甲骨文寫法的孑遺,其他寫法則屬於個人書寫層面的不規則異寫形體。"史"字絕大多數用爲官名,其次是用爲族氏符號(主要見於商末和西周早期器物),用爲{事}者(動詞之侍奉、做事義和名詞職事義,名、動意義相因)9 例,用爲{使}者(派遣、使令義)3 例。{史}與{事}的形體一般情況下區别清楚,只有中甗、中方鼎、虎簋等少數銘文{史}、{事}不分,均寫作"史"。用"史"表{事}或{使}多見於西周早、中期銘文。

---

① 李峰在論述西周中期的軍事組織自身也行使一些民事行政職能時,曾提及南宮柳鼎,認爲是厲王時期器,他說:"柳受命監管六師的牧、場、澤,甚至是農務。"參《西周的政體:中國早期的官僚制度和國家》,第 86 頁。其對銘文的釋讀是有問題的。張亞初、劉雨釋爲"佃(甸)史",職官名,即文獻中的農大夫和田畯,是管理農業的官吏。參《西周金文官制研究》,第 33 頁"佃史"條。

(二) 🖾 類形體（含 🖾 形）

1. ｛事｝

(1) 用於人名

事觶(6460 西早，清人摹本)🖾，事尊(5817 西早)🖾，銘同文，均爲"事作小旅彝"，可能屬於同一組合的器物。

甲咠事正鬲(《集錄》127 西早)🖾。辛事簋(伊器 10582 西早，宋人摹本)"伊狐征于辛事(🖾)，伊狐賞辛事(🖾)秦金"，張亞初釋爲"辛事(吏)"。①

瀕事鬲②(643 西早)"姒休賜乎瀕事貝"，字作🖾，文例與歔繺方鼎(2729 西早)"楷仲賞乎歔繺逐毛兩、馬匹"、臣楲簋(3790 西早)"大保賜乎臣楲金"同。

(2) 用作氏名

事父簋(3463 西早)🖾、事父卣(《通鑒》13294 西早)🖾(蓋銘)、事戎鼎(2169 西早)🖾、事䝼鼎(2575 西早)🖾、事從盤(10061 西中)🖾、事從壺(9530 西中)🖾、事伯尊(5813 西中)🖾、晉人事寓簋(3771 西中)🖾、事喪尊(5960 西中)🖾、訓匜(10285 西中)"乃以告事(🖾)觊、事(🖾)智于會"、大師事良父簋蓋(3914 西晚)🖾。③ 事族簋(4089 西晚)🖾(蓋銘)、🖾(器銘)。殿敖簋蓋(4213 西晚，《通鑒》4703 定爲西中)"事孟"，字作🖾、🖾。鄂事苴

---

① "事正"和"辛事"都是人名沒有問題，但是不是以官稱來指稱個人，無法確定。今本《竹書紀年》載顓頊時有"辛侯"，金文中有"辛中姬皇母"、"辛伯"、"辛叔皇父"等，辛爲氏稱(參《金文人名彙編》第 164 頁，"辛公"之辛有的是日名)，再比照"應事(史)"之文例，"辛事"也可能讀爲"辛史"，即辛族之史。

② 舊釋瀕吏鬲或瀕史鬲。我們曾把"瀕"改釋爲"順"，字從頁巡聲，但讀爲"巡吏"可能不對。參《金文"順"字說略》，《北方論叢》2009 年第 5 期，收入拙著《文字與文獻研究叢稿》(題爲《談金文中的"順"字》)，社會科學文獻出版社 2011 年 6 月。張亞初、劉雨訓"瀕"爲近，認爲瀕史即近史，就是近臣、近侍。參《西周金文官制研究》33 頁"瀕史"條。"瀕事"究竟如何理解，材料尚嫌不足，但其immed賞賜對象，今姑且歸入人名之例。

③ 吳鎮烽認爲，事良父與事季良父爲一人，又稱"季良父"(見季良父盉 9443)。事季良父壺(9713 西晚)"事"字作🖾，舊釋"殳"或"弁"。參《金文人名彙編》(修訂本)，第 191、204 頁。

簋①(《集錄》465 西晚)🔾。②

氏名之釋分歧最大。吳鎮烽《金文人名彙編》(修訂本)191～192 頁有"事從"(見事從盤)、"事父"(見事父簋)、"事吳"(即吏吳)③、"事伯"(事氏族首領)、"事良父"(事氏)、"事季良父"、"事訇"(即吏訇)、"事孟"(即史孟或吏孟)④、"事欤"⑤、"事癸"(即吏癸)、"事族"、"事喪"(即史喪)、"事觥"(即吏觥)、"事歈"、"事斁"⑥、"事鹽"⑦。於"事"字有四種處理方式：一對其性質不作判斷，僅整體判斷為人名；二明確其為族氏名；三讀為"吏"；四讀為"史"。112 頁有"吏從"(見吏從壺)、"吏戎"、"吏訇"(見訓匜，司法官吏)、"吏孟"(銘作事孟)、"吏秦"(冶吏)⑧、"吏息"(冶吏)、"吏疴"(冶吏)、"吏開"(冶吏)、"吏觥"(見訓匜，司法官吏)、"吏微"(吏氏，見六年代相吏微劍)、"吏臀"(見田律木牘)、"吏🔾"(冶吏，見 11837)。於"吏"字處理有三種方式：一是僅整體判斷為人名，不作進一步的性質判斷，如"吏從"；二解為"官吏"(如司法官吏、冶吏)；三解為氏名。90～94 頁"史"也有三種處理方式：一是整體判斷為人名，對"史"字不作明確的性質判斷(如史犬、史孔等)；二是史官(如史次、史利等)；三是氏名(如西周晚期之"史伯碩父"和戰國之"史秦"，西周早期出現的史秦之史則為史官義)。

張亞初把"事戎"(2169)直接釋為"史戎"，"事鹽"(《集成》2575)釋為"事(史)鹽"，"事從"(10061)釋為"事(史)從"，"事寓"(3771)釋為"事(吏)

---

① 《金文人名彙編》(修訂本)316 頁釋"鄂史莅"，云：銘文作鄂事莅，春秋早期人，擔任鄂國的史官。

② 《通鑒》2181 著錄一件西周中期的欠鼎，銘作 ，首字《通鑒》缺釋，第二字釋為"欠"，陳斯鵬等《新見金文字編》釋為"事(史)尸"。首字釋"事"可能是對的，但讀為"史"似可商。

③ 括弧中文字摘自吳氏原說明。本段下文同此。

④ 又釋為"史孟"(91 頁)、"吏孟"(112 頁)。

⑤ 見八年鄭令戈(11386 戰晚)，《通鑒》16796 釋為"事(吏)欤"。

⑥ 《通鑒》19236 釋"事繈"。

⑦ 見於事🔾鼎(2575 西早)。

⑧ 見於《集成》9931～9932，但見《集成》2794 的同一人却釋為"史秦"，曰：名秦，史氏(91 頁)。

寓"、"事喪"(5960)釋爲"事(史)噩"、"事靰"、"事臽"(10285)之"事"釋爲"事(吏)"，"大師事良父"(3914)之"事"釋爲"事(史)"，"事族"(4089)釋爲"事(史)族"，"事孟"(4213)釋爲"事(史)孟"；"事番"(1353)、"事秦"(2794)、"事陸"(11554)直接釋爲"史番"、"史秦"、"史隋"，與"史隋"身份相同的"事欣"(11386)釋爲"事(吏)欣"；"事吴"釋爲"事(吏)吴"，"事衺"(11357)、"事開"(11682～11683)、"事疴"(11712)同；"事歔"(11377)釋爲"事(吏)歔"，而身份相同的"事繯"(10358，張氏釋爲"事歞")則直接釋爲"事"。張氏把一小部分"事某"歸入"史"字，歸入"事"字的，有的不作改讀，改讀的又有"史"、"吏"之分歧，且没有統一標準。

《金文引得》(殷商西周卷)182頁"吏"字下有8條文例，有麥器之"正吏"、"吏從"、"吏靰"、"吏臽"等，"事孟"釋"史孟"(262頁)，"事寓"、"事族"則釋"事"(265頁)。《金文引得》(春秋戰國卷)74頁"吏"字下有4條文例，3條爲"冶吏秦"(即本文之"事秦")，1條是"冶吏狄"(《集成》9707)，"事息"、"事開"、"事疴"等則釋"事"(114頁)，"事番"釋"史番"(115頁)。釋讀同樣存在很大歧異，且釋讀依據不明確亦不統一。

(3) 職官名(專稱和泛稱)：卿事、三事、四事、正事、有事、工事、大事(史)。

小子𠭯簋(3904 商晚)"卿旟(𢦏)賜小子𠭯貝二百"。伯公父簠(4628 西晚)"我用召卿事、辟王"，字作𢦏(蓋銘)、𢦏(器銘)。①

毛公鼎(2841 西晚)"卿事(𢦏)寮"。番生簋蓋(4326 西晚)"卿事(𢦏)、大史(𢦏)寮"，即"卿事寮、太史寮"。

矢令方尊(6016 西早)、矢令方彝(9901 西早)"尹三事(𢦏)四方，受卿旟(事，𢦏)寮……公令徣同卿旟(事，𢦏)寮……徣令舍三事(𢦏)令，②眔

---

① 郭沫若認爲卿事即卿士(本羅振玉説)，云金文於卿士稱寮，可知其屬不止一人，當指《曲禮》之天官六大：大宰、大宗、大史、大祝、大士、大卜(大史爲左史，大士爲右史)；六大乃古之六卿，所謂"六事之人"；六大均在王之左右，故有左卿士右卿士之名；六大之上有兼攝群職者，爲冢卿，亦即所謂孤，孤若冢卿，可由六大中之一大兼領，自亦仍可稱爲卿士矣。參《金文叢考·周官質疑》，轉引自張亞初、劉雨《西周金文官制研究》，第150～151頁。

② 張亞初、劉雨《西周金文官制研究》第102頁云，"三事"即小孟鼎的"三事大夫"，也就是西周後期的"參有司"，即司土、司馬、司工三行政官(書中或寫作司徒、司馬、司空)；"四方"指的是四方諸侯；卿事寮下有諸尹、里君、百工，諸侯下分侯、田、男三等爵位，(轉下頁注)

卿旋(事，☖)寮……"。小盂鼎(2839 西早)"三事"。《尚書·立政》："立政：任人，準夫，牧，作三事。"王引之《經義述聞·尚書上》："三事，三職也。爲任人，準夫，牧夫之職，故曰'作三事'。"《詩·小雅·雨無正》："三事大夫，莫肯夙夜。"孔穎達疏："三事大夫爲三公耳。"朱熹集傳："三事，三公。"《書·甘誓》："大戰于甘，乃召六卿。王曰：'嗟！六事之人，予誓告汝。'"孔傳："各有軍事，故曰六事。""六事"即"六卿"。

麥方彝(9893 西早)"辟邢侯光氒正事(☖)☖(祼)于麥宮，賜金"，麥盉(9451 西早)"邢侯光氒事(☖)麥☖(祼)于麥宮"。麥器之"事"多釋"吏"。金文中文字奪脱現象是比較常見的，有的甚至多句文字全奪(如格伯簋)，麥盉之"事"就是麥方彝的"正事"之奪。由《尚書·酒誥》"正事之臣"看，彝銘之"正事"與《尚書》不完全相同，當是官吏泛稱，與利簋之"有事"意思相近。

利簋(4131 西早)"又事利"，"事"作☖，"又事"與"有司"義同。① 《尚書·酒誥》："文王誥教小子：<u>有正、有事</u>，無彝酒。"下文則曰："兹乃允惟王<u>正、事</u>之臣，兹亦惟天若元德，永不忘在王家。"王引之謂："有正有事謂爲長者及任職者。"② 正、事對舉，則正爲官長，事指一般官吏。③ 《尚書·康誥》云"汝陳時臬司"，下文曰"汝陳時臬事"，"臬司"、"臬事"義同。④ 考

（接上頁注）是知周公子明保是管理卿事寮，統攝三事四方的總管。但同時又説，"三事"中的司馬、司工在西周早期銘文中尚未發現，只是姑且設想"三事大夫"就是司土、司馬、司工，也可能"三事"及"三事大夫"另有所指。58 頁則肯定地説，三事就是司徒、司馬、司空，並云古事、吏同字，三事即三吏。103 頁云："據令方彝所云，卿事寮主管三事大夫和諸侯方國，而大史寮則理應管大史、大祝、大卜等宗教祭祀與文書册命事項，其輔保教育等項内容亦當在此寮内。"李峰説："對四方的命令當然是下給衆多諸侯的，包括侯、甸、男；但是，我們尚不清楚'三事令'是給誰下達的……'三事令'應該是向所有列出的官員包括卿事寮、諸尹、里君和百工發佈的政策。"參《西周的政體：中國早期的官僚制度和國家》，第 57 頁注 17。斯維至《兩周金文所見職官考》認爲西周之時實爲兩寮共同執政，一掌政事，一掌文書。轉引自張亞初、劉雨《西周金文官制研究》，第 181 頁。

① 參《張政烺文史論集·利簋釋文》，中華書局 2004 年 4 月，第 466 頁。張氏云："又讀爲有，事讀爲司。有司，主管具體事務工作的官吏。事與吏古爲一字，至秦代，如《雲夢睡虎地秦簡》，二義分化明顯，而字形猶無區别。周代典籍中，早多作事，晚則作吏，如《毛詩·雨無正》有'三事大夫'，《常武》有'三事'，而《逸周書·大匡》有'三吏大夫'，《左傳》成公二年有'三吏'。然與有字連接則多用司字，《毛詩·十月》之'三有事'，即毛公鼎之'參(三)有嗣(司)'，今據以讀爲有司。"或讀爲"右史"，參《西周金文官制研究》第 30 頁"右史"條，僅利簋一見。
② 參顧頡剛、劉起釪《尚書校釋譯論》第三册，中華書局 2005 年 4 月，第 1389、1399 頁。
③ 臧克和《尚書文字校詁》，上海教育出版社 1999 年 5 月，第 333 頁。
④ 參顧頡剛、劉起釪《尚書校釋譯論》第三册 1329 頁所引王國維、于省吾説。

慮到金文用字習慣和"事"字的常用義以及相關字際關係,金文中的某些"事"字文例不必改讀爲"司"。文字形義的釋讀要儘量依照金文文本的用字習慣,傳世古書還牽涉到傳抄過程中的文字改寫問題(如第一人稱代詞余之與予),也是需要注意的。

叔尸鎛(285 春晚)"康能乃又(有)事（ ）"、"龢協而又事（ ）"、"大事（ ,史)"。①

師袁簋(4313～4314 西晚)"反乓工事",②"事",4313 蓋銘作 、器銘作 ,4314 作 。西周金文中有"百工",張亞初、劉雨認爲"百工"在銘文中有兩種含義:一種是奴隸,即官營手工作坊中的工奴;一種是職官,即管理工奴的工頭。③"工事"大概就是管理各種工奴的工頭,相當於文獻中的工正、工師。

賢簋蓋(4104 西中)"公叔初見于衛,賢從,公命事（ ）晦賢百晦糧",一般釋"吏"或"事"而讀"使"。④ 4104 器銘字泐,⑤4105 蓋銘、器銘分別作 、 ,4106 作 。"事"大概是"有事"(義同有司)之省稱。

齋鎛(271 春中)"余彌心畏誋,余四事（ ）是台(治),余爲大攻厎、大事（ ,史)、大遂、大宰,是辝(台)可事（ ）,⑥子子孫孫永保用享"。"四

---

① 郭沫若讀爲"大史"。參《兩周金文辭大系圖録考釋》,第 437 頁。張亞初則把叔尸鎛的"有事"、"大事"之"事"均讀爲"吏"。或認爲,大事即國家的要政,古代國之大事在祀與戎,因叔夷任正卿,故掌國事;"有事"爲屬官或諸僚。參馬承源主編《商周青銅器銘文選》(四),文物出版社 1990 年 4 月,第 542 頁。"又事"或讀爲"友事",無説。參劉昭瑞《宋代著録商周青銅器銘文箋證》,中山大學出版社 2000 年 5 月,第 235 頁。
② 馬承源主編《商周青銅器銘文選(三)》307 頁讀爲"工吏",指臣工官吏。
③ 參《西周金文官制研究》49 頁"百工"條。
④ 楊樹達謂吏與使同,但無進一步解釋,可能是理解爲使者義。參《積微居金文説》(增訂本),中華書局 1997 年 12 月,第 64 頁。張亞初則釋"事(使)"。
⑤ 《通鑒》4595 備注:"集成 04104 著録的蓋、器兩拓本,並非同一套賢簋,今分爲兩件,蓋現爲上海博物館藏(見 05065 賢簋蓋)。"《通鑒》4596 備注:"賢簋傳世有四件,其中兩件 1918 年曾經吳大澂《愙齋》著録,以後爲吳湖帆收藏,由於保管不善,流入廢品收購站,後爲上海博物館從上海冶煉廠廢銅中搶救回兩蓋一器。"
⑥ 李家浩云:"余四事是治"是"余治此四事"的意思,"是"是指示代詞,複指前面的賓語"四事";"是台可事"之"是"也是指示代詞,"台",我也。參《齊國文字中的"遂"》,《著名中年語言學家自選集·李家浩卷》,安徽教育出版社 2002 年 12 月,第 43 頁。斯維至《兩周金文所見職官考》云:"四事者四吏也。"轉引自張亞初、劉雨《西周金文官制研究》,第 179 頁。

事"指下文的"大攻厄、大事（史）、大遂、大宰"。"余彌心畏忌，余四事是治"是説我滿懷畏忌地治理這四類職官。"是台可事"是説這四類職官我能够治理好，事即治也，表達的是結果和決心。

（4）事情、職事、政事

麥盉（9451 西早）"邢侯光秉事（❏）麥❏（祼）于麥宫，侯賜麥金，作盉，用從邢侯征事（❏），用奔（❏）走夙夕❏（贊）御事（❏）"。麥方鼎（2706 西早）"用從邢侯征事（❏）"。"征事"即征行之事，"御事"即治事，"贊御事"即佐助邢侯治理政事。叔趯父卣（5428～5429 西早）"余老，不克御事（❏）"（字形采自 5429）、大盂鼎（2837 西早）"在雩（於）御事（❏）"之"御事"義同。① 洹子孟姜壺（9729～9730 春晚）"余不其事（使，❏）汝受束②……用御天子之事（❏）……用御爾事（❏，采自 9730）"。

洛御事罍（9824～9825 西中）"洛御事，作尊罍，其萬年無疆，子子孫孫永寶用享"，字作❏、❏。"御事"多讀爲"御史"，似非。金文中之"御事"没有一定要講作官名的用例，官名者寫作"御史"，"御事"義即治事，與東周金文中的"立（涖）事"義同。此罍當名爲洛罍。

召圜器（10360 西早）"召肇進事（❏），奔走事皇辟君"，郭沫若"肇"釋"啓"，云"啓猶肇也"，"啓進事"讀爲"啓進事（仕）"。③ 馬承源解爲"召初薦事"。④ 其實，"進事"與洛御事罍（9824～9825 西中）之"御事"、東周金文之"涖事"義近，乃謂始出仕爲官之義。《荀子·大略》："君子進則能益上之譽。"《楚辭·離騷》："既干進而務入兮，又何芳之能祗。"

矢令方尊（6016 西早）、矢令方彝（9901 西早）"尹三事（❏）四方，受卿旋（事，❏）寮，丁亥，令矢告于周公宫，公令佫同卿旋（事，❏）寮，唯十月月吉，癸未，明公朝至于成周，佫令舍三事（❏）令，眔卿旋（事，❏）寮、眔諸尹、眔里

---

① 張亞初、劉雨《西周金文官制研究》58 頁"御事"條云：大盂鼎之"御事"是指用事之人，是職官的泛稱，泛指百官；叔趯父卣"御事"則是用事之意，與大盂鼎銘文之御事有所區别。
② 郭沫若《兩周金文辭大系圖録考釋》句讀爲"余不其事"。馬承源主編《商周青銅器銘文選（四）》同（549 頁），義爲："我不使事，即喪服期間不命以王事。"（第 550 頁注 4）
③ 參《兩周金文辭大系圖録考釋》，第 204 頁及 207 頁眉批。
④ 馬承源主編《商周青銅器銘文選》（三），第 72 頁。

君、眔百工、眔諸侯：……乃令曰：今我唯令汝二人亢眔矢，爽左右于乃寮以乃友事（☐）"，字形據矢令方彝蓋銘。末句之"事"即職事、職責之謂。

☐鼎（2696 西中）"内史（☐）令☐事（☐），賜金一鈞……曰：内史（☐）䖵朕天君"，"事"即職事。蠚鼎（2765 西中）"妊氏令蠚事（☐）：保孷家。因付孷祖僕二家"，此銘文例與☐鼎同，或句讀爲"妊氏令蠚：'事（使）保孷家'"，①非是。師虎簋（4316 西中）"截（載）先王既令乃祖考事"文例同。

盠方尊（6013 西中）"更朕先寶事"，"事"作☐。尊銘中此字筆畫上部鑄損，今據盠方彝（9899）器銘。豆閉簋（4276 西中）"用篡（☐）乃祖考事"之"事"作☐，"内史"之"史"作☐。宰獸簋（《集錄》490 西中）"内史"字作☐，"更乃祖考事"之"事"作☐，"用事"字作☐。宰獸簋（《彙編》663 西中）蓋銘分別作☐、☐、☐，器銘作☐、☐、☐。害簋（4258～4260 西晚，宋人摹本）"用辥（篡）乃祖考事"，字作☐（4258 蓋銘）、☐（4258 器銘）、☐（4259 器銘）。召鼎（2838 西中）"令汝更乃祖考嗣卜事（☐）"。② 呂服余盤（10169 西中）"令汝更乃祖考事（☐）"。卻智簋（4197 西晚）"用訇（嗣）乃祖考事（☐）"，銘共六行，第四行、五行開首數字均反書，這類"事"字或曰"服"。親簋（《中國歷史文物》2006 年第 3 期封 2，西中）云"更乃祖服"，趩觶（6516 西中）曰"王乎内事（史）冊令趩更孷祖考服"，服與事同，職事、職務義。柞鐘（133～136、138 西晚）"嗣五邑甸人事"，字作☐（134）、☐（138），義與此同。

瘋鐘（252 西中）"夙夕虔敬恤孷死事（☐）"。追簋（4219～4224 西中）"追虔夙夕卹孷死事"，字作☐（4219）、☐（4210）。述盤（《彙編》757 西晚）"虔夙夕敬朕死事"形同（筆畫稍渻）。述鐘（《集錄》106～108）"虔夙夕敬孷死事"，字作☐（106）、☐（108）。師寰簋（4313～4314 西晚）"反孷工

---

① 馬承源主編《商周青銅器銘文選（三）》，第 104 頁。
② 銘文記載召受王命掌管占卜事務，李峰認爲召掌管的是王家的占卜事務，召後來成爲王家的宰。參《西周的政體：中國早期的官僚制度和國家》，第 65 頁注 41。關於"王家"與"王朝政府"的概念區分，參該書第 72 頁。

事"、"夙夜㽙乎牆(將)事",4313 蓋銘分別作 ✶、✶(《集成釋文》所收拓片清晰),器銘作 ✶、✶,4314 作 ✶、✶。"夙夜㽙乎將事"義即日夜慎重其所奉行之職事。

射壺(《古文字研究》第二十八輯,西晚)①"皇君尹叔命射司貯,乃事東(董)徵其工,乃事述(遂)。追念于蔡君子興用天尹之寵,式蔑射曆,賜之金",意思是射之上司尹叔命令射管理商業事務,其職事是"董徵其工",做得非常成功,因此追念及射之先人蔡君子興曾在尹氏家族任職做過貢獻之事,對射進行蔑曆,並"賜之金"。

✶ 尊(《通鑒》11749 西中)"余學(效)事(✶),汝毋不善"。《左傳·昭公二十六年》:"宣王有志,而後效官。"杜預注:"效,授也。""余效事"義即我授予你職事。②

毛公鼎(2841 西晚)"雩之庶出入事于外"之"事"作 ✶,"卿事寮"之"事"作 ✶,"大史寮"之"史"作 ✶,"朕褻事"之"事"作 ✶——使用了三種形體:事、䏦、史。"雩之庶出入事于外"與下文"出入專(敷)命于外"義近,事即天子之事,"庶出入事"義即衆多的上報下達的王事。《史記·五帝本紀》:"命汝爲納言,夙夜出入朕命,惟信。"張守節正義引孔安國曰:"聽下言納於上,受上言宣於下。""朕褻事"蓋即周王日常生活之事③。

---

① 朱鳳瀚《射壺銘文考釋》,《古文字研究》第二十八輯,中華書局 2010 年 10 月。"追",謝明文釋"遣",參《固始侯古堆一號墓所出編鎛補釋》,http://www.gwz.fudan.edu.cn/SrcShow.asp? Src_ID=1321,2010 年 12 月 8 日。由甲、乙兩壺字形比較,釋"遣"爲是,但可能是由於"遣"的類化影響而寫訛的"追"字。

② 董珊認爲"效事"猶"考效事功",銘文是説:師多父考核檢查事功,聞無不善。參《讀聞尊銘》http://www.gwz.fudan.edu.cn/SrcShow.asp? Src_ID=413,2008 年 4 月 26 日。

③ 或讀爲"執事",官名。李峰認爲指那些直接服務於周王的王家行政管理人員,其中包括內史。參《西周的政體:中國早期的官僚制度和國家》,第 95 頁。第 73 頁注 54 云:"朕執事"指那些直接服務於周王的內臣。英傑按:所謂"內臣",即指王家行政管理人員,該書 155 頁注 2 云:"宣王將'朕執事'列在三有司、'小子'、'師氏'及'虎臣'之後,他們都受毛公的領導。顯然,'朕執事'作爲周王的王家內部官員,形成的秩序與代表着中央政府的官員有所不同。"李氏認爲西周政府內史制度是在王家自治管理體系從王朝政府行政中逐步分離的過程中產生的,內史服務於周王或王后,這是周王試圖將權力集中在自己手裏的一種努力,在內史制度階梯化的過程中產生了新的職官——內史尹。張亞初、劉雨認爲"褻事"即周王生活起居等近身諸吏(當本於王國維"褻事王之近臣"之說)。參《西周金文官制研究》第 40 頁"公族"條。韓巍認爲"朕褻事"蓋指周王的宫廷事務。參《西周金文世族研究》,北京大學博士學位論文,2007 年 5 月,指導教師:李零教授,第 70 頁。

叔趩父卣(5428～5429 西早)"汝其用饗乃辟軝侯逆🕱出入事(🕱)人"("不克御事"字作🕱,字形采自 5429)。坥簋(3731 西早)"用饗王逆🕱事(🕱)"。保員簋(《集録》484 西早)"用饗公逆🕱事(🕱)","用事"字作🕱。伯🕱父鼎(2487 西中)"用饗王逆🕱事(🕱)人"。伯矩方鼎(2456 西早)"用言王出内事(🕱)人"。小子生尊(6001 西早)"王令生辦①事(🕱)于公宗……其萬年永寶用饗出内事(🕱)人","辦事"即辦理事務。衛鼎(2733 西中)"乃用饗王出入事(🕱)人"。伯魚鼎(《彙編》1690 西中)"用饗王出内事(🕱)人"。"出入事人"舊多釋爲"出入使人",當非,其義當爲出納王命之人,事即王事。② "逆🕱事人"或省曰"逆🕱事",以"×事"稱呼某類人,"事"可以指稱官員就是由用爲事情、職事之義的"事"引申而來。

小臣静卣(《彙編》1960 西早)"王宛(館)莾京,小臣静即事(🕱)"。小臣逋鼎(2581 西中)"小臣逋即事(🕱)于西"。"即事"義爲任事。

玞方鼎(2612～2613 西早)"玞視(🕱)旋(事,🕱)于彭",字作旋。《左傳·襄公二十五年》:"饗諸北郭,崔子稱疾,不視事。"視事,就職治事,事即政事。

燕侯旨鼎(2628 西早)"匽侯旨初見(🕱)事(🕱)于宗周","見事"猶言述職。③ 作册魖卣(5432 西早)"唯公大史見(🕱)服于宗周年……公太史咸見(🕱)服于辟王,辦于多正"(字形采自器銘),"見④

---

① 張亞初、劉雨認爲,殷墟卜辭中事字經常指祭祀之事,所以"王命生辦事于公宗"可能指王命小子生參加公宗的祭禮,事畢之後,王賞賜給小子生以銅和鬯酒。參《西周金文官制研究》,第 46 頁"小子"條。《説文新附》"辦,致力也",辦本作辦,後刀旁訛爲力,並獲得新的構形理據。漢代"辦"簡化爲"办",办"始見於元代。參張書岩、王鐵琨、李青梅、安寧《簡化字溯源》,語文出版社 1997 年 11 月,第 48 頁。

② 矩方鼎(《彙編》1664 西早)"用饗王出内,穆穆事(🕱)🕱(賓?)",末字待考,"事"當爲動詞,侍奉義。

③ 楊樹達《積微居小學述林全編·書康誥見士于周解》上册,上海古籍出版社 2007 年 8 月,第 336 頁。《積微居金文説·匽侯旨鼎跋》(中華書局 1997 年 12 月,第 153 頁)寫於 1948 年 12 月 8 日,《書康誥見士于周解》寫於 1948 年 12 月 23 日。《匽侯旨鼎跋》中尚未明確"見事"之義。二書當合觀。

④ 朱鳳瀚認爲此"見"義爲履職、到任。參《滕州莊里西滕國墓地出土鬲器研究》,第 24 頁注 10。

服"①義同"見事"。

庚嬴鼎(2748 西中,清人摹本)"王客(各)廟宫,衣(卒)事(🌀)","卒事"義與繁卣(5430 西中)"卒事(🌀)無愍"同。卒即終,銘文乃是强調自始至終都没有疏漏、差錯。

師詢簋(4342 西晚,宋人摹本)"載乃事(🌀)",此乃周王所説,表彰師詢能够恪盡職守,保衛王身。

班簋(4341 西早)"公告乓事(🌀)于上","事"指以毛公班爲首領征伐東國之事,戰争結束後向周王彙報。

五年琱生簋(4292 西晚)"琱生有事(🌀),召來合事(🌀)","有事"指土田獄訟之事,"合事"即會事,商議事。② 琱生尊(《通鑒》11783~11784 西晚)"其又(有)敢亂兹命,曰汝事召人,③公則明亟(殛)","事"字作🌀(11783)、🌀(11784),"勿事散亡"字作🌀、🌀。

任鼎(《彙編》1554 西中)"王在氏,任蔑暦事(🌀),獻爲于王④……王事(🌀)孟聯父蔑暦",或均讀爲"使",但第一處讀爲"使",前無所承,不知任受誰之使。師遽方彝(9897 西中)云"王在周康寝,饗醴,師遽蔑暦䞿(侑),王乎宰利賜師遽","蔑暦侑"⑤與"蔑暦事"文例相同,義即"蔑暦于侑"、"蔑暦于事"。鮮簋(10166 西中)"鮮蔑暦祼,王贛祼玉三品,貝廿朋","蔑暦祼"義即"蔑暦于祼"。守宫盤(10168 西早)云"周師光守宫事祼",周師⑥讚揚守宫參與祼祭,並予以賞賜。

---

① 或釋爲"朝覲",云"朝覲者皆有服,故稱見服"。參馬承源主編《商周青銅器銘文選》(三),第 89 頁注 1。

② 王輝《商周金文》,第 191 頁。張政烺認爲:"古無答字,合即答也,《釋詁》:'合,對也。'"見《張政烺批注〈兩周金文辭大系考釋〉》313 頁"召伯虎簋一"旁批,中華書局 2011 年 3 月。

③ 董珊認爲,"曰汝事召人",義即把你(壞亂這命令)的事佈告召氏族人。參《侯馬、温縣盟書中"明殛視之"的句法分析》,《古文字研究》第二十七輯,中華書局 2008 年 9 月,第 357 頁。

④ 或句讀爲:任蔑暦,事(使)獻爲于王。參王冠英《任鼎銘文考釋》,《中國歷史文物》2004 年第 2 期。吴鎮烽《通鑒》句讀同,但認爲"爲"通"賵"或"貨"。

⑤ 楊伯峻亦如此斷句,參《春秋左傳注》(修訂本),中華書局 1990 年 5 月,第 206 頁。

⑥ 張亞初、劉雨認爲周師是周地的地方軍事長官,參《西周金文官制研究》,第 7 頁"地方諸師"條。

牧簋(4343 西中,宋人摹本)"有叼事包(或釋弘)乃多闇"字作🔲,銘意不詳;"乃尃①政事"字作🔲,"内史"字作🔲。四十三年逨鼎(《通鑒》2069~2078 西晚)"雩乃尃②(敷)政事","事"字作🔲(2069)、🔲(2071)、🔲(2072)。

農卣(5424 西中)"小大事(🔲)毋又田","事(使)乎訇(友)娉農"之"事"字作🔲。此銘文例比較特殊:"唯正月甲午,王在鬲應,王🔲(親)令伯毄曰:毋卑(俾)農弋(特),事(使)乎訇(友)娉農,乃虞乎罕(帑),乎小子小大事母(毋)又田。農三拜稽首,敢對揚王休。"特指單身,娉指婚配,帑即財帛,田當是借字,蓋通陳,久也,蓋謂小大事不可拖延。

史頌鼎(2787~2788 西晚)"令史頌……休有成事","史"作🔲,"事"作🔲,字形采自 2787。史頌簋(4229~4236)、史頌簋(《通鑒》5224)、頌壺(9731~9732,"史虢生"、"用事")形同。多友鼎(2835 西晚)"余肇事(🔲,使)汝,休不逆,有成事(🔲)"。師害簋(4116~4117 西晚)"休乎(又-有)成事","事"作🔲(4116 蓋銘)、🔲(4117 蓋銘),器銘均泐。《左傳·宣公十二年》:"其爲先君宫,告成事而已,武非吾功也。"《史記·高祖本紀》:"劉季固多大言,少成事。"成事即成功。

不其簋(4328~4329 西晚)"用從乃事"字作🔲、🔲。此句是伯氏對立了戰功的不其賞賜之後説的一句話,"從"或釋"永"。③ "事"即事功、功績,"從"蓋獎勸之義,字後作"慫"或"聳"。④

叔尸鐘(272、281 春晚)"宜執而政事(🔲)"、"虔卹乎死事(🔲)",叔尸

---

① "尃"或釋"冊(貫)"。
② "尃"或釋"專",非。
③ 王輝譯爲"永遠忠於你的職事"。參《商周金文》,第 248 頁。此字出現了兩次,上文有"戎大同,從追汝",4328 器字分別作🔲、🔲,是"從"無疑;4329 器作🔲、🔲。"永"從止屬於少見現象,我們主張此字釋"從"。
④ 《尚書·皋陶謨》"汝無面從",《史記·夏本紀》作"汝無面諛",孫星衍《尚書今古文注疏·皋陶謨第二中》曰:"從,史公讀爲慫,謂獎勸也……以從爲諛者,《漢書·汲黯傳》'從諛承意',從諛即慫恿,《方言》云'勸也',韋昭注:'楚語云:聳,獎也。'是從與諛義相近。"參《清人注疏十三經》第一册《尚書今古文注疏》,中華書局 1998 年 11 月,第 31 頁。《國語·楚語上》:"教之《春秋》,而爲之聳善而抑惡焉,以戒勸其心。"

鐘(274)"汝能康能乃又事(⿱),有事,指官員,下同)"、"外內之事(⿱)",叔尸鐘(276、283)"勤勞其政事(⿱,283 作⿱)",叔尸鐘(277)"龢協而又事(⿱)"。叔尸鏄(285)"宦執而政事(⿱)"、"虔卹乃死事(⿱)"、"康能乃又事(⿱)"、"大事(⿱,職官名)"、"外內之事(⿱)"、"勤勞其政事(⿱)"、"龢協而又事(⿱)"。

石鼓文《需雨》(《通鑒》19820 春晚)"□□其事(⿱)"。

兆域圖銅版(10478 戰中)"又(右)事(⿱)者官廛之"。右,助也。

(5)"用事"(附"用夙夜事"、"用萬年事")。由於這類銘辭多見於册命銘文,有比較固定的內涵,今單列爲一個意義類别

静方鼎(《集録》357 西早)"用事"字作⿱。利鼎(2804 西中)"內史"之"史"作⿱,"用事"之"事"作⿱(摹本:⿱)。善鼎(2820 西中)"用事"字作⿱。恒簋蓋(4199~4200 西中)"用事"之"事"作⿱(4199)、⿱(4200)。即簋(4250 西中)"用事"之"事"作⿱。趞簋(4266 西中)"內史"字作⿱,"用事"字作⿱。申簋蓋(4267 西中)"用事"字作⿱。王臣簋(4268 西中)"內史失"字作⿱,"用事"字作⿱。望簋(4272 西中,清人摹本)"史年"字作⿱,"用事"字作⿱(《集成》遺漏器銘,《集成釋文》補足,字作⿱)。宰獸簋(《集録》490 西中)"用事"字作⿱,宰獸簋(《彙編》663 西中)蓋銘作⿱,器銘作⿱。免簋(4240 西中)"用事"字作⿱。師虎簋(4316 西中)"內史"字作⿱,"戠(載)先王既令乃祖考事"字作⿱,"用事"字作⿱。詢簋(4321 西中)"用事"字作⿱。乯壺蓋(9728 西中)"用事"字作⿱。乯簋(《彙編》1815 西中)"用事"字作⿱。衛簋甲(《南開學報》2008 年第 6 期封三,西中)"用事"字作⿱(蓋銘)、⿱(器銘),衛簋乙(《南開學報》2008 年第 6 期封三,西中)筆畫稍泐。吕簋(《通鑒》5233 西中)"用事"字作⿱(蓋銘)、⿱(器銘)。二式獄簋(《通鑒》5198 西中)"用事"字作⿱(蓋銘)、⿱(器銘)。獄盨(《通鑒》5662 西中)"用事"字作⿱(蓋銘)、⿱(器銘)。趠鼎(2815 西晚)"史留"、"內史"之"史"作⿱、⿱,"用事"之"事"作⿱。頌鼎(2827~2829 西

晚)"史虢生"之"史"作☐,"用事"之"事"作☐(均采自 2827)。頌簋(4332～4339 西晚)"史虢生"之"史"作☐,"用事"字作☐(采自 4332 蓋銘),"事"字上部中豎畫不曲頭,而 4337 例外,作☐,4335 則作☐。公臣簋(4184～4186 西晚)"用事",字作☐(4184)、☐(4186)。齱簋(4215 西晚)"用事"之"事"作☐(蓋銘)、☐(器銘)。䢅簋蓋(4255 西晚,宋人摹本)"用事"字作☐。輔師嫠簋(4286 西晚)"用事"有兩處,字分別作☐、☐。伊簋(4287 西晚)"用事"字作☐。鄘簋蓋(4296～4297 西晚,宋人摹本)"内史"字作☐,"用事"字作☐(采自 4296)。師穎簋(4312 西晚)"用事"字作☐,"内史"字作☐。

啟卣(5410 西早)"用夙夜事"字作☐(蓋銘)、☐(器銘)。默盤(《通鑒》14504 西中)"用夙夕事(☐)",默盂(《通鑒》14759 西中)"用夙夕事(☐)"。伯晨鼎(2816 西中)"用夙夜事(☐)"。師毁簋(4311 西晚,宋人摹本)"敬乃夙夜用事",字作☐。元年師旋簋(4279～4282 西晚)"敬夙夕用事"字作☐(采自 4281)。大克鼎(2836 西晚)"史小臣"之"史"作☐,"敬夙夜用事"之"事"作☐。豳卣(《集錄》605 西中)"用肇事",字作☐(蓋銘)、☐(器銘)。

倗尊(5955 西中)"倗作毕考寶尊彝,用萬年事(☐)"。倗卣(5366)同銘,字作☐(蓋銘)、☐(器銘)。

關於"用事"之義,我們曾作過討論。册命銘文中,在言明官司、予以命服或其他賞賜如土田、市、旂等之後,"某某拜稽首"、"對揚"之前,往往云"用事",少數曰"敬夙夜用事,勿廢朕命"(大克鼎 2836),或曰"用事,夙夕勿廢朕命"(恒簋蓋 4200),或云"用夙夜事,勿廢朕命"(伯晨鼎 2816),或曰"敬乃夙夜用事"(師毁簋 4311),或曰"敬夙夕用事"(元年師旋簋 4279)。這種"用事"前面有時插入一個"曰"字,静方鼎(《集錄》357)"曰:用事",默盤"曰:用夙夕事"(《通鑒》14504,14759 默盂同),豳卣(《集錄》605)"曰:用肇事"。個别銘辭則比較特殊,親簋云"女(汝)廼敬夙夕勿灋(廢)朕令(命),女胖(肇)享",蔡簋(4340 西晚)則僅曰"敬夙夕勿灋朕命"。"用事"是册命銘辭中的一種慣用語,或者說是册命體銘文的一個格式特徵,其位置、意義相對固定。

輔師嫠簋(4286)云"……(册命銘文)用事。嫠拜稽首,敢對揚王休令(命),用作寶尊簋,其萬年子子孫孫永寶,用事",第一個"用事"的性質容易確定,後一"用事"用在用途銘辭中,跟啟卣(5410)"作祖丁寶旅尊彝,用匃魯福,用夙夜事"之"用夙夜事"、佣卣(5366)"佣作厥考寶尊彝,用萬年事"(佣尊5955同)之"用萬年事"用義應該相同。啟卣的作器之因是說啟從王巡狩,"謹不擾"而作器,佣卣則無作器之因銘辭。這種"用事"跟册命銘辭中的"用事"結構相同,這從其變體中也可以看出來,其區別只在於使用的位置不同,但這並不構成意義上的區別要素,它們的意義是一樣的,但不能把這種"用事"之"事"狹隘地理解爲"政事",它應該包括政事、祭事以及其他一些本家族內部事務,可以籠統地理解爲勤謹於職事或職守。此類"用事"尚未凝固成固定搭配,其間可以插入其他成分。①

(6) 做事、辦理事務,引申指接受使命出外辦理外交事務(即出使)

疌父鼎(2671~2672 西早,宋代摹本)"隹汝率我友以事",字作、。此鼎是疌父爲𦎫製作的,這句話是疌父對𦎫的訓誥語,𦎫大概是疌父的臣屬。"事"是動詞,可以理解爲"做事",這句話的意思就是,希望你帶領我的僚屬勤於職事。②

叔簋(4132~4133 西早)"王姜史(,使)叔事( )于大保"(字形采自 4132 蓋銘)。史、事,或均讀爲"使"。九年衛鼎(2831 西中)"眉敖者膚卓事( )視( )于王","視"爲"殷覜曰視"之"視",③"事"與叔簋(4132~4133 西早)之"事"義同。

堯簋蓋(4139 西早)"楷侯作姜氏寶將彝,堯事( )姜氏"。

---

① 參拙文《談親簋銘中"肇享"的意義——兼説册命銘文中的"用事"》,《古文字研究》第二十七輯。
② 董珊釋爲"吏",譯此句爲"你率領我的友僚和群吏"。參孫剛《試説戰國文字中的"達"》回帖,2011 年 12 月 20 日,http://www.gwz.fudan.edu.cn/SrcShow.asp?Src_ID=1739。
③ 參裘錫圭《甲骨文中的見與視》,"甲骨文發現一百周年學術研討會"論文,中研院歷史語言研究所、臺灣師範大學國文系合辦,1998 年 5 月。

小臣宅簋(4201 西早)"同公在豐,令宅事(⿱)伯懋父"。

徵簋(3862 西早)"公史(⿱)徵事(⿱)又(有)息"。

䈄甗(《文物》2007 年第 1 期 65 頁圖 2,西早)"王□□䈄事(⿱)于䅈"。

遇甗(948 西中)"師雍父戍在古師,遇從,師雍父肩史(⿱)遇事(⿱)于䍙侯"。

生史簋(4100～4101 西中)"召伯令生史(⿱、⿱)事(⿱、⿱)于楚"。①

小臣守簋(4179～4181 西中)"王事(⿱,使)小臣守事(⿱)于夷"(采自 4179)。

易鼎(2678 西中)"事(⿱)于曾"。

守宮盤(10168 西中)"王在周,周師光守宮事(⿱)祼",義即周師由於守宮辦理祼饗周王之事而對其進行賞賜。麥盂(9451 西早)"邢侯光氒事(⿱)麥⿱(祼)于麥宮,侯賜麥金"文例與此同,或以"祼于麥宮"爲句,不妥。

仲幾父簋(3954 西晚)"仲幾父事(⿱)幾事(⿱)于諸侯、諸監",寫法特殊,只是中豎曲頭,而無與中豎相交的一畫。四十三年逨鼎同出 10 件(有兩件銘文連讀),8 件銘中的"史"中畫均不曲頭,但《通鑒》2077 則作"⿱",從出現頻率上講,這個寫法只是偶然現象,可能是鑄範的問題。但仲幾父簋中的寫法有別詞目的,不能與逨鼎寫法牽合。

遹盂(10321 西晚)"命遹事(⿱)于述(遂)土,……天君事(⿱,使)遹事(⿱)⿱"。

曾子㰁鼎(2757 春早)"曾子㰁擇其吉金,用鑄烏彝,惠于剌曲,圅㦣下保,臧敄集[功],百民是奠,孔唉□□,事于四國,用考(孝)用享","事于"作⿱,張亞初釋"事"。"事于四國"即出使諸國辦理外交事務。《論語·子路》:"使於四方,不辱君命。"《史記·屈原賈生列傳》:"是時屈原既疏,不復在位,使於齊。"

---

① 下文云"用事(⿱、⿱)氒祖日丁,用事(⿱、⿱)氒考日戊"。

(7) 事奉

天亡簋(4261 西早)"事喜上帝",字作󰀀。喜,一般讀爲饎。事即事神,饎即祭祀。① 秦駰玉牘(《通鑒》19826 戰晚,秦物)"欲事(󰀀)天地……烝民之事(󰀀)明神"之"事"與之同。今本《竹書紀年》云"(帝辛五十二年)周始伐殷……周師有事于上帝","(成王)九年春正月,有事于太廟"。《詩經·大雅·大明》:"昭事上帝,聿懷多福。"《國語·周語上》:"至于武王,昭前之光明而加之以慈和,事神保民,莫弗欣喜。"

敔尊(5957 西早)"敔󰀀(肇)事丁,用作父乙旅尊彝","事"字作󰀀。《集録》600 卣同銘,字作󰀀(蓋銘)、󰀀(器銘)。② 丁,意義當同於殷墟花東子卜辭之"丁",③花東之丁,有學者認爲是族長之謂。④ 本銘當指敔所屬的󰀀族族長。事,事奉。肇,始也。

召圜器(10360 西早)"召肇進事(󰀀),奔走事(󰀀)皇辟君,休王自穀事(󰀀,使)賞畢土方五十里"。

師訇鼎(2830 西中)"事(󰀀)余一人"。史牆盤(10175 西中)"龕事(󰀀)氒辟"。眉壽鐘(40~41 西晚)"龕事朕辟皇王",字作󰀀、󰀀。尹姞鬲(754~755 西中)"事先王",字作󰀀、󰀀。彧方鼎(2824 西中)"王用肇事(󰀀,使)乃子彧,率虎臣御(禦)淮戎……唯氒事(󰀀,使)乃子彧萬年辟事(󰀀)天子"。伯中父簋(4023 西中)"伯中父夙夜事(󰀀)走考",《小爾雅·廣言》:"走,我也。"《玉篇》:"走:去也,奔也,僕也。"洪成玉云:"僕,謙稱,相當於我。"⑤

---

① 陳初生《金文常用字典》515 頁;喜,祭祀。但"喜"也可能用爲喜衍義,金文鐘銘常見"用侃喜前文人"、"用喜侃皇考"之語。

② 󰀀尊銘、󰀀卣銘(蓋、器)。

③ 此字讀釋,李學勤、裘錫圭等均有說,今從舊釋隸爲"丁"。

④ 參《朱鳳瀚先生來函照登》文後陳劍、董珊回帖,http://www.gwz.fudan.edu.cn/SrcShow.asp?Src_ID=1887,2012 年 6 月 11 日。陳劍之"黄丁"即黄族族長的看法,另參孫亞冰《"衍"字補釋》(《古文字研究》第二十八輯)注 26 所引。

⑤ 洪成玉《〈玉篇〉和〈説文〉比較》,《語言》第五卷,首都師範大學出版社 2005 年 6 月。

伊諆簋(4533 西晚)"用事于丂(考)",字作▨,似有壞範現象。生史簋(4100～4101 西中)"用事(▨、▨)毕祖日丁,用事(▨、▨)毕考日戊"。吕伯簋(3979 西中)云:"其萬年祀毕祖考。""事"指事死而言,可以隨文釋爲祭祀。① 此類"用事"與上文論及的册命銘文中的"用事"不同。

邵黛鐘(225～237 春晚)"余頡岡(綱)事君",字作▨(226)、▨(233)。敬事天王鐘(73～81 春晚)字作▨(73)、▨(75)、▨(77)、▨(78)、▨(80)。王孫誥鐘(《集録》60～85 春晚)"敬事楚王",字作▨(60)、▨(61)、▨(64)、▨(75)。

秦景公石磬(《通鑒》19782 春晚)"竈(肇)尃(敷)蠻夏,極(亟)事(▨)于秦"。

哀成叔鼎(2782 春晚)"台(以)事(▨)康公"。

(8) 事,治也

秦公簋(4315 春早)"虩事蠻夏",字作▨。秦公鐘(262 春早)"虩事(▨)蠻方",264 作▨,秦公鎛(267)作▨,268、269 形同。②

鯀鎛(271 春中)"是辝(台)可事(▨)",義即我可事此,"是"指代前文的"四事":大攻厄、大事(史)、大遂、大宰。

2. 用爲{使}:使令、派遣、致使義

召圜器(10360 西早)"休王自穀事(▨,使)賞畢土方五十里"。

寓鼎(2756 西中)"事(使)扁大人賜作册寓",字作▨,使令義,當隸爲

---

① 《周禮·春官·大祝》:"過大山川,則用事焉。"鄭玄注:"用事,亦用祭事告行也。"《穀梁傳·定公四年》:"〔蔡昭公〕歸,乃用事乎漢。"范甯注:"用事者,禱漢水神。"這種"用事"中的"用"意義比較實在,或曰"有事"。《左傳·僖公九年》:"天子有事于文、武,使孔賜伯舅胙。"《僖公十九年》:"卜有事于山川。"《昭公十六年》:"鄭大旱,使屠擊、祝款、竪柎有事于桑山。"《哀公十三年》:"魯將以十月上辛有事于上帝、先王,季辛而畢。"而這幾件銘文中的"用事"之"用"意義比較虛,可譯爲"用來"。

② 張政烺云:"事讀爲司,即管治之義。"參《張政烺文史論集·"十又二公"及其相關問題》,第 808 頁。後謝明文撰文專門討論此銘之"事"讀爲"司"。參《金文劄記二則》,《古漢語研究》2010 年第 3 期;又見 http://www.gwz.fudan.edu.cn/SrcShow.asp? Src_ID=1306,2010 年 11 月 13 日。"事"訓"治"見於故訓,且符合詞義的引申規律,不煩改讀爲"司"。

"事",或隸爲"史",非是。

肆簋(4192～4193 西中)"王事(使)榮蔑歷",字作 ⿱、⿱(4192)、⿱(4193)。

公姞鬲(753 西中)"事(⿱,使)賜公姞魚三百"。

公貿鼎(2719 西中)"叔氏事(⿱,使)貧安眔伯"。

師旂鼎(2809 西中)"事(⿱,使)氒友引以告","中史"之"史"作⿱。

師酉鼎(《彙編》1600 西中)"事(⿱,使)師俗召師酉","夙夜辟事我一人"之"事"不清。

彧方鼎(2824 西中)"王用肇事(⿱,使)乃子彧率虎臣御(禦)淮戎……"。

彧方鼎(2789 西中)"王姻姜事(⿱,使)內史(⿱)友員易彧"。

五祀衛鼎(2832 西中)"事(使)厲誓",字作⿱,"內史友寺芻"之"史"作⿱。

匍盉(《集錄》943 西中)"匍即于氐,青公事(⿱,使)嗣史(⿱)⿱"。

訓匜(10285 西中)"伯揚父廼或事(⿱,使)牧牛誓曰:自今余敢夒(擾)小大史⿱,事……乃以告事(⿱)㚔、事(⿱)㚔于會"。

曶鼎(2838 西中)"令汝更乃祖考嗣卜事(⿱)……用事(⿱)……事(⿱,使)氒小子䝮以限訟于井叔……事(⿱,使)孚(俘)以告甋"。"使氒小子"句,義即曶委派其小子䝮把限起訴到井叔那裏;"使俘"句,義即曶派人把百孚之金交予甋。

任鼎(《彙編》1554 西中)"王事(⿱,使)孟聯父蔑歷"。

尚盂①"隹三月,王事(⿱,使)伯考蔑尚歷","事"多隸爲"史",讀爲"使",②非是。

鬲比鼎(2818 西晚)"廼事(使)攸衛牧誓","事"字作⿱,"史南"之

---

① 國家文物局主編《2010 中國重要考古發現》,文物出版社 2011 年 4 月。
② 如李學勤《翼城大河口尚盂銘文試釋》,《文物》2011 年第 9 期。

"史"作 🔲。鬲比簋蓋(4278)分別作 🔲、🔲。

敔簋(4323 西晚,宋人摹本)"事(🔲,使)尹氏受贅敔"。

多友鼎(2835 西晚)"余肇事(🔲,使)汝,休不逆,有成事"。

師㝨簋(4324～4325 西晚)"汝敏可事(使)……用事",二"事"字形同,4324 蓋銘分別作 🔲、🔲,上部豎畫貫通,器銘作 🔲、🔲,上部豎畫不貫通。4325 蓋銘、器銘寫法同於 4324。

梁其鐘(189～190 西晚)"天子肩(187 作🔲、189 作🔲)事(使)梁其身邦君大正",字作🔲(187)、🔲(189)、🔲(191)。"肩事"亦見於遇甗(948 西中)"師雝父戍在古師,遇從,師雝父肩(🔲)史(🔲)遇事(🔲)于默侯"。

小臣守簋(4179～4181 西中)"王事(🔲,使)小臣守事(🔲)于夷"(采自 4179)。

仲幾父簋(3954 西晚)"仲幾父事(🔲,使)幾事(🔲)于諸侯、諸監"。

妊小簋(4123 西晚)"伯芳父事(🔲,使)覠犢(覿)尹人于齊師"。

遹盂(10321 西晚)"命遹事(🔲)于述(遂)土,……天君事(🔲,使)遹事(🔲)𦍒"。命、事(使)變文同義。

己侯壺(9632 春早)"己侯作鑄壺,事(🔲,使)小臣以汲"。

蔡簋(4340 西中)"勿事(🔲,使)敢又𠂤止從獄","史失"字作🔲。

農卣(5424 西中)"事(🔲,使)乎咎(友)娉農",娉乃婚配之謂。

量盉(4469 西晚)"勿事(🔲,使)䚄瘧從獄"。

琱生尊(《通鑒》11783～11784 西晚)"勿事(使)散亡","事"字 11783 作🔲,11784 作🔲。

𢦏方鼎(2824 西中)"唯乎事(🔲,使)乃子𢦏萬年辟事天子"。

季妃𧸇罍(9827 西中)"事(🔲,使)萬人(年)"。

郏召簋(《集錄》526 春早)"事(使)受福",蓋銘作🔲,器銘殘存🔲。

洹子孟姜壺(9729～9730 春晚)"余不其事(🔲,使)汝受束"。

3. 用爲{史}

應事鼎(《集録》288 西中)■、應事簋(3442 西中)■(器銘),應史爵(9048)作■、應史觶(6469)作■。① 鼎、簋作事,爵、觶作史,異文通用,"應事"當讀爲"應史",應國史官。文例同於其史觶(6489 西早)之"其史"、作彭史尊(5810 西早)之"彭史"等。吴鎮烽《金文人名彙編》(修訂本)412 頁"應事,西周中期前段應國人","應史,西周早期應國人",區分爲二人。

趩觶(6516 西中)"内史",字作■。

簷大史申鼎(2732 春晚)"大史"字作■。 鬲■ (271 春中)"大史"字作■。叔尸鎛(285 春晚)"大事(■,史)"。

綜上,西周、春秋金文中的"事",一般作■,三歧之中畫貫穿"■"旁並向左曲頭,這是當時的通行寫法。偶或向右曲頭作■,或不曲頭作■,又偶作■、■、■、■、■、■等形。還有一些屬於個人書寫層面的異寫變體,如宰獸簋(《集録》490 西中)"用事"字作■等。從總的使用情況看,這些形體没有别義作用。在個别銘文中,{事}與{使}的形體會加以區别,如訓匜(10285 西中)以"史"爲{事}(事情),以"事"爲{使};遇甗(948 西中)以"史"爲{使},"事"爲動詞做事義,叔簋(4132~4133 西早)、徵簋(3862 西早)同;琱生尊(《通鑒》11783~11784 西晚)"曰汝事召人"字作■(11783)、■(11784),"勿事(使)散亡"字作■、■;矢令方尊(6016 西早)、矢令方彝(9901 西早)"三事"作■、■,"卿旟(事)寮"作■、■;師袁簋(4313~4314 西晚)"反乎工事"字作■、■,"夙夜卹乎牆(將)事"作■、■(采自 4313 蓋銘、器銘);毛公鼎(2841 西晚)"霅之庶出入事于外"之"事"作■,"卿事寮"之"事"作■。但這些區别没有一定的規範,而且也没有推廣到社會通用的層面。不過這種情況已經説明,當時的人對{事}的多種用法是有認知的,並嘗試在字形上加以區分,只不過這種區分没有得到社會約定俗成的認可。"卿事"、"卿事寮"

---

① 1982 年 11 月河南平頂山市郊滍陽鎮西門外西周墓葬出土。

之"事"作"旘"者多於作"事"者,似乎有一定的書寫習慣,由相關文例看,旘用爲事沒有問題,之所以寫作旘,大概是爲了與"大史寮"之"史"相區別。

總之,西周、春秋金文中,"史"與"事"的記詞職能基本上是完全分開的,混用是偶然現象。① "事"的名詞義職官、事情、職事等,和"事"的動詞義做事、治理、事奉等,在社會通用層面,沒有作出字形上的別異,有的銘文因義不同而在字形上加以區別,乃屬於個體行爲。"史"表示{事}十分少見(9例),同樣,"事"表示{史}也非常少見(6例)。{使}偶用"史"表示,多數用"事"表示,{使}、{事}同字説明{使}在這個時期尚未從"事"分化出來。這種現象也説明,無論從字源上還是詞源上,{使}跟{事}的關係較之{使}跟{史}的關係更密切。西周、春秋金文中尚無{吏}的用法。

四、戰國金文中的情況

本節主要討論戰國金文中的史、吏、事、使的用法及字形規範情況,有些文例連同春秋金文一併討論。

(一) 史

1. 氏名

王三年鄭令韓熙戈(11357 戰晚,韓器)"右庫工師史裹","史"字作 ᠄。安邑下官鍾(9707 戰晚,魏器)"史裹",字作 ᠄。② 此人亦見於滎陽上官皿(《通鑒》14081 戰晚),字作 ᠄。王三年馬雍令戈(11375 戰國)"馬雍令史吴",字作 ᠄,馬雍令戈(《彙編》1976 戰國)"史吴"字作 ᠄。十四年武城令戈(11377 戰晚)"庫嗇夫史歉",字作 ᠄。

五年龏令思戈(11348～11349 戰國)"左庫工師長史盧",字作 ᠄,11349 作 ᠄,用爲人名。

---

① 有人説"史(事、吏、使)"這種異字同形的現象在西周金文中尚未分化,這是不符合西周的實際情形的。參王瑞英《西周金文構形特徵探析》,《遼東學院學報》2012年第2期。

② 此銘云"十年九月府嗇夫成加、史裹敀之",或釋讀爲"左(佐)史裹"。

2. 官名

青川木牘(戰晚,秦國)"王命丞相戊(茂)、内史(䇂)匽氏、臂更脩爲田律"。① 宗邑瓦書(《通鑒》19926 戰晚,秦國)"周天子使(䇂)卿大夫辰來致文武之酢(胙)……大田佐敖童曰未,史(䇂)曰初。卜蟄,史(䇂)羈手"。

司馬成公權(10385 戰國,趙器)"五年司馬成公朔、卸(穎?)史(䇂)命代(?)慧"。董珊認爲,作爲職官名稱的"卸(穎?)史命"的構詞跟文獻中的"御史令"、"内史令"、"太史令"等相同,"史"上一字的字形結構不清楚,有待研究。五年司馬禾石權所見的三種職官,是以司馬爲監造者,也是該器最終的使用者;以"卸(穎?)史命"作爲技術標準的指導者;以"下庫工師"作爲器物的具體製造(主造)者。②

喪史實瓶(9982 戰國)"喪史實"字作䇂,這種寫法見於殷商甲骨文及西周金文。

(二) 事

1. 氏名

事番鼎(1353 戰國)䇂(摹本)。楚王酓忎鼎(2794 戰晚)"事秦"之䇂,又見冶史秦勺(9931～9932 戰晚,9931 字作䇂)。事孫□丘戈(11069 春早),字作䇂。九年左使車壺(《古文字研究》第二十七輯 296 頁圖 2,戰中)"嗇夫事縵",字作䇂。十年左使車銅盒(10358 戰中)"事縵",字作䇂,此人又見於十年左使車燈(10402 戰中),字泐。七年鄭令矛(11554 戰晚)"司寇事陸",字作䇂。八年鄭令戈(11386 戰晚,韓器)"司寇事欽",③字作䇂。八年陽城令事壯戈(《古文字研究》第二十六輯 217 頁,戰晚,韓器)

---

① "匽氏"、"臂"爲人名,均爲内史。參吳良寶《十四年上郡守匽氏戈考》,簡帛網 2012 年 5 月 22 日,http://www.bsm.org.cn/show_article.php?id=1702#_ednref3。

② 參董珊《戰國題銘與工官制度》第一章《趙國題銘》第四節,北京大學中文系博士論文,2002 年 5 月。

③ 所謂"事陸"、"事欽"可能是同一人,釋文當有誤。吳鎮烽《通鑒》17644 七年鄭令矛釋"史隋",《通鑒》16796 八年鄭令戈中釋爲"事(吏)欽"。《金文人名彙編》(修訂本)則認爲是同一人(第 90 頁),釋爲"史陘",但 192 頁又把《集成》11386 此人釋爲"事欽",且斷代歧異,前後矛盾。

"陽城令事①壯",字作🔲。廿年冢子戈(《古文字研究》第二十七輯 322 頁,戰晚,韓器)"上庫嗇夫事🔲(進?)",字作🔲。二年梁令張猷戟刺(《古文字研究》第二十七輯 326 頁圖 3)"司寇事②昔",字作🔲。元年春平侯矛(11556 戰晚,趙器)"冶事(🔲,摹本🔲)開執劑"。③"事開"又見於二年相邦春平侯鈹(11682 戰晚,趙器),字作🔲;三年相邦春平侯鈹(11683 戰晚)中"事"字上部分又筆畫因處於鈹身斷裂處而殘損。七年相邦陽安君鈹(11712 戰晚,趙器)"邦右庫工師事(🔲,摹本🔲)箊胡、冶事(🔲,摹本🔲)痾執劑"。邱皮戈(《集錄》1188 戰晚)"右庫工師事(🔲)□"。④ 八年邦右庫兵器(11837 戰國)"冶事□",⑤字作🔲。四年代相樂□鈹(《集錄》1231 戰晚,趙器)"冶事(🔲)息,級事(🔲)"。⑥ 六年代相事微劍(《通鑒》17960 戰晚,趙器)"六年代相事(🔲)微,左庫工師孫涅,冶事(🔲)息執劑"。

2. 官名:詹事、視事、級事、詔事

十七年太后漆盒(《通鑒》19921 戰晚,秦物)"太后詹事(🔲)",廿九年太后漆樽(《通鑒》19923 戰晚,秦物)"太后詹事(🔲)"。詹事,秦始置,職

---

① 何琳儀、焦智勤云:"事,又見《侯馬》312、《璽彙》1089、1819、1830、《陶彙》3.811、6.62 等,皆爲三晉姓氏用字,見《姓苑》。又戰國文字'吏'姓也習見(《聲系》107~108 頁),讀'史'。'吏'與'事'形體有別,'事'與'史'當然也是完全不同的兩個姓氏(《聲系》104~108 頁)。有的著述將'吏'、'事'混爲一談,均讀爲'史',不可不辨。"參《八年陽城令戈考》,《古文字研究》第二十六輯,中華書局 2006 年 11 月,第 213 頁。

② 韓自强云:"事,姓氏,晉、楚、燕均有此姓。"參《過眼雲煙——記新見五件晉系銘文兵器》,《古文字研究》第二十七輯,第 324 頁。

③ 張亞初釋"韓開"。或疑僞刻。

④ 或釋"事□"爲"吏",人名。參吳鎮烽《金文人名彙編》(修訂本),第 112 頁。或釋爲"吏尚"。參周波《戰國文字中的"許"縣和"許"氏》,《古文字研究》第二十八輯,第 351 頁。

⑤ 或釋爲"邦右庫冶事執□","邦右庫冶事"理解爲邦右庫所屬之冶事。參陸德富《三晉兵器銘文中的"冶事"與"冶人"》,《江漢考古》2012 年第 2 期。陸文認爲"冶事"可能是一個詞,冶的別稱,是以冶爲職事的意思。他的依據是,目前所見到的三晉兵器銘文中,位於最後一級的冶尹或冶均只具單名,可以確定具氏的例子似乎還沒有。因此,從三晉兵器銘文的書寫通例來看,事作爲工匠之氏的可能性恐怕不大。

⑥ "級事",陳劍讀爲"給事",供職之義。參陸德富《三晉兵器銘文中的"冶事"與"冶人"》注 2。"給事",《通鑒》釋"綬(綏、受)事"。

掌皇后、太子家事。

卅年庱令癰鼎(2527 戰中,魏器)"眂(視)事(▨)"。十七年平陰鼎蓋(2577 戰中)"眂(視)事",字作▨。卅五年庱令鼎(2611 戰中,魏器)"眂(視)事"字作▨。卅五年庱令盉(9449 戰中,魏器)"視事"字作▨。信安君鼎(2773 戰中,魏器)"眂(視)事"字作▨(蓋銘)、▨(器銘)。

六年司工馬鈹(《彙編》1632 戰晚,趙器)有"冶尹明所爲,級(▨,給)事芯禹執劑",①銘泐。二年邦司寇趙春鈹(《彙編》1631 戰晚,趙器)"冶尹頯所爲,級(▨)事(▨)爲執劑"。二年邦司寇趙春鈹(《通鑒》18063 戰晚,趙器)"下庫工師孫定,冶尹□爲,級(▨)事(▨)執劑"。四年代相樂□鈹(《集錄》1231 戰晚,趙器)"右庫工師長五鹿,冶事(▨)息,級(▨)事(▨)"。三年大將李牧弩機(《通鑒》18580 戰晚)②"大將事(李)牧、邦大夫王平、象(橡)長承所爲,級(▨)事(▨)伐"。

三年詔事鼎(2651 戰晚,秦器)③字作▨(刻銘,在口沿下),或釋吏,或釋使。十二年丞相啟顛戈(《文物》2008 年第 5 期 68 頁圖 2、3,秦器)"詔事",作▨(鑄銘),内正面亦有"詔事",乃刻銘,作▨。五年相邦呂不韋戈(11380 戰晚,秦器)内背面鑄銘"詔事",作▨,正面刻銘"詔事圖"字作▨。五年相邦呂不韋戈(11396 戰晚,秦器)内背面鑄銘"詔事",作▨,正面刻銘"詔事圖",字作▨。八年相邦呂不韋戈(11395 戰晚,秦器)内背面鑄銘"詔事",作▨,正面刻銘"詔事圖",字作▨。卅三年詔事戈(《通鑒》16903 戰晚,秦器)"詔事",字作▨。五十年詔事戈(《彙

---

① 《通鑒》釋"受事",云:"此鈹的'受事'就是'冶',是直接執行鑄造的工匠,他受工師冶尹的命令,承擔具體操作的任務,因而稱作受事。"

② 三年大將李牧弩機(《通鑒》18580 戰晚,趙器)"大將事(▨,李)牧",吳鎮烽、師小群《三年大將吏弩機考》(《文物》2006 年第 4 期)釋爲"大將吏牧",是大將軍李牧的屬吏。吳鎮烽《金文人名彙編(修訂本)》持此說(第 23 頁)。張振謙改釋爲"大將吏(或史)牧",讀爲"大將李牧"。參《三年大將吏弩機補釋》,《文物》2006 年第 11 期。《通鑒》釋爲"大將吏(李)牧",備注云:"此弩機爲趙繆王遷三年(前 233 年)製造,落入秦人之手後加刻'瀘丘'二字。"

③ 程長新、張先得《歷盡滄桑,重放光華——北京市揀選古代青銅器展覽簡記》,《文物》1982 年第 9 期,第 27 頁圖 9。

編》2003 戰晚，秦器）"詔事宕"，字作󰀀。卅年詔事戈（《通鑒》17110 戰晚，秦器）"詔事"，字作󰀀。李學勤認爲"詔事"是機構的名稱，和"屬邦"有一定聯繫。王輝認爲，"詔吏"是由詔命任用的吏，其身份應較高（68頁，87 頁云：詔吏可能是以王命任用之吏）。①

詔使矛（11472 戰晚，秦器）作󰀀（摹本，拓本字泐），字从人从事，即秦文字中"使"字的寫法，當同"事"。

3. 用爲{使}

修武使君甗（《彙編》1482 戰晚），甗的圈足和釜底各刻銘文 4 字，内容相同，銘曰"攸（修）武事（使）君"。"事"字作󰀀、󰀀，讀爲使。陳佩芬云：修武，縣名，今河南省獲嘉縣；使君，爲魏國職官名。②

4. 事情、職事、政事

國佐詹（10361 春中）"國佐立事歲"，字作󰀀。公子土斧壺（9709 春晚）"立事歲"，字作󰀀。

公孫潮子鐘（《集録》6～9 戰早，莒器）、鎛（4～5）"立事歲"，字作󰀀（采自鎛 4）。陳純釜（10371 戰早）"陳猷立事歲"，字作󰀀。子禾子釜（10374 戰早）"立事歲"，字作󰀀。③ 陳璋方壺（9703 戰中）"立事歲"，字作󰀀。是立事歲戈（11259 春晚）󰀀。陳璋壺（9975 戰中）"立事歲"，字作󰀀。王何戈（11329 戰晚，三晉）"立事"，字作󰀀。彼令趙世鈹（11669 戰晚）"王立事"，字作󰀀。南行易令瞿卯劍（11673～11674 戰晚）"王立事"，字作󰀀、󰀀。南行易令瞿卯鈹（《彙編》1481 戰晚，趙器）銘同，字作󰀀。相邦春平侯鈹（11688 戰晚，韓

---

① 秦封泥中有"詔事之印"、"詔事丞印"等。參龐任隆《西安中國書法藝術博物館藏秦封泥》，《中國文物報》2013 年 5 月 8 日第 7 版。關於"詔事"，參王輝《秦銅器銘文編年集釋》，三秦出版社 1990 年 7 月，第 67，87 頁。但王氏依從袁仲一釋"吏"的主要根據——昭王二十九年太后漆卮（即《通鑒》19923 所著録的廿九年太后漆樽）的文字釋讀有誤，所謂"吏丞向"之吏當屬上"詹"字讀爲"詹事"，官名。

② 陳佩芬《夏商周青銅器研究·東周篇》，上海古籍出版社 2004 年 12 月，第 391 頁。

③ 銘下文云"關人□□丌（其）吏（󰀀，或隸爲'事'），中刑，垂遂，贖以［金］鈞"。李家浩認爲意思是説，關人因"□□其吏"，要判臨中刑，如果赦免，要用金三十斤贖罪。參《齊國文字中的"遂"》，《著名中年語言學家自選集·李家浩卷》，第 43 頁。銘末云"□命者，于丌（其）事（󰀀）區夫"，大概也是關於處罰的規定。但這兩句話意思不太明確，不過吏、事字形有别，意義當也不同。

器)"王立事",字作▨。燕王喜劍(11705 戰晚)"立事",字作▨。"立事"讀爲"涖事",涖,臨視、治理之謂,涖事即任職治事。

陳喜壺(9700 戰早)"陳喜再立事歲","事"字拓本上部不清,摹本作▨。但迄今所見"立事歲"文例均不作此形,姑存疑待考。

新鄭虎符(12108 戰晚,秦器),體前和尾部各有一孔,"燔燧事"之"燧"的下部火旁和"事"字上部筆畫因孔而損,字作▨。杜虎符(12109 戰中,秦器)文同,"事"作▨。

荊門左塚楚墓漆梮(《通鑒》19925 戰早)"事(▨)杏"。①

5. 事奉

陳逆簠(4629～4630 戰早)"寅事齊侯"字作▨(4629)、▨(4630 蓋銘)、▨(4630 器銘)。

中山王鼎(2840 戰中)"事(▨)少如長,事(▨)愚如智","事"或釋爲"旋",非是。"事"字,兆域圖作▨,鼎銘"事"字上部三歧構件和"甘"旁之間的橫筆向右下作美術化延伸,這種由橫畫演變爲乁的現象,在中山國文字中並非個例,其他如"武"作▨(玉珩),又作▨(方壺);"征"作▨(大鼎),又作▨(圓壺);"或"作▨(圓壺);"夫"作▨,又作▨。而且"事"字三歧之中畫向左曲頭,而从攴之字沒有這種寫法,如▨、▨②,因此▨字是"事",是晉系文字的特徵性寫法。

(三)遊、徣、傳={使}

中山王鼎(2840 戰中)"遊(▨)知社稷之任……事(▨)少如長,事(▨)愚如智"。中山王壺(9735 戰中)"舉賢遊(▨,使)能"、"遊(▨)得賢士良佐"、"外之則將遊(▨)上勤於天子之廟"、"遊(▨)其老策賞仲父"。"遊"舊釋爲"迹"。

"使"字的另外一種寫法亦見於中山國器物,均見用於"左使車"、"右使車"名稱中,一般認爲是遊字異體(或省文),其形作▨(左使車工尼鬲 537)、▨(左

---

① 關於此字的討論,參蘇建洲《楚文字論集·荊門左塚楚墓漆梮字詞考釋五則》90頁,萬卷樓圖書股份有限公司 2011 年 12 月。
② 參張守中《中山王𧻓器文字編》,人民美術出版社 2011 年 4 月,第 33 頁"事"、32 頁"武"、36 頁"征"、38 頁"或"、46 頁"施"、55 頁"㫃"、61 頁"遊"。

使車工羆鼎 2091)、▨（左使車工蔡簠 4477)、▨（十三年右使車勺 9934)、▨（十四年龍鳳方案 10477)、▨（十四年雙翼神獸 10446，10447 則作▨）。或訛爲▨（左使車工瑣鼎 2089)、▨（左使車鐘《通鑒》18660)。

以上諸字都是从"史"的，"史"演變爲"吏"，所以字或隸爲㞢、徍。

兩詔權(《通鑒》18920 秦代)"使毋疑"，字作▨，《通鑒》18921 作▨，《通鑒》18923 作▨，《通鑒》18924 作▨。兩詔橢量(《通鑒》18834 秦代)"使毋疑"，字作▨，《通鑒》18835 作▨，《通鑒》18836 作▨，《通鑒》18838 作▨，《通鑒》18839 作▨。二世詔版(《通鑒》18944 秦代)"使毋疑"，字作▨，《通鑒》18945 作▨，《通鑒》18948 作▨，《通鑒》18951 作▨，《通鑒》18954 作▨。

秦駰玉牘(《通鑒》19826～19827 戰晚，秦)"使（▨）明神知吾情"，19827 作▨。詛楚文(《通鑒》19829～19831 戰晚)"使其宗祝邵䥷"，字作▨、▨、▨。宗邑瓦書(《通鑒》19926 戰晚，秦)"周天子使（▨）卿大夫辰來致文武之酢（胙）"。

從金文看，秦文字中{使}作"傳"，从人从事，事亦聲。

（四）吏

廿年冢子戈(《古文字研究》第二十七輯 322 頁，戰晚，韓器)"上庫嗇夫事（▨）▨（進?)，庫吏（▨）祛"。① 十八年冢子韓矰戈(《通鑒》17289 戰晚，韓器)"庫吏（▨）安"。② 從睡虎地秦簡看，"吏"都是官吏、官長的泛稱，也即《説文》所謂"治人者也"，沒有具體職官名"吏"者，所以這兩例"吏"很可能應該釋"史"。

戰國文字中史、事區分清楚。"事"字本有兩個構件組成，即▨和▨，▨之中畫可以與▨旁相接，也可以相交。戰國文字具有區系特徵，在有

---

① 黃錫全云：事進，嗇夫之名，事當讀爲史；庫吏，在嗇夫之後、冶之前，爲嗇夫的下級，當是專門負責管庫的官吏，其位置有可能比同類器的"冶尹"（工頭）要高。參《介紹一件韓廿年冢子戈》，《古文字研究》第二十七輯，第 319 頁。

② 十九年冢子矛(《彙編》1997 戰晚，韓器)"上庫嗇夫事□，庫吏高"，銘泐。另參卅年冢子韓春鈹(《集錄》1234 戰國，魏器)"冢子韓春、吏朝，大官上庫嗇夫□□，庫［吏］□"（釋文據《通鑒》，所謂"吏朝"之"吏"可能當釋"事"）。

的區系如齊、楚文字中繼續這種二元構件的寫法，但有的區系如晉系則寫爲三個構件：上部三歧一個構件，中部"口"旁或"甘"①旁一個構件，下部"又"旁一個構件。戰國時期是漢字隸變的發生發展期，這種對構件析分的不同，會影響文字隸變的趨向。在隸變過程中，曲筆往往會拉直，所以"事"字可以寫成🔲（二年邦司寇趙春鈹"級事"）、🔲（五年相邦吕不韋戈"詔事"）。戰國時期的六國"史"字上部"中"旁之中畫多不再與"口"相交，而是與之相接，作🔲（馬雍令戈）。而戰國文字往往在豎畫上加飾點，因此"史"又寫作🔲（取自中山國十四年雙翼神獸"彼"字偏旁）。飾點又往往演變爲短橫，所以"史"又寫作🔲（取自中山國左使車工壓鼎"彼"字偏旁）、🔲（十四年武城令戈）、🔲（王三年鄭令韓熙戈）。也就是説，"事"和"史"在隸變過程中可能會發生混同，但在戰國金文中利用文例、字形雙重限定，基本上是可以區分開的。② 戰國文字｛使｝見於中山國文字和秦國文字，中山國文字从辵从史或从彳从史，史旁進一步演變爲吏旁，彳或訛爲亻，就演變成了"使"。秦文字从亻从事，在隸變作用下也演變爲"使"。但中山國文字可能在秦"罷其不與秦文合者"的"書同文"政策背景下中斷了其進一步演變爲"使"的進程，我們今天使用的"使"當是承襲秦文字而來的。在戰國簡牘資料中，"吏"都是官長的泛稱，没有具體職官名"吏"者，戰國金文三晉文字中的"庫吏"很可能應該釋爲"庫史"。由於金文文體的限制，"吏"字到底產生於何時，由何字（是"史"還是"事"）演變而來，還需要進一步擴大材料的考察範圍，考察戰國、秦漢時代的日常社會生活和政治生活的史料。③

在上文討論的基礎上，我們來分析一下《戰國古文字典》（下簡稱《戰典》）④中收列的有關字形資料及其解釋。此書爲斷代古文字典，材料相

---

① 本非口或甘字，今加引號，以表示其純爲形體上的相似。

② "事"字曲筆拉直有一個曲弧度不斷縮减的過程，並不是一步到位，而"史"字之飾點演變爲短橫可以一步完成。

③ 三年大將李牧弩機（《通鑒》18580 戰晚）"大將事（李）牧"之"事"作🔲，"級事"之"事"作🔲，二形上部三歧構件和下部又旁之間的部分寫法不同，這種不同可能有别詞作用，從音讀上，吏、李均爲之部來母字，🔲釋"吏"非常直接。但考慮到戰國文字中"事"、"史"形體區分清楚，我們主張把🔲釋爲"事"。二字之間的筆畫差異可能是出於避複的考慮。

④ 何琳儀《戰國古文字典——戰國文字聲系》，中華書局 1998 年 9 月。

對單純一些。104頁"史"字下收列晉系和秦系兩類字形🔲、🔲,秦系繼承了西周文字的書寫特徵。其用法有三:(1)姓氏;(2)用爲{吏}(如"縣吏");(3)官名(如"内史")。104頁、105頁㣇(🔲、🔲)①、彶(🔲)分立字頭,文例均爲中山國的"使車",按其實際運用狀況,實無分立之必要。104頁"吏"下收齊系、燕系、晉系三類字形🔲、🔲、🔲,但晉系之🔲、🔲,文例爲"事君"、"敬事",②此類字形當是三歧且中畫曲頭之"事"字的簡體,應歸入"事"字,歸入"吏"字不妥。其用法有三:(1)用爲{事}(如"立事");(2)姓氏,用爲{史};(3)用爲{吏}(如"縣吏")。"縣吏"字作🔲或🔲,均屬晉系文字,而前者歸"史",後者歸"吏"。"逑"收齊系和晉系中山國文字,用法有二:(1)用於複姓,"大逑"讀爲"太史";(2)讀使,有使讓和舉用二義。106頁"事"字下收齊系、晉系、楚系、秦系以及暫時無法分域五類字形,秦系繼承西周文字的整體特徵。其用法有六:(1)用爲{事}:事情、職事(如"立事"),事奉;(2)用爲{使}(如"使人");(3)姓氏;(4)官名(如"視事"、"詔事");(5)用爲{士}(如"慶事"讀爲"卿士");(6)用爲{吏}(如"冗吏")。{吏}用法見於秦文字。109頁"倳"收兩例秦文字,注曰"讀使",其實,這種寫法就是秦文字中"使"字的寫法。

　　黃德寬主編《古文字譜系疏證》(下簡稱《疏證》),屬於通代古文字典,在字頭設立、材料選擇上難度都要大一些。250頁"史"字下,令簋"用尊史于皇宗"中讀"使"不確,當讀"事",事奉義。癲鐘"微史剌祖"中亦讀"使",其實,"微史"乃微地之史。③ 㝬鼎"事乎小子"中字形乃是"事"字,讀爲"使",歸入"史"字不當。251頁、254頁㣇、彶分立字頭,㣇下收列了晉系中山國和秦系文字,秦簡中即"使(也可隸爲倳)",而259頁立有"倳"字頭,收形與《戰典》同,用爲"使"。由此看來,《疏證》對㣇下所收秦文字的形體分析有歧異。252頁把中山國文字🔲(事)歸入"旗"字,誤。252頁"吏"字用法有五:(1)用爲{事}:事情、職事,事奉;(2)用爲{史},姓

---

① 注云:"疑逑之省文,或使字異文。"
② 《古璽彙編》(文物出版社1981年12月)"吉語璽"4197 🔲,釋爲"敬事",所謂"事"字作🔲,頗爲罕見,與其他"敬事"印均不相類,我們懷疑其字當釋"敬古"。【編按】就此問題曾向蕭毅先生請教,他説成語印簡體特别多,該印文應該是"敬事"。2019年4月1日記。
③ 【編按】"微史",朱鳳瀚先生認爲應該是微氏家族在王朝做史的人。

氏（針對晉璽，未明確西周金文中的用法）；（3）官名（如"長史"）；（4）用爲{吏}（如"縣吏"、"冗吏"）；（5）用爲{使}，役使、使用、使讓（針對郭店簡）。"吏"字下所收字形比較混亂，這跟"吏"字分化時代層次不明確有重要關聯。跟《戰典》一樣把晉璽"敬事"、"事君"字歸入"吏"字，誤。首三形（西周、春秋金文）當歸入"事"字。254頁逑字收列字形與《戰典》同。254頁"事"字下除西周、春秋金文文字外，所收戰國區系文字與《戰典》大體相同。

由上分析可以看出，由於史、吏、事、使的字際關係以及"吏"字分化的時代層次沒有研究清楚，致使字書在字頭設立、字形類聚、字義歸納等方面產生了一定的混亂。

五、戰國簡牘資料中的情況

本節考察戰國簡牘材料（楚簡和秦簡）中的情況。

（一）清華簡①

1. 史

（1）官名。《清華簡一・金縢》2簡："史（䇂）乃册祝告先王曰。"

（2）用爲{使}

《清華簡二・繫年》第五章第24簡："息侯弗訓（順），乃使（䇂）人于楚文王曰。"第八章第45＋46簡②："秦之戍人使（䇂）人歸告曰。"第十一章第58簡："莊王即位，使（䇂）孫（申）伯亡恨聘于齊。"第十六章第86＋87簡"龍（共）王使（䇂）芸（鄖）公聘於晉"，"競（景）公使（䇂）翟之伐聘於楚"。

2. 事

（1）事奉。《金縢》4簡："多才多藝，能事（䇂）鬼神。"

---

① 李學勤主編《清華大學藏戰國竹簡（一）》，中西書局2010年12月；《清華大學藏戰國竹簡（二）》，中西書局2011年12月；李學勤主編《清華大學藏戰國竹簡（三）》，中西書局2012年12月；李學勤主編《清華大學藏戰國竹簡（四）》，中西書局2013年12月。分別簡稱《清華簡一》、《清華簡二》、《清華簡三》、《清華簡四》。其時代爲戰國中晚期，據AMS碳十四年代測定，經樹輪校正的資料爲公元前305±30年（參《清華大學藏戰國竹簡（一）・前言》）。

② "＋"表示二簡簡文連讀，非表兩支斷簡的綴合。下文同。

（2）政事、事情。《金縢》6 簡："乃命執事（🔲）人曰：'勿敢言。'" 10＋11 簡："王問執事（🔲）人。"

《清華簡一·皇門》1 簡："朕寡邑小邦，蔑有耆耇據①事（🔲）屏朕位。"11 簡"是受（授）司事（🔲）師長"，整理者云："師長，指官職。此句今本作'是授司事于正長'。"黃懷信云："師，眾。今本作'正長'亦通，唯'于'字當無。"②此句義即授予他們所司之職事及官職。《皇門》之"事"較之《金縢》，多一點畫。

《清華簡一·字形表》213 頁"事"字下所收《祭公》18 簡之"事"，乃是"尃"字，已有學者指出，今不贅述。

（3）用爲｛使｝。《繫年》第十六章第 87＋88 簡："龍（共）王使（🔲）王子辰聘於晉，或攸（修）成，王或使（🔲）宋右師華孫元行晉楚之成。"

《繫年》之🔲乃"史"字，🔲乃"事"字，均用爲"使"，第十六章二形同出。《清華簡二·字形表》220 頁歸於同一個字頭下，隸爲"吏"，字形的隸定以及字頭的設置均欠妥當。

清華簡一、二之"史"用爲官名和動詞｛使｝，"事"用爲名詞政事、事情以及動詞事奉和｛使｝。

《清華簡三·良臣》1 簡"史皇"字作🔲，8 簡"史百（伯）"字作🔲，上部中豎筆畫與"口"旁相交且加飾點，這種寫法既不見於兩周金文，也不見於郭店簡和上博簡。戰國金文中於豎畫加點的寫法多見於偏旁，且豎畫與"口"旁相接而不是相交。《清華簡三·說命上》1 簡"隹殷王賜說于天，甬爲失仲使人"（釋文用寬式），"使"字作🔲，與《清華簡一·金縢》2 簡寫法同，但用法有別。

《清華簡三·說命上》7 簡"說來，自從事于殷，王甬命說爲公"（釋文用寬式）之"事"作🔲。《說命下》3 簡"以益視事"字作🔲。《周公之琴舞》2

---

① 此字整理者讀爲"慮"，讀"據"參汪亞洲《清華簡〈皇門〉集釋》，復旦大學出土文獻與古文字研究中心網站，http://www.gwz.fudan.edu.cn/SrcShow.asp?Src_ID=1660，2011 年 9 月 23 日。

② 黃懷信《清華簡〈皇門〉校讀》，http://www.bsm.org.cn/show_article.php?id=1414，2011 年 3 月 14 日。

簡"劢(陟)降其事"字作▨。《芮良夫毖》1簡"御事"(名詞)字作▨。《清華簡四·筮法》24+25簡"凡筮志事",字作▨;同一辭例又見32簡,字作▨;38簡作▨;40簡"大事"字作▨,41簡"中事"字作▨,"小事"字作▨,"外事"字作▨;42簡"内事"字作▨。

在已經發表的材料中,"史"出現三種寫法▨、▨、▨,見於《金縢》、《繫年》、《良臣》、《説命》,由於資料有限,暫不能判定在清華簡中哪種爲常見寫法。"事"字亦有三種寫法▨、▨、▨,見於《金縢》、《皇門》、《繫年》和清華簡四,▨爲常見寫法;結合其他楚簡材料看,▨爲次常見寫法;▨一類寫法見於戰國金文,但楚簡中罕見。

(二) 上博簡①

1. 史

(1) 官名

《上博五·季康子問於孔子》14簡:"三代之傳史(▨),幾(豈)敢不以其先人之傳等(志)告。"

《上博六·競公瘧》2簡:"是吾亡(無)良祝、史(▨)也,吾欲敀(誅)諸祝、史(▨)。"3簡:"是信吾亡(無)良祝、史(▨)。"4簡:"夫子使(▨)其私史(▨)②聽獄於晉邦……使(▨)其私祝、史(▨)進……"5簡:"其祝

---

① 上博簡的時代爲戰國晚期,參《上博一》之陳燮君序及馬承源《前言:戰國楚竹書的發現保護和整理》。馬承源主編《上海博物館藏戰國楚竹書(一)》,上海古籍出版社2001年11月;《上海博物館藏戰國楚竹書(二)》,上海古籍出版社2002年12月;《上海博物館藏戰國楚竹書(三)》,上海古籍出版社2003年12月;《上海博物館藏戰國楚竹書(四)》,上海古籍出版社2004年12月;《上海博物館藏戰國楚竹書(五)》,上海古籍出版社2005年12月;《上海博物館藏戰國楚竹書(六)》,上海古籍出版社2007年7月;《上海博物館藏戰國楚竹書(七)》,上海古籍出版社2008年12月;《上海博物館藏戰國楚竹書(八)》,上海古籍出版社2011年5月。一～五的釋文如不特別説明,均據李守奎等編纂《上海博物館藏戰國楚竹書(一～五)文字編》之附録六,或簡稱"李守奎"。另參郭蕾蕾《〈上海博物館藏戰國楚竹書(六)〉研究概況及文字編》,吉林大學碩士學位論文,2008年4月,指導教師:馮勝君教授;韓義剛《〈上海博物館藏戰國楚竹書(七)〉研究概況及文字編》,吉林大學碩士學位論文,2011年4月,指導教師:馮勝君教授;王凱博《上博八文字編》,http://www.gwz.fudan.edu.cn/SrcShow.asp?Src_ID=1765,2012年1月3日;等。郭蕾蕾、韓義剛文設"吏"、"事"二個字頭,王凱博文設"史"、"事"二個字頭。

② "史"或釋爲"吏","私吏"即"家吏"。

史(🗒)之爲其君祝敓也。"7 簡:"則恐後敃(誅)於史(🗒,指史官)者,故其祝史(🗒)製蔑尚折祝之。"

(2) 用爲{使},多爲動詞,義爲致使、派遣、讓、役使、使用,名詞義爲使者

《上博一·性情論》4 簡:"教使(🗒)然也。"30 簡:"凡交毋刺,必使(🗒)有末。"

《上博二·子羔》1+6 簡:"古(故)能治天下,平萬邦,使(🗒)①無有小大肥脆,使(🗒)皆得其社稷百姓而奉守之。"8 簡:"采(由)諸畎畝之中而使(🗒)君天下而稱。"②12 簡:"禱曰:'帝之武,尚(當)使(🗒)……'"③

《上博二·從政》甲 17 簡:"君子難得而易使(🗒)也,其使(🗒)人,器之。"甲 18 簡:"小人易得而難使(🗒)也,其使(🗒)人,必求備焉。"

《上博三·仲弓》1+4 簡:"季桓子使(🗒)仲弓爲災……季氏使(🗒)雍也從於宰夫之後。"14 簡:"早使(🗒)不行。"16 簡正+3 簡:"小人之至者,教而使(🗒)之……今汝相夫子,有臣萬人道(導)汝,思(使)老其家。"25 簡:"今之君子使(🗒)人不盡其㦲……"

《上博四·內禮》1+2 簡:"故爲人君者,言人之君之不能使(🗒)其臣者,不與言人之臣之不能事其君者。"2 簡:"故爲人臣者,言人之臣之不能事其君者,不與言人之君之不能使(🗒)其臣者。"5 簡:"與君言,言使(🗒)臣;與臣言,言事君。"

《上博四·曹沫之陳》29 簡:"御卒使(🗒)兵。"33 簡:"使(🗒)人不親則不敦。"36 簡:"能治百人使(🗒)長百人,能治三軍思(使)率。"39+40 簡:"人使(🗒)士,我使(🗒)大夫;人使(🗒)大夫,我使(🗒)將軍;人使

---

① 或釋"弁(辨)"。
② "由"或讀爲"招"。參李銳《讀楚簡劄記》,《古文字研究》第二十八輯,第 547 頁。"使"或釋爲"弁",屬上讀,解"由"爲"用"或"任由","稱"爲稱副(即讀爲 chèn)。參陳斯鵬《楚系簡帛中字形與音義關係研究》,中國社會科學出版社 2011 年 3 月,第 197～198 頁。
③ 《子羔》7 簡:"不奉(逢)盟(明)王,則亦不大使"之"使"作🗒,李守奎隸爲"浿",沒有任何解釋性説明(512 頁),但《子羔》釋文中讀爲"使"(第 782 頁)。

(𢼂)將軍,我君身進。"

《上博五·鮑叔牙與隰朋之諫》1 簡:"有夏是(氏)觀其容以使(𢼂)。"2 簡:"觀其容,聽言,迥佁者使(𢼂)。"7 簡:"至亞(惡)何(苛)而上不時使(𢼂)。"

《上博五·季康子問於孔子》12 簡+15 簡下:"先人之所使(𢼂)[亦使之,先人之所興亦興之。先人之所]惡勿使(𢼂),先人之所廢勿起。"

《上博六·競公瘧》4 簡:"夫子使(𢼂)其私史聽獄於晉邦……使(𢼂)其私祝、史進……"8 簡:"今薪蒸思(使)吳(虞)守之,澤梁使(𢼂)鮫守之,山林使(𢼂)衡守之。"思、使互用,使句式富於變化。9 簡:"使(𢼂)……"

《上博七·武王踐阼》15 簡"使(𢼂)民不逆而訓(順)成","使民"即統治人民,《管子·權修》"故曰察能授官,班祿賜予,使民之機也",《國語·周語上》"然則長衆使民之道,非精不和,非忠不立,非禮不順,非信不行"。①

《上博七·吳命》4 簡"孤使(𢼂)一介使(𢼂)親於桃逆(?),勞其大夫,且請其行",前"使"義爲派遣,後"使"義爲使者。7 簡:"故用使(𢼂)其三臣,勿敢有遲速之期。"

《上博四·昭王毀室、昭王與龔之脽》10 簡:"囟(使)邦人皆見之。"《上博四·曹沫之陳》24 簡下:"凡貴人,囟(使)處前位一行。"30 簡:"思(使)爲前行。"38 簡:"故率不可思(使)牪。"52 簡"毋思(使)民疑",又如 54+55 簡,《上博五·姑成家父》之{使}均寫作"思"。

《上博六·平王問鄭壽》4 簡:"(鄭)壽告有疾,不弁(𠭰)。""𠭰"多釋"吏(事)",解爲"不仕"②或"不理公事"③等。楚簡中弁、史易混,我們認

---

① 整理者釋爲"吏(使)",句意即"使民衆不逆反而順從"。或釋爲"吏",解爲"吏民就不作亂,事情會順利成功"。參復旦大學出土文獻與古文字研究中心研究生讀書會《〈上博七·武王踐阼〉校讀》,2008 年 12 月 30 日,http://www.gwz.fudan.edu.cn/SrcShow.asp?Src_ID=576。

② 參《上海博物館藏戰國楚竹書(六)》,第 260 頁。

③ 周鳳五《上博六〈莊王既成〉、〈申公臣靈王〉、〈平王問鄭壽〉、〈平王與王子木〉新訂釋文注解語譯》,"2007 中國簡帛學國際論壇"論文,臺灣大學中文系,2007 年 11 月 10~11 日。

爲此字當釋"弁",讀爲"辯",義即鑒於楚平王的態度,鄭壽並没有對他所説的話作進一步的闡釋、説明。賈誼《新書·道術》:"論物明辯謂之辯,反辯爲訥。"晉·范甯《〈春秋穀梁傳集解〉序》:"《公羊》辯而裁,其失也俗。"楊士勛疏:"辯謂説事分明。"《上博八·成王既邦》11簡"先或󰂭之攸(修)也",󰂭,或釋"史",或釋"事"。字即"弁",今從整理者讀爲"變"。

《上博五·競建内之》6簡"二三子不謫誨寡人,至於變日飤(食)","變"作󰂭,多釋"使",今據有關成果,改從釋"弁"讀"變"之説。①

2. 事

(1)《上博一·性情論》11簡:"當事(󰂭)因方②而制之。"31簡:"凡憂患之事(󰂭)欲任,樂事(󰂭)欲後。"

《上博二·從政》甲15簡+甲5簡:"命無時,事(󰂭)必有期,則賊;爲利枉事(󰂭)則貪。"甲4簡:"是故君子慎言而不慎事(󰂭)。"甲7簡:"不敬則事(󰂭)無成。"甲9簡:"志氣不旨,其事(󰂭)不……"甲19簡:"飢滄(寒)而毋斂,從事(󰂭)而毋誨。"

《上博二·昔者君老》2簡+《上博五·季庚子問於孔子》16簡:"如祭祀之事(󰂭)……如賓客之事(󰂭)也。"4簡:"各恭爾事(󰂭)。"

《上博二·容成氏》9簡:"畢能其事(󰂭),而立爲天子。"36簡:"天地四時之事(󰂭)不修。"

《上博三·周易》4簡:"初六:不出御事(󰂭),少(小)有言,終吉。"御事即治事,"事"字上部三歧筆畫寫訛。32簡:"楑(睽):少(小)事(󰂭)吉。"5簡:"或從王事(󰂭),無成。"

《上博三·極先》6簡:"事(󰂭)出於名。"7簡:"事(󰂭)非事(󰂭),無

---

① 許無咎認爲"變"即簡文"星變"之"變"。參《上博楚竹書(五)〈競建内之〉篇劄記》,2006年2月25日,http://www.jianbo.org/showarticle.asp?articleid=1204。另參唐洪志《上博五劄記(兩則)》,2006年3月8日,http://www.bsm.org.cn/show_article.php?id=273#_ednref6。

② "方"乃義方,26簡、33簡之"方"均是此義。《易·恒》:"君子以立不易方。"孔穎達疏:"方,猶道也。"《逸周書·官人》:"省其居處,觀其義方。"《左傳·隱公三年》:"石碏諫曰:'臣聞愛子,教之以義方,弗納于邪。'"

謂事(🔲)……作安(焉)有事(🔲),不作無事(🔲)。舉天之事(🔲),自作爲事(🔲),甬(庸)以不可廣也。"12 簡:"其事(🔲)無不復。"

《上博四·昭王毀室、昭王與龔之脾》5 簡:"須既祫安從事(🔲)。"

《上博四·柬大王泊旱》17＋18 簡:"王事(🔲)可必","三軍有大事(🔲)"。

《上博四·相邦之道》1 簡:"時出故此(滋)事(🔲);事(🔲)①出政;政毋忘(荒),所治事(🔲)……"2 簡:"敢問民事(🔲)。"3 簡:"百工勸於事(🔲)。"

《上博五·鮑叔牙與隰朋之諫》4 簡:"不以邦家爲事(🔲)。"

《上博五·季康子問於孔子》1 簡＋2 簡:"請問君子之從事(🔲)者於民之[上,君子之大務何]?"5 簡:"事(🔲)皆得其勸而強之,則邦有幹童。"17 簡:"毋逆百事(🔲)。"23 簡:"此君子從事(🔲)者之所從容也。"

《上博五·姑成家父》5 簡:"吾毋有它,正公事(🔲),雖死,安逃之?"6 簡:"爲此世也從事(🔲),何以如是其疾歟哉?"

《上博五·弟子問》10 簡:"勞以成事(🔲)。"

《上博五·三德》6 簡:"興民事(🔲),行往視來。"10 簡:"毋作大事(🔲)……毋變事(🔲)。"15 簡:"百事(🔲)不遂,慮事(🔲)不成。"16 簡:"奪民時以水事(🔲)……奪民時以兵事(🔲)。"

《上博六·用曰》14 簡:"克輯戎事(🔲)。"17 簡:"事(🔲)既無玌(功)。"18 簡:"起事(🔲)作志。"

《上博六·天子建州》10 簡"尊俎不折(制)事(🔲)",乙本 9 簡異文作"(🔲,摹寫)"。制事,謂處理政治、軍事等重大事件。②

《上博七·吳命》9 簡:"不共承王事(🔲)。"

---

① "事"字重文。
② 陳偉《〈天子建州〉校讀》,http://www.bsm.org.cn/show_article.php?id＝616,2007 年 7 月 13 日。

《上博七·凡物流形》甲本16簡："……箸（書）不與事（▨）。"此簡在全篇中的位置尚有爭議，今暫依復旦大學出土文獻與古文字研究中心研究生讀書會意見。① 乙本11簡異文作▨。

《上博八·成王既邦》1簡"長（常）事（▨）必至"，此句非《成王既邦》文，乃屬上篇文字。7簡"成王曰：'請問其事（▨）……'"，文殘。

《上博八·顔淵問於孔子》1簡："敢問君子之内事（▨）也有道乎？"5簡："君子之内事（▨）也如此矣……君子之内事（▨）也……"

《上博八·李頌》2簡："人因其情，則樂其事（▨），遠其情。"

（2）《上博一·緇衣》4簡："臣事（▨）君，言其所不能。"8簡："下之事（▨）上也。"

《上博一·性情論》25簡："上交近事（▨）君。"

《上博二·子羔》14簡："三天子事（▨）之。"

《上博二·魯邦大旱》2簡："庶民知敚之事（▨）鬼也。"3簡："如夫政刑與德，以事（▨）上天，此是哉。"

《上博二·昔者君老》3簡："能事（▨）其親。"

《上博二·容成氏》46簡："雖君無道，臣敢勿事（▨）乎？雖父無道，子敢勿事（▨）乎？"

《上博三·仲弓》21簡："古之事（▨）君者以忠與敬。"

《上博四·内禮》1＋2簡："故爲人君者，言人之君之不能使其臣者，不與言人之臣之不能事（▨）其君者。"2簡："故爲人臣者，言人之臣之不能事（▨）其君者，不與言人之君之不能使其臣者。"5簡："與君言，言使臣；與臣言，言事（▨）君。"6簡："君子事（▨）父母，亡（無）私樂，亡（無）私憂。"9簡："孝子事（▨）父母以飤（食）。"

《上博四·曹沫之陳》17＋18簡："毋愛貨資子女以事（▨）其便嬖。"

---

① 復旦大學出土文獻與古文字研究中心研究生讀書會《〈上博七·凡物流形〉重編釋文》，2008年12月31日，http：//www.gwz.fudan.edu.cn/SrcShow.asp？Src_ID＝581。

《上博五·姑成家父》1 簡:"姑成家父事(🔲)厲公。"3 簡:"幸則晉邦之社稷可得而事(🔲)也。"4 簡:"雖得免而出,以不能事(🔲)君,天下爲君者,誰欲畜汝者哉?"7 簡:"吾敢欲顧頷以事(🔲)世哉?"

《上博五·弟子問》9 簡:"事(🔲)而弗受者,吾聞而未之見也。"21 簡:"未見善事(🔲)人而……"

《上博五·三德》15 簡:"仰天事(🔲)君,嚴恪必信。"

《上博六·孔子見季桓子》5 簡:"爲信以事(🔲)其上。"

《上博六·莊王既成、申公臣靈王》7 簡+8 簡:"今日陳公事(🔲)不穀。"

《上博六·用曰》2 簡"事(🔲)非與有方","非"、"有方"相對,事即事奉。5 簡:"寧事(🔲)赫赫。"14 簡"毋事(🔲)繾繾","事"均指事君而言。

《上博六·天子建州》甲 9 簡"事(🔲)鬼神則行敬",乙本 8 簡異文作"🔲"。

《上博七·凡物流形》甲本 6 簡"鬼生於人,吾奚故事(🔲)之",乙本 5 簡異文作🔲。7 簡+8 簡:"吾欲得百姓之和,吾奚事(🔲)之。"

《上博七·吳命》9 簡:"楚人爲不道,不思其先君之臣事(🔲)先王。"

《上博八·志書乃言》2 簡:"或猶走趣事(🔲)王。"

(3)《上博六·天子建州》甲 5 簡:"信文得事(🔲),信武得田。""事",原整理者認爲是"吏"字之訛。張崇禮認爲"事"爲治理之義,"信文得事,信武得田"的意思是說:信用文官,可以使國家得到治理;信用武官,可以開拓疆土。① 《天子建州》乙本 4 簡異文作"🔲",原整理者釋爲"吏"。此字亦見於上博八《有皇將起》4 簡"莫不弁(變)改今可(兮)",②字作🔲。《天

---

① 張崇禮《讀〈天子建州〉劄記》,http://www.jianbo.org/admin3/2007/zhangchongli010.htm,2007 年 10 月 9 日。

② 釋文據復旦吉大古文字專業研究生聯合讀書會《上博八〈有皇將起〉校讀》,2011 年 7 月 17 日,http://www.gwz.fudan.edu.cn/Srcshow.asp? Src_ID=1598#_ednref12。

子建州》甲、乙本異文不是文字上的異體關係，而是詞彙上的同義關係，乙本字當釋"弁"讀"辯"。《左傳·昭西元年》："主齊盟者，誰能辯焉？"杜預注："辯，治也。"《東觀漢記·光武帝紀》："經學博覽，政事文辯，前世無比。"

3. 俥

《上博一·緇衣》12 簡："毋以辟（嬖）士䛂（塞）大夫卿俥（）。""卿俥"，郭店簡作"卿事"，"事"寫作楚簡中常見的寫法，今本作"卿士"（參《上博一》188 頁）。此字右旁"事"之寫法僅見於同篇第 4 簡（）、第 8 簡（），均爲事奉義。俥可能不是"使"，而是爲"卿事"所造的指人專字。

（三）郭店簡①

1. 史，用爲{使}。

《老子》甲 1＋2 簡："三言以爲使（）不足。"②35 簡："心使（）熙曰強。"

《性自命出》8 簡："而學或使（）之也。"9 簡："其用心各異，教使（）然也。"32 簡"其聲弁（③，變）"、33 簡"其心弁（，變）"之"變"與此形同。60 簡："凡交毋剌（烈），必使（）有末。"本篇二字似乎有意加以區別，其別在於字之上部與豎筆相接的筆畫，"使"字與豎筆相接的筆畫是點，"弁"字與豎筆相接的筆畫是橫，但並未一貫，如 60 簡。

《六德》2＋3 簡："作禮樂，折（制）刑法，教此民尔，使（）之有向也。"9 簡："有使（）人者，有事人者。"14＋15 簡："使（）之足以生，足以死，謂之君，以宜（義）使（）人多。"35 簡："聖生仁，智率信，宜（義）使（）

---

① 荆門市博物館《郭店楚墓竹簡》，文物出版社 1998 年 5 月。本書"前言"云："發掘者推斷該墓（引者按：指出土竹簡的郭店一號楚墓）年代爲戰國中期偏晚，郭店楚簡的年代下限應略早於墓葬年代。"

② "使"字或釋"弁"讀"辨"。劉釗認爲"史"字古寫，讀爲"使"，義爲統治，指統治人民而言，參《郭店楚簡校釋》，福建人民出版社 2003 年 12 月，第 5 頁。李零釋"吏"讀"使"，解爲用，參《郭店楚簡校讀記》，北京大學出版社 2002 年 3 月，第 8 頁。彭裕商、吳毅強云，字應釋爲"使"，用也；三言，指"絶智棄辨，民利百倍"等三句話，此謂用"絶智棄辨"等三句話以治國尚不足。參《郭店楚簡老子集釋》，巴蜀書社 2011 年 11 月，第 53 頁。

③ 摹寫作，供參考。

忠。"41 簡:"是故先王之教民也,不使(🀄)此民也憂其身。"49 簡:"民之父母親民易,使(🀄)民相親也難。"

《尊德義》21+22 簡:"民可使(🀄)道之,而不可使(🀄)智(知)之。"

《語叢四》17+18 簡:"善使(🀄)其下,若蚖蚤之足,衆而不割,割而不僕。"20+21 簡:"善使(🀄)其民者,若四時一遣一來,而民弗害也。"

2. 事

(1)《老子》甲 7+8 簡:"其事(🀄)好長。"11 簡:"臨事(🀄)之紀:慎終如始,此亡(無)敗事(🀄)矣。"14 簡:"爲亡(無)爲,事(🀄)亡(無)事(🀄)。"16+17 簡:"是以聖人居亡(無)爲之事(🀄)。"29+30 簡:"以亡(無)事(🀄)取天下。"31 簡:"我無事(🀄)而民自富。"

乙本 13 簡:"賽(塞)其事(🀄)。"

丙本 2 簡:"成事(🀄)述(遂)尪(功)。"8 簡:"故吉事(🀄)上左,喪事(🀄)上右。"12 簡:"慎終若始,則無敗事(🀄)壴(矣)。"

《太一生水》11 簡:"以道從事(🀄)者必托其名,故事(🀄)成而身長。聖人之從事(🀄)也,亦托其名,故功成而身不傷。"

《性自命出》19 簡:"當事(🀄)因方而折(制)之。"37 簡:"雖能其事(🀄),不能其心,不貴。"62 簡:"凡憂患之事(🀄)欲任,樂事(🀄)欲後。"

《尊德義》15 簡"教以事(🀄),則民力嗇以面(湎)利",①"事"爲職事。18 簡"夫生而有識事(🀄)者,非教所及也","事"指事物。

《語叢一》40+41 簡:"《春秋》,所以會古今之事(🀄)也。"

《語叢四》25+26 簡"罷家事(🀄)乃有🀄",末字尚不能確釋,句意不能確解,但"事"作名詞當無疑問。

(2)《老子》乙本 1 簡:"治人事(🀄)天"。

《緇衣》6+7 簡:"臣事(🀄)君,言其所不能,不辭其所能,則君不

---

① 釋文據李零《郭店楚簡校讀記》,第 140 頁。

勞。"14 簡："下之事（■）上也，不從其所以命，而從其所行。"

《五行》44 簡："智（知）而事（■）之，謂之尊賢者也。"

《性自命出》56 簡："上交近事（■）君。"

《六德》9 簡："有使（■）人者，有事（■）人者。"17 簡"以忠事（■）人多。忠者，臣之德也"，此字從字形上看應是"史（使）"字，但從文義上看，應當是"事"字，前文云"有使人者，有事人者"，"義者，君德也"，君使人，臣事人，所以劉釗直接釋爲"事"。① 張光裕《郭店楚簡研究·文字編》置於"叓"字下（104 頁）。此字應該是一個寫誤之字，不能作爲使、事尚未分化的依據。

《六德》21＋22 簡："子也者，會塡長材以事（■）上，謂之宜（義）。"

《尊德義》36 簡："下之事（■）上也，不從其所命，而從其所行。"

《唐虞之道》4＋5 簡："夫聖人上事（■）天，教民有尊也；下事（■）地，教民有親也；時事（■）山川，教民有敬也；親事（■）祖廟，教民孝也"。9 簡："古者虞舜篤事（■）瞽瞍，②乃弋其孝；忠事（■）帝堯，乃弋其臣。"

《語叢二》45 簡："未有善事（■）人而不返者。"

《語叢四》18＋19 簡："善事（■）其上者，若齒之事（■）舌。"

(3)《緇衣》23 簡："毋以卑（嬖）士息（■，塞）大夫、卿事（■）。"

(四) 睡虎地秦簡③

1. 史④

(1)《編年記》⑤10 簡貳⑥"（始皇三年）八月，喜揄史（■）"，"揄史"即

---

① 《郭店楚簡校釋》，第 108、113 頁。
② 劉洪濤《郭店竹簡〈唐虞之道〉"瞽瞍"補釋》，http：//www.bsm.org.cn/show_article.php? id＝1248,2010 年 4 月 30 日；後刊《江漢考古》2010 年第 4 期。
③ 睡虎地秦墓竹簡整理小組《睡虎地秦墓竹簡》，文物出版社 1990 年 9 月。據該書"出版說明"，該批竹簡中寫得較早的，可能屬於戰國末期，大部分寫成於秦始皇時期。下文對有關簡文字詞的解釋，多據該書。
④ 有些字形從簡文照片上看不清楚，則徑據整理者釋文，不再出注簡文原形。
⑤ 原簡分上下兩欄書寫，逐年記述了秦昭王元年（公元前 306 年）到始皇三十年（前 217 年）統一全國的戰爭過程等大事，同時記述一個叫喜的人的生平及有關事項。
⑥ 原簡分上下兩欄書寫，"壹"表示第一欄，"貳"表示第二欄。下文引自《編年記》者，均與此同。

進用爲史之意,史是從事文書事務的小吏。11 簡貳"(四年)十一月,喜□安陸□史",原注者云:"喜下一字疑爲除,陸下一字疑爲御。戰國時,有些國縣令下設有御史。"13 簡貳"六年,四月,爲安陸令史",14 簡貳"七年,正月甲寅,鄢令史"。令史,縣令的屬吏,職掌文書等事。

《秦律十八種·廄苑律》20 簡:"内史（ ）課縣。"(由内史考核各縣)

《秦律十八種·倉律》28 簡"上内史（ ）。"(上,上報)①《倉律》31+32 簡:"令有秩之吏、令史（ ）主。"(主,主管)

《秦律十八種·金布律》72+73 簡:"都官有秩吏及離官嗇夫,養各一人,其佐、史（ ）與共養;十人,車牛一兩(輛),（ ）(視)②牛者一人……都官之佐、史（ ）冗者,十人,養一人……都官佐、史（ ）不盈十五人者,七人以上鼠(予)車牛、僕。"87+88 簡:"以書時謁其狀内史（ ）。"

《秦律十八種·均工》112 簡:"上内史（ ）。"

《秦律十八種·置吏律》161 簡:"官嗇夫節(即)不存,令君子毋(無)害者若令史（ ）守官,毋令官佐、史（ ）守。"

《秦律十八種·效》162 簡:"實官佐、史（ ）柀免、徙,官嗇夫必與去者效代者。"《效》168 簡:"倉嗇夫某、佐某、史（ ）某、稟人某。"《效》172 簡:"倉嗇夫及佐、史（ ）,其有免去者,新倉嗇夫,新佐、史（ ）主膾者,必以膾籍度之。"《效》175 簡:"上膾籍内史（ ）。"(上,上報)

《效律》19 簡:"實官佐、史（ ）柀免、徙。"27+28 簡:"佐某、史（ ）某。"32 簡:"倉嗇夫及佐、史（ ）,其有免去者,新倉嗇夫,新佐、史（ ）主膾者,必以膾籍度之。"52 簡:"其它冗吏、令史（ ）掾。"55 簡"司馬令史（ ）掾"、"司馬令史（ ）"、"令史（ ）"。

---

① 36 簡原釋文:"上内[史]。倉。""史"乃是據文例擬補之字。但原書提供的簡牘照片上只有一"倉"字。

② 72 簡字形不清,采自 73 簡。原釋"見",下文引用相關字形時均改釋爲"視"。《爲吏之道》19 簡 2 欄"（ ）民㬎(倨)敖(傲)",《岳麓書院藏秦簡·爲吏治官及黔首》35 簡 3 欄作"視（ ）黔首渠鷔"。

《秦律十八種·傳食律》179 簡:"御史(䇒)。"《傳食律》182 簡:"上造以下到官佐、史(䇒)毋(無)爵者,及卜、史、司御、寺、府。"

《秦律十八種·内史雜》186、188~194、198 簡律名"内史雜"的"史"字作䇒、䇒、䇒、䇒、䇒、䇒、䇒、䇒形,187 簡律名殘存"雜"字,律文中"内史"字作䇒。191 簡:"令䇒史①(䇒)毋從事官府。非史子殹(也),毋敢學學②室,犯令者有罪。"192 簡:"下吏能書者,毋敢從史之事。"197 簡"令史(䇒)"。

《秦律十八種·尉雜》199 簡"御史(䇒)"。

《秦律雜抄》10 簡:"吏自佐、史(䇒)以上……"13 簡:"司空佐史(䇒)。"30 簡"馬勞課殿……令、丞、佐、史(䇒)各一盾",義即馬服役的勞績被評爲下等,要罰令、丞、佐、史各一盾。

《法律答問》94 簡:"贖罪不直,史(䇒)不與嗇夫和,問史(䇒)可(何)論?"原注:"史,從事文書事務的小吏。""不與嗇夫和"義爲未與嗇夫合謀。140 簡:"内史(䇒)。"151 簡:"令史(䇒)。"194 簡:"可(何)謂'耐卜隸'、'耐史(䇒)隸'?卜、史(䇒)當耐者皆耐以爲卜、史(䇒)隸。"

《封診式》16 簡"令史(䇒)",③"令史"在《封診式》中共出現 14 次,又見於 24 簡、39 簡、48 簡、50 簡(二見,䇒、䇒)、55 簡(䇒)、56 簡、63+64 簡(二見)、74 簡(䇒)、75 簡、85 簡(䇒)、87 簡。

《爲吏之道》13 簡 5 欄④"將發令,索其政(正),毋發可異史(䇒)煩請",整理者釋爲"史"讀爲"使"。此說可疑,睡簡中"史"字表詞比較固定,也比較嚴格,未見史、使相通之例。這裏的"史"當指史官。

(2)《日書》甲種 125 簡背:"祠史(䇒)先龍丙望。"史先乃祭祀對象。

---

① 䇒,整理者懷疑是"赦"字之誤,並釋"䇒史"爲犯過罪而經赦免的史。
② "學"字原有重文符。
③ "令"下奪重文符。
④ 《爲吏之道》分上下五欄書寫,按欄次自右而左遞次閱讀。

龍,忌也。丙望,劉樂賢認爲祠史先忌丙、望,王子今認爲可能指丙日和望日相重疊的日子。① 此語又見於《日書》乙種52簡2欄,"史"作㕜。

2. 㕜,此形體記錄{吏}和{事}

(1) {吏}

《編年記》53簡壹"[五十]三年,吏(㕜)誰從軍",原注三九:"誰,推擇,《釋名·釋言語》:'誰,推也。有推擇,言不能一也。'《史記·秦始皇本紀》:'軍歸斗食以下,什推二人從軍。'與此相似。"喜於秦昭王四十五年出生,昭王五十三年,喜才八周歲,不可能從軍。《秦律雜抄·除吏律》注三:"居守,留守。秦制,有戰事時地方官吏須服軍役,參看《編年記》注[三九]。"據此注,"吏誰從軍"意思當是地方官吏被推擇從軍服役。此記載與喜之家事無關,大概是當時秦統一中國過程中戰事頻仍的一種反映。

《語書》3簡:"今法律令已具矣,而吏(㕜)民莫用,鄉俗淫失(泆)之民不止。"4+5簡:"令吏(㕜)明布,令吏(㕜)民皆明智(知)之,毋巨(詎)於罪。今法律令已布聞,吏(㕜)民犯法爲姦私者不止,私好、鄉俗之心不變。"②9簡:"凡良吏(㕜)明法律令,事無不能殹(也)……以一曹事不足獨治殹(也),故有公心。"10+11簡:"惡吏(㕜)不明法律令,不知事,不廉絜(潔),毋以佐上,緰(偷)隨(惰)疾事……是以善斥(訴)事,喜爭書。"14簡:"以爲惡吏(㕜)。"

《秦律十八種·倉律》26+27簡:"長吏(㕜)相雜以入禾倉及發。"(雜,共同)29簡:"廷令長吏(㕜)雜封其廥。"31+32簡:"令其故吏(㕜)與新吏(㕜)雜先索(索)出之。其故吏(㕜)弗欲,勿强。其毋(無)故吏(㕜)者,令有秩之吏(㕜)、令史主。"44簡:"宦者、都官吏(㕜)、都官人有事上爲將。"(事上:爲朝廷辦事)46簡"有秩吏(㕜)不止","不止"指的是不停發口糧。《倉律》48簡:"妾未使而衣食公……吏輒椷事之。"55

---

① 王子今《睡虎地秦簡〈日書〉甲種疏證》,湖北教育出版社2003年2月,第490頁。
② "聞"原釋文屬下讀。原簡文於"私好"下有表示句讀的鈎識符號。鈎識符號(▃),簡文標於相當於我們今日新式標點的逗號和句號的地方,不過並不是在每一個應該停頓的地方都加以標示。《語書》中已標示的地方還沒有發現標錯的。

簡："城旦之垣及它事而勞與垣等者,旦半夕参;其守署及爲它事者,参食之。其病者,稱議食之,令吏(䖒)主。"57簡："城旦爲安事而益其食,以犯令律論吏(䖒)主者。"

《秦律十八種·金布律》68簡："賈市居列者及官府之吏(䖒),毋敢擇行錢、布;擇行錢、布①者,列伍長弗告,吏(䖒)循之不謹,皆有罪。"72簡："都官有秩吏(䖒)及離官嗇夫,養各一人,其佐、史與共養;十人,車牛一兩(輛),視牛者一人。"79簡："令其官嗇夫及吏(䖒)主者代賞(償)之。"吏主者,指主管其事的吏。80簡"冗吏(䖒)",義即群吏。83簡："官嗇夫免,效其官而有不備者,令與其稗官分,如其䖒(事、吏)坐官以負賞(償),未而死,及有罪以收,抉出其分。""如其事",意當爲按照個人所應負的責任。"事、吏"共用一字,是事、吏形體尚未分化的有力證據。

《秦律十八種·工律》106簡："其叚(假)者死亡、有罪毋責也,吏(䖒)代賞(償)。"

《秦律十八種·工人程》108簡："隸臣、下吏(䖒)、城旦與工從事者冬作,爲矢程,賦之三日而當夏二日。"秦漢時把原有一定地位的人交給官吏審處,稱爲"下吏",簡文中乃名詞,指被"下吏"的人。

《秦律十八種·徭律》117簡："苑吏(䖒)。"122簡"吏(䖒)程攻(功)",義即由吏估計工程量。

《秦律十八種·司空》127簡"其主車牛者及吏、官長皆有罪",竹簡開裂並殘損,文字中部筆畫殘缺。《司空》128簡："官長及吏(䖒)以公車牛稟其月食及公牛乘馬之稟,可殹(也)。"《司空》134＋135簡"鬼薪、白粲,群下吏毋耐者,人奴妾居贖貨責(債)于城旦,皆赤其衣,枸櫝欙杕,將司之",英傑按："下吏"義即交給官吏審處,"群下吏毋耐者"義即諸多已經交付官吏審處但並未施加耐刑的人,"群"是"下吏毋耐者"的修飾語。《司空》149簡"吏(䖒)主者負其半","吏主者"即主管的吏。

《秦律十八種·置吏律》157＋158簡："縣、都官、十二郡免除吏(䖒)

---

① "擇行錢布"四字原有重文符。

及佐、群官屬……置吏律。"《置吏律》159＋160 簡："除吏（🔲）、尉,已除之,乃令視（🔲）事及遣之；所不當除而敢先視（🔲）事,及相聽以遣之,以律論之。嗇夫之送〈徙〉視（🔲）它官者,不得除其故官佐、吏（🔲）以之新官。置吏（🔲）律。"《置吏律》161 簡："置吏（🔲）律。"

《秦律十八種·效》162＋163 簡："節（即）官嗇夫免而效,不備,代者與居吏坐之。故吏（🔲）弗效,新吏（🔲）居之未盈歲,去者與居吏（🔲）坐之,新吏（🔲）弗坐；其盈歲,雖弗效,新吏（🔲）與居吏（🔲）坐之,去者弗坐,它如律。"居吏,留於原任的吏；故吏,原任的吏；新吏,新任的吏。《效》165 簡"冗吏（🔲）",群吏。《效》176 簡"長吏（🔲）"。

《效律》2 簡"冗吏（🔲）",義即衆吏；20 簡"居吏（🔲）"、"故吏（🔲）"、"新吏（🔲）"、"居吏（🔲）"、"新吏（🔲）"；21 簡"新吏（🔲）"、"居吏（🔲）"；23＋24 簡"冗吏（🔲）"；37 簡"長吏（🔲）"；46 簡"貲工及吏（🔲）將者","吏將者"指監率工的吏；51 簡"吏（🔲）主者",主管某事的吏；52 簡"其它冗吏（🔲）、令史掾"；54 簡"尉官吏（🔲）",指縣尉官府中的吏。

《秦律十八種·内史雜》192 簡："下吏（🔲）能書者,毋敢從史之事。""下吏"指一種罪犯。193 簡："侯（候）、司寇及群下吏（🔲）毋敢爲官府佐、吏①（🔲）及禁苑憲盜。"196 簡："官吏（🔲）有重罪。"197＋198 簡："吏（🔲）已收臧（藏）,官嗇夫及吏（🔲）夜更行官。毋火,乃閉門户。令令②史循其廷府。節（即）新爲吏（🔲）舍,毋依臧（藏）府、書府。"

《秦律十八種·尉雜》200 簡有"□其官之吏……",文殘,"吏"字不清。

《秦律雜抄》1 簡"任法（廢）官者爲吏（🔲）"；2 簡："士吏（🔲）",一種軍官,地位在尉之下、候長之上,《漢書·匈奴傳》注引漢律寫作"士史"；4

---

① 此"吏"字原釋"史",誤。
② "令"字原有重文符。

簡"除吏(🔲)律";10 簡"吏(🔲)自佐、史以上……",義即自佐、史以上的官吏;12 簡"非吏(🔲)殹(也),戍二歲……令、尉、士吏(🔲)弗得,貲一甲";13 簡"士吏(🔲)";14 簡"吏(🔲)部",原注疑爲"部吏"誤倒,部吏即鄉部、亭部之吏;15 簡"丞、庫嗇夫、吏(🔲)貲二甲",吏指管理收藏兵器之武庫的吏;19 簡"縣嗇夫、丞、吏(🔲)、曹長各一盾";29 簡"膚吏(🔲)乘馬",義即評比吏的乘馬;39 簡"士吏(🔲)"。

《法律答問》33＋34 簡:"士五(伍)甲盜,以得時直(值)臧(贓),臧(贓)直(值)過六百六十,吏(🔲)弗直(值),其獄鞫乃直(值)臧(贓),臧(贓)直(值)百一十,以論耐,問甲及吏(🔲)可(何)論？甲當黥爲城旦;吏(🔲)爲失刑罪,或端爲,爲不直。"35＋36 簡:"士五(伍)甲盜,以得時直(值)臧(贓),臧(贓)直(值)百一十,吏(🔲)弗直(值),獄鞫乃直(值)臧(贓),臧(贓)直(值)過六百六十,黥甲爲城旦,問甲及吏(🔲)可(何)論？甲當耐爲隸臣,吏(🔲)爲失刑罪。甲有罪,吏(🔲)智(知)而端重若輕之,論可(何)殹(也)？爲不直。"46 簡:"甲盜羊,乙智(知)盜羊,而不智(知)其羊數,即告吏(🔲)曰盜三羊,問乙可(何)論？爲告盜駕(加)臧(贓)。"59 簡:"廷行🔲(事、吏)爲詛(詐)僞,貲盾以上,行其論,有(又)法(廢)之。""🔲"字有重文符,事、吏二字共用一形。77 簡:"或自殺,其室人弗言吏(🔲),即葬貍(薶)之,問死者有妻、子當收,弗言而葬,當貲一甲。"119 簡:"甲賊傷人,吏(🔲)論以爲鬭傷人,吏(🔲)當論不當？"139 簡:"有秩吏(🔲)捕闌亡者,以畀乙,令詣,約分購,問吏(🔲)及乙論可(何)殹(也)？"有秩吏,指秩禄在百石以上的低級官吏。① 147 簡:"甲徙居,徙數謁吏,吏②環,弗爲更籍,今甲有耐、貲罪,問吏可(何)論？"數,户籍;環,推却。154 簡:"吏有故當止食。"155 簡:"吏從事于官府,當坐伍人不當？"164 簡:"可(何)謂'逋事'及'乏繇(徭)'？律所謂者,當

---

① 參《秦律十八種·倉律》31＋32 簡注一、《法律答問》55 簡注二。
② "吏"字原有重文符。

繇(徭),吏(🔲)、典已令之,即亡弗會,爲'逋事'。"180 簡:"'使者(諸)候(侯)、外臣邦,其邦徒及僞吏(🔲)不來,弗坐。'可(何)謂'邦徒'、'僞使'? 徒、吏(🔲)與偕使而弗爲私舍人,是謂'邦徒'、'僞使'。"第一處"僞吏"當爲"僞使"之誤。184 簡:"'客未布吏(🔲)而與賈,貲一甲。'可(何)謂'布吏(🔲)'? 詣符傳于吏(🔲)是謂'布吏(🔲)'。"191 簡:"六百石吏(🔲)。"204 簡:"可(何)謂'叚面'? '叚面'者,秸(藉,假使)秦人使,它邦耐吏(🔲)、行廬與偕者,命客吏(🔲)曰'叚',行廬曰'面'。""耐吏"義爲能吏,能幹的官吏;"客吏"指他國官吏。

《封診式》31 簡"私吏"。42 簡"家吏",家中管事的私吏。43 簡"家吏",與 42 簡同人。48 簡"吏(🔲)徒",即吏和徒隸,又見 49 簡。①

《爲吏之道》1 簡 1 欄:"爲吏(🔲)之道。"6 簡 2 欄:"吏(🔲)有五善。"13 簡 2 欄:"吏(🔲)有五失。"

《日書》甲種 80 簡正 1 欄②"生子,爲大吏(🔲)",82 簡正 1 欄"生子,爲吏(🔲)"。類似的意思,87 簡正 1 欄云"生子,爲正",正即官長義。149 簡正 4 欄:"癸丑生子,好水,少疾,必爲吏。"140 簡正 5 欄:"甲寅生子,必爲吏。"157 正"吏"(篇名)。③

《日書》乙種 80 簡 1 欄:"生子,爲吏(🔲)。"④82 簡 1 欄:"奎,祠及行,吉;以取妻,女子愛;生爲吏(🔲)。"96 簡 1 欄:"生子,子⑤爲吏(🔲)。"

(2) {事}

a.《語書》9 簡:"凡良吏明法律令,事(🔲)無不能殹(也)……以一曹

---

① "吏徒"一詞張家山漢簡《二年律令》140～42 號、里耶秦簡 8～1517,陳偉主編《里耶秦簡牘校釋》(第一卷,武漢大學出版社 2012 年 1 月)前言第 3 頁:"'吏徒'實指軍吏和士卒,與'吏卒'相當。"

② 《日書》甲種正、反兩面分欄書寫。

③ 《吏篇》157 簡正～166 簡正,分六欄書寫,每簡均先讀 1～5 欄,第 6 欄單獨成段,按 157 正至 166 正順序閱讀。

④ 《日書》乙種 87 簡 1 欄"生子,爲正"與此義同。

⑤ "子"字原有重文符。

事(𠭝)不足獨治殹(也),故有公心。"10+11 簡:"惡吏不明法律令,不知事(𠭝),不廉絜(潔),毋以佐上,緰(偷)隨(惰)疾事(𠭝)……是以善斥(訴)事(𠭝),喜爭書。"

《秦律十八種・倉律》25 簡:"名事(𠭝)邑里。"(指姓名、身份、籍貫)54 簡:"更隸妾節(即)有急事(𠭝),總冗,以律稟食。"55 簡:"城旦之垣及它事(𠭝)而勞與垣等者,旦半夕參;其守署及爲它事(𠭝)者,參食之。"57 簡:"城旦爲安事(𠭝)而益其食,以犯令律論吏主者。"安事,指輕的勞役。59 簡:"免隸臣妾、隸臣妾①垣及爲它事(𠭝)與垣等者,食男子旦半夕參,女子參。"

《秦律十八種・金布律》83 簡:"官嗇夫免,效其官而有不備者,令與其稗官分,如其𠭝(事。吏)坐官以負賞(償),未而死,及有罪以收,抉出其分。"

《秦律十八種・工律》101 簡"邦中之繇(謠)及公事(𠭝)官(館)舍",公事,官府的事務。105+106 簡:"叚(假)器者,其事(𠭝)已及免,官輒收其叚(假),弗亟收者有罪。"事已,事務完結之義。

《秦律十八種・均工》111 簡"新工初工事(𠭝)",新工匠開始工作。

《秦律十八種・徭律》122 簡"恒事(𠭝)",指經常性工程。

《秦律十八種・置吏律》159+160 簡:"除吏、尉,已除之,乃令視(𥄳)事(𠭝)及遣之;所不當除而敢先視(𥄳)事(𠭝),及相聽以遣,以律論之。嗇夫之送〈徙〉視(𥄳)它官者,不得除其故官佐、吏以之新官。置吏律。"

《秦律十八種・內史雜》188 簡:"有事(𠭝)請殹(也),必以書。"《內史雜》192 簡:"下吏能書者,毋敢從史之事(𠭝)。"

《秦律雜抄》37 簡"戰死事(𠭝)不出(屈)",義即在戰爭中死事不屈;38+39 簡"求盜勿令送逆爲它,令送逆爲它②事(𠭝)者,貲二甲","它事"即其他事務;41 簡"勿令爲它事(𠭝)";42 簡"敢令爲它事(𠭝),

---

① "隸臣妾"三字原有重文符。
② "令送逆爲它"五字原有重文符。

使者貲二甲"。

《法律答問》38 簡"廷行事（█）"，義即法廷成例；42 簡"廷行事"。38 簡"事"字上部三歧寫成"十"形，42 簡稍模糊，從筆畫痕迹觀察，與 38 簡運筆相同。46 簡"吏"字亦如此作。56 簡"廷行事（█）"。59 簡："廷行█（事，吏）爲詛（詐）僞，貲盾以上，行其論，有（又）法（廢）之。""█"字有重文符，事、吏二字共用一形。60 簡"廷行事（█）"。61 簡："嗇夫不以官爲事（█），以奸爲事（█），論可（何）殹（也）？"義即嗇夫不以所擔當的職務爲事，而專幹壞事，應如何論處。66 簡"廷行事（█）"。100 簡"它事（█）"。121 簡"或曰生貍（埋），生貍（埋）之異事（█）殹（也）"。① 142 簡"廷行事（█）"，148 簡"廷行事（█）"，149 簡作█，150 簡作█，152 簡作█；151 簡曰"廷行"，奪"事"字；162 簡曰"行事（█）"。144 簡："郡縣除佐，事（█）它郡縣而不視其事（█）者，可（何）論？"前一"事"作動詞，做事；後一"事"作名詞，指職事。164 簡："可（何）謂'逋事'及'乏繇（徭）'？律所謂者，當繇（徭），吏、典已令之，即亡弗會，爲'逋事（█）'。""逋事"即逃避官府役使之事。

《封診式》6 簡"名事（█）里"，13 簡"名事（█）里"，14 簡"逋事"，40 簡"名事（█）里"，44 簡"名事里"，91+92 簡、97 簡"名事"。

《爲吏之道》1 簡 5 欄："凡治事（█）。"9 簡 2 欄："舉事（█）審當。"9 簡 5 欄："審民能，以賃（任）事（█），②非以官禄夬③助治。不賃其人，及官之啟豈可悔。"12 簡 2 欄"事（█）不且須"，須，拖延。13 簡 4 欄

---

① "生貍"二字原有重文符。原注："異事，不同的事。此句意思是説活埋和律文規定的'定殺'是兩種事，不合律文本意。"168 簡："甲取（娶）人亡妻以爲妻，不智（知）亡，有子焉，今得，問安置其子？當畀。或入公，入公異是。"（"入公"二字原有重文符）原注云"異是，與之不合，指與律意不符"，並認爲"異是"與"異事"文例一致。相合則曰"當"，如 174 簡"或曰完，完之當殹"（"完"字原有重文符），"當"指與律意相合。

② 原整理者釋"吏"，今從伊強釋。參《睡虎地秦簡〈爲吏之道〉補説》，《江漢考古》2014 年第 2 期。

③ 字形作█，爲夬字無疑。整理者注："夬，疑爲史字之誤，讀爲使。此句意思是，不是讓他們享受官禄，而是要他們助理政事。"夬、史形近是事實，但睡簡文字中，史、事（吏）、使三形已經分化，"史"字形義不與"事（吏）"、"使"混，此説欠妥。

"事(䰎)有幾時",幾,終了。28 簡 2 欄:"興事(䰎)不當。"37 簡 3 欄:"臨事(䰎)不敬。"38 簡 4 欄:"百事(䰎)既成。"42 簡 3 欄:"興事(䰎)不時。"

《日書》甲種 2 簡正 2 欄:"結日,作事不成,以祭,闔(佫)。"①3 簡正 2 欄:"百事(䰎)順成。"4 簡正 2 欄"交日,利以實事(䰎)",實,財貨也。10 簡正 2 欄:"作事(䰎)、入材,皆吉。"13 簡正 2 欄:"秀日,利以起大事(䰎)。"17 簡正 2 欄:"平日,可以取妻、入人、起事(䰎)。"22 簡正 2 欄:"成日,可以謀事、起□、興大事。"大事,戎、祀也。33 簡正:"免,復事。"免,免官;復事,復職。34 簡正:"小事(䰎)果成,大事(䰎)又(有)慶。"36 簡正:"免,復事(䰎)……利解事(䰎)。"73 簡正 1 欄"百事凶",此語在《星》篇常見,如 74 簡正 1 欄、78 簡正 1 欄(䰎)、79 簡正 1 欄(䰎)、81 簡正 1 欄(䰎)、87 簡正 1 欄、89 簡正 1 欄、92 簡正 1 欄,亦見於《到室》137 簡正 8 欄。又有"百事吉"語,見於 83 簡正 1 欄(䰎)、88 簡正 1 欄、91 簡正 1 欄、93 簡正 1 欄(䰎)。81 簡正 1 欄:"不可爲它事(䰎)。"89 簡正 1 欄:"可以爲土事。"110 簡正 1 欄:"作事。"(篇名)112 簡正 1 欄:"援夕、刑尸作事(䰎)南方……作事(䰎)西方……作事(䰎)北方……作事(䰎)東方,皆吉。"113 簡正 1 欄:"四月、八月、十二月之辰,勿以作事(䰎)。"128 簡正:"不可具爲百事(䰎)。"140 簡正 2 欄:"甲申生子,巧,有身事。""有身事"義即有兼職。142 簡正 2 欄:"丙戌生子,有事。"有事,有職事。156 簡正:"月生一日、十一日、廿一日,女果以死,以作女子事(䰎),必死。"163 簡正 2 欄:"百事(䰎)不成。"61 簡背 1 欄:"毋氣之徒而橦(動),終日,大事(䰎)也;不終日,小事(䰎)也。"129 簡背:"凡有土事(䰎)必果。"

《日書》乙種 14 簡:"窓結之日,利以結言,不可以作大事(䰎),利以

---

① 原句讀爲:"結日,作事,不成以祭,闔(佫)。"

學書。"15 簡:"贏陽之日,利以見①人、祭、作大事(㞢)、取妻,吉。裘冠帶,君子益事(㞢)。"19 簡:"平達之日……作事(㞢),吉。"24 簡:"成決光之日,利以起大事(㞢)。"25 簡:"復秀之日,利以乘車……作大事(㞢)。"56 簡:"危陽,不成其行,利□□事(㞢)。"②66 簡:"木良日,庚寅、辛卯、壬辰,利爲木事(㞢)。"81 簡 1 欄:"東臂(壁),不可行,百事(㞢)凶,以生子不完,不可爲它事(㞢)。"83 簡 1 欄:"婁,祠及百事(㞢),吉。""百事凶"語又見於 87 簡 1 欄(㞢)、89 簡 1 欄(㞢)、92 簡 1 欄(㞢)、101 簡 1 欄(㞢)、102 簡 1 欄(㞢)、106 簡 1 欄(㞢,"凶"字奪)、107 簡 1 欄(㞢),"百事吉"又見於 88 簡 1 欄(㞢,斷簡綴合處筆畫殘)、91 簡 1 欄(㞢)、93 簡 1 欄(㞢)。89 簡 1 欄:"可以爲土事(㞢)。"111 簡:"季冬丙丁,勿以作事(㞢)。"120 簡:"四月、八月、十二月之辰,勿以作事(㞢)、大祠。"145+146 簡:"其祝曰:'毋王事(㞢),唯福是司,勉飲食,多投福。"155 簡:"祭祀、嫁子、作大事(㞢),皆可。"241 簡:"甲申生,必有事(㞢)。"事指職事。《日書》乙種殘簡有"祠事(㞢)"。

b.《秦律十八種·倉律》44 簡:"宦者、都官吏、都官人有事(㞢)上爲將。"(事上:爲朝廷辦事)45 簡:"有事(㞢)軍及下縣者。"(到軍中和屬縣辦事的)48 簡"妾未使而衣食公……吏輒柀事(㞢)之",原注"事,役使",句意即"此後官吏就不再役使"。簡文使、事已分立,此"事"可能應解爲使動詞,"使做事"之義。49 簡:"隸臣妾其從事(㞢)公,隸臣月禾二石,隸妾一石半;其不從事(㞢),勿禀。"從事,爲官府服役。

《秦律十八種·金布律》93 簡"在它縣者致衣從事之縣","事"字泐,上部筆畫尚可辨,此字下爲編繩所經之處。

---

① 字作㞢,可能也應該釋爲"視"。
② 《日書》甲種 36 簡正作"利解事"。

《秦律十八種·工人程》108 簡:"隸臣、下吏、城旦與工從事(■)者冬作,爲矢程,賦之三日而當夏二日。"

《秦律十八種·内史雜》191 簡:"令■史毋從事(■)官府。"

《法律答問》127+128 簡:"大夫甲堅鬼薪,鬼薪亡,問甲可(何)論?當從事(■)官府,須亡者得。今甲從事(■),有(又)去亡,一月得,可(何)論?當貲一盾,復從事(■)。從事有(又)亡,卒歲得,可(何)論?當耐。"①從事官府,義即在官府服役。144 簡:"郡縣除佐,事(■)它郡縣而不視其事(■)者,可(何)論?"155 簡:"吏從事(■)于官府,當坐伍人不當?"

《日書》甲種 144 簡正 4 欄:"戊申生子,寵,事(■)君。""寵"144 簡正 6 欄"戊辰生子,有寵"之"有寵"同義。《日書》乙種 244 簡:"戊申生,有寵,必事(■)君。"

3. 事

《日書》甲種 130 簡背:"凡有土事(■)弗果居。"136 簡背:"百事(■)不吉。"這兩個字形非常重要,這表示{事}與{吏}在字形上的完全分化。

4. 使

《語書》2+3 簡:"凡法律令者,以教道(導)民,去其淫避(僻),除其惡俗,而使(■)之之②於爲善殹(也)。"13+14 簡:"志千里使(■)有籍書之,以爲惡吏。"

《秦律十八種·倉律》46 簡"月食者已致稟而公使(■)有傳食",公使,因公出差。48 簡"妾未使(■)而衣食公",未到役使年齡而由官府給予衣食的妾。

《秦律十八種·工人程》109 簡:"小隸臣妾可使(■)者五人當工一人。"使即役使。

---

① "大夫"原作"夫₌",有合文符。"鬼薪"、"從事"原有重文符。
② "之"字右下原有重文符。

《秦律十八種·傳食律》179＋180 簡"御史①卒人使（䦆）者……使（䦆）者之從者……"，原譯文："御史的卒人出差……出差者的隨從……"

《秦律雜抄》6 簡"使（䦆）其弟子贏律"，役使弟子超出法律規定；42 簡"敢令爲它事，使（䦆）者貲二甲"，"使者"在簡中指役使戍者的人。

《法律答問》165 簡："可（何）謂'匿戶'及'敖童弗傅'？匿戶弗繇（徭）、使（䦆），弗令出戶賦之謂殹（也）。""匿戶弗繇、使"義即隱藏人戶，不徵發徭役，不加役使。180 簡："'使（䦆）者（諸）候（侯）、外臣邦，其邦徒及僞吏（䦆）不來，弗坐。'可（何）謂'邦徒'、'僞使（䦆）'？徒、吏（䦆）與偕使（䦆）而弗爲私舍人，是謂'邦徒'、'僞使（䦆）'。""使諸侯"之"使"爲出使義；第一處"僞吏"當爲"僞使"之誤，"僞使"義爲使者的助手；"與偕使"義即與使臣一起出使。203 簡"者（諸）候（侯）客節（即）來使（䦆）入秦"，"使"爲出使義。204 簡："可（何）謂'冂面'？'冂面'者，秅（藉，假使）秦人使（䦆），它邦耐吏、行旞與偕者，命客吏曰'冂'，行旞曰'面'。""使"爲出使義。

《封診式》42 簡"乙使甲曰"，簡文說，甲是乙的家吏，乙派甲到官府控告乙妻丙悍，要求對丙施以黥劓之刑。"使"字原簡模糊，無法辨認左半筆畫。

《爲吏之道》7 簡 4 欄："毋使（䦆）民懼。"26 簡 2 欄："不知所使（䦆），則以權衡求利。"29 簡 4 欄："安而行之，使（䦆）民望之。"

《日書》甲種 84 簡正 1 欄："生子，必使（䦆）。"必使，蓋即必被役使之義。

《日書》乙種 44 簡 1 欄："剽日，不可以使（䦆）人及畜六畜。"84 簡："生子，使（䦆）人。"簡殘，《日書》甲種 84 簡正 1 欄異文作："生子，必使。"

《語書》"吏"七見，"事"五見，"使"二見，"吏"、"事"同形，從筆勢觀察，其上三歧部分或兩筆寫成，如䦆；或三筆寫成，如䦆，但不具有區別

---

① "御史"下原有鈎識符號𠄌。

記詞功能的作用。

睡虎地秦簡的時代，有秦始皇時期的，有秦統一之前的。其中有兩種值得注意的現象：一是《秦律十八種·金布律》83簡"㕚"、《法律答問》59簡"㕚"表示{事}和{吏}，二詞共用一形；二是"事"字的產生，見於《日書》甲種130簡背、136簡背，分別作㕚、㕚，這表示{事}與{吏}在字形上完全分化。從某字形表示某詞的絕對數量上看，我們可以説，在睡虎地秦簡中，存在{史}、{事}、{使}和{吏}，{史}、{使}在字形上已經完全分化，但{吏}和{事}共用一形，尚未分化。㕚、㕚的出現，表明{事}在字形上也開始分化，但用例太少，其分化的時代大概不會太早，可能在秦統一中國前後。

（五）岳麓書院秦簡①

1. 史

《卅四年質日》②8簡："壬寅廷史（㕚）行北。"10簡："戊申騰居右史（㕚）。"33簡："戊辰騰與廷史（㕚）。"58簡："癸巳廷史（㕚）行=南。"《卅五年私質日》③9簡："辛未爽行廷史。"

2. 吏

《爲吏治官及黔首》④9簡："士吏（㕚）捕盜。"27簡："吏（㕚）有五

---

① 岳麓書院秦簡總計2176枚，已出版2册。朱漢民、陳松長主編《岳麓書院藏秦簡》第一册，上海辭書出版社2010年12月，内容有《質日》、《爲吏治官及黔首》和《占夢書》三種；第二册，上海辭書出版社2011年12月，内容爲《數》一種。第一册彩照和紅外照片有不一致處，閲讀時當注意。如《爲吏》61簡紅外照片上部竹簡碎片綴合錯位，彩照正確；《占夢書》5、31、34簡彩照頂端經綴合，紅外照片則無。

② 依據干支排列順序，《卅四年質日》4、5簡之間缺一支簡。《質日》排列了卅四年全年干支，以十月爲歲首，分六欄書寫，自右而左、自上而下讀；干支文字與記事文字筆迹不同，當是干支表先寫好，然後使用者在具體干支的下面空白位置記事。其他兩種《質日》與此情況相同。

③ 根據干支排列順序，《卅五年私質日》4、5簡之間缺兩支簡，5、6簡之間缺一支簡，10、11簡之間缺一支簡，15、16簡之間缺兩支簡，27、28簡之間缺一支簡，28、29簡之間缺一支簡，34、35簡之間缺三支簡，35、36簡之間缺一支簡，39、40簡之間缺二支簡，40、41簡之間缺一支簡。27簡擺放在三、四欄位置有誤，應上移至第二、三欄。

④ 《爲吏》篇有很多簡的背面有文字痕迹，像5、6、22、23、36、37、38、68、84、85等，是簡正面的文字墨迹染印而成的，所以是反字，5簡背文字是"積索求監"，見於68簡正；6簡背文字是"與歔同宮"，見於22簡正；37簡背文字見於85簡正；85簡背文字有"圂汜毋椟"，見於23簡正。這些現象對於研究《爲吏》原簡的卷放形態是有積極意義的。

善。"《爲吏》篇是先抄寫後編聯的，"吏"字上部正好是編繩經過處。30簡："舉吏（✦）審當。"34簡："吏（✦）有五失。"41簡："吏（✦）有五過。"①47簡："吏（✦）有五則。"53簡："吏（✦）有六殆。"41、47、53簡"吏"字上部筆畫均爲編繩殘痕掩蓋，從紅外綫照片看，其上部筆畫爲"十"字形。64簡："吏（✦）弗論治。"67簡："主吏（✦）留難。"87簡背："爲吏（✦）治官及黔首。"（篇題）

《占夢書》8簡："吏（✦）夢企匕〈亡？〉上。"上部筆畫爲編繩殘痕所掩。32簡："故吏（✦）"。

3. 事

《□□七年質日》②10簡："甲申視事（✦）。"視事，就職治事，多指政事言。49簡："癸亥之鄢具事（✦）。"下部筆畫爲編繩所掩。具事，做事、辦事。

《卅四年質日》4簡："庚子騰視事（✦）。"5簡："辛丑騰去監府視事（✦）。"20簡："丙辰騰之益陽具事。"（"事"字泐）22簡："戊午騰不行視事（✦）。"31簡："丙寅視事（✦）。"65簡："癸卯事（✦）已。"

《爲吏治官及黔首》7簡："敬給縣官事（✦）。"30簡："毋傷官事（✦）。"50簡："舉事（✦）不當。"51簡："毋犯大事（✦）。"66簡："事（✦）無終始不欲多業。"67簡："舉事（✦）而不意不欲多聞。"70簡："須臾者百事（✦）之祖也。"81簡："事（✦）無細弗爲不成。"86簡："精（精）正守事（✦）。"

《占夢書》3簡："甲乙夢開藏事（✦）也。"4簡："壬癸生事（✦）也。"5

---

① 五過之一云"一曰誇而✦"，睡虎地秦簡《爲吏之道》作"誇以迣"，✦字形爲"史"，從聲韻角度考慮，此字當爲"夬"之訛。53簡"毋忿怒以夬"，夬作✦，訛爲史。《爲吏之道》作"毋以忿怒夬"，夬作✦。史、夬形近可以互訛，《卅四年質日》10簡"右史"字則訛爲夬（✦）。

② 根據干支排列順序，《□□七年質日》6、7簡之間缺一支簡，32、33簡之間缺兩支簡，50、51簡之間少三支簡。

簡："宮事（■、■，後者爲紅外照片）。"

4. 使

《爲吏治官及黔首》49 簡："不智所使（■）則以權（權）索利。"54 簡："不察所使（■）親人不固。"

在《岳麓書院藏秦簡》第一册材料中，{史}、{吏}、{事}、{使}在字形上已經完全分化，根據《質日》的時代，應該可以斷定"史"、"吏"、"事"、"使"四字分化的完成應當在秦始皇統一中國前後。《爲吏治官及黔首》的内容與睡虎地秦簡《爲吏之道》有很多相同之處，但從文字分化的情况看，《爲吏治官及黔首》的抄寫時代要晚於《爲吏之道》。

六、傳世文獻中的情况

本節將以《尚書》、《詩經》、《周禮》、《左傳》、《吕氏春秋》等五部傳世典籍中"史"、"吏"、"事"、"使"的使用情况爲重點考察對象。《尚書》、《詩經》條列並分析全部相關文例，其他幾部重點考察"吏"的出現及使用情况以及"事"、"使"有無通用未分的現象。之所以如此安排：一、因爲"史"從西周到秦形義一直比較穩定，不煩詞費，不過其在各種文獻中的使用頻率值得注意；二、從古文字資料可以清楚地看到，"史"、{史}最早分化出來，{事}與{使}共用一形從殷商到戰國早期持續了很長時間，我們將看看在古書中能不能找到其通用的蹤迹，這對文獻的校讀具有重要意義；三、{吏}的產生較之"吏"的分化是更爲重要的事情，其中可能隱藏着中國政治制度曾發生的重要變化。

（一）尚書①

1. 史，共 8 例：均爲官名

《金縢》："史乃册祝曰……乃問諸史與百執事。"《酒誥》"太史友"、"内史友"。《立政》"太史"2 見。《顧命》"太史"2 見。

---

① 其所記歷史時代最晚的已經到了春秋時期，大部分是西周時期的，《盤庚》三篇被認爲是可靠的商代史料。

2. 事，62例①：事情、政事、職事②，任事、任用，泛指官員，事奉、服事③

（1）《堯典》："詢事考言，乃言厎可績，三載。"《史記·五帝本紀》譯爲："女謀事至而言可績，三年矣。""詢事"即"謀事"。

《皋陶謨》："政事懋哉！懋哉！""率作興事，慎乃憲，欽哉！屢省乃成，欽哉！乃賡載歌曰：'元首明哉！股肱良哉！庶事康哉！'又歌曰：'元首叢脞哉！股肱惰哉！萬事墮哉！'"

《湯誓》："舍我穡事，而割正夏？""穡事"即農事。

《盤庚上》"各恭爾事"，孔傳："奉其職事。"

《高宗肜日》："惟先格王，正厥事。"事即政事，具體指國之大事之一的祭祀之事。

《牧誓》"今日之事"，指伐紂戰爭前作爲宣誓儀式所舉行的軍事舞蹈。④

《大誥》"我有大事"，大事指軍事行動。又"予不敢不極卒寧〈文〉王圖事"，文王圖事即文王所謀之事。

《洪範》："敬用五事……五事：一曰貌，二曰言，三曰視，四曰聽，五曰思。"

---

① 不包括僞古文和《書序》用例，如果一併計算，有84例。由於是人工統計，容有些微誤差，但不影響總體結論。

② 僞古文：1.《大禹謨》："地平天成，六府三事允治，萬世永賴，時乃功。""六府"指上文所說的水、火、金、木、土、穀，孔穎達疏："府者，藏財之處；六者，貨財所聚，故稱六府。""三事"指上文所說指正德、利用、厚生三件事。《左傳·文公七年》："六府、三事，謂之九功。水、火、金、木、土、穀，謂之六府；正德、利用、厚生，謂之三事。"2.《胤征》："官師相規，工執藝事以諫。"孔傳："百工各執其所治技藝以諫。"3.《仲虺之誥》："以義制事，以禮制心。"4.《太甲下》："與治同道罔不興，與亂同事罔不亡……無輕民事，惟難。""同事"指行事相同。"民事"指力役之事。5.《說命中》："惟事事乃其有備，有備無患。"孔傳："事事，非一事。"又："惟厥攸居，政事惟醇。"《說命下》："人求多聞，時惟建事，學于古訓乃有獲。事不師古，以克永世，匪說攸聞。"建事，立事也。6.《泰誓上》："我友邦冢君，越我御事庶士，明聽誓！"孔傳訓"御"爲治，"御事庶士"義爲治事衆士。7.《武成》："建官惟賢，位事惟能。"8.《周官》："學古入官，議事以制，政乃不迷……不學牆面，莅事惟煩。"事指政事。9.《畢命》："今予祇命公以周公之事……罔曰民寡，惟慎厥事。"前爲職事，後爲政事。《書序》："沃丁既葬伊尹于亳。咎單遂訓伊尹事。作《沃丁》。"孔傳："訓暢其所行功德之事。""武王伐殷，往伐歸獸，識其政事，作《武成》。"孔傳："記識殷家政教善事以爲法。"

③ 僞古文：1.《咸有一德》："后非民罔使，民非后罔事。"事即事君。2.《說命中》："禮煩則亂，事神則難。"3.《泰誓上》："乃夷居弗事上帝神祇。"

④ 顧頡剛、劉起釪《尚書校釋譯論》第三册，第1103頁。

《康誥》："惟曰未有遜事……子弗祗服厥父事,大傷厥考心。""遜事"讀爲"訓事",教訓、教化之事也。① 孔傳解爲"順事",其"順"乃順暢、順利之義。

《酒誥》："乃不用我教辭,惟我一人弗恤,弗蠲乃事,時同于殺。"蠲,明、潔。"弗蠲乃事"義即不潔其行事。②

《梓材》："肆亦見厥君事。""事"指君之所作所爲。

《洛誥》："予齊百工,伻從王于周,予惟曰'庶有事'。"事或解爲祭事。庶,庶幾。③ 又："凡民惟曰不享,惟事其爽侮。"事指政事。又："公無困哉,我惟無斁其康事。"這句話也不好懂,"康事",或解爲安民之事;④或讀康爲更,義即更(再)習吏事。⑤

《多士》："王若曰:'爾殷多士,今惟我周王丕靈承帝事,有命曰割殷,告勑于帝。惟我事不貳適⑥(敵),惟爾王家我適(敵)。'""帝事"即帝所命之事,"我事"所指與之同。

《君奭》："故一人有事于四方,若卜筮,罔不是孚。""故"一作"迪","事"一作"使"。孔傳："一人,天子也。君臣務德,故有事於四方而天下化服,如卜筮無不是而信之。"張道勤云："有事於四方,指有教令向四方民衆發佈。"⑦

《多方》："爾惟克勤乃事……尚爾事,有服在大僚。"事即職事。

(2)《皋陶謨》："九德咸事。""九德"指文中皋陶所說的"寬而栗、柔而立、願而恭、亂而敬、擾而毅、直而溫、簡而廉、剛而塞、強而義"九種品質,此處指具備這些品質的賢才。凡有九德之人皆命以職事。事,動詞,義即任以職事,訓詁學家訓爲"用"。

(3)官員：事、六事、三事⑧、執事、御事、外事、臬事、立事,由職事義

---

① 參顧頡剛、劉起釪《尚書校釋譯論》第三册,第1333頁所引孫詒讓說。
② 孔傳："汝乃不潔汝政事,是汝同于見殺之罪。"
③ 參顧頡剛、劉起釪《尚書校釋譯論》第三册,第1471頁。孔傳："庶幾有善政事。"
④ 參張道勤《書經直解》,浙江文藝出版社1997年5月,第141頁。孔傳解爲"安天下事"。
⑤ 參顧頡剛、劉起釪《尚書校釋譯論》第三册1469頁所引章太炎說。
⑥ 孔傳是把"適"解爲動詞"之",云："言天下事已之我周矣,不貳之佗。惟汝殷王家已之我,不復有變。"
⑦ 張道勤《書經直解》,第165頁。
⑧ 僞古文《周官》："三事暨大夫,敬爾有官,亂爾有政。"

引申而來。

《甘誓》:"大戰于甘,乃召六卿。王曰:'嗟!六事之人……'",孔傳:"天子六軍,其將皆命卿。各有軍事,故曰六事。""六事之人"即"六卿",主掌六種職事的人。

《盤庚下》:"邦伯、師長、百執事之人,尚皆隱哉。""百執事之人"指王朝的衆官吏。《金縢》:"乃問諸史,與百執事。"

《牧誓》:"我友邦冢君,御事司徒、司馬、司空、亞旅、師氏、千夫長、百夫長。"一般認爲"御事"與後文的"司徒"等官並列,指治事行政之官。① 我們認爲,此"御事"總括後文的"司徒、司馬、司空、亞旅、師氏、千夫長、百夫長"諸職,"御事"義爲治事之官。②

《大誥》:"大誥爾多邦,越爾御事。"孔傳解"御事"爲"御治事者"。又:"肆予告我友邦君越尹氏、庶士御事。"孔傳:"以美,故告我友國諸侯,及於正官尹氏卿大夫、衆士御治事者。言謀及之。"孔傳當是把"御事"視爲修飾"尹氏"、"庶士"的後置定語。又:"爾庶邦君,越庶士御事","義爾邦君,越爾多士、尹氏御事","爾庶邦君,越爾御事"。

《康誥》:"王曰:'外事,汝陳時臬司,師茲殷罰有倫。'……王曰:'汝陳時臬事,罰蔽殷彝,用其義刑義殺,勿庸以次汝封。乃汝盡遜,曰時敘,惟曰未有遜事……'""外事",孔傳認爲是"外土諸侯奉王事",劉起釪認爲是對康叔的一個稱呼,清人江聲認爲外事乃聽獄之事、聽獄在外朝,故曰外事。③ "臬事"與"臬司"同,指司法人員。

《酒誥》:"厥(指文王)誥毖庶邦庶士越少正、御事朝夕曰:'祀茲酒。'"孔傳:"文王其所告慎衆國衆士於少正官、御治事吏,朝夕勑之,惟祭祀而用此酒,不常飲。"又:"文王誥教小子:'有正、有事,無彝酒。'""有正有事"指群臣。又:"茲乃允惟王正、事之臣。""正事之臣"即上文的"有正有事"。又:"王曰:'封!我西土棐徂邦君、御事、小子,尚克用文王教,不腆于酒,故我至于今,克受殷之命。'"又:"惟御事厥棐有恭,不敢自暇自逸,矧曰其敢崇飲。"又:"汝劼毖殷獻臣、侯、甸、男、衛;矧太史友、内史友越獻臣百宗

---

① 參顧頡剛、劉起釪《尚書校釋譯論》第三册,第 1095、1386 頁。
② 《梓材》:"我有師師:司徒、司馬、司空、尹、旅。""師師"義即衆官長,總括後文。
③ 顧頡剛、劉起釪《尚書校釋譯論》第三册,第 1328 頁。

工；矧惟爾事，服休、服采。"此"事"或認爲指治事人員。①

《梓材》："王其效邦君越御事。"效，考也。

《召誥》："誥告庶殷越自乃御事。"又："王先服殷御事，比介于我有周御事。"服，任使。

《洛誥》："予旦以多子越御事篤前人成烈。"

《立政》："宅乃事，宅乃牧。"孔傳："居汝事，六卿掌事者。"顧頡剛認爲"事"是職掌政務的長官，"牧"是管理民事的長官。② 又："立政：任人、準夫、牧，作三事。"又："文王惟克厥宅心，乃克立兹常事、司牧人，以克俊有德。"又："繼自今我其立政：立事、準人、牧夫。"又："自古商人，亦越我周文王立政：立事、牧夫、準人，則克宅之。"

《顧命》："乃同召太保奭、芮伯、彤伯、畢公、衛侯、毛公、師氏、虎臣、百尹、御事。"

《文侯之命》："即我御事，罔或耆壽俊在厥服，予則罔克。"

（4）《金縢》："予仁若考，能多材多藝，能事鬼神。乃元孫不若旦多材多藝，不能事鬼神。"

《酒誥》："奔走事厥考厥長。"事，服事。

《洛誥》："彝及撫事如。"這句話的前後文句讀不一，解釋亦紛紜，今從于省吾，其義即"常及順事汝"。③

《多士》："我乃明致天罰，移爾遐逖，比事臣我宗，多遜。"事即服事、臣事。

《立政》："以敬事上帝。"

《文侯之命》："克左右昭事厥辟。"

3. 使，4例：使令、讓、任用④

《堯典》："舜曰：'諮四嶽，有能奮庸，熙帝之載，使宅百揆，亮采惠疇？'"

---

① 參張道勤《書經直解》，第119頁。
② 參顧頡剛、劉起釪《尚書校釋譯論》第四册，第1663、1667頁。
③ 參顧頡剛、劉起釪《尚書校釋譯論》第三册，第1477頁。孔傳："其順常道及撫國事如我所爲。"張道勤從之。
④ 僞古文《咸有一德》："后非民罔使，民非后罔事。"《書序》："虞舜側微，堯聞之聰明，將使嗣位，歷試諸難，作《舜典》。""高宗夢得説，使百工營求諸野，得諸傅岩，作《説命》三篇。""成王在豐，欲宅洛邑，使召公先相宅，作《召誥》。""召公既相宅，周公往營成周，使來告卜，作《洛誥》。"

《牧誓》："乃惟四方之多罪逋逃是崇是長是信是使,是以爲大夫卿士。"孔傳："言紂棄其賢臣,而尊長逃亡罪人信用之。""多罪逋逃"是前置賓語。

《洪範》："人之有能有爲,使羞其行,而邦其昌。"孔傳："功能有爲之士,使進其所行,汝國其昌盛。"又："汝弗能使有好于而家,時人斯其辜。"

《尚書》未見"吏"字。① 通過古文字資料的梳理,我們可以知道,"使"字產生於戰國中晚期,《尚書》有"使",證明它是被後人整理過的。由兩周金文看,西周、春秋時期,{使}主要由"事"來表示,少數用"史"。《尚書》有一個表示使令、使者意義的字——伻。《尚書》中"史"、"事"、"使"釐然不混,這也是其文本經過後人整理過的一個證據。《君奭》"故一人有事于四方","故"一作"迪","事"一作"使"。這可能是戰國人抄寫文本時曾想對共用一形的{事}和{使}加以區分而造成的異文。"事"之命以職事(任事)義《尚書》1 見,但不見於古文字資料。"使"的使用、任用義在戰國時期的古文字資料中才見到,《尚書》有 1 例。《尚書》中單獨的"事"以及由"事"組成的一些詞可以泛指官員,可以給金文材料的釋讀提供綫索和證據。但二者也有較大的差別,如《尚書》中的"外事、臬事、立事"均不見於古文字資料,"執事"見於戰國。"御事"在兩周金文中没有用爲官名者,在我們考察的簡牘資料中,僅見於《清華簡三·芮良夫毖》,而《尚書》此詞多見,但有的是治事義。"史"雖 8 見,但只有史、太史、内史三種辭例,跟西周金文中的大量用例相比,簡直不成比例。

(二)《詩經》②

1. 史,2 例

《小雅·十月之交》："皇父卿士,番維司徒,家伯維宰,仲允膳夫,棸子内史,蹶維趣馬,楀維師氏。"

---

① "吏"字僅見於僞古文《胤征》："天吏逸德,烈于猛火。"孔傳："逸,過也。天王之吏爲過惡之德,其傷害天下,甚於火之害王。"

② 《詩經》主要是一部周詩集,收録西周初期至春秋中葉約五百多年間的詩歌。其所收詩歌的年代上限因《商頌》的認識而有爭議,現在《商頌》爲商詩之説得到了越來越多學者的認同。

《賓之初筵》:"凡此飲酒,或醉或否。既立之監,或佐之史。"

2. 事,43例:事情、王事、政事、祭事、職事等,泛指官員,服事

(1)《召南·采蘩》:"于以用之,公侯之事。""事",毛傳認爲指祭事,鄭箋用其説。或認爲指"蠶事"。① 這種分歧主要是因爲對"蘩"的作用的認識不同。

《邶風·北門》:"王事適我,政事一埤益我。""王事敦我,政事一埤遺我",鄭箋闡述句意時表述爲"國有王命役使之事"(王事),"我有賦税之事"(政事)。②

《唐風·鴇羽》"王事靡盬",3見。《小雅·四牡》4見。《小雅·采薇》1見。《小雅·杕杜》3見。《小雅·出車》"王事多難"2見,《北山》1見。

《小雅·十月之交》:"黽勉從事。"鄭箋:"自勉以從王事。"

《小雅·北山》:"偕偕士子,朝夕從事。王事靡盬,憂我父母","大夫不均,我從事獨賢","四牡彭彭,王事傍傍","或盡瘁事國"(傳:"盡力勞病以從國事"),"或王事鞅掌","或靡事不爲"。

《小雅·小明》:"我事孔庶","政事愈蹙"。

《小雅·楚茨》:"祀事孔明。"又見《小雅·信南山》。

《小雅·大田》:"大田多稼,既種既戒,既備乃事。"

《大雅·綿》:"自西徂東,周爰執事。"執事,從事工作。

《大雅·板》:"我雖異事,及爾同寮。"事指職事。

《大雅·抑》:"於乎小子! 未知藏否。匪手攜之,言示之事。"鄭箋云:"親示以其事之是非。"

《大雅·崧高》:"亹亹申伯,王纘之事。于邑于謝,南國是式。"鄭箋:"王又欲使繼其故諸侯之事。"

《大雅·瞻卬》:"婦無公事,休其蠶織。"公事,政事。毛傳:"婦人無與外政。"

《商頌·殷武》:"天命多辟,設都于禹之績。歲事來辟,勿予禍適。"孔穎達疏:"常以歲時行朝覲之事,來見君王。"《周禮·秋官·小行人》"令諸

---

① 程俊英《詩經譯注》,上海古籍出版社1985年2月,第23頁。
② 程俊英認爲王事指有關王室的差事,政事指衛國國内的差事。參《詩經譯注》,第73頁。

侯春入貢",孫詒讓正義引清林喬蔭曰:"歲事者,君親行之。《大宗伯》'朝覲宗遇會同',以其或一歲一行,或數歲一行,故爲歲事。"

(2)《小雅·十月之交》:"皇父孔聖,作都于向,擇三有事,亶侯多藏。"毛傳:"擇三有事,有司,國之三卿。"

《小雅·雨無正》:"三事大夫。"鄭箋認爲指三公(即司徒、司馬、司空)。

《小雅·常武》:"三事就緒。"毛傳釋"三事"爲"三有事之臣",鄭箋解爲"三農之事",①與毛異,今從毛傳。

《商頌·那》:"溫恭朝夕,執事有恪。"執事指祭祀中薦饌的人員。

(3)《大雅·大明》:"昭事上帝,聿懷多福。"

《大雅·烝民》:"夙夜匪解,以事一人。"

3. 使,15例:使讓、驅遣

《召南·野有死麇》:"無使尨也吠。"

《衛風·碩人》:"大夫夙退,無使君勞。"《氓》:"及爾偕老,老使我怨。"《伯兮》:"願言思伯,使我心痗。"

《鄭風·狡童》:"維子之故,使我不能餐兮","維子之故,使我不能息兮"。

《豳風·九罭》:"無以我公歸兮,無使我心悲兮。"

《小雅·采薇》:"我戍未定,靡使歸聘。"鄭箋:"我方守於北狄,未得止息,無所使歸問。"孔疏:"我方戍於北狄,未得止定,無人使歸問家安否。"由此觀之,"靡"則爲否定性不定指代詞,即沒有誰、沒有什麼人。程俊英解爲"使者",則是認爲"靡"爲"無、沒有"義。②

《小雅·大東》:"既往既來,使我心疚。"

《小雅·楚茨》:"神嗜飲食,使君壽考。"

《大雅·大明》:"天位殷適,使不挾四方。"

《大雅·烝民》:"天子是若,明命使賦。"鄭箋:"顯明王之政教,使群臣施布之。"

《小雅·雨無正》:"云不可使,得罪于天子;亦云可使,怨及朋友。"

---

① 《周禮·天官·大宰》:"一曰三農,生九穀。"鄭玄注引鄭司農云:"三農,平地、山、澤也。"

② 程俊英《詩經譯注》,第305頁注11。

鄭箋：" 不可使者，不正不從也；可使者，雖不正從也。"①孔疏："仕在君朝，則當從君命，王既邪淫，動皆不可，我若執正守義不從上命，則天子云我不可使，我將得罪于天子；我若阿諛順旨，亦既天子云此人可使，我則怨及于朋友。""正義曰：以可使與不可使，皆君論臣之辭，謂稱己意爲可使，不稱己意爲不可使也。"②此例中的"使"意義比較實在，有驅遣、役使之義。

《大雅·卷阿》："藹藹王多吉士，維君子使，媚于天子。"鄭箋："王之朝多善士藹藹然，君子在上位者率化之，使之親愛天子，奉職盡力。"孔疏："此經既云'王多③吉士'，即云'維君子使'，則吉士受此君子之命使也。'媚于天子'文承其下，明是君子使此吉士愛天子矣，故云君子在上位者率化之。"下一章云："藹藹王多吉人，維君子命，媚于庶人。"鄭箋："命猶使也。善士親愛庶人，謂撫④擾之，令不失職。"鄭箋前一章理解爲君子使吉士親愛天子，因爲愛天子，所以吉士奉職盡力；後一章則理解爲，君子使吉士親愛庶人，以使庶人不失其職。前後理路不一貫。孔疏前半句中"使"解爲命使、驅使，後半句則是在有意牽合鄭箋。程俊英譯爲："周王身邊賢士萃，任您驅使獻智慧，愛戴天子不敢違"；"周王身邊賢士萃，聽您命令不辭累，愛護人民行無虧"。⑤ 這樣理解較舊注好。

《詩經》無"吏"字。"史"、"事"、"使"三字釐然不混。⑥

---

① 程俊英《詩經譯注》，第 381 頁注 35 云："使，從"，當據鄭箋。但誤讀了鄭箋，其說有誤。
② 孔穎達疏包括兩部分内容：一是解釋經文，二是解釋傳、箋。此段所引"正義曰"是解釋鄭箋的。
③ "王多"原作"多言"，依阮元《毛詩注疏校勘記》改。
④ "撫"原作"無"，據阮元《毛詩注疏校勘記》改。
⑤ 程俊英《詩經譯注》，第 548 頁。
⑥ 《周易》亦無"吏"，"史"1 例（《巽卦》"用史、巫"），"使"7 例，"事"48 例。意義的分佈與《詩經》基本一致。
《論語》無"吏"，"史"三例：1.《雍也》："質勝文則野，文勝質則史。"2.《衛靈公》："直哉史魚！"3.《衛靈公》："吾猶及史之闕文也。""使"46 例，有役使、讓、派遣、使令、出使、假使等義。"事"61 例，有事情、事務、政事、祭事、喪事、軍事、服事、從事、實踐等義。
《老子》無"吏"、"史"，"使"11 例，"事"21 例。

（三）《左傳》

1. "史"，110 例：用於官名之例最多，個別用例指史冊

史①、內史、祝史②（祝官、史官合稱，亦有分稱之例③）、周史（周王室史官，《莊公二十二年》）、周內史（《襄公十年》）、周大史（《哀公六年》）、南史氏（《襄公二十五年》，南蓋指南族或南方）、董史（《昭公十五年》）④、大史⑤、筮史（掌卜筮之官，《僖公二十八年》）、左史（《襄公十四年》《昭公十二年》《哀公十七年》）、外史（《襄公二十三年》）⑥。

內史過（乃王官，內史，官名，見《莊公三十二年》《僖公十一年》）、周內史叔興（《僖公十六年》，《僖公二十八年》稱"內史叔興父"）、內史叔服（王官，《文公元年》，《文公十四年》稱"周內史叔服"）、大史克（《文公十八年》）⑦、大史固（《哀公十一年》）、大史子餘（《哀公十四年》）、祝史揮（《哀公二十五年》，揮，人名）、史嚚、史佚⑧、史蘇、史顆（秦大夫，《成公十一年》）、史狋、史狗（《襄公二十九年》，《昭公七年》作史苟）、史鰌（即史魚，《襄公二十九年》《定公十三年》）、史趙、史朝、史猈、蔡史墨（《昭公二十九年》）⑨、史皇（《定公四年》）、史龜。"史某"之"史"很可能有一部分已演變爲氏名。

《襄公二十九年》："魯之于晉也，職貢不乏，玩好時至，公卿大夫相繼

---

① 《閔公二年》："狄人囚史華龍滑與禮孔，以逐衛人。二人曰：'我，大史也，實掌其祭。不先，國不可得也。'""二人"即華龍滑與禮孔。《文公十三年》："邾文公卜遷于繹。史曰：'利于民而不利于君。'"這種直接云"史曰"之文例又見於《成公十六年》《襄公九年》《襄公二十五年》等《宣公二年》："董狐，古之良史也，書法不隱。""良史"又見《昭公十二年》。《襄公十四年》："史爲書，瞽爲詩，工誦箴諫，大夫規誨，士傳言，庶人謗，商旅于市，百工獻藝。"《定公四年》："分之土田倍敦，祝、宗、卜、史，備物、典策，官司、彝器。"

② 《昭公十七年》有"祭史"，或云即祝史。參《春秋左傳注》第四册，第 1390 頁引顧棟高説，中華書局 1990 年 5 月。

③ 《莊公三十二年》："虢公使祝應、宗區、史嚚享焉。"《國語·周語上》："內史過從至虢，虢公亦使祝史請土焉。"韋昭注："祝應、史嚚。"

④ 《昭公十五年》曰："及辛有之二子董之晉，於是乎有董史。""董"爲辛有次子，人名，後爲董氏，世爲晉史官。

⑤ 《昭公二年》有"大史氏"。

⑥ 楊伯峻云："杜注、孔疏謂史官身在外，故曰外史，非官名。"參《春秋左傳注》第三册，第 1083 頁。但此年傳杜預於"外史"無注，孔疏云："《周禮》外史掌書外令，掌四方之志。今季孫召外史，蓋魯亦立此官也。"

⑦ 他書或稱"史克"、"里革"、"魯太史克"。參《春秋左傳注》第二册，第 633 頁。

⑧ 楊伯峻云，《左傳》引史佚之言者五次，成公四年傳又引《史佚之志》，則史佚之言恐當時人均據《史佚之志》也。參《春秋左傳注》第一册，第 360 頁。

⑨ 蔡爲氏，《昭公三十一年》稱"史墨"，《昭公三十二年》稱"蔡墨"，《哀公二十年》稱"史黶"。

于朝,史不絕書,府無虛月。"

2. "吏",29例

《桓公十七年》:"夏,及齊師戰于奚,疆事也。於是齊人侵魯疆,疆吏來告。"《昭公十八年》:"晉之邊吏讓鄭曰……"(在讓語中,邊吏自稱邊人)。

《僖公十七年》:"易牙入,與寺人貂因内寵以殺群吏,而立公子無虧。"群吏,服虔云:"諸大夫也。"① 《昭公元年》:"若子之群吏,處不辟汙,出不逃難,其何患之有?"

《僖公二十五年》"軍吏",《夏官司馬・大司馬》:"諸侯載旂,軍吏載旗。"鄭玄注:"軍吏,諸軍帥也。"賈公彦疏:"亦謂從軍將至下伍長皆是軍吏也。"又見《僖公二十八年》、《文公十二年》、《成公十六年》(3 見)、《昭公十五年》、《哀公二十四年》。

《成公十三年》:"君來賜命曰:'吾與女伐狄。'寡君不敢顧昏姻,畏君之威,而受命于吏。""受(授)命于吏"義即準備共秦伐狄。

《襄公三十年》:"吏走問諸朝。"《襄公三十一年》:"是以令吏人完客所館,高其閈閎,厚其牆垣,以無憂客使。""吏人"指官府中的胥吏或差役。

《昭公二年》:"使吏數(責數)之。"《昭公十二年》:"昭子朝,而命吏曰……昭子命吏謂小(叔仲小)待政於朝,曰:'吾不爲怨府。'"《昭公十三年》:"歸子而不歸,鮒(叔魚)也聞諸吏,將爲子除館於西河,其若之何?"《昭公二十三年》:"士伯御叔孫,從者四人,過邾館以如吏。""吏人之與叔孫居於箕者,請其吠狗,弗與。"《昭公三十年》:"王吏不討,恤所無也。"

《哀公二年》:"繁羽御趙羅,宋勇爲右。羅無勇,麋之。吏詰之,御對曰……""初,周人與范氏田,公孫尨稅焉,趙氏得而獻之。吏請殺之。"《哀公十五年》:"寡君使蓋(人名)備使,吊君之下吏。"下吏,屬吏。《哀公二十五年》:"揮(人名)在朝,使吏遣諸其室。"

《襄公十三年》:"新軍無帥,晉侯難其人,使其什吏率其卒乘官屬,以從於下軍,禮也。"楊伯峻認爲此"什吏"之吏即《襄公二十五年》"六正、五吏"之吏,云:"五吏者,軍尉、司馬、司空、輿尉、候奄也。每軍皆有此五吏,五吏又各有佐(副手),故此云什吏。什吏即十吏。"② 《襄公二十五年》:

---

① 楊伯峻《春秋左傳注》第一册,第 376 頁。
② 楊伯峻《春秋左傳注》第三册,第 999、1101 頁。

"自六正、五吏、三十帥、三軍之大夫、百官之正長師旅及處守者皆有賂。"

《成公二年》:"王使委於三吏,禮之如侯伯克敵使大夫告慶之禮,降於卿禮一等。""三吏"杜注以爲三公。

《左傳》中"吏"爲官員的泛稱。但"三吏",實即《詩經》之"三事大夫"。大概"五吏"也可能本來寫作"五事"。

3. "事"有 400 例左右,主要是作名詞,有事情、情況、事務、祭事、政事、軍事、農事等義;其次是動詞,主要是服事、事奉義;指人只有"執事"一種辭例。《文公七年》有"華御事",人名,宋國人。

4. "使"字有近 1 200 例(包括經文),有使令、派遣(派人)、讓、驅遣、使喚、使者、出使、致使、任用、使用等義。

(四)《周禮》①

1. "史",258 例,大部分爲單用之"史",且大部分見於"宮正上士二人,中士四人,下士八人,府二人,史四人,胥四人,徒四十人"(《天官冢宰》)之類的文例。這種情況佔了 227 例,佔總用例的 88%。其他有女史、内史、大史、小史、外史、御史、瞽史(樂師與史官的並稱)。

2. "吏",44 例

《天官冢宰·大宰》:"以八則治都鄙:一曰祭祀,以馭其神;二曰法則,以馭其官;三曰廢置,以馭其吏;四曰禄位,以馭其士;五曰賦貢,以馭其用;六曰禮俗,以馭其民;七曰刑賞,以馭其威;八曰田役,以馭其衆。""以八統詔王馭萬民:一曰親親,二曰敬故,三曰進賢,四曰使能,五曰保庸,六曰尊貴,七曰達吏,八曰禮賓。""以九兩繫邦國之民:一曰牧,以地得民;二曰長,以貴得民;三曰師,以賢得民;四曰儒,以道得民;五曰宗,以族得民;六曰主,以利得民;七曰吏,以治得民;八曰友,以任得民;九曰藪,以富得民。""三歲,則大計群吏之治而誅賞之。"

---

① 《禮記》"吏"6 見,《曲禮下》:"五官之長曰伯,是職方。其擯于天子也,曰'天子之吏。'"鄭玄注:"《春秋傳》曰:'王命委之三吏。'三公也。"《文王世子》:"有司告以樂闋,王乃命公、侯、伯、子、男及群吏曰'反養老幼于東序',終之以仁也。"《祭統》:"夫祭有畀輝、胞、翟、閽者,惠下之道也,唯有德之君爲能行此。明足以見之,仁足以與之,畀之爲言與也,能以其餘畀其下者也。輝者,甲吏之賤者也。胞者,肉吏之賤者也。翟者,樂吏之賤者也。閽者,守門之賤者也。古者不使刑人守門。此四守者,吏之至賤者也。"

《儀禮》無"吏"。"史"23 例,22 例爲官名,有史、大史、小史、祝史、公史;另一例見《聘禮》"辭多則史,少則不達。"虛飾、浮誇義。

《天官冢宰·小宰》:"以官府之六敘正群吏。""以聽官府之六計,弊群吏之治。""月終,則以官府之敘受群吏之要。""歲終,則令群吏致事。"《宰夫》:"宰夫之職,掌治朝之法,以正王及三公六卿大夫群吏之位,掌其禁令。敘群吏之治,以待賓客之令。""歲終,則令群吏正歲會。""正歲,則以法警戒群吏。"《大府》:"凡官府都鄙之吏,及執事者受財用焉。"《司會》:"以逆群吏之治。"《司書》:"三歲,則大計群吏之治,以知民之財,器械之數,以知田野夫家六畜之數,以知山林川澤之數,以逆群吏之徵令。"《職歲》:"凡官府都鄙群吏之出財用,受式法于職歲。"

《地官司徒·小司徒》:"令群吏正要會而致事。""令群吏憲禁令,修法糾職,以待邦治。及大比六鄉四郊之吏。"《鄉大夫》"受教法于司徒,退而頒之于其鄉吏。""鄉老及鄉大夫帥其吏……鄉老及鄉大夫群吏,獻賢能之書于王。""歲終,則令六鄉之吏,皆會政致事。正歲,令群吏考法于司徒以退。"《黨正》:"帥其吏而致事。"《族師》:"帥四閭之吏,以時屬民。"《縣師》:"三年大比,則以考群吏,而以詔廢置。"《司市》:"守門市之群吏平肆,展成奠賈。"《遂大夫》:"三歲,大比,則帥其吏,而興甿,明其有功者,屬其地治者。"

《春官宗伯·天府》:"以詔王察群吏之治。"

《夏官司馬·大司馬》:"中夏,教茇舍,如振旅之陳,群吏撰車徒,讀書契,辨號名之用。""諸侯載旂,軍吏載旗。""中冬教大閱,前期群吏,戒衆庶,修戰法。""司馬建旗于後表之中,群吏以旗物鼓鐸鐲鐃,各帥其民而致。""群吏聽誓于陳前。""司馬振鐸,群吏作旗。""三鼓摝鐸,群吏弊旗。""群吏各帥其車徒,以敘和出。"《御僕》:"御僕掌群吏之逆,及庶民之復。"

《秋官司寇·小司寇》:"群臣西面,群吏東面。"鄭玄注:"群臣,卿大夫、士也;群吏,府史也。"《周禮·天官·序官》:"府六人,史十有二人。"鄭玄注:"府,治藏;史,掌書者。凡府、史,皆其官長所自辟除。"《小司寇》:"以三刺斷庶民獄訟之中,一曰訊群臣,二曰訊群吏,三曰訊萬民。"賈公彥疏:"釋曰[①]:云群臣者,士以上;云群吏者,府史、胥徒、庶人在官者;云萬民者,民間有德行不仕者。"《朝士》:"右九棘,公侯伯子男位焉,群吏在其後。"《司刺》:"司刺掌三刺三宥三赦之法,以贊司寇聽獄訟。壹刺曰訊群臣,再刺曰訊群吏,三刺曰訊萬民。"

[①] 《毛詩注疏》孔穎達之疏稱"正義曰",《周禮注疏》賈公彥之疏云"釋曰"。

"群吏"32例、"鄉吏"1例、"軍吏"1例,單用之"吏"10例。

3."事",389例:有事情、事務、職事、祭事、服事、執事(官員)、從事①等義。如事典、事職、工事(各種技藝製作、土木營造之事)、執事②、大事、政事、小事、邦事、聯事、徒役之事、稍事、割亨之事、喪事、醫事、朝事、張事(張設帷幕之事)、功事(工作成績)、好事③、陰事(群妃御見之事)、土事、世事④、服事⑤、軍事、役事、市事、女事、山事、澤事、耕事、凶事、卜事、用事⑥、事功⑦、通事⑧、事鬼神、事于四望、事師長、小國事大國,等等。

4."使",95例:有使令、讓、使用、任使(進賢使能)⑨、役使⑩、使者、出使⑪等義。

(五)《呂氏春秋》

1."史",41例:史⑫、太史、晉太史屠黍、周太史、(夏)太史令終古、殷内史向摯、内史廖、周内史興、史記、史角、史墨(《恃君覽·召類》作史默)、

---

① 《春官·小祝》:"小祝掌小祭祀,將事侯禳禱祠之祝號。"
② 有二義:1.《天官·大宰》:"九曰閒民,無常職,轉移執事。"鄭玄注引鄭司農云:"閒民,謂無事業者,轉移爲人執事,猶今傭賃也。"2.《天官·大宰》:"前期十日,帥執事而卜日。"鄭注:"執事,宗伯、大卜之屬。"
③ 《天官·内小臣》:"后(王后)有好事于四方,則使往。"鄭玄注:"后于其族親所善者,使往問遺之。"孫詒讓正義:"好事,恩澤之事。"
④ 《地官·大司徒》:"以世事教能,則民不失職。"鄭玄注:"世事,謂士農工商之事。"
⑤ 《地官·大司徒》:"頒職事十有二于邦國都鄙,使以登萬民……十有二曰服事。"鄭玄注引鄭司農曰:"服事,謂爲公家服事者。"
⑥ 《春官·大祝》:"過大山川,則用事焉。"鄭玄注:"用事,亦用祭事告行也。"
⑦ 《夏官·司勳》:"王功曰勳,國功曰功,民功曰庸,事功曰勞,治功曰力,戰功曰多。"
⑧ 《秋官·掌交》:"掌邦國之通事而結其交好。"鄭玄注:"通事,謂朝覲聘問也。"
⑨ 《天官·大宰》:"[大宰]以八統詔王馭萬民……三曰進賢,四曰使能。"賈公彥疏:"四曰使能者,下有技能君民共舉任之。"
⑩ "使車":狩獵時驅趕禽獸以就田獵範圍之車,因職在使役,故稱。《夏官·馭夫》:"掌馭貳車、從車、使車。"鄭玄注:"使車,驅逆之車也。"
《夏官·司弓矢》:"唐弓、大弓以授學射者、使者、勞者。"林尹《周禮今注今譯》(書目文獻出版社1985年2月)譯爲:"唐弓大弓頒給學射的,以及諸臣出使與問勞遠臣。"林譯有些問題。鄭注:"勞者,勤勞王事。"據此,"使者"之"使"可能是役使義,《禮記·投壺》:"司射、庭長及冠士立者,皆屬賓黨;樂人及使者、童子,皆屬主黨。"鄭玄注:"使者,主人所使。"
《夏官·戎右》:"戎右掌戎車之兵革使。"鄭注:"使謂王使以兵,有所誅斬也。"賈疏:"戎右者,與君同車,在車之右,執戈盾,備制非常,並充兵中使役,故云'掌戎車之兵革使',謂執兵著甲之使也。引《春秋》者,文二年《左傳》文……證戎右以兵革使事。"
⑪ 《地官·掌節》:"凡邦國之使節:山國用虎節,土國用人節,澤國用龍節。"鄭玄注:"使節,使卿大夫聘于天子諸侯,行道所執之信也。"
⑫ 《審應覽·重言》:"天子言,則史書之,工誦之,士稱之。"《士容論·士容》:"唐尚敵年爲史。"

史鰌、史騑、史起①、史定、史皇（即蒼頡）。

2."吏",37例

《孟春紀·去私》："墨者有鉅子腹䵍，居秦，其子殺人，秦惠王曰：'先生之年長矣，非有它子也，寡人已令吏弗誅矣，先生之以此聽寡人也。'……王雖爲之賜，而令吏弗誅，腹䵍不可不行墨者之法。"

《季夏紀·制樂》："故成湯之時，有穀生於庭，昏而生，比旦而大拱，其吏請卜其故。"②又："周文王立國八年，歲六月，文王寢疾五日而地動，東西南北，不出國郊，百吏皆請曰……"

《孟冬紀·異用》："周文王使人抇池，得死人之骸，吏以聞於文王，文王曰：'更葬之。'吏曰：'此無主矣。'文王曰：'有天下者，天下之主也；有一國者，一國之主也。今我非其主也？'遂令吏以衣棺更葬之。"

《仲冬紀·至忠》："（荆莊哀王）命吏誅之……申公子培之弟進請賞於吏……"。《當務》："將誅矣，告吏曰……"。

《先識覽·去宥》："齊人有欲得金者，清旦，被衣冠，往鬻金者之所，見人操金，攫而奪之。吏搏而束縛之，問曰：'人皆在焉，子攫人之金，何故？'對吏曰：'殊不見人，徒見金耳。'"《正名》："竊觀下吏之治齊也，方若此也。"

《審分覽·任數》："命吏罪之。"

《審應覽·具備》："宓子賤治亶父，恐魯君之聽讒人，而令己不得行其術也。將辭而行，請近吏二人於魯君，與之俱至於亶父。邑吏皆朝，③宓子賤令吏二人書。吏方將書，宓子賤從旁時掣搖其肘。吏書之不善，則宓子賤爲之怒。吏甚患之，辭而請歸。宓子賤曰：'子之書甚不善，子勉歸矣。'二吏歸報於君，曰：'宓子不可爲書。'君曰：'何故？'吏對曰：'宓子使臣書，而時掣搖臣之肘，書惡而有甚怒，吏皆笑宓子，此臣所以辭而去也。'"

《離俗覽·爲欲》："晉文公伐原，與士期七日，七日而原不下，命去之。謀士言曰：'原將下矣。'師吏請待之。""師吏"即《左傳》之"軍吏"。

《開春論·開春》："韓氏城新城，期十五日而成。段喬爲司空。有一縣後二日，段喬執其吏而囚之……段喬使人夜解其吏之束縛也而出之。"

---

① 《先識覽·樂成》，百姓讚歌稱其爲"史公"，可知"史"是氏名。
② 《太平御覽》、《藝文類聚》等"吏"引作"史"。參陳奇猷《呂氏春秋新校釋》上冊，上海古籍出版社2002年4月，第355頁注6。從所記史料時代以及當時職官制度看，作"史"當是。
③ "近吏"、"邑吏"之"吏"他本或作"史"。參陳奇猷《呂氏春秋新校釋》下冊，第1239頁注10。

又："宣子乃命吏出叔向。"

《慎行論·無義》："魏吏争之曰……"又："趙急求李欬，李言續經與之俱如衛，抵公孫與，公孫與見而與入，續經因告衛吏使捕之，續經以仕趙五大夫。"

《貴直論·貴直》："齊王問吏曰：'哭國之法若何？'吏曰：'斮。'王曰：'行法。'吏陳斧質於東閭，不欲殺之，而欲去之。狐援聞而蹶往過之。吏曰：'哭國之法斮。先生之老歟昏歟？'"

《不苟論·不苟》："百里奚令吏行其罪。"《贊能》："魯君許諾，乃使吏鞭其拳，膠其目，盛之以鴟夷，置之車中。"《當賞》："夫人聞之，大駭，令吏興卒，奉命曰：'寇在邊。'卒與吏其始發也，皆曰'往擊寇'，中道因變曰：'非擊寇也，迎主君也。'"

3. "事"，275 例：事情、農事、田事、大事、餘事、官事、蠱事、先事後兵（禮讓之事）、土事、人事、作事、興事動衆、用事①、攻伐之事、郊廟之事、耦耕事、民事、百事、萬事、死事、婦事、行事；②服事、事君、事師、事父、臣事，致力，從事，③事心，④何事（即何故），⑤本事⑥等用法。

---

① 《孟秋紀·蕩兵》："遞興廢，勝者用事。"
② 《仲秋紀·簡選》："桀既奔走，於是行大仁慈，以恤黔首；反桀之事，遂其賢良，順民所喜；遠近歸之，故王天下。"
③ 《仲春紀·功名》："故當今之世，有仁人在焉，不可而不此務，有賢主不可而不此事。""事"、"務"變文同義。《季春紀·先己》："當今之世，巧謀並行，詐術遞用，攻戰不休，亡國辱主愈衆，所事者末也。"高誘注："事，治。"其實"事"亦是致力之義。《爾雅·釋詁》："事，勤也。"《左傳·僖公九年》："君務靖亂，無勤於行。"《孟夏紀·尊師》："之田野，力耕耘，事五穀。"高注："事，治也。"《有始覽·諭大》："故務在事事在大。"高注："事，爲。""大"即"大義"。《士容論·務大》異文作"故務事大"。陳奇猷認爲"事在"二字衍，《吕氏春秋新校釋》上册，第730頁注12。《孝行覽·慎人》："禹周於天下，以求賢者，事利黔首，水潦川澤之湛滯壅塞可通者，禹盡爲之，人也。"高注："事，治也。"于省吾認爲本當作"使"，陳奇猷認爲"以求賢者"與"事利黔首"義實並列，"事"爲從事。《吕氏春秋新校釋》上册，第812頁注5。陳説可從。《審分覽·勿躬》："凡君也者，處平静、任德化以聽其要，若此則形性彌贏，而耳目愈精；百官慎職，而莫敢愉綎；人事其事，以充其名。"第一個"事"高注訓"治"。《審應覽·審應》："趙惠王謂公孫龍曰：'寡人事偃兵十餘年矣而不成，兵不可偃乎？'"高注："事，治。"《士容論·上農》"民舍本而事末"。
④ 《吕氏春秋·季春紀·論人》："游意乎無窮之次，事心乎自然之塗。"于省吾《雙劍誃諸子新證·吕氏春秋一》："高注：事，治也。俞樾謂'事心'猶'立心'。按：二説並非。事本應作使。事、使金文同字……'使心'與'游意'相對爲文。"《孟秋紀·禁塞》："凡救守者，太上以説，其次以兵。以説則承從多群，日夜思之，事心任精，起則誦之，卧則夢之，自今單唇乾肺，費神傷魂。"《審分覽·君守》："其出彌遠者，其知彌少，故博聞之人，彊識之士闕矣，事耳目，深思慮之務敗矣，堅白之察、無厚之辯外矣。"《開春論·察賢》："巫馬期則不然，弊生事精，勞手足，煩教詔，雖治猶未至也。"《似順論·別類》："不知其説所以然而然，聖人因而興制，不事心焉。""事心"、"事耳目"、"事精"之"事"義同。
⑤ 《審應覽·不屈》："公何事比施於螣螟乎？""何事比我於新婦乎？"
⑥ 《慎行論·求人》："賢者所聚，天地不壞，鬼神不害，人事不謀，此五常之本事也。"

《不苟論·貴當》："名號大顯，不可彊求，必繇其道。治物者不於物於人，治人者不於事於君，治君者不於君於天子，治天子者不於天子於欲，治欲者不於欲於性。"從上下文例看，"治人者不於事於君"一句明顯存在問題，陳奇猷認爲原文當作"治人者不於人於事，治事者不於事於君"，"事"即"吏"字，並引《韓非子》"治吏不治民"爲據。《孟秋紀·蕩兵》："未有蚩尤之時，民固剝林木以戰矣，勝者爲長。長則猶不足治之，故立君。君又不足以治之，故立天子。天子之立也出於君，君之立也出於長，長之立也出於争。"《有始覽·務本》："安危榮辱之本在於主，主之本在於宗廟，宗廟之本在於民，民之治亂在於有司。"這兩篇文字在"君"與"民"之間有一個"長"或"有司"階層，從有關材料看，"吏"和"民"作爲一對對立的概念，也是在戰國時期出現的。從内證、外證看，陳氏所論很合理。但《貴當》此段文字可能借自道家，類似的話見於《文子·下德》："老子〔文子〕曰：治物者，不以物以和；治和者，不以和以人；治人者，不以人以君；治君者，不以君以欲；治欲者，不以欲以性；治性者，不以性以德；治德者，不以德以道。"①《淮南子·齊俗》："凡以物治物者不以物，以睦；治睦者不以睦，以人；治人者不以人，以君；治君者不以君，以欲；治欲者不以欲，以性；治性者不於性，以德；治德者不以德，以道。"由於定縣八角廊漢簡的發現，《文子》是先秦古籍已經得到共識，即使退一步，我們暫且不管《淮南子》與《文子》之間關係如何，二者文字幾乎全同，至少可以説明這段話的底本比較穩定，在"君"與"人"之間不存在一個"吏"的階層。《吕氏春秋》編撰於秦統一六國前夕，這個時期{吏}與{事}可能還是共用一形的。但從《吕氏春秋》本文看，"事"與"吏"没有互混的例子。

4. "使"，304 例：致使、使令、派遣、讓，使者，出使，役使、使用、任用，若使、假使等義

《季春紀·季春》："省婦使，勸蠶事。"高注："省（簡省義）其他使，勸其趨蠶事。"《禮記·月令》文同。或以爲"婦使"即"婦事"，但"使"、"事"出現於同一句話中，訛誤的可能性很小。"婦事"只見於《仲冬紀·仲冬》："省婦事，毋得淫。"

---

① 徐慧君、李定生《文子要詮》，復旦大學出版社 1988 年 7 月，第 165 頁。

表四

頻率 字目	今文尚書	詩經	周易	左傳	周禮	禮記	儀禮	老子	論語	呂氏春秋
史	8	2	1	110	258	36	23		3	41
吏				29	44	6				37
事	62	43	48	400	389	427	87	21	61	275
使	4	15	7	1 200	95	188	113	11	46	304

＊空表示無用例

通過上文考察，我們可以得到以下幾點認識：

1.《尚書》、《詩經》無"吏"，有"吏"的古書都成書於戰國時期，這與古文字資料反映的情況是相合的。這些成書於戰國時期的古書都是根據更早的史料所寫成，但在編寫的過程中無疑加進了戰國時期產生的詞語和概念，或者用戰國時期的語言加以改寫。《季夏紀·制樂》："故成湯之時，有穀生於庭，昏而生，比旦而大拱，其吏請卜其故。"《審應覽·具備》："宓子賤治亶父，恐魯君之聽讒人，而令己不得行其術也。將辭而行，請近吏二人於魯君，與之俱至於亶父。邑吏皆朝，宓子賤令吏二人書。"二者都有"吏"作"史"的異文，可能就是在這種背景下產生的。"史"字在演變過程中可以演變成"吏"，不能說沒有這種文字演變因素的影響，但文字演變不是唯一原因。

2."史"、"吏"、"事"、"使"在戰國晚期才完全分化，而在上述幾部古書中，這四個字的使用基本釐然不混。傳統圖書四部分類法的經部著作都是有傳承的，其文本用字應該是在傳承過程中逐步定型的，我們今天應充分尊重這些經過歷代傳承所形成的定本。尤其是"使吏"、"使事"、"使史"、"事吏"、"事使"、"吏使"連用的例子，說明整理者對這些詞有清楚的認識與區分。所以，我們要尊重古書文本用字以及古注的說解，不要輕易地用"史、吏"同用、"事、使"金文同字之類的認識去改讀古書。起碼，在沒有搞清這些字的分化時代層次之前，這些說法都是似是而非的。當然我們並不否認有一些古代缺乏傳習和整理的古書會保留較早的一些面貌，如"史、使"通用、"事、使"通用之類。如《逸周書·商誓》："今予維篤佑爾，予史太史違我。""予"後"史"用為"使"，這種現象見於西周金文。

3.《尚書》、《詩經》中有不少指官員的"×事"結構的詞語,對於釋讀商周金文資料具有重要意義。"三事"到了《左傳》中寫作"三吏",春秋以前稱執事大臣爲"事",稱"吏"是戰國出現的現象,此時官員稱"吏"的概念取代了稱"事"的概念,因此傳抄者在轉寫古代史料時,把它"譯"成了當時人習知的語言。雖然"吏"是從"事"分化而出的,但在經典的傳承中,文字與語詞的錯誤對應發生的可能性應該是很小的。

七、結　語

本文對《甲骨文編》、《續甲骨文編》、《新甲骨文編》、《甲骨文字典》、《甲骨學辭典》、《甲骨文字編》,《金文編》、《新金文編》、《新見金文字編》、《金文大字典》、《金文常用字典》、《簡明金文詞典》、《金文形義通解》,《戰國文字編》、《楚文字編》、《上海博物館藏戰國楚竹書(一～五)文字編》、《包山楚墓文字全編》、《郭店楚簡文字編》、《睡虎地秦簡文字編》、《秦文字類編》、《秦簡牘文字彙編》、《馬王堆簡帛文字編》、《銀雀山漢簡文字編》,張亞初《〈殷周金文集成〉引得》、《金文引得》(殷商西周卷)、《金文引得》(春秋戰國卷),《戰國古文字典》、《古文字譜系疏證》、《説文新證》,共 29 部古文字字編、字典、引得類工具書中的"史"、"吏"、"事"、"使"四字的立目情況作了細緻的考察,希望藉助這種對從殷商到秦漢各個歷史時期文字資料的字編、字典、引得類工具書的考察分析,找尋語詞分化和文字分化的語言綫索和時代綫索。我們發現,由於史、吏、事、使的字際關係以及"吏"和{吏}分化的時代層次沒有研究清楚,以及字編受《説文》排序的局限,致使字書在字頭設立、字形類聚、字義歸納等方面產生了一定的混亂,對具體古文字資料的釋讀也產生了較多紛擾。需要繼續探討的有如下幾個問題:(一)事、吏、使由史字分化,但不是一次性完成的,而是經過了很長時間的分化過程,我們要找出其分化的時代層次;(二)在西周、東周時期,記錄這幾個詞的字形有沒有一定的形體規範性;(三){吏}產生於什麼時代,在什麼背景下分化而出的;(四)"史、吏、事、使"與"{史}、{吏}、{事}、{使}"的分化情況,秦文字資料與楚文字資料是有較大區別的(楚文字中無"吏"和{吏}),應當分開討論,並探尋其背後可能隱藏的重要歷史信息;(五)古文字字編或字典該如何設立字頭,或者如何設立主條目和重見條目。

（一）殷商甲骨文中的情況

在殷商時代，"史"、"使"和"事"三者還没有最終分化，{史}、{事}、{使}均用 ✲ 或 ✲ 來表示，二字是異體關係，二者的區別表現爲不同類組用字習慣的差異。花東子卜辭中"✲"、"✲"二形有分化的趨勢，表示國族名時寫作"✲"，表示{史}、{事}、{使}的形體作"✲"。其分化是另外一個層面的問題，並不關涉"史"、"事"、"使"的分化問題。殷商時代還没有產生{吏}。

（二）商、西周、春秋金文中的情況

1. ✲ 類形體

（1）用爲{史}，此爲常見用法：(a) 族氏符號；(b) 用於人名："史+私名"中的"史"絶大多數都應該是官名，西周時期可能已經出現以官爲氏的"史"氏，還有一些"史"可能是作私名；(c) 官名：某國或某地、某族之史，大史、内史、省史、書史、御史等。

（2）用爲{事}，9 例：(a) 侍奉、服事，三器 4 例；(b) 做事、辦理事務，1 例，西周早期；(c) 事情，在不同的語言環境中可以具體地理解爲職事、職守等，4 例。

（3）用爲{使}，派遣、使令義，3 例。

"史"字絶大多數寫作 ✲ 形，是社會通行的規範形體。偶作 ✲、✲、✲、✲、✲、✲ 等形，其中 ✲、✲、✲，可能是殷商甲骨文寫法的孑遺，其他寫法則屬於個人書寫層面的不規則異寫形體。"史"字絶大多數用爲官名，其次是用爲族氏符號（主要見於商末和西周早期器物），用爲{事}者（動詞之侍奉、做事義和名詞職事義，名、動意義相因）9 例，用爲{使}者（派遣、使令義）3 例。{史}與{事}的形體一般情況下區別清楚，只有中甗、中方鼎、虎簋等少數銘文{史}、{事}不分，均寫作"史"。用"史"表{事}或{使}多見於西周早、中期銘文。

2. ✲ 類形體（含 ✲ 形）

（1）用爲{事}，此乃最常見用法：(a) 用於人名；(b) 用作氏名；(c) 職官名（專稱和泛稱）：卿事、三事、正事、有事、工事、大事（史）；

(d) 事情、職事、政事;(e)"用事"(附"用夙夜事"、"用萬年事");(f) 做事、辦理事務,引申指接受使命出外辦理外交事務(即出使);(g) 事奉;(h) 事,治也。

(2) 用爲{使},次常見用法:使令、派遣、致使義。

(3) 用爲{史},6例。

西周、春秋金文中的"事",一般作䣄,三歧之中畫貫穿"㞢"旁並向左曲頭,這是當時的通行寫法。偶或向右曲頭作䣄,或不曲頭作䣄,又偶作䣄、䣄、䣄、䣄、䣄、䣄、䣄等形。還有一些屬於個人書寫層面的異寫變體,如宰獸簋(《集録》490 西中)"用事"字作䣄等。從總的使用情況看,這些形體沒有別義作用。在個別銘文中,{事}與{使}的形體會加以區別,如訓匜(10285 西中)以"史"爲{事}(事情),以"事"爲{使};遇甗(948 西中)以"史"爲{使},"事"爲動詞做事義,叔簋(4132~4133 西早)、徵簋(3862 西早)同;琱生尊(《通鑒》11783~11784 西晚)"曰汝事召人"字作䣄(11783)、䣄(11784),"勿事(使)散亡"字作䣄、䣄。矢令方尊(6016 西早)、矢令方彝(9901 西早)"三事"作䣄、䣄,"卿旋(事)寮"作䣄、䣄;師寰簋(4313~4314 西晚)"反㠱工事"字作䣄、䣄,"夙夜卹㠱牆(將)事"作䣄、䣄(采自 4313 蓋銘、器銘);毛公鼎(2841 西晚)"霝之庶出入事于外"之"事"作䣄,"卿事寮"之"事"作䣄。但這些區別沒有一定的規範,而且也沒有推廣到社會通用的層面。不過這種情況已經説明,當時的人對{事}的多種用法是有認知的,並嘗試在字形上加以區分,只不過這種區分沒有得到社會約定俗成的認可。"卿事"、"卿事寮"之"事"作"旋"者多於作"事"者,似乎有一定的書寫習慣,由相關文例看,旋用爲事沒有問題,之所以寫作旋,大概是爲了與"大史寮"之"史"相區别。

總之,西周、春秋金文中,"史"與"事"的記詞職能基本上是完全分開的,混用是偶然現象。"事"的名詞義職官、事情、職事等,和"事"的動詞義做事、治理、事奉等,在社會通用層面,沒有作出字形上的別異,有的銘文因義不同而在字形上加以區別,乃屬於個體行爲。{使}偶用"史"表示,多數用"事"表示,{使}、{事}同字説明{使}在這個時期尚未從"事"分化出來。這種現象也説明,無論從字源上還是詞源上,{使}跟{事}的關係較之

{使}跟{史}的關係更密切。西周、春秋金文中尚無{吏}的用法。

(三)戰國金文中的情況

1. 史：(1) 氏名(附用於人名者1例)；(2) 官名：史、内史。

2. 事：(1) 氏名；(2) 官名：詹事、視事、級事、詔事；(3) 用爲{使}，1例；(4) 職事、事情；(5) 事奉。

3. 逐、彼、傳＝{使}。戰國金文中的{使}見於中山國文字和秦文字，中山國文字作逐、彼，从辵从史或从彳从史，史亦聲，"史"演變爲"吏"，所以字或隸爲逐、彼。秦文字作 ■、■(傳)，从人从事，事亦聲。

4. 吏，僅見3例，均爲韓器，文例爲"庫吏"。另一例見於魏器，亦是"庫吏"，但文字蝕泐，"吏"乃擬補之字，今不計在内。

戰國文字中史、事區分清楚。"事"字本有兩個構件組成，即■和■，■之中畫可以與■旁相接，也可以相交。戰國文字具有區系特徵，在有的區系如齊、楚文字中延續這種二元構件的寫法，但有的區系如晉系則寫爲三個構件：上部三歧一個構件，中部"口"旁或"甘"①旁一個構件，下部"又"旁一個構件。戰國時期是漢字隸變的發生發展期，這種對構件析分的不同，會影響文字隸變的趨向。在隸變過程中，曲筆往往會拉直，所以"事"字可以寫成■(二年邦司寇趙春鈹"級事")、■(五年相邦呂不韋戈"詔事")。戰國時期的六國"史"字上部"中"旁之中畫多不再與"口"相交，而是與之相接，作■(馬雍令戈)。而戰國文字往往在豎畫上加飾點，因此"史"又寫作■(取自中山國十四年雙翼神獸"彼"字偏旁)。飾點又往往演變爲短橫，所以"史"又寫作■(取自中山國左使車工纍鼎"彼"字偏旁)、■(十四年武城令戈)、■(王三年鄭令韓熙戈)。也就是說，"事"和"史"在隸變過程中可能會發生混同，但在戰國金文中利用文例、字形雙重限定，基本上是可以區分開的。② 戰國文字{使}見於中山國文字和秦國文字，中山國文字从辵从史或从彳从史，史旁進一步演變爲吏旁，彳或訛爲亻，就演變成了"使"。秦文字从亻从事，在隸變作用下也演變爲"使"。但中

---

① 本非口或甘字，今加引號，以表示其純爲形體上的相似。

② "事"字曲筆拉直有一個曲筆弧度不斷縮減的過程，並不是一步到位，而"史"字之飾點演變爲短橫可以一步完成。

山國文字可能在秦"罷其不與秦文合者"的"書同文"政策背景下中斷了其進一步演變爲"使"的進程,我們今天使用的"使"當是承襲秦文字而來的。在戰國簡牘資料中,"吏"都是官長的泛稱,沒有具體職官名"吏"者,戰國金文三晉文字中的"庫吏"很可能應該釋爲"庫史"。

(四)戰國簡牘資料中的情況

1. 楚簡

(1)清華簡(一、二)

a. 史：(a)官名,1例；(b)用爲{使}:派遣、使讓,5例。

b. 事：(a)事奉；(b)政事、事情；(c)用爲{使}:派遣、使讓。

清華簡中{使}用"史"或"事"來表示,無{吏}。

(2)上博簡

a. 史：(a)官名:傳史、祝史、私史；(b)用爲{使},多爲動詞:致使、派遣、讓、役使、使用,名詞義爲使者。

b. 事：(a)事情、職事；(b)事奉；(c)治。

c. 偼：卿偼(事),官名。偼可能不是"使",而是爲"卿事"所造的指人專字。

上博簡中{使}又寫作"囟"或"思"。

(3)郭店簡

a. 史,用爲{使}:使用、役使、致使、讓。

b. 事：(a)事情；(b)事奉；(c)卿事,官名。

(4)包山簡

a. 史：(a)氏名,如"史善"；(b)官名,如"右史"。

b. 事：(a)事情、職事,如"官事"、"執事人"；(b)事奉,如"出入事王"。

包山簡{使}用"囟"或"思"來表示。①

上述四批楚簡,清華簡、上博簡、郭店簡內容都是古書,郭店、上博主要是儒、道兩家的著作,清華簡主要是經史類著作。包山簡內容有法律文書、卜筮祭禱和遣策。包山簡都是實用型內容,其用字習慣應該反映了楚文字的實際情況。從內容性質以及涵蓋的範圍看,這幾批簡具有較強的

---

① 參李守奎等《包山楚墓文字全編》,第124、400頁。

代表性,據之作出的結論應該是準確可靠的。清華簡、上博簡、郭店簡中的"史"多數用爲{使},作官名的例子不多。包山簡之{使}均用"囟"或"思"來表示,而上博簡之{使}用"史"和"囟"或"思"來表示。以"史"表{使}在商周金文中用例極少,而且多見於西周早、中期銘文,而楚簡中有較多用例,這種現象可能反映了楚文字的用字習慣。清華簡或以"事"表{使},這種現象多見於西周、春秋金文,簡本保留着較早時期的用字特徵,這可能暗示着簡文所依據的底本寫成的年代較早。

綜上,楚簡中有{史}、{事}、{使}(没有確定的{吏}的用法),但字只有"史"、"事"二字,以"史"表{使}是楚文字的記詞習慣,少數的以"事"表{使}的現象可能是所抄古書底本用字的遺留。楚文字中"史"、"事"二字分工明確,用"囟"或"思"表示{使},説明在楚文字中{使}已經分化,但不是在"史"或"事"的字形基礎上分化,而是采用假借的方式另起爐灶。但不管方式如何,這都説明,楚文字中{使}已經分化。楚文字中的"俾"跟秦文字中的"俾"(即"使")可能不是一回事,而是爲"卿事"造的專門用字。楚文字中還没有確定的{吏}的用法。如果字編與《説文》從字形上進行銜接,立史、事兩個字頭是合適的。①

2. 秦簡

(1) 睡虎地秦簡

a. 史:(a)作官名常見,如"内史"、"令史"等;(b)用於人名,僅見《日書》"史先"1 例。

b. ![字形],此形體記録{吏}和{事}。

(a){吏},即官吏。《秦律十八種·金布律》83 簡:"官嗇夫免,效其官而有不備者,令與其稗官分,如其坐官以負賞(償),未而死,及有罪以收,抉出其分。"《法律答問》59 簡:"廷行爲詛(詐)僞,貲盾以上,行其論,有(又)法(廢)之。""事"、"吏"共用一字,這是事、吏形體尚未分化的有力證據。

(b){事}:名詞,事情、職事、政事;爲做事、使做事、辦事、事奉。

---

① 陳斯鵬認爲楚簡中的"史"可以記録{史}、{事}、{吏}、{使}等詞,參《楚系簡帛中字形與音義關係研究》,第 111~114 頁。陳文仍持傳統看法,對個别材料的釋讀也與我們有異,如"史"表{事}、"私吏"之釋等。

c. 事。

睡簡中只見 2 例，均爲名詞。《日書》甲種 130 簡背："凡有土事（☐）弗果居。"136 簡背："百事（☐）不吉。"這兩個字形非常重要，表示着｛事｝與｛吏｝在字形上的完全分化。

d. 使，作☐，根據睡簡的用字特點，此字可以分析爲從人從吏，也可以分析爲從人從事。有動詞和名詞兩種用法。

睡虎地秦簡的時代，有秦始皇時期的，有秦統一之前的。其中有兩種值得注意的現象：一是｛事｝和｛吏｝二詞共用一形；二是"事"字的產生。從某字形表示某詞的絕對數量上看，我們可以説，在睡虎地秦簡中，存在｛史｝、｛吏｝、｛事｝、｛使｝，｛史｝、｛使｝在字形上已經完全分化，但｛吏｝和｛事｝共用一形，尚未分化。☐、☐的出現，表明｛事｝在字形上也開始分化，但用例太少，其分化的時代大概不會太早，可能在秦統一中國前後。

（2）岳麓書院秦簡

在這批簡中，"史"、"吏"、"事"、"使"已經完全分化，"史"作☐，"吏"作☐，"事"作☐，"使"作☐。漢代簡牘文字延續了這種分化，並最後定形。

在《岳麓書院藏秦簡》第一册材料中，｛史｝、｛吏｝、｛事｝、｛使｝在字形上已經完全分化，根據《質日》的時代，應該可以斷定"史"、"吏"、"事"、"使"四字分化的完成應當在秦始皇統一中國前後。

從戰國金文和繼承秦文字系統的漢代文字看，秦文字中的"使"字有兩種演變趨向，一種是"使"，一種是"傳"，但後者沒有進一步發展，前者得到最終定形（參圖十五、十六）。

綜之，甲骨文中｛史｝、｛事｝、｛使｝在字形上尚未分化，尚未產生｛吏｝；西周春秋金文中"史"與"事"（｛事｝、｛使｝）基本完全分化，但｛使｝尚未從"事"中分化出來，尚未產生｛吏｝；到了戰國晚期，"史"、"吏"、"事"、"使"完全分化，｛吏｝產生，現在看到的材料，｛吏｝在秦簡中才見到大量用例，這是一個值得關注和思考的現象。從秦文字看，"吏"乃從"事"分化而出。｛使｝和"使"的問題比較複雜，楚文字中一般用"史"或"囟"、"思"表示｛使｝，這是楚文字的用字特徵，至於用"事"表｛使｝，當跟所抄寫的古書底本有關。秦文字中，"吏"、"事"同形，"使"的字形可以分析爲從人從吏，也

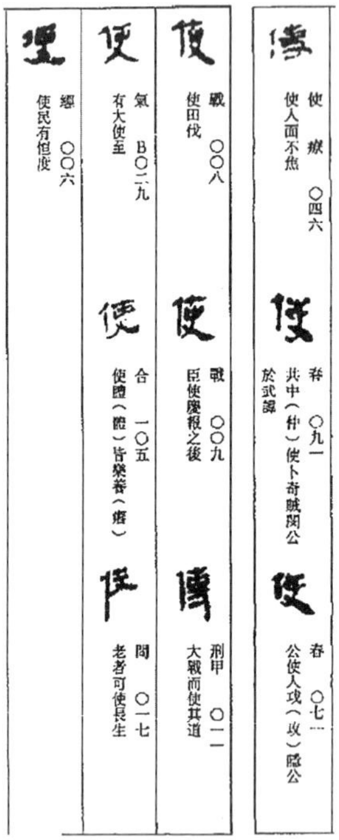

圖十五 《馬王堆簡帛文字編》"使"　　圖十六 《銀雀山漢簡文字編》"使"

可以分析爲從人從事，但如果從漢字發展演變到最終定形着眼，可以分析爲從人從吏。除秦文字外，"使"字只見於中山國文字，從辵從史或從彳從史，二形屬異體關係。這種從史的"使"字，史旁遵循漢字發展演變的規律，最終也會演變爲從吏，但隨着秦統一中國，采取"書同文"的政策，這個演變進程被迫中斷。我們今天使用的"使"字是承繼秦文字經由漢文字最終定形的。吏、事的分化是改動其共同字源的筆畫而成，而"使"字却是在"史"或"事"的基礎上增加偏旁而成，秦文字加人旁，中山國文字加辵或彳旁。不加具體限定而認爲"使"是由"役"訛變而來，這是不妥當的（參圖十七）。楚文字中的"倳"跟秦文字中的"倳"（即"使"）可能不是一回事，而是爲"卿事"造的專門用字。文字從演變的起點到最後的定形，這個過程是複雜的，按《説文》部首來部列古文字，必然是捉襟見肘的。最好是編纂斷代兼顧區系的古文字編，通代古文字編如果按照《説文》順序來編排，字頭的設立就會出現種種矛盾，這是用古文字演變終點的字形去對應古文字演變起點的字形時必然會發生的。

圖十七　史、吏、事、使分化時代簡圖

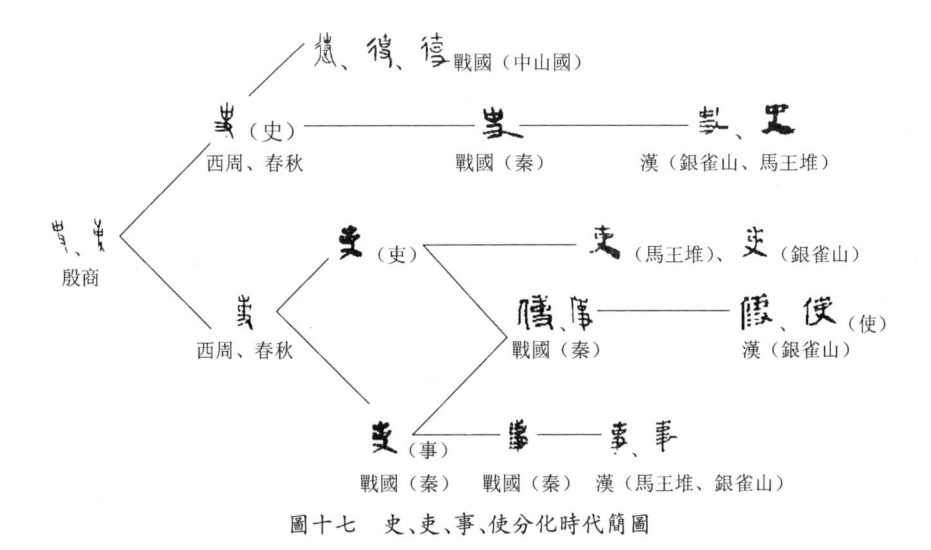

　　傳世典籍中《尚書》、《詩經》等無"吏",有"吏"的古書都成書於戰國時期,這與從古文字資料中得到的認識是相吻合的,{吏}、"吏"產生於戰國時期。成書於戰國時期的古書都是根據更早的史料所寫成,但在編寫的過程中無疑加進了戰國時期產生的詞語和概念,或者用戰國時期的語言加以改寫。"史"、"吏"、"事"、"使"在戰國晚期才完全分化,而在上述幾部古書中,這四個字的使用基本鑿然不混。其文本用字應該是在傳承過程中逐步定型的,我們今天應充分尊重這些經過歷代傳承所形成的定本,尊重古書文本用字以及古注的說解,不要輕易地用"史、吏"同用、"事、使"金文同字之類的認識去改讀古書。春秋以前稱執事大臣爲"事",稱"吏"是戰國出現的現象,此時官員稱"吏"的概念取代了稱"事"的概念,因此傳抄者在轉寫古代史料時,把它"譯"成了當時人習知的語言。

　　只有{吏}產生以後,才有從字形上進行區別的需求。從殷商一直到春秋時期,之所以沒有分化出"吏",應該是當時的社會生活、政治生活中還沒有產生{吏}。{吏}爲什麼在戰國時期才產生? 周代禮制中最重要的是宗法和封建制度,宗法制是從嫡庶制來的,封建制度以分封同姓爲原則,其分封依宗法系統而定,封建制度是由家族系統擴充而成政治系統,封建制度的繼續是靠宗法制度維繫的。封建社會中,名義上在一個王室的統治下,而實際上土地權和政治權却被無限制地分割,每方土地上都有它的大大小小的世襲主人,支配着一切經濟和政治上的權力。從割據各地的大小封君到"公侯腹心"的武士構成了封建社會的上層，其中地位最重要、人數也較多的是卿大夫階級，這一階級所操實權最大，根深蒂固，他們有細密的宗族組織，世世代代擁有土地和勢力，形成所謂"世族"。世族制起源於封建制和宗法制，宗法是統馭家族的原則，封建是擴充家族系統爲統治系統的源動力，世族便是混合家族和政治的系統而用宗法來支配的一種特殊團體。由世族制度產生了世官制度，世襲的貴族用了特殊階級的地位世世做官，執掌國政。① 春秋時期逐漸禮崩樂壞，世族世官制度逐步瓦解，周天子的共主地位逐步走向衰弱，西周時期專屬於周王的"天命"在這個時期已爲諸侯所僭越，如秦公簋、鐘稱"丕顯朕皇祖受天命"、"我先祖受天命"，銅器銘文實際上已暗含列國爭霸的意味，只不過是在尋找宗族上的理由和藉口，其目的當是取周王地位而代之。隨着戰國時代的諸侯爭霸，爵位由世襲逐漸轉變爲選賢，人群逐漸由血緣族居轉變爲地緣聚居，世襲貴族没落，新興軍事貴族興起，中國的政治由血緣政治轉變爲了地緣政治。② 在戰國晚期走向統一的進程中，中國繼宗法分封制度之後出現了中央集權制度——郡縣制，秦代最早在全國推行這種制度。這個制度有一套系統的行政機構，在其形成過程中，逐漸形成了一個與民對立的官僚階層，這個階層就是"吏"。這個階層的最終形成，是由秦國來完成的。在其他諸侯國，這個進程由於秦的統一中國而被迫中斷。

　　本文基於古文字資料得出的對於"吏"字分化時代的認識應該是没有問題的，但對於{吏}的分化的論述也許可能會被質疑，但本文全面梳理了各種資料，對相關問題的進一步討論具有積極的推動作用。如果我們關於{吏}的認識是可取的，這對於中國歷史、中國政治制度史的研究意義將是不言而喻的。

2012 年 5 月 1 日屬稿
2013 年 7 月 18 日寫畢
2013 年 7 月 29 日修訂一稿
2014 年 1 月 12 日修訂二稿
2014 年 5 月 6 日修訂三稿

---

① 童書業《春秋史》，上海古籍出版社 2003 年 4 月，第 7、8、66、69、70、71 頁。
② 參陳英傑《兩周金文"器主曰"開篇銘辭研究》，《華夏考古》2009 年第 3 期。

引 用 書 目

一、傳統文獻

黃伯思,《東觀餘論》,北京:人民美術出版社,2010。

阮元校刻,《十三經注疏》(附校勘記,上下兩冊),北京:中華書局,1980。

孫星衍,《尚書今古文注疏》,《清人注疏十三經》第一冊,北京:中華書局,1998。

顧頡剛、劉起釪,《尚書校釋譯論》,北京:中華書局,2005。

臧克和,《尚書文字校詁》,上海:上海教育出版社,1999。

張道勤,《書經直解》,杭州:浙江文藝出版社,1997。

程俊英,《詩經譯注》,上海:上海古籍出版社,1985。

楊伯峻,《春秋左傳注》,北京:中華書局,1990。

陳奇猷,《呂氏春秋新校釋》,上海:上海古籍出版社,2002。

徐慧君、李定生,《文子要詮》,上海:復旦大學出版社,1988。

林尹,《周禮今注今譯》,北京:書目文獻出版社,1985。

二、出土文獻

中國社會科學院考古研究所,《殷周金文集成》(全 18 冊),北京:中華書局,1984—1994。簡稱《集成》。

中國社會科學院考古研究所,《〈殷周金文集成〉釋文》(六卷本),香港:香港中文大學中國文化研究所,2001。簡稱《集成釋文》。

中國社會科學院考古研究所,《殷周金文集成》(修訂增補本),北京:中華書局,2007。

首陽齋、上海博物館、香港中文大學文物館合編,《首陽吉金》,上海:上海古籍出版社,2008。

劉雨、盧岩,《近出殷周金文集錄》,北京:中華書局,2004。簡稱《集錄》。

鍾柏生、陳昭容、黃銘崇、袁國華,《新收殷周青銅器銘文暨器影彙編》,臺灣:藝文印書館,2006。簡稱《彙編》。

張亞初,《〈殷周金文集成〉引得》,北京:中華書局,2001。

華東師範大學中國文字研究與應用中心編,《金文引得》(殷商西周卷),南寧:廣西教育出版社,2001。

華東師範大學中國文字研究與應用中心編,《金文引得》(春秋戰國卷),南寧:廣西教育出版社,2002。

吳鎮烽,《商周金文資料通鑒》(資料庫光碟,2010)。簡稱《通鑒》。
李學勤主編,《清華大學藏戰國竹簡(一)》,上海:中西書局,2010。
李學勤主編,《清華大學藏戰國竹簡(二)》,上海:中西書局,2011。
李學勤主編,《清華大學藏戰國竹簡(三)》,上海:中西書局,2012。
李學勤主編,《清華大學藏戰國竹簡(四)》,上海:中西書局,2013。
馬承源主編,《上海博物館藏戰國楚竹書(一)》,上海:上海古籍出版社,2001。
馬承源主編,《上海博物館藏戰國楚竹書(二)》,上海:上海古籍出版社,2002。
馬承源主編,《上海博物館藏戰國楚竹書(三)》,上海:上海古籍出版社,2003。
馬承源主編,《上海博物館藏戰國楚竹書(四)》,上海:上海古籍出版社,2004。
馬承源主編,《上海博物館藏戰國楚竹書(五)》,上海:上海古籍出版社,2005。
馬承源主編,《上海博物館藏戰國楚竹書(六)》,上海:上海古籍出版社,2007。
馬承源主編,《上海博物館藏戰國楚竹書(七)》,上海:上海古籍出版社,2008。
馬承源主編,《上海博物館藏戰國楚竹書(八)》,上海:上海古籍出版社,2011。
荊門市博物館,《郭店楚墓竹簡》,北京:文物出版社,1998。
睡虎地秦墓竹簡整理小組,《睡虎地秦墓竹簡》,北京文物出版社,1990。
朱漢民、陳松長主編,《岳麓書院藏秦簡》(壹),上海:上海辭書出版社,2010。
朱漢民、陳松長主編,《岳麓書院藏秦簡》(貳),上海:上海辭書出版社,2011。
陳偉主編,《里耶秦簡牘校釋》(第一卷),武漢:武漢大學出版社,2012。

三、近人論著

黃德寬主編

    2007　《古文字譜系疏證》,北京:商務印書館。

馮其庸、鄧安生

 2006　《通假字彙釋》,北京：北京大學出版社。

中國社會科學院考古研究所

 1965　《甲骨文編》,北京：中華書局。

金祥恒

 1993　《續甲骨文編》,《金祥恒先生全集》之一,臺灣：藝文印書館。

劉釗

 2003　《郭店楚簡校釋》,福州：福建人民出版社。

劉釗、洪颺、張新俊

 2009　《新甲骨文編》,福州：福建人民出版社。

徐中舒主編

 1989　《甲骨文字典》,成都：四川辭書出版社。

孟世凱

 2009　《甲骨學辭典》,上海：上海人民出版社。

李宗焜

 2012　《甲骨文字編》(全四冊),北京：中華書局。

季旭昇

 2004　《說文新證》上冊(卷一～卷七),臺灣：藝文印書館。

 2008　《說文新證》下冊(卷八～卷十四),臺灣：藝文印書館。

容庚編著,張振林、馬國權摹補

 1985　《金文編》,北京：中華書局。

董蓮池

 2011　《新金文編》,北京：作家出版社。

陳斯鵬

 2011　《楚系簡帛中字形與音義關係研究》,北京：中國社會科學出版社。

陳斯鵬、石小力、蘇清芳

 2012　《新見金文字編》,福州：福建人民出版社。

戴家祥主編

 1999　《金文大字典》,上海：學林出版社。

陳初生

2004 《金文常用字典》,西安:陝西人民出版社。

王文耀

1998 《簡明金文詞典》,上海:上海辭書出版社。

張世超、孫淩安、金國泰、馬如森

1996 《金文形義通解》(全三册),日本:中文出版社。

張世超

2012 《佔畢脞説(八)》,復旦大學出土文獻與古文字研究中心網站,http://www.gwz.fudan.edu.cn/SrcShow.asp? Src_ID=1800,2012年3月9日。

湯餘惠主編

2001 《戰國文字編》,福州:福建人民出版社。

李守奎

2003 《楚文字編》,上海:華東師範大學出版社。

李守奎、曲冰、孫偉龍

2007 《上海博物館藏戰國楚竹書(一~五)文字編》,北京:作家出版社。

李守奎、賈連翔、馬楠

2012 《包山楚墓文字全編》,上海:上海古籍出版社。

張守中、張小滄、郝建文

2000 《郭店楚簡文字編》,北京:文物出版社。

張守中

1996 《包山楚簡文字編》,北京:文物出版社。

1994 《睡虎地秦簡文字編》,北京:文物出版社。

2011 《中山王譽器文字編》,北京:人民美術出版社。

袁仲一、劉鈺

1993 《秦文字類編》,西安:陝西人民教育出版社。

方勇

2010 《秦簡牘文字彙編》,吉林大學博士論文,指導教師:吳振武教授。

陳松長

2001 《馬王堆簡帛文字編》,北京:文物出版社。

駢宇騫

    2001 《銀雀山漢簡文字編》，北京：文物出版社。

張光裕主編

    1999 《郭店楚簡研究·第一卷·文字編》，臺灣：藝文印書館。

王子楊

    2011 《甲骨文字形類組差異現象研究》，首都師範大學博士學位論文，指導教師：黄天樹教授。

李峰

    2010 《西周的政體：中國早期的官僚制度和國家》，北京：三聯書店。

陳英傑

    2008 《談親簋銘中"肇享"的意義——兼説册命銘文中的"用事"》，《古文字研究》第二十七輯，北京：中華書局。

    2009 《金文"順"字説略》，《北方論叢》第 5 期。

    2009 《兩周金文"器主曰"開篇銘辭研究》，《華夏考古》第 3 期。

    2011 《文字與文獻研究叢稿》，北京：社會科學文獻出版社。

    2013 《鄭井叔鐘之"霝鐘"正義——兼説大克鼎之"史小臣霝鼓鐘"》，《中國文字研究》第 17 輯，上海：上海人民出版社。

李魯滕

    2002 《鴌鼎及其相關問題》，謝治秀主編《齊魯文博——山東省首屆文物科學報告月文集》，濟南：齊魯書社。

朱鳳瀚

    2010 《滕州莊里西滕國墓地出土鴌器研究》，《中國古代青銅器國際研討會論文集》，上海博物館、香港中文大學文物館。

    2010 《射壺銘文考釋》，《古文字研究》第二十八輯，北京：中華書局。

    2012 《朱鳳瀚先生來函照登》，http：//www.gwz.fudan.edu.cn/SrcShow.asp? Src_ID=1887,2012 年 6 月 11 日。

吴鎮烽

    2006 《金文人名彙編》，北京：中華書局。

吴鎮烽、師小群

    2006 《三年大將吏弩機考》，《文物》第 4 期。

李零

    2002 《重讀史牆盤》,《吉金鑄國史——周原出土西周青銅器精粹》,北京：文物出版社。

    2002 《郭店楚簡校讀記》,北京：北京大學出版社。

馬承源主編

    1988 《商周青銅器銘文選》(三),北京：文物出版社。

    1990 《商周青銅器銘文選》(四),北京：文物出版社。

王輝

    1990 《秦銅器銘文編年集釋》,三秦出版社。

    2006 《商周金文》,北京：文物出版社。

張亞初、劉雨

    1986 《西周金文官制研究》,北京：中華書局。

張振林

    1997 《先秦"要"、"婁"二字及相關字辨析——兼議散氏盤之主人與定名》,第三屆國際中國古文字學研討會論文,香港中文大學。

王龍正、姜濤、婁金山

    1998 《匍鴨銅盉與頫聘禮》,《文物》第4期。

郭沫若

    2002 《兩周金文辭大系圖錄考釋》,北京：科學出版社。

朱承平

    2005 《異文類語料的鑒別與應用》,長沙：嶽麓書社。

張政烺

    2004 《張政烺文史論集》,北京：中華書局。

劉昭瑞

    2000 《宋代著錄商周青銅器銘文箋證》,廣州：中山大學出版社。

楊樹達

    1997 《積微居金文説》(增訂本),北京：中華書局。

    2007 《積微居小學述林全編》(上下),上海：上海古籍出版社。

李家浩

    2002 《著名中年語言學家自選集·李家浩卷》,合肥：安徽教育出版社。

謝明文

    2010 《固始侯古堆一號墓所出編鎛補釋》，http：//www.gwz.fudan.edu.cn/SrcShow.asp? Src_ID=1321，2010 年 12 月 8 日。

    2010 《金文劄記二則》，《古漢語研究》第 3 期；又見 http：//www.gwz.fudan.edu.cn/SrcShow.asp? Src_ID=1306，2010 年 11 月 13 日。

董珊

    2002 《戰國題銘與工官制度》，北京大學中文系博士論文，指導教師：李零教授。

    2008 《讀聞尊銘》，http：//www.gwz.fudan.edu.cn/SrcShow.asp? Src_ID=413，2008 年 4 月 26 日。

    2008 《侯馬、溫縣盟書中"明殛視之"的句法分析》，《古文字研究》第二十七輯，北京：中華書局。

韓巍

    2007 《西周金文世族研究》，北京大學博士論文，指導教師：李零教授。

張書岩、王鐵琨、李青梅、安寧

    1997 《簡化字溯源》，北京：語文出版社。

王冠英

    2004 《任鼎銘文考釋》，《中國歷史文物》第 2 期。

孫剛

    2011 《試說戰國文字中的"達"》，http：//www.gwz.fudan.edu.cn/SrcShow.asp? Src_ID=1739，2011 年 12 月 20 日。

裘錫圭

    1998 《甲骨文中的見與視》，"甲骨文發現一百周年學術研討會"論文，中研院歷史語言研究所、臺灣師範大學國文系合辦。

孫亞冰

    2010 《"衍"字補釋》，《古文字研究》第二十八輯，北京：中華書局。

洪成玉

    2005 《〈玉篇〉和〈說文〉比較》，《語言》第五卷，北京：首都師範大學出版社。

王瑞英

2012 《西周金文構形特徵探析》,《遼東學院學報》第 2 期。

吳良寶

2012 《十四年上郡守匽氏戈考》,http：//www.bsm.org.cn/show_article.php？id=1702#_ednref3,2012 年 5 月 22 日。

何琳儀

1998 《戰國古文字典——戰國文字聲系》,北京：中華書局。

何琳儀、焦智勤

2006 《八年陽城令戈考》,《古文字研究》第二十六輯,北京：中華書局。

韓自強

2008 《過眼雲煙——記新見五件晉系銘文兵器》,《古文字研究》第二十七輯,北京：中華書局。

周波

2010 《戰國文字中的"許"縣和"許"氏》,《古文字研究》第二十八輯,北京：中華書局。

陸德富

2012 《三晉兵器銘文中的"冶事"與"冶人"》,《江漢考古》第 2 期。

張振謙

2006 《三年大將吏弩機補釋》,《文物》第 11 期。

程長新、張先得

1982 《歷盡滄桑,重放光華——北京市揀選古代青銅器展覽簡記》,《文物》第 9 期。

陳佩芬

2004 《夏商周青銅器研究・東周篇》,上海：上海古籍出版社。

蘇建洲

2011 《楚文字論集》,臺灣：萬卷樓圖書股份有限公司。

黃錫全

2008 《介紹一件韓廿年冢子戈》,《古文字研究》第二十七輯,北京：中華書局。

羅福頤

1981 《古璽彙編》，北京：文物出版社。

郭蕾蕾

2008 《〈上海博物館藏戰國楚竹書（六）〉研究概況及文字編》，吉林大學碩士學位論文，指導教師：馮勝君教授。

韓義剛

2011 《〈上海博物館藏戰國楚竹書（七）〉研究概況及文字編》，吉林大學碩士學位論文，指導教師：馮勝君教授。

王凱博

2012 《上博八文字編》，http：//www.gwz.fudan.edu.cn/SrcShow.asp? Src_ID=1765，2012年1月3日。

李銳

2010 《讀楚簡劄記》，《古文字研究》第二十八輯，北京：中華書局。

復旦大學出土文獻與古文字研究中心研究生讀書會

2008 《〈上博七·武王踐阼〉校讀》，http：//www.gwz.fudan.edu.cn/SrcShow.asp? Src_ID=576，2008年12月30日。

2008 《〈上博七·凡物流形〉重編釋文》，http：//www.gwz.fudan.edu.cn/SrcShow.asp? Src_ID=581，2008年12月31日。

復旦吉大古文字專業研究生聯合讀書會

2011 《上博八〈有皇將起〉校讀》，http：//www.gwz.fudan.edu.cn/Srcshow.asp? Src_ID=1598♯_ednref12,，2011年7月17日。

周鳳五

2007 《上博六〈莊王既成〉、〈申公臣靈王〉、〈平王問鄭壽〉、〈平王與王子木〉新訂釋文注解語譯》，"2007中國簡帛學國際論壇"論文，臺灣大學中文系，11月10～11日。

許無咎

2006 《上博楚竹書（五）〈競建內之〉篇劄記》，http：//www.jianbo.org/showarticle.asp? articleid=1204，2006年2月25日。

唐洪志

2006 《上博五劄記（兩則）》，http：//www.bsm.org.cn/show_article.php? id=273♯_ednref6，2006年3月8日。

陳偉

2007　《〈天子建州〉校讀》,http：//www.bsm.org.cn/show_article.php? id＝616,2007年7月13日。

張崇禮

2007　《讀〈天子建州〉劄記》,http：//www.jianbo.org/admin3/2007/zhangchongli010.htm,2007年10月9日。

彭裕商、吴毅强

2011　《郭店楚簡老子集釋》,成都：巴蜀書社。

劉洪濤

2010　《郭店竹簡〈唐虞之道〉"瞽瞍"補釋》,《江漢考古》第4期;又見http：//www.bsm.org.cn/show_article.php? id＝1248,2010年4月30日。

王子今

2003　《睡虎地秦簡〈日書〉甲種疏證》,武漢：湖北教育出版社。

童書業

2003　《春秋史》,上海：上海古籍出版社。

伊强

2014　《睡虎地秦簡〈爲吏之道〉補説》,《江漢考古》第2期。

附記：感謝審稿專家鍾柏生先生的意見,鍾先生認爲："這篇論文是少見的對古文字資料、文獻資料,全面地討論其中出現的史、事、吏的字形、用法、字義的大作。並企圖從時間斷代中追究'史、事、吏'字形、字義、用法出現的次第、分歧、改變,及凝固爲後小篆字形的過程。基本上的努力是成功的。少有古文字學者做這麽大規模的工作。"鍾先生的話給筆者很大的安慰和鼓勵。該文從屬稿到改定,前後持續了兩年的時間,部分内容曾提交第三届(2012,北京)、第四届(2013,香港)漢字與漢字教育國際研討會,朱歧祥先生在會上對拙文提出指正意見。范常喜先生亦指正多處。在此一併致以謝忱!

有兩個問題在此略作補充説明：1. 中山國文字之迹、彼,我們認爲二者是異體關係,即中山國"使"字的寫法,但其使用語境有别。彼多從彳旁,個别從亻旁,從字形使用頻率上看,從彳者當爲正體,《金文編》釋爲

"史",一般則釋爲"使"。這種異體分工現象在中山國文字中還有幾例,如"亡"作否定詞"無"用寫作"亡",滅亡義寫作"迡";"作"之製作義寫作"乍","作斂"則寫作"复";"去"之離去義寫作"去",去除義寫作"壶"。這些字在當時人眼裏可能有別義作用,但後來逐漸統一到一種寫法上面,從今天的角度看,這些字都應是異體關係。2. 應事鼎(《集錄》288)、應事簋(3442 西中)、應史爵(9048)、應史觶(6469)四器同墓出土,但鼎簋銘分別云"應事作旅鼎"、"應事作旅簋",爵觶均銘"應史作父乙寶",鼎簋、爵觶是兩套器物,"應事"、"應史"可能是兩個人,"應事"不能讀爲"應史"。

2014 年 5 月 25 日

　　龍崗秦簡的年代在公元前 221 年之後,當時已經推行"書同文"政策,其"史"字作 或 ,"事"作 ,"吏"作 ,事、吏絕不相混。趙平安先生曾以龍崗秦簡文字體系與睡虎地秦簡相比較,進而從"書同文"角度談了秦人對古隸的規範,指出秦代對於隸書的規範有明顯的效果,但也受到了六國文字的影響,有些文字的寫法見於六國古文。① 里耶秦簡的年代與龍崗秦簡大致相合,絕大多數內容寫於秦統一之後,其中 8-461 號木方記載了"書同文字"的具體規範,爲我們瞭解當時"書同文字"的政策提供了比較直接的材料。木方以篆書抄寫,有兩部分內容:一是對"皇帝"等稱謂詞彙的規定,一是文字字形和用法規範方面的內容,其很可能移錄自秦代的詔令。文字規範內容行文格式爲"A 如故,更 B",義即 A 在某些用法上仍寫作 A,某些用法則寫作 B,這是對一個字形有多種記詞職能情況的規範。其中與本文相關的一條云:"吏如故,更事。"睡虎地秦簡{吏}、{事}基本上使用同一個字形,里耶木方則根據詞義對其字形的使用進行了區分。"事"字是對既有字形和用法的規範和確認。②

2015 年 2 月 1 日補記

---

　　① 趙平安《雲夢龍崗秦簡釋文注釋訂補——附論"書同文"的歷史作用》,《簡帛研究彙刊》第一輯,臺灣中國文化大學史學系,2003 年;收入氏著《新出簡帛與古文字古文獻研究》,商務印書館 2009 年 12 月。
　　② 參陳侃理《里耶秦方與"書同文字"》,《文物》2014 年第 9 期。另參張春龍、龍京沙《湘西里耶秦簡 8-455 號》、胡平生《里耶秦簡 8-455 號木方性質芻議》,《簡帛》第四輯,上海古籍出版社 2009 年 10 月。

原刊《中國文字》新四十期,(臺灣)藝文印書館2014年7月。收入本書時略有增訂。

其中部分內容曾在如下書刊發表:

1.《古文字字編、字典、引得中史、事、使、吏等字目設置評議》,《簡帛》第八輯,上海古籍出版社2013年10月。

2.《中山國文字𦥑、𦥯、𦥲舊釋釐正——兼論秦文字之"使"、楚文字之"傳"》,《漢字與漢文教育》(韓國)第34輯,2014年5月。

3.《從"吏"字的分化看中國古代官吏階層的形成時代》,李學勤、馮克堅主編《第五屆中國文字發展論壇論文集》,中州古籍出版社2015年10月。

【編按】田煒《西周金文字詞關係研究》(上海古籍出版社2016年3月)第四章"西周金文中多字對應多詞的交錯現象"第一節"由文字的完全通用造成的多字對應多詞現象"(第177～182頁)及第五章"西周金文字詞關係的共時與歷時考察"第三節"西周金文字詞關係的影響因素"(第298頁)、張峰《楚文字訛書研究》(上海古籍出版社2016年11月)第六章"形近易訛字辨析"第六節"史和弁"(第241～267頁)均有與拙文相關的內容,請讀者參看。另鄧章應主編《學行堂語言文字論叢》第六輯(科學出版社2018年5月)刊發了李俊楠《論"史""使""事"在出土文獻中的發展與流變》一文,亦可參看。

談兩周金文中的訛字問題*

所謂"訛字",簡單地説,就是發生訛誤的字。隨着戰國文字尤其是簡牘文字研究的深入,訛字問題受到越來越廣泛的重視,取得不少重要的理論突破。① 訛字具有時代性,不同時代的文字系統中的訛字表現特點不盡相同。② 金文中,有的錯字與其所對應的正字③在形體上毫不相關,有的是由於偏旁或筆畫的增簡而形成的,有的是字與字之間、偏旁與偏旁之間的形近訛混造成的,有的是由於書寫草率造成單字或單字的構成偏旁寫得不成字而造成的。另外,金文作爲一種特殊的文獻資料,拓印、製範、澆鑄等程序都可能會對文字產生影響,對研究形成干擾。而什麽樣的字算是"錯字",也是一個值得細加討論的問題。商和西周、春秋時期是文字努力保持理據的時代,戰國時期文字的理據性則

---

* 引書簡稱情況:1. 中國社會科學院考古研究所《殷周金文集成》(全18册),中華書局1984—1994年。簡稱《集成》。2. 劉雨、盧岩《近出殷周金文集録》,中華書局2004年。簡稱《近出》。3. 鍾柏生、陳昭容、黄銘崇、袁國華《新收殷周青銅器銘文暨器影彙編》,(臺灣)藝文印書館2006年。簡稱《新收》。4. 吴鎮烽《商周青銅器銘文暨圖像集成》,上海古籍出版社2012年。簡稱《銘圖》。

① 在較早的研究階段,學者們往往是把訛變、訛混、訛誤、訛别等現象置於同一個層面進行討論,隨着研究的不斷深入,各種文字演變現象逐漸得到科學的界定,有關術語的内涵與外延也逐漸取得比較一致的看法。近年來有不少碩、博論文以訛變、訛字、形體混同等作爲選題,相關研究成果,可以參考這些論文的研究綜述部分。

② 比如甲骨文的内容多是卜辭,文字爲契刻,所以甲骨文中的訛字就有不少的干支訛字和因刻寫技法造成的訛字,表現出不同於商周金文中訛字的特點。參王子楊《甲骨訛字研究》、李宗焜《略説甲骨不謹之作》,《先秦兩漢訛字學術研討會論文集》,2018年7月14~15日,北京。

③ 這裏所説的"正字",意思是"正確的字",據理據和語境、辭例而推定。

受到俗體的極大的衝擊,①因此,研究不同時期的文字訛誤,宜采用不同的研究方法和判斷標準。訛字問題在商代金文中並不明顯,兹略而不談。周金中的訛字則有多個層面,關於如何判定金文中的訛字、訛字有哪些類型以及訛字研究的價值,都還需要認真地加以討論、梳理和總結。

一

金文(戰國以前)作爲當時的正體文字,②維持文字理據是其重要特徵。③ 只要是發生了背離文字原始構意的變化,都可以認爲是文字發生了訛誤。這樣一來,面臨着如何對待"訛變"的問題。訛變是文字演變的一個重要規律,是一個歷時的概念。隨着文字的符號化不斷增强,訛變其實就是漢字原始結構及其形義關係不斷消解的過程。如果以"背離文字原始構意"爲標準進行衡量,那麽漢字的整個演變過程就是訛變的過程。這是廣義的訛變。研究金文中的訛字,我們不采用這種界定。比如"𢁅-夭-夭"(頭部的變化)、"𠂉-望-𠂤"("人"形的變化)等都屬於文字的自然演變,不是訛誤。訛變是漸變,具有普遍性和規律性;而訛字是突變、異

---

① 春秋戰國之交,文字開始擴散到民間,進入戰國以後,文字的應用越來越廣,使用文字的人越來越多,文字形體發生了前所未有的劇烈變化,這主要表現在俗體字的迅速發展上。秦國地處西僻,繼承了西周王朝所使用的文字傳統,文字的劇烈變化開始得比較晚,大約從戰國中期開始,俗體纔迅速發展起來。秦國的俗體比較側重於用方折、平直的筆法改造正體,其字形一般跟正體有明顯的聯繫。戰國時代秦國文字的正體後來演變爲小篆,俗體則發展成爲隸書,俗體雖然不是對正體没有影響,但是始終没有打亂正體的系統。而且在戰國時代的秦國文字裏,繼承舊傳統的正體仍然保持着重要的地位。戰國時代東方各國通行的文字,跟西周晚期和春秋時代的傳統的正體相比,幾乎已經面目全非。而且由於俗體使用得非常廣泛,傳統的正體幾乎已經被衝擊得潰不成軍了。在能看到的六國文字資料裏,幾乎找不到一種没有受到俗體的明顯影響的資料。在戰國晚期,至少在某些國家裏,俗體字已經在很大程度上取代了傳統的正體字。參裘錫圭《文字學概要》(修訂本),商務印書館 2013 年 7 月,第 58、63~64 頁。由於戰國時期"文字異形"情形加劇,且俗體對正體文字造成很大衝擊,所以本文主要針對西周、春秋時期文字而言。

② 參裘錫圭《文字學概要》(修訂本),第 48、53 頁。

③ 金文中有部分通篇寫得草率的情况,也有規範正體摻雜俗訛寫法的情况,當另論。

變,具有偶然性、個別性和不確定性。① 有的訛誤是訛變的發端,② 如"退"本作 ![字] (天亡簋,《集成》4261 西周早期),从"皀"(簋之初文),後省訛爲"![字]"(中山王譻壺,《集成》9735 戰國中期)。"皀"訛成"白"形,至小篆作 ,《説文》云:"復,却也。一曰行遲也。从彳、从日、从夂。"又如"或"本作 ![字](保卣,《集成》5415 西周早期),从"祕"之初文,後訛爲从戈,作 ![字](多友鼎,《集成》2835 西周晚期),春秋戰國繼承這種寫法而演變,至《説文》則云:"从口,从戈以守一。一,地也。"均獲得新的構形理據。文字演變的結果又往往造成訛體,如"辟"甲骨文作 ![字],本从兮,小篆中已訛爲"辛"。③ 他如"穆"訛爲从禾(甲文作 ![字],金文作 ![字],本爲象形字),"博"訛爲从"十","敢"訛从"古"(聲符)等。金文中有的訛誤具有普遍性(也可以稱爲規律性),但多數是偶然因素形成的,並無規律。前者如合體文字中的"止"旁與"屮"或"又"混訛,如"趙"作 ![字](趙簋《集成》4266 西周中期);"姚"寫成 ![字](叔㝬父簋蓋,《集成》4070 西周晚期);"奔"作 ![字](彧簋,《集成》4322 西周中期),中山王譻鼎(《集成》2840 戰國中期)作 ![字],爲小篆 ![字]之所本(但擺動兩臂之形訛爲夰首之夭);"靠"或作 ![字](五年師旋簋蓋銘,《集成》4217 西周晚期),上部"址"訛似"収",器銘作 ![字]不誤,4216 同銘器蓋銘作 ![字],訛似"艸",器銘作 ![字]不誤;又如"丮"旁下部多加"止","止"又往往演變成"女"形,如 ![字](刺鼎,《集成》2776 西周中期)之作 ![字](不嬰簋蓋,《集成》4329 西周晚期),但春秋早期的秦公鎛(《集成》267)作 ![字],還保留着原始構意(但人形訛爲欠)。又如 ![字](小臣守簋,《集成》4179 西周早期)之作 ![字](守宮父辛鳥尊,《集成》5959 西周早期),

---

① 這種判定應該是學界的共識了。
② 張桂光先生曾説,"訛變都從偶然的訛誤開始"。參《古文字中的形體訛變》,《古文字研究》第十五輯,中華書局 1986 年 6 月;收入氏著《古文字論集》,中華書局 2004 年 10 月,第 2、11 頁。
③ 【編按】朱鳳瀚先生近來有文談到甲金文中"璧"字所从偏旁的問題,參看《新見商金文考釋(二篇)》,《出土文獻與古文字研究(第六輯)·復旦大學出土文獻與古文字研究中心成立十周年紀念文集》,上海古籍出版社 2015 年 2 月。

進一步演變爲󰀀(師酉簋,《集成》4288 西周中期)。但這個"女"形作爲"止"的變異,若附着在人身體上,且具有普遍性,它應該屬於文字的自然演變。如果脫離人體成爲獨立的"女"旁,就成了訛體了,如"夏"之作󰀀(鄂君啓車節《集成》12110 戰國中期),"埶"之作󰀀(伯㺇簋,《集成》3490 西周中期)等。這類訛體的産生是必然的,因爲文字發展的一個重要趨勢就是圖繪性形體的構件化,󰀀旁的命運只有兩種:一是廢除,一是構件化爲"攵"。① 我們看到的結果是,這個偏旁在後世被廢除了。訛誤與訛變有交叉,訛變是文字記號化的一個必然結果。凡是在文字演變序列中能够予以解釋且積非成是或對文字系統造成影響的發展現象,我們就判定爲訛變,這屬於文字的自然演變。但若發生背離理據的異變、突變,具有偶然性、暫時性、個別性、不確定性(即無規則性)的特點,就定爲訛字。所以,訛字有共時的,也有歷時的。歷時的訛字,是由於文字演變造成的。②

乖伯簋(《集成》4331 西周中期)"其萬年日用亯于宗室"之"亯"字作󰀀,春秋早期楚嬴匜(《集成》10273)的󰀀與之相同。其與西周時期"畐"的一類寫法(偏旁中)形混,如󰀀(福-福,稭卣《集成》5411 西周中期)、󰀀(䵼-寶,周乇匜《集成》10218 西周晚期)。"朝"或作󰀀(仲殷父簋,《集成》3968 西周晚期)、󰀀或作󰀀(均見多友鼎,《集成》2835 西周晚期)是同

---

① 如果按照原始理據,應該楷定爲"夊"。
② 所謂"歷時",有兩個層面的含義:首先,"共時"是相對的,它只是考察材料的一種手段,不少所謂的共時的訛混現象,背後都有歷時的演變(漸變)在發揮作用。再者,我們研究的是歷史漢字,面對的是時間跨越數千年、數百年的文字資料,這些文字資料呈現給我們的是一個歷時的、動態的形義系統。在這個系統中,我們既能看到文字較原始的形態,也能看到文字發展演變的某一階段的終端,當我們把一個個具體的文字在歷史上産生的許許多多的不同寫法串聯進演變鏈條中時,就會發現某一演變終端的字形與原始寫法之間的差異,這種差異表現在形體、結構、風格等各個方面。文字學的研究史證明,我們對演變終端的字形的正確認識,是通過逆溯文字原始構形和理據來得到的,我們所說的"歷時的訛字"也是在這個角度上而言的。比如"亡",如果我們以古文字形體爲據,認爲其本義是鋒芒,那麼我們可以認爲許慎"从入,从乚"的說法是附會。但是在小篆形義系統中,在許慎確定的"亡,逃也"的本義背景下,許慎的形義分析又不能算錯。所以段玉裁說:"會意,謂入於迂曲隱蔽之處也。"朱駿聲說:"會意。乚者,隱也。"

類現象。"日"形與"田"形相訛的現象,在金文中並不多見。"亯"下部一般作○,或○中加點或短橫,作"田"形者罕見。但這不會造成歧義,因爲"畐"極少單用者,基本上都是作偏旁。而且,"畐"一般也不寫作尖頂的形狀。據文字的構意,[字]和[字]都是訛體,但[字]不是,"亯"下部無論是寫作○,還是○中加點或短橫,抑或是"田",都不會妨礙人們對其構意的理解。[字]是亯的異體。如此看來,表面上相同的文字演變現象,要根據具體文字的構形理據加以具體分析,不能一概而論。

由於商周時期還没有形成後世的筆畫,偏旁寫法並不固定,因此也不能簡單地以多一筆或少一筆判斷是否訛誤。如[字](師酉簋,《集成》4288 西周中期)亦或作[字](師酉簋,《集成》4291 西周中期)等。

文字構形系統的發展主要受到文字因素的制約,但也有非文字因素(與表音義無關的因素)存在,如果只是按照文字因素解釋文字發展的種種現象,有很多現象則很難解釋。① 構成文字的每一點、畫不一定都有構意存在。如果非要爲每一點畫都講出一個意義來,結果只能是牽强附會。文字的理據與其所在的文字構形系統是相匹配的,要根據文字所在的構形系統考察、解釋理據。廿七年衛簋(《集成》4256 西周中期)中"裘"有[字]、[字]兩種寫法,有人認爲從寸的是訛字。這種看法就是由於脱離了簋銘"裘"所在的文字系統而造成的。"寸"字是很晚才分化出來的,古文字中,"又"與加點飾而成的"寸"形是通用的,春秋時期的侯馬盟書中還有不少例證。② 説"[字]"訛從"寸"無疑是以後代的文字構形系統去解釋前

---

① 我曾經在一篇文章中説:"規範性是文字保守的一面,這有利於社會交流和國家治理。超規範的各種異寫、異構現象,則反映出當時人對記録語言的文字符號所作的各種改造,這種改造可能是爲了更好地體現文字與語言的聯繫(表音、表意、别詞),也可能是爲了整篇銘辭用字個體之間的協調與美觀(個體框架不能太長也不能太寬),有的則可能是書手藝術個性的展現,當然也會有偶然的訛誤。""這也説明,我們對文字形體進行析解時,不能僅僅從記録語言、構形構意的角度尋找解釋的根據,相反,要積極地從語言文字之外的因素小心探求文字構形的可能性解釋。"參《商周金文異體字研究:以"旅"字爲例》,"出土文獻與先秦經史國際學術研討會"論文,2015 年 10 月 16~17 日,香港,香港大學。

② 參拙文《侯馬盟書異體字研究淺論》,《中國文字研究》第 23 輯,上海書店出版社 2016 年 8 月。

代的文字構形系統,這是不恰當的。①

　　隨着文字的發展演變,後世的人經常對文字構形重加解釋,而且多數情況下往往是根據譌變了的字形,來重新闡釋原來偏旁的構意,這種現象就是一般所説的"理據重構"。② 文字在發展演變中,有部分文字的構形及其理據始終是清晰的,還有的是構形清楚但構意不明,有的則是形與意俱不可解。理據重構是文字發展歷史上的一個慣常現象,如《左傳》中的"止戈爲武"和許慎所批評的"人持十爲斗"、"苟之字,止句也"之類,當然也包括許慎自己對一些文字的分析——如舌字从干、十口爲古等,它們的性質是一樣的。③ 我們(包括許慎)之所以對這些現象進行批評,就是因爲他們没有文字發展的歷史觀念,缺乏對文字理據的考索。我們據以批評的標準是文字的構形理據,不合理據的就是譌體,根據譌體的"理據重構"就是"猥曰"(見《説文敘》)。我們並不知道上古時期對於漢字的規範情況,也就無法用後世的所謂規範、正字法一類的標準去審視上古期漢字的正誤。影響文字構形系統發展的,有文字因素,也有非文字因素,在各

---

　　① 添加飾筆的字在共時的文字系統中不宜不加區別地普遍認定爲譌字,否則譌的範圍就太大了。金文字形結構、筆畫尚未定型(漢字的結構、筆畫至戰國時猶未定型),有些字說它是譌字,實際上是今人所認爲的"譌",在古人那裏,只要能整體理解、識別,大概就不算譌。飾筆是否成譌,要根據文字的形義系統和文字基本構件組成情況來判斷。如所謂的"寸",它在西周金文中不是一個基本構件,也没有獨立的構意作用。
　　② 理據重構會受到每一時代的文字形義系統、時代思潮以及解讀文字的學者個人的知識結構的影響,對於這類現象,隨着研究目的、研究角度的不同,對其評價也相應會有不同,我們是從是否合乎造字本義的角度對其評價的。正如有的學者所言,這類現象雖不符合字源學角度的形義解釋,但却是漢字文化學研究的寶貴資料。參林志强《略論動態的漢字形義關係》,《福建論壇》1996年第2期;另參林志强《關於漢字解釋多樣性的思考——〈漢字偏旁的切分與漢字的分析〉補論》,《漢字漢語研究》2018年第1期。後文指出:"文字學是實證性學科,任何解釋都需要强調實證。根據證據,選擇合適的角度做出合理的解釋,有源流意識,有系統觀念,有學理依據,永遠是漢字解釋科學性的重要保證。"他提出,要以漢字的造字本意和古文字形體材料爲重,因循漢字流變的自然之理來切分漢字的偏旁,以便更加科學地解釋漢字結構和漢字形義關係;從解釋學的角度看,漢字的構造及其形義關係,是一種動態的結構。
　　③ 理據重構的合理性是要做出評判的,有的重構是合理的、自足的,有的則屬牽强附會。這在《説文》中都有例證。如"局",就暫時的演變而論,它是一個譌字,睡虎地秦簡作局,从句,《説文》則解爲:"局,促也。从口在尺下,復局之。一曰博所以行棊,象形。"其實,許慎對"局"的形義已經不能明其所以,因出注二説。徐鍇則是從"局限"角度分析的,云:"人之無涯者唯口,故口在尺下則爲局。博局外有垠堮周限也。"把二義作統一闡釋。對於前一義,段玉裁同於徐鍇,云:"尺所以指斥規榘事也,口在尺下,三緘其口之意。"對於後一義,段氏認爲是象形字,"簙有局以行十二棊,局之字象其形"。

種因素中，理據是判斷正訛的唯一標準。在判斷記錄一個詞的各種形體到底是一字異體還是訛字的時候，判定的依據也是文字的理據。

在漫長的發展過程中，漢字的理據並沒有遭到系統性的破壞，進入今文字階段後，漢字的象形程度雖然大大降低，但由於文字系統中，合體字佔絕大多數，理據只是變換了一種存在方式而已。漢字的理據依然爲今天的人們所熟悉，這跟中國古代的貴族教育傳統有關。《周禮·地官·保氏》："掌諫王惡，而養國子以道。乃教之六藝：一曰五禮，二曰六樂，三曰五射，四曰五馭，五曰六書，六曰九數。"①《説文敘》云："周禮八歲入小學，保氏教國子，先以六書。"《漢書·藝文志》"小學"類小序云："古制，書必同文，不知則闕，問諸故老。"《史籀篇》是文獻記載的最早的"周時史官教學童書"，據《説文敘》《漢書·藝文志》等資料，這種教育傳統至漢時一直都不曾中斷，相關教材的編纂都由政治家親自操刀或由著名學者來完成。②西漢《尉律》還規定："學僮十七已上始試，諷籀書九千字，乃得爲吏。又以八體試之，郡移太史並課，最者以爲尚書史。書或不正，輒舉劾之。"（見《説文敘》）《説文》就是針對當時"俗儒鄙夫，翫其所習，蔽所希聞，不見通學，未嘗覩字例之條，怪舊執而善野言"的狀況，而"今敘篆文，合以古籀，博采通人，至於小大，信而有證。稽譔其説，將以理群類，解謬誤，曉學者，達神恉。分別部居，不相雜廁。萬物咸睹，靡不兼載。厥誼不昭，爰明以諭。"這些記載都説明，在古代中國，對於文字的傳習是有傳統的。這種傳習保證了漢字在儘量保持理據的情況下健康有序地發展演變。③ 在古代

---

① 《周禮·地官·大司徒》："以鄉三物教萬民而賓興之。一曰六德：知、仁、聖、義、忠、和；二曰六行：孝、友、睦、姻、任、恤；三曰六藝：禮、樂、射、御、書、數。""六藝"之"書"即六書。

② 如秦丞相李斯作《蒼頡》，車府令趙高作《爰歷》，太史令胡母敬作《博學》，漢興，閭里書師合此三篇，並爲《蒼頡篇》；西漢武帝時司馬相如作《凡將篇》，元帝時黃門令史游作《急就篇》，成帝時將作大匠李長作《元尚篇》；平帝時"徵天下通小學者以百數，各令記字於庭中，揚雄取其有用者以作《訓纂篇》"，班固"復續揚雄作十三章"。至此，"六藝群書所載，略備矣"。宣帝時徵齊人能正讀《倉頡》者，張敞從受之，並傳至外孫之子杜林。

③ 臺灣在製定"國字標準字體表"丙表《罕用國字標準字體表》時，對於一字多體的情況，其正字鑒選的基本原則就是要"合於六書之造字原則"，也是從漢字構造理據角度著眼的。參李添富《〈異體字字典〉的正字綱領》，《中國文字學報》第七輯，商務印書館 2017 年 7 月。

中國,官方一再强調正字的作用,要求注意使用文字的規範性。① 正字的價值就在於其對俗體、訛字提供字形參照,維護漢字理據和漢字形義系統的純正性。中國有悠久的字書編纂傳統,爲歷代官方和士大夫文人所重視,從某種意義上説,字書編纂其實就是對俗訛的泛濫無歸進行約束。事實證明,中國歷史上的正字工作基本是成功的,爲後世漢字的整理與規範提供了寶貴的經驗和範式。漢字發展的歷史表明,漢字具有系統性,漢字作爲一種符號系統,其本身具有自洽性和開放性。俗字對漢字系統具有一定的破壞性,爲漢字系統所能容納的俗字因素才是合理的。新中國成立後的漢字簡化運動之所以受到較多詬病,一定程度上是因爲它過於重視俗字的力量,未能充分尊重並繼承歷代漢字正字工作所取得的成果,對漢字系統造成一定的破壞。

　　訛寫的判斷,既要立足於個體文字所在的文字系統,也要顧及個體文字的整體構形。比如在隸書中,竹字頭和艸字頭混同,這是對文字系統性的一種破壞。有人説,馬王堆帛書的"䕡"左旁上部與"艸"混同,這大概是不妥的。② 這是離開了個體文字的整體構形談訛混。對於個體文字構形的訛與不訛的判斷,一要看它是否破壞了文字系統,二要看它是否影響形義認讀。③ 使用文字、書寫文字的人,有的水平較高,具備豐富的或一定的文字學素養,他就會希望文字形體能夠給閱讀者提供準確的形、音、義信息;如果水平較低或很差,對文字的構成以及構意缺乏理解,就會寫錯字,或者乾脆只求整體輪廓的相似性或可認讀性,便依葫蘆畫瓢。從文獻記載看,一般來説,使用文字的人都是受過識字教育、有一定知識素養、對漢字形音義有一定認知的人,何者爲正,何者爲訛,當時的人一定也是有標準的。漢字構形是有理構形,漢字教育中,字理教育一直佔據核心地位,傳統的六書教育就是字理教育。如果不講字理,只注重形體的機械辨

---

①　趙振鐸《論字典》,《漢語大字典論文集》,湖北辭書出版社、四川辭書出版社 1990 年;收入氏著《辭書學論文集》,商務印書館 2006 年 6 月,第 91 頁。
②　羅薇《482 個簡化字隸楷階段俗體字形演變研究》,北京語言大學語言科學院博士論文,2018 年 5 月,第 43 頁。
③　李守奎先生曾説:"文字一旦進入記録語言的應用過程,書寫者追求的是書寫的便捷,閱讀者關注的是形體與音義之間的對應關係,對於形體上的一些非區别特徵就會忽略。當一個或幾個構字部件即使與其他部件訛混,構字部件組合的文字整體依舊具備與其他文字區别開來的區别特徵。"參《張峰〈楚文字訛書研究〉序》,上海古籍出版社 2016 年 11 月。

認或隨意附會,對漢字系統的破壞將會難以估量。

二

金文是銘文和青銅器的複合體,研究文字現象時會受到諸如摹寫、拓印、剔字、製範、澆鑄等因素的影響,本節就談談這方面的問題。

古代曾著錄過的青銅器,有不少我們今天還能看到宋人、清人的摹本,這些摹寫的字形難免失真甚至摹錯。如清人把走簋(《集成》4244 西周中期)"司"字摹作 ✿,魃父卣(《集成》5243 西周早期)"彝"字摹作 ✿(蓋銘)等。拓印的情況也會影響對文字的辨認和判斷。如西周晚期的黿伯鬲(《集成》669)自名字作 ✿,字畫未完全拓出,馬承源主編《商周青銅器銘文選(三)》(文物出版社 1988 年)494 所收拓片清晰完整,作 ✿。①

無論是出土器還是傳世器,銘文每每爲鏽所掩。容庚先生云:"鏽之甚者,拙工加以刀剔,有似僞刻。余於編纂《寶蘊樓彝器圖錄》時,如蘇公子癸簋、毛伯簋、竇卣三器銘之經剔者,擯不入錄,蓋以此故。程洪溥所藏竟寧元年雁足鐙,字爲青綠所掩,達受和尚爲清剔其文。又元延二年鈁,程氏得時不知有款識。達受細視隱隱有字跡,並爲剔之,二器皆得明晢可讀。然誤剔竟寧鐙考工爲寺工,是知剔字之不能無失矣。畢沅所藏冒鼎,今觀拓本誤剔之字不少。"②(參圖一、圖二)

古人在鑄器之前會對銘模進行校對修改,器物上會留下遺迹,研究銘文,對這些情形要有自覺的認識。鄭虢仲簋(《集成》4024 西周晚期,圖三)器銘和鄭虢仲簋(《集成》4026)第一句作"隹十一又月","又"作 ✿,下面的 ✿ 是鈎識,標明應與上面一字調位,即古人所謂乙正。齊陳曼簠

---

① 我曾考證此字爲"甗"之象形初文,所據爲《集成》拓本,劉釗先生曾懷疑下部是"犬"之訛,我後以《銘文選》拓本示之,劉先生云"疑慮頓消"。參拙文《談金文中一種長期被誤釋的象形"甗"字——兼論"鬲"、"甗"的形體結構》,《簡帛》第七輯,上海古籍出版社 2012 年 10 月。該文曾提交"中國文字學會第六屆學術年會"(2011 年 7 月 30 日~8 月 1 日,張家口),會上劉釗先生給拙文提出寶貴意見,會後我又通過郵件向先生請教。

② 容庚《商周彝器通考》,上海人民出版社 2008 年 8 月,第 140 頁。蘇公子癸簋(集成 4015 春秋早期)參見圖一,毛伯簋(《集成》4009 西周晚期)參見本文圖二。

圖一　蘇公子癸簠　　　　　圖二　毛伯簠

(《集成》4595 戰國早期,圖四)第一行末字"般"右上角有㇀鈎識,標明"般"字應與左邊的"逸"字相調。① 或隸爲"廄",非是。

圖三　鄭虢仲簠　　　　　圖四　陳曼簠

銘文中有每字爲一範者,合多範而成文,如秦公簋(《集成》4315 春秋晚期)、曾姬無卹壺(《集成》9710－9711 戰國中期)。② 這種單字範有鈐錯的情形,秦公簋"畯疐在天"的"天"即爲"立"(位)之誤(圖五)。又如攻吴王夫差劍(《集成》11636 春秋晚期,圖六),爲單字印模印範所鑄造,每個

---

① 參張振林師《商周銅器銘文之校讎》,《訓詁論叢(第三輯)·第一屆國際暨第二屆全國訓詁學學術研討會論文集》,1997 年,第 778 頁。這兩個例子均由郭沫若首先指出。
② 容庚《商周彝器通考》,第 131 頁;陳夢家《中國文字學》,中華書局 2006 年 7 月,第 137 頁。

字都有一個方框,方框是在鑄造過程中,先刻陰文單字印模,鈐在泥範上,再澆銅灌注造成的。印模很小,而"夫"字與"元"字又極相似,因而鈐錯了。① 2003 年春浙江紹興市越城區塔山腳下一建筑工地出土的之乘辰鐘(《銘圖》15360 戰國早期,圖七),也是用單字印模範所鑄造,銘文末句"世世鼓勿"的"勿"字與"後孫之忘"的"之"字左右相鄰,互相鈐錯。

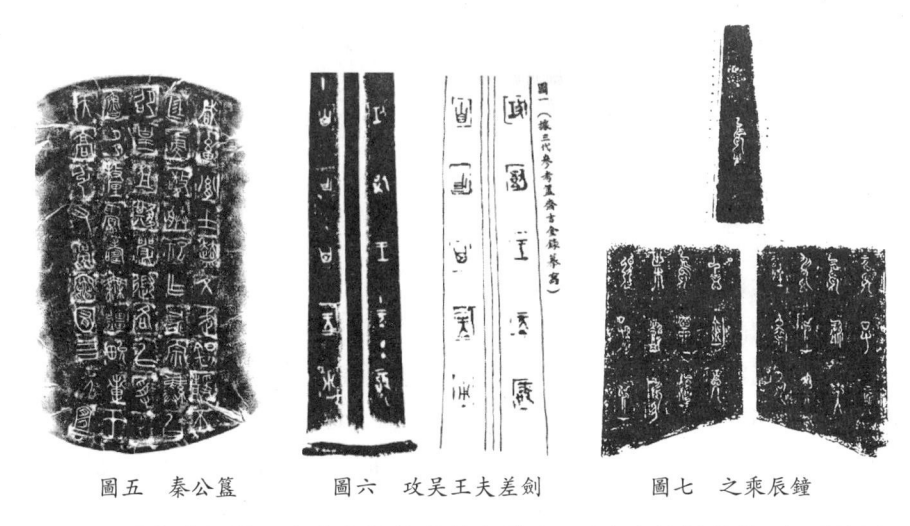

圖五　秦公簋　　圖六　攻吳王夫差劍　　圖七　之乘辰鐘

銅器在澆鑄過程中會有衝範的情況發生,而造成範損移位,主要是因爲灌注高溫青銅溶液時,有可能對內範銘文字體筆畫或偏旁或整字造成毀損、移位,如眉縣楊家村單氏家族銅器群中叔五父匜(《銘圖》14938 西周晚期,圖八)的"孫"字左下筆畫和"作"字橫畫即被溶液衝斷而移位,逨盤(《銘圖》14543)則有幾處文字整字缺失。畀仲丂父甗(《集成》911 西周晚期,圖九)"旅"字作▣,該銘存在衝範現象,字右上筆畫應該是"父"字筆畫被衝斷後遊移過來的。

應公鼎(《集成》2553 西周早期)的"公"作▣,似"口",跟銘文範的製作當有一定關係。②

晉侯蘇鐘(《新收》884 西周晚期)"穌"作▣,銘文中"穌"出現多次,只

---

① 參張振林師《關於兩件吳越寶劍銘文的釋讀問題》,《中國語文研究》(香港)第 7 期,1985 年 3 月。摹本采自該文,張師所作。

② 金文訛字的產生,跟銘文的製作肯定有一定的關係。但由於銘文製作過程迄今仍是一個不能獲得全解的謎題,所以有些問題只能推測,不能定論。

圖八　叔五父匜　　　　圖九　畀仲雩父甗

有最後一次作"穌",可能是泐痕。

　　文字的訛誤跟書手水平有很大關係,這個問題已是共識,今不贅論。各個諸侯國的水平也參差不齊,李學勤先生曾說:"在春秋早期的東方,一些小諸侯國的文字每每變異奇詭,很難辨識。這大概是這些諸侯國過去很少鑄造有銘器物,又缺乏有文化教養人物的緣故。如淮水、漢水之間的小國江、黃、曾等國,甚至出現銘文顛倒錯亂的現象,與有傳統文化的齊、魯等國差距很大。"[1]"總的來說,春秋時期的青銅器以晉、鄭、齊、楚等大國的最爲重要,其中晉國在字形演變和器形的發展上都較爲先進。"[2]

　　影響文字的器物因素以及其他非文字因素不止以上所說這些,這都說明,我們在研究銘文文字時,對跟青銅器這種特殊文字載體有關的非文字因素對文字所可能產生的影響是不能忽略甚或低估的。

三

　　金文中的訛字情況大致可以分爲以下四種類型:

　　1. 把某字錯爲毫不相關的字(針對形近而訛言的),是真正的"別字",但這種情形在金文中非常少見。

---

　　[1] 李學勤《中國青銅器的奧秘》,臺灣商務印書館 2002 年 7 月(據香港商務印書館 1987 年 6 月初版第三次印刷),第 110 頁。
　　[2] 李學勤《古文字學初階》,中華書局 1985 年 5 月,第 36 頁。

如師嫠簋蓋(《集成》4325 西周晚期)的"金衡"的"金"字誤爲"令"字(器銘不誤)。這兩個字處於左右相鄰的位置。該簋器銘字形以及篇章佈局都比較規整,蓋銘則比較奇特,前半銘文字大、間距疏鬆,後半文字擁擠、少嚴謹(參圖十)。乎簋(《集成》3769 西周中期)器銘云"乎作[坤](姑)氏寶殷","姑氏"蓋銘作"[䇫](姎)①氏",二者當有一訛,但"吉"旁和"同"旁並不相近,説形近而訛恐不恰切。

這類情況就單字而言不是錯字,説它錯,是就其所處的語境而言的。

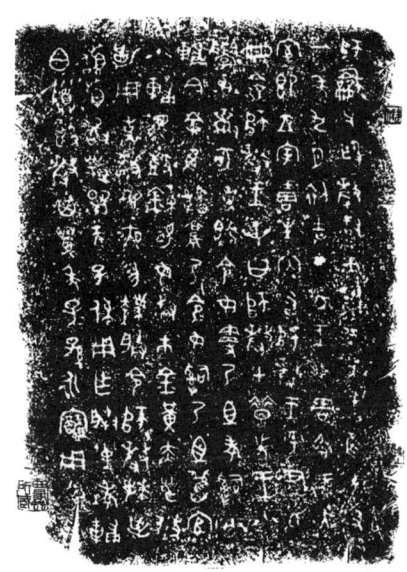

圖十　師嫠簋蓋銘和器銘

2. 因偏旁或筆畫的增減而形成的訛字。多數是由於簡省而訛。

由於偏旁的簡省而形成的訛字,如"吉"作"士","年"作"禾"②、"人","爲"作"象","先"作"之","各"作"夂"等。③ 像"各"作"夂"的情況,④簡

---

① 金文中該形僅見於此。
② 宋君夫人鼎(《銘圖》2222 春秋晚期)記錄"年"的"[字]"也是"禾"字,只是下部豎筆添加了飾筆。
③ 既然這種省訛的情形有一定的普遍性,就不必把"年"訛爲"人"的情況講成通假了。
④ 如獄簋甲(《銘圖》5315 西周中期)"王各([夂])于康大室",卌二年逑鼎(《銘圖》2502 西周晚期)"王各([夂])大室"。

省後的"夂"雖是一個具有構字能力的構件,但在其他辭例中並不曾作爲成字使用過。"史"簡作❖(殷簋器銘,《銘圖》5305 西周中期,蓋銘作❖)、❖(師㝨簋蓋,《集成》4283 西周中期)、❖(史頌簋,《集成》4481 西周晚期),季嬰簋(《集成》3444 西周中期)❖所從"史"旁與此同。或釋此爲"攴",其實金文文字系統中並没有這個單字,但❖改變了文字構意,成爲一個訛字。有的則是脱漏某一筆畫而與另一字同形,如"夫"、"亢"誤爲"大","孔"誤爲"子"等。以上這些字都是只有一級結構層次的字,有些具有多級結構層次的字,一級構件省訛後,或與他字相混,或不成字,如"姞"訛成❖(散伯車父鼎,《集成》2700 西周中期),則與"姞"同形;訛作"❖"(妣,尹氏士吉射簋,器銘,《銘圖》4809 西周中期),①則不成字。②

又如叔尃父盨(蓋銘,《集成》4454 西周晚期)"盨"作❖,❖旁本从米,簡省後訛同"益"形,《集成》4457 同銘器作❖不誤,雖然米旁筆畫有脱漏;曶簋(《新收》1915 西周中期)"黄"簡作❖;季作寶盤(《集成》10048 西周中期)"季"簡作❖;師昌鼎(《集成》2557 西周中期)"年"簡作❖;虢季子白盤(《集成》10173 西周晚期)"馘"簡作❖;師寰簋(《集成》4313 西周晚期)"居"簡作❖;③歸父盤(《集成》10151 春秋)"歸"簡作❖;"卿"(饗)作❖(大鼎,《集成》2807 西周中期);❖與❖同字,前者見春秋晚期的蔡侯❖諸器,後者見於曾侯乙鐘(《集成》287 戰國早期),作地名,即"申",叒訛簡爲❖,不成字。這些都是簡訛字。

也有少數增加筆畫而成的訛字,如尹氏士吉射簋(器)(《銘圖》4809 西周中期)"吉"作❖、"士"作❖(蓋銘不誤),二字上部均加一横,不可

---

① 這種寫法又見於仲姞壺(《銘圖》12257 西周中期)、鼎(《銘圖》1903)、甗(《銘圖》3317),晉侯簋(《銘圖》4713 春秋早期)。

② 所謂成字或不成字,都是根據其所在的文字系統中有無同形之字或同形偏旁而言的。

③ 或隸爲"尻",但一般所謂的"爪"旁都是位於一個字的上部,没有這種寫法的。所以,説此字下部訛爲"爪",其實僅據其形略似而已。

解。應侯視工簋(《新收》79 西周中期)"天"作❇(此爲器銘,蓋銘作❇),下部偏旁加有飾點,與"矢"混。2015 年陝西岐山縣賀家村 M11 所出昔雞簋甲"奚"字作❇,下部大形寫法與此同。① 無㠱簋蓋(《集成》4228 西周晚期)"天"作❇,下部添加筆畫後不成字。② 同簋(《集成》4271 西周中期)"年"繁作❇,或以爲下部加"丂"旁。③ 這些都是繁訛字。

"雖"(雝)作❇,或省作❇,圈中加飾點,則成❇(雕伯鼎,《集成》2531 西周早期),與"日"形混。它是先簡省字形的某個構成部分,簡省後的部分又添加筆畫而與文字系統中的某個單字或成字偏旁同形。

簡化和繁化都是文字發展的重要規律,我們之所以把上述諸種字例判定爲訛字,就是因爲這些字形未被社會接受,最終沒有進入文字形義系統。有的雖在小範圍內使用,但並沒有得到廣泛的認可,而是逐漸被淘汰。

3. 因單字或偏旁形近而混產生的訛字。

單字訛混如"匕"訛成"人","臣"訛成"皀"④。"守"寫成❇,見上郡守錯戈(《銘圖》17285 戰國晚期,圖十一),大概是由於刻寫位置受限造成的,缺了"宀"旁右邊一筆,而與"反"同形。偏旁訛混又有兩種情形:一種是偏旁發生訛誤後產生的整字與文字系統中的某個單字同形,如"既"訛爲"即"、"叚";"叚"、"即"互訛;"乎"訛爲"兮";"右"、"左"互訛等。一種是偏旁發生訛誤後,文字系統中沒有同形的單字,其實也就是不成字,但孤立來看,它的每一個構成偏旁都是成字構件,跟第四類不同。如"叚"寫作❇(叔䚧簋,《集成》3552~3554 西周中期)、

圖十一
上郡守錯戈

---

① 參吳鎮烽《昔雞簋銘文補釋》,http://www.bsm.org.cn/show_article.php?id=2832,簡帛網 2017 年 7 月 3 日。
② 無㠱簋有同銘器四件,其他見《集成》4225、4226、4227,文字均非常規整,唯獨此銘整篇文字都十分草率。
③ 黃德寬云:"可能是因爲字形與'考'相近,便於'人'下誤加了'丂'。"參《古漢字發展論》,中華書局 2014 年 4 月,第 245 頁。
④ 師克盨(《集成》4467 西周晚期)"克䢔(令)臣先王"的"臣"蓋銘寫作❇,器銘作❇不誤。"皀"在金文中可以獨立使用,雖然用例不多。

"彊"(疆)寫成▨(湯叔盤,《集成》10155 西周晚期)等,這些例子發生訛誤的第一層原因是書寫草率,因書寫草率而與"幺""人"同形。① "福"訛作▨(伯梁其盨,《集成》4446 西周晚期)、▨(伯公父簠,《集成》4628 西周晚期,器銘。蓋銘作▨),其訛誤的第一層原因是形近而訛混。②

他如:"望"(望)作▨(師虎簋,《集成》4316 西周中期),所從之"臣"訛作"耳"形,右旁變成"𡈼"(聽之初文)。"聖"作▨(史牆盤,《集成》10175 西周中期)、▨(卌三年逨鼎乙,《銘圖》2504)西周晚期),所從之"耳"訛作"臣"形,右半就變成了"𡈼"或"望"(望之初文)。異伯子宬父盨(《集成》4443 春秋早期)"盨"作▨,從"斗",同銘器《集成》4444 作▨,"斗"旁訛爲"又"。異伯子宬父盨(《集成》4442)訛作▨(蓋銘,或摹爲▨。器銘作▨)。③ 有意思的是,作丁揚卣(《集成》5211 商代晚期,圖十二)的族氏銘文,蓋銘作▨,器銘作▨,"黽"訛爲"龜"。

圖十二 作丁揚卣蓋銘、器銘

——————

① "僵"不見於小篆之前的文字資料,就現在看到的材料而言,恐怕不能說"彊"訛成"僵",因爲金文文字系統中沒有同形的另一個"僵"字,若說訛爲"僵",則是以後世的文字系統相比附。"弓"旁寫得近似"人"旁的"彊"字極罕見。"僵",《說文》釋爲"僨也",乃仰倒。它有可能是從"彊"分化出來的一個字,起初可能表示僵硬的意思。這個問題涉及到對訛字性質的判斷,如尹灣漢簡中把"唅"寫成"哈"形,有學者就此認爲"哈"是"唅"的訛別字。但如果當時的文字系統中並沒有"哈"字,"唅"寫成"哈",就只能看作是訛錯字了。參劉玉環《秦漢簡帛訛字研究》,中國書籍出版社 2015 年 9 月,第 135 頁。
② 也可能是義近形符的換用。
③ "盨"的這種訛體當源於▨(師克盨蓋,《集成》4468 西周晚期)、▨(師克盨器銘,《集成》4467,或摹作▨。蓋銘作▨,或摹作▨)一類寫法。

這一類之所以區別於第二類而單列一項,是由於這類字訛寫的主導因素是形近而混訛,而不是主要由於筆畫或偏旁的增減造成的。

4. 寫得不成字,包括整字不成字和偏旁不成字兩種情況。

如"望"作🔲,見守鼎(《集成》2755 西周中期)"既望";"旂"作🔲,見禹盨(《銘圖》5666 西周中期),祈求義;"勺"或寫成🔲(杜伯盨,《集成》4452 西周晚期),史季良父壺(《集成》9713 西周晚期)訛作🔲;"戈"寫成🔲(昔須鼂,《銘圖》3349 西周中期);"宣"寫成🔲(雍伯原鼎,《集成》2559 西周晚期)等。這些字離開所在語境就無法辨識。這是整字不成字的情形。"殷"作🔲(卯簋,《集成》3731 西周早期),"格"作🔲(倗生簋,《集成》4263 西周中期),①"賓"作🔲(矩方鼎,《新收》1664 西周早期)、🔲(歔鐘,《集成》91 西周中期),"寶"作🔲(番昶伯者君匜,《集成》10268 春秋早期),"嫡"作🔲(鄭登伯鬲,《集成》598 西周晚期),"對"作🔲(無叀鼎,《集成》2814 西周晚期),"霸"作🔲(伯呂父盨,《新收》1459 西周晚期)等,都是其中某個或幾個構字偏旁不成字。有的可能是因粗率而寫壞了的字,如"丑"作🔲(寓鼎,《集成》2718 西周早期),下邊兩根手指頭沒伸出來,離開"丁丑"的語境便無法正確釋讀;又如"吉"寫作🔲(黃韋俞父盤,《集成》10146 春秋)、🔲(中子化盤,《集成》10137 春秋)等。這些情況多是由於書寫草率造成的。金文中,有整篇規整的銘文中夾雜個別俗訛寫法的情況,如無叀簋蓋(《集成》4227 西周晚期,圖十三),"休"、"季"都有不同程度的寫訛;也有整篇銘文都寫得草率的情況,如無叀簋蓋(《集成》4227,圖十四)。

這一類單列的原因,是因為其訛寫的主要因素是書寫草率。但有時候,簡化和草率並不易區分。

這四種類型的訛字,都屬於共時的、真正的訛字。金文訛字產生的主要原因是由於簡化和書寫草率,二者關係非常密切,有些訛字是二者共同作用的結果。單字的形近而混是不多見的。在一個共時的文字形義系統中,偏旁形近而混的數量也不是很多,而且由於由多個偏旁構成的字的整

---

① 倗生簋(《集成》4262,蓋銘)作🔲,應是這種寫法的中間形態。

圖十三　無㠱簋蓋　　　　圖十四　無㠱簋蓋

體區別特徵的增加,這種訛混並沒有對文字系統造成太大的影響。今天我們看來不易辨識的訛字,由於有其特定的語境,對於當時的人而言可能並不存在誤認的可能(如右與厷)。金文(戰國以前)作爲當時的正體文字,訛字並不多見,較多的情形是由於文字演變造成的。演變到某一階段,整體結構或字形的一部分發生變異,不再能夠體現或提示構意,就説明已經發生了走向訛誤的變化。如"苟"作▇(毛公鼎,《集成》2841 西周晚期),"敢"作▇(新鄭虎符,《集成》12108 戰國晚期),▇(廣簋,《集成》3611 西周早期)作▇(廣簋蓋,《集成》3890 西周晚期),"師"作▇(彎鼎,《集成》2740~2741 西周早期),"先"作▇(虎簋蓋,《新收》1874 西周中期),"彝"作▇(競之定鬲,《銘圖》3020 春秋晚期),"寅"作▇(鄀孝子鼎,《集成》2574 戰國中期),"元"作▇(攻吴王夫差劍,《銘圖》17931 春秋晚期),"鑄"作▇(伯夫人嬭鼎,《銘圖》2425 春秋晚期),以及偏旁中的"大"形與"矢"形相混等,都是字形在長期的自然演變中逐漸造成的。其中▇、▇、▇的寫法所反映的演變現象到了戰國時期才有大規模的發展(即隸變),這種超前發展的演變現象有可能是受到當時俗體文字的影響。① 我們現在見不到當時人所

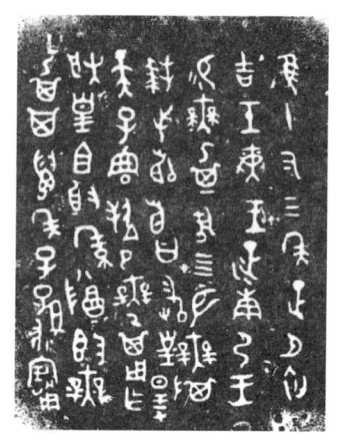

---

① 仲姞壺(《銘圖》12257 西周中期)的器名"壺"作▇,"壺"有从雙手者,此字下部"丌"形或即爲雙手訛變。如果這個推測可靠,也屬於超前發展。當然也有可能跟"其""奠"構形及其演變路徑相同。

使用的日常俗體文字資料，金文所反映的非常有限，但仍能提供給我們重要的啓示。①

金文中有因文字內部筆畫或偏旁的同化或受文字系統中有關字寫法的類化而造成訛體的。前者如"夫"作▨（宋君夫人鼎，《銘圖》2222 春秋晚期），"年"作▨（伯簋，《集成》3718 西周中期），"悤"（慎）作質▨（井人妾鐘，《集成》109 西周晚期），"叀"作▨（楚簋，《集成》4246 西周中期），"既"訛爲▨（散氏盤，《集成》10176 西周晚期），"毓"作▨（曾孟毓朱姬簠，《銘圖》5803 春秋晚期），"鑄"作▨（吳王夫差盉，《近出》941 春秋晚期）等。② 後者如"叚"作▨（曩侯簋蓋，《近出》470 西周晚期），受"卣"字類化而訛；▨（裘衛盉，《集成》9456 西周中期，人名），"父"下"女"形乃受"人"形下部所加"止"形（如允、孔旁等）訛變類化影響而成（如▨、▨，見不嬰簋蓋，《集成》4329）。對於▨字而言，這是一種錯誤的類化，因爲該字右半並沒有人形；▨（我，書也缶，《集成》10008 戰國）可能受到楚文字"歲"字寫法的影響（如▨，大府鎬，《銘圖》15064 戰國晚期）；"萬"作▨（應侯簋，《集成》4045 西周中期）或▨（與兵壺，《新收》1980 春秋晚期），上部分別寫得與鹿頭和"婁"上部相同。這種因同化或類化而造成訛體的情況在金文中是不多見的。

相對"同化"，也有"異化"，如：▨ 鄳侯乗簋（《集成》10583 戰國時期）演變爲▨（舒蚉壺，《集成》9734 戰國中期）；▨（郭）③演變爲▨（曾侯乙

---

① 比如宀旁在西周中期就出現了▨（王人甗，《集成》941）的寫法，這種寫法流行於戰國，西周金文中偶見。參《▨字从宀還是从冂？》，《青銅器與金文》第一輯，上海古籍出版社 2017 年 3 月。金文"逆"或作▨（伯者父簋《集成》3748 西周早期）、▨（智鼎，《集成》2838 西周中期），"屰"寫得與"牛"相同，下部兩斜筆拉直、併連爲一橫筆，跟▨其實是同類的演變現象，豎筆穿透上部，可以認爲是寫訛。免簋（《集成》4626 西周中期）"牧"作▨，"牛"旁與"屰"同。因此，不一定要把"逆"的這種寫法講成變形音化。

② "單"作▨（應侯見工簋，《銘圖》5311 西周中期）、▨（曾子單鬲《集成》625 春秋早期），與一般作▨、▨的寫法不同，也可以解釋爲文字內部的筆畫同化。但這些寫法並不影響文字構意，不宜看作訛體，而是一種異體。

③ ▨字象城郭之形，與"墉"爲一字。

鐘，《集成》293 戰國早期），哀成叔鼎（《集成》2782 春秋晚期）"鄭"字作 ▨，左旁即 ▨ 之變；"顙"寫作 ▨（史季良父壺，《集成》9713 西周晚期），"茻"本作 ▨（甲骨文）、▨（金文），上下兩部分是同一構件，只是正反方向不同，在演變中，下部構件逐漸"異化"。"廟"作 ▨（元年師兌簋蓋銘，《集成》4275 西周晚期）亦屬此類，器銘則作 ▨。①

有些訛體，跟書手對文字結構的認知有關。"寶"、"賓"、"貿"都有從鼎的寫法。金文中"寶"字絕大多數都是從"貝"的，確鑿從"鼎"的比較少見。"貝"與"鼎"單字並不相混，相混表現在偏旁中，但並不是所有從"貝"字的都會訛爲從"鼎"，"貯"、"朕"等字就沒有明確從"鼎"的寫法。② 所謂"鼎"、"貝"的互訛，一般情況下應看作"鼎"、"貝"的自然演變（西周中期的文字偏旁中，二者就有同形的現象了）。"寶"、"賓"、"貿"明確從鼎的寫法，這一方面跟貝、鼎逐漸演變得形同有關，另一方面跟當時的人對文字構意的誤解也有很大關係。③ 由現有的文字材料看，這種誤解還是限於一小部分人當中。有些書手大概記得不夠確切，便出現了一些形近字之間的訛混，如"戌、戍"④和"伐、戍"的偶爾混用不分等。"戌"或寫成 ▨（叔尊，《集成》6008 西周中期），不合一般寫法的 ▨，是書手對文字構意發生了誤解。"飤"寫作 ▨（楚子忍鄭敦，《集成》4637 春秋晚期），與此情形相同。把"我"寫成 ▨（邾公釷鐘，《集成》102 春秋晚期），從"弋"，也是這個原因。⑤ 把"文"寫成 ▨（大，伯作文公卣蓋銘，《集成》5316 西周早期，器

---

① 元年師兌簋（《集成》4274）蓋、器寫法同。
② "井""丹"情形與此類似，二者在偏旁中易混，如"彤"或寫作 ▨（弭伯師耤簋，《集成》4257 西周中期），"青"、"靜"亦同，但也有從未寫混者，如"荆"。
③ 這種訛混也提示我們，當時的書手對文字的構成偏旁是有一定認知的，能夠析分。但析分的時候，可能會誤判。這在後世的俗文字中是常有的現象，即把俗訛的字回改成正字的時候，會有偏旁誤認的情形，比如隸書、草書中竹字頭和草字頭形近，草寫中草字頭與"止"形近，所以後來產生了"著"字以及《説文敘》所提到的"止句"構成的"苟"字。
④ 陳夢家認爲，戌、戍本是一個字，戌多一小直即爲成，他把"成"這類字稱爲形指字，也就是在"戌"上添加符號標記分化出"成"字。參《中國文字學》，第 87、91 頁。
⑤ 金文中戈、弋區分得比較清楚，但邾公牼鐘（《集成》149 春秋晚期）"威"作 ▨，訛從戈，邾公華鐘（《集成》245 春秋晚期）作 ▨，訛從弋。邾公釷鐘的"我"字寫法可能是受到俗體文字的影響。

銘作❏不誤），大概只能説是粗心了。① "永"寫作从"止"，如❏（孟簋，《集成》4162 西周中期）、❏（仲𤔲父盨，《集成》4399 西周中期）、❏（叔向父簋器銘，《集成》3852 西周晚期，蓋銘作❏），"永"字在金文中數以百計，从"止"者非常少見。這大概跟當時個別人把此字分析爲从"彳"有關，金文中从彳之字往往也从辵作。又如"彝"或作❏（小克鼎，《集成》2799 西周晚期），所从兩點訛爲"彳"，進一步訛爲从辵，如王子午鼎（《集成》2811 春秋晚期）❏、與兵壺（《新收》1980 春秋晚期）❏。

散氏盤（《集成》10176 西周晚期）中"道"作❏、❏，多友鼎（《集成》2835 西周晚期）中"博"作❏、❏，這裏所謂的"訛"，其實有一部分是書手出於書法的考慮，爲了同字復現時的錯綜變化（即"避複"）。② 史見卣（《集成》5305 西周早期）"史"蓋銘作❏，器銘作❏，也應該是出於這個原因。但不能排除，爲了避複，書手采用了一個訛字，如無㠱簋蓋（《集成》4228，整篇銘文規整）的"休"寫作"❏"。

有的訛寫，是出於時人對字形結構的審美要求，如"君"作❏（番昶伯者君盤（《集成》10139 春秋）。"君"本作❏，从尹从口，後變成❏，春秋時期開始寫成❏形，上部"尹"旁出於對稱審美的考慮而作了構形上的變動，《説文》"君"古文❏即在此基礎上進一步訛變而形成的。"尹"字有同類變化。但這種破壞構意的寫法沒有被認可，後來就廢除了。這也説明，漢字理據性是漢字永葆生命力的根本所在。還有不少所謂的訛體，大概跟書手對文字的個性化藝術創造有關，如"姬"作❏（商卣，《集成》5404 西周早期），"黄"作❏（芮簋，《集成》4195 西周中期）、❏（曾仲大父螽殷，《集成》4204 西周晚

---

① "虔"所从"文"也有訛寫爲"大"的，如冊三年逨鼎（《銘圖》2503～2512 西周晚期）的❏。

② 關於"避複"的討論，參徐寶貴《商周青銅器銘文避複研究》，《考古學報》2002 年第 3 期。這篇文章很有價值，提供了一種字形解釋的可能，但其闡釋有擴大化的嫌疑，會不自覺地忽略一些有價值的問題。

期),"文"作■(改盨,《集成》4414 西周中期)、■①(倗伯鼎,《銘圖》2261 西周中期),"姬"作■(庚姬鬲,《集成》639 西周中期)等。

有的所謂訛體,是由於合體字整體區別特徵的增加,偏旁會趨於簡化,而與文字系統中的單字形混,如"歲"作■(爲甫人盨,《集成》4406 春秋早期,从戈),"威"作■(叔向父禹簋,《集成》4242 西周晚期,从戊)、■(郘公牼鐘《集成》149 春秋晚期,从戈),"林"(過伯簋,《集成》3907 西周早期)作■(史牆盤,《集成》10175 西周中期),■作■(均見伯公父簠,《集成》4628 西周晚期,前爲器銘,後爲蓋銘)等。這類字是要作爲整體來認知,不宜單純地作爲訛字看待。

有些所謂"訛",可以解釋爲義近形旁的通用,如■(叔趯父卣,《集成》5428 西周早期)或作■(剌鼎,《集成》2776 西周中期),前者畫出張開的口形。

變形音化,在金文中並不多見,但確實存在。② 這種情況不能認作訛字或訛變。以訛字或訛變來對待這類現象,文字演變中的一些重要信息就會被忽略。③

伯愍父簋(《銘圖》5276 西周晚期)"桐"寫作■(《銘圖》5277 同銘器作■),春秋時期"青"字有這種寫法,如䣄子孟青嬭簠(《新收》522 春秋晚期)之■,吴王光鐘殘片的"青"或摹作■(見《銘圖》15730),而西周時期"青"作■(吴方彝蓋,《集成》9898 西周中期)。這種異代同形不宜看作訛字。

———————

① 此形跟"夊"寫法接近。唐蘭先生曾認爲■(支,即夊)由"文"孳乳。參《古文字學導論》(增訂本),齊魯書社 1981 年 1 月,第 241 頁。
② 不過有不少所謂音化其實並不可靠。
③ 對於音化,現在似乎有些過於強調。在一個文字的很不起眼的位置,爲了提示語音,就添加或改造某個部件,我很懷疑,這種添加或改造能在多大的社會範圍内得到認知。但似乎也有一種可能,就是某個書手爲了給自己提示某字的讀音,在文字上添加或改造了某個部件,而且這個字形因被他人摹仿而在或大或小的範圍内使用。所以我想,對於這類問題,還是首先儘量在文字構形系統中尋找解釋。我以前也認爲■(匜)上部爲兔之省,用來表音,但現在對此有些懷疑,懷疑它在多大程度上或多大範圍内能被認知(形聲字聲符的確認也存在這個問題)。古文字中"口"内加點寫成"甘"是一種普遍現象,大概也不能把■(敢,大盂鼎《集成》2837 西周早期)的寫法看作變形音化。

有些音義同源而通用的字，如以"孝"表"考"，或以"考"表"孝"，或以"老"表"考"等，這樣的情況可以看作諸字之間尚未分化徹底，歸入訛字中大概並不恰當。

至於一般所說的"又""㞢"互訛，問題比較複雜，二字在西周時期形體區別明顯，互訛的可能性並不大。但金文中二者確實存在混用的事實，①而且在混用的例子中，有不少是作代詞用的。而"有"字在殷商卜辭、西周金文中是有代詞用法的。②"又"（有）、"㞢"之間的關係有待進一步研究。

"是"字的演變比較特殊，其本作[字]，後沿着兩條路徑變化：一作[字]，"禹""禺"變化路徑同；一作[字]，下部"止"逐漸與"日"下的"十"形合併爲"正"，演變爲从日、正，爲《説文》小篆所本。由於"是"字構形不明，無法判斷這兩種演變路徑中哪一種形成的是訛字。

有些訛體產生的原因暫時還無法解釋得很好，如"孫"作[字]（邾訛鼎，《集成》2426 春秋早期），"各"作[字]（獄盨，《銘圖》5676 西周中期），"夙"作[字]（師𡊨簋蓋銘，《集成》4313 西周晚期，器銘作[字]。4314 作[字]），"勿"作[字]（獄簋，《銘圖》5315 西周中期）、[字]（獄盤，《銘圖》14531），"裏"作[字]（㝬伯𣪘簋蓋，《集成》4302 西周中期）等。

"申"或寫作[字]（𢆶，此鼎《集成》2821 西周晚期）。金文中意義明確的文例，𢆶用爲地支"申"和"文神"，用於人名的大概也是"申"。在金文形義系統中，[字]（毛𦬲簋，《集成》4028 西周晚期）與[字]（梁其鼎，《集成》2770 西周晚期）應該是異體關係，而不是訛字。③

金文中有一例用[字]爲"考"的例子，見於闕卣（《集成》5322 西周早期）："闕作生（皇）号（考）日辛尊彝。"《金文編》667 頁列於"昜"字下，曰

---

① 可參唐鈺明《異文在釋讀銅器銘文中的作用》，《中山大學學報》1996 年第 3 期，收入《著名中年語言學家自選集·唐鈺明卷》，安徽教育出版社 2002 年 4 月；田煒《西周金文字詞關係研究》，上海古籍出版社 2016 年 3 月，第 314～318 頁。

② 參裘燮君《商周虛詞研究》，中華書局 2008 年 9 月，第 19～39 頁。

③ 湯餘惠先生主張[字]來自甲骨文的[字]（"申"之繁構）。他説："甲骨文申字有繁簡兩式，簡式的[字]用爲干支的'申'，繁式的[字]，用爲閃電的'電'，西周以後兩式均用爲'申'。"參《略論戰國文字形體研究中的幾個問題》，《古文字研究》第十五輯，中華書局 1986 年 6 月，第 60～61 頁。

"讀作考"。此字字形是"易"，吴鎮烽《銘圖》13213 釋爲"生(皇)号(易)日辛"。金文中有不少"文考日＋天干"的稱謂，根據文例，可以認爲是"考"字。如果確定是"考"字，就跟李家浩先生曾指出的古文字中一字異讀現象相類。① 若此，這個例子出現在西周早期，就很有意義。從當時的"易"字寫法的演變看，下部構件一般是没有當作"丂"來對待的，雖然與"丂"同形。闕卣的書手可能把它當作"丂"了，並把該字讀爲"丂"，作"考"用，"日"旁成爲羡餘。但也有另外一種可能，即原本作"丂"，受下文"日辛"類化而添加日旁。② 當然也可能，這個字就是"易"字。"世"或寫作 [字] (伯雒簋，《集成》3784 西周中期，"足子孫寶用"），只使用下部"止"旁，是同類的例子。這對我們考察當時的人對形聲字的認知很有意義，可惜字例太少。

還有一例把合文當作一個字來用的，見於吕簋《銘圖》5257 西周中期)"彤(彤)沙(緌)"，字作[字]。金文中"彤"一般是"彤弓"的合文，"彤矢"寫作"彡"。簋銘中用爲"彤"，僅一見。唐蘭先生曾云，"合文就是形聲字的前驅"。③ 這個例子也很有意義。

上文説過，漢字構形是有理構形，漢字構形是由構件通過理據建構起來的，但隨着漢字符號化的逐漸增強，也會出現把有理構形無理化的情況。如春秋時期鄧季寬車匜(10234)、鄧季寬車盤(10109)的[字]、[字]，把"缶"拆爲午、口，作對角綫佈置。又如事族簋《集成》4089 西周晚期)[字]、[字](蓋)、[字]、[字](器)，對文字的構件有意離析。從漢字構形有理性的角度而言，我們可以説它是訛字。但簡單地歸爲訛字，似有粗暴之嫌，其背後所隱藏的時人對漢字的認知心理值得探究。

綜之，研究金文中的訛字，要進行多角度的觀察、多層面的分析，找出訛的理路，儘量對構形的變化作出文字學意義上的解釋，儘可能細緻地探尋影響文字演變的各種因素，這對於金文形義系統及其嬗變的研究具有非常重要的意義。

---

① 李家浩《從戰國"忠信"印談古文字中的異讀現象》，《北京大學學報》1987 年第 2 期。
② 以"丂"表"考"，見於嗣土嗣簋(《集成》3696 西周早期)、仲枏父簋(《集成》4155 西周中期)等。
③ 唐蘭《中國文字學》，上海古籍出版社 2001 年 6 月，第 84 頁。

四

　　金文中的訛字並不多見,具有偶然性、個別性和非規律性。通過上文討論,可以歸納研究金文中訛字的幾條基本原則:

　　(一)漢字是表意文字,它之所以具有穿透時空的永恒魅力,就在於它的有理性。理據是漢字的靈魂,判斷金文訛字的根本依據是文字的構形理據。

　　(二)要在一個共時的文字形義系統中,對每一個具體的文字進行區別分析,不能以後世的形義系統隨意比附。寫訛後,成字還是不成字,訛成何字,都是基於已經訛寫的字所在的文字系統而言的。當然,我們只能根據現有的文字系統加以判斷,隨着新材料的發現,這種判斷有可能會改變。

　　(三)文字進入社會通行領域後,它不再單純是記錄語言的符號,還是一種審美藝術。文字的構形除了跟理據有關外,還跟文字的使用者、書寫者的知識素養、審美情趣、書寫態度以及認知慣性存在關聯。因此,判斷訛字時,要注意文字所在的載體以及書寫者的審美心理、認知心理等因素對文字演變帶來的可能影響。

　　(四)注意金文簡率的俗體文字對當時文字系統的影響。就已有材料而言,時代越晚,俗體對正體的影響就越突出。那些可以看作俗體的草率銘文,值得單獨作爲一個課題深入研討。俗體的確定應以當時的通行寫法爲參照,通行寫法的確定基於使用頻率來判斷。金文作爲當時的正體文字,通行寫法一般會維護漢字的理據性。①

　　(五)金文訛字研究要注意從多角度、多層面探尋訛字發生的原因,找出訛的理路,服務於金文形義系統的研究。金文中有共時的訛字和歷時的訛字,關於訛的原因的探討,對於我們細緻認識金文文字的形義關係以及構形系統的運行機制有着重要的意義。

　　金文書寫水平具有多層次性。這當中,既有同一時代書手個體之間的差異,也有文字演變和不同時代審美要求所造成的差異,也有因地域不

---

　　① 通行字一般會保持理據,但理據的呈現方式會有變化(如"筆"),我們要在漢字演變序列中恢復原初理據。漢字的優勢就在於字形資料的歷時連貫性,使理據的恢復具有了可能性,我們今天所談的漢字的理據,都是通過漢字演變序列的追溯得到的(其中結合了字書記錄和文獻使用情況)。

同而形成的風格差異。這就要求研究者具體問題具體分析,在共時的文字形義系統中細緻地參互比較,避免以偏概全。另一方面,金文尤其是西周、春秋時期的規範的正體金文,整字以及偏旁發生訛誤的情形並不多見,也不嚴重,這說明在當時文字是有傳承的,這種傳承,不但包括寫法,也包括文字的形音義的正確理解。同時,這也説明,書寫金文的大部分書手都應該是知識水平較高、精通文字的史官。

今天的我們談古文字資料中的訛字,有四個局限是需要清醒地意識到的:一、今天的我們習慣了嚴格的文字規範,而古文字資料缺乏嚴格的文字規範意識。二、今天的漢字結構、筆畫已經定型,而古文字還處在演變之中,至戰國時猶未定型。三、時代久遠,今天的我們不但對古代文獻的理解有隔閡,對當時的文字系統的把握也存在客觀上的障礙。關於這一點,楚簡文字的龜、黽之辨就是一個很好的例子。① 四、金文是鑄迹,不是墨迹,即使是銘文有墨書原本作依據,也不能把鑄迹與墨迹完全劃等號,研究金文中的訛字時,應儘量考慮到銘文製作和器物鑄造給銘文所帶來的可能影響。

2017 年 7 月 18 日一稿
2017 年 7 月 25 日二稿
2017 年 8 月 22 日三稿
2018 年 8 月 30 日四稿

此文曾提交"中國文字學會第九屆學術年會"(2017 年 8 月 19〜22 日,貴陽)、"先秦兩漢訛字學術研討會"(2018 年 7 月 14〜15 日,北京)宣讀,得到黨懷興、葉玉英、魏宜輝等先生的指正,在此一併致以謝忱!

【編按】關於"或"字結構,另參謝明文《"或"字補説》,原載《出土文獻研究》第十五輯,中西書局 2016 年;收入氏著《商周文字論集》,上海古籍出版社 2017 年。"夊"字單用見於新見西周早期魯國器叔卣,文云"夊文遺工"。參朱鳳瀚主編《新出金文與西周歷史》,上海古籍出版社 2011 年。除此書外,相關研究文章還有多篇,兹不具引。

---

① 相關情況可參張峰《楚文字訛書研究》,第 104〜105 頁。

西周金文形態特徵研究三論[*]

在青銅器研究中，最重要的工作就是製作年代和地域國别的判定，銅器自身所能提供的分期斷代和區域的信息，反映在青銅器的器形、花紋和銘文上。銘文研究有内容和形式兩個方面。西周是青銅器銘文最發達的時期，多長篇巨制，且以王朝器爲主，史料價值高。因此，西周青銅器最爲學術界所關注，研究成果也最多。但絕大多數成果都是從銘文内容出發而申衍的研究，而系統研究銘文形式（包括字形結構、點畫特點、章法佈局、書體風格等）方面的成果極爲少見，個中原因大概有兩個方面：一、對於"能否利用文字的形體和銘文的表現形式，找出銅器斷代的標志來"，與其說學界對此重視不够，不如說是信心不足；二、迄今尚未建立一套科學的、獨立於器形和花紋之外的字體類型學的研究方法。

本文所謂"形態特徵"，主要指文字的點畫結構、章法佈局、書體風格等。[①] 下文分爲三個部分：第一部分談研究金文字形書體時應該注意的問題；第二部分主要是在重新認識商銘藝術特質的基礎上，探討西周金文字體特點（主要是整體外形、點畫結構）、章法佈局形成的原因；第三部分通過具體的字例來談西周金文字形結構變化的特點及其相關制約因素。

---

[*] 本文所引金文資料出處：1. 中國社會科學院考古研究所《殷周金文集成》，中華書局 1984～1994 年，簡稱《集成》；2. 劉雨、盧岩《近出殷周金文集録》，中華書局 2004 年，簡稱《集録》；3. 羅振玉《三代吉金文存》，中華書局 1983 年，簡稱《三代》；4. 首陽齋、上海博物館、香港中文大學文物館合編《首陽吉金》，上海古籍出版社 2008 年。

[①] 參張振林師《試論銅器銘文形式上的時代標記》，《古文字研究》第五輯，中華書局 1981 年 1 月。

一

　　研究金文字形、書體時不能把整個近三百年間的文字資料置於一個層面上來談，應該分層次、多角度進行探研。

　　（一）談論金文字形書體特點，不能不考慮銘文的製作方法對銘文文字所產生的可能影響。

　　馬承源主編《中國青銅器》在第四章"青銅器銘文"中説："銅器銘文是按照墨書原本先刻出銘文模型再翻範鑄造出來的。由於商周時期青銅鑄造技術的精湛，銘文字迹一般都能够在相當程度上體現出墨書的筆意，因此，我們所講的銅器銘文的書體演變和書法藝術，實際上也是商周時期墨書的書體演變和書法藝術。"①游國慶先生亦云："金文，雖然歷經寫、塑、刻、鑄等工序而成形，但比起較單純綫條的甲骨契刻，其綫條與字貌更能保有毛筆提按的書寫韻致，毋寧是中國書法史上的第一道璀璨風華。"②從内容角度講，金文是一種特殊的文獻資料；從書寫角度講，它並非日常書寫的常態。"金文是鑄在青銅器上的文字，和原來的毛筆字在風格上有所不同。"③而且，銘文拓本並不能完全反映銘文鑄迹的本真神態。也就是説，即使是銘文有墨書原本作依據，也不能把鑄迹與墨迹完全劃等號，我們觀察到的美，是鑄迹之美，而非墨迹之美。墨迹是二維平面，鑄迹是三維立體的。

　　銘文的製作方式一直是青銅器研究中一個無法回避的難題，最近仍有學者在探討這個問題。④ 商周金文絶大多數是陰文，少數爲陽文。陽

---

　　① 馬承源主編《中國青銅器》（修訂本），上海古籍出版社 2003 年 1 月，第 371 頁。

　　② 游國慶《泥條製銘與西周金文書風》，《赫赫宗周——西周文化特展》，臺北"國立故宫博物院"2012 年 10 月，第 350 頁。

　　③ 裘錫圭《殷周古文字中的正體和俗體》，《裘錫圭學術文集》第三卷，復旦大學出版社 2012 年 6 月，第 396 頁。2016 年 11 月 17 日孫稚雛先生在微信朋友圈發了一段話，今轉録於此："青銅器銘文是經過書寫刻模、翻印陶範、合範鑄造等工藝流程而鑄造出來的，故浴火重生的金文與原手寫的器銘有着一脉相承、風格各異的特點。臨寫金文，不僅要寫出鑄造的特點，還要透過拓本看到原書寫者用筆的韻味。這就是啟功先生所説的'學書別有觀碑法，透過刀鋒看筆鋒'。"

　　④ 張振林《商周銅器銘文之校讎》，（臺灣）《訓詁學論叢（第三輯）・第一届國際暨第三届全國訓詁學學術研討會論文集》，1997 年，第 765～794 頁。又張昌平《商周青銅器銘文的若干製作方式——以曾國青銅器材料爲基礎》，《文物》2010 年第 8 期，收入《方國的青銅與文化——張昌平自選集》，上海人民出版社 2012 年 7 月；游國慶《泥條製銘與西周金文書風》，《赫赫宗周——西周文化特展》，臺北"國立故宫博物院"2012 年 10 月；李峰《西周青銅器銘文製作方法釋疑》，《考古》2015 年第 9 期等。

文應該是直接在範上進行刀刻。對於陰文銘,尤其是帶有陽綫界格的陰文銘以及隨器物形狀而轉折的陰文銘,其製作方法歧説較多,但總結而言,大概有兩種:一種是製作銘文模然後翻範(具體製作過程各家説法又有分歧),一種是泥條堆塑。泥條堆塑具體操作方式也有歧説,或認爲是在陶範的陰綫底稿上堆塑,或認爲是在陶範墨書字樣上用細泥條盤出文字綫條的轉折粗細變化。我們一般看到的是銘文拓本,很少有人能夠有條件據原器觀察銘文的字口與綫條。① 商、西周、春秋多鑄銘,戰國多刻銘。鑄銘的製作方式是個謎,刻銘的刻製工具和刻製方法(刻、鏨)認識也不一致。構成文字的綫條的樣貌較多受制於銘文的製作方法,而我們一般談論文字的點畫特徵時都根據的是銘文墨拓,很少考慮銘文製作過程對文字點畫所造成的影響。另外需要注意的一點是,不能把金文跟後世的書法石刻類比,金文的鑄造不是爲了文字之美、書法之美,對於文字表現出的很多現象應該先從製作的角度而不是藝術審美的角度作出解釋。儘管如此,誠如陳振濂先生所説:"金文的鑄造工藝,對於殷周人是個束縛,但對我們而言,用這種工藝鑄刻的金文顯示出毛筆書法所無法達到的某種迷人的效果。""金文的美大都是一種不自覺的美,因此它受書寫、製作者主觀支配的痕迹較少","它那難以主動控制的綫形、它的蒼茫的境界,以及它的不求流媚但求質樸的客觀效果,遠不是晉唐以下人所能達到的。這是一種真正的氣度恢宏的精神之美——唯其不自覺,非理性,其美也就更令人讚歎"。②

(二)銘文是附着於銅器上的,談論文字形態及銘文章法時,還要考慮到器物空間、形制對銘文形態的影響。

三年師兑簋蓋(《集成》4318,圖一)、大簋蓋(《集成》4299,圖二)、卯簋蓋(《集成》4327,圖三)、不嬰簋蓋(《集成》4329,圖四)銘文,在圓形的面積上,采用圓轉的筆畫和圓體字形,雖每行字數不等,豎行清楚而橫不成列,但並没有粗糙雜亂感。③ 大簋蓋的内面有波浪形的起伏,銘文也隨着起伏而轉折。師遽簋蓋(《集成》4214,圖五)銘文整體體勢呈縱態,但底部最

---

① 馬承源主編《中國青銅器》(第533頁)以及上引游國慶文曾粗略談及。
② 陳振濂《論金文書法的風格構成與歷史發展》,曹錦炎《商周金文選》代序,西泠印社出版社2011年10月,第2、6頁。
③ 張振林《試論銅器銘文形式上的時代標記》,《古文字研究》第五輯,第61頁。

後兩列不少字呈現橫扁,這是因爲受到了物質條件的制約。該銘的書手在寫到接近簋蓋底部的時候,意識到延續原有的縱勢可能會出現書寫空間不足的問題,於是改變了文字的體勢。① 游國慶先生從泥條製銘工藝角度,認爲武王時的天亡簋(《集成》4261,圖六)書風渾樸,無所謂早期書風特色的雄强勁利,這與多字數的擁擠版面有絶對關係。② 史牆盤(《集成》10175,圖七)末行字數較多,便有意識將字距收緊;五祀衛鼎(《集成》2832,圖八)末行字數少,便將字距拉開,這都跟物質空間的限制有關係。

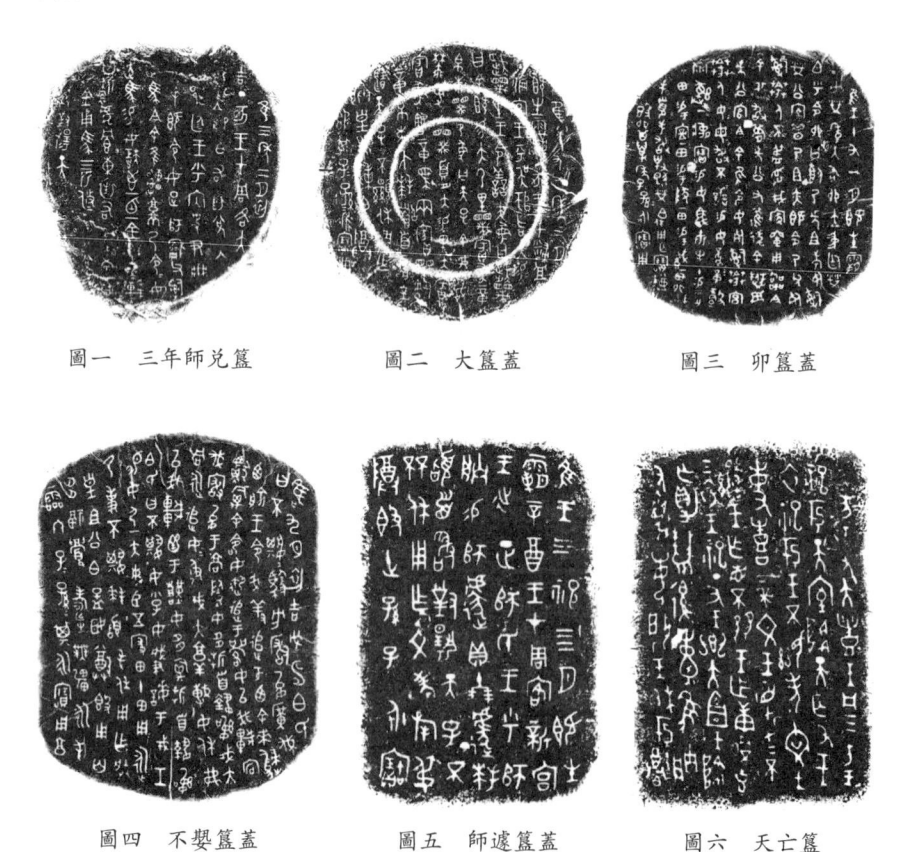

圖一　三年師兑簋　　　圖二　大簋蓋　　　圖三　卯簋蓋

圖四　不嬰簋蓋　　　圖五　師遽簋蓋　　　圖六　天亡簋

---

①　參邢文《楚簡書法探論——清華簡〈繫年〉書法與手稿文化》,中西書局 2015 年 10 月,第 45～47 頁。

②　游國慶《泥條製銘與西周金文書風》,《赫赫宗周——西周文化特展》,第 353 頁。

圖七　史牆盤　　　　　　　圖八　五祀衛鼎

（三）研究金文字形書體要區分正體和俗體，並注意時代與區域以及族屬問題。

裘錫圭先生在《文字學概要》①一書中把俗體在文字發展演變過程中所起的作用闡釋得非常深刻，但正、俗體的觀念尚未被充分體會、認識，這對漢字研究確實產生了一些不利的影響。裘先生說："要從根本上瞭解殷周時代古文字形體的演變，必須研究殷周時代古文字裏的正體和俗體的關係。""如果我們不好好把握正體、俗體關係的綫索，就難以闡明殷周古文字演變的過程。"②"西周春秋時代一般金文的字體，大概可以代表當時的正體。一部分寫得比較草率的金文，則反映了俗體的一些情況。"③如

---

① 裘錫圭《文字學概要》，商務印書館1988年8月第1版，2013年7月修訂版。本文依據2013年修訂版。

② 參《殷周古文字中的正體和俗體》，《裘錫圭學術文集》第三卷，第395、410頁。該文1987年1月在日本某學術討論會上發表，主要內容、觀點基本上與《文字學概要》第四章《形體的演變（上）：古文字階段的漢字》相重合，應該是《概要》出版前，對該主題內容的集中與提煉，其對推動古文字中俗體文字的研究具有指導意義。裘先生在該文中指出："戰國時代俗體的情況相當複雜，一般以爲是六國文字特有的字形，不一定都是戰國時代或春秋戰國之交開始出現的寫法。某些字形其實是在較早的時代就已出現的俗體。有些字形早就在俗體裏有，但其影響力不大。到了戰國時代，在東方的某些地區流行了起來。""我們不能認爲戰國時代所見俗體都是戰國時代才出現的，其相當部分是比較早期的寫法，到了戰國時代才流行起來。"（第405、406頁）這個意見是針對戰國時代的文字的，但對研究西周金文的字體也有建設意義，值得注意。在2016年10月召開的中國古文字研究會第21屆年會上，陶曲勇先生提交了《戰國文字源於西周俗體之疏證》(《中國古文字研究會第二十一屆年會散發論文集》，2016年10月）一文，即受啓於裘文。陶文提出了一個需要進一步研究的課題，即如何判定文字系統中的俗體寫法。

③ 裘錫圭《文字學概要》（修訂本），第53頁。

草率版師𩛥簋蓋(《集成》4283)。① 他如西周中期的王人甗(《集成》941，圖九)兩個"寶"字：🅐(器名修飾語)、🅑(永寶用)，宀旁寫作⌒，在兩周的銘文中均屬於罕見寫法。宀旁的這種寫法是春秋戰國時期相當流行的一種俗體。又如格伯簋(《集成》4263，圖十)文字草率，行款不整，還脫漏了17個字。鉝比盨(《集成》4466，圖十一)情況類同。俗體的存在，一方面可能是受到日常書寫文字的較大影響，另一方面跟銘文書寫者、製作者的文字水平也有重要關聯。

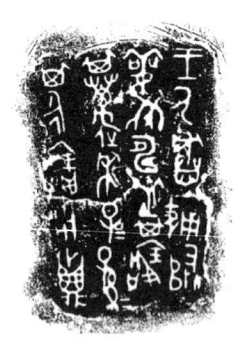

圖九　王人甗　　　圖十　格伯簋　　　圖十一　鉝比盨

　　研究金文，分期的觀念已經深入人心，分域的關注點一般多放在東周時期，其實西周也存在這個問題。② 商族與周族、姬姓與異姓貴族、王朝與諸侯等作銘，在共同的時代風貌之外，字體、書風會呈現出一定的個性特徵。以西周早期爲例，燕國的匽侯旨鼎(《集成》2628)、應國的應公鼎(《集成》2553)和邢國的麥鼎(《集成》2706)，在文字結體、書體風格上就有差異。宣王時的虢季子白盤則代表了當時西部地區的一類書風，③春秋時代的秦國繼承了這種字體。王朝與地方的銅器製作水平也會有差

---

① 此蓋或以爲僞刻，參吳鎮烽《師𩛥簋蓋銘文辨僞》，《人文雜誌》1981年第6期。裘先生不同意這種說法，他說："吳先生對古文字正體和俗體並存的現象缺乏認識，所以把寫法草率的一件看成了僞器。"參《殷周古文字中的正體和俗體》，《裘錫圭學術文集》第三卷，第400頁。

② 李守奎先生對漢字地域文字系統中的"楚文字"形態特徵的討論，與我們的看法是相通的。參《西周楚文字的特色及楚人開始使用文字時代之推測》，《中國古文字研究會第二十一屆年會散發論文集》，2016年10月。

③ 朱鳳瀚《中國青銅器綜論》上册，上海古籍出版社2009年12月，第634頁。

異,張昌平先生曾指出:"字體反書、銘文右行的現象在春秋早期前後諸侯國青銅器銘文中尤其常見,這一方面説明這些銘文可能爲範作,同時也反映出地方青銅文化製作水平較低的情形。相反,在周原等都城之類的中心區域青銅器銘文中,反書、行款右行等現象則是極爲罕見。"①諸侯國之間製器水平也有很大差異,李學勤先生曾指出:"在春秋早期的東方,一些小諸侯國的文字每每變異奇詭,很難辨識。這大概是這些諸侯國過去很少鑄造有銘器物,又缺乏有文化教養人物的緣故。如淮水、漢水之間的小國江、黄、曾等國,甚至出現銘文顛倒錯亂的現象,與有傳統文化的齊、魯等國差距很大。"②

(四)金文字形書體的研究應該采用"先分類後分期斷代"的方法。

這裏所説的"分類",就字形而言,就是具有時代特徵的關鍵字的分型、分式;就書體而言,就是不同的風格、風氣。

張振林師以及張懋鎔先生等采用的方法都是先分期斷代後分類,即從標準器中總結出文字方面的斷代標記,如張師所説:"我們完全可以在求大同存小異的基礎上,利用前輩銘文斷代的成果,去綜合歸納各個時期有代表性的文字點畫結構、書體風格、字詞、文辭格式等方面的特徵。反過來,我們也可以把這種時代特徵,作爲判别新發現的青銅器年代的參考尺度。"③張懋鎔先生取用範圍稍狹,他是從已確定的標準器中選取富有變化的常用字(是張師所説形式標記中的内容之一),對年代爭議比較大的銅器,從字形書體方面與標準器對照,重新考量其時代。④劉華夏先生指出,作爲確定關鍵字時代特徵的方法,"先分類後斷代"的做法更得當。但是他的做法是:先利用器物類型學取得的分期成果,完成關鍵字的類型學分類分期,然後借助自名王世的標準器進行絶對斷代。⑤我們的意

---

① 張昌平《商周青銅器銘文的若干製作方式——以曾國青銅器材料爲基礎》,《方國的青銅與文化——張昌平自選集》,第249頁。
② 李學勤《中國青銅器的奥秘》,臺灣商務印書館2002年7月(據香港商務印書館1987年6月初版第三次印刷),第110頁。
③ 張振林《試論銅器銘文形式上的時代標記》,《古文字研究》第五輯,第53頁。
④ 張懋鎔《金文字形書體與二十世紀的西周銅器斷代研究》,《古文字研究》第二十六輯,中華書局2006年11月。
⑤ 劉華夏《金文字體與銅器斷代》,《考古學報》2010年第1期。該文作者於2008年去世,此爲其遺作,具體寫作時間不詳,文中所引文獻截至2006年。劉文中有一段話,是其立論的理論前提:"器形、紋飾、字體三者之中,對時代變化反映最敏感的是字(轉下頁注)

見是,抛開已有分期斷代意見,直接類分關鍵字的類型,關鍵字類型學分析工作完成後,再與已有分期斷代意見相比照,重點是利用標準器確定時間座標。我們主張建立完整的斷代字譜,把每一類型的異體悉數列出,而不是選擇代表字形有限羅列。這樣的話,可以不受已有成見的束縛,而得出比較客觀的結論。但正如劉華夏先生所説,"金文字體研究至今尚未具備名符其實的類型學條件",這將是擺在學術界面前的一項重要課題。這個課題,無論是對於青銅器的斷代,還是金文文字學的研究,都是無法避開的。

以上四點都是研究金文字形、書體時比較重要而一直以來又經常被忽略的、最基礎的問題。銘附着於器,在銘文研究中,我們不能抛開器的因素不管,一定要把器與銘結合起來進行研究。銘文外部形態的研究,急需要建立起獨立於器形、花紋之外的類型學分析方法。

二

從青銅器的製作工藝講,商代後期是青銅器發展的第一個高峰,第二個高峰是在春秋晚期到戰國時代。① 青銅器上的銘文始見於商代中期,但非常罕見。商代後期的銘文往往較爲簡單,主要是記載器主的族氏、名字和所祭祖先的名號。帝乙帝辛時期出現了超過三十個字的銘文,但迄今没有多於 50 字的。商金文字綫條渾厚,首尾皆略纖鋭出鋒,轉折處多有波磔,普遍給人以粗肥的感覺,象形意味較濃,結體長短、寬窄、疏密不

(接上頁注)體,其次是紋飾,器形又次之。因此,我們確實有時可以發現某一件銅器的器形與花紋具有較早特徵,其銘文字體則較晚,而相反的情況從來未見。""在同一青銅器上三種因素時代特徵不一致的情況下,自應以字體類型爲決定該器年代的最重要依據。與器形、紋飾相比,銘文的字體、書風更敏感地反映了時間的進展,決定其在銅器分期斷代方面的重要性。"參《金文字體與銅器斷代》,第 52~53 頁。近期劉志基先生基於電腦數據庫,對涉及青銅器斷代的銘文"字體"概念進行了重新檢討。他説,金文字體的具體所指,當以"某一流派"寫手(而不是個體寫手)的字迹特徵爲宜;對同一流派寫字字迹的認同和歸納的核心標準是"寫法"(相當於王寧先生漢字構形學中的"異寫")。他確定了"寫法"認同的三個原則,通過系統"寫法"認同歸納可以建立準確反映寫手流派特徵的字體。該文對利用金文字體斷代的方法有重要的啓示。參《西周金文"貝"之字體再研究——兼論斷代分期視角的青銅器銘文字體研究的"字體"界定問題》,《中國文字研究》第 24 輯,上海書店出版社 2016 年 12 月。

① 李學勤《青銅器入門》,商務印書館 2013 年 5 月,第 32 頁。

定,字形大小不一,章法佈局多樣化,行款上豎成行而橫不成列。容庚先生曾把商代銘文字體分爲雄壯、秀麗兩派,雄壯派如乃孫作祖己鼎(《集成》2431,圖十二)、車作父丁尊(《三代》11.24.7,圖十三);秀麗派如乙亥父丁鼎(《集成》2709,圖十四)、小子䧹卣(《集成》5417,圖十五,器銘)。介乎兩間者未論。① 類似小子䧹卣銘綫條粗細均匀者商金中少見。②

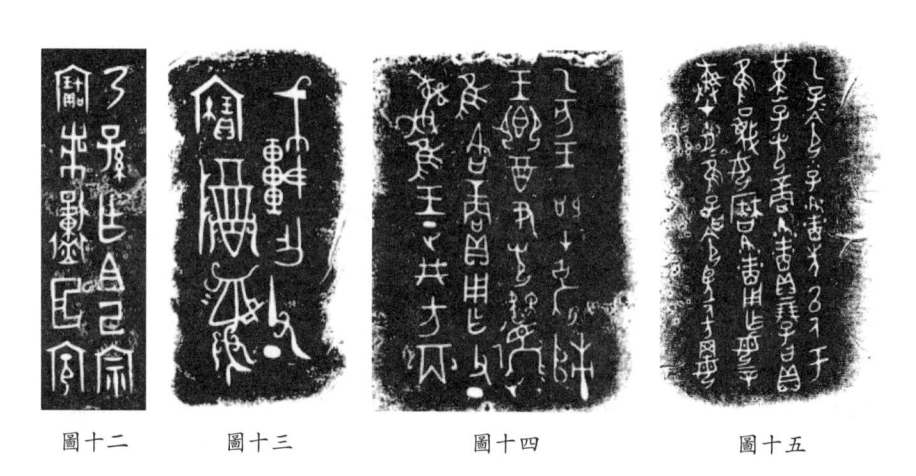

圖十二　　圖十三　　圖十四　　圖十五

於商銘之藝術審美,學界評價一般比較消極,或者說是未給予充分而準確的評斷。其實,我們應該站在一定的歷史時空、站在文字發展的特定階段去觀察銅器製作技術、文字系統所能提供給當時人的創造空間。商銘普遍給人一種奔放、舒展的感覺,這跟字數少、空間充足有很大關係。象形性强,結體長短、寬窄、疏密不定,字形大小不一,恰恰又給人一種自然天成的韻致。章法佈局不齊整恰恰是給銘文的藝術化提供了較爲自由的發揮空間。

林澐先生在談族徽不同於一般文字的特點時説:構成族徽的諸部分符號,往往不按文字的排列方式而以特殊方式結合;族徽和其他部分銘文的結合,也有時違反文字排列的常規。③ 前者如䚯(弓臺鼎,《集成》1449)

---

① 參容庚《商周彝器通考》,上海人民出版社 2008 年 8 月,第 65 頁;陳英傑主編《容庚青銅器學》,學苑出版社 2015 年 10 月,第 90 頁。唐蘭先生提及方峭和圓潤兩種書法形式。參《中國文字學》(1949 年初版),上海古籍出版社 2001 年 6 月,第 130 頁。
② 朱鳳瀚《中國青銅器綜論》上册,第 626 頁。
③ 林澐《對早期銅器銘文的幾點看法》,《古文字研究》第五輯,中華書局 1981 年 1 月,第 41 頁。

又寫作◯(弓䇂父己鼎,《集成》1876)、◯(弓䇂尊,《集成》5842,西周早期);後者如諸亞官銅器,或單獨的亞字冠於族氏文字之首,或將族氏文字置於亞字之中,或將全部銘文都置於亞字中。商人還追求銘文佈局的對稱之美,如婦好諸銘,可以寫作◯(婦好鼎,《集成》1335),但多作◯形(婦好鼎,《集成》1331),"女"旁左右對稱佈置。婦好可以單稱"好",亦采用對稱佈局,如◯(好鼎,《集成》999)。又如◯(丯㔿父乙鼎,《集成》1823)、◯(丯㔿卷簋,《集成》3241)中的"丯",此族名小子夫尊(《集成》5967)作◯。他如◯(馬天豕父丁方彝,《集成》9872)、◯(西單光父乙鼎,《集成》2001)、◯(北單簋,《集成》3120)等。族氏銘文還經常采用合書、陰陽文交錯等書寫方式,具有很强的裝飾意識。其中"大膽的抽象表現手法,令衆多的學問家們都爲之瞠目",張亞初先生曾利用金文裝飾美化的特點進行釋字,上升到釋字方法的高度,就是因爲對當時追求藝術性的文字表現特點有自覺的把握。① 不只如此,商人還有意識地讓銘文紋飾化。商、西周銘文一般位於比較隱蔽的部位,如器内、足内、鋬内等,有的銘文鑄於器表,也往往有意與紋飾融匯在一起(圖十六),或營造出紋飾的效果(圖十七)。② 鼻子鉞(《集成》11751,圖18)中"鼻子"二字亦兼有紋飾的作用——獸面紋的鼻梁,而且鉞内兩面銘文對稱,真是巧於構思。③ 可以說,

---

① 張亞初《〈殷周金文集成引得〉序言》,中華書局2001年7月,第4頁。
② 圖十六宁狑簋,2005年7月河南安陽市殷都區北蒙街道范家莊東北地商代墓葬出土(M4:5),圈足上獸面紋鼻梁處爲兩組"宁狑"二字銘文。圖十七亞長尊,2001年2月河南安陽市花園莊殷墟宫殿宗廟區内商代墓葬出土(M54:84),銘文"亞長"二字在口沿下外壁蕉葉紋兩側作豎向對稱分佈。參岳洪彬主編《殷墟新出土青銅器》,雲南人民出版社2008年10月,第179、157頁。
③ 唐蘭先生曾對商代和西周早期圖繪性較强的文字現象有過總結,他說:"古代圖畫文字的行款是很自由的,有些文字夾在别的圖畫的空隙裏;有些文字形式,完全跟着器物上的部位而定;有的字形特别大,如'◯'字本畫一個正面的人形,一手拿戈,一手倒拖着一個屍首,佔的地方很大。所以有時在一個較大的字形下,可以並列兩行。有些平列的銘文裏,簡直叫人不能分出哪一部分是應該屬左或屬右的。下行的文字也是如此。有時把一個有空肚子的字,如'韋''亞'等字,裝進了别的文字,最多可以裝到二三十字。""有些人是有藝術天才的,即使鍥刻工具,很不適用於圖畫,在卜辭裏還有近於圖畫的文字。商代銅器上的文字,有時就把它變成圖案;有時是嵌在圖案裏面,作爲圖案的一部;有時把綠松石嵌成文字。"參《中國文字學》,第106~107、118頁。同時,唐蘭先生也一再强調,這種繪畫方式最適宜於極少數的文字,不能處處適用(該書第104、118頁)。

商人在文字結體、章法佈局上極盡巧思,與青銅器的製作水平一樣,商後期的銘文在藝術化方面也達到了一個不可複製的高峰。而銘文藝術再次得到解放,達到另一個高峰,已到了春秋戰國時期。

圖十六　宁狄簋

圖十八　辈子鉞

圖十七　亞長尊

西周早期金文有一類是繼承並發展商末書體風格的,如成王世的保卣(《集成》5415,圖十九)、昭王世的令簋(《集成》4300,圖二十)。至於作冊大方鼎(《集成》2760,圖二十一)、召卣(《集成》5416)等已呈明顯收束之勢。西周早期銘文的整體觀感,點畫粗肥程度比商後期略減。①

圖十九　保卣(蓋銘)　　圖二十　令簋　　圖二十一　作冊大方鼎

商銘總體風格是放,西周銘文總體風格是收。商銘自由奔放,周銘嚴飭規整。較之商銘,西周銘文的發展趨勢是:文字點畫逐步走向粗細均匀、不露鋒芒、結構大小規整,也就是點畫綫條化、文字方塊化;章法佈局

---

① 張振林《試論銅器銘文形式上的時代標記》,第 57 頁。

呈方塊狀排列，豎成行，橫成列。爲求行列整齊，在西周中晚期的銘文中可以見到界格，制範時先畫格後作字。爲什麼會出現這樣的演化趨勢呢？①

（一）從上文所舉諸例可以看出，族氏文字對於整齊的章法佈局來說，是一種反動。商銘的文字佈局適應於族氏文字的構形特點，在章法佈局上達到了極致。族氏文字是商族的特色，②周滅商後，族氏文字的使用逐漸減少乃至基本絕迹，而且位置趨於固定（位於文末），這爲佈局整齊化提供了有利條件。

（二）數十字的商銘也注意佈局的整飭，但關注點在豎成行，而忽略橫成列。在文字的創造時期，象形是最基本的原則。③ 取象於客觀事物的文字尤其是動物的象形字，最初在形態上應該跟事物的實際狀態相符合，比如獸類應當四肢着地，如 、 、 、 、 、 等。④ （疒）、 （夢）等字最初大概也是橫置的。⑤ 漢字很早就以竹簡作爲書寫材料，⑥形成了自上而下的直行排列法，爲了適應這種書寫行款和窄長的竹簡，上述這些漢字很早就發生了縱變，把橫寫的、寬度比較大的字豎

---

① 討論西周早、中、晚期的銘文字體書體風格及其演變情況的成果較多，今不贅述，請參馬承源主編《中國青銅器》（修訂本），第371～375頁；朱鳳瀚《中國青銅器綜論》上册，第627～636頁；楊鎖強《史牆盤銘文書法的文化闡釋及其藝術特色》，《書法》2015年第4期；朱志榮、劉莉《西周金文書法的審美特徵》，《甘肅社會科學》2010年第3期；李建春《西周金文書法審美文化初探》，《中國書法》2012年第10期；董文强《西周青銅銘文字體風格探析》，《名作欣賞》2014年第23期；楊鎖強、龐浩然《論周原金文書法的文化精神》，《中國書法》2016年第2期等。
② 張懋鎔《周人不用族徽説》，《考古》1995年第9期；張懋鎔、王静《周人不用族徽、日名説的考古學意義——從隨州葉家山西周曾國墓地談起》，《四川文物》2014年第4期；張懋鎔《周人不用族徽、日名説的考古學證明》，"青銅器與金文"學術研討會論文，2016年5月28～29日，北京。
③ 王力主編《古代漢語》（校訂重排本）第一册，中華書局1999年5月，第162頁。
④ 參容庚編著，張振林、馬國權摹補《金文編》，中華書局1985年7月，第1077、1078、1084頁。
⑤ 中國科學院考古研究所《甲骨文編》，中華書局1965年9月，第329頁。這些字也可能是在造出時就是直立的，但在理解上要橫置過來。
⑥ 有學者認爲，商代晚期簡牘制度已經定型。參黄德寬《形聲起源之探索》，《安徽教育學院學報》1986年第3期；黄德寬《殷墟甲骨文之前的商代文字》，《中國文字學報》第一輯，商務印書館2006年12月。二文收入氏著《漢字理論叢稿》，商務印書館2006年12月，第28、36頁。

起來,如▨、▨、▨等。① 許多四面發展的字,如▨、▨等,把兩旁的足形或房子都省掉了,只留上下的。② 這樣就保證了縱向上的齊整,"在卜辭彝銘裏所見,大概每字的長短還是自由的,而寬度却慢慢地劃一起來,就是可以分出行來了"。③ 但其造成文字縱向的修長體勢,這種情況延續了很長時間。可能由於還沒有明確的對橫向整齊的自覺要求,商和西周早期的銘文中對這種縱向修長的字形缺乏控制,如戍嗣子鼎(《集成》2708,商代晚期)中的▨、▨,沈子它簋(《集成》4330,西周早期)的▨(敢)、▨(肇)則寫得像兩個字。這種情形有時會帶來文字釋讀的困擾,如遘簋(《集成》3975,商代晚期,圖二十二)中的▨就有是一個字還是兩個字的釋讀分歧。④ 銅器銘文無論有没有一份竹簡原本,我們都可以認爲銘文的行款、佈局是模仿竹簡的。

　　西周時期是銘文最發達的時期,出現了數百字的長篇巨制,因此章法佈局上就有了客觀的要求,"每一個字就不能獨立發展,在同一篇文字裏,筆畫的肥瘦,結構的疏密,轉折的方圓,位置的高下,處處受了拘束",⑤謀

---

① 德國慕尼克大學王霄冰博士曾提出,圖符中的動物均爲橫體,而字符中均爲豎體,動物體態從橫到豎的演變,是史前圖符到成熟漢字過渡的一個關鍵步驟。參黄德寬《"蚌埠雙墩遺址刻畫符號暨早期文明起源國際學術研討會"會議綜述》,《中國文字學報》第三輯,商務印書館 2010 年 11 月,第 3 頁。

② 參《金文編》,第 1077、1078、1084 頁;唐蘭《中國文字學》,第 107 頁;裘錫圭《文字學概要》(修訂本),第 50 頁;李學勤《古漢字書寫縱向與丁公陶文》《亞文》第 2 輯,中國社會科學出版社 1997 年 12 月,第 268~274 頁;游順釗《關於漢字縱變等問題的筆談》,《亞文》第 2 輯,第 275~277 頁。唐蘭所舉"韋""亯"二字例分别參見《金文編》第 121 頁、《甲骨文編》第 246 頁。縱變現象在文字構件中也有反映,如▨字宀下部分實際狀態應是橫置的(宿,《甲骨文編》,第 318 頁)。

③ 參唐蘭《中國文字學》,第 107 頁。

④ 唐蘭先生也注意到了這種現象,他説:"在方塊文字没有凝定時,有些複體的文字,往往把每個單體分離得很遠,佔了好幾個字的地位,使人不知道它原只一個字。"參《中國文字學》,第 109 頁。他認爲"這種情形,總是發生在商代的",這種看法現在看來是不準確的。對這種現象形成原因的解釋,亦欠深入。漢字方塊化的傾向(《中國文字學》,第 107 頁)是爲了適應西周長篇銘文佈局的整齊需求客觀發展而來的,早期文字没有橫向整齊的自覺意識,不是漢字方塊化的特點决定了銘文佈局,而是銘文佈局的整齊需求促使了漢字的方塊化發展。反過來,漢字的方塊化又進一步促進文字形體的改造,如唐蘭先生所説,"方塊字的傾向,使許多太繁重的文字,尤其太長的字,不得不減省或廢棄"(《中國文字學》,第 107 頁)。

⑤ 參唐蘭《中國文字學》,第 104 頁。

篇佈局開始向工整化的方向發展，單字逐漸向方塊化的方向發展：整篇銘文的外緣整齊成方塊，豎成行，横成列，對應整齊，如康王世的大盂鼎(《集成》2837，圖二十三)。張振林師解釋説："莊重的銅器，要求典雅工整的銘文，才能更好地體現奴隸制等級制的威權。"① 陳振濂先生云，兩周金文給人一種禮儀的莊重尊嚴感。②

西周銘文的文字結體以修長的縱勢爲主流，如散盤(《集成》10176，西周晚期)之蝸扁則屬罕見。虢季子白盤(《集成》10173，圖二十四)字形方正、瘦勁，正式形成一種新的書風。③

圖二十二　遹簋 　　　圖二十三　大盂鼎 　　　圖二十四　虢季子白盤

（三）陳振濂先生曾説："至中期以後，在行列上開始横豎成格，排列整齊；字的大小難以隨意，穿插更不自由，雖則理性成分益濃，但畢竟太趨於一律，對金文書法是一大損失。"④此話前半可從，後半可商。其實，西周金文結體、佈局的改變，是與文字系統的發展同步的。文字産生之初具有神秘性，掌握在巫、史等少數人的手中，但隨着社會的發展，文字使用的範圍越來越廣，使用文字的人群越來越大，文字要適應不斷發展的社會事務，就要便於書寫，便於書寫是影響文字系統不斷發展演變的一個重要因素。周銘改造商銘之肥筆、波磔、首尾出鋒爲粗細均匀、不露鋒芒，便於書

---

① 張振林《試論銅器銘文形式上的時代標記》，《古文字研究》第五輯，第61頁。
② 陳振濂《論金文書法的風格構成與歷史發展》，第3頁。
③ 該器一般認爲屬宣王時，劉華夏定爲東周初年。
④ 陳振濂《論金文書法的風格構成與歷史發展》，第3頁。

寫是重要原因。裘錫圭先生説："西周金文形體演變的主要趨勢是綫條化、平直化。商代晚期和西周前期金文的字形,象形程度仍然比較高,彎彎曲曲的綫條很多,筆道有粗有細,並且還包含不少根本不能算作筆道的呈方、圓等形的團塊,書寫起來很費事。爲了改變這種狀況,就需要使文字綫條化、平直化";"綫條化指粗筆變細,方形圓形的團塊爲綫條所代替等現象","平直化指曲折象形的綫條被拉平,不相連的綫條被連成一筆等現象"。經過這些變化,文字的象形程度顯著降低,書寫起來就比較方便了。① 文字的綫條化、平直化爲佈局上的横向整齊提供了條件。

西周早期開始形成的方塊和工整的章法佈局,奠定了後來漢字書寫的基本格調。文字的綫條化實際上給文字的藝術表現力拓展了自由發展的空間。如果把横豎成格的行列限制比喻作鐐銬,漢字就是戴着這種鐐銬不斷挖掘其造型上的藝術表現力,形成獨特的漢字之美。

三

本節綜合兩周金文材料,以具體字例來談金文字形結構變化的一些特點及其制約因素,主要是從我們自己的研究中加以總結。

(一) 鬲:鬲、鬲、鬲、鬲、鬲、鬲、鬲、鬲

"鬲"作爲青銅器自名,不見於殷商金文,始見於西周早期。金文延續了甲骨文的寫法。甲骨文中 (侈口)、 (弇口)形是比較寫實的,在兩周金文中,"鬲"字變化最大的是款足部分,下部象款足的綫條逐漸剥離出形,由於古文字在很早的時期就習慣在豎畫上添加飾點,故而形成形,而點又往往演變成短横,因而形成形,進一步演變成形;上部象口沿和頸部的部分在西周時期没有形成字形的區別特徵。從西周晚期開始,"鬲"字的上部口沿部分和下部款足部分有了新的演變:一是在"鬲"字上部的起筆横畫上面再加短横,多見於春秋時期,是一種時代特色;一是"鬲"字下部款足寫成"井"形,就現有材料看,多見於山東諸國的青銅器,是一種地域特色。對於"井"形,陳初生先生認爲應是方鬲下部鬲爐之

---

① 裘錫圭《文字學概要》(修訂本),第 51～52 頁。

門的象形,此說可疑。① 陳氏所說的方鬲僅見一例,即季真鬲(《集成》531,西周中晚期)。寫作"井"形,當主要出於書寫的方便,可以看作是一種特殊類型的簡化。說到簡化,一般認爲是結構、筆畫的省減,其實把繁複、多向書寫的綫條改造成順手、省時、省力的筆畫也是一種簡化。

"鬲"字形體演變主要在於款足部分,對於這部分的"裝飾",古人作了多種探索:一種是把點變爲一橫,在此基礎上,又演變爲兩橫,最終這種形態被認可,成爲主流寫法;一種是在加點的基礎上,再加一點,如❋(鰲伯鬲,《集成》664,西周晚期)。❋(姬妊旅鬲,《集成》511,西周中期)、❋(仲枏父鬲,《首陽吉金》32,西周中期)、❋(鄭❋伯鬲,《集成》597,春秋早期)、❋(繁伯武君鬲,《集錄》135,春秋早期)、❋(江小仲母生鼎,《集成》2391,春秋早期。鼎自名爲鬲)五種字形反映的則是古人另外途徑的探索,但這些探索都是曇花一現。在字形多種維度的演變探索中,書寫筆畫的順手是古人曾經考慮過的一個主要方向,字形的裝飾性、美觀性也是古人刻意追求的一個方面,像❋等寫法就反映了這一點。爲了字形表意、表音的需要,字形還往往會加繁。②

(二) 旅:❋、❋、❋、❋、❋、❋、❋、❋、❋、❋、❋、❋、❋

記錄一個詞的多種異體字形的存在,動態地顯示了古人在字形與詞義的結合道路上所作的各種努力和探索,他們要在文字的記詞符號和書寫符號兩種本質屬性上找到一個最恰當的結合點。在不同的歷史階段,人們對漢字記詞或書寫功能的要求是不一樣的,不同的時代要求,對漢字改造的方式也就不一樣。因此,漢字的構形系統在不同的時代就會呈現出不一樣的形態。異體字可以爲我們探討文字的形音義提供多角度的綫索,是展示不同時代漢字構形系統形態的一個很好的載體。

記錄同一個詞,音義相同而字形不同的表現有二:一是表現於構件,一是表現於構字的綫條(沒有表意、表音或者區別的功能,楷書中稱爲筆

---

① 陳初生《金文常用字典》,陝西人民出版社 2004 年 1 月,第 298 頁。
② 詳參陳英傑《談金文中一種長期被誤釋的象形"甋"字——兼論"鬲"、"甋"的形體結構》,《簡帛》第七輯,上海古籍出版社 2012 年 10 月。

畫）。綫條的書寫差異反映的或是某一時代的風貌，或是某一地域的特徵，或是某種象物性的殘留，或是某種裝飾性的羨畫。古文字材料不是一個封閉的文字系統，而是一個動態的、開放的"資料庫"，不能使用静態的封閉研究的方法。無論是爲了日常的交流，還是國家層面的政治統治，文字系統具有穩定性是必然的，穩定性的表現之一就是規範性。古文字的規範缺乏自覺性，更多地是受制於文字系統、文字性質、文字演變規律的自發約束。采用動態的開放的研究方法，就是把各種字形結體從辭例分佈和時代分佈兩個維度進行綜合考察，找出字形的時代特點或地域特徵。凡是能夠形成時代特點或地域特徵的綫條，就説明該種特徵的綫條進入了文字的構形系統，對文字構形系統產生了或大或小的影響。判斷綫條的異寫特徵是否進入文字系統的標準，主要看其使用頻率和使用範圍。

規範性是文字保守的一面，這有利於社會交流和國家治理。超規範的各種異寫、異構現象，則反映出當時人對記録語言的文字符號所作的各種改造，這種改造可能是爲了更好地體現文字與語言的聯繫（表音、表意、別詞），也可能是爲了整篇銘辭用字個體之間的協調與美觀（個體框架不能太長也不能太寬），有的則可能是書手藝術個性的展現，當然也會有偶然的訛誤。對所有現象進行細緻的分析，探尋文字自發規範的制約因素和文字形義系統的運行機制。即使是某個時期出於個人愛好或偶然因素出現的不具備類推構字能力的書寫特徵，也許預示着文字發展的某種趨向，在未來的某個歷史時段對文字系統產生了一定程度的影響。所以，書寫綫條的每一種特徵都不容放過，每一種特徵對當時文字系統的研究都有其自身的價值，我們不能人爲地回避或爲了某種目的而排除任何有價值的形體信息。

從"旅"字的的各種寫法看，多種異體寫法之間在歷時上大致會呈現出一種此消彼長的態勢，在這個過程中存在着基本穩定的核心形體。一個字從產生到形體結構的最終定型，中間會經歷一個較爲長期和複雜的探索過程，在這個過程中，會利用多種途徑對字形進行改造。一種結體方式出現後，可能會很快就消失；有的則可能會在小範圍內進行試用，經歷書寫者的實際檢驗，其字形用例越少，就證明其生命力越弱；有的形體一產生，很快就得到大衆的認同，很快就能普及開來，替代原有的其他各種結體方式，形成基本穩定的核心形體。之所以"多種異體寫法之間在歷時上大致會呈現出一種此消彼長的態勢"，就是因爲有一個文字創製、形體改造、字形試用、淘汰與選擇的深層機制在起作用。通過考察分析各種形體的辭例分佈和時代分佈及使用頻率，各種異體寫法的文字學價値就客觀而具體地呈現出來了。哪類形體是通行的規範形體，哪類形體具有時代特點或地域特徵，哪些形體潛隱着文字發展的新質素，哪些形體體現着書手個人的藝術創造，等等，都可以有一個相對精確的闡釋。

"肇"的使用基本集中於西周早期和西周中期前段。从全形之車的字富於個性化和圖繪性，从簡省之車的字規範性增強。車旁的簡化，無論是對文字結構的佈局，還是對整個文字系統的穩定性，都起到了重要的作用。西周早期"肇"（包括从全車和簡省之車）使用頻率略高於"旅"（不从車），到了西周中期，"旅"（不从車）就已經居於絕對優勢了。在"旅"字的各種寫法中我們看到簡化的三種表現：第一，簡省構件（相對於从队从兩人从全形之車而言），這在不同時期、不同字形中又有不同的表現，或省去一人，或省去雙人，或省去队，或簡化車旁，可以說西周早期的周人對這個問題非常關注，並作了積極的探索。省队的只有一例，是不被社會認可的，這説明队旁在"旅"字構意中佔有重要地位。从一人的也沒有被接受。省去雙人（从全形之車从队）有兩種形態：一種是圖畫式構形，把旗杆畫在車輿部位；一種是把队和車析分爲獨立的偏旁而組合構置，後者贏得上風。周人最終採用了弱化文字圖繪性的方案，但又儘量維護文字的原始構意，所以从簡車的"肇"得到社會認可，以後的字形改造都是以這種寫法爲基礎的。"肇"（簡車）的弊端是文字太長，對其改造出現了四種方式：■、■、■、■（■），■，前三個字形採用的是同一種方法——壓扁車旁，■形人旁也壓扁，人、車儘量挨得緊湊，■形也有這方面的考慮（它是把雙人的長度縮短）；■省掉雙人，車旁置於旒下，目的明顯是降低字形高度，簡化只是表象；第三種調整佈局，也是出於這個目的。最終第四種獲得認可，成爲最通行的寫法。字形穩定後，文字的書寫變化就集中到了文字構件或構件的綫條上面，簡省構件不再是主要任務。第二，簡省綫條，■、■都屬此類。第三，綫條連寫，如■；或者縮短綫條長度，如■，其目的都是爲了書寫的便捷和快速。第二、三兩種方式都屬偶然爲之，沒有得到推行，只在很小的範圍內試用。

"旅"字的簡化過程大致有四個階段：第一階段是把圖繪性的字形改造成可析分的構件組合（即把不能獨立成字的形符充當的偏旁改成能够獨立成字的表意偏旁）；①第二階段是改造繁複的車旁，把全形之車改爲簡寫之車。在前兩個階段，文字結體佈局是探索的一個重點；第三階段是把車旁簡掉；第四階段就是對穩定後的字形的改造，但簡化不是主要任務了，重點放在了組構文字構件的綫條的形態變化。在整個的演變過程中，把圖繪性字形析分爲構件組合，是文字發展演變的重要一步。

"旅"字個案研究説明，異體紛繁的表面現象，放到一定的歷史時空中去觀察，就可以看到，在不同的歷史時期，文字面臨的發展任務也是不同的。西周早期的主要任務是改造圖繪性的構形、析分構件、簡化繁複構件，並探索合理的形體結構佈局。所以，西周早期的各種異體寫法除個別外，均有一定的用例，進行不同方向、不同路徑的探索。西周中期（大概在共王以後）進入文字系統的相對穩定期，形成基本穩定的核心形體，其他探索雖然仍在進行，但對整個文字系統的影響甚微，這個時期的主要工作是對文字的構件或組成構件的綫條進行書寫藝術層面的探索。這種探索是在維護文字構形理據的情況下進行的，破壞理據的寫法得不到認可和推行。在文字系統的穩定期，簡化構件的行爲是不被認同的，對書寫便捷的要求也沒有那麽迫切。由於文字的演變，文字形體的原始構意被逐漸破壞，進入春秋早期，爲了重新建構文字的構形理據，往往會添加表意構件。但是，對於這種添加構件的行爲，要考察是不是文字的形義系統也同時發生了歷時的變化，不能輕易地就把春秋時期的形義和西周時期的形義畫上等號。比較明顯的一點是，春秋時期對文字的書寫便捷的要求提上了日程。西周時期雖也有草率的寫法，但大多比較規整，進入春秋早期，用筆的簡率成爲一種經常現象，文字的書寫風格呈現出不同於西周時期的風貌。

從各種異體看，㫃旁在"旅"字中是最重要的構件，其他兩個構件都可以省去。在省雙"人"與省"車"兩種形態中，周人選擇了省"車"，這並不意味着"車"旁的重要性不如雙"人"，應該是因爲"肇"字結體太長的緣故。

---

① 唐蘭先生也注意到了這一點，他説："許多特殊形式的古文字，原來是整個的圖畫，不能分割的。後世文字，形式上處處要整齊，所以往往把兩個單體中間的關係切斷了，變爲各個獨立的。"以"保"、"企"、"戍"、"伐"、"疋"等字爲例（參《中國文字學》，第110頁）。唐蘭先生指出的現象很重要，但他的解釋顯然是倒果爲因。

雖然周人試圖減少它的長度，但又增加了形體的寬度，所以最終選擇放棄"車"旁。在■和■兩種簡化構形之間，看不出孰優孰劣，前者共有 5 例，分屬五人作器，西周早期 3 例（器名修飾語），西周中期前段 1 例（人名），春秋晚期 1 例（器名修飾語）。西周和東周的字形綫條風格不同，但構件與結體佈局相同，二者處於不同的歷史時空，其性質也就不一樣。西周字形表面是簡化，但實質是在探索字形結構佈局，春秋時期則純粹是增加書寫速度的簡化。但在西周只是極小範圍内的使用，很快就被淘汰了。由於"旅"字到了東周逐漸消失，所以這種字形能否流行開來，缺乏可供推測的材料。周人之所以最終選擇了後者，其中主要的原因還應該是從審美角度考慮的。■形車旁的"田"形部分綫條密集、缺乏整體的美感，同時"車"缺乏藝術創造的餘地。■形則綫條疏密適當，結構穩實，很有美感，而且兩"人"旁富於藝術變化的空間。①

利用文字特徵輔助青銅器的分期斷代，可以從四個方面進行考察：一是文字綫條的書寫特徵，二是文字結構，三是新字，四是書體風格。②這幾個方面都會有時代的烙印，在"旅"字上也有很完整的體現。

2016 年 8 月 15 日夜寫畢
2016 年 12 月 8 日二稿

---

① 詳參陳英傑《商周金文異體字研究：以"旅"字為例》（二稿），"出土文獻與先秦經史國際學術研討會"論文，2015 年 10 月 16～17 日，香港大學。該文從構件數量、構件或綫條的形態特徵、構件與構件之間的形態照應、文字形體結構佈局等多方面對"旅"字的各種異體進行了綜合分析。

② 唐蘭云："我們看商代的銅器刻銘時，常會覺得每一種刻銘的書法，往往有它自具的風格。周代也是如此，我們甚至可以從書法來斷定銅器的時代，因為那時的書法，還没有典型，大部分都是隨時的仿效，所以每一個時代最流行的風氣是容易看出來的。""如其要講書法，商朝的銅器文字，已經可以找出很多的不同型的範本。周朝初年，尤其講究，成王時期，幾乎無一不佳。康王時雄偉有餘，昭王時微見詭異，到穆王時却似乎只有秀麗了。中間似乎稍衰頹，到厲王、宣王時，有一部分依然很開展，有天朝的風度。春秋以後地方文化逐漸抬頭，東方的鳥蟲書，是最講究裝飾的，西方的籀文，在石鼓文裏，也還可以看到一些大概。北方的燕、齊，南方的徐、楚，在書法上也是可分畛域的。"在該書"文字的演化"一章"致用・觀美・創新・復古"一節中説："文字的新體有兩類，一類是新的寫法，一類是新字。商代的卜辭，可以由它們寫法來分期，周朝到六國、秦、漢的銅器，也可以由它們的寫法來分期。……説到新字，《爾雅》這一本書，就大部分都是新創的形聲字……周初這種新字一定很多，連文王、武王也特別造了玟、珷字，就可以想見了。"參《中國文字學》，第 104、118、120 頁，另參第 130 頁。

2016年7月6日,北京師範大學李洪智先生打來電話,説《中國書法》雜志想做一期"西周金文書法特輯",希望我能寫一篇稿子,時間爲一個月。由於雜事擾攘,搜集材料加上寫作,時間很緊張。2016年8月15日交的稿,寫了1.4萬多字,其中第一、二部分是新寫的,第三部分是從已有文章中提取有關研究結論整合而成。原題《西周金文形態特徵及其相關問題》,刊於《中國書法》2016年第10期("西周金文書法特輯文叢"),並提交同年"中國古文字研究會第21屆年會"(2016年10月21~23日,北京)宣讀。後改題爲《西周金文形態特徵研究三論》,提交"商周青銅器與先秦史研究青年論壇"(2016年11月18~21日,重慶)宣讀,修訂後收入會議論文集:鄒芙都主編《商周青銅器與先秦史研究論叢》,科學出版社2017年6月。今據後者收入,略有增訂。

商周文字形義系統對比研究淺探

殷商文字形義系統與西周文字形義系統是有差別的。每一個文字形義系統的研究難度都很大,殷商的尤其大,其中原因:一、待識字數量很大;二、已識字中形音義都已確鑿的數量有限;三、文字構件的功能、構件之間的關係與區别仍有很多難以説清楚;四、形聲字和非形聲字的界限、形聲字的確認方法、形聲字聲符的認定仍是一個難題;①五、甲骨文、金文字形整理的方法不能滿足實際研究的需要,唐蘭先生在上世紀30年代提出的、和文字發生的理論一貫的自然分類法,至今仍是一個有待繼續探索的課題。②

一

關於商周文字形義系統研究,學界有不少重要的論述,今擇其與本文關係較大者略述之。

(一)唐蘭:商周兩個時代的文字,有好些地方是截然不同的;③周

---

① 比如"信"字,唐蘭先生起初判定爲"从人言聲",參《古文字學導論》(增訂本,1935年初版),齊魯書社1981年,第263、269頁。後認爲"只能是從言人聲的一個形聲字",參《中國文字學》(1949年初版),上海古籍出版社2001年,第63頁。
② 參《古文字學導論》(增訂本)第275~287頁"古文字的分類——自然分類法和古文字字彙的編輯"。
③ 陳夢家先生曾説:"大體上説,殷的文字和語法與西周文字是相承襲的,屬於一個系統。但文字系統或語法系統可以是一個,殷文字的特殊的差異性還是存在的,不過不太顯著而已。"並以詞彙和合文爲例説明這種差異性。參《殷虚卜辭綜述》,中華書局1988年,第80頁。

時人對商時文字已多誤認;周時認識古文字的學者,正不亞於漢代的經生。

唐蘭先生在論述中國文字的起源也即文字的發生時代時曾說:

> 夏初起已有了歷史的記載(按:此語下雙行小注列舉七個理由)。這種記載,當然是文字十分完備後才產生的。
>
> 在這種記載裏,可以追述前數百年的傳說,所以夏以前的兩昊諸帝的歷史或神話,正像《舊約》裏的古史一樣,決不是完全子虛的。據《左傳》說,太昊氏的官名用龍,少昊用鳥,黄帝用雲,炎帝用火,共工用水。而少昊的官有爽鳩氏,所居的都邑,就是後來的齊,可以證明這種傳說是有根據的。那末,這種官名的本身,恐怕都是些圖形文字。爽鳩氏只畫一個爽鳩,玄鳥氏只畫一個玄鳥。現在的名字,是後人用近代文字來轉譯的。
>
> 如果我的假定不錯,那末,夏初的文字,和商周決不相同,因爲那是純用象形象意文字的時期。以古代文字變化的劇烈,周時人對商時文字已多誤認,何況夏初。楚史倚相能讀《三墳》《五典》《八索》《九丘》之書,可知別人不能讀。但就《虞夏書》多訛誤一層看來,周時認識古文字的學者,正不亞於漢代的經生。《山海經》裏有好些地名,和周以後的古書歧異,恐怕也由於傳譯的關係。(《古文字學導論》上編第80~82頁,1936年改訂本没有了後一段話)
>
> …… ……
>
> 演變是由時代不同而變化,雖說在周初還保存一部分圖形文字,商時甲骨 䝿 和 䍃、䍃 和 䍃 同被應用,但圖形文字終於消滅了, 䝿 和 䍃 也終於遺忘了,兩個時代的文字,有好些地方是截然不同的。(《古文字學導論》下編第231頁)①

以上論述有三點值得注意:1. 商周兩個時代的文字系統是有差別的;2. 在文獻被傳抄的歷史過程中,前代文獻被後代人用當時的文字進行過翻譯;3. 後代人對於前代文字會發生誤認現象。

---

① 齊魯書社版《古文字學導論》有兩部分内容:一是1935年手寫石印的講義本,分上編、下編兩册;二是1936年秋的改訂本,只有上册,與講義本上編相當。本文引用時分別爲三部分,即上編、下編和改訂本。

对於文字或偏旁的誤認,可以唐書中的例子爲證。如甲骨文中"上甲"稱爲⊞,唐先生云其"原和𝄆(報乙)、𝄇(報丙)、𝄈(報丁)同,囗、匸均即方字,方——即祊——即報祭,是⊞當讀爲'報甲',然援形聲之例,可僅讀甲聲,後人就沿用下來,金文兮甲盤的⊕字、小篆的甲字(後訛爲中)都是,人們早已忘却它是上甲的專名了"。① 這種誤認可能受到漢字一般一字記録一個音節的特點以及形聲造字法的雙重影響。又如古文字中,廿、凵容易殽亂,廿象人口,問、启、名、鳴等字从之;凵象凵盧,在古文字多作廿,和人口無别,古、魯、㬪等字从之,②《説文》把古當作从人口的口,魯字變作魯从白(自之省),㬪字變作㬪从曰(曰从口),都錯了。③這是由於文字演變中偏旁形近而混造成的誤認。《左傳》"止戈爲武"的説法也是後世之人對文字偏旁構意功能的誤認,儘管有時這種誤認受到某

---

① 參《古文字學導論》上編,第 121 頁,另參《中國文字學》,第 84 頁。唐蘭先生對"甲"的意見,認識前後不一,在《中國文字學》"文字的演化"一章"趨簡・好繁・尚同・别異"一節中説:"小篆比大篆簡易,可也有反而繁複的,如'甲'字本祇作'十',現在改作'甲',連'早''戎'等字都從了'甲'了。""許多簡化、繁化的字,是受了同化作用的關係……'十'字變成了'甲','戎''早''卓'等字都跟着改。"(第114、115頁)在本章"淆混・錯誤・改易・是正・淘汰・選擇"一節中説:"錯誤是無心的,改易是有意去改的,'甲'字的由'十'形變作'中',以致'早''草''戎''卓'等字都跟着改易。"(第123頁)

⊞字,陳夢家亦認爲是合文,"是甲和囗的合文",這種合文本是兩個字的專名,後變成一個字的專名或變成普通義的字(參《中國文字學》,中華書局 2006 年,第 53、54頁)。方框象盛主之匣,所以此字應釋爲"主甲"、"匣甲"或"匣"(參《殷虚卜辭綜述》,第 406 頁)。

新出獄簋作器對象"文考甲公",蓋銘作"⊞公",器銘作"㗬公",而獄所作其他器均寫作前者。參吳鎮烽《商周青銅器銘文暨圖像集成》5275 獄簋(一式),另參 5315～5318 獄簋(二式)及 5676 獄盨,上海古籍出版社 2012 年。甲骨文中的⊞字,作爲上甲專字,也可能只讀"甲",並非合文。後世當作普通的"甲",已與上甲無關。

② 唐氏云:"凡從凵從甘的字,大都從凵盧形的口變來,《説文》從人口誤。"(《古文字學導論》,第 245 頁)

③ 參《古文字學導論》下編,第 245 頁。唐氏所列舉的"喜"或認爲是用壴(鼓)和口來表示喜悦的心情,"合"會上蓋下器相合之意,㬪即《説文・曰部》訓"告"的㬪,从口从册、册亦聲。參黃天樹《殷墟甲骨文形聲字所佔比重的再統計——兼論甲骨文"無聲符字"與"有聲符字"的權重》,李宗焜主編《出土材料與新視野——第四屆國際漢學會議論文集》,臺北:"中研院",2013 年,第 59、60、112 頁。另《古文字學導論》上編第 116 頁講象意字聲化規律時,例舉了魯、㬪,云:"魯(即魯字)、㬪(即㬪字)等字裏的廿形,指明在器裏。"

種時代思潮的影響,可能有某種功利性的目的。①

(二)裘錫圭:在講漢字形體演變的時候,應該充分注意甲骨文作爲一種俗體的特點;在文字形體演變的過程裏,俗體所起的作用十分重要。

商代的甲骨文和金文在字體上有不同的特點,裘先生説:

> 我們可以把甲骨文看作當時的一種比較特殊的俗體字,而金文大體上可以看作當時的正體字。所謂正體就是在比較鄭重的場合使用的正規字體,所謂俗體就是日常使用的比較簡便的字體。商代人有時也在獸骨上刻記跟占卜無關的有紀念意義的事件,這種刻辭的作風就往往跟一般的甲骨文不同,而跟銅器銘文相似,如著名的宰丰骨。
>
> 在講漢字形體演變的時候,應該充分注意甲骨文作爲一種俗體的特點。例如在甲骨文裏很早就出現了寫作▨的"日"字,而在時代較晚的商代金文以至周代金文裏,"日"字却仍然寫作比較象形的⊙、⊖等形。如果機械地按照時代先後編排字形演變表,就會得出"日"字由▨演變爲⊙這種不合事實的順序來。
> ……………
> 歷來的統治階級都輕視俗體字。其實,在文字形體演變的過程裏,俗體所起的作用十分重要。有時候,一種新的正體就是由前一階段的俗體發展而成的(如隸書)。比較常見的情況,是俗體的某些寫法後來爲正體所吸收,或者明顯地促進了正體的演變。
> ……………
> 在商代後期文字裏,正體的演變顯然是受到甲骨文一類俗體的

---

① 唐蘭先生説:"古文字只有象意,没有會意。象意字是從圖畫裏可以看出它的意義的。'武'字從戈從止,止是足形,我們決不能把它當做停止的意思,因爲停止的意義,在圖畫裏是没有的。'武'字在古文字裏本是表示有人荷戈行走,從戈形的圖畫,可以生出'威武'的意義,從足形的圖畫裏,又可以看出'步武'的意義,可是總不會有'止戈'的意義。""象意字往往就是一幅小畫……但是,文字跟圖畫究竟有時不同,所以有些畫法是極簡單的,畫一個眼睛就可以代表有人在瞧(如相字),畫一張嘴就可以代表有人在説話(如問字),畫一個脚印就可以代表有人在走路(如武字),傳的久遠一些,寫的更簡單一些,人們把原來的意義也忘了,就有'止戈爲武'一類的新説出來,時代愈久,新説愈多,又有許多新字是依據這種新説的原則推演出來的,本來用圖畫表達的象意字,現在變做用兩個或更多的文字來拼合,這種變體象意字,便是前人所謂'比類合誼'的會意字了。"(參《中國文字學》,第62、81頁)

強烈影響的。

西周春秋時代一般金文的字體,大概可以代表當時的正體。一部分寫得比較草率的金文,則反映了俗體的一些情況。①

裘先生在討論戰國文字時,是按照六國文字和秦系文字兩系來討論的,秦系文字包括春秋和戰國時代的秦國文字以及秦代的小篆,六國文字的實際範圍是把戰國時代東方各國的文字全都包括在內的。春秋戰國之交,文字開始擴散到民間,進入戰國以後,文字的應用越來越廣,使用文字的人越來越多,文字形體發生了前所未有的劇烈變化,這主要表現在俗體字的迅速發展上。秦國地處西僻,繼承了西周王朝所使用的文字的傳統,文字的劇烈變化開始得比較晚,大約從戰國中期開始,俗體纔迅速發展起來。秦國的俗體比較側重於用方折、平直的筆法改造正體,其字形一般跟正體有明顯的聯繫。戰國時代秦國文字的正體後來演變爲小篆,俗體則發展成爲隸書,俗體雖然不是對正體没有影響,但是始終没有打亂正體的系統。而且在戰國時代的秦國文字裏,繼承舊傳統的正體仍然保持着重要的地位。戰國時代東方各國通行的文字,跟西周晚期和春秋時代的傳統的正體相比,幾乎已經面目全非。而且由於俗體使用得非常廣泛,傳統的正體幾乎已經被衝擊得"潰不成軍"了。在能看到的六國文字資料裏,幾乎找不到一種没有受到俗體的明顯影響的資料。在戰國晚期,至少在某些國家裏,俗體字已經在很大程度上取代了傳統的正體字。

裘先生在研究漢字形體演變時,把每一個時代通行的文字區分爲正

---

① 裘錫圭《文字學概要》(修訂本),商務印書館 2013 年 7 月修訂版,第 48、49、53、58、63~64 頁。另參《殷周古文字中的正體和俗體》,《裘錫圭學術文集》第三卷,復旦大學出版社 2012 年。該文 1987 年 1 月在日本某學術討論會上發表,主要内容、觀點基本上與《文字學概要》第四章《形體的演變(上):古文字階段的漢字》相重合,應該是《概要》出版前,對該主題内容的集中與提煉,其對推動古文字中俗體文字的研究具有指導意義。裘先生在該文中説:"要從根本上瞭解殷周時代古文字形體的演變,必須研究殷周時代古文字裏的正體和俗體的關係","如果我們不好好把握正體、俗體關係的綫索,就難以闡明殷周古文字演變的過程"(第 395、410 頁)。並同時指出:"戰國時代俗體的情況相當複雜,一般以爲是六國文字特有的字形,不一定都是戰國時代或春秋戰國之交開始出現的寫法。某些字形其實是在較早的時代就已出現的俗體。有些字形早就在俗體裏有,但其影響力不大。到了戰國時代,在東方的某些地區流行了起來。""我們不能認爲戰國時代所見俗體都是戰國時代才出現的,其相當部分是比較早期的寫法,到了戰國時代才流行起來。"(第 405、406 頁)這個意見是針對戰國時代的文字的,但對研究西周金文的字體也有建設意義,值得注意。

體和俗體來觀察,而且特別注意文字演變中俗體對正體所起的影響和作用。裘先生關於正體和俗體的意見,提示我們,在研究商周文字形義系統時,既要注意因時代而造成的不同,也要注意因用途不同而產生的俗體對正體文字系統所造成的影響。

二

我們現在看到的商代文字資料,甲骨文是大宗,其次是商金文,由於載體的特殊性,商金文的局限性更大。兩周時期的文字材料主要是金文,且多長篇巨制,記事性高於商金文,具有多方面的史料價值。商周文字形義系統是有差別的,這種差別一方面是歷時的、由於文字發展階段不同而造成的,另一方面是因使用場合和文字載體的不同而造成的正體、俗體上的差別。現在的文字形體演變研究存在如下一些不足:

(一)現在的字形演變譜系表圖無法全面反映商周文字形義關係(或字詞關係)的不同之處,另外受到客觀和主觀兩方面的局限,在文字說明中又不能補足這方面的缺陷。殷商甲骨文形義關係的複雜程度大大高於周金文。不同時期、不同類組的卜辭在文字形體和用字習慣上存在着明顯的差異,這種現象學界稱之爲"類組差異"。周金文在繼承商文字系統時有一個揚棄的過程。比如甲骨文中"帝"有 、 、 、 、 等寫法,而且 和 在用法上不完全相同,賓組中區分嚴格,前者表示動詞禘祭之禘,後者表示名詞至上神、宗族神的帝。① 周族金文一般寫作 ,作 者多見於商金文和商遺民作器。周金中表示禘祭之祭則寫作"啻",如《集成》②4165 大簋之 。

(二)文字演變譜系表圖一般注重梳理與今天楷書字形有脈絡關係

---

① 參王子楊《甲骨文字形類組差異現象研究》,中西書局 2013 年,第 152～153 頁。【編按】朱鳳瀚先生指出,殷商卜辭中的"帝"是至上神、宗族神的説法是不妥的,卜辭中的"上帝"雖是一種權能很高的天神,但"上帝對於商人來説,既非嚴格意義上的至上神,亦非保護神"。參朱鳳瀚《商周時期的天神崇拜》,《中國社會科學》1993 年第 4 期。朱先生的學生郭晨暉 2017 年做了《論商周時期的"帝"與"天"》的博士論文,對商到戰國時期的"天""帝"觀念的歷史演變作了更深入的探討。

② 中國社會科學院考古研究所《殷周金文集成》,中華書局 1984—1994 年。

的主綫,而對文字演變過程中出現的多種探索路徑的支綫缺乏細緻的反映。

（三）未能充分注意甲骨文和金文之間俗體與正體的差別,二者會在文字形體演變中表現出諸多差異。

今試以最新出版的《字源》①爲例,觀察現在的文字演變脉絡研究中存在的不足。

《説文》曰:"天,顛也。"早期的象形寫法突出圓形的頭部。甲骨文乃鍥刻,不便作圓形,便刻成方形如"口",又或把方形改爲一橫,復於一橫上加一短橫,在殷商甲骨文中"天"的字形演變已經完成了。周代金文的演變過程以及演變路徑與甲骨文相同,但"大"上從一橫的寫法西周中期開始出現,從兩橫的寫法則遲至春秋才發生。我們主張把殷商甲骨文和商、周金文分成兩條綫,周金沿襲商金的正體道路,雖然這條路發生了跟甲骨文相同的演化現象,但不必把西周中期出現的大上一橫、春秋時期出現的大上兩橫的寫法跟甲骨文中相同的寫法相牽連。金文正體一條綫,甲骨文俗體一條綫,正體演變中又出現俗體,則另立支綫(圖一、三、五是我們重新做的"天"、"王"、"皇"三字的字形演變圖)。我們的圖有主綫,有支綫,儘可能較完整地呈現出各個歷史階段的主要寫法,並儘量指出支綫與主綫、支綫與支綫之間可能存在的關係,能够指實的關係用實綫繫連,可能存在的關係則連以虛綫。②

從字形演變圖看,"天"字從春秋晚期開始出現多種演變路徑,主要表現在筆勢上的差異,有一路是添加飾畫。"王"字出現多種演變路徑的時間與"天"相同,但演變特點有異,《説文》古文一路的演變當是爲了與形近的"玉"相區别,頂部橫畫上加一短橫的現象同於"天",但東周金文中未見鳥形裝飾的"天"字。"皇"字的演變歧異出現在西周和戰國兩個時期,西周時期注意點放在下部構件,戰國時期則把注意力放在了上部構件的改造。

---

① 李學勤主編《字源》,天津古籍出版社 2012 年。
② 比如甲骨文的"𠬝"[弃,劉釗《新甲骨文編》(修訂本),福建人民出版社 2014 年,第 253 頁]與戰國時的𠬝之間應連以虛綫,因爲戰國跟商年代差距很大,中間有字形缺環,但如裘錫圭先生所説,中山王器中的"弃"也有可能是由商代一直傳下來的(參《殷周古文字中的正體和俗體》,第 406 頁)。

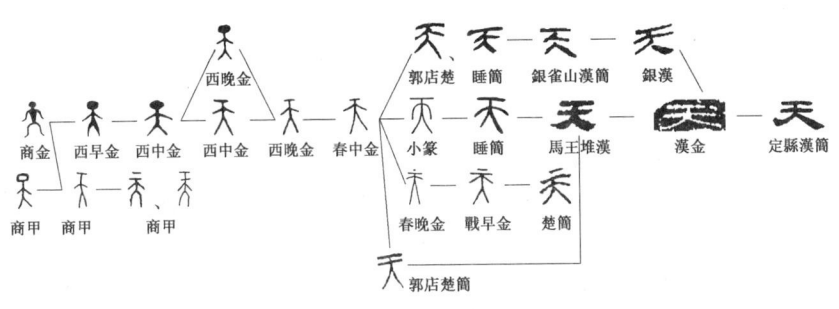

商周文字形義系統對比研究淺探　181

圖一　"天"字演變脉絡圖

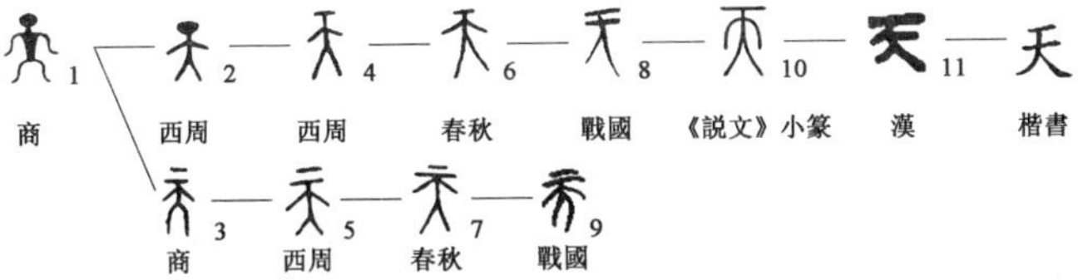

圖二　《字源》"天"字形演變圖①

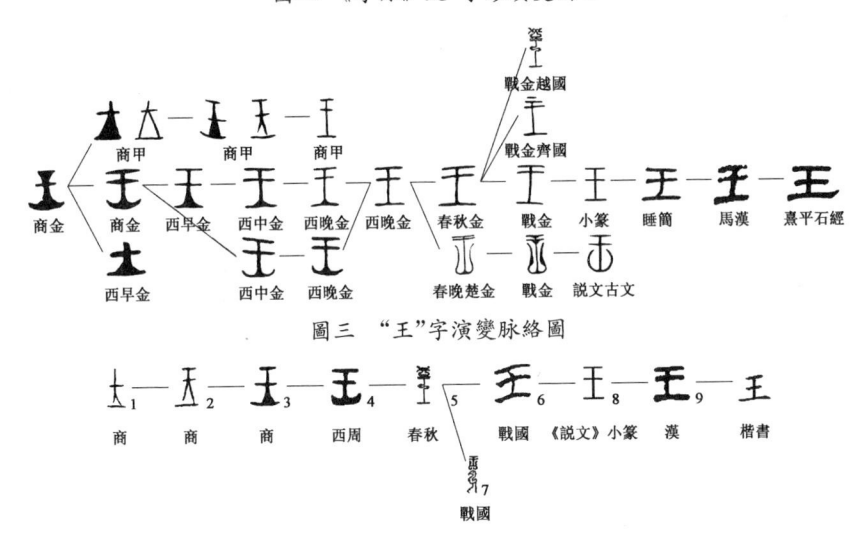

1、2、4、5《金文編》3頁；3《甲文編》2頁；6、7《類編》28頁；8、9《戰文編》2頁；10《説文》7頁；11《篆隸表》2頁。

圖三　"王"字演變脉絡圖

圖四　《字源》"王"字形演變圖②

1、2、3《甲文編》15頁；4、5、7《金文編》18、20頁；6《戰文編》14頁；8《説文》9頁；9《篆隸表》15頁。

---

① 第五形時代標注有誤，當爲春秋時期。第八、十一二形列進主綫也是不妥的。
② 該圖把正體和俗體混列，未能反映出"王"在甲骨文中的演變實際情况，把鳥蟲書列入主綫也是不妥的。

図五 "皇"字演變脈絡圖

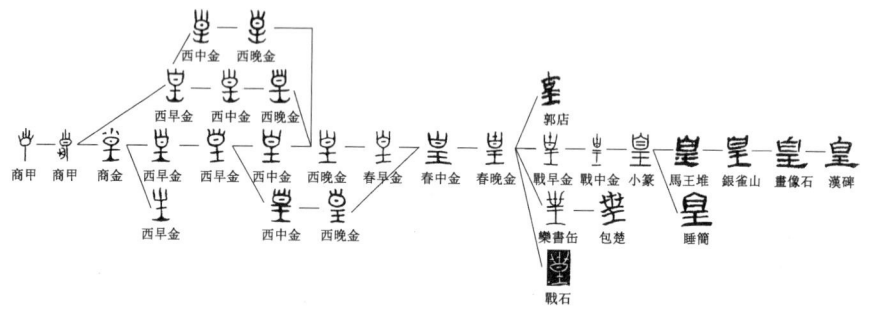

圖六 《字源》"皇"字形演變圖

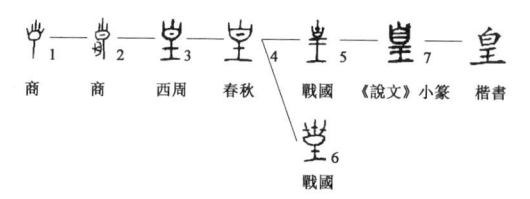

1、2《甲文編》906頁；3、4、5《金文編》21～23頁；
6《戰文編》15頁；7《説文》10頁；8《篆隸表》15頁。

三

在研究周金文形義系統時，要注意把遊離於此系統之外的、屬於商文字系統的因素排除開。也就是説，對於周金文形義系統的研究，要多角度、分層次（包括時代層次、地域層次、族屬層次等），不可籠統地置於同一平面上進行討論。

甲骨文"歲"作 ⿰、⿰、⿰、⿰（《新甲骨文編》修訂本，第88頁），周金作⿰及其變體，作⿰者僅見於武王時期的利簋（《金文編》，第87頁）。⿰是"虢"之本字，甲骨文中習見，周金僅見於明公尊（《集成》4029，西周早期），使用其假借義。這些寫法都是遊離於周金形義系統之外的。辛伯鼎（即《集成》2712乃子克鼎，西周早期）之⿰，①這個構形屬於商文字系

---

① 《金文編》212頁釋爲"效"，誤，其與第373頁"奴"爲一字。劉釗主編《新甲骨文編》（修訂本）釋爲"疌"，第77頁。

統，《金文編》所收楷叔奴父鬲（《集成》542，西周早期）之 [字] 才是進入周金構形系統的寫法。周代"矢"字典型寫法作 [字]、[字]（《金文編》，第 369 頁）。商代"矢"字寫作 [字]、[字]，①黃組中出現 [字] 的寫法，"侯"寫作 [字]（《新甲骨文編》修訂本，第 332、334 頁）。

商周文字形義有別，"吉"字也是一個很好的例子。甲骨文作 [字] 及其變體 [字] 等形，上爲圭形或戈頭之象。② 周金作 [字] 及其變體 [字]、[字]，上爲斧鉞之形。

金文中有一個字，作 [字]，見於伯䈠鼎（《集成》2185，西周中期前段）。[字]，見於農卣（《集成》5424，西周中期前段），用於人名"伯䈠"，可能與伯䈠鼎之伯䈠是同一人。③ 按照周金文的構形系統，這個字是从"矢"的。甲骨文有 [字]、[字]、[字]，見於黃組，《新甲骨文編》釋爲"觜"。④ 李宗焜《甲骨文字編》釋同，但把第一形摹作 [字]。周金中的字有兩種可能：一種可能是跟甲骨文中的字不是同一字，一从黃，一从矢；另一種可能是二者是同一字。從甲骨文的相關異體材料看，我們傾向於後者。如果持這種看法，這個字的寫法與周金的構形系統不合，它仍然保留着甲骨文時期的構形，這就如同後世楷書文字系統中的"隸古定"字形。⑤ 也就是說，西周金文中有可能存在西周金文構形系統之外的、承襲自殷商甲骨文的古字形。

---

① 李宗焜《甲骨文字編》（中華書局 2012 年）把此二形分立兩個字號 3163、3165，均隸爲"矢"，其凡例十云："有些隸定相同的字，因代表不同的詞，所以編爲不同的字號。"

② 【編按】朱鳳瀚先生近年對甲骨文"吉"字上部所从構件及其異寫變體有很好的分析，認爲均是"圭"字，不宜認作是戈頭。參《新見商金文考釋（二篇）》，《出土文獻與古文字研究（第六輯）·復旦大學出土文獻與古文字研究中心成立十周年紀念文集》，上海古籍出版社 2015 年 2 月。朱文第 138 頁注①引用孫慶偉《周代用玉制度》一書的相關說法，好像又認同圭與戈（玉戈頭）之間形制上的淵源關係。

③ 《金文編》分列二處，前者見第 75 頁 159 號，後者收入附錄下第 1173 頁第 35 號。

④ 劉釗主編《新甲骨文編》（修訂本），第 298 頁。另參裘錫圭《說卜辭的焚巫尪與作土龍》，《甲骨文與殷商史》，上海古籍出版社 1983 年；收入氏著《裘錫圭學術文集》第一卷，第 197 頁。

⑤ 魏晉南北朝碑刻隸古定字主要有筆畫描寫性和構件對應性兩種隸定方式。前者指用隸、楷書筆形盡可能地描畫出古文字的形體風格，如 [字]；後者是指將古文字的構件或構件組合轉寫成對應的隸、楷書構件，並保持字形結構基本不變，如 [字]、[字]。參何山《魏晉南北朝碑刻文字隸古定構件研究》，《繼承與創新——慶祝西南大學漢語言文獻研究所建立三十周年論文集》，西南師範大學出版社 2014 年。

但也可能,周人在自己的文字系統裏把此字認作从矢的,是由於文字系統的歷時演變而導致的偏旁誤認。

"效"字情況與⿰相類。《金文編》212頁"效"寫作⿰、⿰、⿰等形。甲骨文有⿰、⿰、⿰,《新甲骨文編》第一版釋爲"效",①第二版釋爲"歚"。② 相應地,第一版的"交"字頭(578頁)在第二版中取消,併入"黄"字(770頁)。③

西周金文有如下字形:

交矛(《集成》11423,商代晚期)的⿰。

交鼎(《集成》2459,西周早期)中作器主名的⿰。

交卣(《集成》5321,西周早期)中的作器者名⿰,族名爲"史"。

琱我父簋(《集成》4048～4050,西周晚期)中的作器對象⿰、⿰(4048蓋、器),⿰、⿰(4049蓋、器),⿰、⿰(4050蓋、器)。琱我父,字我父,琱氏,據有關材料,琱氏屬妘姓。

函交仲簋(《集成》4497,西周晚期)⿰,器主爲函氏,據函皇父諸器,該氏曾與妘姓通婚。

交車戈(《集成》10956,西周晚期)的⿰。

⿰公戈(《集成》11280,春秋早期,圖十)⿰,文例爲:"⿰公之元戈,壽之用交。"

除交鼎族屬無法確定外,其他基本都是商代器或非姬姓族器。除最後兩例外,其他字跟甲骨文中的"黄"是不是也有聯繫呢?

西周晚期的交君子㝬簋(《集成》4565)中的⿰(蓋)、⿰(器)(圖七),④近年或改釋爲"黄"。周金中公認的"黄"字:

子黄尊(《集成》6000,商代晚期)⿰,商人。

---

① 劉釗、洪颺、張新俊《新甲骨文編》,福建人民出版社2009年,第191頁。
② 劉釗主編《新甲骨文編》(修訂本),第200頁。
③ 裘錫圭先生在《説卜辭的焚巫尪與作土龍》一文中説:"甲骨文裏過去被人認爲'交'的字,可能多數是'黄'字。"《裘錫圭學術文集》第一卷,第197頁。
④ 另有鼎(《集成》2572,圖八)、壺(《集成》9662,圖九)。

黄簋(《集成》3663,西周早期)㦰,爲"父癸"作器,族名㠯。

黄子魯天尊(《集成》5970,西周中期前段)㦰,爲"父己"作器,商族。

士上盉(《集成》9454,西周早期)中的"史㦰",舊釋"寅",《新金文編》釋"黄"可從。商族器。

大祝追鼎(《通鑒》2396,西周晚期)"黄耇"字作㦰。銘云"伯大祝追作豐叔姬將彝",該鼎是伯大祝追爲其妻豐叔姬而作,則伯大祝追屬於非姬姓貴族。①

師俞簋蓋(《集成》4277 西周中期)"朱黄"字作㦰,"黄耇"字作㦰。

圖七　交君子戟簋蓋、器銘 　　　圖八　交君子戟鼎

圖九　交君子戟壺 　　　圖十　應公戈

---

① 參陳英傑《西周金文作器用途銘辭研究》,綫裝書局2008年,第13頁。

以上數器外，均作繁體的 ▨ 及其變體。① 而且，除師俞簋外，其他均是商族或非姬姓族作器。甲骨文中這種寫法的"黃"參見李宗焜《甲骨文字編》下册 972～973 頁。該書收有一例繁寫的 ▨，見於小屯南地甲骨，屬無名黃間組。"▨"類寫法是承襲商代文字的，而且僅局限於很小的範圍内。

甲骨文中"黃"寫作 ▨，見於第一、二期卜辭，多屬於歷組，且並不常見。如果金文中 ▨ 類字形是"黃"的話，這種寫法是非周系統的。而且，在繁體的"黃"成爲規範而通行的寫法後，▨ 如果是"黃"的異體的話，它能否被整個社會正常認讀，是很可值得懷疑的。交君子器銘具有山東地區的特徵，或以爲即《左傳》哀公二年中的"絞"。②

如果把以前一般釋爲"交"的字改釋爲"黃"，商周文字中的"交"就得重新認定。《説文》："交，交脛也。"按照這個解釋，交鼎(《集成》1481，商代晚期)的 ▨、交开觚(《集成》6924，商代晚期)的 ▨、交父辛觶(《通鑒》10453，西周早期，洛陽出土)的 ▨、▨ 作祖己觚(《集成》7289，西周早期，洛陽出土)的 ▨、交戈(《通鑒》16044，商代晚期)的 ▨、交戈(《集成》10637，商代晚期) ▨，釋爲"交"還是可從的，其均爲人名或族名。字形上可以區分出上半身胸腹和下半身交脛兩部分，而 ▨ 類字形着重在突胸凸肚的特徵，身子粗短。③

以上字例説明，周文字形義系統是非常複雜的，必須進行多角度、分層次的考察、研究。

2016 年 11 月 16 日
2017 年 1 月 25 日修訂

---

① 參董蓮池《新金文編》，作家出版社 2011 年，第 1898～1907 頁。黃簋字形未收。
② 參張世超、孫凌安、金國泰、馬如森《金文形義通解》，(日本) 中文出版社 1996 年，第 2481 頁引陳槃説。
③ 參《裘錫圭學術文集》第一卷，第 197 頁。

附記：本文部分内容曾在研究生課堂上講過,研究生吴思雯同學協助蒐集相關材料,韓宇嬌博士亦提供有價值的意見,在此一併致以謝忱。

此文原提交"紀念中山大學古文字學研究室成立六十周年學術研討會",2016年12月2~4日,廣州。刊於《華學》第12輯(饒宗頤教授百歲華誕慶賀專號),中山大學出版社2017年8月。

談談古文字資料中的異體字研究

目次

一、異體字是文字構形系統研究中的核心問題

二、異體字研究中異寫字和異構字應該分開

三、以動態視角研究文字構形系統，對各種異寫字形要盡最大可能作"別異"的工作

四、異體寫法的分析要在對其所在文字系統的構形特點充分把握的前提下進行

五、異體字的層級研究

六、核心形體和異體率

七、字形研究要與辭例分析、使用頻率統計相結合

八、進一步需要研究的問題：異體字的個案研究和斷代研究

我比較有意識地思考古文字資料中的異體字問題，並形成初步看法，始於 2008 年。先此則是從字際關係的角度研究了一些個案，如楚簡中的"治、始、詞、司"等字，[1]金文中的"尊、奠"、"召、𥃝"等。[2] 已發表的相關成果有：《異體字論稿》[3]、《金文字際關係辨正五則》[4]、《金文字際關係續

---

[1] 陳英傑《楚簡劄記五種》，《漢字研究》第一輯，學苑出版社 2005 年 6 月。

[2] 陳英傑《金文釋詞二則》，《中國文字研究》第 5 輯，廣西教育出版社 2004 年 11 月；《談金文中𥃝、召、邵、郘等字的意義》，《中國文字研究》第 9 輯，大象出版社 2007 年 12 月。

[3] 寫於 2008 年，收入拙著《文字與文獻研究叢稿》，社會科學文獻出版社 2011 年 6 月。

[4] 陳英傑《金文字際關係辨正五則》，《語言科學》2010 年第 5 期。

辨(二則)》①、《戰國金文補證三則》②、《談金文中一種長期被誤釋的象形"甗"字——兼論"鬲""甗"的形體結構》③、《鄭井叔鐘之"鬻鐘"正義——兼說大克鼎之"史小臣鬻鼓鐘"》④、《史、吏、事、使分化時代層次考》⑤、《"箸於竹帛謂之書"釋義——兼談〈說文〉中書、箸二字的意義》⑥。《談金文中一種長期被誤釋的象形"甗"字——兼論"鬲"、"甗"的形體結構》算是異體字本體研究的試水作。由於材料數量浩繁，更由於異體字問題本身的複雜性，我一直在進行點的探索。2015 年撰寫了《商周金文異體字研究：以"旅"字爲例》⑦、《侯馬盟書異體字研究淺論》⑧二文，在研究方法和研究結論上取得一些初步的思考。今稍作梳理，向學界請教。

一、異體字是文字構形系統研究中的核心問題

一般所說的異體字多是廣義的異體字，本文取狹義的概念。異體字

---

① 陳英傑《金文字際關係續辨(二則)》，《古文字研究》第二十八輯，中華書局 2010 年 10 月。
② 陳英傑《戰國金文補證三則》，《古文字研究》第二十九輯，中華書局 2012 年 10 月。
③ 陳英傑《談金文中一種長期被誤釋的象形"甗"字——兼論"鬲"、"甗"的形體結構》，《簡帛》第七輯，上海古籍出版社 2012 年 10 月。
④ 陳英傑《鄭井叔鐘之"鬻鐘"正義——兼說大克鼎之"史小臣鬻鼓鐘"》，《中國文字研究》第 17 輯，上海人民出版社 2013 年 3 月。
⑤ 陳英傑《史、吏、事、使分化時代層次考》，《中國文字》新四十期，(臺灣)藝文印書館，2014 年 7 月。全文近 10 萬字，其中的部分内容曾先期發表於其他刊物。參陳英傑《古文字字編、字典、引得中史、事、使、吏等字目設置評議》，《簡帛》第八輯，上海古籍出版社 2013 年 10 月；陳英傑《中山國文字 、 舊釋釐正——兼論秦文字之"使"、楚文字之"傳"》，《漢字與漢文教育》(韓國)第三十四輯，2014 年 5 月。
⑥ 陳英傑《"箸於竹帛謂之書"釋義——兼談〈說文〉中書、箸二字的意義》，《中正漢學研究》2014 年第 2 期。該文提出"區域異體字"的概念，即戰國時期在不同區域的漢字系統中，記錄同一個詞而使用了不同的字形，且字形與其各自記錄的詞義相關聯的文字現象。這種現象就是裘錫圭先生所說的"地方性變體"，即記錄同一個詞的字在不同的國家裏有不一樣的寫法。參《文字學概要》(修訂本)，第 62～63 頁。
⑦ 此文尚未最後完成，初稿提交"中國文字學會第八屆學術年會"，2015 年 8 月 21～24 日，北京；增訂二稿提交"出土文獻與先秦經史國際學術研討會"，2015 年 10 月 16～17 日，香港。【編按】此文完稿已收入本書。
⑧ 陳英傑《侯馬盟書異體字研究淺論》，"侯馬盟書發現五十周年學術研討會"論文，2015 年 10 月 24～25 日，侯馬。

是漢字作爲表意文字的必然現象和本質特徵,是文字構形系統研究中的核心問題。① 漢字字形取意角度具有多向性,因此導致意符構件選擇的多樣性;表音的約略性、歷時的音變和方音的不同,導致聲符有多種選擇可能;構件的組合方式以及形義聯繫方式也都有多樣選擇。這是漢字異體字非常發達的文字内因。② 記録一個詞的多種異體字形的存在,動態地顯示了古人在字形與詞義的結合道路上所作的各種努力和探索,他們要在文字的記詞符號和書寫符號兩種本質屬性上找到一個最恰當的結合點。在不同的歷史階段,人們對漢字記詞或書寫功能的要求是不一樣的,不同的時代要求,對漢字改造的方式也就不一樣。因此,漢字的構形系統在不同的時代就會呈現出不一樣的體貌。異體字可以爲我們探討文字的形音義提供多角度的綫索,是展示不同時代漢字構形系統體貌的一個很好的載體。

古文字資料中的異體字研究,現在仍是一個比較薄弱的研究領域,研究方法和研究觀念都有待作出新的突破。異體字反映着文字發展的動態過程,這個發展過程受到文字因素(與形音義有關)和非文字因素(每個時代的審美風尚,個人的知識、文化、藝術素養和審美視角)的雙重影響,非文字因素對漢字發展所造成的影響是需要充分認識並作出科學估計的。而且,在不同的歷史時期,起主導作用的因素也會有所不同。

二、異體字研究中異寫字和異構字應該分開

異體字的一個重要特點就是,數個文字形體的記詞職能相同,文字構形均與詞義有某種聯繫(形、義相關),只是形體寫法不同。這種不同其實

---

① 林澐説:"字形的發展是以産生變異爲前提,没有異體,也就没有全部漢字的發展史。"《古文字學簡論》,中華書局 2012 年 4 月,第 116 頁。林先生的"異體字"概念範圍與通常所説的有些差異,它既包括裘錫圭先生《文字學概要》中所説的狹義異體字,又與裘先生所説的分化字、古今字以及通用字有交叉,如林先生把記録"如"這個詞的"女"與"如"二字看作異體字(《古文字學簡論》,第 102 頁)。

② 參拙文《異體字論稿》。拼音文字也有異體字現象,據齊元濤先生相告,他看到一份材料,説"莎士比亞"有一百多種寫法。我在其他地方也看到一些材料,比如 13 世紀曾來到中國的西方傳教士柏朗嘉賓(12 世紀末—1252 年)Giovanni dal Piano dei Carpini,又稱 Giovanni dal Pian del Carpine,參卡薩齊、莎麗達《漢語流傳歐洲史》,學林出版社 2011 年 8 月,第 1 頁。

包含着兩個層面的内容：一種是書寫筆畫層面的差異，包括風格、大小、運筆、結體等，這種差異並没有改變字形的結構以及字形與詞義的聯繫方式；一種是形體結構的不同，這種不同包括構件的不同、構件組合方式的不同、形體與詞義聯繫方式的不同（如形聲之與會意的不同）。前者稱爲異寫字，後者稱爲異構字。把異寫字和異構字分開研究是非常有必要的。① 異構字形的區分很容易，問題在於異寫字形的處理。以往的研究是静態的，而古文字資料給我們展示的是文字的動態面貌，當我們以動態的視角對文字進行觀察時，就面臨着各種異寫寫法之間到底是認同還是別異的問題。

由於我們面對的古文字材料，不是一個封閉的文字系統，而是一個動態的、開放的"資料庫"，不能使用静態的封閉研究的方法。無論是爲了日常的交流，還是國家層面的政治統治，文字系統具有穩定性是必然的，穩定性的表現之一就是規範性。古文字的規範缺乏自覺性，更多地是受制於文字系統、文字性質、文字演變規律的自發制約。采用動態的開放的研究方法，就是把各種字形結體從辭例分佈和時代分佈兩個維度進行綜合考察，找出字形的時代特點或地域特徵。凡是能夠形成時代特點或地域特徵的綫條、點畫，就說明其已進入文字的構形系統，對文字構形系統産生了或大或小的影響。判斷綫條或點畫的異寫特徵是否進入文字系統的標準，主要看其使用頻率和使用範圍。② 這就需要對古文字中同一個字的不同結體進行時代和地域兩個維度的詳細考察和統計。比如，"帚"字的 🈳 和 🈳 兩種寫法就不能看作異寫字：一方面，這兩種字形都有較高的使用頻率；另一方面，加點的字形和 🈳 形存在字形演變上的母子關係，把

---

① 參王寧《漢字構形學講座》第十講《異寫字與異構字》，《中國教育報》1995年9月2日"語言文字"版；《漢字構形學講座》第十講《漢字構形的共時相關關係》，上海教育出版社2002年3月，第80～86頁；《漢字構形學導論》第八章《漢字構形的共時認同關係》，商務印書館2015年6月，第149～159頁。王先生所說的"異寫"與"異構"，就是林澐先生所說的"形體變異"和"結構變異"（名爲"異構"）。林先生說："如果從偏旁分析的角度來考察一個字所可能有的異體，每一個字除了所含偏旁的形體變異外，還可以有結構上的變異。所謂結構上的變異，包括所含偏旁數量、偏旁相對位置、偏旁種類的變化，也包括構字方式上的變化，這些現象，可統稱爲'異構'。"參《古文字研究簡論》，吉林大學出版社1986年9月，第98頁；《古文字學簡論》，中華書局2012年4月，第110頁。

② 使用頻率與使用範圍要分開觀察，如"鑄"字有一種寫法作 盥，戰國時期出現34次，居於最高頻率，但它僅見於楚系銘文。

⿱和⿱看作異寫字,會掩蓋古文字字形演化的一種重要現象。同樣,依據使用頻率,⿱形只能看作異寫字,是一種訛形,可能由於筆畫書寫不到位,也可能是鑄範的問題。鬲寫作⿱,在"鬲"字上部的起筆橫畫上面再加短橫,基本上見於春秋時期,是一種時代特色;寫作⿱,"鬲"字下部款足寫成"井"形,就現有材料看,多見於山東諸國的青銅器,是一種地域特色,且基本見於春秋時期。這兩種構形都應看作異體字。

因此,本文所說的異體字包括異構字和反映文字某種演變規律的異寫字,而不包括那些既沒有別詞作用也不體現文字演變規律或者是出於某種偶然原因形成的異寫形體。

三、以動態視角研究文字構形系統,對各種異寫字形要盡最大可能作"別異"的工作

裘錫圭先生根據狹義異體字之間在結構上或形體上的差別的性質,把它們分爲八類,其具體內容爲:1.加不加偏旁的不同;2.表意、形聲等結構性質上的不同;3.同爲表意字而偏旁不同;4.同爲形聲字而偏旁不同;5.偏旁相同但配置方式不同;6.省略字形一部分跟不省略的不同;7.某些比較特殊的簡體跟繁體的不同;8.寫法略有出入或因訛變而造成不同。[1] 王寧先生把漢字之間的構形關係分爲共時關係(同一歷史時期同時使用的漢字的形體關係)和歷時關係(不同歷史時期構形的傳承和演變關係)兩大類,共時關係區分爲異寫字和異構字兩種,歷時關係包括職能分合(包括異寫字和異構字的字用分工)、同源分化、不同字體之間的轉寫和形體傳承與變異等內容。[2] 兩位先生的研究目的和術語體系均不相同,如果非要作一個對應的話,裘先生所分的1～4類相當於王先生所說的異構字,第5類王先生歸入異寫字(偏旁配置方式不同但不影響構意),第6類王先生沒有論及,第7類中草書楷化的類型,屬王先生所說歷時關係中的不同字體轉寫,第8類內容既有王先生所說的共時關係,也有她所

---

[1] 裘錫圭《文字學概要》(修訂本),第198～201頁。
[2] 王寧《漢字構形學導論》,第142～189頁。

説的歷時關係。但有兩點是相同的：一、異體字(二位先生所用概念的具體内涵不同,此僅就其相同的一面而言)指的是形體不同而音義相同、記錄同一個詞的一組字；二、異體字之間有結構上的不同和寫法略有出入的不同。

王寧先生的漢字構形學體系是依托《説文》小篆系統建立起來的,而《説文》小篆系統有兩個特點：它是一個封閉的系統,同時又是經過規範的系統。① 該學説有兩個理論基點：漢字因義構形的表意特性和漢字構形系統的存在(漢字構形系統性的一個重要特點是漢字構形關係的有序性)。漢字構形的系統性是漢字構形學的最後落脚點,是王先生反覆强調的話題。② 鑒於古文字材料的客觀特點,古文字學界注重疑難字詞的考釋,每一個疑難字詞的正確考釋,其實都得益於考釋者"對漢字系統和演變規律的把握"。③ 但客觀現狀是,古文字考釋成果非常豐富,但古文字學的理論建構却相對滯後。這大概也是王先生非常强調漢字構形系統性的原因之一。漢字構形的系統性是大家都承認的,漢字"遵循約定俗成的規律自然發展",且"隨著社會種種因素的變化,(漢字體系)自發進行着内部元素與内部關係的建構"。④ 王先生漢字構形學的建構目的,是想在系統觀念指導下,通過一套術語和可操作方法,把漢字各個歷史時期的構形系統給呈現出來。由於有這樣一個"功利性"的目的,在具體的研究中,王先生對動態的、開放的古文字資料進行了人爲干預,干預的目的就是爲了證明漢字構形的系統性和有序性。無可否認,這種干預過濾掉了關於漢字和漢字系統演變的許多細節,而這些細節往往藴藏着重要信息。

---

① 王寧：《漢字構形學導論》第 16 頁："《説文》小篆作爲經過許慎整理優選封閉的系統,體現了小篆構形的系統性,給構形系統的描寫提供了有價值的經驗。但是,不同時代、不同字體、不同形制的漢字的構形是否都是成系統的,在理論上我們認爲是如此,但如何經過描寫使各類構形系統得以證明並顯示出來,還要經過實踐後,總結出合理而可行的方法。"
② 對這個話題强調的原因,可參《漢字構形學導論》第一章、第二章的有關論述。該書第十章章末云："漢字構形系統,應當是漢字構形學的最後落脚點。"(第 218 頁)
③ 引號中文字見王書第 19 頁。
④ 引號中文字,是套用王先生的話表達我們自己的意見(參王書第 200 頁)。後半句話在原文的主語是"字符群",而非"漢字體系"或"漢字構形系統"。她所説的"字符群"指的是各種文字材料中所用漢字的總群體,是系統性尚未得到驗證之前的用語。

古文字資料的動態性就在於其歷時性，每個歷史時段都有豐富的字形資料可供分析，古文字資料所展現的正是一個動態發展的畫面。古文字資料乃地下出土，具有不完整性，不是當時社會所使用漢字的全貌，隨着考古發掘或其他原因，會不斷發現新材料，這些新材料或補證已有的結論，或呈現出爲已有認識所不能解釋的新的漢字演變現象，這構成了古文字資料開放性的特點。漢字的共時性是相對的，没有絶對的共時，所以，所謂共時性只是考察材料的一種手段和方法，而非異體字的本質屬性。在具體研究中，劃定一個時間範圍，把這個時間範圍内的文字材料放在一個共時平面上進行研究，這被證明是可行的，也是必要的。但把甲骨文、西周金文等時間跨越數百年的材料放在一個共時層面上，又顯然是不合適的。由於研究目的和研究路徑的不同，王寧先生偏重於静態觀察一個較長時段範圍内漢字系統有序的一面，我們則是劃分多個接續性的時段範圍，以動態的視角考察不同歷史時段漢字的系統性和超系統性、有序性和非有序性矛盾而又協調的發展運行機制。王寧先生針對異寫字的字樣整理和針對異構字的字種整理都是在做"認同"的工作，因爲我們不是爲了證明漢字系統的存在，而是爲了觀察漢字系統的運行，所以，我們對字形盡最大可能作"别異"的工作。

　　規範性是文字保守的一面，這有利於社會交流和國家治理。超規範的各種異寫、異構現象，則反映出當時人對記録語言的文字符號所做的各種改造，這種改造可能是爲了更好地體現文字與語言的聯繫（表音、表意、别詞），也可能是爲了整篇銘辭用字個體之間的協調與美觀（個體框架不能太長也不能太寬），有的則可能是書手藝術個性的展現，當然也會有偶然的訛誤。① 對所有現象進行細緻的分析，探尋文字自發規範的制約因素和文字形義系統的運行機制。即使是某個時期出於個人愛好或偶然因素出現的不具備類推構字能力的書寫特徵，也許預示着文字發展的某種趨向，在未來的某個歷史時段對文字系統産生一定程度的影響。所以，書寫綫條的每一種特徵都不容放過，每一種特徵對當時文字系統的研究都有其自身的價值，我們不能人爲地回避或爲了某種目的而排除任何有價

---

① 這也説明，我們對文字形體進行析解時，不能僅僅從記録語言、構形構意的角度尋找解釋的根據，相反，要積極地從語言文字之外的因素小心探求文字構形的可能性解釋。

值的形體信息。①

對於文字構形系統的研究，文字發展階段的歷時劃分，在儘量保證科學的前提下，肯定是越細越好。而且，針對的材料不同，具體的研究方法也會有所差異。因此，我們製定了整理異體字形的三個原則：1. 結構性質、構件組成、構件配置方式、形體方向中有一項不同即歸入異構字；2. 由於不同歷史時期漢字發展所面臨的主要任務不同，各個時期字形類型的劃分采用不同的標準；3. 有必要對異寫字詳盡區分時，則根據字形的實際書寫形態，參照其使用頻率和時代分佈，只要有能分立的特徵就劃分爲一種異寫類型，尤其注意那些有斷代意義和地域特色的書寫特徵。字形的類型區分儘量細緻，但也要注意不能太瑣碎。

四、異體寫法的分析要在對其所在文字系統的構形特點充分把握的前提下進行

不同時期和不同地域文字的構形系統（甚或不同墓葬、不同書手的文字材料）都有不同的情況，要在對每一種文字構形系統全面把握的前提下，來分析字形構成特點及各種構形之間的關係。

如侯馬盟書中，"又"旁或寫作"寸"，如[字]之與[字]，[字]之與[字]，[字]之與[字]，[字]之與[字]，[字]之與[字]，[字]之與[字]。文字演變中，習慣在豎筆上加點，點又變爲短橫，如[字]之與[字]，[字]之與[字]，[字]之與[字]，[字]之與[字]，[字]、[字]之與

---

① 判斷一種文字現象的重要性，要看其對文字系統的影響有多大。"旅"或作[字]、[字]、[字]、[字]等寫法，均屬偶見。值得注意的是[字]類寫法中旂與旗杆發生類化的現象，這種現象西周中期就出現了個別例子，西周晚期和春秋時期的例子也是個別的，但它代表的是文字演變的一種異常特徵，雖然對文字系統幾乎沒有產生任何影響。鼎寫作[字]或[字]，是一種臨時的隨意性簡寫，[字]是偶然出現的訛形。這些形體均一兩見，並沒有得到認同和傳播，沒有對文字系統產生影響，只局限於某個人的使用。又如旅多寫作[字]，少數反寫作[字]。大多數反寫的寫法，根據銘文中其他文字的書寫方向以及行款，可以確認爲是特殊情況下的反書，不是一種常態的文字書寫方式，不能算作是一種異體。但在有的銘文中，其他文字按照一貫的寫作方式是正寫，而"旅"字反寫，這種情況下，我們認爲，偶爾的鑄反或寫反，對文字系統產生了影響，開始作爲一種新異的寫法被人效仿，而得到傳播。具體到"旅"字而言，反寫的寫法使用頻率很低，對文字系統影響不大。

余、仝,徙、坐之與徙、坐,皇之與畫,閒之與閑,柿之與枻,迤之與迤。"口"形中或加一橫,如瘵之與瘵,善之與善,跣之與跣,飤之與餌,䚻之與䚻,車之與車,叀之與叀,會之與會,叟之與叟,嘗之與嘗,牆之與牆,跣之與異,或之與或。① 這些寫法呈規律性系統出現,如果全部認同,就會掩蓋盟書文字系統的構形特點,應該加以別異,即區別爲異體寫法。②

《侯馬盟書》"字表""心"字出列五種寫法,即屮、屮、屮、屮、屮,其用例分別是 183 例、60 例、3 例、1 例、1 例。很明顯,屮 是最通行的寫法,通行的寫法就是被當時所認可的規範寫法。屮 是次常用形體。這二者之間屬於異寫關係,應當認同。前四種其實都是廣義的篆書形體,屮 類形體雖然筆畫數量没有變化,但運筆發生變化,兩筆交叉顯然是提高了書寫速度。屮 類形體筆畫減少爲三筆,而且代表了一種新的演變趨向——隸變,把斷筆連寫,曲筆拉直。屮、屮 用例雖少,但對研究文字構形系統及其演變却有重要的意義。

五、異體字的層級研究

很多情况下,一個字的各種異體寫法並不在一個層面上,對異體字作分層級的研究是非常有必要的。但面對的文字資料不同,具體層級的劃分也會呈現出較大的差異。這再一次説明,異體字的研究不能脱離其所在的某一文字系統。比如,對於商周金文中記録{旅}③的各種結體,我們先區分爲"肇"和"旅"兩類一級異體,"肇"再區分出從全形之車和從簡寫之車兩類,構成第二層級,從全形之車和從簡寫之車又有多種異體寫法,

---

① 本文盟書字形引自張頷、陶正剛、張守中《侯馬盟書》字表部分,山西古籍出版社 2006 年 4 月。

② 但這些現象並不是適於所有文字,如司、君、晉、命、邵、亟、歌、㹽、嘉等字所從的"口"旁無加橫者;史、事、及所從之"又"未見從"寸"者,攴、殳旁中的"又"一般也不寫作"寸",如殺、宼、擊,但"改"有一例從寸作改。變與不變的背後有什麽樣的深層因素在對此進行制約,是值得研究的。當然,這裏所説的是僅就字表所收字形而言的。盟書共有 5 000 餘件,僅公佈了 656 件,不排除在其他未發表的材料中有符合上述演變規律的字形。

③ 當需要把字與詞進行區分時,以{ }表示文字所記録的詞。

構成第三層級(參圖一)。

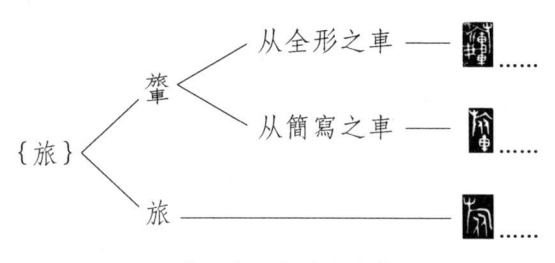

圖一　商周金文{旅}異體層級圖

但這個方法對於春秋戰國間的侯馬盟書中的異體字研究不能適用,我們則按照文字演進脉絡分層次或分級,第一層級的異體類型的數量反映文字系統的規範狀況,第二、第三層級則反映文字演變的狀況。就《侯馬盟書》字表而言,比如"史"字列有四種寫法,兩個層級兩類異體:1.　→　;2.　→　。以有短橫的二級異體爲常用字形,　形79例,是最通行的寫法,　類30例,　類6例,　類1例。從其使用頻率看,"口"中加橫與否不是被關注的焦點。"見"字列有7種寫法,兩個層級兩類異體:1.　→　;2.　。從字表提供的用例數據看,　類11例,　類10例,　類9例。由於各類型用例都不多,難以判斷時人的傾向性。"守"字列有10種寫法,①兩個層級兩類異體:1.　→　,前者還接近"宀"的正體寫法,後者則簡化爲　,盟書中以簡化寫法爲常,　類49例,　類僅4例;2.　、　→　。　、　各有1例,屬於異變,不具文字學研究價值。"守"字　類形體145例,　類49例,其他寫法均屬偶見(參圖二)。

而且,在盟書文字系統中,具體的每一個字,其異體情況的複雜程度差别很大,每個字規範的程度也參差不齊,要根據每個字的實際情況采用不同的分析方法。

---

① 字表列16種,其中　→　→　和　→　→　兩類6種寫法是"主"之異體。裘錫圭先生曾論及後一類寫法爲"主"字異體,參《説侯馬盟書"變改助及兔俾不守二宫"》,"戰國文字研究的回顧與展望國際學術研討會"論文,上海2015年12月12～13日。

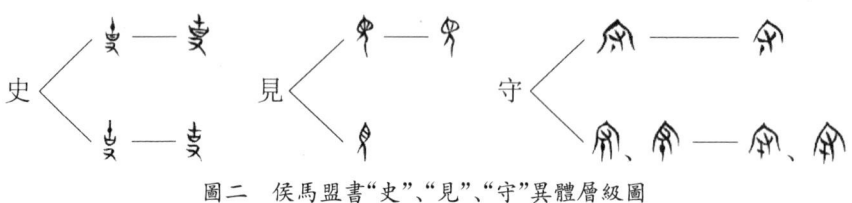

圖二　侯馬盟書"史"、"見"、"守"異體層級圖
（橫向表示演變層級，豎向表示異體類型）

六、核心形體和異體率

　　多種異體寫法之間在歷時上大致會呈現出一種此消彼長的態勢，在這個過程中存在着基本穩定的核心形體，這一點要依托使用頻率的統計才能呈現出來。一個字從產生到形體結構的最終定型，中間會經歷一個較爲長期和複雜的探索過程，在這個過程中，會利用多種途徑對字形進行改造。一種結體方式出現後，可能會很快就消失；有的則可能會在小範圍內進行試用，經歷書寫者的實際檢驗，其字形用例越少，就證明其生命力越弱；有的形體一產生，很快就得到大衆的認同，很快就能普及開來，替代原有的其他各種結體方式，形成基本穩定的核心形體。核心形體可能不只一個，如▨和▨都是通行於西周的核心形體。之所以"多種異體寫法之間在歷時上大致會呈現出一種此消彼長的態勢"，就是因爲有一個文字創製、形體改造、字形試用、淘汰與選擇的深層機制在起作用。

　　我們在研究{旅}的各種異體寫法時，窮盡搜集相關字形和辭例，對每種字形的使用頻率作出數據統計，並計算異體率。① 異體率的計算，不是把某種異體與記錄該詞的所有異體字形相除而得的結果。以"肇"字爲例，依據我們所劃分的層級，是把第三層級的異體總數量除以第二層級的使用總數量計算得出的。比如，从全形之車有 30 種異體，其使用總數量爲 78 例，異體率爲 38.5%（30/78）；从簡寫之車的異體有 14 種，使用總數量爲 75 例，異體率爲 18.7%（14/75）；"旅"有 34 種異體，使用總數量爲 530 例，異體率爲 6.4%。通過異體率的對比，可以直觀地看到哪種字

---

① 並不是每一個字都有必要計算異體率，要根據實際需要進行。此處所論僅就我們研究的某一個案而言。

形是最穩定和最通行的。異體率對文字構形系統性的考量以及通用字形的認定是有重要意義的。異體率數值越大,説明文字系統中異體就越紛繁,相反數值越小,就説明字形的使用規範性越強。

七、字形研究要與辭例分析、使用頻率統計相結合

辭例的分析其實是析分材料的一個基礎工作,要根據字形在實際語言中的具體用例,完成異體字形的聚合。比如盘和召,二者在意義上本没有關聯,字形上也没有衍生關係,本來就是不同的兩個字,《金文編》(第 61 頁)置於同一個字頭下,二者實則是"假異體"。又如友和酓,屬於二字,金文中雖有混用,但又有各自的使用習慣。《説文》"友"之古文作"習",乃由金文中形訛變,《説文》按重文處理,《金文編》歸到一個字頭下(第 192 頁"友"),當是依據《説文》而來。"酓"可能是"友"的分化字,後來,"酓"的功能合併到"友"中,"酓"字消失。從金文用例看,二者不宜看作異體字。學界一般認爲史、事一字分化,但具體分化於什麽時代,未有確論。根據各自出現的金文文例看,二者在記詞功能上雖有少量混用,但絶大多數情況下是區分清楚的。也就是説,史、事二字在西周時期,確切點説,在西周早期金文中就已經區分開了。在研究金文中{旅}的各種異體寫法時,我們首先依據辭例來類聚字形,在辭例的分析中,逐漸排除那些其實並非"旅"字的形體,而且使真正的"旅"字的討論得以深入。

使用頻率的統計(同時考慮使用範圍),在異體字研究中是非常重要的,對考察文字構形的系統性和規範性具有重要意義,核心形體的確定以及異體率的計算都要依託於此。排除那些出於個人愛好或偶然因素出現的不具備類推構字能力的書寫特徵,也要根據某種寫法的使用頻率加以測查。

八、進一步需要研究的問題:異體字的個案研究和斷代研究

每一組異體字的發展是不均衡的,每一組異體字反映的文字現象也

具有各自的特性。比如"鬲"在西周中期和晚期有比較明顯的形體規範，兩周之際異體明顯增多，而且某些寫法表現出一定的地域特點。"甗"字在整個兩周存在一個比較穩定的核心形體，其他寫法没有明顯的時代特點和地域特點。而"旅"字的情況和"鬲"、"甗"又有所不同。每種字形在不同時代的使用情況也是不均衡的，"鬲"字作爲器物自名在西周早期很少見，所以其在西周早期的情況就難以考察，其在兩周之際尤其是春秋早期，產生了很多異體寫法。"旅"字在東周時期使用很少，其在東周時期的演變就變得難以考索。這些都説明，我們要盡可能多地梳理異體字組，考索的"點"越多，得出的結論就越科學。異體斷代研究的目的，是弄清在每一個時代的文字形義系統中，異體字的運行機制是一種什麽狀況。考察了一定量的異體字組之後，一種文字構形系統中總體的異體運行機制才能搞清楚。

此文原提交"'戰國文字研究的回顧與展望'國際學術研討會"，2015 年 12 月 12～13 日，上海。後收入會議論文集——復旦大學出土文獻與古文字研究中心編《戰國文字研究的回顧與展望》，中西書局 2017 年 8 月。

附：

侯馬盟書異體字研究淺論[*]

一

古文字資料中的異體字研究，現在仍是一個比較薄弱的研究領域，研究方法和研究觀念都有待作出新的突破。異體字反映着文字發展的動態

---

[*] 本文初稿、二稿曾提交"侯馬盟書發現五十周年學術研討會"（2015 年 10 月 24～25 日，侯馬）和"出土文獻與上古漢語研討會"（2015 年 11 月 21～22 日，北京）。孟蓬生先生指正文中疏漏，謹致謝忱。

過程,這個發展過程受到文字因素(與形音義有關)和非文字因素(每個時代的審美風尚,個人的知識、文化、藝術素養和審美視角)的雙重影響,非文字因素對漢字發展所造成的影響是需要充分認識並作出科學估計的。而且,在不同的歷史時期,起主導作用的因素也會有所不同。

　　共時研究是異體字研究的一個重要方法,但共時的"時"應該有多長,是需要認真研究的。或把殷墟甲骨文或者西周金文當作一個共時的層面,這個"時"就顯得太長,①把這麼長的歷史時期的各種文字現象放到一個共時層面上進行觀察,就會有意無意地忽略或掩蓋一些重要的文字演變事實。對於文字構形系統的研究,文字發展階段的歷時劃分,在儘量保證科學的前提下,肯定是越細越好。而且,針對的材料不同,具體的研究方法也會有所差異。

　　異體字的一個重要特點就是,數個文字形體的記詞職能相同,文字構形均與詞義有某種聯繫(形、義相關),只是形體寫法不同。這種不同其實包含兩個層面的內容:一種是書寫筆畫層面的差異,包括風格、大小、運筆、結體等,這種差異並沒有改變字形的結構以及字形與詞義的聯繫;一種是形體結構的不同,這種不同包括構件的不同、構件組合方式的不同、形體與詞義聯繫方式的不同(如形聲之與會意的不同)。前者稱爲異寫字,後者稱爲異構字。把異寫字和異構字分開,是新時期異體字研究取得的一個重要進展。②

　　其中研究的難點在於異寫字之間的認同。以往的研究是靜態的,而古文字資料給我們展示的是文字的動態面貌,當我們以動態的視角對文字進行觀察時,就面臨着各種異寫寫法之間到底是認同,還是別異的問題。我們的意見是,只要是體現時代特點或地域特色的筆畫特徵,都應該別異,而非歸同。舉例來講,"鬲"字的 ![] 和 ![] 兩種寫法就不能看作異寫字:一方面,這兩種字形都有較高的使用頻率;另一方面,加點的字形和

---

　　① 據夏商周斷代工程專家組《夏商周斷代工程 1996—2000 年階段成果報告(簡本)》(世界圖書出版公司 2000 年 11 月),商後期有 255 年之長,西周則有 278 年。
　　② 參王寧《漢字構形學講座》第十講《異寫字與異構字》,《中國教育報》1995 年 9 月 2 日"語言文字"版;《漢字構形學講座》第十講《漢字構形的共時相關關係》,上海教育出版社 2002 年 3 月,第 80～86 頁;《漢字構形學導論》第八章《漢字構形的共時認同關係》,商務印書館 2015 年 6 月,第 149～159 頁。

形存在字形演變上的母子關係,把 🅰 和 🅱 看作異寫字,會掩蓋古文字字形演化的一種重要現象。同樣,依據使用頻率,🅲 形只能看作 🅰 的異寫字,是一種訛形,可能由於筆畫書寫不到位,也可能是鑄範的問題。從西周晚期開始,"鬲"字的上部口沿部分和下部款足部分有了新的演變:一是寫作 🅳,上部橫畫之上再加短橫,多見於春秋時期,是一種時代特色;一是寫作 🅴,下部款足寫成"井"形,多見於山東諸國的青銅器,是一種地域特色。

很多情況下,一個字的各種異體寫法並不在一個層面上,需要按照文字演進脈絡分層次或分級研究,第一層級的異體類型的數量反映文字系統的規範狀況,第二、第三層級則反映文字演變的狀況。就《侯馬盟書》字表而言,比如"史"字列有四種寫法,兩個層級兩類異體:1. 🅰→🅱;2. 🅲→🅳。以有短橫的二級異體爲常用字形,🅱 形 79 例,是最通行的寫法,🅰 類 30 例,🅳 類 6 例,🅲 類 1 例。從其使用頻率看,"口"中加橫與否不是被關注的焦點。"見"字列有 7 種寫法,兩個層級兩類異體:1. 🅰→🅱;2. 🅲。從字表提供的用例數據看,🅰 類 11 例,🅱 類 10 例,🅲 類 9 例。由於各類型用例都不多,難以判斷時人的傾向性。"守"字列有 10 種寫法,① 兩個層級兩類異體:1. 🅰→🅱,前者還接近"宀"的正體寫法,後者則簡化爲 🅲,盟書中以簡化寫法爲常,🅱 類 49 例,🅰 類僅 4 例;2. 🅲、🅳→🅴、🅵。🅶、🅷 各有 1 例,屬於異變,不具文字學研究價值。

史、見、守字的異體層級圖(橫向表示演變層級,豎向表示異體類型):

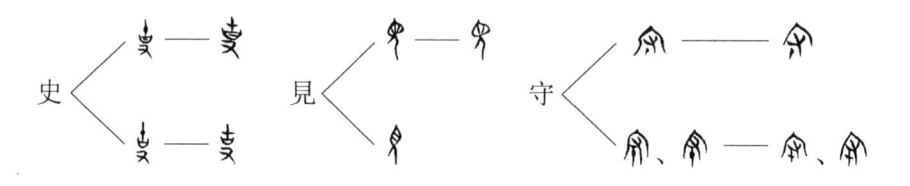

---

① 字表列 16 種,其中 🅰→🅱→🅲 和 🅳→🅴→🅵 兩類 6 種寫法是"主"之異體。裘錫圭先生曾論及後一類寫法爲"主"字異體,參《説侯馬盟書"變改助及奂俾不守二宫"》,"戰國文字研究的回顧與展望國際學術研討會"論文,2015 年 12 月 12~13 日,上海。

"守"字〇類形體145例,〇類49例,其他寫法均屬偶見。表面上其異體多達11種,但常用的只有兩種。由上文分析可以看出,具體的每一個字,其異體情况的複雜程度差别很大,每個字規範的程度也參差不齊,要根據每個字的實際情况采用不同的分析方法。

又如"事""其"。"事"表列21種寫法,◇類爲常用字形,◇次常用,◇和◇類寫法是晉系文字的獨有特徵,用例較之前二者略少一些。"其"字寫作簡體常見,豆類(包括豆、日、丗、丄)169例,丌類1 243例。

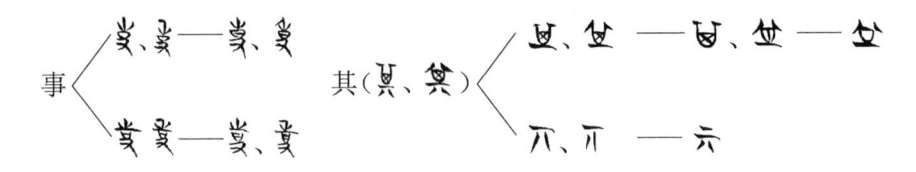

事 ⟨ ◇、◇ — ◇、◇
     ◇◇ — ◇、◇

其(亓、箕) ⟨ 豆、丗 — 日、丗 — 丄
            丌、丌 — 六

二

侯馬盟書的時代,有人認爲是春秋晚期,有人認爲是戰國早期,裘錫圭先生表述爲"春秋戰國間"。① 盟書屬於晉國的官方文書,其文字大體是在同一時期、同一地域使用的字體,②地域單純,時代單純,可以作爲共時材料進行研究,而且其所用文字有一定的權威性。

古文字里變"又"旁爲"寸"的風氣,到春秋戰國之際纔開始流行,侯馬盟書中反映了這個現象。③ 如🔾(地)之與🔾,🔾(寺)之與🔾,🔾(寽)之與🔾,🔾(卑)之與🔾,🔾之與🔾,🔾之與🔾。文字演變中,習慣在豎筆上加點,點又變爲短橫,如🔾(史)之與🔾,🔾(人)之與🔾,🔾(守)之與🔾,🔾(主)之與🔾,🔾、🔾(主)之與🔾、🔾,🔾(往)之與🔾,🔾(皇)之

---

① 裘錫圭《文字學概要》(修訂本),商務印書館2013年7月,第51頁。有不少學者認爲是晉定公(前511—前477)時代的東西。參李學勤《古文字學初階》,中華書局1985年5月,第11頁;《東周與秦代文明》,上海人民出版社2007年11月,第32~37、316頁;《夏商周年代學札記·侯馬、溫縣盟書曆朔的再考察》,遼寧大學出版社1999年10月,第134~139頁。

② 張頷、陶正剛、張守中《侯馬盟書》,山西古籍出版社2006年4月,第313、314頁。本文盟書字形引自該書字表。

③ 裘錫圭《文字學概要》(修訂本),第56頁。

與䑓，閒(閔)之與閑，秝(并)之與秝，遖(德)之與遖。"口"形中或加一橫，如瘭之與瘭，喜(喜)之與喜，跂之與跂，飵之與飵，鄀(都)之與鄀，東(中)之與東，叓(史)之與叓，舍(舍)之與舍，叓(事)之與叓，者(者)之與者，繖之與繖，䪨之與䪨，或之與或。但這些現象並不是適用於所有文字，如司、君、䚡、命、邵、嘔、歐、瑆、嘉等字所從的"口"旁無加横者；史、事、及所從之"又"未見從"寸"者；支、殳旁中的"又"一般也不寫作"寸"，如殺、寇、鑿，但"改"有一例從寸作䯮。① 變與不變的背後有什麼樣的深層因素在對此進行制約，是值得研究的。

"口"形中加一橫的，大多只是補白或裝飾作用，"口"在字形中一般不是獨立構件。點與橫的變化，更多的還是從文字結構的均衡美觀角度考慮的。"又"變為"寸"，不但構件化，在《説文》小篆系統中還是一個重要的部首。"寸"作為一個獨立的字被使用，始見於睡虎地秦簡。我們懷疑它是從表示"寸"義的"尊"分化出來的。秦孝公十八年(前344)所作的商鞅方升銘"大良造鞅爰積十六尊(寸)五分尊(寸)壹為升"，"尊"寫作䯮，用為容積單位"立方寸"。睡簡中也有用"尊"為"寸"的，不過是長度單位。②因此，"又"變為"寸"，最初也與形音義無關，仍是受非文字因素作用而產生的。"寸"從"尊"字獨立出來後，到了《説文》小篆系統中被賦予構意理據，並成為部首。

上述這些異寫寫法，應該認同，還是别異？這些寫法呈規律性系統出現，如果全部認同，就會掩蓋盟書文字系統的構形特點，應該加以别異，即區别為異體寫法。因此，本文所説的異體字包括異構字和反映文字某種演變規律的異寫字，而不包括那些既没有别詞作用也不體現文字演變規律或者是出於某種偶然原因形成的異寫形體。

三

《侯馬盟書字表》云："盟書中的異體字，主要是由於增減筆畫或偏

---

① 以上所言僅就字表所收字形而言。盟書共有五千餘件，公佈了656件，不排除在其他未發表的材料中有符合上述演變規律的字形。
② 參王輝《古文字通假字典》，中華書局2008年2月，第673~674頁。

旁而造成的。字形由繁到簡,本來是合乎文字發展演變規律的。盟書文字中大量是簡體,表明已有力求簡化文字的趨向,但在當時,還不可能有一定的規範,同一個字就出現多種不同的簡體。同時,對繁體字也並沒有加以整理,依然保留着;於是,有繁有簡,繁簡並存,字形更不統一。盟書中大部分字都有許多不同的字形,如'嘉'字竟有一百多種寫法,'敢'字有九十多種寫法。""侯馬盟書的文字大體僅只是在同一時期、同一地域所使用的字體,就出現如此衆多的異體字,整個春秋戰國時代在全國範圍內,'文字異形'的現象顯然更要嚴重得多。"(參《侯馬盟書》,第313、314頁)其所說的異體字,由於增減筆畫而造成的即是異寫字,由於增減偏旁而造成的則是異構字。研究一種文字系統的規範程度如何,不能只看一個字的異體種類的多少,要透過每一種異體寫法的使用頻率來分析其對文字系統所產生的影響。使用頻率低的異體寫法要具體分析,它可能是承襲自前代文字系統,也可能預示着文字演變的未來趨向。這一點在以往的研究中没有得到應有的重視,缺乏堅實的材料基礎。侯馬盟書公佈的材料有限,對此項研究會造成一定的影響。比如"心"字,字表列了五種寫法:屮、屮、屮、屮、屮。其用例分別是183例、60例、3例、1例、1例,很明顯,屮是最通行的寫法,通行的寫法就是被當時所認可的規範寫法。屮是次常用形體。這二者之間屬於異寫關係,應當認同。前四種其實都是廣義的篆書形體,屮類形體雖然筆畫數量没有變化,但運筆發生不同,兩筆交叉顯然是提高了書寫速度。屮類形體筆畫減少爲三筆,而且代表了一種新的演變趨向——隸變,把斷筆連寫,曲筆拉直。屮、屮用例雖少,但對研究文字構形系統及其演變却有重要的意義。① 字表把這些寫法提取出來,是非常有眼光的。這種規範也體現於偏旁中,如 𢗜 (志)、𢜔 (悝)、𡎚 (墭)等。

春秋戰國時代是中國歷史上處於社會大變動的時代,是一個繼往和

---

① 唐蘭先生云:"寫字的人,偶然在筆下有一些輕微的變異,往往就可以在字體上發生了影響,甚至於產生了新字。"(《中國文字學》,上海古籍出版社2001年6月,第112頁)"即使偶然的變異,我們也應注意到。"(《古文字學導論》(增訂本),齊魯書社1981年1月,第227頁)

開來相互激盪的時代，不但政治格局在不斷調整，文字構形包括文字系統也處於不斷變動之中。春秋戰國時期，文字開始擴散到民間，使用文字的人越來越多，文字的應用範圍也越來越廣，文字形體發生了前所未有的劇烈變化。① 春秋後期至戰國時期，人類的造字思維取得前所未有的新的突破，這個時期意類符②體系逐漸完成，形聲造字法發展成熟且爲人們所自覺利用，進入一個充分利用符號表音表意、充分挖掘符號表音表意的能力的階段。象形表意字符不敷應用的矛盾基本解決，文字本身便從探索造字法階段，進入以改善文字符號爲主要任務的階段，即要求文字符號簡單，音義信息明確、符號化。③ 這個時期的文字系統必須在觀照當時社會背景的基礎上進行討論。盟書用毛筆書寫，書法熟練，因此，研究其文字構形還必須要關注書法層面的書寫因素對漢字形體演變可能造成的影響。書法要求變動不一，文字的書寫綫條儘量避免呆板、單調。

"改"字字表列有 12 中寫法（圖一），其中㱾形 186 例，是通行寫法。其異體其只有兩種：㱾和㱾，後者只有一例。其他 10 種寫法都是㱾的異寫字形，只是書寫者在不同場合、不同時間書寫同一字形時，筆畫的書寫特點稍加變化而已。這些字形具有書法學的審美價值，而缺少文字學的研究意義。"者"字情況與之相似，規範程度都比較高，表列 28 中寫法（圖二），除 㿿（3 例）外，④只有兩種異體：㫗、㫗。區別在於"口"形中加橫與否，其他各種形體都屬二者異寫寫法，其反映的異寫現象也見於"都"字中的"者"旁，前者使用頻率居於絕對優勢。

所謂"敢"字的 92 種寫法（圖三），其實異體只有四類八種：敢、敢，敢、敢，敢、敢，敢、敢，其他都屬於這四類字形的異寫字。其中敢類最多，敢類次之，敢、敢又次之。把又旁寫在"口"（或"甘"）的上面，以及簡寫形體，均不多見。從"口"多於從"甘"者，從"又"多於從"寸"者，既從"口"又從"又"多於既從"甘"又從"寸"者。

---

① 參裘錫圭《文字學概要》（修訂本），第 57～58 頁。
② "意類符"指的是意符表意功能的泛化和類化。
③ 參陳英傑《張振林先生的一個重要學術思想和對金文研究的兩大貢獻》，《中國文字》新三十二期，藝文印書館，2006 年。
④ 这种写法作偏旁见于"書"字：書。

談談古文字資料中的異體字研究　207

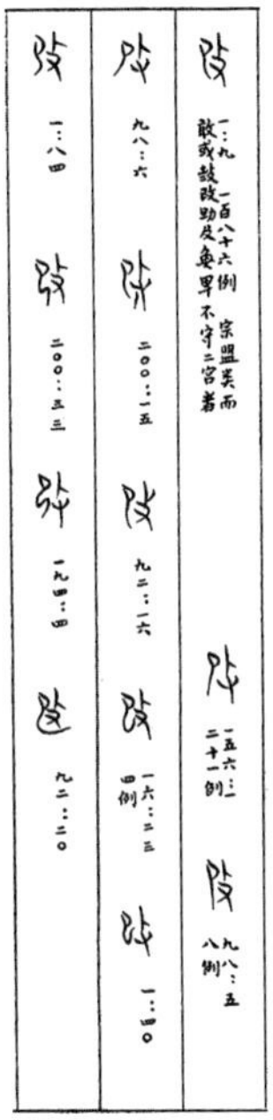

圖一

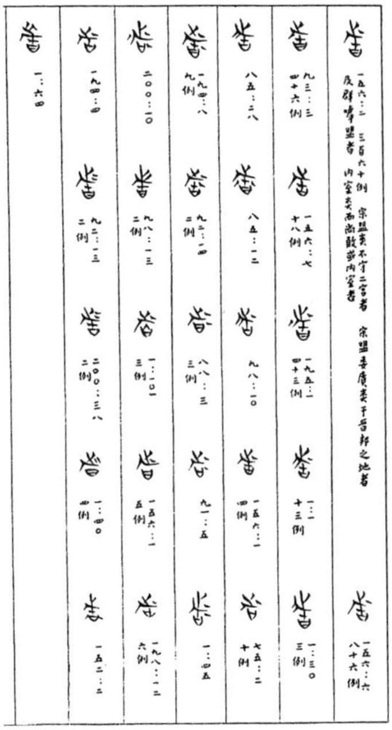

圖二

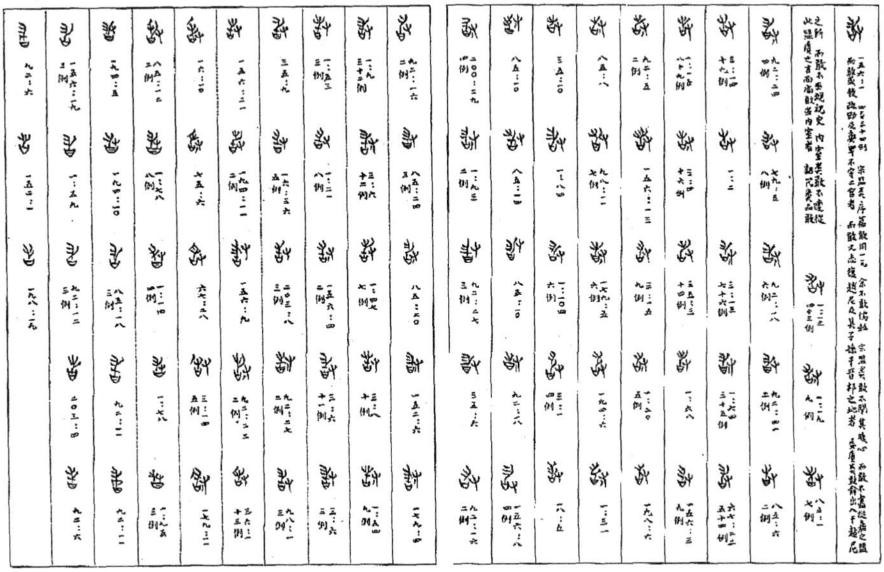

圖三

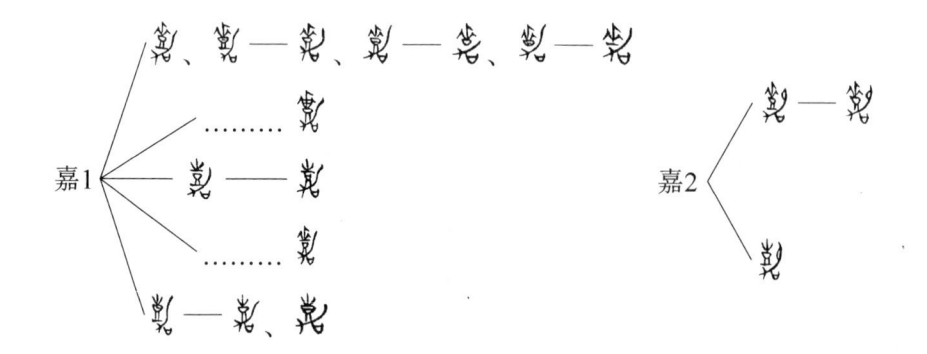

"嘉"有114種寫法(參圖四),可謂紛繁之至,而且基本都是作爲個例,沒有哪種寫法佔絕對優勢,這是非常特殊的一個例子。《説文・壴部》小篆作嘉,从壴、加聲。盟書中的114種寫法可以根據"加"、"壴"旁的書寫特徵,進一步區分爲以下類型(參圖五,……表示演變鏈條的缺環):

圖四

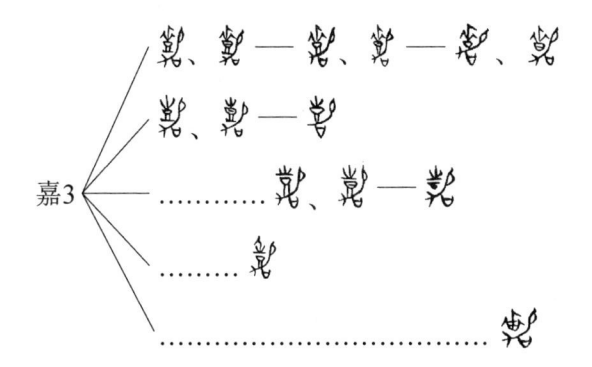

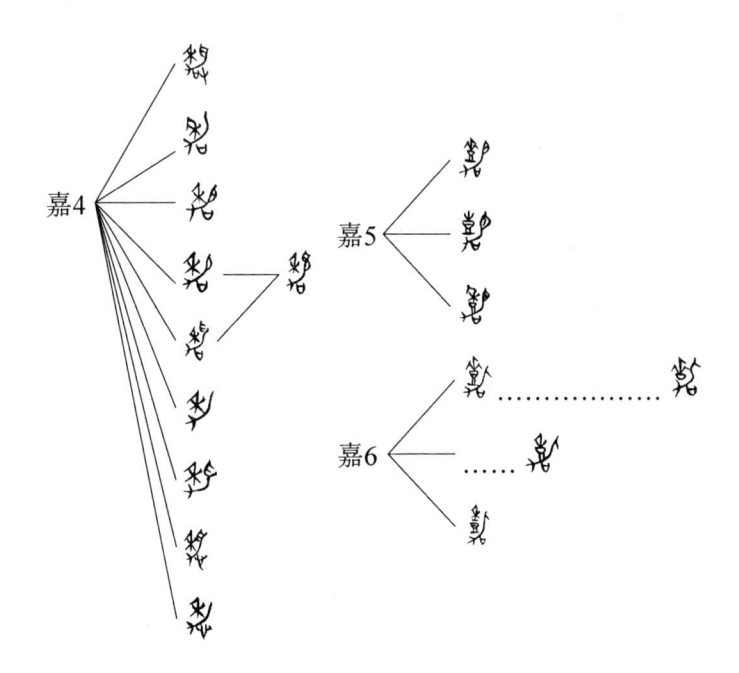

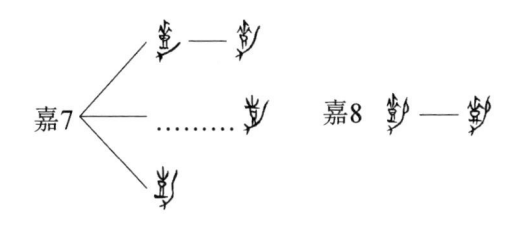

談談古文字資料中的異體字研究　209

圖五

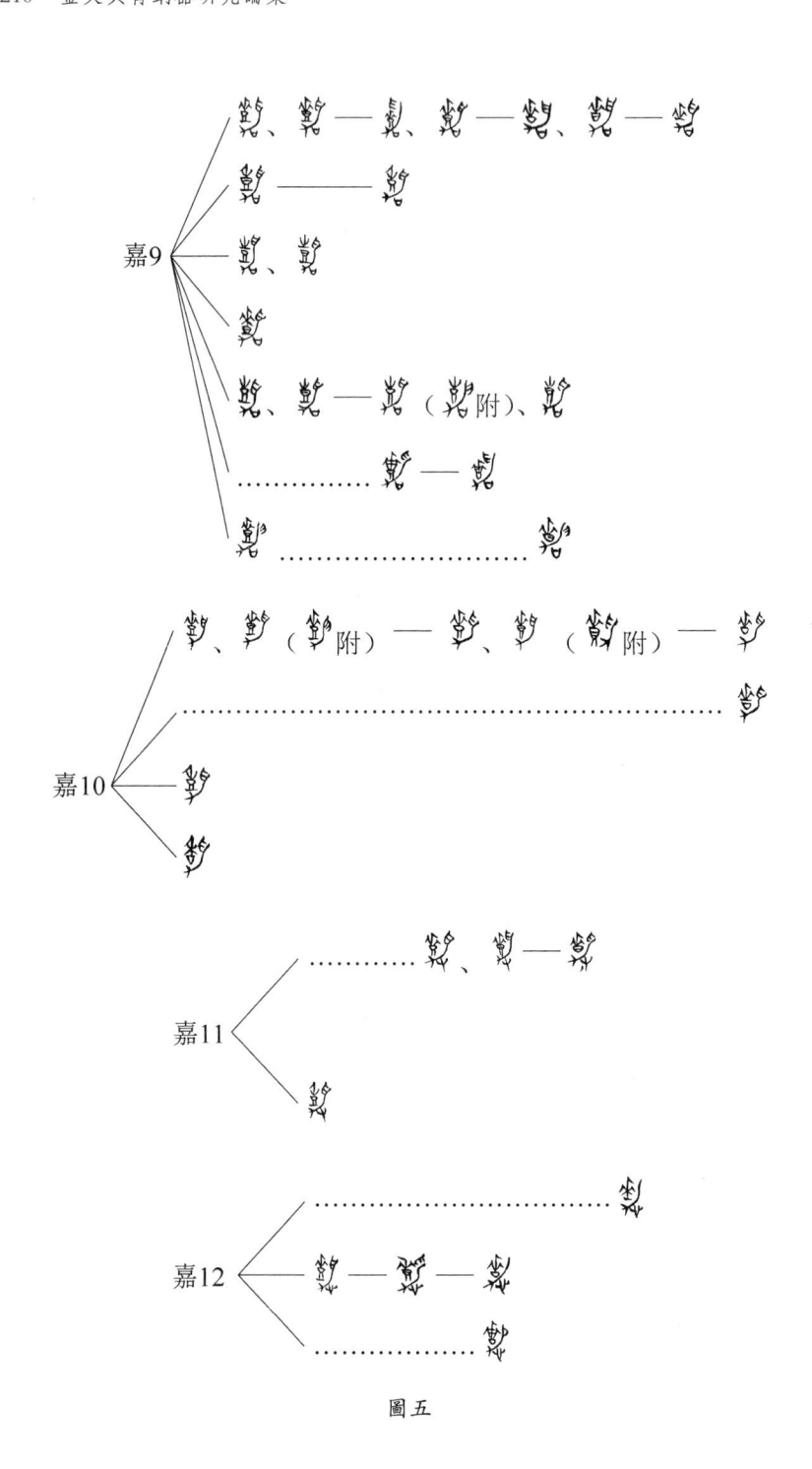

嘉 13(其他)：🀄、🀄、🀄、🀄、🀄、🀄、🀄、🀄、🀄、🀄。這十種寫法無法排進上述 12 類演變序列中。嘉 4 从禾，由嘉 5、嘉 6、嘉 10 的寫法看，从禾的類型當由其他各類型省變而來，但其間缺乏演變銜接鏈條，因而單列爲一類。以上首先是主要依據"加"旁的寫法進行第一階段的字形類聚，然後根據"壴"旁再次區別演變的多種形態。嘉 1、嘉 3、嘉 9、嘉 10 四類第一行所代表的類型演變呈序列分佈，規律性強，其中"壴"旁寫法統一，演變同步。雖然"嘉"字寫法紛繁，每一種寫法都缺乏流行的能力，但呈現出一種系統性的演變特徵。"壴"旁的穩定性以及演變特徵的系統性説明，"壴"寫作🀄、🀄是通行寫法。

侯馬盟書的文字系統比較複雜，有繼承也有變化，有接近於同時金文正體的寫法，也有各種俗體寫法，有省簡，也有增繁。而且，每個字個體之間，複雜程度又很不相同，有的規範性強，有的則寫法紛亂，變化不一。每個字的個體難以采用統一的方法進行分析，要針對每個字的具體情況製定研究方案，這也説明盟書文字構形系統的複雜性。通過上文的梳理，可以看出，異體字的各種寫法之間往往並不是處於同一個層面，分級研究是必要的，要區分出不同層次的形體演變序列。各種異寫寫法之間，只要體現某種時地演變的規律，就要加以別異，但認同的標準是需要繼續探究的一個重要課題。不同的研究角度也會導致對各種異寫、異構寫法的認識分歧，本文主要是從文字學的視角來分析各種現象的，這當中過濾掉了一些非文字層面的内容（如書法、藝術的視角）。

2015 年 10 月 15 日初稿
2015 年 11 月 20 日重訂
2015 年 12 月 20 日三稿

此文原爲"侯馬盟書發現五十周年學術研討會"（2015 年 10 月 24～25 日，山西侯馬）而寫，修改後刊於《中國文字研究》第 23 輯，上海書店出版社 2016 年 8 月；又收入張頷審訂、高智主編《侯馬盟書研究論文集》，三晉出版社 2017 年 11 月。今據《中國文字研究》收入，增入後者的四個附圖,另增加一條腳注。《侯馬盟書研究論文集》先後有兩個版本,"侯馬盟書發現五十周年學術研討會"上,與會者拿到的是試行本:張頷主編、高智執行主編《侯馬盟書研究論文集》,三晉出版社 2015 年 10 月,收文 47 篇,平裝,定價 128 元,封面左下有一幀盟書朱書實物照片;2017 年 11 月版是正式發行本,收文 63 篇,並增補"[附]侯馬盟書研究論著一覽"(文章列目 110 篇)和"後記",精裝,定價 300 元,封面沒有了試行本的盟書實物照片。二個版本的"前言"相同。拙文收入正式發行本。

談金文中一種長期被誤釋的象形"甗"字

——兼論"鬲"、"甗"的形體結構＊

西周晚期的黿伯鬲(669)是一件䙇器,其器形和銘文拓片見下圖:

器形　　　　　　　拓片

其銘云"黿伯作䙇(媵)鬲,其萬年子子孫孫永寶用",銘辭簡單,没有什麽難懂之處。其自名![字形]①(《銘文選(三)》②494所收拓片清晰完整,作![字形]),吴式芬《攗古録金文》、吴大澂《愙齋集古録》、容庚《商周彝器通考》、

＊ 本文所引器物出自《殷周金文集成》者直接標注器物編號(在需要與其他銘文著録書區别時,簡稱《集成》),其他出處的銘文標注書名簡稱,《彙編》指鍾柏生、陳昭容、黄銘崇、袁國華《新收殷周青銅器銘文暨器影彙編》[(臺灣) 藝文印書館2006年];《集録》指劉雨、盧岩《近出殷周金文集録》(中華書局2004年);《通鑒》指吴鎮烽《商周金文資料通鑒》(數據庫光盤,2010年1月)。引自張亞初《〈殷周金文集成〉引得》(中華書局2001年)釋文者,簡稱"張亞初"。

① 爲了能够更清晰地觀察字形結構,本文所用字形從原拓片剪貼後一般均經過反白處理。
② 馬承源主編《商周青銅器銘文選》(三),文物出版社1988年。

《集成釋文》、《集成》修訂本、《山東金文集成》、《古文字譜系疏證》、《通鑒》2829等均釋爲"鬲"。①陳劍先生曾對青銅器自名中的代稱、連稱資料進行了全面、系統的研究,②但對黽伯鬲之自名未曾着意,當也是認同釋"鬲"的意見。《金文編》、《金文形義通解》、《金文大字典》均把此字列於"鬲"字下。③ 此字其實是"甗"的象形寫法,釋"鬲"非是。要説明這個問題,還得從鬲、甗的字形結構説起。④

一

"鬲"作爲青銅器自名,不見於殷商金文,始見於西周早期。金文延續

---

① 吳式芬《攈古録金文》卷二之二,清光緒21年(1895年)刻本,《國家圖書館藏金文研究資料叢刊》第六册,北京圖書館出版社2004年,第612～613頁;吳大澂《愙齋集古録》第17册第8頁,民國十年上海涵芬樓石印本,《國家圖書館藏金文研究資料叢刊》第15册,第122頁;容庚《商周彝器通考》,上海人民出版社2008年,第246、493頁;中國社會科學院考古研究所編《〈殷周金文集成〉釋文》,香港中文大學中國文化研究所2001年;中國社會科學院考古研究所編《殷周金文集成》(修訂增補本),中華書局2007年;山東省博物館編《山東金文集成》上册,齊魯書社2007年,第219頁;黃德寬主編《古文字譜系疏證》第三册,商務印書館2007年,第2063頁。

② 陳劍《青銅器自名代稱、連稱研究》,《中國文字研究》第1輯,廣西教育出版社1999年。

③ 容庚編著,張振林、馬國權摹補《金文編》,中華書局1985年,第172頁;張世超等《金文形義通解》,(日本)中文出版社1996年,第587頁;戴家祥主編《金文大字典》,學林出版社1999年,第5380頁。

④ 材料截至2010年1月。本文只取用結構較清晰的字形,被釋爲"鬲"或"甗",但從銘拓或照片無法辨認者,如成母鬲(571西晚)、己侯鬲(600西晚)、衛夫人鬲(595春早),以及摹本筆畫有殘缺者,如周□鬲(578西晚),不予論列。《集録》144恒侯鬲,《通鑒》以爲僞刻,可從。本文除了搜集器名之"鬲""甗"外,也搜集其他用義的"鬲""甗"及從鬲、甗作偏旁的字。討論古文字中的異體字,有必要引入王寧先生的異寫字和異構字的概念(參《漢字構形學講座》,上海教育出版社2002年,第80～86頁),但必須加入新的界定。不引入異寫字概念,對文字構形系統會得出不正確的認識,此問題我們已有另文討論(參《異體字論稿》,《文字與文獻研究叢稿》,社會科學文獻出版社2011年,第126～138頁);但完全套用其概念,就可能會忽略關乎文字構形系統的一些規律性、特徵性的問題。我們主張凡是進入構形系統的異寫筆畫均應納入異體字範疇進行考察,是否進入構形系統,主要是看某種寫法的使用頻率和使用範圍,這就需要對古文字中同一個字的不同結體進行時代和地域兩個維度的詳細考察和統計。依據我們提出的標準,"鬲"字的 䰜 和 䰜 兩種寫法就不能看作異寫字:一方面,這兩種字形都有較高的使用頻率;另一方面,加點的字形和 䰜 形存在字形演變上的母子關係,把 䰜 和 䰜 看作異寫字,會掩蓋古文字字形演化的一條重要規律。同樣,依據使用頻率, 䰜 形只能看作異寫字,是一種訛形,可能由於筆畫書寫不到位,也可能是鑄範的問題。

了甲骨文的寫法。甲骨文中▨(彳口)、▨(弁口)形是比較寫實的,在兩周金文中,"鬲"字變化最大的是款足部分,下部象款足的綫條逐漸剝離出▨形,由於古文字在很早的時期就習慣在豎畫上添加飾點,故而形成▨形,而點又往往演變成短横,因而形成▨形,進一步演變成▨形。上部象口沿和頸部的部分在西周時期没有形成字形的區别特徵,因此我們在劃分字形特徵類型時,主要依據下部款足的寫法。但從西周晚期開始,"鬲"字的上部口沿部分和下部款足部分有了新的演變:一是在"鬲"字上部的起筆横畫上面再加短横,多見於春秋時期,是一種時代特色;一是"鬲"字下部款足寫成"井"形,①就現有材料看,多見於山東諸國的青銅器,是一種地域特色。通過對各種"鬲"字結體特徵的分析,我們把"鬲"字的寫法區分爲7種類型(不計附録),類型下按照需要進一步劃分出亞型,每一類型下劃分出的各亞型之間屬於異體關係,同一亞型内的字形則是異寫關係。

1型,主要據款足部分的變化來劃分

1A

▨、▨(召仲鬲 672～673 西晚)。召仲鬲時代雖晚,但款足部分的寫法尚較原始。

1B②

▨(大盂鼎 2837 西早,"人鬲"),▨(冉鬲《彙編》967 西早後段)。

▨(榮伯鬲 631 西中),▨(仲姬鬲 510 西中),▨(伯庸父鬲 616～623 西中,字形采自 616),▨、▨(庚姬鬲 638、639 西中③),▨(鬲尊 5956 西中,人名),▨(微伯鬲 516～520 西中,字形采自 517④)。

---

① 對於"井"形,陳初生先生認爲應是方鬲下部鬲爐之門的象形(《金文常用字典》,陝西人民出版社 2004 年,第 298 頁),此説可疑。陳氏所説的方鬲僅見一例,即季真鬲(531 西周中晚期)。寫作"井"形,當主要出於書寫的方便,可以看作是一種特殊類型的簡化。説到簡化,一般認爲是結構、筆畫的省减,其實把繁複、多向書寫的綫條改造成順手、省時、省力的筆畫也是一種簡化。

② 仲姜鬲(523 西晚,《集成》備註"王國維疑僞")銘有些漫漶,似亦屬於此類型。

③ 637 作▨,640 作▨,是一種臨時的隨意性簡寫。相關字形脚注中列舉不同寫法的字形時直接標注器物編號者,表示數件器均爲同人所作同銘器,下例此。

④ 帛女鬲(535 西晚,宋人摹本)▨ 與此同類。

216　金文與青銅器研究論集

▢（鬲叔興父甗4405 西晚，人名），▢（虢叔鬲524 西晚）、▢（虢叔鬲525 西晚，宋人摹本），▢（季右父鬲559 西晚）、▢（王作番改鬲645 西晚）、▢（王作姬𪊨母鬲646 西晚）、▢（作册封鬲，《彙編》1556 西晚，1557 字蝕泐）。

▢（鄭井叔歡父鬲580 春早），①▢（𤔲子子奠伯鬲742 春早），▢（禜姬鬲《彙編》1070 春早），▢（右戲仲夏父鬲668 春早），▢（單伯邍父鬲737 春早）。

▢（仲荆父鬲544 西中）、▢（虢宮父鬲，《集錄》130 春早）可能鑄範有問題。

▢（虢季氏子㱿鬲683 西晚），▢、▢（齊趫父鬲685～686 春早），▢、▢（虢季鬲，《集錄》141、143 春早），②都屬於1B型的變體，是進一步簡化的寫法。象款足的▢形要寫五畫，▢中則是四畫，▢、▢中則只有三畫。

此類寫法流行於西周、春秋時期。

1C③

▢（伯狷父鬲615 西中），▢（伯先父鬲649～658 西中，字形采自653），▢（仲枏父鬲747 西中）。④

▢（鬲鬲453 西周中晚期），▢（伯姜鬲605 西晚），▢（虢姞鬲512 西晚），▢（仲姞鬲547～558 西晚，字形采自547），⑤▢（叔皇父鬲588 西晚），▢（予叔嬴鬲563 西晚），▢（王作王母鬲602 西晚），▢（王伯姜

---

① 579～581 三器爲同人作器，即鄭井叔歡父，579 作器者作"鄭叔歡父鬲"，脫"井"字。581 中歡字作歡，从支。

② 137、142 不清，136 作▢，138 作▢，139 作▢，140 作▢，屬於1D型。

③ 邿伯鬲（589～591 西晚）銘文蝕泐，據590 殘畫觀察，亦屬此種類型。其他如畢伯碩父鬲（642 西晚）、虢伯鬲（709 西晚）、曾伯鬲（《集錄》133 春早）等。

④ 748 蝕泐；749 作▢，屬於1B型；746 ▢、750 ▢、751 ▢，屬於1E型，752 ▢ 則是1E型的訛寫；《首陽吉金》（首陽齋、上海博物館、香港中文大學文物館合編，上海古籍出版社2008 年）32 作▢。

⑤ 仲姞鬲，《集成》共收入12 件，有的"鬲"字寫法在豎畫上所加之點比較明顯，有的不明顯，如549。

談金文中一種長期被誤釋的象形"甗"字　217

鬲 647 西晚），▨（孟辛父鬲 738～740 西晚，字形采自 739），▨（晉侯鬲《彙編》1672 西晚），▨（▨侯母鬲《彙編》1673 西晚）。

▨（魯姬鬲 593 春早），▨（戴叔慶父鬲 608 春早），▨（叔牙父鬲 674 春早）。

此類寫法始見於西周中期，流行於西周晚期。

1D

▨（京姜▨母鬲 641 西中，宋人摹本）。

▨（魯侯鬲 545 西晚），▨（姬芍母鬲 546 西晚），▨（伯邦父鬲 560 西晚），▨（姬趞母鬲 628 西晚），①▨（呂王鬲 635 西晚），▨（榮有司再鬲 679 西晚），▨（鄭鑄友父鬲 684 西晚），▨（䣎季鬲 718 西晚），▨、▨（伯夏父鬲 719～720，721～723、726 西晚）。②

▨（苩父匜 10236 春早，銘義不太清楚，似是用於器名），▨（衛姒鬲 594 春早），▨、▨（竈昚父鬲 717、《彙編》1094、《通鑒》2993 春早）。▨（虢仲鬲 708 春早）屬於 1D 型變體。

此類寫法多見於西周晚期和春秋時期。

1E③

▨（諆鼎 2615 西早，"諆作寶鬲鼎"）。

▨（旅姬鬲 532 西中），▨（伯泌父鬲 671 西中），▨（𠭧伯鬲 696 西中）。

▨、▨（王伯姜鬲 606～607 西晚），▨（同姜鬲 522 西晚），▨（召伯毛鬲 587 西晚），④▨（𢼸𢼸鬲 634 西晚），▨（伯上父鬲 644 西晚），▨（善夫吉父鬲 700～704 西晚，字形采自 704），⑤▨（內公鬲 743 西晚），

---

① 629 作▨，屬於 1C 型。
② 724、725、727 作▨，屬於 1E 型。
③ 屬於此類型者，還有弦伯鬲（697 西中）、孟姒鬲（534 西周中晚期）、䵼姬鬲（575 西晚）、曾伯宮父穆鬲（699 西晚）、仲勛大它鬲（710 西晚）、內公鬲（711 西晚）等。眔叔鬲（572～574 西中後段）蝕泐，從殘存筆畫看，當屬於 1C 或 1D 類字形。
④ 據《通鑒》2747，《集成》拓片不清晰。
⑤ 善夫吉父鬲《通鑒》2916）"鬲"字由於受到有限空間的擠壓，寫法略有變異，作▨。《通鑒》2978～2980 著錄過另外三件，但銘文均欠清晰。善夫吉父鬲迄今共著錄九件。

▨（仲父鬲 681 西晚，宋人摹本），▨（聿造鬲 604 西晚，宋人摹本），▨（孖父鬲 627 西晚，宋人摹本），▨（齊不趄鬲，《三代》5.35.2 西晚），▨（會姒鬲 536 西晚），▨（鄭伯筍父鬲 730 西晚），▨（成伯孫父鬲 680 西晚），▨（斝士父鬲 715～716 西晚），▨（伯▨父鬲 576 西晚），▨（仲生父鬲 729 西晚）。最後兩種是訛寫。

▨（虢叔鬲 603 春早，宋人摹本），▨（番伯□孫鬲 630 春早，612 摹本作▨），▨（鄭羌伯鬲 659 春早），▨（虢季子組鬲 661 春早，清人摹本），▨（鄭師遼父鬲 731 春早），▨（曾子單鬲 625 春早），▨（衛夫人文君叔姜鬲《彙編》1700 春早）。①

▨（應姚鬲《彙編》57 西晚）是 1E 型的變體。

1F，款足部分寫成"井"形

▨（伯家父鬲 682 西晚）。

▨（魯伯愈父鬲 691、693 春早，字形采自 691），▨（魯宰馴父鬲 707 春早）。▨（魯伯愈父鬲 690、692、694、695 春早，字形采自 692）、▨（鑄子叔黑臣鬲 735 春早），從鬲口處添加一短橫的角度考察，此種形體又屬於 1G 型。

1G，在象口沿處的一長橫上面添加一短橫

▨（杜伯鬲 698 西晚）。

▨（江叔螆鬲 677 春早），▨（司工單鬲 678 春早），▨（陳侯鬲 705 春早，706 豎畫加點）。②

1H

▨、▨（作册矢令簋 4300～4301 西早，奴隸名），由作偏旁的"鬲"字觀

---

① 1701 器名字蝕泐，殘存▨，寫法與此稍異。

② ▨、▨（下用○代替）見鄲孝子鼎（2574 戰中），銘云"飤鼎○"，○有"鬲""兩"二釋，釋"兩"可從。○與江叔螆鬲的"鬲"有相似之處，但與"鬲"形體表示鬲口的部分明顯有別。這種寫法的"兩"字，見於戰國簡牘文字，如▨（上博三《亙先》11 簡）、▨（包山 111 簡）、▨（包山 119 簡），▨（新蔡甲三 188+197 簡）。亦見於貨幣文字，參湯餘惠主編《戰國文字編》，福建人民出版社 2001 年，第 538 頁，但《戰國文字編》釋○爲"鬲"（見第 173 頁）。這種寫法的"兩"字的下部結體的演變方式與"鬲"同，在此基礎上還有▨（包山 237 簡）的寫法，亦見於信陽長臺關二號墓楚簡和上博簡中。

談金文中一種長期被誤釋的象形"鬲"字　219

察,此類寫法與上述各型的演變趨向有別。《首陽吉金》著録數件西周早期的鬳器,鬳字作▨(觚22)、▨(觶23)、▨(簋26),所從之鬲旁寫法較原始。中方鼎(2785西早)有祼字,作地名,文例爲"祼土""祼人",字作▨、▨,"鬲"旁寫法與鬳器爲同一類型。達盨蓋①(《集録》506西中)有漏,地名,形作▨,此器時代雖較作冊矢令簋爲晚,但漏字所從"鬲"旁的寫法却代表着較早的時代層次。上述諸件器物的"鬲"字或"鬲"旁反映了此一類型的演變脉絡:▨史鬳尊②——▨鬳簋、▨中方鼎——▨達盨蓋——▨作冊矢令簋,▨形和▨形之間尚缺演變鏈環。

2型,鬲字上部加雙手形作鬹

▨、▨(虢仲鬲561～562西晚)。▨(虢季氏子組鬲662春早),[澳]巴納、張光裕編《中日歐美澳紐所見所拓所摹金文彙編》395與《集成》662同銘,"鬲"作▨。又如▨(䣄姞▨母鬲596春早),▨(梁十九年亡智鼎2746戰中,器名)③,▨(□鬲矛11476戰國,義不明)。

鐱頃(?)戈(《集録》1119戰國)胡的一側鑄銘文2字,内上鑄銘文1字,内上之字作▨,舊多釋"鑄",今多改釋爲鬹(鬲)。④有學者認爲戈銘中是地名。

此種寫法的"鬲"亦見於楚系簡帛及傳抄古文,郭店《窮達以時》2作▨("舜耕於鬲山"),上博二《容成氏》40"鬲山是(氏)"字作▨(▨),上博五《鬼神之明·融師有成氏》2簡背"鬲山"字作▨(▨)。傳世文獻中寫作"歷"。《容成氏》13作▨(▨,"舜耕於鬲丘"),下部"鬲"旁聲化爲"帝"。⑤

---

①　朱鳳瀚定爲夷王時器,參《商周家族形態研究》(增訂本),天津古籍出版社2004年,第644頁。
②　器主名作▨,引自朱鳳瀚《滕州莊里西滕國墓地出土鬳器研究》,《中國古代青銅器國際研討會論文集》,上海博物館、香港中文大學文物館2010年,第19頁。
③　此器銘文釋讀參拙著《西周金文作器用途銘辭研究》下册,綫裝書局2009年,第653頁注1。
④　湯餘惠主編《戰國文字編》,第173頁;黃德寬主編《古文字譜系疏證》第三册,第2063頁;施謝捷《首陽齋藏子犯鬲銘補釋》,《中國古代青銅器國際研討會論文集》,上海博物館、香港中文大學文物館2011年。
⑤　李守奎、曲冰、孫偉龍《上海博物館藏戰國楚竹書(1～5)文字編》,作家出版社2007年,第136頁。

魏三體石經《君奭》"多歷年所"之"歷"古文作𤽈，篆、隸作"歷"。①

包山楚簡中還有幾個從鬲作偏旁的字：1. 從辵，𧻔（包山 56），亦見 167 簡𧻔（171 簡作𧻔，與 167 簡可能是同一人）、192 簡𧻔，均作人名；2. 從人，𠍳（包山 90，表示一種身份），亦見 166 簡𠍳（"○司敗"）、193 簡𠍳（人名）；3. 從邑，𨞠（包山 110）、𨞠（包山 118），作地名，亦見 143、168、184 簡。②

3 型

𩰫、𩰫（樊夫人龍嬴鬲 675～676 春早），是另外一種類型的象形寫法。

4 型

鎘，𨭁（季真鬲 531 西周中晚期），③加注表示材質的意符"金"。

5 型，疊加表示器物類屬的意符，都屬於地域性結體

5A，鬲，疊加"鼎"旁。𩰫（虢文公子㱿鬲 736 西晚），④𩰫（國子碩父鬲，《集錄》146～147 春早），𩰫（虢宮父鬲，《通鑒》2937 春早）。作爲偏旁見於第 6 型的薦鬲（《集錄》132 春晚）。

5B，疊加"皿"旁。𩰫（内太子鬲，《通鑒》2991 春早），𩰫（内公鬲，《通鑒》2992 春早）。

6 型，⑤形聲結構，添加聲旁"圭"，"圭"上古音屬支部見母，"鬲"爲錫

---

① 參顧頡剛、顧廷龍輯《尚書文字合編》第 3 册，上海古籍出版社 1996 年，第 2249 頁。

② 參湖北省荆沙鐵路考古隊《包山楚墓》下册，文物出版社 1991 年。下引包山楚簡文字均出此書。

③ 或稱之爲方鼎。內壁鑄銘文 5 字。《通鑒》2691："方形鼎體，下有方形爐膛。鼎體直口，窄沿厚唇，附耳高出器口，腹部前後各設有一對獸頭銜環提手，左右各設一個獸頭銜環提手；下部爐膛作方屋形，正面開門，門樞齊全，可以啟閉，兩側及後面設田字格窗户，平底有許多條形鏤孔，底部四角以圓雕臥虎作足。"

④ 陳劍《青銅器自名代稱、連稱研究》（第 345 頁）認爲是"鬲"、"鼎"二字合書，似非。

⑤ 《彙編》1639 著錄一件戰國早期的鬲，現藏北京故宮博物院，銘文在口沿處，曰："君子之弄鬲。""鬲"作𩰫，吳鎮烽《通鑒》20517 云："器形係戰國早期中原流行的敦（有的自名爲軌），銘文係仿春秋晚期智君子之弄鑒銘文僞刻。'鬲'爲僞刻者自造的字。"字形不是没有根據。器形當即朱鳳瀚《古代中國青銅器》（南開大學出版社 1995 年）所說的鬲鼎（第 72 頁，圖見第 171 頁圖三·六）。陳劍《青銅器自名代稱、連稱研究》（第 344 頁）提到的"君子之弄鼎"當即此器，但他没有見到原拓，所據銘文釋文"鬲"字寫法有誤。《通鑒》20544 著錄一件春秋晚期的君子之弄壺，現藏英國倫敦大英博物館，圈足上橫刻銘文 5 字："君子之弄鬲。""鬲"字寫法與《彙編》1639 結構相同，寫法稍異，吳鎮烽認爲銘文僞刻，可從。《彙編》1639 鬲，字形、器形及自名、銘文部位都没有可疑之處，定爲僞銘不妥。

部來母，陰、入對轉①

☒（樊君鬲 626 西晚），☒、☒（內大子白鬲，《通鑒》3005、3007 春早，3006 銘文殘泐不清），☒（子犯鬲，《首陽吉金》52 春中），☒（薦鬲，②《集錄》132 春晚）。限於材料，我們現在還不能肯定圭聲是加注的還是變形聲化而形成的。

珍秦齋藏戰國晚期的□年宅陽令戟刺銘中冶工之名作☒，十七年相邦春平侯鈹（11689 戰晚）中工師之名作☒，施謝捷先生依據鬲字異體"䯊"而改釋爲"䏵"，③其説可從。

7 型，假借字

☒（單叔鬲，《通鑒》2954～2962 西晚，字形采自 2957）。④

8 附錄

☒，見師□作寶鬲（533 西晚，宋人摹本）。☒，見旅鬲（《集錄》119 西晚），僅存"旅鬲"二字，略有漫漶。☒（呂雔姬鬲 636 西晚），此器"齋鬲"二字寫法均較怪異。

黃朱□鬲（609～610 西晚），1966 年 7 月湖北京山縣出土，銘文蝕泐，器名字殘爲☒、☒，張亞初、吳鎮烽《通鑒》等均釋爲"鬲"，但寫法有較大變異。伯子受鬲（《彙編》529 春晚）銘文蝕泐，但就殘畫看，寫法特異（☒，反白後☒）。長社鬲（《集錄》124 西晚）僅有摹本，銘曰"長社親曰寶☒"，銘意不明，☒或釋鬲。

---

① "圭"上古音屬支部見母，"鬲"爲錫部來母，陰、入對轉。參拙著《西周金文作器用途銘辭研究》，綫裝書局 2009 年，第 134 頁注 3。施謝捷先生認爲字當釋作"䏵"，圭爲聲符，是鬲的別稱，不宜直接釋爲"鬲"。參《首陽齋藏子犯鬲銘補釋》，《中國古代青銅器國際研討會論文集》，上海博物館、香港中文大學文物館 2011 年。

② 1978 年河南淅川縣下寺春秋墓（M2：59）出土，作器者名被刮去。

③ 參上引《首陽齋藏子犯鬲銘補釋》文。郭永秉先生亦持相同意見，參《釋三晉銘刻"鬲"字異體——兼談國博十七年春平侯鈹銘的真僞》，《簡帛》第六輯，上海古籍出版社 2011 年。郭文同意我們關於"䏵"爲"鬲"字異體的意見，而與施説不同。

④ 2003 年 1 月出自陝西眉縣馬家鎮楊家村西周銅器窖藏。☒讀鬲，參董珊《略論西周單氏家族窖藏青銅器銘文》，《中國歷史文物》2003 年第 4 期；陳劍《金文"彖"字考釋》，《甲骨金文考釋論集》，綫裝書局 2007 年。

222　金文與青銅器研究論集

　　▨（虢伯鬲 507 西中），張亞初等釋爲"鼎"，《通鑒》2667 釋爲"鬳（鼎）"，①似是"鬳（甗）"字。

　　至於▨（量鬲 633 西中）、▨（琱生鬲 744 西中後段）、▨（師趛鬲 745 西中），一般釋作鬻字，是鬲的另外一種稱名。

　　春秋晚期的叔尸鐘（273 春晚）、叔尸鎛（283）"女（汝）雁（膺）鬲公家"之"鬲"作▨、▨，一般讀爲"歷"。我們認爲此字當跟戈囟丁（2406 西早）之▨、多友鼎（2835 西晚）之▨同字，而與"鬲"無關，叔尸鐘中當釋"瓚"，讀爲贊佐之"贊"。②

　　下面我們對上述可辨認的寫法按照時代作一個統計，同一人所作同銘之多件器物分別統計，③之所以這樣統計，是因爲不少同人所作多件器物的"鬲"字會有多種寫法。但對於特殊用字，又不能僅僅統計數量，如▨類雖有 9 例，但僅見于單叔鬲，實際上就一例。

分期 字形	西早	西　中	西　晚	春　早	春中	春晚	戰國
▨ 1A			2				
▨ 1B	2	19 附：▨、▨	9	11 附：▨			
▨ 1C		12	30	4			
▨ 1D		1	14	10			
▨ 1E	1	8 含：▨	32 含：▨；附：▨	7			
▨ 1F			1	8（魯、鑄）			

---

　　① 字形采自《通鑒》2668，2668 本爲开筶鬲，但提供的拓片卻是虢伯鬲的，較之 2667（即《集成》所用拓片）清晰。

　　② "瓚"字於頂部加短橫的例子見於▨尊（5988 西中）之▨。關於金文中"瓚"字的詳細討論，參拙著《西周金文作器用途銘辭研究》，第 326～338 頁。

　　③ "附"不計入統計資料，"含"則計入。

續　表

分期 字形	西早	西中	西晚	春早	春中	春晚	戰國
1G			1	9①			
1H	2						
2型			2	3			1②
3型				2			
4型			1				
5A			1(虢)	3(虢)			
5B				2(芮)			
从圭聲，6型			1	2	1	1	
7型			9(僅見單叔鬲)				
附錄							

由於材料的殘泐等原因，"鬲"字異體的統計無法獲得一個準確的數據，據上文的字形梳理進行統計，有 20 多種，結構類型有象形、形聲、假借。但較常見的寫法是 1B、1C、1D、1E 四種，最常用的是 1C、1E 兩種。這幾種寫法的區別反映了時代特點，1B、1C 常見於西周中期，西周晚期流行 1C 和 1E 型。從上表可以看出，西周中期的字形具有較強的規範性，兩周之際異體明顯增多，上面提到的 20 多種異體，春秋時期佔了一半多，其中地域特點明顯的見於虢國器、芮國器和山東諸國器物。

"鬲"字形體演變主要在於款足部分，對於這部分的"裝飾"，古人作了多種探索。一種是把點變爲一橫，在此基礎上，又演變爲兩橫，最終這種

---

① 計入魯伯愈父鬲和鑄子叔黑臣鬲中的字形。
② 未計入不用作器名的例子。

演變形態被認可,成爲主流寫法。一種是在加點的基礎上,再加一點,如
☒(盠伯鬲 663～665 西晚)。① ☒(姬妊旅鬲 511 西中)、☒(仲枏父鬲
《首陽吉金》32 西中)、☒(鄭☒伯鬲 597～599 春早,字形采自 597)、
☒(繁伯武君鬲,《集錄》135 春早)、☒(江小仲母生鼎 2391 春早,鼎自名
爲鬲)等五種字形反映的則是古人另外途徑的探索,但這些探索都是曇花一
現。在字形多種維度的演變探索中,書寫筆畫的順手是古人曾經考慮過的
一個主要方向,字形的裝飾性、美觀性也是古人刻意追求的一個方面,像☒
等寫法就反映了這一點。爲了字形表意、表音的需要,字形還往往會加繁。
"鬲"字的各種異體豐富並深化了我們對漢字簡化問題的認識。②

二

《說文·瓦部》:"甗,甑也。一曰穿也。从瓦鬳聲。"《鬲部》:"鬳,鬲
屬,从鬲虍聲。"《犬部》:"獻,宗廟犬名羹獻。犬肥者以獻之。从犬鬳
聲。"作爲青銅器的一種,上甑下鬲,或合鑄或分鑄的"甗",在甲骨文中
作☒、☒、☒等形,③金文中寫作☒、☒(即《說文》之"鬳")、☒(即《説

---

① 字形采自 664,其他兩件泐甚。
② 楚器䣄篙鐘(38 春晚)之篙作☒(讀爲曆),鬲旁作☒,鬲的款足部分从三横加一
點,雖然從理論上符合"鬲"字形體演變規律,但單獨的鬲字迄今未見此種寫法。我們推測
這種形體可能受到楚文字"兩"字☒、☒、☒寫法(李守奎《楚文編》,華東師範大學出版
社 2003 年,第 475 頁)的類化影響而形成的。("兩"字形體在演變過程中也受到了"鬲"字寫
法的影響,詳拙文《戰國金文補證三則》,未刊稿)。至於金文中用作鼎、簋、鬲、簠、壺等器名
修飾語的☒、☒、☒等字(《金文編·附錄下》第 1284 頁),有學者釋爲溍。此字用爲
器名修飾語多見於東周銅器,更早的見於西周晚期的朿仲皿父簋(3924),作☒。虢叔旅
鐘(243 西晚)有☒(238 作☒,239 作☒,240 作☒),可能與此字有關。由於其所从尚難以
找到與單字"鬲"及偏旁"鬲"之間的演變鏈條,此字是否从鬲,姑存疑待考。【編按】《戰國金
文補證三則》後刊於《古文字研究》第二十九輯,中華書局 2012 年 10 月。已收入本書。
③ 中國社會科學院考古研究所《甲骨文編》,中華書局 1965 年,第 108 頁;劉釗等
《新甲骨文編》,福建人民出版社 2009 年,第 151～152 頁。甲骨文中有☒(《甲骨文合
集》26954),用爲進獻義。另有☒字(《甲骨文編》,第 407 頁,《新甲骨文編》,第 554 頁),
見《甲骨文合集》31812,詞義不明。

文》之"獻")①等形。在小篆以前的材料中，尚未見到從瓦之"甗"。據《説文》，甗是形聲字，以"獻"記"甗"則屬於假借。金文中記錄器名的"鬳"或"獻"，還有人名、進獻等用法。其構形可以從不同角度劃分，本文爲了考求黿伯鬲之"🀄"到底是何字的問題，按"虍"下的偏旁來劃分。

1型，从鼎

1A

🀄（見甗 818 西早），🀄（㚤奴寶甗 851 西早），🀄（師𧵦方甗 884 西早）。

🀄（樂甗《通鑒》3326 西晚）。

🀄、🀄（九年將軍戈 11325～11326 戰晚），銘云"九年，將軍張二月，剗宫我丌鬳"，讀爲"獻"。②

1B③

🀄、（獻簋 4205 西早，人名），🀄（寓鼎 2718 西早，進獻義），🀄（叔厷甗《通鑒》3317 西早），🀄（盂甗，《集録》160 西早），🀄（伯甗 858 西早），🀄（作父癸甗 905 西早），🀄（解子甗 874 西早）。🀄（彌伯甗（895 西早）、🀄（彌伯甗（908 西早）寫法略有變異，後一種虍旁和犬旁發生類化。

🀄（遇甗 948 西中），🀄（仲甗 860 西中前段），🀄（虢伯甗 897 西中），🀄（比甗 913 西中），🀄（作寶甗 921 西中），🀄（孚公狄甗 918 西中），

---

① 《金文編》第 173 頁"鬳"、683 頁"獻"、848 頁"甗"。

② 參黄德寬主編《古文字譜系疏證》第三册，第 2660 頁。【編按】這種訛从貝形的寫法的"鬳"字亦見於清華簡第六輯《子産》（該篇文字蘊含着明顯的三晉文字風格），皆用爲"獻"。參趙平安《清華簡第六輯文字補釋（六則）》，《出土文獻》第九輯，中西書局 2016 年；收入氏著《新出簡帛與古文字古文獻研究續集》，商務印書館 2018 年。

③ 井伯甗(873 西早)、𠭯䁑甗(《彙編》701 西中)銘泐，但從殘存筆畫看，亦屬此類。龏妊甗(877 西中)銘文殘爲🀄，《集成》805(西中)僅有"寶甗"二字，"甗"泐爲🀄，亦屬此類。伯□甗(898 西早)僅能辨認右邊的"犬"旁，左半偏旁不清。小盂鼎(2839 西早)、犀甗(919 西中)、伯姣父甗(923 西中)、作旅甗《通鑒》3343 西早)、咭相伯甗(《通鑒》3344 西晚)、鄭莊公之孫缶(《彙編》1239 春晚)銘泐不能辨。伯頜父甗(《彙編》1688 西晚)、虢姜甗(《通鑒》3347 春早)從照片觀察亦屬此類。午字父甗作🀄，此甗著録於劉體智《小校經閣金石拓本》3.94.1、《善齋吉金録》3.38、王獻唐《國史金石志稿》2447（青島出版社 2004 年），《通鑒》20523 定爲西晚並疑銘僞。

██(仲伐父甗931西中)，██(子邦父甗932西中)，██(任鼎《彙編》1554西中，進獻義)，██(殷敖簋蓋4213西中，進獻義)，██(乖伯簋4331西中，進獻義)██、██、██(饙卣《集錄》605西中，進獻義)，██(仲枏父甗942西中，宋人摹本)。

██(伯□父甗900西晚，宋人摹本)，██(██仲雩父甗911西晚)，██(鄭丼叔甗926西晚)，██(伯姜甗927西晚)，██(叔碩父方甗928西晚)，██(𣪘父甗929西晚)，██(伯鮮甗940西晚)，██、██、██(多友鼎2835西晚，進獻，"獻宮")，██(五年琱生簋4292西晚，進獻義)，██(六年琱生簋4293西晚)，██、██(譴季獻盨4413西晚，人名)，██(駒父盨蓋4464西晚，進獻義)，██(鄭伯筍父甗925西晚)，██(██父簋3894西晚，宋人摹本，人名)。██(仲酉父甗902西晚，清人摹本)摹寫有訛。██(楚季鐘，西晚，進獻義)。①

██(鄭氏伯高父甗938春早)，██(曾子仲謰甗943春早)，██(陳公子叔邍父甗947春早)。

██、██、██(庚壺9733春晚，進獻義)。

██(陳曼簠4595～4596戰早，人名)。

1C

██(寏甗862西中前段，清人摹本)。██甗(934西晚，宋人摹本)██，摹有誤。██(十四年陳侯午敦4646戰早，進獻義)，陳侯午簋(4145戰早)不清。

1D

██ 見叔甗(《通鑒》3348西早)。此銘只有照片，表面一層黑綠色的銅銹，銘四字"叔作寶甗"，"寶甗"二字蝕泐較重。"甗"字作██(摹本)，左上偏旁是虍，左下是鼎，右上是犬，右下是金。

---

① 徐伯鴻《湖北枝江白洋工地有銘編鐘的年代》，http：//blog.sina.com.cn/s/blog_4d399bba01013x5k.html，2012年6月26日；武家璧《"楚季"其人與"楚季鐘"的年代》，http：//www.gwz.fudan.edu.cn/SrcShow.asp？Src_ID=1914，2012年8月22日。

2型,从鬲

▨(大夫始鼎2792西中,宋人摹本,"獻工")。

▨(晉伯雖父甗《彙編》1457西晚),▨(虢季子白盤10173西晚,進獻義)。

▨(魯仲齊甗939春早)。

3型,从象形寫法之甗字

3A

▨(王孫壽甗946春早),▨(羕陵公戈11358戰晚,"獻鼎之歲")。

3B

▨(𠭯弗生甗887西早),▨(獻侯鼎2626西早,人名。2627同銘,殘泐較甚,但虍及犬頭部分仍可清晰地看到),▨(史獸鼎2778西早,"獻工",另一處文字蝕泐)。

▨(孟姬安甗910西中)。

▨(善夫山鼎2825西晚,"獻人"),▨(𢷎簋4317西晚,"獻民"),▨、▨(不其簋4328～4329西晚,"獻禽"),▨(伯公父勺9935西晚,"用獻用酌"),▨、▨(善夫克盨4465西晚,"唯用獻于師尹、朋友、婚媾")。

▨(尌仲甗933春早),▨(虢子良人甗945春早,犬旁似在左)。

▨(陳樂君歌甗《集錄》163春晚)。

▨(摹本▨,廿一年寺工車䡇12041戰晚,人名)。▨(王孫袖戈《通鑒》17002戰國,進獻義)①殘泐,與包山楚簡"獻"字的相關寫法比勘(參下文),當亦屬於此類型。

驫羌鐘(157～161戰早)中有一字寫作▨,銘文中用為韓宗即韓景侯

---

① 參周世榮《湖南出土戰國以前青銅器銘文考》,《古文字研究》第十輯,中華書局1983年,第275頁圖32;劉彬徽《王孫袖戈》,高至喜主編《楚文物圖典》,湖北教育出版社2000年,第122頁。

虘的名字,一般釋爲"敢"(徹)。① 陳夢家先生認爲此字从鬲从攴即獻字之省,獻、虘音近。② 陳劍先生說,左旁非鬲,而是象上甑下釜的"鬳"字初文。③ 與"鬳"字 3 型寫法比勘,其説可信。

3C

▨(伯▨鬳 870 西早)。與 1C 相類,左从鬳之象形寫法,上从"卜",當是受"鼎"寫作"貞"的影響而類化。

4 型,从虍从犬④

▨(克鬳,《彙編》916 西早,曲沃縣天馬—曲村),▨(叔釗父鬳《彙編》900 西晚,曲沃縣天馬—曲村),▨(鄭太師小子侯父鬳 937 西晚)。

5 型,从虍从犬从口

▨(申五氏孫矩鬳《彙編》970 春早)。石鼓文《吴人》(春晚)之 ▨ 可能與之有關。

6. 附錄

▨(叔𦾔鬳 909 西晚),此器共 7 字,"叔、𦾔、作、永、用"寫法都很規範,唯獨"寶鬳"二字比較簡率,尤其"鬳"字字形幾乎無法分析,其中有類化、有訛變。

另有二字雖非用爲"鬳"字,但字形與此相關,今一並論列之:一、▨(否叔卣《集録》603 西早)、▨(否叔尊《集録》637 西早),字迹草率,可能是从虍从鬳之象形寫法的結構,可以釋寫爲"虜",銘中用爲"獻",文曰"否叔獻彝"。二、▨,見𨦪盂(《集録》1023 春晚),从升,與"盨"作 ▨、"盂"作 ▨ 相類,當是受𧈧(《金文編》,第 495 頁)等字影響而產生的。銘曰"𨦪所𧈧,爲下寢盂",用爲"獻"。

──────────

① 《說文》"徹"之古文作 ▨,西周金文中見於何尊(6014 西早)之"▨(○令)"、牆盤(10175 西中)之"▨(用肇○周邦)"。
② 陳夢家《西周年代考·六國紀年》,中華書局 2005 年,第 125 頁。
③ 陳説見於董珊《讀清華簡〈繫年〉》,http://www.gwz.fudan.edu.cn/SrcShow.asp?Src_ID=1752,2011 年 12 月 26 日。
④ 山西翼城大河口西周霸國族墓地出土一件格(霸)伯鬳,器名作 ▨,當也是从虍从犬的寫法。參《2010 年度全國十大考古新發現·山西翼城大河口西周墓地》,《中國文物報》2011 年 6 月 10 日第 6~7 版。

談金文中一種長期被誤釋的象形"鬳"字　229

下面我們"鬳"字的各類異體作一個統計，並列表觀察：

字形＼分期	西早	西中	西晚	春早	春中	春晚	戰國
1A	3		1				2
3A				1			1
1B	10	19	20	4		3	1
2型		1	2	1			
3B	3	1	7	2		1	2
1C		1	1				1
3C	1						
1D	1						
4型	2		2				
5型				1			
附錄							

"鬳"字共有 11 種異體，①没有明顯的地域特點，時代特點也不突出（1B 型的時代特點在"鼎"旁中稍有體現）。從使用頻率看，整個兩周都以從鼎的 1B 型"獻"爲通行寫法，其次是從"鬳"之象形寫法的 3B 型。

在簡帛材料中，本義本用的"鬳"字見於包山楚簡 266 號之 ，從金，從 3B 型"鬳"字。

在金文以外的戰國文字資料中，"獻"字也有從鼎、從鬲、從象形之鬳等幾類異體。屬於 1A 型者： （三晉璽印）。屬於 1B 型者： （三晉璽

---

① 或云金文中鬳字所從之"鼎"旁是甲骨文 字下部偏旁之訛（《古文字譜系疏證》，第 2659 頁），由"鬳"字各種異體的使用時代及頻率看，此説非是。鬲、鬳、鼎在形制和功用上都存在着某種聯繫，字或從鬲，或從鼎，或從象形之鬳，乃屬義近形符换用之例。

印），與陳曼簠寫法同。屬於 2 型者：▣（秦印），▣（睡虎地秦簡），▣（侯馬盟書，或寫作▣，由於受到文字內部類化的影響，虍頭寫得跟"鬲"旁款足部分趨同）。屬於 3 型者：▣（秦印）。①

楚簡中的"獻"字形體或從"鼎"作，如▣（包山 147）、▣（新蔡甲三 342－2）、▣（新蔡乙一 29）；②或從"鬲"作，如▣（望山 M1.95）、▣（包山 105），③"鬲"旁訛變爲"牽"形。但以本文所劃分的 3B 型寫法爲常見：▣（清華簡《皇門》3）、▣（《楚居》13），④▣（新蔡甲三 27，下部稍殘）、▣（新蔡甲三 33）、▣（新蔡甲三 217）、▣、▣（天星觀一號墓卜筮簡）、▣（天星觀一號墓遣策簡），⑤▣上博二《容成氏》5，▣（信陽長臺關一號墓遣策簡），▣（包山 182），▣（上博七《吳命》9），▣（清華簡《繫年》85）。⑥新蔡楚簡和天星觀楚簡中"獻"字的寫法處於由春秋金文向戰國晚期簡牘文字演變的中間環節，《容成氏》簡中象"鬲"的部分訛變爲"牽"形，長臺關、包山楚簡中象"鬲"的部分則省變爲▣或▣形。至于▣（望山 M1.1），在甗字的甑與鬲之間添加一橫的寫法，當是受到楚文字中▣⑦字的類化影響而產生的。

三

在"鬲"字的多種異體中，没有一例與黿伯鬲之"▣"形相同者，把"▣"釋爲"鬲"非常可疑。此字就是"甗"第三類寫法之所從的偏旁，即象形"甗"字，遠承甲骨文的寫法。"甗"之第三種類型以往多不被措意，與從

---

① 以上字形引自《戰國文字編》，第 667 頁"獻"。
② 參河南省文物考古研究所《新蔡葛陵楚墓》，大象出版社 2003 年。或云"貝"乃"鬲"之訛（《楚文字編》，第 577 頁），非是。
③ 參李守奎《楚文字編》，第 577 頁"獻"。
④ 李學勤主編《清華大學藏戰國竹簡》（壹），中西書局 2010 年。
⑤ 參李守奎《楚文字編》，第 577 頁。
⑥ 參李學勤主編《清華大學藏戰國竹簡》（貳）"字形表"，中西書局 2011 年，第 250 頁。所從"虍"旁寫法同於上博七《吳命》，"虍"下之"鬲"訛省爲"羊"形。
⑦ 參李守奎《楚文字編》，第 180 頁。

"鼎"之寫法混同。但"鼎"之結體,從甲骨文一直到金文,一般都是突出鼎腹和其柱足或扁足,"鬲"和"甗"的結體明顯都是袋足,第三型所從偏旁與"鼎"不類。"鼎"字在較早的金文中也有少量的袋足形寫法,但腹、足區分明顯,而"鬲"的腹部與足部則不好分開。① 鬲、鼎形制和功用都有密切關係,因此鬲、鼎作爲器名可以互稱、連稱。甗體分爲上下兩個部分,上爲甑,下爲鬲,鬲與甑可以合鑄,也可分鑄,那麼,鬲自名爲"甗"並不是難以理解的現象。

此字的論定,爲青銅器自名代稱增添了一條新的材料,讓我們知道"鬲"可以自名爲"甗"。▨(彊伯鬲 507 西中)如果是"鏞"的話,那麼"鬲"稱爲"甗"就又增加了一條例證。

2011 年 1 月初稿
2011 年 3 月 12 日二稿
2011 年 4 月 15 日三稿
2011 年 7 月 9 日四稿
2011 年 8 月 7 日五稿
2012 年 2 月 28 日六稿

補記:商代晚期的兩件觚銘作▨(6916,原拓)、▨(6917),上一字釋"比"或"并",下一字釋"火"或"鬲"。我們認爲釋爲"鬲"(倒書)可能是對的,金文中有以"甗"(7021 觚)、"鼎"(如 4745 卣)爲族名者。此字旋轉 180 度作▨、▨,正象"鬲"之形。

商代晚期金文有族名作▨(冊融方鼎《集録》222)、▨(融簋《集録》375,《通鑒》5283 融簋作▨),中間从兩鬲相抵之形,姑隸爲"融",又見冊融鼎(《集録》221)、融方鼎(《集録》193)、融爵(《集録》772)、融觚(《集録》701~702)、融觶(《集録》644)、融尊(《集録》608)、融卣(《集録》549)、融罍(《集録》974)、融尊(《彙編》1661)、融父己爵(8567)。《集録》所收融器,均出山東青州市蘇埠屯商代墓葬 M8。

---

① 朱鳳瀚《古代中國青銅器》,南開大學出版社 1995 年,第 74 頁。

目鬲祖壬爵(8357 西早)之"目鬲"作■,族名,張亞初等釋爲"睸",《金文編》以爲二字,■作爲不識字置於附錄下 607 號。甲骨文有■(《新甲骨文編》,第 151 頁"鬲",這種寫法又見於偏旁"鬲",參同書 152、153 所列从"鬲"之字),與此形同。

《説文》"櫼"(■)古文作■,李天虹先生以侯馬盟書和天星觀楚簡的"獻"字爲據(我們所劃分的 2 型和 3B 型"甗"字),認爲此字从木獻省聲。① 徐在國先生以西周晚期的會姒鬲爲據,認爲此字右旁似是會姒鬲之■演變,可能是"虘"字之省體,虘、獻古通。② 此古文《古文四聲韻》作■,《汗簡》作■。③ 其右旁的寫法在戰國文字尤其是楚文字中是存在的,就是"鬲"字。但這種寫法不見於單字"鬲",衹見於䰜和 2 型、3B 型"甗"字中的偏旁"鬲"。從諧聲角度考慮,此"鬲"旁應當看作虘或獻省聲。但到底是"虘"之省還是"獻"之省,二説都缺乏充分的證據支持。此字也可能本从象形之甗,如同䱷羌鐘■字之左旁,後省變爲"鬲"形。

清華簡《保訓》"鬲"字二見:一見於 1 號簡"王念日之多鬲",作■,用爲歷;一見於 4 號簡"昔舜舊作小人,親耕于鬲茅",作■。這兩種用法在郭店楚簡、上博簡及傳抄古文中均作䰜,這種用字不一致的現象值得進一步研究。

寓鼎(2756 西中)有"扁"(■)字,④所从之鬲旁同於達盨蓋■之所从。

《説文》之䰜,許慎曰:"古文,亦鬲字。"這種形體來源於商末和西周金

---

① 李天虹《説文古文新證》,《江漢考古》1995 年第 2 期。
② 徐在國《隸定古文疏證》,安徽大學出版社 2002 年,第 131 頁。
③ 《汗簡・古文四聲韻》,中華書局 1983 年,第 75、15 頁。
④ 參郭永秉《釋上博藏西周寓鼎銘文中的"羹"字——兼爲春秋金文、戰國楚簡中的"羹"字袪疑》,"出土文獻與傳世典籍的詮釋——紀念譚樸森先生逝世兩周年國際學術研討會"論文,2009 年 6 月 13~14 日,上海,發於 http://www.guwenzi.com/SrcShow.asp? Src_ID=929,2009 年 10 月 3 日;後題爲《上博藏西周寓鼎銘文新釋——兼爲春秋金文、戰國楚簡中的"羹"字袪疑》,刊於《出土文獻與傳世典籍的詮釋——紀念譚樸森先生逝世兩周年國際學術研討會論文集》,上海古籍出版社 2010 年 10 月;收入作者《古文字與古文獻論集》,上海古籍出版社 2011 年 6 月,第 1~22 頁。

談金文中一種長期被誤釋的象形"甗"字　233

文中的〔字〕、〔字〕、〔字〕、〔字〕、〔字〕、〔字〕、〔字〕(《金文編》,第1220、339頁)等字下部表示烹煮的容器"鬲"的底部筆畫加上"火"旁之形(字或从"鼎",參《金文編》,第1220頁303號第一字〔字〕)。春秋金文中此旁寫作〔字〕、〔字〕、〔字〕、〔字〕、〔字〕(《金文編》,第1190~1191頁136~141號字)等形。誠如陳劍先生所說,"鼎或鬲加火旁"之形的下方變爲从鬲或从皿,皆並非字形的自然演變,而是將"火旁加鬲底筆畫之形"替換爲了另一成字的意符,上半仍保留"弜"或"弜"形。上舉諸形中的大多數除去上半中間的部分之後,餘下的形體嚴格講實際上對應的是《說文》篆形"鬻"除去"羔"之後的"〔字〕"類形,而不是"鬻"。① 這種結體中的"鬲"旁當來源於甲骨文中〔字〕鬲的寫法,鬻象鬲烹煮食物之形,所以把鬲的兩邊寫得特別寬闊,以便在其中容納其他的偏旁,所謂"弜"其實只是"鬲"字兩邊的筆畫罷了。② 春秋早期器樊夫人龍嬴鬲,〔字〕束頸,其"鬲"字作〔字〕、〔字〕,正象其形,但在源流上代表着早期結體形態,而樊君鬲之〔字〕旁乃由〔字〕旁訛變。〔字〕旁甲骨文已有,參《甲骨文編》第697頁3463號字、《新甲骨文編》第154頁第二—四字。③《新甲骨文編》收〔字〕(合集4760)、〔字〕(合集31036),二字文例不同,意义没有關聯,無法證明〔字〕和〔字〕是一字異體。〔字〕乃象器物之鬲之形,而从〔字〕旁之字則象以鬲烹煮之形,二者取意有別,而且〔字〕旁很早就已產生,有一定的構字功能,有自己的形體演變序列,二者在某些字中可以互相換用,應當看作形符義近相通。因此,不宜把鬻視爲鬲字異體。

　　商代晚期的金文中有作族名的甗,其形作〔字〕(〔字〕甗觚7021)、〔字〕(甗祉觚7019)、〔字〕(正甗爵8204)、〔字〕(甗奞觚7020)、〔字〕(甗奞爵8283)、〔字〕(甗〔字〕簋3123)、〔字〕(甗戈10758)、〔字〕(伐甗戈10873)。黽獻祖丁觚(7213商晚),"獻"爲人名,作〔字〕,似从象形之甗。十五年上郡守

―――――――――――
　　① 陳劍《釋上博竹書和春秋金文的"羹"字異體》,"2007中國簡帛學國際論壇"論文,2007年11月10~11日,臺灣大學中國文學系。
　　② 季旭昇《說文新證》(上),藝文印書館2004年10月,第176、178頁。从鬻的其他字形參陳文與郭文所列。
　　③ 第一字和第153頁的兩個字都應該是从鬲,而非鬻。

壽戈（11405 戰晚）🖼（摹本🖼，人名），从甗。

2012 年 3 月 2 日、5 日、18 日記

敔簋（4323 西周晚期，宋代著録）之🖼，或釋"嵒"，或釋"虡"，或釋"獻"。其字當爲"甗"之象形初文，從文例看，讀爲"獻"可從。

2018 年 5 月 20 日

該文曾提交"中國文字學會第六届學術年會"宣讀，2011 年 7 月 30 日～8 月 1 日，河北張家口。後刊武漢大學簡帛研究中心主辦《簡帛》第七輯，上海古籍出版社 2012 年 10 月。發表後續有修訂，今據發表後的修訂稿收入。

【編按】朱鳳瀚先生認爲甲骨文中的🖼也是"甗"字的一種象形異體，並討論了其他的異寫形式。參《釋"🖼羌"》，《甲骨文與殷商史》新五輯，上海古籍出版社 2015 年 12 月。

商周金文異體字研究：
以"旅"字爲例

　　本文研究對象是見於商周金文中的所有"旅"字，①采用窮盡統計所有字形和文例，字形和辭例相結合進行研究的方法，分析"旅"字的各種結體和用法，梳理其字形或用法的時代特徵或地域特點，從構件數量、構件或綫條的形態特徵、構件與構件之間的形態照應、文字形體結構佈局等多方面綜合分析，探索古文字資料中異體字研究的新視角，爲斷代文字構形系統的研究夯實材料基礎，並服務於銘文的釋讀和青銅器的分期斷代。

---

　　① 所謂"商周金文中的所有'旅'字"，"旅"字材料的搜集，是依據學界現階段一般的文字釋讀意見，而非根據經本文考論後的結論而定。在古文字中，記録同一個詞、音和義均相同的字形一般都有多個，這些字形有的是構成文字的綫條或筆畫層面的書寫差異，有的是構件、構形及構意的差異，王寧先生把前者稱爲異寫字，後者稱爲異構字。她所説的異構字就是傳統異體字研究中所説的"狹義異體字"。參王寧《漢字構形學講座》第十講《漢字構形的共時相關關係》，上海教育出版社 2002 年 3 月；《漢字構形學導論》第八章《漢字構形的共時認同關係》，商務印書館 2015 年 6 月。林澐先生説："如果從偏旁分析的角度來考察一個字所可能有的異體，每一個字除了所含偏旁的形體變異外，還可以有結構上的變異。所謂結構上的變異，包括所含偏旁數量、偏旁相對位置、偏旁種類的變化，也包括構字方式上的變化，這些現象，可統稱爲'異構'。"參《古文字研究簡論》，吉林大學出版社 1986 年 9 月，第 98 頁；《古文字學簡論》，中華書局 2012 年 4 月，第 110 頁。王先生所説的"異寫"與"異構"，就是林先生所説的"形體變異"和"結構變異"（名爲"異構"）。
　　本文所説的"旅"字，實際上是用今天的楷書結體涵蓋了古文字中的多種異寫和異構字形，但有廣狹二用，廣義涵括"旅、𢑚、遊、㫃、旟、𥤧"等各種寫法，狹義則與"𢑚"相對，專指不從車的寫法。請讀者閲讀時注意。當需要把字與詞進行區分時，以{ }表示文字所記録的詞，文中重點討論的器名修飾語之"旅"所記録的詞標記爲{旅 1}；不特指某一詞，則用隸定字形涵括古文字中的不同異寫、異構寫法；需要提示具體寫法以説明有關問題時，則直接采用古文字原形。

一

現在商周金文中被釋爲"旅"的字有六種文例：一是用爲族氏名，二是用於人名，三是作器名的修飾語，四是顯性用途銘辭中的"用旅"，五是其他文例的"旅"（如"亞旅"、"振旅"、"旅弓"、"旅矢"等），第六種是與"旂"訛混的"旅"。第三、第四兩種其實是一回事，用爲器名修飾語也是表示器物的用途，我們稱之爲"隱性用途銘辭"，第四種屬於"顯性用途銘辭"。① 第三種文例居絶大多數，第四種僅 2 見（同人所作同銘器按一種文例計）。第五種文例見於 17 器（其中此所作同銘之鼎、簋 11 件），實際文例只有七種。第六種見於 15 器（其中此所作同銘鼎、簋 10 件），實際訛誤有 17 例（蓋器對銘分開統計）。族名之"旅"多見於商代晚期和西周早期器物，人名之"旅"只見用於西周。

金文中用爲器名修飾語的{旅1}有多種寫法，如旅、𦥑、遊、㳺、旟、𣃘等，"旅"最常見，"𦥑"次之。個別器物則用"車"字表示{旅}。"𦥑"始見於西周，此種寫法只用於器名修飾語，而且"旅器"也是進入西周才開始出現的。旅器的"旅"當是由"𦥑"簡省而來，與甲骨文之"旅"大概沒有直接關係。② 但金文中跟軍旅有關的"旅"大概是承繼甲骨文的用法的。"旅弓"之"旅"通"盧"，黑色也。③

甲骨文中的"旅"字，李宗焜《甲骨文字編》④列有兩個字頭，分別見於 162 號（上册第 54 頁人部）和 3762 號（下册第 1186～1187 頁 㐱部）：

0162　𣃘　32294 (B1)　　𣃘　屯0148 (B3)
旅

---

① 這兩個術語的界定，參拙著《西周金文作器用途銘辭研究》上册緒論，綫裝書局 2008 年 10 月。
② 本文一稿在"中國文字學會第八屆學術年會"上宣讀後，有學者提出，甲骨文中的"旅"字不从車會不會跟甲骨文作爲俗體的性質有關係。本文只是根據現有材料立論，對此不作過多推測，請讀者明知。
③ 《尚書·文侯之命》："彤弓一，彤矢百，盧弓一，盧矢百。"孔傳："盧，黑也。諸侯有大功，賜弓矢，然後專征伐。"
④ 李宗焜《甲骨文字編》，中華書局 2012 年 3 月。

商周金文異體字研究：以"旅"字為例　　237

3762 旅								
	20505（A5）	01027正（A6）	01027正（A6）		22952（A9）	23031（A9）	23045（A9）	25059（A9）
	04029（A7）	05821（A7）	05824（A7）		25284（A9）	25285（A9）	25286（A9）	25294（A9）
	17108（A7）	英0150正（A7）	08272正（A8）		25296（A9）	25695（A9）	25697（A9）	26333（A9）
	22539（A9）	22556（A9）	22558（A9）	22560（A9）	英2141（A9）	英2141（A9）	36424（A13）	36425（A13）
	22561（A9）	22609（A9）	22653（A9）	22730（A9）	36475（A13）	38177（A13）	屯2327（B5）	28096（B6）
	22736（A9）	22798（A9）	22915（A9）	22941（A9）	30267（B6）	屯2350（B6）		

　　除個別寫法外，兩人立姿都是面向旗桿的。其用法有貞人名、氏族名、地名、祭祀名、軍旅等義。①

二

　　{旅1}寫作"▨"，旐朝右時，"作"字寫作"▨"（例采自《集成》1774作旅鼎，西周中期），②這種情況是最常見的；寫作"▨"，旐朝左時，"作"字寫作"▨"（例采自《集成》1777作旅鼎，西中前段）。例外者僅見於：1. ▨壺（9545 西早）、作旅彝尊（新收 949 西早後段）、作旅彝卣（新收 948 西早後段）、鰲司土𩵋尊（5917 西早後段）、鰲司土𩵋卣（5344 西早）、敢尊（5957 西早）、敢壺（近出 600 西早，器銘符合此規律，蓋銘不合）、鄂侯弟屖季卣（5325 西早，蓋銘）、遣爵（9046 西早）、伯簋（10540、10541 西早）、閼伯簋（3480 西早）、應侯鼎（近出 273 西中前段）③、伯鼎（1915 西中）、伯鼎（近出 268 西中前段）、仲州鼎（通鑒 1456 西

---

① 孟世凱《甲骨學辭典》，上海人民出版社 2009 年 1 月，第 498 頁；于省吾主編《甲骨文字詁林》下冊，中華書局 1996 年 5 月，3024 號"旅"，第 3060～3063 頁。
② 器物著錄標注，引自《殷周金文集成》者，直接標注器物編號，其他引書使用簡稱：《通鑒》指吳鎮烽《商周金文資料通鑒》（光盤，2012 年 2 月），《近出》指劉雨、盧岩《近出殷周金文集錄》（中華書局 2002 年），《新收》指鍾柏生、陳昭容、黃銘崇、袁國華《新收殷周青銅器銘文暨器影彙編》（臺灣藝文印書館 2006 年），《流散歐》指劉雨、汪濤《流散歐美殷周有銘青銅器集錄》（上海辭書出版社 2007 年）。
③ 同墓所出應侯甗（近出 157 西中前段）則符合規律。

中)、伯好父簋蓋(3691 西中後段)、免簋(4626 西中)、咏尊(5799 西中前段)、伯尊(5764 西中前段)、陵尊(5823 西中前段)、仲旅盂(通鑒 14759 西中)、臭女盨蓋(4352 西晚)、伯魚父壺(9599～9600 西晚)、玨伯匜(10215 西晚)、吳王御士尹氏叔綵簠(4527 春早),以上均爲不從車之"旅";2. 從車者,見伯卣(5316 西早)、蔡爵(8832 西早)、隻爵(9038 西早)、木羊簋(新收 1594～1595 西早)、戈簋(3384 西早)、戈尊(5773 西早)、狱尊(5775 西早,▦)、史伏尊(5897 西早)、屚尊(5927 西早)、亞異侯尊(5923～5924 西早)、西卣(5042 西早)、叔京簋(3486 西早)、作旅寶彝簋(通鑒 4109 西早,▦)、夆伯命甗(894 西早)、右鼎(1956 西早)、禾鼎(1976 西早)、董伯鼎(2155 西早)、董伯簋(10571 西早)、楷仲鼎(通鑒 1451 西中前段)、圜君婦媿罍壺(通鑒 12353 春早)等,不足總用例的 9%。

人名之"旅"也遵循這一規律,如叔旅鼎(2187 西中前段)▦、▦,又如榮子旅鼎(2320 西早後段)、榮子旅鼎(2503 西早後段)、榮子旅鬲(583 西早)、榮子旅甗(930 西早後段)、旅鼎(2728 西早後段)、善夫旅伯鼎(2619 西晚)。有的銘文中有兩個以上從㫃之字時,也遵循這一規律,如鶘妥父鼎(2205 西中,圖一),亞𣄤父辛尊(5926 商晚,圖二)。

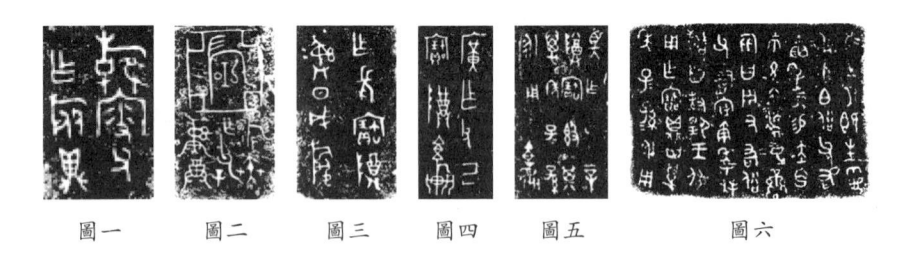

圖一　圖二　圖三　圖四　圖五　圖六

族名之旅,如作長鼎(2348 西中前段,圖三)、廣簋(3611 西早,圖四),臭簋(3909 西中前段,圖五)例外。南季鼎(2781 西中,圖六,第五、八行)"旅(斿)""作"例外。

這種現象從一個側面告訴我們,在一個相對自足的文字系統中,金文文字結體置向是存在着約定俗成的規範的,不能輕易地說當時的文字可以正反任作,這一點下文還會作進一步分析。

商周金文異體字研究：以"旅"字爲例　239

三

　　{旅1}寫作从車之"肇"的表列153例，①其中西周早期116例，西周中期33例，西周晚期1例，春秋早期2例，春秋晚期1例。其中从全形之車如■(仲夷尊5854西早)、■(矢伯鬲515西早)者78例，从簡省之車如■(効尊5778西早)、■(毛公肇鼎2724西早)者75例。

　　（一）在78例从全形之車者當中，僅有12例屬西周中期前段，其他均爲西周早期。其中車爲橫置而輈朝上如■(鄂侯毁，通鑒13803西早)者10例(見附表二32、42、43、57～63)，豎置而輈朝右如■(楷仲簋3363西中前段)者50例，②豎置而輈朝左如■(史伏尊5897西早)者18例。

　　旗杆與車體相連者19例(見附表二19～21、37～39、56～66)，基本上都是西周早期的，個別在西周中期前段。其連接形態有12種，形態相同的基本上都屬於同人同時所作諸器。也就是説，這12種寫法都具有書手個人的書寫特點，富於個性化。雖然連接形態不同，但都是把旗置於車輿所在部位。這應是當時現實情景的藝術再現。

　　有6例車輈寫法特殊(均爲車體豎置輈朝右寫法，見附表二1、22、24～26、44)，其中1例是輈向右上方稍傾斜，見伯鼎(1916西早)■；另5例輈端置衡、軛處向上彎曲，如■(亞眾侯尊5924西早)。這也是現實情景的藝術反映，説明當時的車輈是曲木，其彎曲處在輈端衡軛附近。

　　从全形之車、从㚔而没有執旗之人如■(作父乙旅尊5732西早)者31例(見附表二40～66，含12例旗杆與車體相連者)，另外有4例从簡省之車(3例西周早期，1例春秋晚期，見附表二67～70)，共計35例，佔全部从車之"肇"153例的22.9%，佔从全形之車78例的44.9%。

　　从全形之車的"肇"字，一般是兩人執旗，也有一個人的，如■(作旅

---

①　見於"字形""備注"二欄。蓋、器同銘者，分開統計，下同。該數據未計3例以"車"表{旅1}者：作旅寶彝卣(5121西早)蓋器對銘，器作■，蓋作■；另2例見微仲鬲(521西早)■、斝卣(5248西早)■。

②　其中斁罰事丁壺(近出600西早)器銘及同銘器《通鑒》12273(稱牧壺)之字下部均蝕泐，乃據同銘之字推定。

鬲 469 西早)、▣(作旅彝卣 5029 西早)、▣(堇伯鼎 2155 西早),計 9 例(見附表二 31、34～39),①基本上都屬於西周早期的器物。其中最象形的當屬▣形。從簡省之車的字寫作一人執旗的,僅見於作册魋卣(5432)器銘▣,蓋銘則作▣。

不從㫃而從兩人和全形之車者僅 1 例,見牢尊(5804 西早)▣(附表二 33)。

旒向和輈向相順如▣、▣者 53 例,方向不相順如▣、▣、▣、▣、▣者 14 例(見附表二 18、20、22、24～26、36～39、56、64)。10 例橫置之車的旒向看不出與車輈的關係(如▣、▣),不予計入。按實際情況,方向不相順者才合情理,車往前走,旒往後飄揚。但文字結體上,多數寫作旒飄揚的方向與輈向相順。②

寫作上下結構、旒向輈向相順如▣者 15 例(見附表二 1～7、9、11、14、15、27、29),寫作上下結構、旒向輈向不相順如▣者 2 例(附表二 18、22)。③ 寫作上下結構、旒向輈向一致,旗杆包圍住車旁如▣者 7 例(見附表二 8、10、12、28)。寫作左右結構如▣、▣者 4 例(見附表二 23～26),楷仲簋(3363 西中前段)▣和▣、事伯尊(5813 西中前段)▣,可看作準左右結構(見附表二 13、17)。但其特殊之處在於,"旅"旁都居於左上方或右上方。牢尊(5804 西早)不從㫃,兩人亦偏居左上。㫃跟兩人或一人分置如▣、▣者 9 例(見附表二 16、17、30、31、34～36)。④

人執旗姿態大多是面向旗杆,少數背著旗杆,如▣、▣、▣⑤者,計 7 例(見附表二 16、17、21、29、34、35、37)。

㫃有▣、▣、▣、▣、▣、▣、▣、▣、▣、▣、▣

---

① 其中楷仲簋(3363 西中前段)器作▣,蓋作▣;伯卣(5316 西早)器作▣,蓋作▣。例之堇伯鼎(2155 西早)▣,堇伯簋(10571)之▣ 應該從有一人。

② 總計 77 例,未計入牢尊。

③ ▣鼎(2021 西早)▣,從橫置之車,特例,不計在內。

④ 以上統計未計旗車相連者和不從兩人或一人者(計 38 例)。

⑤ 此例見作旅彝卣(5029)器銘,蓋銘作▣。

等繁多的形態，這些形態大致可以分成四類：一類是保留旗飄動狀態的（包括了 ▨、▨ 之類雖作折筆但有飄動態貌的寫法）；二是旒作折筆的（折角多大於 90°）；①三是旒作弧筆下垂的；第四是一些個性化的寫法、幾乎沒有類推構字能力的，一般象物性都很強。

綜之，从全形之車的"肈"大致有 31 種異體，異體率高達 39.7%（31/78）：

1. ▨、2. ▨、3. ▨、4. ▨、5. ▨、6. ▨（"从"在左下角）②、7. ▨、8. （ ）9. ▨、10. ▨、11. ▨、12. ▨、13. ▨、14. ▨、15. ▨、16. ▨、17. ▨、18. ▨、19. ▨、20. ▨、21. ▨、22. ▨、23. ▨、24. ▨、25. ▨、26. ▨、27. ▨、28. ▨、▨、▨、29. ▨、▨、30. ▨、31. ▨。

其中有可以確定是反書者，我們按照文字形體的客觀存在，當作一種異體加以統計。从寫作 ▨，在从全形之車的"肈"字中並不具備地域的或時代的特徵，而且構字量也很少，之所以列爲異體寫法，是因爲：1. 它是一種客觀存在；2. 在不从車的"旅"字中，這種寫法表現出很強的通行能力，成爲一種特徵。

還有以"車"表〈旅1〉者，可證"車"旁在"肈"字中是作亦聲聲符的。

上述給人的感覺是這些字的寫法沒有規律或規範可以把握，但其中還是有一些被多數人所遵守的書寫範式：1. 車爲豎置且輈朝右者居多；2. 从从、从兩人及全形之車者居多；3. 構件佈局以二合居多（即从"旅"和"車"），以从、兩人（或一人）、車三合的很少；4. 二合佈局以上下結構爲多；5. 旒向和輈向相順者居多；6. 从旁雖寫法紛繁，但以上述所分四類中的一、二類居多。

（二）下面再看 71 例从簡省之車者（不含 4 例寫作"旝"者）：西周早期 47 例，西周中期 21 例（多數屬於西周中期前段），西周晚期 1 例，春秋早期 2 例。

---

① 旒寫作尖角狀如 ▨ 者，便是這種寫法的進一步另類發展。
② 左下偏旁蝕泐，兩人面向看不清楚，從其殘畫看，我們暫歸入背對旗杆一類。

表一　器名修飾語之"輦"(簡車)字異體及歷時分佈表(含旗)

序號	代表字樣	西早	西中	西晚	春早	春晚	備　　注
1		28	8				附表二 73～78、83～99、103、104；79～82、100～102①
2		8	5				附表二 105～110，111～114
3		5	3	1			附表二 123～127，128～130，131
4		2					附表二 119、120
5		1					附表二 132
6			1				附表二 133
7					1		附表二 121
8					1		附表二 122
9		1					附表二 75
10		1					附表二 116
11			4				附表二 117～118
12		2				1	附表二 67、68、70
13		1					附表二 69
14		1					附表二 115

　　其異體有 14 種,異體率爲 18.7%(14/75)。較之從全形之車者,異體率已經大大降低。從理論上進行推測,第一、二種應該還會有反向書寫的寫法。從相關字形組群看,這種推測是可以成立的,在未來新出土的材料中很可能會出現,但我們的統計只能依據現有資料。不過,無論出現怎樣的新寫法,從簡省之車的"輦"的字形穩定性都不會被推翻。

---

① 此按時代類聚。下同。

在字形使用頻率上，以第一、二種居多，第三種次之，其他都屬偶見。第三種把車軸跟旗杆連寫，表列共 9 例（附表二 123～131），時代分佈於西周早、中、晚三期。第四種 2 例（附表二 119、120），可以看作第一種的反書。第五、六種各 1 例（附表二 132、133），車和兩人被旗杆、旒包圍起來。第七、八兩種寫法均見於春秋早期的圉君婦媿霝所作器物，各有 1 例（附表二 121、122）。第七種雙人背着旗杆，與第八種相同，但該種寫法有內部類化趨勢，即把杆端和旒折筆處寫得相似。第九種僅見於作冊魖卣（5432 西早）器銘，蓋銘則从兩人。第十種見於伯真甗（870 西早），"旅"旁从止，整個西周僅此一例，難以索解。第十一種僅見於西周中期的尚壺，河南泌陽出土。第十二、十三兩種中西周早期的 3 例，應該是受"輂"（全車）類寫法影響而產生的，屬結構佈局的一種探索；春秋晚期 1 例則屬於構件的簡化，目的是爲了書寫的快捷，二者性質不同。第十四種寫法特異，雙人與夶旁相交，僅此一見，應該是書手的故意標新立異。

寫作 ，佈局並不美觀，所以進行了改造，旗杆縮短，車體上移與"从"並列，寫作 ，但那已經是西周晚期的事了。西周早期的 和西周中期的 ，也是出於字形結構勻稱美觀考慮而作的改造。不過，當時人大概認爲如 、 一類寫法是最美觀的。所以，這種上下結構的佈局佔了絕大多數，有 60 例（附表二 73～122）。旗杆往下拉長半包圍車旁的只有 9 例左右（參見附表二 75、87～89、93、103、106），我們亦歸入上下結構。而且，旒朝右佔了絕對數量。

構件佈局穩定後，構件形態特徵的變化主要集中在兩個地方：一是旗杆有加點或短橫與否的區別，一是旒的變化。族氏文字所从的夶，多數如 （亞若癸戈 11114 商晚），旗杆上部較寬闊，器名修飾語的"旅"所从的夶只有個別寫成這個樣子。如 ，在旗杆中上部加點或短橫的，就是把原來旗杆上部寬闊的部分加以簡化而成的。[①] 有個別例字簡化爲鈎廓，如 ，僅見於亞若癸觚（7309 商晚，清代摹本），族氏名。

---

① 陳夢家云， 所从的旒，象斤上有游之形，古制注游於兵器上，斤上注游便是旒字，後來把斤字拆開來，變成从夶从斤，《説文》誤爲"从夶斤聲"。參《中國文字學》，中華書局 2006 年 7 月，第 40 頁。此説恐怕是有問題的。

旅的形態有 ▨、▨、▨、▨、▨、▨、▨，均有較強的構字能力。個別寫作 ▨、▨，由於字例太少，很可能是書手個人的一種藝術化書寫形式。

从車的"肇"基本集中於西周早期和西周中期前段，从全形之車的字形異體率高達 39.7%，从簡省之車的異體率降至 18.7%。从全形之車的字富於個性化和圖繪性，从簡省之車的字規範性增強。也就是説，車旁的簡化，無論是對文字結構的佈局，還是對整個文字系統的穩定性，都起到了重要的作用。

四

{旗 1}在兩周時期大多數是寫作"旅"，我們按照字形特徵作了某種程度的分類，大致分了 16 類。有些字形有跨類特點，歸入某一類，只是權宜的辦法。數據中還統計了個別不太清晰的字形，多是根據同銘器或同銘蓋、器確定的，有一定的不可靠性。由於具備了一定的使用數量，據相關數據得出的結論是没有問題的，因爲它反映的是總體趨勢。

第一類(附表二 134~256)以 ▨(牛尊 5780 西早)、▨(季婪簋 3444 西中)、▨(蘇衛改鼎 2381 西晚)等寫法爲代表，折而下延之旒與旗杆底端相平或近平。計有 148 例，①西周早期 24 例，西周中期 28 例，西周晚期 70 例，春秋早期 26 例。旒上揚，且略具飄動之勢如 ▨(燕侯盂 10303 西早)者，多見於西周早期和西周中期前段。少數旒作低垂如 ▨(作旅彝卣，新收 948 西早後段)者的寫法也主要出現於這個時段。大多數都寫作橫平豎直比較規整的姿態，西周中、晚期尤其如此。旗杆頂端三叉與旒多數是不粘連的，到了西周晚期有少數把旒跟左邊之叉連寫，如 ▨(兮伯吉父盨 4426 西晚)，大概是一種時代特點。西周早、中、晚三期的字形多數情況下，書寫風格呈現出較高程度的一致性，綫條流暢，規整中不乏流動

---

① 個別寫作 ▨(僅 2 例，附表二 221、223)，由於字樣太少，也附到此類。備注欄三例反書不計(屬於第十類)：師趛盨(4429 西中)蓋銘(▨，附表二 179)和虢季盨(近出 494~495 春早，附表二 252、253)器銘。

之美,綫條的流動中又有一種寧静之美。但到了春秋時期,尤其是虢國文字,如▨(虢季盨,近出 495 春早),雖整體的文字結構佈局沿襲西周的形態,但綫條僵滯,用筆多草率。如▨(陳公孫指父瓹 9979 春早)者,缺乏靈動之生氣,也從一個側面折射出春秋時期人心之浮躁。這些字形雖然都可以看作是歷時層面的異寫,缺乏結構上的時代特徵,但文字的綫條仍大致可以反映一個時代的風貌。

第二類(附表二 257～321)以▨(強季尊 5858 西早後段)、▨(叔噩父簋 4057 西中)、▨(伯多父盨 4369 西晚)等爲代表。計有 91 例,① 西周早期 14 例,西周中期 15 例,西周晚期 62 例。與第一類的區别就在於在旗杆上加點或由點延伸而成的一短横。其他書寫或演變特點同於第一類。第一、二類共同特點是旒和旗杆組成三面封閉的空間,把兩人包在裹面。

第三類(附表二 322～354)旒稍作下延而不到底,以▨(毁由方尊 5769 西早)、▨(矢伯甗 871 西早)、▨(伯筍父盨 4350 西晚)等寫法爲代表(不計旗杆上短横之有無)。計有 42 例,② 西周早期 11 例,西周中期 15 例,西周晚期 13 例,春秋早期 3 例。旒之彎曲處多作折筆或弧筆,但除西周早期的個別例子外,很少具有飄動之態的。西周早期如▨者,是有時代特點的,之所以表列於此類,旨在説明這種寫法的來源。至於西周中晚、期的此類寫法,既不是時代特點,也非地域特色,如晉侯簋,一作▨(通鑒 4736 西中),一作▨(通鑒 4737);仲義父鑪(9964 西晚)器作▨,蓋作▨;強季卣(5241 西早後段),蓋作▨,器作▨。

第四類(附表二 355～361)以▨、▨等寫法爲代表。計有 10 例,西周早期 5 例,西周晚期 5 例。其特徵在於旗杆頂端分兩叉,而非三叉。"肈"(簡車)字也有四、五例寫作這種形態,均屬西周早期。個別不分叉者

———————

① 備注欄四例不計(屬於第一類):叔噩父簋(4056 西中)蓋銘▨(附表二 272)、果簋(3474 西中)器銘▨(附表二 276)以及史叀簋(4367 西晚)蓋、器之▨、▨(附表二 284)。

② 未計入晉侯簋(4737 西中)之▨(附表二 341),可歸入第一類。列入第二類的附表二 277、296 大概也可以歸入此類。

附於此類。西周早期 5 例屬於三人作器，寫法各有風格。西周晚期 5 例分屬二人作器，風格比較一致。①

第五類(附表二 362～379)以 [字]、[字] 等寫法爲代表，其特徵是旒之折筆下垂筆畫略上延出頭。這種寫法不是地域特徵的反映，也不具有區別意義的作用，有的蓋器同銘者，器作 [字]，蓋作 [字](見善夫吉父鑐 9962 西晚)；有的同銘器，一作 [字]，一作 [字](分別見應侯盨 5539、5540 西晚)，均可證。計有 23 例，②西周中期 3 例，西周晚期 18 例，春早 2 例。主要是西周晚期的時代特徵。

第六類(附表二 380～385)以 [字]、[字] 等寫法爲代表，其特徵是旗杆畫半截，不與右邊旒之下垂筆畫齊平，與第三類正好相反。計有 7 例，西周晚期 4 例，春秋早期 3 例，是一種時代特徵較强的寫法。至於是否地域特徵的反映，由於材料太少，尚不能作肯定判斷。

第七類(附表二 386～453)以 [字](鰲司土幽尊 5917 西早後段)、[字](曲尊 5770 西早後段)、[字](伯尊 5764 西中前段)等寫法爲代表，其特徵是旒上揚而後折曲時，下彎筆畫向外撇，並最終演變成隆頂式折角寫法。計有 80 例，③西周早期 33 例，西周中期 45 例，西周晚期 2 例，基本集中於西周早期和西周中期的前段，時代特徵明顯。旒部的這種特徵也反映在"肇"字中。其中有 2 例分屬二人作器，寫作 [字]、[字](西周中期，見附表二 450、451)，既折角，又下延至底，比較特殊。

第八類(附表二 454～463)以 [字]、[字] 等寫法爲代表，其特點是旒寫得

---

① 歸入旅十的 [字](作旅簋 3250 西中前段)、[字]、[字](俟季簋，通鑒 4463 西中前段)、[字](俟季簋，通鑒 4464)、[字](吴王御士尹氏叔緐簋 4527 春早)，以上見附表二 503～506；以及旅十四的 [字](季怡鼎 2378 西晚，附表二 545)，當與此類合觀。

② 備注欄三例不計：應侯盨(通鑒 5540 西晚)[字](附表二 365，屬於第三類)，善夫吉父鑐(9962)蓋銘 [字]、伯梁其盨(4447 西晚)蓋銘 [字](附表二 367、373，屬於第二類)。

③ 備注欄七例不計：魃父卣(5243 西早)蓋銘(泐，附表二 411)，咏卣(5157 西中前段)之 [字](附表二 443)，員觶(6431～6432 西中前段)器銘 [字]、[字](附表二 414、415)，屬於第八類；仲自父卣(5246 西中)蓋銘 [字](附表二 445)，屬於第十類；仲壴父盆(通鑒 6258～6259 西中前段)器銘(附表二 450)，可歸入第一類或第三類。

較平，近於一條直綫。計有 10 例，①西周早期 1 例，西周中期 7 例，西周晚期 2 例。西周晚期的 2 例，一例出於宋代摹本；一例字泐，好像可以歸入第七類，所以這種寫法大概反映的是西周中期的特點。

第九類（附表二 464～482）以 ▢、▢、▢、▢ 等寫法爲代表，其特徵是兩人背着旗杆。計有 26 例，②西周早期 3 例，西周中期 11 例，西周晚期 12 例。旅朝左者 6 例，均爲西周中期物。這説明以旅朝右爲常例。

第十類（附表二 483～506）以 ▢、▢、▢ 等爲代表寫法，其特徵是旅朝左。計有 24 例，③西周早期 2 例，西周中期 15 例，西周晚期 4 例，春秋早期 3 例。私人收藏的俪季簋形制、銘文均特異，字作 ▢（通鑒 4463 蓋）④、▢（通鑒 4464 器）⑤，《通鑒》4463 器銘作 ▢。這種旅朝左的寫法主要集中於西周中期，而且並不多見。

第十一類（附表二 507～511），以 ▢、▢ 等爲代表寫法，其特徵從一人執旗。計有 5 例，西周中期 4 例，春秋早期 1 例。旅朝右者 4 例。

第十二類（附表二 512～526），以 ▢、▢、▢ 爲代表寫法，計有 17 例，西周中期 4 例，西周晚期 3 例，春秋早期 9 例，春秋晚期 1 例。其特徵是旗杆部分退化，至春秋時期完全退化，是《説文》"旅"古文 ▢ 之所從來。

第十三類（附表二 527～535），共 10 例，是春秋時期的特有寫法，從旗杆退化之"旅"、從辵，從辵是此類的主要特徵。仲改衛簋（近出 524～525）簡省爲從一人。春秋早期 4 例，春秋中期 5 例，春秋晚期 1 例。

第十四類（附表二 536～545），共 12 例，有 ▢（清代摹本）⑥、▢、▢、▢、▢、▢、▢、▢ 等十種寫法，前五種屬西周早期，第六、七種屬西周中期，最後三種見於西周晚期。▢、▢ 爲同一器之蓋、器銘，後者

---

① 備注欄一例不計：達盨蓋（新收 692 西中）▢（附表二 460），置於第十四類。
② 備注欄三例不計：遣叔吉父盨（4416、4417 西中）▢、▢（附表二 473），屬於第一類；曾叔夋父盨（新收 41 西晚）▢（附表二 481），屬於第二類。
③ 備注欄一例不計：俪季簋（通鑒 4463 西中前段）器銘 ▢，屬於第九類。
④ 類似寫法見於季忽鼎（2378 西晚）▢。
⑤ 《通鑒》4464 蓋銘"南宮姬作寶辟"，且字體風格不同。
⑥ 第一類附有 ▢ 寫法，2 例，均爲西周晚期。

兩人相倒，似"化"；前者則筆畫變形太甚。▨發生内部類化，斿與旗杆趨於對稱分佈，由通常寫法看，左邊爲斿，右邊爲旗杆，其另一處特異在雙人寫作雙手（"廾"）。這種對稱類化的寫法又見於西周中期的達盨蓋（新收 692）▨（附表二 460），這個字很難判斷斿在哪邊，只能根據人面向旗杆的通常寫法而判定其斿朝右。《近出》506、《新收》694 同銘器作▨、▨（附表二 460、461），亦可證。▨可以看作是第七類的草率寫法，或訛異之體。▨之反書寫法，我們歸到了斿朝左一類寫法中。總之，這一類所列都是按照某一字形特徵無法歸入其他類別的特異寫法。

第十五類（附表二 546～548），3 例，亦屬寫法特異者，从寫得形同"广"字旁，作▨或▨。時代在西周中期或更早。

第十六類僅一例，附表二 549，見於西周晚期，作▨，其特異之處在於从"斤"。這個字中大概"斿"是作爲整體充當意符的，值得注意。"斿"字或寫作队，所謂"队"當時就應該讀爲"斿"。①

表二　器名修飾語之"旅"字異體及歷時分佈表

序號	代表字樣	西早	西中	西晚	春早	春中	春晚	備　注
1	▨、▨、▨	24	28/33②	70/72	26			西晚：▨；春秋：▨
2	▨、▨、▨	14	15	62/65				
3	▨、▨、▨	11	15/16	13/14	3			西早：▨
4	▨、▨	5		5				
5	▨、▨			3	18	2		主要見於西周晚期

---

① 队即斿的表意初文，參裘錫圭《文字學概要》（修訂本），商務印書館 2013 年 7 月，第 120 頁；陳劍《甲骨金文考釋論集》，綫裝書局 2007 年 4 月，第 412～413 頁。
② 後面數字是加入其他類別備注欄字形之後的數據，下同。

商周金文異體字研究：以"旅"字爲例 249

續 表

序號	代表字樣	西早	西中	西晚	春早	春中	春晚	備 注
6				4	3			
7		33	45	2				基本集中於西周早期和西周中期前段
8		1	7/10	2				西周中期較多見
9		3	11/12	12				西周中、晚期多見
10		2	15/16	4	3/5			旒朝左的寫法主要集中於西周中期
11			4/5		1			用例很少，主要見於西周中期
12			4	3	9		1	是春秋時期的特有風格，其來源於西周一類寫法
13					4	5	1	从辵，春秋時期的特有寫法
14		5	3/4	4				多爲個性化寫法，未獲得通行能力
15		1	2					

续表

序號	代表字樣	西早	西中	西晚	春早	春中	春晚	備注
16	▣			1				
合計		99	152/165	200/206	51/53	5	2	509/530

上述十六類共計 530 例，①1～3、7、8 五類可以看作是 ▣、▣ 類寫法的異寫，第 10 類 27 例有很多可以確定爲此類寫法的反書。第 9、10、11、13、15、16 六類（計 74 例）使用頻率是相當低的（尤其是後四類），分別是：5.09％、5.09％、1.13％、1.89％、0.57％、0.19％。

在 1～3、7、8 五類異寫字中，第一（▣）、二（▣）、七（▣）是使用頻率最高的三種，分別是 29.2％、17.7％、15.1％，三者相加，使用頻率高達 62％。如果加上第三類（8.3％），四類字形的使用率已經高達 70.3％。第一類通行於西周、東周，可以看作當時的規範寫法；第二類主要流行於西周晚期；第七類主要流行於西周早期和西周中期前段，西周晚期基本不見。至於第三類在西周早中晚三期使用比較均衡，也許應該按其旗杆特徵分別歸到第一和第二類。第四、六、八類均用例不多，作爲字形類別加以獨立尚需更多材料的支撐。第五類（▣）主要見於西周晚期，具有較典型的時代特徵，可以單獨立爲一類。

第十四類 10 種寫法中 ▣ 和 ▣ 可以附入第一類，▣ 附入第七類。▣、▣、▣、▣ 五種寫法均屬偶見。值得注意的是 ▣ 類寫法中旐與旗杆發生類化的現象，這種現象西周中期就出現了個別例子，西周晚期和春秋時期的例子也是個別的，但它代表的是文字演變的一種異常特徵，雖然它對文字系統幾乎沒有產生任何影響。

綜上，"旅"字異體大致有 34 種：1. ▣；2. ▣；3. ▣、▣；4. ▣、▣；5. ▣、▣；6. ▣、▣；7. ▣、▣、▣、▣；8. ▣；9. ▣；

---

① 據正文數據爲 509 例，外加其他字體類組備註欄所出字例 21 例（附表二 411、449 備註欄 2 例蝕泐，不計）。

商周金文異體字研究：以"旅"字爲例　251

10. ■、■；11. ■、■；12. ■、■、■；13. ■；14. ■；15. ■、■；16. ■；17. ■、■；18. ■；19. ■；20. ■；21. ■；22. ■；23. ■；24. ■；25. ■；26. ■；27. ■；28. ■；29. ■；30. ■；31. ■；32. ■；33. ■；34. ■。異體率爲6.4%（34/530），遠低於從車之"肇"的異體率，且字形使用比較集中。34 種異體中有 21 種（9、13、14、16、18、19～34）用例都在 5 例以下，少的僅有一例。西周早期"肇"（包括從全車和簡省之車，116 例）使用頻率略高於"旅"（98 例），到了西周中期，"旅"就已經居於絕對優勢了（肇 33 例，旅 163 例）。

表三　器名修飾語之外的"旅"字類型及歷時分佈表

字形類別	西早	西中	西晚	春秋	備　　注
一、人名之旅（附表一）					
旗（簡車）		1			叔旅鼎
旅一			20		鄦比簋蓋、叔旅魚父鐘、虢叔旅鐘（18 例）
旅二			8		善夫旅伯鼎、散氏盤、虢叔旅鐘
旅五			1		旅仲簋
旅六			4		鄦比鼎、彙山旅虎簋
旅七	5				榮子旅鼎、簋、瓿、卣
旅九			1		虢叔旅鐘。同字出現數次，他處作旅一
■			2		旅鼎。此種寫法他處未見
■	1				榮子旅鬲。據同銘器可知訛爲"斿"
合計	8	1	34		43
二、用途銘辭之"旅"（附表三）					
肇（全車）	3				同人作器
旅三		1			
合計	3	1			4

續　表

字形類別	西早	西中	西晚	春秋	備　　注
三、其他文例(附表四、五)					
旅一	1		10		中觶,此鼎、簋(含"旅"之訛字)
旅二	2		15		宜侯夨簋、晉侯蘇鐘,此鼎、簋(含"旅"之訛字)
旅三	2	1	1		小盂鼎,臣諫簋,司工殘鼎足
旅八			1		袁鼎
旅九		1			即簋
旅十一		4	1		伯晨鼎,此簋(4309,"旅"之訛)
旅、旅	1	1			中觶(摹本)、南季鼎
合計	6	7	28		41

其他文例的"旅"(包括"旅"之訛的"旅")計有 41 例(含文例殘缺的 1 例)。西周晚期此所作的三鼎、八簋同銘器,旅一、旅二兩種寫法都有,但在同一篇銘文中字形是統一的,兩種字形的使用表現於非同器或同一器的器和蓋。屬於旅八的 1 例,見袁鼎(2819 西晚,宋代著錄) 旅 ("鑾旅"),旗杆分叉與旂連寫是西周晚期的特徵。此簋(4309)之 旅 ("鑾旅"),同銘的其他 10 器都寫作"旅"。不見於上述諸類的寫法有 2 例:中觶(6514 西早) 旅 (蓋,"振旅")和南季鼎(2781 西中) 旅 ("鑾旅")。這些文例表現出來的使用特點跟{旅 1}呈現的特點是相同的,這證明我們通過分析{旅 1}的各種寫法而作的總結是科學可信的,也證明當時的用字是有一定規範的。

有意思的是,"旂"之訛的"旅"竟然使用常見之"旅"的多種異體,這種訛混西周中期就出現了。此所作器 11 件,"鑾旂"字只有此鼎(2821 西晚)作 旂 不誤,其他均訛爲"旅",也很有意思。

用作人名,作"旅"者 43 例,作"旂"者 1 例。與{旅 1}各種寫法的使用特點也是相一致的。

用途銘辭中的"旅"4 例,3 例作从全形之車的"輂",均爲同人所作,屬西周早期；一例作"旅"，屬西周中期。其所反映的字形特徵及演變特點，跟{旅1}的各種寫法相一致。

以上文例中出現了四種新異體：▨、▨、▨、▨，均只有個別用例。如果把這些異體也算進來，"旅"字的異體率則爲 6.2%（38/614）。

毛公筆一般認爲是人名，但用作人名的"旅"無一寫作"▨"者，它很可能應該是器名修飾語。榮子旅卣（5256 西早）作器者名作 ▨，器名"旅彝"字作 ▨，基於所有"旅"字文例的觀察，這種不同應該是用一字異體造成篇章的錯綜美感，而不是說這兩種形體是音義不同的兩個字。

表四　各種文例中旗杆加點或短橫的時代分佈

字形類別	西早	西中	西晚	春秋	備　　注
一、族名之"旅"沒有寫作點或短橫的字例（附表一）					
二、人名之旅（附表一）					
旅二			8		善夫旅伯鼎、散氏盤、虢叔旅鐘
旅七	1				榮子旅鼎
▨		2			旅鼎。此種寫法他處未見
合計	3		8		11
三、器名修飾語之"旅"					
筆（全車）	12①	2			附表二 1、5、12（蓋）、34～35、40～41、46、48、50、52～53（器）、14、17
筆（簡車）	25	7			附表二 68、85、87～91、93～99、103～106、116、124～126、100、102、113、114
旅三	3	7	6		附表二 322、323、329、332～335、337、349～352
旅四	1		1		附表二 355（器）、361
旅五		2	15		附表二 362、364、365～374

---

① 演變爲點或短橫之前的寫實狀態不予統計，如附表二 22、24、44 等。早期多爲旗杆内側稍作突出的點，有時也不太明顯。

續　表

字形類別	西早	西中	西晚	春秋	備　注
旅六			3	春早：2	附表二 380～382、385
旅七	18	21			附表二 388、392、395、398、402、405～412、414、415、417～419、422、426～438
旅八	1	2			附表二 454、457、461
旅九		2	9		附表二 468、469、477～481
旅十		5	2	春早：1	附表二 488、498～500、503、501、502、506
旅十一			3		附表二 507、508、510
旅十四			2		附表二 542、544
合計	60	51	38	3	152
四、用途銘辭之"旅"(附表三)					
肇(全車)	3				同人作器
旅三		1			
合計	3	1			4
五、其他文例(附表四、五)					
旅二		2	16		宜侯夨簋，晉侯蘇鐘，此鼎、簋(含"旅"之訛字)
旅三	2		1	1	小盂鼎，臣諫簋，司工殘鼎足
旅九			1		即簋
合計	4	2	17		23

〔旅1〕旗杆加點或短橫的有 152 例，西周早期 60 例，西周中期 51 例，西周晚期 38 例，春秋早期 3 例。如果把旅二加進來，其數據分別是：西周早期 74 例，西周中期 66 例，西周晚期 103 例，計有 243 例。如果把"肇"的用例排除，僅統計"旅"的用例，則是西周早期 37 例，西周中期 57 例，西周晚期 103 例，計有 197 例。這個數據顯示，這種寫法一直存在，而且時代越後使用越多。肇(全車)和肇(簡車)情況又有差別，前者多是稍作突出，頗不明顯；後者寫作小短橫的居多。不過，觀察數據時，還需注意

一種情況，即"肇"在西周中期之後基本消失，如果繼續存在，相信其寫法特徵會更多地與"旅"趨同。{旅 1}總用例 683 例（包括肇、旟和旅等），與此相較，加點或短橫的寫法佔 35.6%（243/683），在"旅"類寫法中佔 37.2%（197/530）。如果把人名、用途銘辭及其他文例都算進來（包括肇、旟和旅等），加點或短橫的寫法佔 36.4%（281/771）；如果僅統計各類文例中的"旅"類寫法，則加點或短橫的寫法則達 37.6%（231/614）。

在西周時期，雖然加點或短橫的寫法，時代越後使用越多，但並沒有明顯的地域或時代上的特徵，而且在各類字形組中均有程度不同的分佈。它也是當時通行的規範形體，點或短橫是旗杆象物性的遺留。

五

本節將對本文的字形分類依據作一個解釋和説明。

異體字指的是彼此音義相同而外形不同的字，裘錫圭先生曾把異體字分爲狹義異體字和廣義異體字，本文用的是其狹義概念。裘先生根據狹義異體字之間在結構上或形體上的差別的性質，把它們分爲八類，其具體內容爲：1. 加不加偏旁的不同；2. 表意、形聲等結構性質上的不同；3. 同爲表意字而偏旁不同；4. 同爲形聲字而偏旁不同；5. 偏旁相同但配置方式不同；6. 省略字形一部分跟不省略的不同；7. 某些比較特殊的簡體跟繁體的不同；8. 寫法略有出入或因訛變而造成不同。① 王寧先生把漢字之間的構形關係分爲共時關係（同一歷史時期同時使用的漢字的形體關係）和歷時關係（不同歷史時期構形的傳承和演變關係）兩大類，共時關係區分爲異寫字和異構字兩種，歷時關係包括職能分合（包括異寫字和異構字的字用分工）、同源分化、不同字體之間的轉寫和形體傳承與變異等內容。② 兩位先生的研究目的和術語體系均不相同，如果非要作一個對應的話，裘先生所分的 1～4 類相當於王先生所説的異構字，第 5 類王先生歸入異寫字（偏旁配置方式不同但不影響構意），第 6 類王先生沒有論及，第 7 類中草書楷化的類型，屬王先生所説歷時關係中的不同字體轉

---

① 裘錫圭《文字學概要》（修訂本），第 198～201 頁。
② 王寧《漢字構形學導論》，第 142～189 頁。

寫,第 8 類内容既有王先生所説的共時關係,也有她所説的歷時關係。但有兩點是相同的:一、異體字(二位先生所用概念的具體内涵不同,此僅就其相同的一面而言)指的是形體不同而音義相同、記録同一個詞的一組字;二、異體字之間有結構上的不同和寫法略有出入的不同。大量異寫字形的出現是手寫時代的必然產物,研究異體字,必須對印刷時代以前傳抄時代的手寫特徵給予注意,手寫中出現多種異寫字形是正常的,也是必然的。我們在對異體字字形資料的處理過程中也發現,把各種異體寫法區分爲異寫和異構還是有必要的,異構字形的區分很容易,問題在於異寫字形的處理。

　　王寧先生的漢字構形學體系是依托《説文》小篆系統建立起來的,而《説文》小篆系統有兩個特點:它是一個封閉的系統,同時又是經過規範的系統。① 該學説有兩個理論基點:漢字因義構形的表意特性和漢字構形系統的存在(漢字構形系統性的一個重要特點是漢字構形關係的有序性)。漢字構形的系統性是漢字構形學的最後落脚點,是王先生反覆强調的話題。② 鑒於古文字材料的客觀特點,古文字學界注重疑難字詞的考釋,每一個疑難字詞的正確考釋,其實都得益於考釋者"對漢字系統和演變規律的把握"。③ 但客觀現狀是,古文字考釋成果非常豐富,而古文字學的理論建構却相對滯後。這大概也是王先生非常强調漢字構形系統性的原因之一。漢字構形的系統性是大家都承認的,漢字"遵循約定俗成的規律自然發展",且"隨着社會種種因素的變化,(漢字體系)自發進行着内部元素與内部關係的建構"。④ 王先生漢字構形學的建構目的,是想在系統觀念指導下,通過一套術語和可操作方法,把漢字各個歷史時期的構形

---

① 王寧《漢字構形學導論》第 16 頁:"《説文》小篆作爲經過許慎整理優選封閉的系統,體現了小篆構形的系統性,給構形系統的描寫提供了有價值的經驗。但是,不同時代、不同字體、不同形制的漢字的構形是否都是成系統的,在理論上我們認爲是如此,但如何經過描寫使各類構形系統得以證明並顯示出來,還要經過實踐後,總結出合理而可行的方法。"
② 對這個話題强調的原因,可參《漢字構形學導論》第一章、第二章的有關論述。該書第十章末云:"漢字構形系統,應當是漢字構形學的最後落脚點。"(第 218 頁)
③ 見王書第 19 頁。
④ 引號中文字,是套用王先生的話表達我們自己的意見(參王書第 200 頁)。後半句話在原文的主語是"字符群",而非"漢字體系"或"漢字構形系統"。她所説的"字符群"指的是各種文字材料中所用漢字的總群體,是系統性尚未得到驗證之前的用語。

系統給呈現出來。由於有這樣一個"功利性"的目的，在具體的研究中，王先生對動態的、開放的古文字資料進行了人爲干預，干預的目的就是爲了證明漢字構形的系統性和有序性。無可否認，這種干預過濾掉了關於漢字和漢字系統演變的許多細節，而這些細節往往蘊藏着重要的信息。

古文字資料的動態性就在於其歷時性，每個歷史時段都有豐富的字形資料可供分析，古文字資料所展現的正是一個動態發展的畫面。古文字資料乃地下出土，具有不完整性，不是當時社會所使用漢字的全貌，隨着考古發掘或其他原因，會不斷發現新材料，這些新材料或補證已有的結論，或呈現出爲已有認識所不能解釋的新的漢字演變現象，這構成了古文字資料開放性的特點。漢字的共時性是相對的，沒有絕對的共時，所以，所謂共時性只是考察材料的一種手段和方法，而非異體字的本質屬性。在具體研究中，劃定一個時間範圍，把這個時間範圍內的文字材料放在一個共時平面上進行研究，被證明是可行的，也是必要的。但把甲骨文、西周金文等時間跨越數百年的材料放在一個共時層面上，又顯然是不合適的。由於研究目的和研究路徑的不同，王寧先生偏重於靜態觀察一個較長時段範圍內漢字系統有序的一面，我們則是劃分多個接續性的時段範圍，以動態的視角考察不同歷史時段漢字的系統性和超系統性、有序性和非有序性矛盾而又協調的發展運行機制。王寧先生針對異寫字的字樣整理和針對異構字的字種整理都是在作"認同"的工作，因爲我們不是爲了證明漢字系統的存在，而是爲了觀察漢字系統的運行，所以，我們對字形盡最大可能作"別異"的工作。

綜上，本文字形整理遵循三個原則：1. 結構性質、構件組成、構件配置方式、形體方向中有一項不同即歸入異構字；2. 由於不同歷史時期漢字發展所面臨的主要任務不同，各個時期字形類型的劃分采用不同的標準；3. 有必要對異寫字詳盡區分時，則根據字形的實際書寫形態，參照其使用頻率和時代分佈，只要有能分立的特徵就劃分爲一種異寫類型，尤其注意那些有斷代意義和地域特色的書寫特徵。字形的類型區分儘量細緻，但也要注意不能太瑣碎。

"軬"（全車）字面臨的主要任務是改造繁複的圖畫性構形、析分象形偏旁並合理佈置，因此其分類主要着眼於形體佈局和偏旁構成，按照構件形態變化（包括構件整體形態和某構成部分的形態）類分字形尚缺乏必要性。"肇"(簡車)字的偏旁組成和字形結構(上下)都相對穩定,該字各種異寫、異構寫法中有一半以上是在探求壓縮字形長度,因此該字形的分類依據偏重於偏旁組成及其佈局,按照構件的某種特徵對異寫組群再次類分也没有多大的必要性(個别偏旁書寫特異者單獨類列,如 ▨、▨)。由於 ▨ 類形態特徵明顯,且在"旅"(包括从車和不从車的各種寫法)字的各種異體中均有較强的構字能力,所以从旁寫作該種形態的都作爲一種異體類型單列。

"旅"(不从車)字構件定型,結構佈局定型,其變化集中表現於从旁和兩人形的組成綫條。雙人形態多樣,但未形成可以類分的特徵,我們主要依據从旁(旗杆和旒)的形態變化特點並參照从旁和雙人旁的形態照應關係進行異寫字形的分類。爲避免過於瑣碎的毛病,有些形態未予單列,如 ▨(中盙 3514 西早,附表二 134)、▨(燕侯孟 10303 西早,附表二 135)、▨(作父丁卣 5210 西早,附表二 264)等旒先上揚再折而下彎,末端或作飄動態的寫法;又如 ▨(作旅彝卣,新收 948 西早後段,附表二 142)、▨(閼伯鼎 2042 西早後段,附表二 140)、▨(應▨鼎 1975 西早,附表二 139)等旒先下斜再折而下彎,末端或作飄動態的寫法。這些寫法西周早期比較多見(尤其是旒末端作飄揚之態的寫法),未嘗不可單列一類。這些寫法說明,西周早期的時候對於从旁的造型也作過多種探索,但人們更願意接納 ▨ 一類旒部横平豎直、作包圍狀的造型。旅七類字形類聚可能會存在一些爭議,其中附表二 388~392(西周早期 7 形)、413~416(西周中期 4 形)歸入旅三類可能更恰當一些(其中 414、415 備注欄 2 形歸旅八類)。這樣調整後,也並不會影響上文結論。旅七類之所以列入這些形體,最初的考慮是想明確 ▨ 類形態的演變來源。

同銘器或同銘的蓋、器,它們會使用不同類型的異寫字,也許會有人因此懷疑我們這樣做的價值和意義。詳盡類分"旅"(不从車)字異寫字形的目的,是想藉以觀察字形結構、偏旁定型後,字形還會發生哪些變化,這些變化對文字構形、文字系統産生了怎樣的影響,哪些特徵具有時代特點或地域特色。當然也可以從各種形態的使用頻率和時代分佈,觀察各個時期的文字形體的自發規範狀况。所以,這種細緻類分是有其意義的。

經過如此的一番分析，我們還可以發現，某一個字當時的通用字形（或者說是被大多數人所認可的標準寫法）可能不只一個，而且，在不同的時期可能會流行不同的通行寫法。這對文字系統的深入認識、對某些文字現象作出科學的解釋是有重要意義的。

六

通過上文的梳理，關於商周金文中的"旅"字形體使用情況，可以作出這樣的描述：旗杆上或有突出的點或短橫，多數沒有。斿折而下延，與旗杆齊平，把兩人包在裏面，這是常見的寫法。少數稍作折延，而不延伸到底。斿折處可以是折筆，也可以是弧筆；折彎處一般近似直角，有的則呈鈍角。斿的折彎綫條一般是橫平豎直，有的則是橫綫稍上揚再折而下彎，有的上揚的幅度較大，再折而下彎就形成一個尖角穹頂狀的形態。有的則是橫綫部分先往下稍傾斜，再折而下彎。西周早期不少寫法，斿的末端又稍作彎曲延宕，如同旗斿在風中飄揚。斿有少數字例只有橫綫，而不折彎下延，橫綫多呈波動狀。

[圖]和[圖]是當時的通行規範寫法，行用於兩周，少數寫作反書（如[圖]）。字形反寫跟青銅器銘文製作有關，有的銘文全篇皆爲反文，有的則是有正書、有反書。這種反寫屬弄錯的可能性不是沒有，但不大，更大的可能是銘文製作者從書法藝術角度進行考慮的。反書不多見，西周中期用例相對多一點。偶然産生的反書，可能會對文字系統産生影響，使之成爲通行寫法之外的一種異體，"旅"字的用例正好説明了這一點。由於我們研究的是既定事實，探討當初銘文的製作原因是沒有什麽意義的，我們能做的就是承認這種既定事實的存在，把它當作一種寫法來對待。由實際使用情況看，反書寫法並未被社會普遍認可，到了西周晚期和春秋時期只能算作是偶見了。

"旅"所從兩人絶大多數是面向旗杆，少數背對旗杆，雖違背文字構意，但有一定的用例（使用頻率爲 5.1%，27/530），這可能是出於書法上的求異，也可能是偶誤而被效仿。

衆多的異寫、異構字形中，有些寫法具有較強的時代特徵：[圖]類寫法多見於西周早期和西周中期前段，▢、▢類寫法主要用於西周晚期，加辵旁作▢（附表二528）是春秋時期出現的。"旅"字（旁）寫作▢（附表二523）是春秋時期特有的，旗杆消失，是在▢（偏旁，附表二528）類基礎上進一步演化形成的。

至於其他各類寫法，有一些是受了文字演變規律的支配而產生的，如簡化作▢、▢、▢（附表二507、531、538），但簡化起碼在"旅"字上並沒有起多大作用，這些寫法基本都是曇花一現，缺乏生命力；有的可能是出於表意的考慮對字形進行了改造，如春秋時期加辵旁的▢和从▢的▢（附表二528、459）；其他大多是書手個人的創造，追求怪異，彰顯藝術特色，如▢、▢、▢、▢（附表二544、537、540、545）等。西周晚期的▢、▢（附表二542、543），是由於文字內部筆畫（或偏旁）類化而產生的，這種類化的產生更多地也是出於字形框架結構的審美考慮。由於文字的自然演變，文字的原始構意在逐漸消失，而春秋時期又是一個求新求異的時代，西周時期產生的一些並不常用的寫法，在這個時期反而被繼承下來，如▢（附表二497）、▢（附表二511）、▢（附表二519）等。

關於文字的簡化問題，在"旅"字上我們看到三種表現。第一，簡省構件（相對於从㫃从兩人从全形之車而言），這在不同時期、不同字形中又有不同的表現。"肇"（全車）有▢、▢（▢）、▢、▢四種省簡方法：省去一人，省去雙人，省去㫃，簡化車旁，可以説西周早期的周人對這個問題非常關注，並作了積極的探索。省㫃的只有一例，是不被社會認可的，此亦説明，㫃旁在"肇"字構意中佔有重要地位。从一人的只有9例，看來也是不被社會所認可的。省去雙人，从全形之車从㫃的寫法，用例較多（佔39.7%，31/78），但旗杆與車體之間怎麼處理又有分歧：一種是圖畫式構形，把旗杆畫在車輿部位；一種是把㫃和車析分爲獨立的偏旁而組合構置，後者贏得上風。周人最終采用了弱化文字圖繪性的方案，但又儘量維護文字的原始構意，所以从簡車的▢得到社會認可，以後的字形改造都是以這種寫法爲基礎的。"肇"（簡車）的弊端是文字太長，對其改造出現了四種方式：▢、▢、▢（▢）、▢，第三種屬佈局調整，最終第四種獲得認可，成爲最通行的寫法。字形穩定後，文字的書寫變化就集中到了文字構件或構件的綫條上面，簡省構件不再是主要任務，所以 [字] 的簡體 [字] 只有個別使用（一共 10 例，其中 3 例爲"旂"的訛字）。[字]、[字] 屬簡省綫條一類，但這類寫法也只有 10 幾例，"旅"字異體無論怎麽紛繁，旗杆杆端三叉的寫法始終是主流。或者綫條連寫，如 [字]；或者縮短綫條長度，如 [字]。從書寫的角度講，其目的是爲了便捷和快速。無論是減省綫條，還是綫條連寫，或者縮短綫條長度，都屬偶然爲之，並未得到推行。

"旅"字的簡化過程大致有四個階段：第一階段是把圖繪性的字形改造成可分析的構件組合；第二階段是改造繁複的車旁，把全形之車改爲簡寫之車。在前兩個階段，文字結體佈局是探索的一個重點；第三階段是把車旁簡掉；第四階段就是對穩定後的字形的改造，但簡化不是主要任務了，重點放在了文字構件的綫條的形態變化。在整個的演變過程中，把圖繪性字形析分爲構件組合，是文字發展演變的重要一步。

就"旅"字而言，西周時期的寫法多綫條規整、謹嚴，而春秋時期則多板滯草率、缺乏生氣，如 [字]、[字]（附表二 253、256）、[字]（附表二 533）等。

從{旅1}的各種寫法看，多種異體和異寫字之間在歷時上大致會呈現出一種此消彼長的態勢，在這個過程中存在着基本穩定的核心形體，説明西周時期的文字系統内部具有較高的穩定性。游離規範的現象，雖然總體使用頻率遠不如規範寫法，但個體累積的總數量不容忽視。從這些現象中，我們可以觀察古人從哪些角度對文字結體進行改造（或者改進），也可以體味古人對於文字結體的審美觀念，更重要的是要通過這些現象探求文字演變或文字改造遵循着什麽樣的規律，這些規律對當時的文字系統產生了什麽樣的影響和多大的影響。也就是説，當時文字系統規範的一面是我們要研究的一個重要課題，但不規範的一面可能會比規範的一面帶給我們更多的啓示。比如 [字]（附表二 549）只有一例，見於西周晚期，但它提示的研究價值不容小覷。

由上文也可以看出，利用文字特徵輔助青銅器的分期斷代，可以從三個方面進行考察：一是文字綫條的書寫特徵，二是文字結構，三是書體風格。這三個方面都會有時代的烙印，在"旅"字上也有很完整的體現。

由於"旅"字在東周用例很少，反映的信息有限。我們推測，"旅"作器名修飾語時,其在東周的意義可能有所變化,與西周有所不同。文字形義系統具有傳承性,同時也在不斷地發生演變,在文字形義研究上,對於西周和東周的材料,一方面要考慮其前後時代的承繼性,但也要細心作求異的考證,以探求文字形義的時代演變。

七

所謂族名之"旅",以▇爲多,主要見於商代晚期和西周早期,個別晚到西周中期。這個字形的寫法是有規律的,旂多數朝右,但無論是朝右還是朝左,旂一般都在人多的一邊,例外的僅是個別情況。"牵"一般位於旗杆頂端,與旗杆連寫在一起,個別有分寫的。但沒有證據證明此族名是"旅"字,所以《金文編》(第464頁)置於"旅"字下是不妥當的。《金文常用字典》、《金文形義通解》處理同。① 釋▇爲"旅"同樣也缺乏證據。②

▇,與常見的"旅"字寫法有差異,雖然晉侯豬尊(新收910西早)之▇略微近似,但兩人寫法仍不同,所以此族名釋爲"旅"也不可信。▇跟▇也沒有證據證明是同字、同族。▇、▇,嚴志斌釋爲"旅",亦嫌證據不足。

▇、▇、▇、▇、▇、▇③、,《金文編》(第463頁)釋爲"游"(斿),陳初生《金文常用字典》(第682頁)、張世超等《金文形義通解》(第1671頁)同。陳漢平認爲當置於附錄,可從。④ 林澐、董蓮池説同,但董氏認爲也有可能是"旅"字。⑤ 嚴志斌認爲▇當入附錄,▇等改釋爲"旂"。"旅"有

---

① 陳初生《金文常用字典》,陝西人民出版社2004年1月,第684頁;張世超等《金文形義通解》,日本中文出版社1996年3月,第1676頁。嚴志斌《四版金文編校補》(吉林大學出版社2001年8月)第79頁云當入附錄,可從。

② 陳斯鵬、石小力、蘇清芳《新見金文字編》(福建人民出版社2012年5月)第207頁仍把▇(旅觚,新收1430商晚)釋爲"旅"。此字上部蝕泐,從其剪貼字形的範圍看,大概並沒有與"▇"類寫法相認同。

③ 謝明文認爲是"莧"與"旂"組成的複合族名,參《商代金文的整理與研究》,復旦大學博士論文,指導教師:裘錫圭教授,2012年5月,第299頁。

④ 陳漢平《金文編訂補》,中國社會科學出版社1993年9月,第73頁。

⑤ 董蓮池《金文編校補》,東北師範大學出版社1995年9月,第204頁。

省寫爲"仚"者,但時代較晚,所從之"人"旁與此明顯不同,釋爲"旅"不可信。陳劍亦釋[☒]爲"旇",認爲是"禹旇"之"禹"的表意字,[☒](《金文編》附錄上73號)是其繁體(甲骨文有[☒]),"冉"(禹所從)是亦聲聲符。甲骨文動詞之[☒](也作人名),繁體作[☒]或[☒]。①

《金文編》"游"下所收之[☒],出自亞若癸方彝,當是認爲此字從"止",同銘之器有數件,相互對勘,《金文編》之說應該是可信的。②

甲骨文中有[☒]、[☒],③[☒]當與之是同一字,所以把其釋爲一個字"旇"(或釋爲[☒]),應該是正確的。

《金文編》附錄519號之[☒],上部偏旁所從之人均爲坐姿,或釋"籃",同樣缺乏證據。上部陳劍亦認爲是"旇"。④

[☒],《金文編》入於附錄上117號,此字乃對稱佈局,出於美術化的結果,兩個[☒]、[☒],只起一個的作用。⑤

由上所論而知,族氏名中舊釋爲"旅"或"旅"旁的字,無一是"旅"字或從"旅"。

另外值得注意的一個現象是,族氏文字寫法比較保守,雖反復出現,但其所從扒旁基本不受一般文字演變規律的影響,其他組成構件也有這樣的特性。

有一件鑾鈴,銘一[☒]字,何景成認爲是族氏名,⑥證據似嫌不足。此字內涵待考。

---

① 陳劍《甲骨金文考釋論集》,第402~404頁、406~414頁。
② 另參謝明文《商代金文的整理與研究》,第577頁。
③ 李宗焜《甲骨文字編》,第1211頁。
④ 陳劍《甲骨金文考釋論集》,第404頁。
⑤ 何景成把[☒]、[☒]、[☒]、[☒]、[☒]等歸入複合氏名,分別見附錄B450、511、445、371、105、116;把[☒]、[☒]、[☒]、[☒]等歸入單一氏名,分別見附錄A163、190、334、427、462。參《商周青銅器族氏銘文研究》,齊魯書社2009年1月。董蓮池把[☒]、[☒]、[☒]等族名釋爲"旅"。參《新金文編》中册,作家出版社2011年10月,第867、868、875頁。【編按】朱鳳瀚先生早年即認爲,[☒]是"牵、旅"兩個氏名組成的複合氏名。參《商周青銅器銘文中的複合氏名》,《南開學報》1983年第3期。
⑥ 何景成《商周青銅器族氏銘文研究》,附錄A882。

264　金文與青銅器研究論集

八

《金文編》"旅"下收 ▨、▨、▨ 三形，均作人名，陳漢平已指出其非"旅"字。①

作母旅彝鼎（1903 西早）▨，作母旅彝尊（5759 西早）▨，吳鎮烽、張亞初均釋"彝"前一字爲"旅"，似是當作器名修飾語。② 在數以百計作器名修飾語的"旅"字中，從無從"女"者，"▨"應該是女名用字。董蓮池《新金文編》收於女部是對的。③

《金文編》《金文形義通解》等都收有 ▨，旒折曲處有一斜畫，對此沒有任何説明。字見於𢀩仲雩父甗（911 西晚，圖七），該銘存在衝範現象，字右上筆畫是"父"字筆畫被衝斷後遊移過來的。

《金文編》還收有出自甫人觥的一種形體：▨，引自《三代吉金文存》17.29，《金文形義通解》沿襲之。《三代》17.29 著録甫人父匜同銘者二器，第一器即 17.29.2，蓋器對銘（圖八），乃是一有蓋觥，稱匜誤。乃摹甫人父匜爲之者，王國維、孫稚雛已辨其僞，④但校訂《金文編》諸家均未言及。第二器即 17.29.4，也即《集成》10206（圖九采自《通鑒》，圖十采自《商周青銅器銘文選（三）》⑤），字下有泐痕，似非有效筆畫。

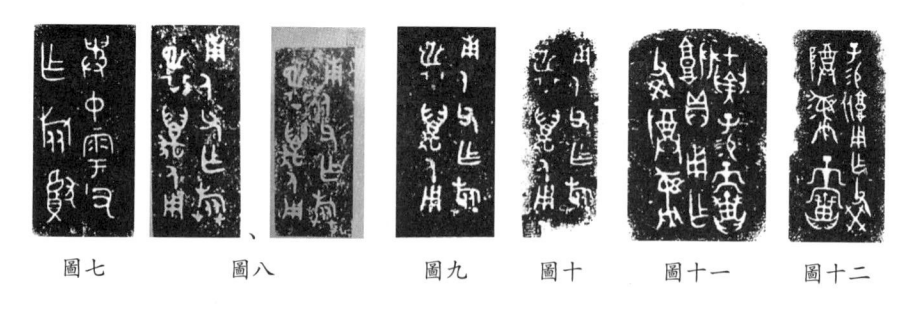

圖七　　　圖八　　　圖九　　　圖十　　　圖十一　　　圖十二

---

① 董蓮池把此字釋爲"旅"。參《新金文編》中册，第 873 頁。
② 張亞初《〈殷周金文集成〉引得》，中華書局 2001 年 7 月。
③ 董蓮池《新金文編》中册，第 1679 頁。該書未收尊銘。
④ 參孫稚雛《三代吉金文存辨正》，《三代吉金文存》下册附録，中華書局 1983 年 12 月，第 22～23 頁。
⑤ 馬承源主編《商周青銅器銘文選》（三），文物出版社 1988 年 4 月，第 354 頁。

九

關於"旅"字的結構，似乎少有人談及。《説文》云："从认，从从。从，俱也。"《金文編》第 464 頁云："象聚衆人於㫃下形。"大家似乎對此並無不同意見。

在 750 多例的"旅"字中，只有極個別看上去好像是以手執旗，這可能是受"㫃"字影響的結果。但即使如此，也不畫出執旗之手形。

"旅"字有兩例寫作从兩手的，▨（作旅寶鼎 1790 西中）、▨（吳女盨蓋 4352 西晚），由相關材料看，這種寫法應是改換意符，而非訛變。

甲骨文"并"字作 ▨、▨，以一條橫綫連結側向並立的兩個人；或寫作 ▨，以兩條橫綫連結兩個並列的"又"。金文中靴角（9100 西早，圖十一）器主名作 ▨，靴卣（5355，圖十二）則作 ▨。纏安君鈚（9606 戰國）自名作 ▨，同類器自名多寫作从"比"聲，如喪史賓鈚（9982 戰國）作 ▨。陳劍認爲"▨"形很可能是以兩手相"比并"表意，是作爲"比"字的異體來用的。① 陳劍的分析是可信的。由此看來，"旅"字並非从"从"，而應該是从"比"的，②取"比并"爲意，"旅"字共同、衆多、次序、陳列、伴侶（一般認爲通"侶"）等義都與此有關。

"旅"字由从全形之車、从比、从认的寫法（▨）演變到从比、从认的定型寫法（▨），中間經歷了从认、从車（如 ▨、▨）、从一人、从认、从車（如 ▨）、从比、从車（▨）等寫法，第一種多達 35 例，第二種 9 例，第三種 1 例。由這些寫法看，該字中认是最重要的構件，所以第三種寫法只是曇花一現，第二種寫法也只是在極小的範圍内試用。▨ 的寫法跟 ▨ 並看不出

---

① 參陳劍《甲骨金文考釋論集》，第 404～406 頁。李宗焜《甲骨文字編》分列三個字號，即 147、148（并）、1113（友），李先生於 2015 年 4 月 13 日到首都師範大學演講，題曰《〈上博九·舉治王天下〉"怨并之衆人"試釋》，把 147 ▨、1113 ▨ 改釋爲"并"。

② 陳夢家曾云"旅"字从"从"或"比"，但他是从"人"旁的方向來論的，認爲金文中"兩個人相隨，面皆左向者是'从'字，面皆右向者是'比'字，金文"旅"字十分之八向左。（參《中國文字學》，第 41、42 頁）陳氏是從作偏旁時混而不分的角度講的，而非談其構意。

孰優孰劣,但前者西周早期只有 3 例,其試用範圍比[圖]類寫法更爲狹窄。也許可以這樣表達,對"[圖]"類寫法的改造過程大概從其一產生就開始了,其改造的途徑有兩種:一是在寫實上下功夫,一是考慮構件的刪減,最終第二種方法得到了社會的廣泛認同,並沿着不同的方向發展。當[圖]類寫法出現後,迅即得到廣泛認可,[圖]失去了進一步推廣的可能和改造的必要。但是,在這兩種形式的字形改造中,我們不能據之輕易地斷定是"車"旁重要還是"比"旁重要,因爲在單字只形的討論中,我們無法窺測古人對各種字形結構進行揚棄的心理機制。這就需要我們對整個文字系統進行考察,探索文字形體演變背後的社會因素和心理動因。

十

今把本文的理論方法、主要結論及有待進一步研究的問題總結於下:
(一)理論與方法

異體字形的確定;字形分析和辭例分析相結合;字形結體的辭例分佈和時代分佈兩個維度的綜合考察;窮盡分析字形和辭例的使用頻率和使用範圍;異體層級的區分;異體率和核心形體。

1. 記錄一個詞的多種異體字形的存在,動態地顯示了古人在字形與詞義的結合道路上所作的各種努力和探索,他們要在文字的記詞符號和書寫符號兩種本質屬性上找到一個最恰當的結合點。在不同的歷史階段,人們對漢字記詞或書寫功能的要求是不一樣的,不同的時代要求,對漢字改造的方式也就不一樣。因此,漢字的構形系統在不同的時代就會呈現出不一樣的形態。異體字可以爲我們探討文字的形音義提供多角度的綫索,是展示不同時代漢字構形系統形態的一個很好的載體。

本文窮盡搜集商周金文中"旅"字的所有字形和辭例,按照辭例進行第一階段的字形類聚。記錄同一個詞、音義相同而字形不同的表現有二:一是表現於構件,一是表現於構字的綫條(沒有表意、表音或者區別的功能,楷書中稱爲筆畫)。構件不同的字確認爲異體,大家是沒有爭議的。對於書寫綫條的差異,凡是在某一方面存在此類別於彼類的特徵,本文都以之作爲一種異體形態加以類列,從構件數量、構件或綫條的形態特徵、構件與構件之間的形態照應、文字形體結構佈局等多方面進行綜合分析。這是第二階段的字形類聚。

綫條的書寫差異反映的或是某一時代的風貌，或是某一地域的特徵，或是某種象物性的殘留，或是某種裝飾性的羨畫。我們面對的古文字材料，它不是一個封閉的文字系統，而是一個動態的、開放的"資料庫"，不能使用靜態的封閉研究方法。無論是爲了日常的交流，還是國家層面的政治統治，文字系統具有穩定性是必然的，穩定性的表現之一就是規範性。古文字的規範缺乏自覺性，更多地是受制於文字系統、文字性質、文字演變規律的自發制約。采用動態的開放的研究方法，就是把各種字形結體從辭例分佈和時代分佈兩個維度進行綜合考察，找出字形的時代特點或地域特徵。凡是能夠形成時代特點或地域特徵的綫條，就説明該種特徵的綫條進入了文字的構形系統，對文字構形系統產生了或大或小的影響。判斷綫條的異寫特徵是否進入文字系統的標準，主要看其使用頻率和使用範圍。①

規範性是文字保守的一面，這有利於社會交流和國家治理。超規範的各種異寫、異構現象，則反映出當時人對記録語言的文字符號所作的各種改造，這種改造可能是爲了更好地體現文字與語言的聯繫（表音、表意、別詞），也可能是爲了整篇銘辭用字個體之間的協調與美觀（個體框架不能太長也不能太寬），有的則可能是書手藝術個性的展現，當然也會有偶然的訛誤。② 對所有現象進行細緻的分析，探尋文字自發規範的制約因素和文字形義系統的運行機制。即使是某個時期出於個人愛好或偶然因素出現的不具備類推構字能力的書寫特徵，也許預示着文字發展的某種趨向，在未來的某個歷史時段對文字系統產生一定程度的影響。所以，書寫綫條的每一種特徵都不容放過，每一種特徵對當時文字系統的研究都有其自身的價值，我們不能人爲地迴避或爲了某種目的而排除任何有價值的形體信息。

2. 本文把"旅"的形態特徵和"作"字結合考察，作爲一個可能更有説

---

① 使用頻率與使用範圍要分開觀察，如"鑄"字有一種寫法作盥，戰國時期出現34次，居於最高頻率，但它僅見於楚系銘文。

② 這也説明，我們對文字形體進行析解時，不能僅僅從記録語言、構形構意的角度尋找解釋的根據，相反，要積極地從語言文字之外的因素小心探求文字構形的可能性解釋。

服力的視角,説明當時對文字的正反有着自覺的體認。文字正反兩種方向的寫法在古文字中是有較多存在的,確定何者爲通行寫法,要根據字形的使用頻率來確定。相對於正寫的反寫,出現的原因是多方面的,但偶見的反書可能會對文字系統産生反作用力,使它成爲通常寫法之外的一種異體。它對文字系統的影響大小,也要根據字形的使用頻率及相關的字際關係來測量。文字反寫的原因,殷商甲骨文和兩周金文的情況是有所不同的,但不管怎麽樣,我們研究文字系統,研究的是既定事實,對於反寫的原因的探討起碼在異體字這個問題上没有多大價值。

就"旅"字的實際使用情況看,反書寫法用例不多,且較集中於西周中期,到了西周晚期和春秋時期只能算作是偶見了。也就是説,這種寫法並未得到社會的普遍認可。有的反寫可能受到"斿"字影響。①

3. 本文窮盡搜集相關字形和辭例,對每種字形的使用頻率作出數據統計,由此計算得出異體率。比如就異體形態和種類而言,"肇"和"旅"相差無幾,都有30多種異體,"旅"的異體形態還多於"肇",但"肇"的異體率高達39.7％,"旅"的異體率只有6.2％。

異體率的計算,不是把某種異體與記録該詞的所有異體字形相除而得的結果。以"旅"字爲例,先按着字形的構件組成,析分出兩種異體:一種是从車旁的,一種是不从車旁的,可以稱之爲"一級異體"。每一種異體下再析分出次一類的異體,可以稱之爲"二級異體"。我們的異體率是用二級異體的使用總數量除以一級異體的使用總數量得出的。通過異體率的對比,可以直觀地看到一級異體中哪種字形是最穩定和最通行的。異體率對文字構形系統性的考量以及通用字形的認定是有重要意義的。異體率數值越大説明文字系統中異體就越紛繁,相反,數值越小,就説明字形的使用規範性越强。

4. 從"旅"字的各種寫法看,多種異體寫法之間在歷時上大致會呈現出一種此消彼長的態勢,在這個過程中存在着基本穩定的核心形體,這一點要依托使用頻率的統計才能呈現出來。

---

① "旅"所从兩人有少數背對旗杆,雖違背文字構意,但有一定的用例,這可能是出於書法上的求異,也可能是偶誤而被效仿。但也很可能受到了"斿"字寫法的影響。從字形可能的變化趨勢看,"𭒂"(采自西周中期的即簋)應該是斿字訛爲"旅"的初始形態。

"旅"(不从車)字異體有38種(器名修飾語之"旅"有34種),這個表面現象非常嚇人,但其中25種異體寫法用例都在5例以下,少的僅有1例。器名修飾語之"旅"中有四種字形的累計使用率高達70.3%。而在這四種高頻率字形中,[圖]類(旅一類)形體使用率最高,爲29.2%,次爲[圖]類(旅二類)寫法,使用率爲17.7%。但通過使用頻率和時代分佈的綜合考察發現,在西周時期,[圖]類寫法(旗杆加點或短横),時代越後使用越多,但並沒有明顯的地域或時代上的特徵,而且,在各類字形組中均有程度不同的分佈。[圖]和[圖]都是通行於西周的核心形體,加點(點或演變爲短横)是旗杆象物性的殘留。[圖]類(旅七類)寫法多見於西周早期和西周中期前段,[圖](旅五類)、[圖](旅六類)類寫法則主要用於西周晚期。

一個字從產生到形體結構的最終定型,中間會經歷一個較爲長期和複雜的探索過程,在這個過程中,會利用多種途徑對字形進行改造。一種結體方式出現後,可能會很快就消失;有的則可能會在小範圍內進行試用,經歷書寫者的實際檢驗,其字形用例越少,就證明其生命力越弱;有的形體一產生,很快就得到大衆的認同,很快就能普及開來,替代原有的其他各種結體方式,形成基本穩定的核心形體。之所以"多種異體寫法之間在歷時上大致會呈現出一種此消彼長的態勢",就是因爲有一個文字創製、形體改造、字形試用、淘汰與選擇的深層機制在起作用。

5. 通過考察分析各種形體的辭例分佈和時代分佈及使用頻率,各種異體寫法的文字學價值就客觀而具體地呈現出來了。哪類形體是通行的規範形體,哪類形體具有時代特點或地域特徵,哪些形體潛隱着文字發展的新質素,哪些形體體現着書手個人的藝術創造,等等,都可以有一個相對精確的闡釋。

在"旅"字辭例中,有一類是"斿"的訛字,發生訛誤的情況有17例(西周晚期此所作同銘鼎、簋佔了12例),異體寫法有六種,五種見於器名修飾語的"旅"。此器集中於旅一、旅二類形體,旅十一類只有1例。時代分佈是西周中期4例,西周晚期13例。西周中期的4例中使用三種異體,兩種見於器名修飾語的"旅"(旅九和旅十一)。旅、斿混訛基本是單向的,即斿訛爲旅(旅訛爲斿的只見 1 例,人名)。被訛字竟然使用訛字的多種異體,用偶誤解釋是缺乏説服力的,值得進一步探討。

(二) 主要結論

1. "旅"的所有用例都是周代的,商代金文中没有"旅"字,族名中舊釋爲"旅"或"旅"旁的字均非"旅"。"旅"字主要用作器名修飾語,表示器物的用途。"旅器"也是進入西周才開始出現的。从車的"▨"或"▨"只見用於器名修飾語。用於旅器的"▨"當是由"▨"簡省而來,與甲骨文之"▨"可能没有直接關係。

族氏文字寫法比較保守,雖反復出現,但其所从旂旁基本不受一般文字演變規律的影響,其他組成構件也有這樣的特點。商代和西周早期的金文中有很多族氏銘文,由於其時代較早,所以難以看到後世的文字演變態勢在它們身上的體現。雖然追求圖繪性和藝術化是其顯著的特點,但並非一成不變。① 附表一族名部分 41~43 屬於西周早期的數字(▨、▨、▨、▨),其从旁旂的形態就有着與"旅"字相同的變化。

2. "𢨵"的使用基本集中於西周早期和西周中期前段。从全形之車的"𢨵"有 31 種異體,異體率高達 39.7%,但在各種寫法中已出現一些規範,如車爲豎置且輈朝右者居多,从仈、从兩人及全形之車者居多,構件佈局以二合居多(即从"旅"和"車"),二合佈局以上下結構爲多,旂向和輈向相順者居多,等等。

从簡省之車的"𢨵"有 14 種異體,異體率爲 18.7%,較之从全形之車者,異體率已經大大降低,而且字形使用較爲集中,構件佈局穩定。構件佈局穩定後,構件形態特徵的變化主要集中在兩個地方,一是旗杆有加點或短横與否的區别,一是旂的變化。从全形之車的字富於個性化和圖繪性,从簡省之車的字規範性增强。車旁的簡化,無論是對文字結構的佈局,還是對整個文字系統的穩定性,都起到了重要的作用。

"旅"(不从車)字異體大致有 38 種,異體率爲 6.2%,遠低於从車之

---

① 裘錫圭《文字學概要》(修訂本)第 30~31 頁:"由於族徽具有保守性、裝飾性,同一個字在銅器上用作族徽時的寫法,往往要比一般使用時更接近圖形。這種區别是文字的古體與今體之别,而不是圖形與文字之别。事實上銅器上的族徽的寫法也不是一成不變的。同一個族徽往往有時寫得比較象形,有時則寫得跟一般金文比較接近。"

"輦"的異體率,且字形使用更加集中。西周早期"輦"(包括从全車和簡省之車)使用頻率略高於"旅",到了西周中期,"旅"就已經居於絕對優勢了。

3. 在"旅"字的各種寫法中我們看到簡化的三種表現：第一,簡省構件(相對於从队、从兩人、从全形之車而言),這在不同時期、不同字形中又有不同的表現,或省去一人,或省去雙人,或省去队,或簡化車旁,可以説西周早期的周人對這個問題非常關注,並作了積極的探索。省队的只有一例,是不被社會認可的,這説明队旁在"旅"字構意中佔有重要地位。从一人的也没有被接受。省去雙人(从全形之車从队)有兩種形態：一種是圖畫式構形,把旗桿畫在車輿部位;一種是把队和車析分爲獨立的偏旁而組合構置,後者贏得上風。周人最終采用了弱化文字圖繪性的方案,但又儘量維護文字的原始構意,所以从簡車的"輦"得到社會認可,以後的字形改造都是以這種寫法爲基礎的。"輦"(簡車)的弊端是文字太長,對其改造出現了四種方式：▨、▨、▨、▨(▨)、▨,前三個字形采用的是同一種方法——壓扁車旁,▨形人旁也壓扁,人、車儘量挨得緊湊,▨形也有這方面的考慮(它是把雙人的長度縮短);▨省掉雙人,車旁置於旅下,目的明顯是降低字形高度,簡化只是表象;第三種調整佈局,也是出於這個目的;最終第四種獲得認可,成爲最通行的寫法。字形穩定後,文字的書寫變化就集中到了文字構件或構件的綫條上面,簡省構件不再是主要任務。第二,簡省綫條,如▨、▨之類。第三,綫條連寫,如▨;或者縮短綫條長度,如▨,其目的都是爲了書寫的便捷和快速。但這些改變方式,都屬偶然爲之,只在很小的範圍內試用,没有得到推行。

4. "旅"字的簡化過程大致有四個階段：第一階段是把圖繪性的字形改造成可析分的構件組合(即把不能獨立成字的形符充當的偏旁改成能夠獨立成字的表意偏旁①);第二階段是改造繁複的車旁,把全形之車改爲簡寫之車。在前兩個階段,文字結體佈局是探索的一個重點;第三階段是把車旁簡掉;第四階段就是對穩定後的字形的改造,但簡化不是主要任務了,重點放在了組構文字構件的綫條的形態變化。在整個的演變過程中,把圖繪性字形析分爲構件組合,是文字發展演變的重要一步。

---

① 參裘錫圭《文字學概要》(修訂本),第41頁。

"旅"字個案研究說明,異體紛繁的表面現象,放到一定的歷史時空中去觀察,就可以看到,在不同的歷史時期,文字面臨的發展任務也是不同的。西周早期的主要任務是改造圖繪性的構形,析分構件,簡化繁複構件,並探索合理的形體結構佈局。所以,西周早期的各種異體寫法除個別外,均有一定的用例,進行不同方向、不同路徑的探索。西周中期(大概在共王以後)進入文字系統的相對穩定期,形成基本穩定的核心形體,其他探索雖然仍在進行,但對整個文字系統的影響甚微。這個時期的主要工作是對文字的構件或組成構件的綫條進行書寫藝術層面的探索。這種探索是在維護文字構形理據的情況下進行的,破壞理據的寫法得不到認可和推行。在文字系統的穩定期,簡化構件的行爲是不被認同的,對書寫便捷的要求也沒有那麼迫切。由於文字的演變,文字形體的原始構意逐漸被破壞,進入春秋早期,爲了重新建構文字的構形理據,往往會添加表意構件。但是,對於這種添加構件的行爲,要考察是不是文字的形義系統也同時發生了歷時的變化,不能輕易地就把春秋時期的形義和西周時期的形義劃上等號。比較明顯的一點是,春秋時期對文字的書寫便捷的要求提上了日程。西周時期雖也有草率的寫法,但大多比較規整,進入春秋早期,用筆的簡率成爲一種經常現象,文字的書寫風格呈現出不同於西周時期的風貌。

5. 利用文字特徵輔助青銅器的分期斷代,可以從三個方面進行考察:一是文字綫條的書寫特徵,二是文字結構,三是書體風格。這三個方面都會有時代的烙印,在"旅"字上也有很完整的體現。

6. "旅"(不从車)字有兩例寫作从兩手的:▨(作旅寶鼎 1790 西中)、▨(吳女盨蓋 4352 西晚)。由相關材料看,這種寫法可能是改換意符,而非訛變。"旅"字並非从"从",而應該是从"比"的,取"比並"爲意,"旅"字共同、衆多、次序、陳列、伴侶(一般認爲通"侶")等義都與此有關。

有以"車"表"旅"者,可證"車"旁在"肈"字中是作亦聲聲符的。

從各種異體看,从旁在"旅"字中是最重要的構件,其他兩個構件都可以省去。在省"比"與省"車"兩種形態中,周人選擇了省"車",這並不意味着"車"旁的重要性不如"比",應該是因爲"肈"字結體太長的緣故。雖然周人試圖減少它的長度,但又增加了形體的寬度,所以最終選擇放棄"車"旁。在

[囀]和[帚]兩種簡化構形之間,看不出孰優孰劣,前者共有 5 例,分屬五人作器,西周早期 3 例(器名修飾語),西周中期前段 1 例(人名),春秋晚期 1 例(器名修飾語)。西周和東周的字形綫條風格不同,但構件與結體佈局相同,二者處於不同的歷史時空,其性質也就不一樣。西周字形表面是簡化,但實質是在探索字形結構佈局,春秋時期則純粹是增加書寫速度的簡化。但在西周只是極小範圍内使用,很快就被淘汰了。由於"旅"字到了東周逐漸消失,所以這種字形能否流行開來,缺乏可供推測的材料。周人之所以最終選擇了後者,其中主要的原因還應該是從審美角度考慮的。

[囀]形車旁的"田"形部分綫條密集,缺乏整體的美感,同時"車"缺乏藝術創造的餘地。[帚]形則綫條疏密適當,結構穩實,很有美感,而且雙人旁富於藝術變化的空間。"比"旁的藝術變化在 800 多例的"旅"字中有豐富的體現,大概説明我們的推測是有道理的。

7.《金文編》《金文形義通解》等都收有[旅],該銘存在衝範現象,字右上筆畫是"父"字筆畫被衝斷後遊移過來的,並不是一種新的異寫寫法。《金文編》收有出自甫人觥的一種形體[旅],乃是偽銘,不可據,諸家校訂者均未辨正。

8. 亞若癸諸器中,[旅]應是一字。毛公肇鼎的"[旅]",很可能是器名修飾語,而非人名。

(三) 有待進一步研究的問題

1. 本文屬於異體字的個案研究,這個研究過程十分清晰地呈現出進一步研究的任務:異體字的個案研究和斷代研究。每一組異體字的發展是不均衡的,每一組異體字反映的文字現象也具有各自的特性。比如"鬲"在西周中期和西周晚期有比較明顯的形體規範,兩周之際異體明顯增多,而且某些寫法表現出一定的地域特點。"甗"字在整個兩周存在一個比較穩定的核心形體,其他寫法沒有明顯的時代特點和地域特點。而"旅"字的情況和"鬲"、"甗"又有所不同。每種字形在不同時代的使用情況也是不均衡的,"鬲"字作爲器物自名在西周早期很少見,所以其在西周早期的情況就難以考察,在兩周之際尤其是春秋早期,產生了很多異體寫法。① "旅"字在

---

① 參拙作《談金文中一種長期被誤釋的象形"甗"字——兼論"鬲"、"甗"的形體結構》,《簡帛》第七輯,上海古籍出版社 2012 年 10 月。

東周時期使用很少,其在東周時期的演變就變得難以考索。這些都說明,我們要盡可能多地梳理異體字組,考索的"點"越多,得出的結論就越科學。異體斷代研究的目的,是弄清在每一個時代的文字形義系統中,異體字的運行機制是一種什麼狀況。考察了一定量的異體字組之後,一種文字構形系統中總體的異體運行機制才能搞清楚。

2. 旅鑾鈴(12011 西早),僅銘一字,或認爲是族氏名,證據不足。

3. 伯真甗(870 西早)之,"旅"旁从止,整個西周僅此一例。

2015 年 5 月 28 日一稿

2015 年 8 月 8 日修訂二稿

2015 年 8 月 12 日增訂三稿

2017 年 7 月 10 日重訂四稿

2018 年 3 月 27 日重訂五稿

附記:本文一稿曾提交"中國文字學會第八屆學術年會"(2015 年 8 月 21~24 日,北京,中國人民大學),二稿曾提交"出土文獻與先秦經史國際學術研討會"(2015 年 10 月 16~17 日,香港,香港大學)。2015 年 12 月巴蜀書社出版的《出土文獻綜合研究集刊》第三輯發表了蘇文英女士《商周金文"旅"字構形演變研究》(第 89~100 頁)一文,該文附記提到了拙文的第一稿。拙文和蘇女士大文,在研究方法、研究結論以及材料利用上,都有很大不同。我對古文字中的異體字問題已經關注有年,曾在不同的文章中對此有所論及,並於 2015 年 7 月完成了北京市哲學社會科學規劃項目、北京市教育委員會人文社會科學研究計劃重點項目"兩周金文異體字研究"。基於上述研究,我曾寫過一篇帶有階段性總結的文章《談談古文字資料中的異體字研究》,提交給"戰國文字研究的回顧與展望國際學術研討會"(2015 年 12 月 12~13 日,上海,復旦大學),後收入會議論文集《戰國文字研究的回顧與展望》(復旦大學出土文獻與古文字研究中心編,中西書局 2017 年 8 月),這篇文章吸納了本文的部分觀點。今對拙文重加修訂,以向學界請教。

2017 年 7 月 11 日

商周金文異體字研究：以"旅"字爲例　275

附錄：
商周金文"旅"字字形匯總表

説明：

1. 本表分期基本依據吴鎮烽《商周金文資料通鑒》(2012 年 2 月)，參照有關資料，個别作了修改。
2. 分期欄標注時代使用簡稱，"商代晚期"簡稱"商晚"，"西周早期"簡稱"西早"，"西中"、"春早"例此。
3. 本表有些字形跨於二類之間，這對本文數據統計會產生些微影響，但不影響基本結論。
4. 表一 75～85 族名諸字形，存在着釋爲一字和釋爲數字、釋爲單一氏名和複合氏名的分歧，或者具有特殊的文字佈局，因此録出全銘；表一 40、53～59 諸銘，乃是據吴鎮烽釋文，把跟"旅"字形相關的部分切出，並不代表我自己的釋讀意見。相關諸族名的討論請參看正文相關内容。

一、族名或人名之"旅"①

序號	器　名	著録與分期	字形	備　注
族名				
1	旅鼎②	1370 商晚		或釋"夆旅"，㫃在人多的一邊
2	緋簋	4144 商晚		

---

①　謝明文對此類族符也做過清理，他把人舉㫃形均釋爲"㫃(㫃)"，參《商代金文的整理與研究・亞若受族銅器銘文的整理與研究》，第 573～600 頁。
②　旅鼎(新收 1642 商晚)　，字上部泐，旅鼎(新收 1641)形制、紋飾與此同，銘作　，泐尤甚。

續 表

序號	器 名	著録與分期	字形	備 注
3	旅爵	7424 商晚		《集成》釋爲"肇",非
4	旅父癸爵	8969 商晚		
5	旅壺	通鑒 11959 商晚		
6	旅方彝	1371 商晚		《集成》誤爲鼎
7	旅觥	9259 商晚		蓋銘作
8	旅盤	10033 商晚		傳河南安陽出土,銘文在盤底黽紋左右對稱分佈
9	旅父己爵	8932 商晚		摹脱一人
10	旅父己爵	8931 商晚或西早		
11	旅祖丁爵	8839 西早		《通鑒》釋"旗(旅)",非
12	旅鼎	1369 西早		《集成》定爲殷器
13	廣簋	3611 西早		
14	旅父乙觚	7225 西早後段		1976 年 12 月陝西扶風縣法門公社莊白村 1 號西周窖藏
15	旅父辛觚	7245 西早		7245、7246 同銘,同族
16	旅父辛觚	7246 西早		
17	旅觶	流散歐 175 西早		蓋銘
18	旅觶	6167 西早		
19	旅父甲尊	5720 西早		1981 年湖南湘潭縣青山橋鄉老屋村窖藏
20	旅父辛壺	5090 西早		《集成》稱卣,器銘作
21	旅父乙卣	5061 西早		蓋銘作

續 表

序號	器 名	著錄與分期	字形	備 注
22	改敊簋	通鑒 4706 西中前段		蓋銘,器銘稍泐。"改敊"爲作器對象
23	旅祖丁甗	806 商晚		
24	旅觚	7000 商晚		
25	旅觚	7001 商晚		陽文
26	旅觶	流散歐 167 商晚		
27	旅斝	近出 923 商晚		
28	旅尊	5578 商晚		
29	旅尊	5579 商晚		
30	旅箅形器	10343 商晚		
31	旅觚	7002 商晚		
32	旅父丁爵	8450 西早		"夲"與"旅"分寫,旅在人少的一邊
33	旅父丁爵	8897 西早		與上器同時同人所鑄,文字風格亦同
34	臭簋	3909 西中前段		《集成》定爲西周早期。1961年在西安市長安區馬王鎮馬王村徵集,據説出於墓葬
35	旅祖丁簋	近出 409 西早		1984年3月陝西扶風縣黄甫鄉唐家河西塬村出土
36	旅簋	近出 389 商晚		《通鑒》3441與此可能是一件,字作 。旅在人少的一邊
37	旅爵	7425 商晚		
38	旅觚	新收 1430 商晚		

278　金文與青銅器研究論集

續　表

序號	器　名	著錄與分期	字形	備　　注
39	▲旅壺	9480 商晚	〖圖〗	銘作〖圖〗①
40	〖圖〗旅爵	8179 商晚	〖圖〗	全銘作〖圖〗
41	㫃簋	3660 西早	〖圖〗	3662 同銘，作〖圖〗。3661 作〖圖〗（描字）。《通鑒》4540 與《集成》3662 應是同器，《通鑒》名爲旅簋，定爲西中前段，非是
42	㫃尊	5907 西早	〖圖〗	
43	㫃卣	5315 西早	〖圖〗	蓋銘作〖圖〗
44	旅父癸爵	8682 西早	〖圖〗	
45	旅父癸爵	8683 西早	〖圖〗	與上器同銘，亦當爲同套
46	旅爵	7427 商晚	〖圖〗	
47	旅觚	6536 商晚	〖圖〗	
48	旅父己爵	新收 1066 西早	〖圖〗	1956 年山東泰安縣徂徠鄉黃花嶺出土
49	旅爵	7426 商晚	〖圖〗	
50	旅觚	6535 商晚	〖圖〗	
51	旅父辛鼎	1632 商晚	〖圖〗	《集成》備注："旅字省一人，作此形的族氏名曾見於殷墟卜辭及其他銘文。"

---

①　何景成《商周青銅器族氏銘文研究》(附錄 B450) 認爲此與〖圖〗是同一個族名。謝明文意見同，釋爲"牽旗"，認爲▲應是"牽"之殘字。參《商代金文的整理與研究》，第 514 頁。吳鎮烽《商周金文資料通鑒》釋爲"▲（皂、殷）旅"。嚴志斌《商金文編》置於"旅"字下（中國社會科學出版社 2016 年 9 月，第 172 頁），不知他對"〖圖〗"形是何意見。

商周金文異體字研究：以"旅"字爲例　279

續　表

序號	器　名	著録與分期	字形	備　注
52	旅父辛觚	流散歐 230 商晚		與 1632 鼎同銘，同族作器
53	亞若癸鼎	2400 商晚		。2401 作
54	亞若癸簋	3713 商晚		
55	亞若癸鼎	2402 商晚		
56	亞若癸觚	7308 商晚		
57	亞若癸觚	7309 商晚		，清代著録。5938 尊。9886 方彝蓋銘作，9887 方彝蓋、器
58	亞若癸杯	通鑒 10862 商晚		。5937 尊
59	亞若癸戈	11114 商晚		銘在内的兩面：、
60	旅簋	10487 商晚		《集成》稱旅器，一字
61	旅爵	新收 1505 商晚		
62	旅爵	7423 商晚		1941 年河南安陽市郊出土，或釋"斿"
63	旅爵	7422 商晚		
64	旅觚	6533 商晚		陝西寶雞縣出土
65	旅祖辛父庚方彝	通鑒 13522 商晚		
66	旅戈	10728 商晚		
67	亞旅父己簋	通鑒 3985 西早		置於"亞"形中
68	亞旅父己觚	7243 西早		置於"亞"形中
69	旅觚	6532 商晚		

續　表

序號	器　名	著録與分期	字形	備　注
70	旅父癸壺	新收 1443 西早		器銘作
71	作長鼎	2348 西中前段		位於銘末
72	旅觚	6534 商晚		旅爵（通鑒 6471 商晚）作，與此似是同一拓片
73	竹旅卣	4852 商晚		器銘，全銘作
74	旅爵	7421 商晚		字或釋"斿""旗（旜）""旐"
75	旅止爵	近出 765 商晚		河南南陽市十里廟磚瓦廠出土
76	旅止冉爵	近出 866 商晚		1995 年河南安陽市郭家莊商代墓。或釋旆
77	旅止冉爵	近出 867 商晚		1995 年河南安陽市郭家莊商代墓
78	旅止冉觚	近出 744 商晚		1995 年河南安陽市郭家莊商代墓
79	旅止冉爵	通鑒 8038 商晚		2006 年 11 月河南安陽市郭家莊商代墓
80	旅止冉方彝	近出 993 商晚		1995 年河南安陽市郭家莊商代墓
81	旅止冉簋	近出 1055 商晚		1995 年河南安陽市郭家莊商代墓
82	旅止冉鼎	通鑒 986 商晚		2006 年 11 月河南安陽市郭家莊商代墓葬
83	旅止冉簋	通鑒 19275 商晚		2006 年 11 月河南安陽市郭家莊商代墓葬。銘文對稱佈局
84	斾旅爵	新收 1570 商晚		
85	旅觚	7022 商晚		二"旅"對稱分佈

商周金文異體字研究：以"旅"字爲例　281

續　表

序號	器　名	著錄與分期	字形	備　注
86	旅尊	5448 商晚	〔字形〕	
人名				
1	榮子旅鼎	2320 西早後段	〔字形〕	582 鬲與此重出，但拓片微異，字作〔字形〕
2	榮子旅鼎	2503 西早後段	〔字形〕	與 2320 均爲"父戊"而作
3	榮子旅甗	930 西早後段	〔字形〕	傳洛陽出土。爲祖乙作器。《集成》定爲西周中期
4	榮子旅簋	3584 西早後段	〔字形〕	蓋銘。器銘泐甚。《集成》定爲西周中期
5	榮子旅卣	5256 西早	〔字形〕	器名修飾語作"肇"
6	旅鼎	2728 西早後段	〔字形〕	二見，另一處作〔字形〕。光緒二十二年(1896 年)丙申山東黃縣萊陰出土
7	善夫旅伯鼎	2619 西晚	〔字形〕	1975 年 2 月陝西岐山縣京當公社董家村 1 號西周銅器窖藏
8	散氏盤	10176 西晚	〔字形〕	傳乾隆初年陝西鳳翔出土
9	鬲比簋蓋	4278 西晚	〔字形〕	虢旅
10	叔旅魚父鐘	39 西晚	〔字形〕	
11	虢叔旅鐘	239 西晚	〔字形〕	其他作〔字形〕、〔字形〕、〔字形〕、〔字形〕、〔字形〕
12	虢叔旅鐘	238 西晚	〔字形〕	其他作〔字形〕、〔字形〕、〔字形〕、〔字形〕、〔字形〕，共六見。傳清末陝西寶雞虢川司出土
13	虢叔旅鐘	240 西晚	〔字形〕	其他作〔字形〕、〔字形〕、〔字形〕、〔字形〕、〔字形〕

282　金文與青銅器研究論集

續　表

序號	器　名	著録與分期	字形	備　注
14	虢叔旅鐘	241 西晚		其他作 ▨、▨，另三處字泐
15	虢叔旅鐘	242～244 西晚		▨、▨、▨。242 爲摹本，銘非全文
16	旅仲簋	3872 西晚		1975 年 2 月陝西岐山縣董家村一號窖藏
17	鬲比鼎	2818 西晚		虢旅，下面一橫爲重文符
18	虡山旅虎簠	4541 春早		器銘作 ▨。4540 銘同，作 ▨
19	榮子旅鬲	583 西早後段		訛爲"旅"
20	叔旅鼎	2187 西中前段		《集成》定爲西周早期或中期①

二、器名修飾語之"旅"②

序號	器　名	著録與分期	字形	備　注
1	伯鼎	1916 西早		
2	凡簋	10552 西早		《集成》稱器。兩人似在右上。族名"戈"

---

①　《寧壽鑒古》11.1 收一西周早期的史旗觶，銘云："史旗作寶。"旗作▨，董蓮池釋爲"旅"，可從。參《新金文編》中册，第 874 頁。

②　有的省略器物共名或專名，下文以"省名類"字樣標明。史昔鼎（2189 西中前段）▨，由字距看，"旅"字好像是从車的。易鼎（2256 西早）▨，銘文非常草率，"易作父辛寶旅彝"。作旅甗（通鑒 3200 西早後段）▨，2007 年 9 月山西翼城縣大河口村西周墓出土，銘文照片不清晰，但从車沒問題。作旅彝甗（836 西中），《集成》定爲西周早期，銘作▨，旒作折筆，其下似有筆畫，但不清晰。旻爵（9069 西早）▨，其中▨多釋爲"旅"。攸鼎（1979 西早，清代著録）殘存▨，鑒爵（9066 西早）殘存▨。衛子叔先父簋（4499 春早）▨，密姒簋（4522 西晚）▨均字泐。伯尊（新收 951 西早後段）、邢伯甗（872 西中前段）、虢伯甗（897 西中）、就覒甗（新收 701 西中前段）、競尊（5796 西中前段，省名類）泐甚。以上 14 器不計入字形表。

商周金文異體字研究：以"旅"字爲例　283

續　表

序號	器　名	著録與分期	字形	備　注
3	寫史觥甗	888 西早		
4	作旅簋	3247 西早		
5	作旅簋	3248 西早		
6	作旅尊	5592 西早		省名類
7	仲夷尊	5854 西早		
8	數冪事丁壺	近出 600 西早		《近出》稱卣。器銘作 。《通鑒》12273 著録的牧壺，與此同銘，其釋讀有誤，"旅"作 ，下部爲鏽蝕所掩
9	壴卣	5401 西早		宋代著録，得於河南河清。器銘作
10	尹公爵	9039 西早		
11	侯鼎	2457 西早前段		1964 年 10 月西安市長安區馬王鎮張家坡西周墓葬(M1)出土。字迹略草率
12	旅彝卣	4888 西早		器銘。蓋銘反書作
13	事伯尊	5813 西中前段		
14	作旅卣	4887 西中前段		倒書。銘作 ，翻轉後作
15	臤尊	6008 西中前段		銘文草率。《通鑒》11808 同銘，作
16	克甗	新收 916 西早後段		1984—1989 年山西曲沃縣天馬-曲村西周墓出土。甗字作 。左下角殘畫似爲二人
17	楷仲簋	3363 西中前段		蓋銘

續表

序號	器名	著録與分期	字形	備注
18	鄂侯盤	通鑒 14364 西早		2007 年 10 月隨州市安居羊子山 4 號西周墓
19	耆史尊	5885 西早		車輿與旗杆相連,斿下有二人
20	隻爵	9038 西早		車輿與旗杆相連,兩人在左上斿下
21	閱簋	3376 西中前段		《集成》定爲西早
22	禾鼎	1976 西早		省名類。族名"龀"
23	叔京簋	3486 西早		1980 年山東滕縣莊里西村
24	亞𣪊侯尊	5923 西早		
25	亞𣪊侯尊	5924 西早		族名
26	亞𣪊侯殘圜器	10351 西早		
27	楷仲鼎	通鑒 1451 西中前段		
28	旅䜌鈴	12011 西早		只有一"旅"字
29	史伏尊	5897 西早		
30	伯卣	5316 西早		器銘
31	伯卣	5316 西早		蓋銘。从一人
32	鼎	2021 西早		省名類
33	牢尊	5804 西早		省名類
34	作旅鬲	469 西早		省名類。从一人
35	作旅觶	6198 西早		省名類。從文字風格看,與 469 鬲當爲同時所作
36	中簋	3377 西中前段		器銘作 。《集成》定爲西早

商周金文異體字研究：以"旅"字爲例　　285

續　表

序號	器　　名	著錄與分期	字形	備　　注
37	作旅彝卣	5029 西早		1976年陝西扶風雲塘村20號西周墓。器銘作
38	堇伯鼎	2155 西早		
39	堇伯簋	10571 西早		
40	矢伯鬲	514 西早		1981年9月陝西寶鷄市金臺區紙坊頭1號西周墓
41	矢伯鬲	515 西早		同上
42	蔡爵	8832 西早		省名類
43	龍甗	861 西早		清代著錄
44	作父乙旅尊	5732 西早		省名類
45	寮伯訇甗	899 西早		銘泐，姑附此
46	事觶	6460 西早		清代著錄
47	事尊	5817 西早後段		
48	長子口尊	新收 556 西早前段		1997年河南鹿邑縣太清宮長子口墓
49	長子口卣	新收 554 西早前段		1997年河南鹿邑縣太清宮長子口墓
50	長子口卣	通鑒 13154 西早前段		1997年河南鹿邑縣太清宮長子口墓
51	濬伯逨尊	5954 西早		河南濬縣出土
52	濬伯逨壺	5363 西早		《集成》稱卣。器銘稍泐，作
53	濬伯逨壺	5364 西早		《集成》稱卣。器銘作　。1931年河南濬縣辛村衛侯墓地出土

續表

序號	器名	著錄與分期	字形	備注
54	伯卣	新收 953 西早後段		器銘作〔圖〕。1984—1989年山西曲沃縣天馬—曲村西周墓
55	𨟭甗	862 西中前段		《集成》定爲西早。清代著録
56	仲甗	859 西早		《集成》定爲西周中期
57	鄂侯卣	通鑒 13046 西早		2007年10月隨州市安居羊子山4號西周墓
58	鄂侯罍	通鑒 13803 西早		2007年10月隨州市安居羊子山4號西周墓。同出之鄂侯盤(通鑒14364)作〔圖〕
59	作旅彝尊	5699 西早後段		
60	作旅彝卣	5032 西早		摹本
61	作旅寶彝簋	通鑒 4109 西早		摹本
62	作旅寶彝卣	通鑒 12988 西早		
63	作旅寶彝卣	5121 西早		蓋銘作〔圖〕
64	北子羋觶	6476 西中		《集成》定爲西周早期
65	㹊尊	5775 西早		
66	㹊卣	5119 西早		器銘作〔圖〕
67	保攸母簋	10580 西早		《集成》稱器
68	〔圖〕尊	5778 西早		
69	酉卣	5042 西早		
70	何訇君党鼎	2477 春晚		
71	微仲䍙	521 西早		1980年6月陝西寶鷄市渭濱區竹園溝4號西周墓。省名類,作"旅尊"

商周金文異體字研究：以"旅"字爲例　287

續　表

序號	器　名	著錄與分期	字形	備　注
72	彝卣	5248 西早		1933 年河南濬縣辛村。族名"亞矣"
73	木羊簋	新收 1595 西早		
74	作册睘尊	5989 西早後段		
75	作册魖卣	5432 西早		河南洛陽附近出土。器銘作
76	懋卣	5362 西早		清代著錄。器銘作 。族名" "。《集成》《通鑒》定爲商代。同族、同作器對象之懋簋(3606)、尊(5877)則定爲西周早期
77	魯侯簋	4029 西早		
78	解子甗	874 西早		
79	楷侯壺	9553 西中前段		
80	攸鼎	1971 西中前段		《集成》定爲西周早期。1978 年 3 月河北元氏縣西張村西周墓出土
81	伯矩方鼎	2185 西中前段		1974 年 12 月陝西寶雞市渭濱區茹家莊 1 號西周墓(M1 乙)出土
82	作旅彝盉	通鑒 14663 西中前段		
83	應公鼎	新收 1438 西早		
84	應公簋	3477 西早後段		
85	應公簋	3478 西早後段		3477、3478 銘文風格相同，當爲同時所作，形制亦近似
86	畢簋	3470 西早		内底鑄銘，殘

續表

序號	器名	著録與分期	字形	備注
87	毛公肇鼎	2724 西早		
88	冓卣	5277 西早		陝西長安出土。器銘作 ▨。爲父戊作器
89	啟作父戊卣	5214 西早		河南洛陽出土。器銘作 ▨
90	仲鼎	1922 西早前段		《集成》定爲西周中期。清代著録
91	羕史尊	5811 西早		
92	木羊簋	新收 1594 西早		
93	孟甗	近出 160 西早前段		"孟""旅"二字上部筆畫被後刻之字磨損
94	楷仲鼎	2045 西早		《集成》定爲西周中期
95	啟甗	882 西早		
96	柚簋	10556 西早		《集成》稱器
97	柚尊	5827 西早		
98	作旅彝簋	10531 西早		"旅彝"二字寫在一起。《集成》稱器。
99	啟簋	3517 西早		10531 銘"作旅彝"，啟簋銘"啟作父庚旅彝"，10531 三字結體、風格與 3517 同，當爲同時所作、同一家族之器
100	南宮倗姬簋	通鑒 4603 西中前段		
101	伯豐方彝	9876 西中前段		器銘作 ▨。《集成》定爲西周早期
102	冓尊	5952 西中前段		傳河南洛陽出土。《集成》定爲西周早期。爲父甲作器

續　表

序號	器　名	著録與分期	字形	備　注
103	伯㓞簋	3488 西早		
104	彔簋	3236 西早		省名類
105	召尊	6004 西早後段		傳河南洛陽出土
106	召卣	5416 西早後段		傳河南洛陽出土。器銘作 ，稍泐
107	恒父簋	近出 448 西早後段		1980 年 6 月山西洪洞縣永凝堡西周墓。器銘。蓋銘作"作寶尊彝"
108	彔鼎	1772 西早		省名類
109	斁尊	近出 677 西早		與同銘尊比，銘文有錯訛（如作、彝、用等字），且綫條呆滯。但尊、卣花紋匹配
110	斁卣	5354 西早		器銘作
111	舟虞簋	3445 西中		宋代著録
112	舟虞簋	3446 西中		宋代著録。與 3445 同銘，但形制不同
113	應事簋	3442 西中前段		1982 年 11 月河南平頂山薛莊鄉滍陽鎮西門外西周墓。器銘作
114	豐壺	通鑒 12114 西中前段		傳山西出土。此壺下腹近圈足處有一鋬，鋬内鑄銘四字
115	榮子旅卣	5256 西早		
116	伯真甗	870 西早		字加"止"旁
117	尚壺	9618 甲（增補本）西中		1955 年 6 月河南泌陽縣前梁河村。器銘泐，作

續　表

序號	器　名	著録與分期	字形	備　注
118	尚壺	9618 乙（增補本）西中		1955 年 6 月河南泌陽縣前梁河村。器銘作
119	右鼎	1956 西早		
120	夆伯命甗	894 西早		
121	圖君婦媿霝鼎	2502 春早		文字内部筆畫發生類化
122	圖君婦媿霝壺	通鑒 12353 春早		2002 年 6 月山東棗莊市山亭區東江小邾國墓地
123	伯産甗	898 西早		
124	戈簋①	3384 西早		
125	戈尊	5773 西早		河南洛陽出土。從文字風格看，尊與 3384 簋同時所作
126	戈卣	5141 西早		傳出河南洛陽
127	作旅彝尊	新收 1914 西早後段		
128	競卣	5154 西中前段		1925 或 1926 年河南洛陽邙山麓廟溝出土。同出、同銘之競尊(5796)字泐
129	考囧鼎	2024 西中前段		《集成》："西周早期或中期；考字不清，待酌。"
130	員尊	5692 西中前段		省名類
131	縈伯簋	3481 西晚		《集成》定爲西周中期
132	伯尊	5763 西早		
133	作旅鼎	1775 西中		

---

①　戈簋(3383 西早)形制、族名同，但"旅"字是否从車已無法看清。

續　表

序號	器　名	著錄與分期	字形	備　　注
134	中簋	3514 西早		族名"中"
135	燕侯盂	10303 西早		器銘作
136	燕侯盂	10304 西早		器銘作
137	作旅彝卣	5120 西早		器銘作
138	伯鼎	1730 西早		
139	應鼎	1975 西早		省名類
140	闕伯鼎	2042 西早後段		1980 年陝西扶風縣上宋鄉北呂村西周墓葬（M148）出土
141	作旅彝尊	新收 949 西早後段		1984—1989 年山西曲沃縣天馬-曲村西周墓
142	作旅彝卣	新收 948 西早後段		1984—1989 年山西曲沃縣天馬-曲村西周墓。器銘作
143	闕伯簋	3480 西早後段		1980 年陝西扶風縣上宋鄉北呂村
144	伯甗	858 西早後段		1958 年 8 月陝西寶雞市東北郊五里廟西周墓出土
145	牛尊	5780 西早		族名" "
146	作旅彝尊	5698 西早		清代著錄
147	小夫卣	近出 598 西早		蓋銘泐。1980 年 9 月山東黃縣（今龍口市）石良鎮莊頭村西周墓出土
148	敢卣	5287 西早		器銘作
149	刅尊	5767 西早		
150	作旅簋	3416 西早		族名" "

續 表

序號	器 名	著錄與分期	字形	備 注
151	仲旨甗	通鑒 3249 西早		
152	㫃弗生甗	887 西早		道光時陝西咸陽
153	作旅鼎	1774 西中		
154	伯鼎	1921 西中		《集成》備注："首字經刮磨，原爲伯字，筆畫猶依稀可辨。"
155	穆公鼎	通鑒 1242 西中前段		省名類
156	叔鼎	1929 西中前段		
157	季夐簋	3444 西中		
158	應侯甗	近出 157 西中前段		1992 年河南平頂山市新華區薛莊鄉北滍村應國墓
159	更鼎	1940 西中前段		1981 年陝西長安縣普渡村 14 號墓葬出土。《集成》云西周早期或中期
160	鼌鼎	2077 西中前段		1962 年陝西岐山縣五丈原公社高店村出土
161	由鼎	1978 西中		1974 年北京房山縣琉璃河 209 號墓出土。《集成》定爲西周早期
162	㝬簋	3385 西中前段		《集成》定爲西周
163	仲鼎	2048 西中前段		
164	生簋	通鑒 4119 西中		清代著錄
165	伯員鼎	2038 西中		宋代著錄。《集成》定爲西周
166	邢叔方彝	9875 西中		1985 年西安市長安區馬王鎮張家坡西周墓。器銘作

商周金文異體字研究：以"旅"字爲例　293

續　表

序號	器　名	著録與分期	字形	備　注
167	晉侯鼎	新收 887 西中	[字形]	1992年山西曲沃縣曲村鎮北趙村晉侯墓出土。鳥形扁足間連鑄有圓形托盤，盤底有三個十字鏤孔
168	佣伯鼎	通鑒 1821 西中前段	[字形]	2005年山西絳縣橫水鎮西周墓(M1)出土
169	仲姞盤	通鑒 14418 西中前段	[字形]	山西聞喜縣東鎮官莊村
170	伯蓑簋	通鑒 4622 西中前段	[字形]	2005年陝西岐山縣鳳鳴鎮周公廟西周墓
171	鄧公鼎	近出 298 西中	[字形]	
172	趞叔鼎	2212 西中	[字形]	得於山東任城。劉雨等《商周金文總著録表》2475 定爲西周晚期
173	或者鼎	2662 西中前段	[字形]	
174	師子于匹盉	9432 西中	[字形]	
175	仲甗	860 西中前段	[字形]	1975年5月西安市臨潼區南羅村西周墓
176	州簋	新收 831 西中	[字形]	陝西寶雞縣(今爲寶雞市陳倉區)城關鎮西秦村
177	戜甗	837 西中前段	[字形]	《集成》定爲西周早期。1975年3月陝西扶風縣法門公社莊白西周墓出土。省名類
178	師湯父鼎	近出 321 西中	[字形]	1991年陝西扶風縣法門鎮齊家村西周墓葬(91M1)出土
179	師趛盨	4429 西中	[字形]	蓋銘行款、文字與器銘相反，作[字形]
180	鄭鑄友父鬲	684 西晚	[字形]	

續 表

序號	器 名	著錄與分期	字形	備 注
181	觴仲鼎	新收 707 西晚		1983—1986 年西安市長安區馬王鎮張家坡西周墓(M319)出土
182	叔昏父鼎	近出 305 西晚		1997 年秋冬河南洛陽市東郊邙山南坡楊文鎮西周墓葬(M1135)出土。族名
183	蘇衛改鼎	2381 西晚		
184	蘇衛改鼎	2382 西晚		
185	蘇衛改鼎	2383 西晚		
186	蘇衛改鼎	2384 西晚		
187	駒父鼎	2386 西晚		宋代著錄
188	犀伯魚父鼎	2534 西晚		《集成》定爲西周
189	伯公父盨蓋	4384 西晚		1976 年陝西扶風縣雲塘村一號窖藏。與伯多父盨同出，文字風格相同
190	兮伯吉父盨	4426 西晚		道光戊戌年間陝西寶鷄縣出土
191	伯正父匜	10231 西晚		
192	弭伯匜	10215 西晚		《通鑒》定爲西周中期。宋代著錄。陝西藍田出土
193	仲姞義母匜	10238 西晚		宋代著錄
194	矢賸盨	4353 西晚		1983 年 1 月陝西寶鷄縣賈村公社扶托村西周墓
195	伯大師螯盨	4404 西晚		蓋銘作
196	伯大師螯盨	新收 1450 西晚		器銘作
197	食仲走父盨	4427 西晚		器銘作

商周金文異體字研究：以"旅"字爲例 295

續 表

序號	器 名	著録與分期	字形	備 注
198	旅鬲	近出 119 西晚		1988年9月陝西延長縣安溝鄉岔口村出土。殘存"旅鬲"二字
199	芮叔鬲	通鑒 2741 西晚		陝西延安地區。鬲字作 ，寫法較特殊
200	蠱姬鬲	575 西晚		
201	叔碩父甗	928 西晚		同治年間山西吉縣安平村
202	虢叔簠	4515 西晚		4514同銘，字作
203	師奐父盨	4349 西晚		宋代著録
204	師奐父盨	4348 西晚		陝西扶風出土。宋代著録
205	叔良父盨	4409 西晚		得於扶風。宋代著録。器銘作
206	中伯盨	4355 西晚		
207	仲閔父盨	4398 西晚		器銘作
208	伯里父盨	通鑒 5563 西晚		
209	追叔父盨	通鑒 5564 西晚		
210	楷侯貞盨	通鑒 5568 西晚		
211	單子白盨	4424 西晚		《集成》定爲春秋早期
212	虢仲盨蓋	4435 西晚		
213	弭叔盨蓋	4430 西晚		
214	仲義父罍	9964 西晚		光緒十六年(1890年)陝西扶風縣法門寺任家村西周銅器窖藏。蓋銘作

續 表

序號	器 名	著錄與分期	字形	備 注
215	仲義父鑐	9964 西晚		光緒十六年(1890年)陝西扶風縣法門寺任家村西周銅器窖藏。蓋銘作
216	呂仲生匜	10243 西晚		
217	文盨	通鑒 5664 西晚		《通鑒》5665 士百父盨與此一器
218	尹氏賈良匜(簠)	4553 西晚		
219	叔五父匜	新收 762 西晚		2003 年 1 月陝西眉縣馬家鎮楊家村西周銅器窖藏
220	甹仲雩父甂	911 西晚		1976 年 12 月陝西扶風縣莊白村 2 號西周銅器窖藏。該銘存在衝範現象，字右上筆畫是"父"字筆畫被衝斷後游移過來的。父作
221	史奭簠	4523 西晚		
222	史奭簠	通鑒 5822 西晚		1940 年山東肥城縣喬家莊。器銘作
223	仲言父簠	3548 西晚		宋代著錄
224	室叔簠	新收 1957 西晚		
225	善夫吉父簠	4530 西晚		
226	静叔鼎	2537 西晚		《集成》定爲西周早期
227	函交仲簠	4497 西晚		1933 年陝西扶風縣康家村
228	史免匜(簠)	4579 西晚		器銘作
229	伯公父盂	10314 西晚		

商周金文異體字研究：以"旅"字爲例　297

續　表

序號	器　名	著錄與分期	字形	備　注
230	槇侯壺	9586 西晚		蓋銘作
231	槇侯壺	9587 西晚		蓋銘泐
232	鬲虢仲殷	3551 西晚		
233	夆叔鋪	4669 西晚		清代著錄
234	叔趙父禹①	11719 西晚		1981 年陝西扶風縣南陽公社魯馬大隊溝原村灰坑
235	魯司徒伯吳盨	4415 西晚		《集成》定爲西周中期。器銘作
236	戒伯貝生壺蓋	9615 西晚		河南出土
237	叔匜	10180 西晚		宋代著錄
238	商丘叔簠	4557 春早		4558 同銘，作
239	商丘叔簠	4559 春早		器銘作
240	商丘叔簠	新收 1071 春早		摹本。山東泰安市道朗鄉大馬莊村龍門口遺址出土
241	郜召匜（簠）	近出 526 春早		山東長清縣仙人臺西周墓地。器銘作
242	芮子仲鼎	通鑒 1910 春早		
243	師麻孝叔鼎	2552 春秋		清同治末年與一簠一甗同出於陝西鳳翔
244	晉姑盤	通鑒 14461 春早		2007 年陝西韓城市昝村鎮梁帶村春秋墓
245	晉姑匜	通鑒 14954 春早		2007 年陝西韓城市昝村鎮梁帶村春秋墓

---

① 《通鑒》備注："簡報以爲此乃劍鞘末端飾物，即鏢。《廣韻》：'鋥，磨鋥出劍光。'故以鋥代表劍。郙王劍銘文有'郙王蕕自伐（作）承鋥。'故附於劍後。"

續　表

序號	器名	著録與分期	字形	備注
246	鄭氏伯高父甗	938 春早		
247	虢姜鼎	通鑒 1839 春早		傳出河南三門峽虢國墓地。虢姜甗（通鑒 3301）字泐
248	虢姜簋	通鑒 4498 春早		可能爲 2008 年河南三門峽市虢國墓地出土。蓋銘　。《通鑒》定爲西晚
249	虢姜壺	通鑒 12223 春早		傳出河南三門峽虢國墓地
250	虢季簋	近出 444 春早		1990 年 3 月河南三門峽市虢國墓。器銘
251	虢季盨	近出 493 春早		蓋銘　。1990 年 3 月河南三門峽市虢國墓
252	虢季盨	近出 494 春早		器銘作　。蓋、器銘行款、文字相反
253	虢季盨	近出 495 春早		器銘與蓋銘行款、文字相反，作
254	虢季盨	近出 496 春早		蓋銘
255	曾子仲諆甗	943 春早		1971 年河南新野縣城關鎮小西關春秋墓
256	陳公孫指父瓶	9979 春早		1978 年山西聞喜縣上郭村春秋墓葬。祈字作
257	簠伯盤	通鑒 14365 西早		
258	弭季尊	5858 西早後段		1980 年 6 月陝西寶雞市渭濱區竹園溝 4 號西周墓。《集成》定爲西周中期
259	弭季卣	5241 西早後段		1980 年 6 月陝西寶雞市渭濱區竹園溝 4 號西周墓。器銘作

續 表

序號	器 名	著録與分期	字形	備 注
260	作旅簋	3415 西早		族名"尹"。左上筆畫與泐痕混同
261	汪伯卣	5223 西早		蓋銘作
262	仲鑵蓋	9986 西早		
263	虫舀鼎	2175 西早		
264	作父丁卣	5210 西早		器銘作
265	作父丁簋	10557 西早		《集成》稱器。與 5210 卣同銘,同人所作
266	作旅彝簋	10530 西早後段		《集成》稱作旅彝器
267	作旅彝尊	5700 西早		《通鑒》定爲西周中期前段。從拓片觀察,此與 10530 應是同一張
268	狽尊	5839 西中前段		
269	詠鼎	2066 西中		傳出河南洛陽
270	戜簋	3378 西中(恭王)		1980—1981 年陝西扶風縣黄堆村西周墓。器作
271	子邦父甗	932 西中		
272	叔噩父簋	4056 西中		蓋銘作
273	叔噩父簋	4057 西中		蓋銘作
274	叔噩父簋	4058 西中		《集成》定爲西晚。器銘作
275	敀仲簋	3550 西中		
276	果簋	3474 西中		器銘作
277	周乎卣	5406 西中前段		蓋銘作

續　表

序號	器　名	著録與分期	字形	備　注
278	矢叔簋	近出 422 西中後段		1984年秋陝西岐山縣青化鄉丁童村
279	濂俗父鼎	2466 西晚		
280	叔䜌父盨	4376 西晚		器銘作。傳1925年河南孟津出土
281	叔䜌父盨	4375 西晚		器銘作，字泐
282	伯䀠父甗	900 西晚		宋代著録
283	伯姜甗	927 西晚		《集成》定爲西周中期
284	史叀盨	4366 西晚		4367 同銘，蓋、器作
285	伯鮮鼎	2663 西晚		1933年陝西扶風縣上康村西周銅器窖藏
286	伯鮮鼎	2664 西晚		1933年陝西扶風縣上康村西周銅器窖藏
287	伯鮮鼎	2665 西晚		1933年陝西扶風縣上康村西周銅器窖藏
288	伯鮮鼎	2666 西晚		1933年陝西扶風縣上康村西周銅器窖藏
289	䕨虢遣生簋	3866 西晚		《集成》定爲西周中期
290	叔攸鼎	2049 西晚		《集成》定爲西周
291	弭叔盨	4385 西晚		1959年6月陝西藍田縣寺坡村西周銅器窖藏。蓋銘泐
292	伯大師盨	4394 西晚		器銘作
293	伯大師盨	4395 西晚		
294	易叔盨	4390 西晚		

續 表

序號	器 名	著錄與分期	字形	備 注
295	鄭登叔盨	通鑒 5581 西晚		蓋銘。器銘作"鄭義羌父伯作旅（ ）盨,子子孫永寶用"
296	鄭義羌父盨①	4392 西晚		鄭義羌父盨蓋（4393）作
297	仲宮父盨	通鑒 5585 西晚		器銘作
298	仲宮父盨	通鑒 5586（器銘）西晚		
299	京叔休父盨	通鑒 5586（蓋銘）西晚		《通鑒》5586 蓋、器銘文不同,口沿花紋也有差別,應爲兩件盨配在一起的,蓋在一起密合,且皮殼銹色一致,當係古人配置的
300	京叔休父盨	通鑒 5548 西晚		
301	伯多父盨	4368 西晚		1976 年陝西扶風縣雲塘村一號窖藏。器
302	伯多父盨	4369 西晚		器銘作
303	伯多父盨	4370 西晚		器銘作
304	伯多父盨	4371 西晚		器銘作
305	圅盨	4402 西晚		器銘作
306	圅盨	4403 西晚		蓋銘作 ,泐
307	鬲叔興父盨	4405 西晚		器銘作
308	鄭井叔康盨	4401 西晚		《通鑒》定爲西周中期後段
309	鄭井叔康盨	4400 西晚		

---

① 鄭義伯盨(4391 西晚)據殘畫看,與此形同。

續　表

序號	器　名	著録與分期	字形	備　注
310	譺季獻盨	4413 西晚		器銘作
311	鬼叔盨	4425 西晚		
312	翏生盨	4459 西晚		1940 年陝西扶風縣法門寺任家村。器銘作
313	翏生盨	4460 西晚		
314	翏生盨	4461 西晚		器銘作
315	師克盨	4467 西晚		清光緒年間出土於陝西扶風。器銘作
316	師克盨	4468 西晚		此字向左傾斜，擺正後作 。近出 507 銘同，字泐
317	仲其父簠	4482 西晚		1974 年 1 月陝西藍田縣輞川公社枝家灣村。4483 銘同，字作
318	師麻孝叔簠	4555 西晚		
319	儧匜	10285 西晚		1975 年 2 月陝西岐山縣董家村 1 號銅器窖藏。《通鑒》定爲西周中期後段
320	鬼叔匜	10181 西晚		器銘作
321	叔男父匜	10270 西晚		
322	斁由方尊	5769 西早		旂没有包住二人
323	作旅壺	9519 西早		器銘。傳河南洛陽出土
324	丮伯簋	3482 西早		蓋銘作
325	季寡父簠	通鑒 4369 西中前段		拓本
326	矢伯甗	871 西早		

續　表

序號	器　名	著錄與分期	字形	備　注
327	晉侯豬尊	新收 910 西早		2001年1月山西曲沃縣曲村鎮北趙村晉侯墓。器銘作
328	❋伯鼎	2044 西早		山東黃縣萊陰出土。《集成》定爲西周中期
329	叔觶	新收 950 西早後段		1984—1989年山西曲沃縣天馬—曲村西周墓。省名類
330	叔卣	5108 西早		蓋銘泐，作
331	伯鼎	流散歐 59 西中前段		
332	作旅鼎	通鑒 696 西中前段		省名類。《通鑒》："外底有三角形範綫和三條加強筋以及煙炱。"
333	敔簋蓋	近出 483 西中		1982年秋陝西周至縣竹峪鄉鳳凰嶺村
334	作寶旅簋	通鑒 4131 西中前段		器銘作
335	同自簋	3703 西中		器銘作
336	孚公狄甗	918 西中		
337	易鼎	2678 西中前段		出於山西。《集成》定爲西周早期
338	仲伐父甗	931 西中		1960年10月陝西扶風縣法門公社齊家村一西周銅器窖藏
339	史醓敖尊	近出 634 西中前段		1978年3月河南洛陽市北窑村龐家溝西周墓
340	晉侯簋	通鑒 4489 西中前段		省名類。此銘疑是從《通鑒》4736截取而來，其形制與之不同

續表

序號	器 名	著錄與分期	字形	備 注
341	曾侯簠	通鑒 4736 西中		《通鑒》4737 形制、銘文同，字稍泐，作
342	甫人父匜	10206 西晚		
343	孟皇父匜	10185 西晚		宋代著錄
344	立盨	4365 西晚		
345	周㒭盨	4380 西晚		
346	尹氏有司伯頌父甗	新收 1688 西晚		
347	駒父盨蓋	4464 西晚		1974 年 2 月陝西武功縣蘇坊鄉廻龍村周代遺址
348	伯筍父盨	4350 西晚		
349	伯鮮甗	940 西晚		1933 年陝西扶風縣上康村西周銅器窖藏
350	向劉簠	4033 西晚		4034 同銘，作
351	善夫克盨	4464 西晚		傳光緒十六年（1890）陝西扶風縣法門寺任村窖藏。蓋銘作
352	項爮盨	4411 西晚		
353	魯伯念盨	4458 春早		器銘作 。1977 年山東省曲阜縣魯國故城望父臺春秋墓出土
354	伯旟魚父簠	4525 春早		所謂"旟魚"當是一字，作
355	鄂侯弟䀉季卣	5325 西早		器銘作 。旗杆頂部分兩叉
356	鄂侯弟䀉季尊	5912 西早後段		1976 年 8 月湖北隨縣安居公社車崗九隊羊子山

續 表

序號	器 名	著録與分期	字形	備 注
357	盉爵	9046 西早	〇	
358	敔尊	5957 西早	〇	
359	伯孝鼓盨	4407 西晚	〇	器銘作〇
360	伯孝鼓盨	4408 西晚	〇	器銘作〇
361	改盨	4414 西晚	〇	《通鑒》定爲西周中期
362	伯戜飲壺	6455 西中前段	〇	1975年3月陝西扶風縣莊白村西周墓
363	應伯盨	通鑒 5538 西中後段	〇	1986年河南平頂山市薛莊鄉滍陽鎮西周墓
364	亶姜鼎	2028 西中	〇	
365	應侯盨	通鑒 5539 西晚	〇	2000年9月河南平頂山市新華區西高皇魚塘。通鑒 5540 同銘，作〇
366	吉父鼎	2512 西晚（宣王世）	〇	1940年2月今陝西扶風縣法門鎮任家村一座西周銅器窖藏
367	善夫吉父鑐	9962 西晚	〇	蓋銘作〇。1940年2月陝西扶風縣法門鎮任家村西周銅器窖藏
368	善夫吉父鑐	通鑒 13995 西晚	〇	蓋銘作〇。1940年2月陝西扶風縣法門鎮任家村西周銅器窖藏
369	攸鬲盨	4344 西晚	〇	
370	仲義父盨	4386 西晚	〇	光緒十六年（1890年）陝西扶風縣任家村窖藏出土。器銘作〇。族名"華"
371	仲義父盨	4387 西晚	〇	出土同上。器銘作〇

續 表

序號	器　名	著録與分期	字形	備　注
372	伯梁其盨	4446 西晚		器銘作▨。1940 年 2 月陝西扶風縣法門寺任家村西周銅器窖藏
373	伯梁其盨	4447 西晚		蓋銘作▨
374	伯梁其盨	通鑒 5653 西晚		蓋銘作▨
375	作旅甗	通鑒 3321 西晚		1974 年山東萊陽市中荆鎮前河前村墓葬
376	鄭同媿鼎	2415 西晚		
377	叔姞盨	4388 西晚		山西吉州安平村
378	鄭伯氏士叔皇父鼎	2667 春早		
379	郜公諴簠	4600 春早		
380	應侯壺	新收 80 西晚		傳出河南平頂山應國墓地。器銘泐。新收 81 同銘,字泐
381	鄭登叔盨	4396 西晚		
382	王婦覭孟姜匜	10240 西晚		
383	鬲伯歇夷匜	近出 1014 西晚		1982 年 6 月河南確山縣竹溝鎮
384	曾子伯窑盤	10156 春早		河南桐柏縣
385	鄭伯大嗣工召山叔父簠	4602 春早		4601 銘同,字作▨,泐
386	鼄司土幽尊	5917 西早後段		
387	鼄司土幽卣	5344 西早		器銘作▨
388	啓卣	5410 西早		1969 年山東黃縣(今龍口市)歸城小劉家出土。器銘作▨

商周金文異體字研究：以"旅"字爲例　307

續表

序號	器名	著録與分期	字形	備注
389	寗尊	5777 西早		中州出土
390	作旅彝簋	3262 西早		
391	作旅彝簋	3261 西早		
392	伯卿盉	9418 西早		9417 同銘,作
393	矣簋	10553 西早		《集成》稱器
394	伯簋	3351 西早		
395	召圜器	10360 西早		
396	伯矩盉	9398 西早		
397	族卣	通鑒 13257 西早後段		蓋銘泐甚。"族"字作 ，族名" "
398	陽尹簋	3578 西早		
399	莫尊	5776 西早		
400	孟卣	5399 西早		蓋銘：作旅甫；器銘：兮公室孟邕束、貝十朋,孟對揚公休,用作父丁寶尊彝, 。出於陝西
401	季瓶	通鑒 3232 西早		
402	茻尊	5770 西早後段		
403	作旅弓卣	5033 西早		省名類,族名"弓"。銘云："作旅,弓。"
404	頼瓶	865 西早後段		《集成》定爲西周中期。1978 年西安市長安區馬王鎮張家坡 1 號墓
405	伯簋	10541 西早		

续 表

序號	器 名	著録與分期	字形	備 注
406	畧尊	5920 西早		《集成》定爲西周中期。族名"子廟"
407	畧卣	5329 西早		蓋銘泐，
408	作旅彝壺	9520 西早		
409	作旅彝卣	5030 西早		蓋銘作
410	作旅彝卣	5118 西早		蓋銘作 。"罌"字係後刻。由形制、花紋、銘文看，此器與 5030 可能是同時同人所作
411	懋父卣	5243 西早		蓋銘字泐， 。族名"𠁁"
412	員卣	5387 西早		銘云："員從史旗伐會，員先内(入)邑，員孚金，用作旅彝。"
413	轐尊	5906 西中前段		
414	員觶	6431 西中前段		器銘
415	員觶	6432 西中前段		器銘
416	孟狂父簋	近出 430 西中前段		1983—1986 年西安市長安區馬王鎮張家坡西周墓(M183)
417	仲自父簋	3545 西中前段		
418	季㝃簋	3730 西中		
419	孟爵	8820 西中		1976 年 12 月陝西扶風縣法門公社莊白村 1 號西周銅器窖藏
420	史唻鼎	2036 西中		《集成》定爲西周早期。1964 年 4 月河南洛陽市北窰村龐家溝西周墓地 M410 出土

續表

序號	器名	著錄與分期	字形	備注
421	伯㝬壺	新收 1655 西中前段		
422	魯侯鼎	新收 1598 西中前段		
423	仲自父簋	3754 西中		3753 同銘,作 ,泐
424	仲卣	5341 西中前段		器銘作
425	仲卣	5342 西中前段		器銘作
426	作旅鼎	1773 西中		
427	邢季彙尊	5859 西中前段		
428	邢季彙卣	5239 西中前段		器銘作
429	伯簋	3352 西中後段		1973 年 10 月陝西扶風縣劉家村西周墓。《集成》定爲西早
430	伯父鼎	2487 西中		
431	員壺	9534 西中前段		《集成》定爲西周早期。器銘作
432	員爵	8818 西中		《集成》定爲西周早期。省名類
433	員爵	8819 西中		
434	伯戜簋	3489 西中前段		1975 年 3 月陝西扶風縣莊白村西周墓
435	遇甗	948 西中前段		光緒二十二年同甗鼎出土於山東黃縣之萊陰
436	段金歸簋	3587 西中前段		傳出土於洛陽。3586 銘同,字稍泐
437	段金歸尊	5863 西中前段		洛陽出土

續表

序號	器名	著録與分期	字形	備注
438	伯尊	5764 西中前段		《集成》定爲西周早期
439	作旅盨	新收 1689 西中		
440	作旅彝卣	5031 西中前段		器銘作
441	應事鼎	近出 288 西中前段		1982年11月河南平頂山市薛莊鄉滍陽鎮義學崗應國墓M229出土
442	邢季𡖊鼎	2199 西中前段		集成："羅氏雪堂藏器,宣統辛亥航載至海東,殘破不復可拓,但存墨本。"
443	咏尊	5799 西中前段		銘云"咏作旅父丁"。咏卣(5157 西中前段)與此爲組合,作 ,《通鑒》定爲西周早期,不妥
444	丞仲觶	通鑒 10589 西中		器銘未拓
445	仲自父卣	5246 西中前段		清代著録。蓋銘作
446	仲自父盉	9410 西中前段		清代著録
447	季觶	6434 西中前段		清代著録
448	作旅彝殘器底	通鑒 19454 西中前段		1965年山東黃縣(今龍口市)歸城姜家西周墓。此與《通鑒》3202甗銘文内容、字體相同,從拓本觀察,似是一張
449	仲堂父盆	通鑒 6259 西中前段		器銘泐,殘畫作
450	仲堂父盆	通鑒 6258 西中前段		器銘作
451	伯濼父壺蓋	9570 西中		

續　表

序號	器　名	著錄與分期	字形	備　注
452	作旅彝瓶	通鑒 3202 西晚		1974 年冬山東萊陽縣中荊公社前河前村西周墓出土
453	伯吕父盨	新收 1559 西晚		
454	北單鼎	2173 西早		《集成》定爲殷器,名北單從鼎。銘曰"北單作從旅彝","北單"合寫,族名
455	倗伯簋	近出 4499 西中前段		2005 年山西絳縣橫水鎮西周墓
456	應侯鼎	近出 273 西中前段		1992 年 8 月河南平頂山市新華區薛莊鄉滍陽鎮應國墓 M84 出土。省名類
457	鶪夋父鼎	2205 西中		《集成》定爲西周
458	黃尊	5976 西中前段		
459	作旅寶鼎	1790 西中		《集成》定爲西周早期。省名類
460	達盨蓋	近出 506 西中,新收 693		1984 年西安市長安區馬王鎮張家坡西周墓。新收 692 同銘,作
461	達盨蓋	新收 694 西中		
462	仲酉父簋蓋	3547 西晚		宋代著錄
463	鄧公簋	3858 西晚		《集成》定爲春秋早期
464	作旅彝鼎	1789 西中		《集成》定爲西周早期
465	作旅彝卣	近出 578 西中		
466	樂鼎	1969 西中		符合"作旅"規律。但不能通過其他文字證明是反書
467	樂鼎	1970 西中		同上

續　表

序號	器　名	著錄與分期	字形	備　注
468	強伯簋	3616 西中前段	〔字形〕	1974 年 12 月寶雞市渭濱區茹家莊西周墓。反書
469	強伯簋	3617 西中前段	〔字形〕	1974 年 12 月寶雞市渭濱區茹家莊西周墓。反書
470	伯簋	10540 西早	〔字形〕	《集成》稱器
471	宵簋	10544 西早	〔字形〕	器銘〔字形〕，其左上蓋因補"作"字而損畫
472	嬰父方鼎	2023 西中前段	〔字形〕	1976 年陝西扶風縣黃堆公社雲塘村 10 號西周墓出土。《集成》云西周早期或中期
473	遣叔吉父盨	4418 西中	〔字形〕	器銘作〔字形〕。4416、4417 同銘，字作〔字形〕、〔字形〕
474	伯嫊簋蓋	3693 西中	〔字形〕	3692 同銘，作〔字形〕
475	蔡侯鼎	2441 西晚	〔字形〕	
476	諫簋	近出 492 西晚	〔字形〕	1979 年河南禹縣吳灣西周墓
477	伯鮮盨	4361 西晚	〔字形〕	器銘作〔字形〕。傳 1933 年陝西岐山清化鎮出土
478	伯鮮盨	4362 西晚	〔字形〕	器銘作〔字形〕。傳 1933 年陝西岐山清化鎮出土
479	伯鮮盨	4363 西晚	〔字形〕	器銘作〔字形〕（摹本）。傳寶雞出土
480	伯鮮盨	4364 西晚	〔字形〕	器銘作〔字形〕。傳寶雞出土
481	鄫叔奐父盨	新收 41 西晚	〔字形〕	1993 年河南三門峽市上村嶺虢國墓地。器銘作〔字形〕

商周金文異體字研究：以"旅"字爲例　313

續　表

序號	器　名	著錄與分期	字形	備　注
482	仲大師小子休盨	4397 西晚		1976 年陝西扶風縣莊白村二號窖藏
483	叔尹方鼎	1925 西早		1974 年 12 月遼寧喀左縣平房子公社山灣子村西周窖藏。反書，省名類
484	🅐壺	9545 西早		僅剩壺的圈足
485	作旅鼎	1777 西中前段		1978 年 8 月陝西扶風縣黃堆公社齊家村 19 號西周墓出土
486	作旅鼎	1778 西中前段		與 1777 同出同銘，形制紋飾亦同
487	作旅彝鼎	1788 西中		《集成》定爲西周早期
488	伯鼎	近出 268 西中前段		1985 年 11 月陝西扶風縣法門鎮官務窖村出土
489	仲州鼎	通鑒 1456 西中		
490	伯好父簋蓋	3691 西中後段		《集成》定爲西晚。1981 年 3 月陝西岐山縣京當公社劉家村。出土時蓋在叔㝬父簋上。其他字均是正書
491	姬妊旅鬲	511 西中		反書①
492	叔逆簋	通鑒 4447 西中前段		器銘，均爲反書。《通鑒》釋蓋銘爲"從簋"，恐非，蓋銘逆、旅二字均加止旁。蓋、器除"作"字外，其他字方向相反②

----

① 銘作 ，金文中从女之左右結構的字，以女旁在右爲常見，如姬、姞、妘、婦、妊、姞、妃、始、好、媿等，參《金文編》787～813 頁。所以，此銘也可以看作是反書。

② 　器、　蓋。

續表

序號	器名	著錄與分期	字形	備注
493	仲旅盉	通鑒 14759 西中		
494	中伯盨	4356 西晚		反書
495	芮伯鬲	通鑒 2708 西晚		1988 年陝西延長縣安溝鄉岔口村出土。無法通過其他文字定爲反書，但符合"作旅"規律
496	芮公簋	通鑒 4386 春早		2007 年 1 月陝西韓城市昝村鎮梁帶村春秋墓。銘文均反書
497	番昶伯者君盤	10140 春早		1977 年河南信陽吳家店鄉墳扒村
498	陵尊	5823 西中前段		1974 年 12 月陝西寶鷄市茹家莊 1 號西周墓
499	作旅簋	3249 西中前段		字均爲反書。《集成》定爲西早。1978 年 8 月陝西扶風縣齊家村 19 號西周墓
500	免簠	4626 西中		
501	伯魚父壺	9599 西晚		器銘。反書
502	伯魚父壺	9600 西晚		器銘。反書
503	作旅簋	3250 西中前段		與 3249 同出，形制、紋飾、銘文同。字均反書，且符合"作旅"規律
504	俩季簋	通鑒 4463 西中前段		反書。作器動詞"宧"。器銘，旅方向同，但雙人朝向相反
505	俩季簋	通鑒 4464 西中前段		器銘。蓋銘"南宮姬作寶𣪕"，且字體風格不同。與 4463 形制、紋飾同

續 表

序號	器 名	著録與分期	字形	備 注
506	吴王御士尹氏叔鰥匜(簠)	4527 春早		清代著録,1957 年 5 月重新出土於北京海淀區東北旺村。《集成》定爲春秋時器
507	孟員鼎	近出 338 西中前段		1983—1986 年西安市長安區馬王鎮張家坡西周墓(M183)出土
508	孟員甗	近出 164 西中前段		出土同上
509	明尊	5693 西中前段		
510	伯鼎	1915 西中		
511	虢碩父簠	近出 520 春早		1989 年河南三門峽市虢國墓地。蓋銘泐
512	茀鼎	2201 西中		
513	叔姬鼎	2392 西晚		《集成》定爲春秋早期
514	仲𣄰父盨	4399 西中		
515	仲枏父甗	942 西中後段		《集成》定爲西周晚期。宋代著録
516	伯車父盨	4382 西中後段		《集成》定爲西周晚期。1973 年冬陝西岐山縣京當公社賀家村西周墓
517	曾仲盤	10097 西晚		
518	姞🔳母匜	10183 西晚		字泐,從殘畫看,當與曾仲盤等寫法同類。1973 年陝西長安縣灃西公社馬王村西周銅器窖藏
519	魯仲齊甗	939 春早		《集成》定爲西晚。1977 年山東曲阜縣魯國故城望父臺春秋墓

續　表

序號	器　名	著録與分期	字形	備　注
520	郜于子瓶簠	4542 春早		宋代著録。4543 同人所作,字作
521	魯宰虢簠	通鑒 5902 春早		蓋銘。2002 年 6 月山東棗莊市山亭區東江春秋小邾國墓地 2 號墓
522	正叔之士鴳俞簠	通鑒 5903 春早		出土同上。二器器銘均爲"魯酉子安母肇作匜,其眉壽萬年子子孫孫永寶用"
523	薛子仲安簠	4546 春早		1973 年山東滕縣官橋公社狄莊大隊薛城遺址。蓋銘作 。4547 同銘,字泐
524	薛子仲安簠	4548 春早		
525	曾太保䜌叔亟盆	10336 春早		反書
526	陳樂君欨瓶	近出 163 春晚		此字可能是從"彳"的,而且很可能"彳"與"人"旁共用筆畫。1994 年春山東海陽縣盤石店鎮嘴子前村春秋墓。"祈"作
527	伯其父慶簠	4581 春早		
528	陳公子=叔邍原父瓶	947 春早		"祈"作
529	曾伯霢簠蓋	4632 春早		
530	曾伯霢簠蓋	4631 春早		
531	仲改衛簠	近出 525 春中		1979 年河南淅川縣下寺春秋墓。從一人。近出 524 同銘,字泐,作
532	伯遊父壺	通鑒 12412 春中		遊作 ,二字左右相鄰。反書。作器者名"馬頸君伯遊父"

續 表

序號	器 名	著錄與分期	字形	備 注
533	伯遊父壺	通鑒 12413 春中		遊作 ，二字左右相鄰。反書
534	伯遊父匜	通鑒 19239 春中		照片： ，從辵。"遊"作 。作器者名"黃季之伯遊父"
535	引觚	9981 春晚		
536	鼓鼏簋	4047 西早後段		清代著錄
537	芮姞簋	新收 665 西早後段		字體特異
538	啟尊	5983 西早		1969年山東黃縣（今龍口市）歸城小劉家。反書。旅退化
539	晉仲韋父盉	新收 965 西早後段		器銘作 ，似從"車"，兩人寫作"化"。1984—1989年山西曲沃縣天馬-曲村西周墓
540	虢叔盂	10306 西中		10307 銘同，字作
541	伯車父盨	4383 西中後段		《集成》定爲西周晚期。1973年冬陝西岐山縣京當公社賀家村西周墓
542	臭女盨蓋	4352 西晚		陝西寶雞縣賈村公社上官村
543	滕侯蘇盨	4428 西晚		《集成》定爲春秋早期。《通鑒》5620 出土於山東棗莊市山亭區東江小邾國墓地，與此銘同，"旅"作 ，"从"旁方向相反
544	雔兹鼎	2379 西晚		《集成》定爲西周
545	季忿鼎	2378 西晚		《集成》定爲西周

續表

序號	器 名	著錄與分期	字形	備 注
546	叔鼎	1928 西中前段		1953 年西安市長安區斗門鎮普渡村無量廟西周墓 M2 出土
547	作旅彝簋	3263 西中		《集成》定爲西早
548	伯鼎	1776 西早		省名類。《集成》定爲西周中期,備注云:"首字不清,有可能是伯字。"
549	劉叔盨	4378 西晚		

三、用途銘辭之"旅"

序號	器 名	著錄與分期	字形	備 注
1	屖尊	5927 西早		銘云:"屖作父癸寶尊彝,用肇。"
2	屖尊	通鑒 11699 西早		《通鑒》11699 即《續殷文存》上 60.6,《通鑒》11700 還著錄一尊,即《續殷》上 61.1
3	屖卣	5334 西早		
4	異卣蓋	5372 西中前段		銘云:"異作乎考伯效父寶宗彝,用旅。"1964 年河南洛陽市北窯村龐家溝西周墓地

四、其他文例(含"旅"之訛字)

小盂鼎(2839 西早)"旅服" ,"西旅" 。

中觶(6514 西早)"振旅" (蓋)、 (器)。

臣諫簋(4237 西中前段)"亞旅" 。

晉侯穌鐘（近出 38 西晚）"亞旅" ▢（反白字形）。

宜侯夨簋（4320 西早）"旅弓" ▢，"旅矢" ▢。

伯晨鼎（2816 西中後段）"斿（旅，▢）五斿（旅，▢）、彤（彤弓）、彤（彤矢）、斿（旅，▢）弓、斿（旅，▢）矢"。

南季鼎（2781 西中）"鑾旂" ▢。

即簋（4250 西中前段）"鑾旂" ▢。

袁鼎（2819 西晚，宋代著錄）"鑾旂" ▢。

此鼎（2821 西晚）"旅邑人、膳夫" ▢，"鑾旂" ▢。二字有別，都隸爲"旅"不妥。此鼎（2822）分別作 ▢、▢，2823 作 ▢、▢。此簋（4303）作 ▢、▢（蓋），▢、▢（器）。此簋（4304）作 ▢、▢（蓋），▢、▢（器）。此簋（4305）作 ▢、▢。此簋（4306）作 ▢、▢。此簋（4307）作 ▢、▢。此簋（4308）作 ▢、▢。此簋（4309）作 ▢、▢。此簋（4310）作 ▢、▢。

五、文例殘缺

司工殘鼎足（2501 西晚）▢，1973 年 8 月陝西扶風縣太白公社長命寺大隊早楊生產隊西周銅器窖藏出土。

六、其他从"旅"之字

作母旅彝鼎（1903 西早）▢，作母旅彝尊（5759 西早）▢。

原刊《中國文字》新四十五期，（臺灣）藝文印書館 2019 年。

談《金文編》的󰀀和庚姬鬲的󰀁

《金文編》第396號"對"字下收一特異的字形󰀀，見於同簋，云"从辛"。① 這個摹寫其實是有問題的，陳漢平《金文編訂補》、董蓮池《金文編校補》、嚴志斌《四版〈金文編〉校補》均未校出。② 庚姬鬲的󰀁，今一般都釋爲"庚"，似乎少有異議，但從當時的文字系統來看，釋爲"庚"也不是沒有可疑之處。

一

同簋爲西周中期器，《殷周金文集成》著録於4270（蓋）、4271，"對揚天子㔾休"的"對"筆畫有蝕泐，分別作󰀂（反白後󰀃）、󰀄（反白後󰀅），很明顯，其下部當有兩筆，補全筆畫，應該作󰀆、󰀇。吳鎮烽《商周金文資料通鑒》5322、5323釋爲"叡（敢）"，肯定是不對的。討論這個字（其左旁下

---

* 引書簡稱情況：1. 中國社會科學院考古研究所《殷周金文集成》（全18册），中華書局1984—1994年。簡稱《集成》；2. 劉雨、盧岩《近出殷周金文集録》，中華書局2004年。簡稱《近出》；3. 鍾柏生、陳昭容、黃銘崇、袁國華《新收殷周青銅器銘文暨器影彙編》，（臺灣）藝文印書館2006年。簡稱《新收》；4. 吳鎮烽《商周青銅器銘文暨圖像集成》，上海古籍出版社2012年。簡稱《銘圖》；5. 吳鎮烽《商周青銅器銘文暨圖像集成續編》，上海古籍出版社2016年。簡稱《銘續》。

① 容庚編著，張振林、馬國權摹補《金文編》，中華書局1985年7月，第158頁。容老可能是主"辛、䇂"一字說的，如果以"辛、䇂"爲一字，則此說問題不大。

② 陳漢平《金文編訂補》，中國社會科學出版社1993年9月；董蓮池《金文編校補》，東北師範大學出版社1995年9月；嚴志斌《四版〈金文編〉校補》，吉林大學出版社2001年8月。

文以△代替），得先從古文字中的"丯"旁說起。關於"丯"字，王國維解決了主要的形音義問題，爲進一步研究指明了正確的思路和方向，其"辛、丯一字"、"丯讀如櫱，即天作孽之孽之本字"的意見影響很大。① 裘錫圭對其初文朔義的確定，使相關甲骨文字的釋讀取得突破性的進展。② 王子楊確認了該字更原始的寫法，使其完整的異體系統比較清晰地呈現出來。③ 餘下的問題是，如何通過追流溯源，把相關的字際關係解釋得更圓滿。

《新甲骨文編》設立辛（丯）部和辛部。④ 丯和辛字形分别明顯，丯作 𢆉、𢆉、𢆉、𢆉、𢆉，⑤ 辛作 𢆉、𢆉，"丯"寫作簡式時下部爲折筆或斜畫，與"辛"下部爲豎直之畫不同。王國維云："此二字之分，不在横畫多寡，而在縱畫之曲直。"甲、金文中从丯的字，多數没有流傳下來，有的則與辛旁合流，⑥ 所以《新甲骨文編》按《説文》收於辛部的字有的其實是从丯的，如 𢆉、𢆉（䇷-辟）和 𢆉（辥）。⑦ 有的在《説文》中則被認爲是从辛，如商

---

① 王國維《釋辥下》，《觀堂集林》卷六，中華書局 1959 年 6 月，第 280～282 頁。王氏認爲"宰、辟、辥、辤、章"諸字皆从"辛"以構意。

② 裘錫圭《釋"䇷""秝"》，《古文字論集》，中華書局 1992 年 8 月，第 35～39 頁；《裘錫圭學術文集》第一卷，復旦大學出版社 2012 年 6 月，第 72～76 頁。裘先生認爲丯是"乂"的初文，但也同意丯即《説文》之"辛"的看法。

③ 王子楊《甲骨文字形類組差異現象研究·釋"銔""丯"》，中西書局 2013 年 10 月，第 358～376 頁。王文主要是討論 𢆉 類寫法，把 𢆉 和 𢆉、𢆉 認同起來，梳理了相關字形及其用法，其説爲《新甲骨文編》（增訂本）所吸收。他也論及"辟"字，我們同意他的主要意見。王文似乎不主釋"辛"說，而從"乂"說。劉桓曾釋 𢆉 爲"辛"，但對字形没有任何論證，因此被研究者輕易否定了。參《殷契存稿·釋辛》，黑龍江教育出版社 1992 年 6 月，第 71～72 頁。

④ 劉釗主編《新甲骨文編》（增訂本），福建人民出版社 2014 年 12 月。"丯"是該書在字頭上方標注的甲骨文隸定字。它的意思是，該字隸定爲"丯"，但字是《説文》的"辛"。爲敘述明確起見，我們下文直接用"丯"指稱這個偏旁。

⑤ 商金有丯鼎（《集成》990），一字，作 𢆉。董蓮池據裘錫圭説釋"乂"，參《新金文編》，作家出版社 2011 年 10 月，第 1683 頁。嚴志斌釋"辥"，又云"或是辛"，參《商金文編》，中國社會科學出版社 2016 年 9 月，第 422 頁。

⑥ 《説文》辛部收五字，其中"辠"見於戰國時期的中山國、楚國文字及秦簡中，"辥""嗣（辭籀文）"商代已經産生，"辤（辝籀文）"見於西周金文，這四字都是从丯的。"辛"見於秦簡，古文 𢆉（从死）見於戰國時期的中山國和楚國文字。"辛"的産生可能跟"辠"有關係，《説文》："辠，犯法也。""辛，辠也。""辥"也解爲"辠也"。這些訓釋可以説都在一定程度上保留了"丯"的古義[丯在甲骨文中的一個常見用法就是讀爲"辥（孽）"，辠孽之孽]。

⑦ 劉釗主編《新甲骨文編》（增訂本），第 139、815 頁。

(苦），後世的"乂"是由丂的簡化寫法演變來的。① 辛跟丂（乂），無論是形體上，還是聲音上，都存在比較密切的關係，把丂跟《説文》之辛繫聯應該是没有問題的。只是後來演變中，不同字中的丂旁的演化趨勢並不相同，多數與辛旁形混而合流了，只有"苦"仍然保留着比較原始的形態，保留着古音，彌足珍貴。《説文》辛作䇂，从干、二（古文上字）；辛作䇂，从一、从䇂。② 根據《説文》及"辛"字的字形演變情況，很容易認爲辛、辛是一字分化，③這種認識可能是不對的。古文字中確認从丂的字基本都是左右結構，下部寫成折筆如丂時會寫成半包圍結構（如㐁），但《説文》歸入辛部的上下結構的字如童、妾，不好判斷是从丂還是从辛構意，抑或是與辛、丂都不同的另一個象形構件。④ 金文"辛"字基本沿襲商代的寫法，變化不大。較明顯的變化是，其直畫中部或寫得比較肥碩，有時會寫成一個粗圓的點；受古文字演變規律的類化影響，"辛"字的這種點有少數寫成了一短横，如伯寬父盨蓋銘（《集成》4439 西周晚期）"辛卯"字作䇂，伯寬父盨器銘（《集成》4438）則寫作䇂，子▇父辛觶（《集成》6410 商代晚期）中寫作䇂（蓋銘）、䇂（器銘），奢簋（《集成》4088 西周早期）"辛巳"字作䇂，𨷂父

---

① 參裘錫圭《釋"㡿""秭"》，《古文字論集》，第 35 頁。

② 《説文》："辛，皋也。……讀若愆。"又："宰，皋人在屋下執事者。从宀、从辛。辛，皋也。"《説文》辛部屬字只有"童、妾"二字，他部从辛的字有"苦、言、辛"三字，"言"中作聲符。

③ 羅振玉初持此説，爲王國維所反對，後改從王説。郭沫若在羅、王之説基礎上，進一步認爲辛、丂、辛一字。郭氏指出不同文字中的同形構件具有不同的象形來源的問題，這一點很重要。參《甲骨文字研究·釋支干》，《郭沫若全集·考古編》第一卷，科學出版社 1982 年 9 月，第 176～187 頁。劉釗亦認爲，"辛"本爲"辛"的分化字。參《利用郭店楚簡字形考釋金文一例》，《古文字研究》第二十四輯，中華書局 2002 年 7 月。周忠兵則别辛、丂、辛爲三字，以"辥"从丂，而"辟、璧、屖"从辛，但他認爲"辛"與《説文》的"辛"不是一字，《説文》之"辛"來源尚不明確。他同意王國維辛、辛之別的分析，但王國維所持的觀點是辛、丂一字。參《從甲骨金文材料看商周時的墨刑》，《出土文獻與古文字研究》第四輯，上海古籍出版社 2011 年 12 月。周文也特别注意同形構件的區別對待。韓厚明立論的基點也是把相關形近偏旁（或同形偏旁）區別開來，區別的基礎是先確認有關字的音讀，再進一步區别其所从的偏旁的象形來源。參《談"辛"與"鏟"字的初文》，《中國文字研究》第 25 輯，上海書店出版社 2017 年 7 月。蘇建洲也討論過丂、辥、辟、胯等字，參氏著《楚文字論集》，萬卷樓圖書股份有限公司 2011 年 12 月，第 25～38 頁。

④ 王國維認爲"童、妾、言、豪（家）"諸字"辛"字在上，其左折之迹不可見。至於周金文中"章"作䇂的寫法（下部作斜筆），可能是受到"丂"旁在周代寫法的影響。

談《金文編》的 䇂 和庚姬鬲的 甫　323

辛觶（《集成》6321 西周早期）則从一長橫作 辛。金文中"辛"字中間曲筆（極少數變成直橫）下極少見有再加一橫的寫法，寫成一長橫的就更爲罕見。有時這種肥碩的構形寫在直筆下端，呈倒三角形狀，或鈎廓如父辛爵（《集成》7954 商代晚期）的 辛，或寫實如歸妞進鼎（《集成》2725 西周早期）的 辛（父辛）。金文中有一些"辛"字的寫法跟甲文中的"䇂"字相近，如弔父辛卣（《集成》4981 商代晚期）的 辛（蓋）、辛（器），責父辛觶（《集成》6320 西周早期）的 辛。① 但是，這些字形都能串進"辛"字的演變脈絡。再者，"䇂"字寫作 辛 時上部没有加一短橫的寫法，而且下部是作斜畫的，這些特徵都與"辛"有明顯的區别。② 根據辛的一般寫法，△旁不是辛（所謂从辛，是根據《説文》就摹脱筆畫的字形而言的），而與西周的"䇂"字是同形偏旁。

䇂在商、西周時期是一個構字能力比較强的偏旁，見於金文者如：

秴：秴，秴簋（《集成》3751 西周中期），人名。

辥③：辥，何尊（《集成》6014 西周早期）；辥，叔趯父卣（《集成》5428 西周早期）；辥，叔趯父卣（《集成》5429）；辥、辥，大克鼎（《集成》2836 西周晚期）；辥，毛公鼎（《集成》2841 西周晚期）；辥，作册封鬲（《新收》1557 西周晚期）；辥，宗婦壺（《集成》9698 春秋早期）；辥，楚太師鄧子辥慎

————————————

① 金文中"辛"字是一個高頻字，構形比較固定，没有什麽變異。但西周中期馬方彝（《新收》1845）"朕祖日辛"字作 辛，極其罕見。此字位於銘文最後一列，同列的"尊"、"子"下部筆畫都有所殘缺，我們懷疑這個字本來可能是"亲"，日名之"辛"有這種寫法，但一般是"木"旁和"辛"旁共用筆畫，如果猜想該字下部還有向下兩斜筆，不合一般寫法。有可能現在看到的下部向上兩斜筆本是向下，由於文字內部筆畫同化而寫作向上。無論哪種猜想，都還缺乏證據，姑附此待考。辛爵（《集成》7672 商代晚期）一字，作 辛，也比較特異。不過，大概也不能否認，䇂、辛有個别相淆混的情况。

② 辛爵（《集成》7671 商代晚期）只有一字，作 辛，釋"辛"應該是對的。由"辛"字的各種寫法看，商代一些寫法（如 辛）呈現出超前的變化（西周早期有不少文字仍是承襲商代的），而其他大部分寫法則顯得較爲保守。這是因爲商代甲骨文形義系統與周金文形義系統是有區別的，商金或西周早期金文的一些超前寫法可能受到了作爲俗體的商代甲骨文字或當時日常用字寫法的影響。關於商、周文字形義系統的差别問題，參拙文《商周文字形義系統對比研究淺探》，《華學》第 12 輯，中山大學出版社 2017 年 8 月。

③ 關於此字在金文中的用義，參王國維《釋辥上》。

鐘(《銘圖》15514 春秋早期,人名),"保辭"的"辭"作 ▢,摹本,見楚太師鄧子辭慎鎛(《銘續》1045);▢(辭),晉姜鼎(《集成》2826 春秋早期);▢(辭),晉公盆(《集成》10342 春秋晚期)。

辭:▢,耳侯戜簋(《集成》3826 西周早期,意義不明);▢,叔虎父簋(《集成》4592 春秋早期,用爲姒);▢晉姜鼎(《集成》2826,第一人稱);▢、▢,戎生鐘(《新收》1613 春秋早期,第一人稱)。《說文》"枲"之籀文"▢"從辭,據此陳夢家認爲石鼓文《遊車》中的"▢"即《說文》的"枲"字。①

"嗣"有一種異體寫作:▢,司工丁爵(《集成》8792 西周早期),與司工量(《集成》10363 西周早期)當爲同一家族,量銘作▢;▢,兮甲盤(《集成》10174 西周晚期);▢(蓋)、▢(器),仲爯父簋(《集成》4189 西周晚期)。以上均用爲"司"。▢,第傳盉(乞盉,《銘圖》14795 西周中期);▢、▢,儴匜(《集成》10285 西周中期);▢,中山王譻壺(《集成》9735 戰國中期)。以上均用爲"辭"。

辟:甲文作 ▢、▢、▢。金文中代表性寫法有:▢,商尊(《集成》5997 西周早期);▢,叔趯父卣(《集成》5428 西周早期);▢,麋婦觚(《集成》7312 商代晚期);▢,皿辟簋(《集成》3438 西周早期),或釋"屖",非;▢,麥方彝(《集成》9893 西周早期,摹本);▢,召圜器(《集成》10360 西周早期);▢、▢,史牆盤(《集成》10175 西周中期);▢,癲鐘(《集成》247 西周中期);▢,癲鐘(《集成》249);▢,逨盤(《銘圖》14543 西周晚期);▢,叔多父盤(《銘圖》14533 西周晚期);▢,小克鼎(《集成》2801 西周晚期);▢,小克鼎(《集成》2802)。夃簋(《銘圖》5106 西周早期)"廦"作▢,或隸爲"庠",非是。量盨(《集成》4469 西周晚期,摹本)"辟"作▢,另有"辟"作▢。② 以上諸

---

① 陳夢家《中國文字學》,中華書局 2006 年 7 月,第 197 頁。
② "璧"字參《金文編》,第 24 頁,《新金文編》,第 50 頁。好蚉壺(《集成》9734 戰國中期)有"臂"作▢,用爲"闢"。

"辟"多借"璧"爲之，金文中另有从玉之璧。①

"宰"也是从丂的，《新甲骨文編》(增訂本)第 443 頁所列寫法四種：𢆉、𢆉、𢆉、𢆉，小學堂(http：//xiaoxue.iis.sinica.edu.tw/)另收𢆉、②𢆉、𢆉三形。《新甲骨文編》(增訂本)第 455 頁"丂"下所收𢆉、𢆉、𢆉等諸形也都應該釋爲"宰"。金文中代表寫法有：𢆉，宰甫卣(《集成》5395 商代晚期)；𢆉，宰椃角(《集成》9105 商代晚期)；𢆉，吳方彝蓋(《集成》9898 西周中期)；𢆉，宰獸簋(《近出》490 西周中期)；𢆉，趞鼎(《集成》2815 西周晚期)；𢆉，邢姜太宰巳簋(《集成》3896 西周晚期)；𢆉，魯太宰原父簋(《集成》3987 春秋早期)，這種寫法似乎是春秋時期山東古國特有的，又見於鱳鎛(《集成》271 春秋中期)作𢆉(摹本)，齊大宰歸父盤(《集成》10151 春秋中期)作𢆉。宰秦匕(《集成》969 戰國)寫法同，作𢆉。《說文》"縡"籀文作𦅸，許慎云"从宰省"(新附有縡，是另一字)；③"梓"从宰省聲，不省者作𣞀，看來𦅸和𣞀也是从丂的。④

皋：𢆉，牧簋(《集成》4343 西周中期，摹本)；𢆉，量盨(《集成》4469 西周晚期，摹本)；𢆉，中山王𧊒鼎(《集成》2840 戰國中期)；𢆉、𢆉，秦駰玉牘(《銘圖》19829、19830 戰國晚期)；𢆉，詛楚文(《銘圖》19834 戰國晚期)。

䢃(薛-薛)：𢆉，薛尊(《集成》5928 西周早期)；𢆉，薛侯戚鼎(《集成》2377 西周早期)；𢆉，薛侯盤(《集成》10133 春秋早期)；𢆉，薛侯匜(《集成》10263 春秋早期)；𢆉，薛侯壺(《新收》1131 春秋早期)；𢆉，薛子仲安簋(《集成》4547 春秋早期)；𢆉，走馬薛仲赤簠(《集成》4556 春秋

---

① 或以獻𢆉卣(《集成》5373 商代晚期)𢆉爲"璧"，可能是對的。
② 此形《新甲骨文編》收於第 455 頁"丂"下。
③ 甲骨文𢆉(《新甲骨文編》第 141 頁)也許可以釋爲"縡"。見《甲骨文合集》18486，殘片，僅餘此字。
④ 楊明明亦認爲"𦅸"本當爲从"丂"聲之字，《說文》變作从"辛"。參《原本〈玉篇〉殘卷隸定古文考釋四則》，《中國文字研究》第 25 輯。

早期）。多用爲國族名。

犀：[字]，季犀簋（《集成》3556 西周早期）；[字]，御史競簋（《集成》4134 西周中期）；[字]，競卣（《集成》5425 西周中期）；[字]，史牆盤（《集成》10175 西周中期）；[字]，伯頵父鼎（《集成》2649 西周晚期）；[字]，叔左鼎（《銘圖》2334 春秋中期，有重文符）；[字]，王孫遺者鐘（《集成》261 春秋晚期）；[字]，令狐君孺子壺（《集成》9720 戰國中期）。①

啇：[字]，麩啇簋（《近出》445 西周中期）。史父己鼎（《集成》2014 商代晚期或西周早期）有族氏字作[字]，即"亞吕"。此字即《說文》口部的"咎"，云："咎，語相訶歫也。从口歫辛。辛，惡聲也。讀若糵。"王國維認爲丂、啇一字，啇爲丂之繁文。

辨，金文作[字]（辨簋，《集成》3714 西周中期）、[字]（辨簋，《集成》3716），也是从丂的。《說文》："辡（辯），皋人相與訟也。从二辛。"許慎把此字跟"皋"聯繫起來，也可推知此字本和丂有關。

伯六辭鼎（《集成》2337 西周早期）[字]，董蓮池《新金文編》置於"辪"下（第 2127 頁），可從。梓鼎（《集成》2323 西周早期）[字]也是从丂的。

以上諸字所从的"丂"旁跟"辛"是有區別的，可參从辛的"婞"、"親""戠"、"新"的相關寫法。② "辛"字（包括偏旁）罕見下部如丂旁从兩層筆畫者。由於丂旁後世（應該是戰國以後）大多逐漸與辛合流，所以後世从辛的字應該有一些原本是从丂的。

"對"典型寫法作[字]（采自史牆盤）及其變體，或省作[字]（乖伯簋，《集成》4331 西周中期）、[字]（卯簋蓋，《集成》4327 西周中期）；或作[字]（王臣簋，《集成》4268 西周中期）、[字]（多友鼎，《集成》2835 西周晚期）；或作[字]（競卣蓋銘，《集成》5425 西周中期，器銘作[字]）、[字]（大師盧簋蓋銘，

---

① 另从"犀"之"遲"、"𢓊"、"緒"的寫法，參董蓮池《新金文編》，第 185～186、208、1846 頁。"犀"見冊二年逑鼎（《銘圖》2501、2502 西周晚期）。

② 參董蓮池《新金文編》，第 1240、1673、1728、1983～1985 頁。[字]爵（《新收》1150 商代晚期）只有一字，作[字]，从又、从辛。嚴志斌隸爲"叙"，這個隸定與"辛"下所收字形相矛盾。參《商金文編》，第 96、411～421 頁。

《集成》4252 西周中期,器銘作☐)。至於作☐,僅見。① 但這個問題可以從平行例證中找到旁證。金文"業"作☐(瘋鐘,《集成》248 西周中期),省作☐(瘋鐘,《集成》249),或作☐(或簋器銘,《集成》4322 西周中期)、☐(㝬尊,《集成》6008 西周中期)、☐(仲業簋,《集成》3783 西周晚期)。② 又如"僕"作☐(曶鼎,《銘圖》2439 西周晚期,有殘泐)、☐(害簋,《集成》4258 西周晚期,"對"作☐)、☐(五年琱生簋,《集成》4292 西周晚期)、☐(五年琱生尊,《銘圖》11816 西周晚期),幾父壺(《集成》9722 西周晚期)作☐,幾父壺(《集成》9721)則作☐。再如上文提到的"宰"。所以,"對"由☐進一步省變爲☐,③就可以理解了。△旁是由於文字演變中的簡訛造成的,它並不能成爲脫離"對"字的獨立偏旁,所以我們說它是丵的同形偏旁,而不能說它就是丵字。④ 寫作☐的"對"也不能說是從"丵",因爲當時的文字系統中是不存在這個字的,《說文》丵部所收"業"、"對"、"僕"等字中的"丵"各有來源,只是後來演變中趨同而已。從文字演變實際看,由於省訛,古文字中的"丵"形構件⑤與"丵"發生了形混,而不是"辛"(或辛),⑥從"辛"的字没有演變爲"丵"的字例。

二

西周中期的庚姬甗有四件(參圖一～四),第一字一般釋"庚",或釋

---

① 《銘圖》2441 著錄一件私人收藏的鬲鼎,"對揚"的"對"作☐。
② "業"釋據《新金文編》,第 278～279 頁。舊釋"競"。
③ 無叀鼎(《集成》2814 西周晚期)的☐可能是在同簋以及殷簋(《新收》840 西周中期)☐器銘。蓋銘作☐)一類寫法基礎上,進一步簡率而來。殷簋(《新收》841)則作☐(蓋)、☐(器)。
④ 説△是丵的同形偏旁,"宰"、"屖"、"皋"的字形證據最直接。
⑤ 金文中"對"或省作☐(亳鼎,《集成》2654 西周早期),又如文盨(《銘圖》5664 西周晚期)之☐;或省作☐,與《說文》"丵"異代同形。
⑥ 括注文字是從辛、辛一字論的視角而言的。

"南"。① 第二、第五二字寫法怪異,第二字一般釋"姬",應該沒有問題。第五字舊多釋"�框",②或釋"嬪"(或以爲即嫛)、"頤",③今或釋"媿"。第五字至今仍不能確釋,釋"�框"或"媿",還有一定的字形依據,他釋不足信。我們要討論的是第一個字。

圖一 《集成》637　　圖二 《集成》638　　圖三 《集成》639　　圖四 《集成》640

我們認爲,首字考釋應先確定兩個基點:一、該篇銘文看似規整,但俗訛現象嚴重,僅就這篇銘文而言,"女"旁根本無法辯認。也就是説,要注意該銘用字的俗體特點。二、首字釋"南"與"庚"都有可能,我們要在當時的文字系統中考察哪種釋讀的可能性更大。

金文中有族名,一般隸爲"虜",④其較爲原始的、具有代表性的寫法作 ▲(婦聿卣蓋銘,《集成》5099商代晚期。器銘作 ▲),個別作 ▲(崇卣器銘,《集成》5353商代晚期)、▲(虜册觚,《近出》738商代晚期)。族名"庚豕"之庚寫作 ▲(庚豕馬父乙簋,《集成》3418商代晚期)或 ▲(虜豕父乙觶,《集成》6381商代晚期)。也有單字銘作 ▲ 者(庚爵,《集成》7669商代晚期或西周早期)。天干名之庚寫法跟它們有關係,如:父庚 ▲ 觶(《集成》6294商代晚期),銘作 ▲;子父庚觚(《集成》7138商代晚期),銘作 ▲;父庚斝(《集成》9169商代晚期),銘作 ▲;父庚觚(《集成》6816商代晚

---

① 參方濬益《綴遺齋彝器款識考釋》卷二十七,商務印書館1935年石印本,第15～17頁;羅福頤《三代吉金文存釋文》卷五,(香港)問學社1983年3月,第13頁。方氏認爲是母滕女之器,"嬪"爲南氏之姓。
② 董蓮池《新金文編》(第1673頁)亦從此釋。
③ 參嚴一萍《金文總集》,(臺灣)藝文印書館1983年,第1450～1452頁。
④ 郭沫若認爲是古庚字。參《甲骨文字研究·釋支干》,《郭沫若全集·考古編》第一卷,第173頁。

期),銘作㽙;子父庚卣(《集成》4969 商代晚期),銘作㽙。①

商金中日名之"庚"較常見的寫法有:1. 南,陸册父庚卣(《集成》5081),或作南(阴父庚方彝,《集成》9867)、南(娍父庚瓤,《銘圖》9601)②、南(巽父庚卣,《集成》4967)、南(子翌父庚卣器銘,《集成》5080,蓋銘作南)。這類寫法到了西周早期,一般寫作南(趠子倗簋,《集成》10575),上部作"丫"形分叉。商卣(《集成》5404)"庚姬"字作南(蓋銘)、南(器銘);2. 南,父庚祖辛鼎(《集成》2363),或作南(子父庚爵,《集成》8584)、南(史父庚鼎,《集成》1623)、南(亞得父庚鼎,《新收》271)。這類寫法到了西周就没有了;3. 南,父庚爵(《集成》7949),或作南(父庚爵,《集成》7950)、南(册父庚尊,《集成》5744);③ 4. 南,彔簋(《銘圖》4580),或作南(子作婦媥卣,《集成》5375)、南(秉爵,《集成》9056)。個別作南(祖庚爵,《集成》7861),或訛爲南(羊父庚鼎,《集成》1627)、南(家戈父庚卣,《集成》5082,蓋銘作南)。④ 其中第四種寫法比較多見,用於日名或干支,進入西周,成爲使用頻率最高的寫法,而且在整個兩周時期的金文中也是主流的核心寫法,其主要特徵是,字的上部有兩層筆畫,頂端作"丫"叉形。商文字中,"庚""南"無相淆混者。

西周時期有三例如下寫法的"庚"字:南(父庚爵,《集成》8940 西周早期)、南(作父庚瓿,《集成》881 西周早期)、南(史夗爵,《近出》912 西周中期前段,字形稍訛),是上述商金中第三種寫法的孑遺,由於"父庚"文例

---

① 族名"庚"與天干名之"庚"同時出現時,二者字形差異明顯,如庚册父庚正瓤(《集成》7266 商代晚期)南與南(《集成》9549 同銘壺寫作南,商金中僅此一見。這種向上出頭寫成"中"形的寫法,在整個兩周金文中也不足 20 例。又如宰梳角(《集成》9105 商代晚期)等。族名寫法具有穩固性和抗演變性的特點,日名没有下面的"丙"形構件。

② 娍父庚爵(《集成》8586)則寫成南,《集成》8585 同銘爵作南。

③ 此類更爲原始的寫法如南(父庚爵,《集成》7948)、南(鄭鼎,《集成》741,"庚寅")、南(安父庚鼎,《集成》1628)。

④ 西周時期仍有個別這樣的,如南(鯱父庚卣器銘,《集成》4970,蓋銘作南)、南(出簋,《近出》432 西周中期前段)。

的限定,這幾處"庚"字不難確認。西周早期器保侃母簋(《集成》3743、3744)"○宫"的○作❏、❏,一般釋"庚",與庚姬鬲"庚"寫法基本相同。但是,在現在能看到的商周金文中,與保侃母簋、庚姬鬲中的所謂"庚"字寫法相近的只有2例,一是這裏引及的父庚爵,二是父庚尊(《集成》5744 商代晚期)的❏。而且,若釋爲"庚","庚宫"(指人)辭例僅見。金文中"南"字規範寫法作❏(大盂鼎,《集成》2837 西周早期),①或簡訛爲❏(南宫姬鼎,《新收》925 西周早期)、❏(柞伯簋,《近出》486 西周中期前段。"南宫",指人)、❏(吴王姬鼎,《集成》2600 西周晚期。"南宫史叔")、❏(無㠱簋蓋,《集成》4228 西周晚期。"南夷")②、❏(翏生盨蓋銘,③《集成》4461 西周晚期。"南淮夷")、❏(兮甲盤,《集成》10174 西周晚期。"南淮夷")、❏(射南簠蓋,《集成》4479 西周晚期)。④ 1965年春河南洛陽市北窑村龐家溝西周墓地(M453.1)所出干首銘一字❏,釋"南"可從。無論是從辭例上,還是從字形的相近上,保侃母簋、庚姬鬲中的這個字都更應該可能釋爲"南","南宫""南姬"辭例順暢。⑤ 庚姬鬲中如果釋爲"庚",最大的一個障礙就是與西周時期"庚"字的主流寫法不符。

金文中另有"庚"氏,"庚姜"見於保攸母簋(《集成》10580 西周早期),"庚姬"見庚姬簋(《集成》10576 西周早期,族徽鎛)、商尊(《集成》5997 西周早期,族徽鎛)、商卣(《集成》5404),"庚嬴"見庚嬴鼎(《集成》2748 西周中期)、庚嬴卣(《集成》5426、5427 西周中期)。除商尊、卣外,"庚"字都寫作西周時期的常見寫法。

順便提一下另外的一個字,《集成》3538、3539 著録的西周早期器伯丂庚簋器主名的第三字作❏、❏,或釋"庚"。庚季鼎(《集成》2781 西周中

---

① 銘中"南公"三見,另兩處寫作❏、❏。

② 該銘通篇寫作草率,同銘器有四件,其他三件都寫得比較規整,"南"字寫作❏(《集成》4225)、❏(《集成》4227),這種寫法是❏類寫法的中間形態。

③ 器銘作❏。

④ 同銘器《集成》4480 作❏。

⑤ 美籍華人范季融首陽齋藏器中有南姬爵(《銘圖》8527~8528 西周早期)。《銘圖》14685 還著録一件西周早期的南姬盉,南姬寫法與爵同。

期)中器主名首字作▨,或釋"南",此字跟伯丂庚簋字可能是一個字。其形與"庚""南"均不類,張亞初原形隸定。① 甲骨文有▨、▨,《新甲骨文編》認爲與▨異體,隸爲"夒"。附此待考。

以上所討論的兩個字,應該説都是不起眼的小問題,我們是在其所在的共時文字系統中對其進行考察、討論的,對相關問題的研究也許不無啓示。

原刊《古文字研究》第三十二輯,中華書局 2018 年 10 月。

---

① 張亞初《〈殷周金文集成〉釋文》,中華書局 2001 年 7 月。

商周金文中"庚"字形體上的時代標記

　　青銅器分期斷代的方法和手段有多種,比如考古學的、器形學的,以及利用科技手段對銅器進行年代測定和化學成分分析等。由於不少銅器上面有銘文,我們可以藉助銘文所記録的年代和歷史事件以及語言、文字方面的特徵,對銅器的年代進行推定。這些方法是互相輔助、互相補足的,銅器年代的準確判定,要綜合利用各種手段和方法。利用文字形體和書寫特點以推斷銅器的相對年代,被證明是可行的。[1] 但這種研究也面臨着諸多困難。[2] 我們曾撰文指出,研究西周金文字構形、書寫特點時,還應當注意地域和族屬的不同,[3]也曾試點性地考察過商周金文中的一些字。[4]

---

　　[1]　相關研究可參:張振林:《試論銅器銘文形式上的時代標記》,《古文字研究》第五輯,北京:中華書局 1981 年;張懋鎔:《金文字形書體與二十世紀的西周銅器斷代研究》,《古文字研究》第二十六輯,北京:中華書局 2006 年;劉華夏:《金文字體與銅器斷代》,《考古學報》2010 年第 1 期;劉志基:《西周金文"貝"之字體再研究——兼論斷代分期視角的青銅器銘文字體研究的"字體"界定問題》,《中國文字研究》第 24 輯,上海:上海書店出版社 2016 年;王帥:《從"寶"、"隋"二字看西周金文字體的時空特徵》,鄒芙都主編:《商周青銅器與先秦史研究論叢》,北京:科學出版社 2017 年,等等。

　　[2]　嚴志斌在編纂《商金文編》時,曾對商代青銅器銘文的字體進行了全面的梳理排隊,試圖利用銘文字體的年代變化特徵,將所有商代青銅器銘文都納入一分期體系,但除少數文字字形有年代性的軌迹可尋之外,大部分無法進行更細緻的年代區分。參《商金文編》"後記",北京:中國社會科學出版社 2016 年。

　　[3]　陳英傑:《西周金文形態特徵及其相關問題》,《中國書法》2016 年第 10 期;《西周金文形態特徵研究三論》,《商周青銅器與先秦史研究論叢》,北京:科學出版社 2017 年;《商周文字形義系統對比研究淺探》,《華學》第 12 輯,廣州:中山大學出版社 2017 年。

　　[4]　如陳英傑:《商周金文異體字研究:以"旅"字爲例》,"出土文獻與先秦經史國際學術研討會"論文,2015 年 10 月 16～17 日,香港·港大學;《談金文中一種長期被誤釋的象形"甗"字——兼論"鬲"、"甗"的形體結構》,《簡帛》第七輯,上海:上海古籍出版社 2012 年。

無論是對於斷代綫索的探求，還是對於文字學理論的建構，個體漢字形體流變的研究都是一個重要基礎。本文寫作意圖有三：一、通過個體漢字形體演變的梳理，探求漢字形體分型的方法；二、字形分型過程中，探求漢字形體上所反映出的時代特徵，爲銅器分期斷代提供文字學上的依據；三、觀察個體漢字是如何發展演變的，在歷時的發展過程中，哪些因素在影響着文字形體的變化。文字系統的演變會有一些總的趨勢和規律，研究者對此已有很多論述。由於每一個漢字個體在結體上存在着客觀的差異，因此每一個漢字個體發展演變的途徑和演變需求是有個體特徵的。這種個體特徵，由於會呈現出歷時的階段性差異，因此便有了輔助青銅器斷代的價值。而科學的文字學理論的建構，無疑是建立在每一個漢字個體特徵歸納的基礎之上的。同時，文字演變過程又是十分複雜的，有繁化、簡化、訛變、類化、同化、異化、音化、分化、復古、存古、規整化、草率化等種種現象，研究者要在複雜的變化當中，提取字形演變的主要的、核心的特徵。

　　本文試着對商周金文中的"庚"字及相關文字資料進行梳理，對文字形體作分型的探索。一個字各異體字形的數量分佈不同，分型的方法和分出的型式種類也就不同。有一定使用頻率的字形可以分型，而對於使用頻率極低、字形特徵缺乏斷代學意義或文字學價值者，則附入所從演變的類型下面。本文的分型也試圖反映文字形體演變上的譜系關係。

一

　　商周金文中，"庚"字主要用於日名和干支，少量用爲氏名和人名，其他用法則罕見。作日名多見於商、西周早期金文，用於干支多見於西周中、晚期以及東周金文。

　　金文中一般用法（日名、干支）的"庚"字已經離開其初形有一定的距離，其原始構形保留在用爲族名的"庸"中。族名"庸"和"庸册"較爲多見。"庸"字較爲原始的、具有代表性的寫法作（婦聿卣蓋銘，《集成》5099商代晚期），寫法穩定，變異不大；次常見寫法作（庸册父癸鼎，《集成》1897商代晚期），該類寫法有較多異寫。表二的A型"庚"，字形上與族名之

334　金文與青銅器研究論集

"虘"有明顯聯繫。最能體現這種聯繫的如子父庚卣(《集成》4969 商代晚期)"庚"字作🅰(蓋)、🅱(器)。① 族名文字具有保守性和抗演變性,但也不是鐵板一塊,出現了個別與一般的"庚"字一樣的演變形態(頂部),如🅰(虘四筒器,《銘續》1378 商代晚期)、🅱(虘册父庚角,《近出》902 商代晚期);有一些則與一般的"庚"字演變路徑不同,如🅰(虘册鼎,《集成》1355 商代晚期)、🅱(虘父辛簋,《集成》3208 西周早期),頂部作一橫。族名文字多用肥筆和塊狀圖形,字形中間的"🔶"形(少數填實作🔶,也有的鈎廓),在族名文字中是最穩定的,也最具象化,而在一般的"庚"字中,這一部分的變異是最大的。由於中間這一部分的穩定,族名文字的變異方式跟一般的"庚"字就有了差別,有自身的演變序列。商金中的日名之"庚"(表二 A 型),還有一些保留這種具象寫法的例子,具有明顯的時代特徵。族名之"虘"與日名和干支之"庚"同時出現時,字形差異明顯。

　　表一所反映的字形譜系關係,如下圖:

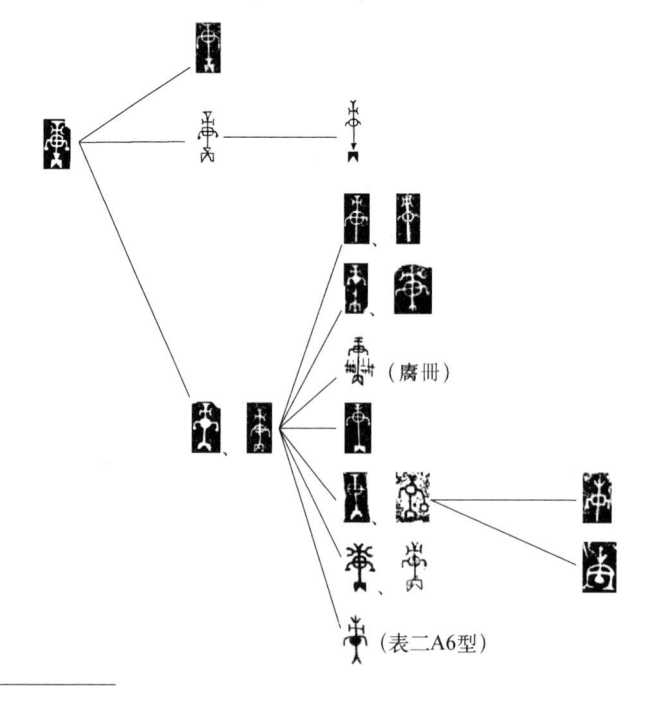

---

① 此爲修復後的字形。

由表二 A6 型 ▲(父庚觚,《集成》6816 商代晚期)看,族名"虜"可以用爲日名之"庚",但一般情況下,二者使用習慣不同。

大多數字都有常規的寫法和演變趨勢,但書手也會構造個別非常規字形,①如虜册寧父丁觶(《集成》6445 西周早期,銘作▲)的▲(一般釋爲"庚"或"虜")和家戈父庚卣(《集成》5082 商代晚期)的▲、▲。

二

我們把商、西周金文中的日名和干支之"庚"分爲九個類型:

A 型(17 例),圖繪化,如▲(子父庚卣,《集成》4969)、▲(父庚爵,《集成》7948 商代晚期)。該型基本見於商金,有個別可能晚到西周早期。

B 型(97 例),該類確立的依據是字形下部的對稱形態,其書寫順序可能是:冂→几→日→用。② 該型内部的分式依據字形上部的形態變化。

B1 型(10 例),代表字形如▲、▲(陸册父庚卣,《集成》5081 商代晚期)、▲(子刀父庚卣,《集成》5080 商代晚期或西周早期)。該式字形的主要特徵是頂部作寫實(或鈎廓)的倒三角形,中間作横"工"字形或月牙鑣形。

B2 型(7 例),代表字形如▲(子刀父庚卣,《集成》5080)、▲(冀父壺,《集成》4967 商代晚期)。該式跟 B1 型相比,在於字形中間部分的變化,作開口向上的弧形筆畫,或呈"凵"形、"丷"形。▲(亞登兄日庚觚,《集成》7271 商代晚期)寫法僅此一見,歸入 B2 型變體。子刀父庚卣器、蓋分别使用了 B1、B2 兩種寫法,這説明 B1、B2 行用於同時代。

B3 型(7 例),代表字形如▲(商卣,《集成》5404 西周早期)。該式跟 B1 型相比,在於字形上部呈"丫"杈形。

B4 型(13 例),代表字形如▲(虜册父庚正吾鼎,《新收》1564 商代晚期)。該式跟 B3 型相比,在於字形中間部分寫作一横畫。該式寫法下延

---

① 參劉志基:《西周金文"貝"之字體再研究——兼論斷代分期視角的青銅器銘文字體研究的"字體"界定問題》,《中國文字研究》第 24 輯,上海:上海書店出版社 2016 年。
② 這種擬構主要是爲了字形分型分式的方便理解。

進入了西周中期,但跟早期風格不同,時代早的綫條多雄壯剛勁,西周早期後段開始偏柔婉。商卣蓋、器分別使用了 B3 和 B4 兩種寫法,這説明 B3、B4 行用於同時代。

B5 型(3 例),代表字形如▨,豎筆向上出頭。

B6 型(5 例),代表字形如▨,豎筆向上出頭,中間寫作一橫畫。獃父庚卣(《集成》4970 西周早期)蓋、器分別使用了 B1 和 B6 二型寫法,這説明 B1、B6 行用於同時代。▨ 可看作該式的變體,▨ 則已屬訛體,下部從奴。

B5 和 B6 的情形類同於 B3 和 B4。

B7 型(52 例),代表字形如▨(大祖日己戈,《集成》11401 商代晚期)、▨(史獸鼎,《集成》2778 西周早期)。該式的特徵是字形上部爲 B2 中間筆畫和 B3 頂部寫法的結合,是商、西周比較通行的一類寫法。

C 型(80 例),代表字形如▨(寢魚簋,《銘圖》4253 商代晚期)、▨(舀尊,《集成》5931 西周早期)、▨(師虎簋,《集成》4316 西周中期)、▨(兮甲盤,《集成》10174 西周晚期)。變體作▨(▨父庚爵,《集成》9056 商代晚期)[①]、▨(魚父庚罍,《集成》9791 西周早期)、▨(豚卣,《集成》5365 西周中期),都只有個別用例。該式下部也是對稱的,但跟 B 型運筆順序有異:囗→冂→用。從演變源流看,這種寫法與庚字的原始寫法最接近,只是不像原始寫法那樣,"田"形兩邊筆畫先伸出再折而下延,内收外伸筆畫,沿"田"形兩邊垂下,而導致與 B7 型非常相似。但大多數字形的運筆情況還是比較容易看出來的。該式是西周中、晚期的常見寫法。

D 型(39 例),代表字形如▨(毀甗,《集成》882 西周早期)、▨(曾簋,《銘續》437 西周中期)、▨(鄭虢仲簋,《集成》4024 西周晚期)。該式的特徵就是下部打破 B、C 型的對稱構形,這種改造是爲了書寫的便捷,其運筆順序可能是:丨→冂→冂→用。這類寫法基本見於西周中、晚期,具有較明顯的時代特點。

---

① 這種冂作尖頂的寫法另參 H3。

E 型，該型下部結體跟 B 型相同，差別在於 ⌂ 內只有一橫。根據上部特徵，又分爲四式：E1 型（5 例），如 ▨；E2 型（9 例），如 ▨；E3 型（3 例），如 ▨；E4 型（4 例），如 ▨，基本都見於商和西周早期。戉父庚爵（《集成》8585 西周早期）、戉父庚爵（《集成》8586）、戉父庚觚（《集成》9601）分別使用了 B1、B4 和 E2，這說明三者行用於同時代。父庚觶（《銘續》715 西周早期）蓋、器分別使用了 E2 和 B7 型寫法。

　　F 型（6 例），作 ▨、▨，見於商和西周早期。

　　G 型（6 例），作 ▨，見於商和西周早期。

　　H 型（10 例），H1 型 ▨、H2 型 ▨ 見於商金，H3 型 ▨ 見於商和西周早期。▨ 見於西周中期，可看作 H3 的變體。

　　I 型作 ▨，僅見於商金家戈父庚卣（《集成》5082）。

　　總結以上九種類型的時代分佈如下表：

商	西周早期	西周中、晚期	備　　注
A C 型附 2 H1、H2 I	C 型附 3		A 型個別可能晚到西周早期
B1、B2、B3、B4、B5、B6；B7（30 例）	B7（22 例）		B4、B5 個別晚至西周中期
C（21 例）		C（中期 41 例，晚期 13 例）	C 型附 1 計入西周中期
	D		D 個別早到西周早期
E			個別晚到西周中期
F			
G			
H3			

　　通過上文總結可以看出，商、西周早期文字系統比較複雜，異體繁多，而西周中晚期只有三種通行寫法，按其由多到少的使用頻率，分別爲：C（54

例,㽞)、D(39 例,㽞)、B7(22 例,㽞)。B7 和 C 二型也是甲骨文中的主流寫法,而不見 D 型。"康"字所從的"庚"旁則多數寫作 C 型,與單字之"庚"的演變趨勢不同。而且,由於有另外筆畫的制約,"康"字個別會簡寫成 㽞(頌鼎,《集成》2828 西周晚期)、㽞(此簋,《集成》4309 西周晚期)。

表二所反映的字形譜系關係,如下圖:

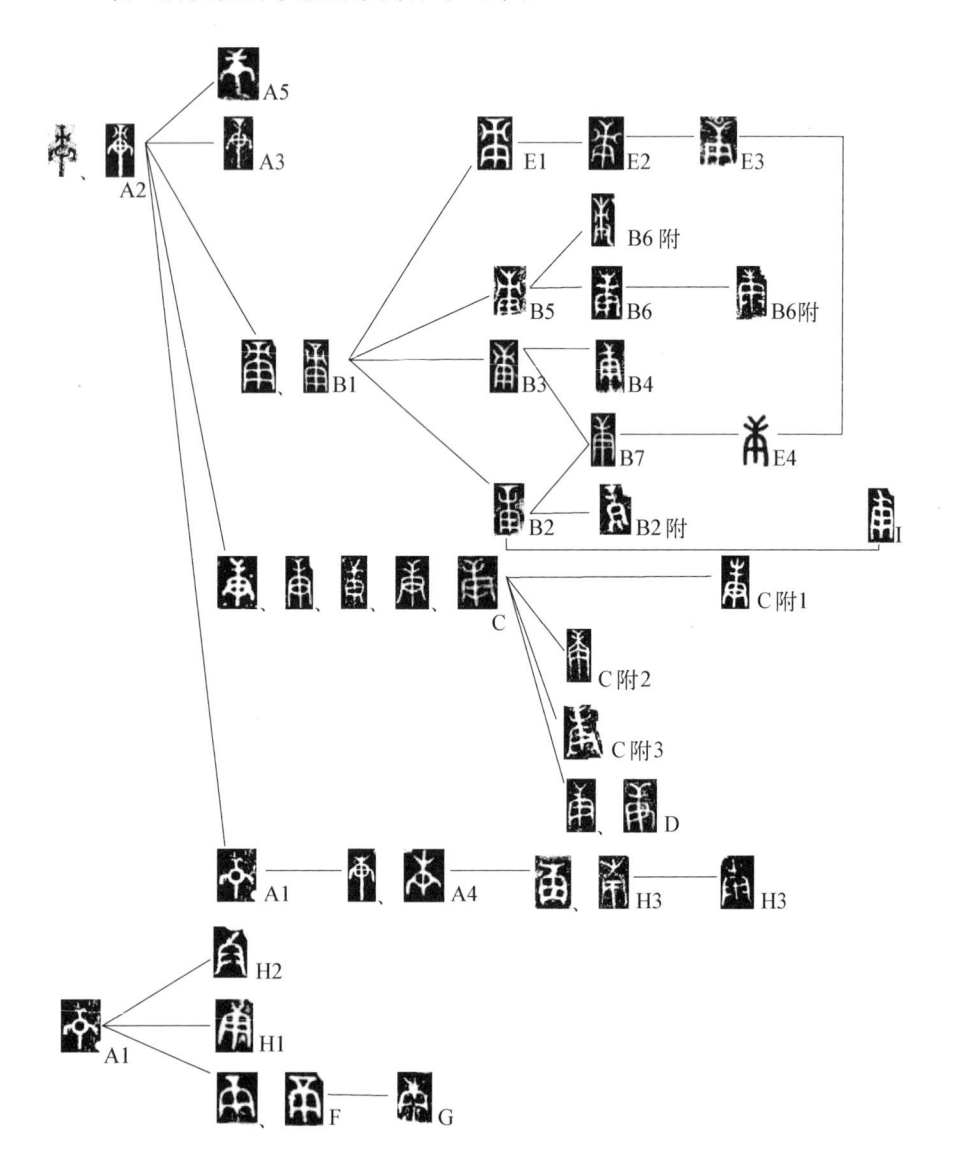

三

東周時期，仍然在極力維護"庚"字下部結體對稱的寫法，但以表二的 C 型多見（表三的 B 型）。也就是說，在西周中晚期代表着"庚"字一個主要演變方向的 D 型寫法，在東周金文中並沒有被繼續傳承，反倒爲秦隸（[字形]，睡虎地秦簡）所繼承，並逐步演變爲現在楷書的"庚"。所以，表二中 B7、C 二型代表着正體寫法，D 則是俗體，結果是俗體決定了發展的最終方向。東周金文有繼承西周金文結體和書寫風格的，但就多數而言，書寫風格到了東周有一個明顯的轉變，缺少了商、西周金文結體上的嚴謹、凝重，而給人一種少拘束的流宕感。這個時期產生了[字形]一類竪筆加點的寫法，多見於南方的楚、曾、徐、吳等國，戰國楚簡繼承了這種寫法，如[字形]、[字形]等。至於寫作[字形]、[字形]，當是借"康"爲"庚"，且有訛寫的因素。

商末、西周早期是文字異體繁劇的時期，文字形體呈現出複雜的演變路徑，周人要在其中進行選擇。到了西周中期，文字系統才進入穩定使用期。就"庚"字而言，由於金文作爲當時的正體文字，西周時期，俗體還沒有對文字系統造成整體性的影響，文字的形體結構沒有什麼變異，綫條的運筆風格雖隨着書手的不同呈現出一定的差異，但基本上都遵循着約定俗成的規範。東周金文雖繼承了西周金文的通行寫法，但求變、求新、求異是這個時期的時代特徵，文字結體風格展現出與西周不一樣的形貌。

最後説一下保侃母簋（《集成》3743、3744 西周早期）中的"[字形]（宫）"（3744 作[字形]）。若把其釋爲"庚"，在數百例"庚"字中只有 H3 型有 2 例寫法與之相近，但差異也比較明顯，[字形]下部筆畫内斂，[字形]下部筆畫外佗，也就是說，無一例"庚"與之寫法完全相同，而且釋爲"庚"，"庚宫"辭例僅見。而金文中，"南"字有一種訛體與之寫法相近同，且有多例，如[字形]（吴王姬鼎，《集成》2600 西周晚期。"南宫史叔"）、[字形]（無㠯簋蓋，《集成》4228 西周晚期。"南夷"）、[字形]（翏生盨蓋銘，《集成》4461 西周晚期。

"南淮夷")、[字](兮甲盤,《集成》10174 西周晚期。"南淮夷")、[字](鄦南簠蓋,《集成》4479 西周晚期)。保侃母簋中應釋爲"南宫",字形、文例都很順適。庚姬鬲(《集成》637～640 西周中期)的所謂"庚"作[字]、[字],也應該是"南"字。

引書簡稱情况

1. 中國社會科學院考古研究所:《殷周金文集成》(全 18 册),北京:中華書局,1984—1994 年。簡稱《集成》。

2. 劉雨、盧岩:《近出殷周金文集録》,北京:中華書局,2004 年。簡稱《近出》。

3. 鍾柏生、陳昭容、黄銘崇、袁國華:《新收殷周青銅器銘文暨器影彙編》,臺北:藝文印書館,2006 年。簡稱《新收》。

4. 吴鎮烽:《商周青銅器銘文暨圖像集成》,上海:上海古籍出版社,2012 年。簡稱《銘圖》。

5. 吴鎮烽:《商周青銅器銘文暨圖像集成續編》,上海:上海古籍出版社,2016 年。簡稱《銘續》。

附　表

表一　用於族名的"虜"及"庚"[①]

字　形	器　物	出　處	時　代	備　注
一、虜族[②]				
A 型(13 例)				
[字]蓋、[字]器	婦妻卣	集成 5099	商	
[字]	虜爵	集成 7670	商	

---

① 銘可疑或泐甚者不録。
② 虜父戊簋(《集成》3190 西周早前),出自遼寧喀左縣平房子鎮山灣子村窖藏,銘泐,從殘畫看,似可歸入 A 型。

續 表

字　形	器　物	出　處	時　代	備　注
	虜甂	集成 9947	商	
	虜尊	新收 1584	商	
	虜兄癸爵	集成 8742	商或西周早期	
	虜鼎	集成 987	商	
	虜瓠	銘圖 9089	商	鈎廓
蓋、器	虜壺	銘圖 11961	西周早期	銘：虜,作母己彝
	虜父己甗	集成 816	西周早期	陝西扶風縣法門鎮楊家堡（F 七四 711）
	虜父辛尊	集成 5660	西周早期	銘在圈足内,上部筆畫不顯
A 型附					
	虜父辛簋	集成 3208	西周早期	乃上述寫法的簡體
B 型(11 例)				
B1 型				
蓋、器	寍卣	集成 5353	商	
	虜卣	銘圖 12555	商	北京漢唐閣藏
	虜瓠	新收 1576	商	
	虜爵	新收 1569	商	

續 表

字　形	器　物	出　處	時　代	備　注
B2 型				
	虖鼎	集成 988	商	宋人摹本
	虖父乙爵	集成 8412	商	銘在鋬內，上部筆畫不顯
B3 型				
	虖四筒器	銘續 1378	商	王文昶《青銅器辨偽三百例》344 頁圖 257
B4 型				
	虖父乙壺	集成 4935	西周早期	甘肅靈臺縣白草坡西周墓葬(M1)
B5 型				
	虖父戊爵	集成 8525	西周早期	銘在柱上。兩側筆畫不顯
B6 型				
	年庚父己觶	集成 6498	西周早期	
C 型(2 例)				
	虖父丁鼎	近出 205	商	或釋"父庚"二字
	虖瓿	集成 6721	商	
二、庚嬇族(6 例)				
	庚嬇父乙爵	集成 8865	商	1982 年河南安陽市小屯西地墓葬(M1)
	庚嬇父乙觶	集成 6381	商	與上同出

續 表

字形	器物	出處	時代	備注
	庚嬰父丁鼎	集成 1855	商	與上同出
	庚嬰觶	集成 6183	商	與上同出
	庚嬰馬父乙簋	集成 3418	商	與上同出
	庚嬰馬父乙觚	集成 7263	商	與上同出
三、虜册族(29 例)				
A 型(24 例)				
	虜册爵	集成 8256	商	銘在鋬内。河北正定縣新城鋪鎮出土
	虜册觚	集成 6994	商	出土同上
	虜册觚	銘圖 9426	商	與《集成》6994 可能是一器
	虜册斝	集成 9198	商	《銘續》741 與此爲一器
	虜册觶	新收 1859	商	
	虜册爵	集成 8255	商	銘泐
	虜册父丁鼎	近出 264	商	
	虜册父丁爵	銘圖 8320	商	與《集成》8883 虜册父丙爵一器,《銘圖》失察。釋"丙"可從
	宰椃角	集成 9105	商	"庚申"字作
	幾庚册觚	集成 7177	商	

續表

字形	器物	出處	時代	備注
	婦□觶	集成 6428	商	
	虜册父庚正瓿	集成 7266	商	"父庚"字作□
	虜册父庚正壺	集成 9549	商或西周早期	"父庚"字作□
	虜册父庚正吾鼎	新收 1564	商	"父庚"字□
	娞鼎	集成 2578	商	"父庚"字□。陝西扶風縣法門鎮任家村
	虜册父丁爵	集成 8907	商	銘在鋬内,上部筆畫不顯
	虜册父乙觶	集成 6380	商	
	虜册父乙爵	銘續 659	西周早期	臺北震榮堂收藏
	斁篆散簋	集成 3746	西周早期	
	叔壺	集成 9577	西周早期	
	鶉觶	近出 675	西周早期	寶雞市渭濱區竹園溝西周墓葬(M7)
	虜册父乙盉	銘圖 14687	西周早期	私藏
	豐盉	銘續 970	西周早期	銘文呆板
A 型附				
	虜册瓿	近出 738	商	

續　表

字　形	器　物	出　處	時　代	備　注
B型(5例)					
B1 型					
	虜冊父癸鼎	集成 1897	商	
	虜冊父乙瓿	集成 7277	商	
B2 型					
	虜冊父庚角	近出 902	商	"父庚"字作 。私藏
B3 型					
	虜冊父乙爵	集成 8875	商	河南安陽出土。銘在鋬內,下部筆畫不顯。姑附B型
B4 型					
	虜冊鼎	集成 1355	商	摹本
C型(1例)					
	虜冊宁父丁觶	集成 6445	西周早期	
四、其他(前三例可能是族氏名)					
	庚壴父癸爵	集成 8972	商	銘在鋬內,上部筆畫不顯
	庚爵	集成 7669	商或西周早期	銘一字
	庚瓿	集成 6722	商	銘一字
	襄庚爵	集成 9047	西周早期	人名。銘泐

表二　商、西周金文中的"庚"(主要作日名和干支)

字　形	器　物	出　處	時　代	備　注
A型(17例)				
A1型(5例)				
	庚子爵	集成8049	商或西周早期	日名
	户庚爵	集成8048	商或西周早期	日名
	户庚觚	集成6838	商	日名
	父庚觶	集成6294	商	
	子父庚觚	集成7138	商	
A2型(5例)				
	子父庚卣	集成4969	商	蓋銘，稍泐。器作
	戈庚斝	集成9187	商	日名
	荀父庚鼎	集成1625	商	
	父庚斝	集成9169	商	
	夆父庚鼎	集成1626	商或西周早期	
A3型(1例)				
	子父庚卣	集成4969	商	器銘。蓋作
A4型(4例)				
	父庚鼎	集成1628	商	
	父庚爵	集成7948	商	

商周金文中"庚"字形體上的時代標記　347

續　表

字　形	器　物	出　處	時　代	備　注
	鄆鬲	集成 741	商	庚寅
	息庚爵	近出 823	商	日名。河南羅山縣蟒張鄉後李村商代墓

A5 型(1 例)

字形	器物	出處	時代	備注
	萬庚爵	集成 8050	商	日名

A6 型(1 例)

字形	器物	出處	時代	備注
	父庚觚	集成 6816	商	宋人摹本

B 型(97 例)

B1 型(10 例)

字形	器物	出處	時代	備注
	蓝祖庚父辛鼎	集成 1996	商	
蓋、器	陸册父庚卣	集成 5081	商	
	山祖庚觚	集成 7081	商	
器	子刀父庚卣	集成 5080	商或西周早期	蓋作
	翎鼎	集成 2037	西周早期	父庚。山東滕縣洪緒鎮金莊西周墓出土
①	剌鼎	集成 2436	西周早期	父庚
	瓽父庚卣	集成 4970	西周早期	蓋銘。器銘作

---

① 1984—1989 年山西曲沃縣曲村西周墓葬(M6105)所出子鼎(《新收》930 西周早期)"父庚"字蝕泐,從殘筆看,也是這類寫法。

續　表

字　形	器　物	出　處	時　代	備　注
	娍父庚爵	集成 8585	商或西周早期	《集成》8586 同銘作 ，9601 觚作
	娍父庚觶	集成 6293	商或西周早期	

B2 型(7 例)

字　形	器　物	出　處	時　代	備　注
	斝父庚壺	集成 4967	商	
蓋	子刀父庚卣	集成 5080	商或西周早期	器作
	旅鼎	集成 2728	西周早期後段	庚申。族徽 。山東黃縣萊陰出土
蓋、器	父庚卣	近出 572	西周早期	西安市長安區馬王鎮
	卣	集成 5213	西周早期	父庚。遼寧凌源縣海島子營村銅器窖藏

B2 型附

字　形	器　物	出　處	時　代	備　注
	亞登兄日庚觚	集成 7271	商	

B3 型(7 例)

字　形	器　物	出　處	時　代	備　注
	八田父庚觚	近出 752	商	
	陵鼎	近出 292	西周早期	父庚。1991—1992 年山西曲沃縣曲村鎮北趙村晉侯墓地
	子倗簋	集成 10575	西周早期	父庚
	父庚觶	集成 6123	西周早期	

商周金文中"庚"字形體上的時代標記　349

續　表

字　形	器　物	出　處	時　代	備　注
	旂壺	銘圖 12214	西周早期	婦日庚。私藏
	史祖庚卣蓋	集成 4895	西周早期	
	商卣(蓋銘)	集成 5404	西周早期前段	庚姬。裘族。1976年陝西扶風縣莊白村 1 號銅器窖藏
B4 型(13 例)				
	虜册父庚疌吾鼎	新收 1564	商	册族
	戍父庚爵	集成 8586	商或西周早期	《集成》8585 同銘作
	商卣(器銘)	集成 5404	西周早期前段	庚姬。裘族。1976年陝西扶風縣莊白村 1 號銅器窖藏
	商尊	集成 5997	西周早期前段	庚姬。出土同上
	乃子卣	集成 5306	西周早期	父庚
	虎父庚鼎	集成 1629	西周早期	
	執徍爵	集成 9058	西周早期	父庚。徐宗幹於嘉慶二十五年(1820 年)購於任城(今山東濟寧市)
	堇鼎	集成 2703	西周早期前段	庚申。北京房山縣琉璃河鎮黄土坡 M253
	冉祖庚爵	集成 8342	西周早期	

續表

字　形	器　物	出　處	時　代	備　注
〔圖〕	静鼎	近出 357	西周早期後段	庚申
〔圖〕（甬）	敤甗	銘圖 3363	西周早期後段	庚申。山西曲沃縣曲村鎮北趙村晉侯墓地(M114)
〔圖〕	具鼎	集成 2128	西周中期前段	父庚
〔圖〕	戜簋	集成 3865	西周中期	祖庚。〔圖〕族

B5 型(3 例)

字　形	器　物	出　處	時　代	備　注
〔圖〕	祖庚爵	集成 7861	商或西周早期	
〔圖〕	仲甗	銘續 268	西周早期	祖庚。臺北震榮堂藏
〔圖〕	〔圖〕簋	近出 432	西周中期前段	祖庚。河南洛陽北窰村龐家溝西周墓地

B6 型(3 例)

字　形	器　物	出　處	時　代	備　注
〔圖〕	戜父庚卣	集成 4970	西周早期	器銘。蓋銘作〔圖〕
〔圖〕	戜父庚鼎	集成 1630	西周早期	
〔圖〕	中觶(蓋銘)	集成 6514	西周早期	用爲"唐"。器銘作〔圖〕。宋代湖北安州出土

B6 型附(2 例)

字　形	器　物	出　處	時　代	備　注
〔圖〕	句父庚觚	集成 9277	西周早期	傳 1928 年河南出土
〔圖〕	羊父庚鼎	集成 1627	商或西周早期	

B7 型(52 例)

續 表

字　形	器　物	出　處	時　代	備　注
🔣	父庚卣(蓋銘)	銘圖 13141	商	私藏。器銘有族名和"父丁"
🔣	庚斧	集成 11759	商	銎部鑄銘 1 字。附此
🔣	嬄鼎	集成 2578	商	父庚。🔣冊族。陝西扶風縣法門鎮任家村
🔣	🔣簋	銘圖 4580	商	妣庚。安陽殷墟鐵西路商代墓葬(M4)
🔣	黿父庚角	集成 8589	商	
🔣	臱冊父庚角	近出 902	商	🔣冊族。私藏
🔣	臱冊父庚正觚	集成 7266	商	🔣冊族
🔣	大祖日己戈	集成 11401	商	祖日庚。器出易州,或云保定
🔣蓋、🔣器	犅伯誋卣	新收 1588	商	庚寅
🔣	保🔣父庚簋	銘圖 3986	商	河南安陽市文峰區郭家莊市水利局院内商代墓葬(M67)
🔣	作父庚觶	集成 6295	西周早期	分期據《集成》。《通鑒》:西周中期
🔣器	父庚觶	銘續 715	西周早期	蓋作🔣。蓋、器文字兩種風格。現藏香港御雅居
🔣	庚姬簋	集成 10576	西周早期	人名。斝族

續　表

字　形	器　物	出　處	時　代	備　注
	保侎母簋	集成 10580	西周早期	庚姜，人名
	庚嬴鼎	集成 2748	西周早前	人名。清代摹本
	恩盉	銘圖 14735	西周早期	祖庚。私藏。"恩"字與他字風格、時代不合，疑後刻或偽刻
	史父庚鼎	集成 1624	西周早期	
	史獸鼎	集成 2778	西周早期	父庚
	衛簋	集成 3612	西周早期	父庚
	父庚觶	集成 6124	西周早期	
	作祖庚尊	集成 5605	西周早期	
	作祖庚尊	集成 5606	西周早期	
	祖庚爵	銘續 605	西周早期	二字。河南汝陽縣
蓋、器	弓父庚壺	集成 4968	西周早期後段	分期據《通鑒》
	中方鼎	集成 2785	西周早期	庚寅。《金石錄》："重和戊戌（1118年）安州孝感縣民耕地得之。"
	高卣蓋	集成 5431	西周早期	庚申。宋代著錄。有族徽
	獻簋	集成 4205	西周早期	庚寅。《夢郼》云："近出保安。"（今河北省涿鹿縣）

商周金文中"庚"字形體上的時代標記　353

續　表

字　形	器　物	出　處	時　代	備　注
	史妣庚觶	新收 834	西周早期	陝西寶雞市渭濱區石壩河鄉西周墓(M1)
	聞尊	銘圖 11810	西周中期前段	庚午。摹本
、	彧方鼎	集成 2824	西周中期前段	文母日庚。陝西扶風縣法門鎮莊白村西周墓葬
蓋、器	彧簋	集成 4322	西周中期前段	同上
	冉父庚鼎	銘續 52	西周中期前段	河南平頂山市滍陽鎮應國墓地
	柞伯鼎	近出 486	西周中期前段	庚申。出土同上
	晉侯對鼎	近出 350	西周晚期	庚寅。山西曲沃縣北趙村晉侯墓地
蓋、器	晉侯對盨	近出 503	西周晚期	庚寅。出土同上
蓋、器	晉侯對盨	近出 504	西周晚期	庚寅。出土同上
	晉侯對盨	近出 505	西周晚期	器銘作　。出土同上
蓋、器	晉侯對盨	近出 506	西周晚期	庚寅
	伯義父盨	銘續 471	西周晚期	庚午。私藏
	戴叔朕鼎	集成 2690	西周晚期	庚申。《集成》：春秋早期。2691 作　、2692 作　，三器三種風格

續　表

字　形	器　物	出　處	時　代	備　注
〔圖〕	伯呂父盨	新收 1459	西周晚期	庚戌
〔圖〕、〔圖〕、〔圖〕	克鐘	集成 204、206、208	西周晚期	庚寅。岐山縣法門寺任村。"康"作〔圖〕〔圖〕
〔圖〕	逆鐘	集成 60	西周晚期	庚申。陝西永壽縣店頭鎮好時河村
C 型(80 例)				
〔圖〕蓋、〔圖〕器	子作婦姁卣	集成 5375	商	母庚
〔圖〕	朋五夆父庚罍	集成 9808	商	遼寧喀左縣坤都營子鄉小波汰溝
〔圖〕	宰梳角	集成 9105	商	庚申。〔圖〕册族
〔圖〕	隻婦父庚卣蓋	集成 5083	商	
〔圖〕	巽父庚爵	集成 8587	商	清代著錄
〔圖〕	寢魚簋	銘圖 4253	商	父庚
〔圖〕	祖庚爵	集成 7860	商	河南臨汝縣楊樓公社李樓村
〔圖〕	剌鼎	集成 2127	商或西周早期	父庚。《通鑒》：西周中期前段
〔圖〕	榮仲鼎	新收 1567	西周早期後段	庚寅。史族。《通鑒》2413 著錄一件同銘鼎，私藏，傳山東出土
〔圖〕	能爵	集成 9059	西周早期	父庚
〔圖〕	作父庚尊	集成 5832	西周早期	上部筆畫泐

商周金文中"庚"字形體上的時代標記 　355

續　表

字　形	器　物	出　處	時　代	備　注
	召尊	集成 5931	通鑒：西周早期後段／集成：西周中期	文考日庚。陝西扶風縣法門鎮雲塘村西周墓（M13）
	彈叔尊	集成 5958	西周早期	父庚。彈是族氏名，叔是私名
	彈叔方彝（蓋銘）	集成 9889	西周早期	父庚。與《集成》5958 尊同銘
	彈叔方彝（器銘）	集成 9889	西周早期	父庚。與《集成》5958 尊同銘
	歔䵣鼎	集成 2729	西周早期後段	庚寅
	魚父庚尊	集成 5801	西周早期	
	魚父庚尊	集成 5833	西周早期	
	獸尊	集成 5902	西周早期	父庚。弓族
	簋	集成 3516	西周早期	父庚
	衛簋甲	銘圖 5368	西周中期前段	庚寅。"康"作
蓋、器	衛簋乙	銘圖 5369	西周中期前段	庚寅。"康"作
	衛簋丙	銘續 462	西周中期前段	庚寅。"康"作
	祖日庚簋	集成 3991	西周中期前段	族
	祖日庚簋	集成 3992	西周中期前段	族
	伯姜鼎	集成 2791	西周中期前段	庚申。"卲伯日庚"字作 。陝西西安市長安區花園村 17 號西周墓

續　表

字　形	器　物	出　處	時　代	備　注
	五祀衛鼎	集成 2832	西周中期前段	庚戌。陝西岐山縣京當鄉董家村 1 號西周銅器窖藏
	九年衛鼎	集成 2831	西周中期前段	庚辰。出土同上
	彔伯茲簋蓋	集成 4302	西周中期	庚寅
	師虎簋	集成 4316	西周中期後段	剌考日庚
	伯姜鼎	集成 2791	西周中期前段	邵伯日庚。"庚申"字作。陝西西安市長安區花園村 17 號西周墓
	燮簋	集成 4046	西周中期	庚午
、 、	晉侯䚄簋	新收 865、866、867	西周中期	庚午。山西曲沃縣北趙村晉侯墓地
、 、 、	賢簋	集成 4104、4105，銘圖 5069、5071	西周中期	庚午。河南出土
	親簋	銘圖 5362	西周中期前段	庚寅
	即簋	集成 4250	西周中期後段	庚申。陝西扶風縣法門鎮強家村西周銅器窖藏
蓋、 器	諫簋	集成 4285	西周中期	庚寅。傳陝西扶風出土，一說武功縣出土。《集成》：西周晚期
、	揚簋	集成 4294、4295	西周中期	庚寅。《集成》：西周晚期

商周金文中"庚"字形體上的時代標記　　357

續　表

字　形	器　物	出　處	時　代	備　注
	就覞甗	新收 701	西周中期前段	文考日庚。西安市長安區馬王鎮張家坡西周墓（M253）
	師趛鬲	集成 745	西周中期	庚寅。《集成》2713 鼎同銘，或疑僞，庚作
蓋 器	庚嬴卣	集成 5426	西周中期前段	字形結體，兩種風格
蓋、器	周乎卣	集成 5406	西周中期前段	文考庚仲
	走簋	集成 4244	西周中期	庚寅。《集成》：西周晚期
	師訇簋	集成 4342	西周中期後段	庚寅
	曾仲大父蚰簋	集成 4204、4203	西周晚期	庚申。湖北隨縣均川鎮熊家老灣
	袁鼎	集成 2819	西周晚期	庚寅。"康"作
	冏簋	集成 4202	西周晚期	庚午。《集成》：西周早期
	兮甲盤	集成 10174	西周晚期	庚寅
	幾父壺	集成 9721	西周晚期	庚午。陝西扶風縣法門鎮齊家村西周銅器窖藏。9722 作
	善夫山鼎	集成 2825	西周晚期	庚戌。陝西永壽縣店頭鎮好畤河村

續　表

字　形	器　物	出　處	時　代	備　注
蓋、器	善夫克盨	集成 4465	西周晚期	庚寅。陝西扶風縣法門鎮任村窖藏。"康"作
	裘盤	集成 10172	西周晚期	庚寅。"康"作
	伯鮮甗	集成 940	西周晚期	庚午。1933 年陝西扶風縣法門鎮上康村西周銅器窖藏
	齊叔姬盤	集成 10142	西周晚期	孟庚，作器對象
	晉侯對鋪	新收 857	西周晚期	庚寅。山西曲沃縣北趙村晉侯墓地
C 型附 1				
	豚卣	集成 5365	西周中期前段	父庚
	瘐鼎	集成 2742	西周中期後段	庚午。宋代著錄
C 型附 2				
、	父庚爵	集成 9056、9057	商	河南安陽市殷都區大司空村商代墓葬
、	父庚觚	集成 7281、7282	商	出土同上
C 型附 3				
（）	魚父庚罍	集成 9791	西周早期	遼寧省喀左縣山嘴子鎮海島營子村馬廠溝小轉山子

續 表

字　形	器　物	出　處	時　代	備　注
D型(39例)				
	毀簋	集成3517	西周早期	父庚
	毀甗	集成882	西周早期	父庚
器、蓋	作冊魌卣	集成5432	西周早期	庚午。洛陽附近出土
	師奎父鼎	集成2813	西周中期	庚寅。關中出土
	畯尊	銘續783	西周中期前段	文考日庚。私藏
	虎簋蓋甲	新收633	西周中期	文考日庚。陝西丹鳳縣西河鄉山溝村
	虎簋蓋乙	新收1874	西周中期	文考日庚。與上同銘,但文字、行款較草率
	静簋	集成4273	西周中期前段	庚寅
	季姬方尊	新收364	西周中期前段	庚辰。傳1946年冬河南洛陽市老城出土
蓋、器	王臣簋	集成4268	西周中期後段	庚寅。陝西澄城縣城關鎮南串業村西周墓
	戚簋	銘續450	西周中期後段	庚寅
	曶簋	銘續437	西周中期後段	庚午
	樂伯盤	集成10167	西周中期後段	庚申。湖北浠水縣竹瓦鎮朱店村

續　表

字　形	器　物	出　處	時　代	備　注
庚、庚	晉侯㮛壺	新收 868、869	西周中期	庚午。山西曲沃縣北趙村晉侯墓地
庚	晉侯喜父皿	近出 1060	西周中期	庚寅。山西曲沃縣北趙村晉侯墓地
庚	晉侯喜父盤	近出 1006	西周中期	庚寅。山西曲沃縣北趙村晉侯墓地
庚	弭叔盨蓋	集成 4430	西周晚期	庚寅
庚、庚	伯悥父簋	銘圖 5276、5277	西周晚期	庚午。5276 爲反書
庚	嚚伯盤	集成 10149	西周晚期	庚午
庚庚庚	伯鮮鼎	集成 2663、2664、2665、2666	西周晚期	庚午。1933 年陝西扶風縣法門鎮上康村西周銅器窖藏。《集成》940 伯鮮甗作 庚
庚蓋、庚器	鄭虢仲簋	集成 4024	西周晚期	庚戌
庚	鄭虢仲簋	集成 4026	西周晚期	庚戌
庚	鄭虢仲簋	集成 4025	西周晚期	器銘。該銘作 庚
庚蓋、庚器	吳彭父簋	集成 3980	西周晚期	皇祖考庚孟
庚蓋、庚器	吳彭父簋	集成 3981	西周晚期	皇祖考庚孟
庚	吳彭父簋蓋	集成 3982	西周晚期	皇祖考庚孟

續　表

字　形	器　物	出　處	時　代	備　注
	宴簋（器銘）	集成 4118	西周晚期	庚寅。蓋銘作
	宴簋（蓋銘）	集成 4119	西周晚期	器銘泐
	晉侯蘇鐘	近出 45	西周晚期	庚寅。山西曲沃縣北趙村晉侯墓地
E 型（21 例）				
E1 型（5 例）				
	父庚方彝	集成 9867	商	
	冀父庚觚	集成 7137	商	
	萬父庚鼎	銘續 51	商	私藏
	旂祖辛父庚方彝	銘圖 13522	商	
	黽母庚爵	集成 8740	西周早期	
E2 型（9 例）				
	戉父庚觚	銘圖 9601	商或西周早期	
蓋	父庚觶	銘續 715	西周早期	器作　。蓋、器文字兩種風格。現藏香港御雅居
	黽父庚爵	集成 8588	西周早期	
	弓衛父庚爵	集成 8939	西周早期	
	父庚觚	集成 7139	西周早期	
	戠父庚尊	集成 5653	西周早期	

續表

字形	器物	出處	時代	備注
田	🅧祖庚爵	集成 8341	商或西周早期	銘在鋬内,下部筆畫不顯
田	🅧父庚爵	集成 8591	商或西周早期	銘在鋬内,下部筆畫不顯
田	父庚爵	銘圖 7224	商	銘在鋬内,下部筆畫不顯

E3 型(3 例)

字形	器物	出處	時代	備注
田	🅧庚爵	集成 8047	商或西周早期	
田	🅧庚爵	銘圖 7530	商或西周早期	
田	父庚爵	銘圖 7617	西周早期	銘"父庚"二字,在鋬内,下部筆畫受限。陝西扶風縣法門鎮齊家村村東西周墓(91FQM5)

E4 型(4 例)

字形	器物	出處	時代	備注
田(田)	巽父庚觚	銘圖 9603	商	
田	寢蔑鼎	集成 2710	商	庚午。宋代著録。《三代》4.11 拓本作 田
田	豐鼎	集成 2625	商	銘云:"王賞宗庚豐貝二朋。"下部筆畫泐
田	㝬姬簋	集成 3978	西周中期	父庚

F 型(6 例)

字形	器物	出處	時代	備注
田	子父庚爵	集成 8584	商	

續　表

字　形	器　物	出　處	時　代	備　注
	戈母庚爵	銘圖 10347	商	
	羊庚爵	集成 8051	商	日名
	父庚祖辛鼎	集成 2363、2364	商或西周早期	
	父庚祖辛簋	集成 3683	商或西周早期	與上同銘

G 型（6 例）

字　形	器　物	出　處	時　代	備　注
	叀庚父丁爵	集成 8915	商	山東鄒縣小西韋村。拓片"丁"字不顯。姑附入日名之庚
	祖庚爵	集成 7859	商	
	父庚爵	集成 7949	商或西周早期	
	乙父庚爵	集成 8590	商或西周早期	
	父庚爵	集成 7950	商或西周早期	
	作父庚瓿	集成 881	西周早期	

H 型（10 例）

H1 型（3 例）

字　形	器　物	出　處	時　代	備　注
	子父庚觶	集成 6292	商	
	史父庚鼎	集成 1623	商	
	庚觥蓋	集成 9264	商	《近出》753 觚也有 字，其"父 "字或釋庚，姑附此

續　表

字　形	器　物	出　處	時　代	備　注
H2 型(2 例)				
	亞得父庚鼎	集成 1880	商	
	亞得父庚鼎	新收 271	商	傳出河南安陽
H3 型(5 例)				
	耳衘天父庚爵	集成 9074	商	銘在鋬內，上部筆畫不顯
	屰父庚鼎	近出 234	商	私藏。《銘圖》19774 祖庚柄形器（石質）出土於河南安陽市殷都區後崗村（M3），"庚"作
	旻□父庚爵	集成 8940	商或西周早期	銘草率
	冊父庚尊	集成 5744	商或西周早期	
	史殒爵	近出 912	西周中期前段	父庚。河南洛陽市北窰村龐家溝西周墓地(采 014)
I 型(2 例)				
蓋、器	家戈父庚卣	集成 5082	商	

表三　春秋戰國金文中的"庚"（主要作干支，少數用於人名及其他辭例）

字　形	器　物	出　處	時　代	備　注
A 型(13 例)				
A1 型(6 例)				
	蔡公子壺	集成 9701	春秋早期	庚午

續　表

字　形	器　物	出　處	時　代	備　注
蓋、器	筌子逫簠	銘圖5890	春秋早期	庚午。私藏。《銘圖》5891同銘
	叔朕簠	集成4620、4621	春秋早期	庚午
	曾子原魯簠	集成4573	春秋晚期	庚申。湖北隨縣涢陽公社鱮魚嘴
A2型(2例)
	曾仲塦簠	銘圖5029①	春秋中期	庚申。器銘。蓋銘作󰀀，上下筆畫均有蝕泐。私藏
	曾仲塦簠	銘圖5030	春秋中期	庚申。器銘
A3型(1例)
	曾仲塦簠	銘圖5931	春秋中期	庚申
A4型(1例)
	曾侯與鐘	銘續1032	春秋晚期	庚午。摹本。湖北隨州文峰塔曾國墓地
A5型(3例)
	楚子𣀇簠	集成4575、4576、4577	戰國早期	庚申
B型(49例)
B1型(34例)
	華母鏙	集成9638	春秋早期	庚午。筆畫方折
	曾伯霂簠	集成4631、4632	春秋早期	庚午

---

① 《銘圖》5031曾仲塦簠寫法同。

續 表

字　形	器　物	出　處	時　代	備　注
	塞公孫㱽父匜	集成 10276	春秋早期	庚午。湖北枝江縣百里洲王家崗
	楚大師鄧辥慎鐘	銘圖 15511～15514、15516、15518	春秋早期	庚午
	楚大師鄧辥慎鎛	銘續 1045	春秋早期	庚午。摹本作 ，誤
	登鐸	銘續 1048	春秋早期	庚午。摹本。湖北襄陽市團山鎮余崗村沈崗西春秋墓
	邛仲之孫伯戔盆	集成 10341	春秋早期	庚午。《考古圖》："得於河內太行石室中。"
	楚嬴盤	集成 10148	春秋早期	庚午
	楚嬴匜	集成 10273	春秋早期	庚午
	叔液鼎	集成 2669	春秋早期	庚申。宋代著錄
	庚兒鼎	集成 2715、2716	春秋中期	庚兒，人名。山西侯馬市上馬村春秋墓
	黃韋俞父盤	集成 10146	春秋晚期	庚申
	蔡侯𬃷歌鐘	集成 210	春秋晚期	初吉孟庚。摹作 。安徽壽縣春秋蔡侯墓
	蔡侯𬃷歌鐘	集成 211	春秋晚期	同上
	蔡侯𬃷歌鐘	集成 217	春秋晚期	同上
	蔡侯𬃷歌鐘	集成 218	春秋晚期	同上

續　表

字　形	器　物	出　處	時　代	備　注
	哀成叔鼎	集成 2782	春秋晚期	庚午。河南洛陽市玻璃廠 439 號西周墓
	沇兒鎛	集成 203	春秋晚期	徐王庚，人名。器出荊州
	敬事天王鐘	集成 75	春秋晚期前段	庚申。河南淅川縣倉房鎮下寺春秋墓
	敬事天王鐘	集成 78	春秋晚期前段	庚申。出土同上
	王子午鼎	集成 2811，近出 361、362	春秋晚期前段	令尹子庚。河南淅川縣下寺春秋墓
	垣上官鼎	集成 2242	戰國晚期	用為"容"
B1 型附				
	徐醓尹征鉞	集成 425	春秋早前	日在庚。江西高安縣
蓋、 器	徐鳌尹晉鼎	集成 2766	戰國早期	吉日初庚。浙江紹興市鑒湖鎮坡塘村獅子山西麓 306 號墓
B2 型（15 例）				
	吳王光鐘	集成 223、224.1、224.45	春秋晚期	吉日初庚。銘漶，此用摹本。安徽壽縣西門内春秋蔡侯墓
	鍾離公鈹鼓座	集成 429	春秋晚期	庚午。安徽舒城縣孔集鎮九里墩村春秋墓
	公皷父鎛	銘圖 15815	春秋晚期	庚午。私藏

續　表

字　形	器　物	出　處	時　代	備　注
	公皷父鎛	銘圖 15818	春秋晚期	庚午。海外購回，藏上海博物館
	庚壺	集成 9733	春秋晚期	人名。摹本作
（）	配兒句鑃	集成 427	春秋晚期	庚午。浙江紹興市越城區狗頭山南麓
B2 型附 1				
	庚都司馬鐓	集成 11909	戰國	用爲"唐"
B2 型附 2				
	昭王之即簠	銘續 515、516	春秋晚期	吉日唯庚。私藏
	昭王之即缶	銘續 909	春秋晚期	吉日唯庚。私藏
B2 型附 3				
蓋、器	昭王之即鼎	銘續 224	春秋晚期	吉日唯庚。私藏
C 型（12 例）				
	浮公之孫公父宅匜	集成 10278	春秋早期	庚午
	子季嬴青盆	集成 10339	春秋	庚午
	敬事天王鐘	集成 73、76、80	春秋晚期前段	庚申。河南淅川縣倉房鎮下寺春秋墓
	仲子平鐘	集成 173、174、180	春秋晚期	庚午。山東莒南縣大店鎮二號墓
	司馬楙鎛	銘圖 15767	戰國早期	庚午。山東滕州市姜屯鎮莊里西村

續　表

字　形	器　物	出　處	時　代	備　注
蓋、器	鄂孝子鼎	集成 2574	戰國中期	庚寅
C 型附 1				
	曾仲嬴鼎	銘圖 2254	春秋中期	庚申。私藏
D 型(4 例)				
	申文王之孫州桒簠	銘圖 5943	春秋晚期	庚午。據傳 2002 年出自河南靠近安徽之處
	叡巢鎛	新收 1277	春秋晚期	庚午。江蘇邳州市九女墩 2 號春秋墓
	吳王光鑒	集成 10298	春秋晚期	吉日初庚。安徽壽縣春秋蔡侯墓
	吳王光鑒	集成 10299	春秋晚期	同上
E 型(7 例)				
	曾侯舀鼎	銘圖 2219、銘續 187	春秋早期	庚申。《銘續》187 出湖北隨州市義地崗曾國墓地。《銘圖》2219、2220 爲私藏
	曾侯舀鼎	銘續 185、186	春秋早期	庚申。中國國家博物館藏
	曾侯舀簠	銘圖 4975、4976	春秋早期	庚申。私藏
	曾侯舀壺	銘圖 12390	春秋早期	庚申。私藏。《銘續》942 盤流失海外

　　該文曾在"商周青銅器與金文研究國際學術研討會"上宣讀，2017 年 10 月 27 日～29 日，河南鄭州。修訂後刊於北京大學出土文獻研究所編《青銅器與金文》第二輯，上海古籍出版社 2018 年。

▨字从宀還是从勹?*

　　春秋中期器魯少司寇封孫宅盤(《集成》10154)銘文末句爲"永▨用之",▨,一般釋爲"寶",應該是没有問題的。但對於此字的偏旁構成,還存在争議。我曾經分析爲从勹、缶、貫(寶字所从),勹、缶均爲聲符。金文"寶"字多从宀、缶聲,宀或變形音化爲勹,這反映出上古之、幽二部音讀相近。① 劉釗先生認爲字是"寶",从玉从貝从缶从勹,宀旁變形音化爲从勹爲聲。周寶宏先生意見同,並認爲"貝"旁上部構件是"玉"的訛變。② 徐寶貴先生則認爲是"匋貴"合文,匋讀爲寶,並云"寶貴"一詞在銅器銘文中僅此一見。③ 同銘有从宀的字:▨、▨,魏宜輝先生云,該字上部並非"宀"之變形,而是从"勹(伏)",排除了形變的因素,這種變化只能解釋爲以聲符"勹(伏)"取代了形體接近的形符"宀",這也説明"勹(伏)"與"缶"、"寶"的讀音是極近的。④ 近來連佳鵬博士亦對此字加以討論,認爲字从貫,同於拙説,但他認爲此字从宀而寫作勹,是宀由於筆勢變化而形成的;

---

*　文中所引銅器資料出處,《集成》指《殷周金文集成》,中華書局1984—1994年;《集録》指劉雨、盧岩《近出殷周金文集録》,中華書局2004年。

① 陳英傑《西周金文作器用途銘辭研究》下册,北京:綫裝書局2008年,第620頁;又《金文字際關係辨正五則》,《語言科學》2010年第5期,收入《文字與文獻研究叢稿》,北京:社會科學文獻出版社2011年,第64~65頁。

② 劉釗《古文字構形學》,福州:福建人民出版社2006年,第163頁;周寶宏:《近出商周金文字詞考釋(八則)》,《古文字研究》第二十九輯,北京:中華書局2012年,第258—259頁。

③ 徐寶貴《金文研究五則》,張光裕、黄德寬主編《古文字學論稿》,合肥:安徽大學出版社2008年,第97~101頁。

④ 魏宜輝《説"匋"》,復旦大學出土文獻與古文字研究中心(http://www.gwz.fudan.edu.cn/SrcShow.asp?Src_ID=1668),2011年9月29日。

貝旁既構成寶字，又參與貫字的構造；宀旁亦兼用，構成"寶"的同時，亦與"貫"構成"實"，爲"寶"字釋義，認爲是文字雜糅構形的典型例證。① 看來此字仍有進一步申論的必要。

在兩周金文中，宀旁寫法是比較穩定的，以"寶"字爲例，或寫作 ⌂（[圖]），或作 ⌂（[圖]），或作 ⌂（[圖]），或作 ⌂（[圖]），這些寫法因書手或時代早晚的差異，結體特徵不盡相同，但都是規範的正體。② 偶見簡率的寫法，作 ∧（[圖]），見於西周中期的王人瓶（《集成》941），是一種俗體。春秋戰國間的侯馬盟書中，宀旁正體、俗體寫法均有，以俗體爲常見。③ 尖角形的簡寫形體，雖然西周銘文中已經出現，如王人瓶的兩個"寶"字：[圖]（器名修飾語）、[圖]（永寶用），但在兩周的銘文中均屬於罕見寫法。

從西周金文的 ⌂ 演變到盟書的 ∧（[圖]、[圖]）、∧（[圖]、[圖]），是宀旁形體演變的一條重要綫路。從侯馬盟書字體觀察，宀旁有兩筆構成，兩筆相接時，左筆往往會向右上出頭，如 [圖]、[圖]、[圖]。偶爾也有右筆向左上略加延伸的，如 [圖]、[圖]（二者筆勢有較大不同），"定"字宀旁右筆還延續着正體形態，保留筆意，左筆已經筆勢化，"宫"字則兩筆都已筆勢化。④ 構成宀旁的兩筆，一般都是左右對稱佈局，所以盟書中寫作 [圖]、[圖] 形是很少見的。而且，構成宀旁的兩筆多求屈曲宛轉，寫成 [圖]、[圖]、[圖] 形也是很少見的。對稱構形的規則，無論對於秦文字，還是楚文字，都是適用的。秦文字沿襲正體寫法，如睡虎地秦簡"宫"作 [圖]、"守"作 [圖]、"室"作 [圖]、"家"

---

① 連佳鵬《甲骨金文"筆畫變形"研究》，首都師範大學博士論文，2016年。趙平安先生同意連説。

② 容庚編著，張振林、馬國權摹補《金文編》，北京：中華書局1985年，第516～525頁。

③ 張頷、陶正剛、張守中《侯馬盟書》（增訂本），太原：山西古籍出版社2006年。參"字表"部分的安、守（323頁），宗、定（331頁），室、宫（337頁）等字。裘錫圭先生説，宀旁的這種寫法是當時相當流行的一種俗體，在戰國文字裏這種寫法也時常可以看到。參《文字學概要》（修訂本），北京：商務印書館2013年，第54頁。安徽壽縣朱家集李三孤堆楚王墓所出器物上的"客"字寫作 [圖]、[圖]（《金文編》第530頁），"府"字寫作 [圖]、[圖]（《金文編》第656頁）。

④ "筆意"、"筆勢"的概念，參陸宗達《説文解字通論》，北京：北京出版社1981年，第70～77頁。

作[家]等，兩邊竪筆逐漸縮短，如"室"作[室]、"家"作[家]等。①《秦文字編》收録兩例秦兵器銘文中作尖角形的俗體寫法：宜、守，但這兩例摹寫都存在問題，不可靠。② 楚文字中的宀旁以尖角形的俗體寫法爲主，書寫特點跟盟書基本相同，只不過某些書寫特徵使用範圍擴大化而已，而且宀旁逐步變形爲[冂]。③

材料 字例	包山簡	郭店簡	新蔡簡	上博簡	清華簡
寶			㳁		
室					
定					
安					
客					
宫					

從總體來看，宀旁逐步變形爲[冂]，在包山簡中演變得最完整、最成熟、最普遍，其次是上博簡，再次是新蔡簡。清華簡除個别字外，其他字例都没有發生這種演變。郭店簡中則基本看不到這種演變。包山簡"牢"字

---

① 參張守中《睡虎地秦簡文字編》第114~119頁"宀"、"穴"旁字；另參方勇《秦簡牘文字編》，福州：福建人民出版社2012年，第218~228頁。
② 王輝主編《秦文字編》第2册，北京：中華書局2015年，第1172、1175頁。廿六年蜀守武戈摹作[○]（拓本[○]），是基本正確的。
③ 參李守奎、賈連翔、馬楠《包山楚墓文字全編》，上海：上海古籍出版社2012年，第312~323頁；張守中《包山楚簡文字編》，北京：文物出版社1996年，第120~125頁；張守中、張小滄、郝建文《郭店楚簡文字編》，北京：文物出版社2000年，第108~113頁；張新俊、張勝波《葛陵楚簡文字編》，成都：巴蜀書社2008年，第138~142頁；李守奎、曲冰、孫偉龍《上海博物館藏戰國楚竹書(1—5)文字編》，北京：作家出版社2007年，第363~377頁；李守奎：《楚文字編》，上海：華東師範大學出版社2003年，第448~467頁；滕壬生《楚系簡帛文字編》(增訂本)，武漢：湖北教育出版社2008年，第678~704頁。

作■、■、■、■，"宰"作■、■，"窀"作■、■、■；非宀旁而與宀形近、位置相同的尖角形構件，也有逐漸筆勢化爲■的趨勢，如"命"寫作■、■、■、■、■、■、■，"金"寫作■、■、■、■、■。① 清華簡(六)《子儀》"寊"兩見，一作■，一作■，符合宀旁變形爲■的演變規律。

除了向■、■形演化外，宀旁還有一種演變方式，如曾侯乙戈(《集成》11167 戰國早期)之■(寑)，平安君鼎(《集成》2793，戰國晚期)之■(安)，十七年邢令戟(《集成》11366，戰國晚期)之■(宋)，璽印文字之■(安)、■(富)、■(守)、■(宗)、■(宋)，中山國的守丘刻石則寫作■(守)，宛轉綫條平折化。② 這種秃頂寫法並不常見，且多見於璽印文字。③

金文中，宀旁的字也可以寫作从"广"旁，如"造"作■、■，均見於西周晚期的頌鼎，頌壺作■。"广"旁大概是由宀旁簡省而成的。又如寇作■(西周)、■(戰國)，④簋作■(西周)、■(春秋)，宇作■、■(西周)，宕作■、■(戰國)，府作■、■(戰國)；廣作■、■(西周)。⑤ 但分佈並不均衡，如"寶"、"宗"、"宫"字就未見从广作者。宀、广互作的字例西周就出現了。

宀旁還有一種簡寫演變路徑，如麥盉(《集成》9451，西周早期)之■(客，原銘字稍右傾，今調正)、齊大宰歸父盤(《集成》10151，春秋晚期)之■(宰)、陳喜壺(《集成》9700，春秋晚期)之■(客)。⑥ 湯叔盤(《集

---

① 包山簡字例參李守奎等《包山楚墓文字全編》，第 42、314、323、47～49、488 頁。
② 平安君鼎至守丘刻石字例均爲三晉文字。參湯志彪《三晉文字編》(三)，北京：作家出版社 2013 年，第 1094～1155 頁。
③ 參王輝主編《秦文字編》(二)，第 1149～1206 頁；湯餘惠主編《戰國文字編》，福州：福建人民出版社 2001 年，第 493～515 頁；方勇《秦簡牘文字編》，第 218～228 頁；孫剛《齊文字編》，福州：福建人民出版社 2010 年，第 201～209 頁。
④ 侯馬盟書的"寇"字(《侯馬盟書》第 344 頁)也有从宀、从广的異體：■、■、■、■所从是"广"旁的進一步演化。
⑤ 參《金文編》第 94 頁"造"、第 219 頁"寇"、第 301 頁"簋"、第 513 頁"宇"、第 532 頁"宕"、第 656 頁"府"、第 658 頁"廣"等。
⑥ 《金文編》第 532、526、530 頁。連文也使用了這幾個字例，以證明■所从之勹爲宀之變形。

成》10155,西周晚期)▨(棠)字中間的筆畫▨是同類變化。其寫法均不同於封孫宅盤之字:構成宀旁的兩筆相銜接,且左邊筆畫與右邊筆畫等長或稍短,但均直垂下來;而封孫宅盤之字左邊爲一短畫,並向左下斜曳,且被其上橫畫覆蓋。上博簡《緇衣》11簡"家"作▨(郭店簡《唐虞之道》26簡作▨),"宭"作▨,22簡"富"作▨、23簡"宋"作▨;香港簡第一簡爲《緇衣》,能與上博簡相拼讀,其中"容"作▨。① 大概就是承襲以上金文寫法而來。郭店楚簡《語叢一》"容"寫作▨(或寫作▨②),在簡文構形系統中算是特例,大概是在金文寫法基礎上添加飾筆而成,而非由▨類寫法演變。③

以上字例反映出宀旁的三種演變路徑:

1. ▨→▨→▨←▨→▨
                  ▨、▨→▨、▨
2. ▨→▨→▨→▨→▨
3. ▨→▨→▨、▨→▨

第一種演變路徑中橫向脈絡是主綫,下斜出之尖角寫法▨、▨大量出現於春秋戰國間,是戰國時期的通行寫法,寫作▨在楚文字中稍多。上斜出之禿頂寫法在晉系、秦系、齊系文字中都存在,但並不常見,且多見於璽印文字,楚系文字中偶見。第二種演變在西周即已完成,由"宀"分化

---

① 滕壬生《楚系簡帛文字編》(增訂本),第678、682、687頁;香港簡情況參陳英傑《讀〈香港中文大學文物館藏簡牘〉札記》,《文字與文獻研究叢稿》,北京:社會科學文獻出版社2011年,第116頁;陳松長編著《香港中文大學文物館藏簡牘》,香港中文大學文物館藏品專刊之七,2001年。關於上博簡《緇衣》以及郭店簡《唐虞之道》、《忠信之道》、《語叢(一—三)》文字的區系特點,參馮勝君《郭店簡與上博簡對比研究》,北京:綫裝書局2007年。

② 該種宀旁寫法並不常見,如此構形者又見於《語叢一》88簡之▨、▨,103簡之▨,《語叢四》12簡之▨,《緇衣》45簡之▨,《唐虞之道》24簡之▨、▨。

③ 參李守奎《楚文字編》,上海:華東師範大學出版社2003年,第454頁。

出"广"旁。① 第三種演變的最終結果應該是跟第一種的主綫路合流，但由於秦始皇的"書同文"政策，這種合流被人爲中斷。

宀旁的筆勢變化受到三個因素的制約：簡化、審美（結構上的對稱、飾筆）、運筆便易，其演變是有規律的，其中有被一定時代或一定區域內的人所遵循的普遍規則，而且在變化過程中，對文字"分理別異"的功用是給予充分注意的。

綜上來看，在宀旁的諸多演變路徑中，没有一種屬於封孫宅盤所作之形者。宀作⺆主要流行於戰國時期，而且與盤銘寫法不同，認爲盤銘的▨之⺆是宀旁的變形，證據不足。此字當是从勹，勹旁見於乃子克鼎（《集成》2712，西周早期）之▨（福），勹是聲符，酉聲兼義。又見於▨、▨、▨（匍）、▨（匋）、▨（鬱）、▨、▨（佣）、▨、▨、▨、▨（匋＊②），▨（陶），▨（《金文編》第651頁），亦从此旁。③▨可以認爲是从匋＊得聲。金文中没有獨立使用的"貫"字，从貫之"實"出現於西周晚期，《説文》"貫，錢貝之貫"，指串錢的繩索。"實"字下有一個旁見説解："貫，貨貝也。"因此此字可以認爲从貫作爲意符，表示貨貝；也可以認爲是从"實"，

---

① 甲骨文中"广"旁見於"龐"字（偏旁），如▨、▨、▨（《新甲骨文編》第523、675頁），西周金文中的"广"旁極可能與之並没有承襲關係，商甲骨文中的"宀"旁偶見尖角形寫法（如▨，《新甲骨文編》第一版第440頁，增訂本第454頁），其跟周金中的同類寫法也應該没有承襲關係。《新甲骨文編》第一版（福州：福建人民出版社2009年）第429頁立"寵"字頭，收錄一個字形（▨）；增訂本（福州：福建人民出版社2014年）取消"寵"字，與"龐"合併（第544頁）。李宗焜：《甲骨文字編》（北京：中華書局2012年）亦不設"寵"字頭（"龐"字見中册第663～664頁）。據李書，甲骨文中其他从"宀"之字或作从"广"者，僅見▨（第765頁）、▨（第770頁）、▨（第784頁）數例，可能得另作解釋，不必與周金文寫法牽扯。

② 按魏宜輝意見，此非《説文》之"匋"（文中以"＊"別之），《説文》"匋"字所从"勹"旁是由寫作"⺆"形之"宀"旁演變來的，而《説文》誤以爲"包之省"。匋＊或作▨、▨，見西周晚期筍伯大父盨（《集成》4422），用爲"寶"；或作▨，見春秋晚期齊器鼄子鼎，用於女名"仲匋姒"。

③ 劉釗先生曾集中討論古文字从勹之字，參《古文字構形學》，第160～166頁。上引魏宜輝文認爲▨（與"寶"相通）與楚簡中的▨是不同的兩個字，後者从宀，製陶義；金文中的▨（宛）則是"寶"的省形。或認爲楚簡的"匋"是由金文之"匋＊"演變而來的，不過其所从的"勹"演變爲"宀"而已。參單育辰《佔畢隨錄之十八》，武漢大學簡帛研究中心（http：//www.bsm.org.cn/show_article.php？id＝2218#_ednref4），2015年4月22日。

只是造字時，對於字的表音功能比較關注，對表意功能照顧不周。①

　　本文主要從梳理宀旁的演變路徑着手，以説明🖾之🖾是宀旁之變的説法證據不足。裘錫圭先生曾把文字形體的構成區分爲文字書寫的基本單位和用筆的基本單位，②對用筆的基本單位進行細緻的觀察、描寫，將是文字學理論取得突破的一個重要途徑。如何從用筆單位中總結出規律性的特點，又怎樣把這種特點運用到進一步的文字形義考證並進而對整個文字系統進行理論建構，是研究者需要認真考慮的。正如陸宗達先生所説："分析字形，既要重視筆意筆勢的規律，又必須注意造字時'分理別異'的法則，不然，糾纏於一點一畫的意義，一直一横的作用，就會導致把形體之學弄得支離破碎，隨意妄説的地步。"③

2016 年 4 月 20 日一稿
2016 年 7 月 4 日二稿

　　該文曾在"青銅器與金文國際學術研討會"上宣讀，2016 年 5 月 28～30 日，北京。刊於北京大學出土文獻研究所編《青銅器與金文》第一輯，上海古籍出版社 2017 年。

---

　　① "實"字金文中僅四見：獣簋（《集成》4317，西周晚期）作🖾（實朕多禦）；散盤（《集成》10176，西周晚期）作🖾（實余有散氏心賊）；郘召簠（《集録》526，春秋早期）作🖾（蓋銘）、🖾（器銘）（用實稻粱）；國差䀉（《集成》10361，春秋中期）作🖾（用實旨酒）。散盤寫作从周。《説文》作🖾，云："實，富也。从宀，从貫。貫，貨貝也。"睡虎地秦簡作🖾、🖾（張守中《睡虎地秦簡文字編》，北京：文物出版社 1994 年，第 115 頁）。楚文字作🖾、🖾、🖾（李守奎《楚文字編》，上海：華東師範大學出版社 2003 年，第 454 頁）。盤銘之字，無論是以爲从"貫"，還是以爲"🖾"爲"玉"之訛變，整個文字的構意都可以合理解釋，但字形上仍不密合，缺乏關鍵性的證據。

　　② 裘錫圭《文字學概要》（修訂本），第 16 頁。

　　③ 陸宗達《説文解字通論》，第 76 頁。陸先生云"分理"指文字不同的結構（理是點畫結構），"別異"是辨别客觀不同的事物，就是説文字用不同的點畫結構製成符號，來分别標識客觀的不同事物。

戰國金文補證三則[*]

一、十三年上官鼎（2590 戰中）

魏國器物，銘云："十三年，梁陰（陰）命（令）率、上官冢子疾、冶勳釿（鑄），膚（容）半。"所謂"梁"字本作：

▨（反白處理後：▨）

黃盛璋[①]、張亞初、《集成釋文》、《集成》修訂本、吳鎮烽《通鑒》[②]、殷周金文暨青銅器資料庫[③]等均釋爲"梁"。《金文資料庫》3295 無釋文，云"待考"。[④] 此字左半從"阜"是沒有問題的，右半上部可辨，而下部不清，其形應該是▨。

李朝遠先生曾公佈一件戰國晚期的魏國兵器三十三年陂陰令戈，"陂"作▨，李先生認爲從阜從女，讀爲"汝"，"陂陰"即汝陰。吳振武先生改釋爲陂。[⑤] 吳先生當時未聯繫到此鼎。2006 年 9 月 22 日至 24 日，中

---

[*] 本文所引器物出自《殷周金文集成》者直接標注器物編號（在需要與其他銘文著錄書區別時，簡稱《集成》），其他出處的銘文標注書名簡稱。《彙編》指鍾柏生、陳昭容、黃銘崇、袁國華《新收殷周青銅器銘文暨器影彙編》（藝文印書館 2006 年 5 月）；《集錄》指劉雨、盧岩《近出殷周金文集錄》（中華書局 2004 年 1 月）；《通鑒》指吳鎮烽《商周金文資料通鑒》（2010 年 1 月）；引自張亞初《〈殷周金文集成〉引得》（中華書局 2001 年 7 月）釋文者，簡稱"張亞初"。

① 黃盛璋《三晉銅器的國別、年代與相關制度》，《古文字研究》第十七輯，中華書局 1989 年 6 月，第 13～14 頁。

② 吳鎮烽《金文人名彙編》（修訂本）（中華書局 2006 年 8 月）第 293 頁："率，見梁陰令鼎（集成 02590），戰國晚期人，魏國梁陰縣縣令。"

③ https：//db1n.sinica.edu.tw/textdb/test/bronze/rpt_rubbing.php。

④ 《金文資料庫》（光碟資料庫，1.0 版本），廣西教育出版社 2003 年 10 月。

⑤ 參吳振武《新見古兵地名考釋兩則》，《九州》第三輯，商務印書館 2003 年 4 月。

研院歷史語言研究所文字學門召開了"第一屆古文字與古代史學術討論會",會議論文集名爲《古文字與古代史》第一輯",於 2007 年 9 月出版,收有吳先生《新見十八年冢子韓矰戈研究——兼論戰國"冢子"一官的職掌》一文,文中討論官名"冢子"時引到了此鼎,所作釋文吸收了施謝捷先生的意見,把"梁陰"改釋爲"陜陰"。① 沈之傑②、吳良寶③等先生從之。此說可成定讞。但由於此釋均出現於上引諸文的脚注中,未能引起足够的注意。今於其字形稍作申説,以期停止再次以訛傳訛。④

戰國七雄之一的魏國,魏惠王時遷都大梁,⑤直到公元前 225 年魏滅以前,大梁一直是魏的都城,魏國因之稱梁。大梁故城在今河南省開封市西北。金文中指稱魏國的"梁"字或从邑作（廿七年大梁司寇趙亡智鼎 2609～2610 戰中）⑥、（梁上官鼎 2541 戰晚）。廿七年安陽令

---

① 見《古文字與古代史》第一輯,第 323 頁注 32。
② 沈之傑《戰國三晋文字編》,北京師範大學博士論文（指導教師:趙平安教授）,2009 年,第 20 頁。此文標注吳文及其出處有誤,而且正文並没有收入"陜"字,第 645 頁"陰"字下引三十三年陜陰令戈時,於"陜"字以□存疑。
③ 吳良寶《九年承匡令鼎考》,《中國文字學會第六屆學術年會論文集》,2011 年 7 月,張家口。
④ 我在研讀十三年上官鼎時曾把此字改釋爲"陜",並寫成劄記,後才通過吳振武先生文得知施謝捷先生早已釋出,本想廢棄此條劄記,但爲引起學界注意考慮,仍保留原考釋文字。
⑤ 魏惠王遷都大梁説法不一,有六年、九年、二十九年、三十一年等説。參楊寬、吳浩坤主編《戰國會要》下册,上海古籍出版社 2005 年,第 1406 頁;崔恒昇《安徽出土金文訂補》,黄山書社 1998 年 11 月,第 245～249 頁。周時有嬴姓梁國,其都在陝西韓城縣南,公元前 641 年滅於秦。西周器有梁伯敢簋（《通鑒》5022,西中,1993 年陝西岐山縣京當鄉賀家村東岐山縣周原博物館東牆外窖藏出土）,字作；春秋早期兵器有梁伯戈（11346）,字作；河南三門峽市虢國墓地（M2012.92）出土有春秋早期的梁姬罐（《集録》1046）,字作,反書。
⑥ 這種寫法的"梁"字最早見於春秋晚期的金文,如郘戈（10823）,内部穿後鑄銘文 1 字:。1980 年春濰縣治渾街公社張家莊出土,材料發佈者認爲此戈出宋人之手,爲齊人繳獲後用於隨葬。參濰坊市博物館《濰坊市博物館徵集的部分青銅兵器》,《文物》1986 年第 3 期,第 41 頁。英傑按:宋國被齊、楚、魏所滅,三分其地,魏得其梁、陳留（參楊寬、吳浩坤主編《戰國會要》下册,第 1356 頁）。1996 年 10～12 月湖北荆門市子陵鋪鎮羅地崗楚墓（M4.2）亦出土一件郘戈（《通鑒》17206 春晚）,内部穿後刻銘一字:（陳）,字反書。古書中稱爲"梁"者有多地,今河南臨汝縣西南有梁縣故城,於戰國時爲南梁。晋國亦有梁,在洪洞之南,乃高梁。近魯、齊之地的梁,指梁父,在山東泰安縣南、新泰縣西。山東還有梁丘,在城武縣東北。參陳槃《春秋大事表列國爵姓及存滅表譔異》（三訂本）,上海古籍出版社 2009 年,第 412～415 頁;又氏著《不見於春秋大事表之春秋方國稿》,上海古籍出版社 2009 年 11 月,第 257～261 頁。

戈①（《集錄》1200 戰晚）中作 ▨，用爲氏名。或省邑作 ▨②（梁十九年亡智鼎 2746 戰中）、▨（卅三年大梁戈③ 11330 戰中）、▨（大梁司寇綏戈④《集錄》1181 戰晚，"大梁"合文）、▨（二年梁令張□戟刺，《古文字研究》第二十七輯 326 頁圖 3，戰晚）。八年盲令戈⑤（11344 戰晚）中作 ▨，用於人名。《集成》11907 著錄一件戰國時期戈鐓，銘爲"梁酙庫"，"梁"作 ▨（邠）。"梁"字未見从阜者。

右旁寫法爲"安"字，信安君鼎（2773 戰中，魏國器）的"安"字作 ▨，另參坪安君鼎（2793 戰晚，衛國器）等器。單字"安"的這種寫法見於戰國簡牘文字中，如 ▨（新蔡甲二 19 號簡）、▨（上博五《鬼神之明·融師有成氏》4 號簡）。

吳振武先生認爲"陊陰"可能讀爲灋陰，其位置大體在今河南省沙河南岸自漯河市以東至周口市一帶，這一帶戰國時屬魏。此地名沒有直接見於史書記載，但見於魏國的橋形布幣面文中，吳良寶先生認爲與此戈的鑄造地爲同一地名，但魏惠王三十三年時魏境尚未擴張至漯河一帶，他懷疑"陊陰"應讀爲"鄢陰"，在今河南鄢陵縣北。⑥ 但後來吳良寶先生好像放棄了原來的意見，認爲此地具體地望待定。⑦

---

① 韓國兵器，參張德光《試談山西省博物館揀選的幾件珍貴銅器》，《考古》1988 年第 7 期。

② 《金文編》第 399 頁"梁"、第 732 頁"汈"下均未收此形。《戰國文字編》（湯餘惠主編，福建人民出版社 2001 年 12 月）見於第 372 頁"梁"字下。

③ 魏惠王三十三年物，1974 年湖南衡陽市東南郊白沙洲唐家山 2 號戰國墓出土。參單先進、馮玉輝《衡陽市發現戰國紀年銘文銅戈》，《考古》1977 年第 5 期。

④ 1958 年安徽臨泉縣陽橋區戰國墓葬出土。

⑤ 魏國兵器，1979 年遼寧建昌縣玲瓏塔公社後杖子村出土。參馮永謙、鄧寶學《遼寧建昌普查中發現的重要文物》，《文物》1983 年第 9 期；周波《戰國文字中的"許"縣和"許"氏》認爲"盲"讀作許縣之"許"，http://www.guwenzi.com/SrcShow.asp?Src_ID=1048#_ednref28，2010 年 1 月 5 日。"八"或釋爲"十"字，參吳振武《東周兵器銘文考釋五篇》，《容庚先生百年誕辰紀念文集》（《古文字研究》專號），廣東人民出版社 1998 年，第 557 頁。

⑥ 幣文陊與陊共用阜旁。吳良寶《古幣考釋兩篇》，《中國歷史文物》2005 年第 2 期。另參吳氏《中國東周時期金屬貨幣研究》，社會科學文獻出版社 2005 年 10 月，第 152 頁。本書第 157 頁又云："陊陰的地望不詳，也許與《趙世家》惠文王二十四年（公元前 275 年）爲廉頗所攻取的魏'陊陽'（在今河南安陽市）有關。"

⑦ 吳良寶：《九年承匡令鼎考》，《中國文字學會第六屆學術年會論文集》，第 172 頁。

二、卅年虚令癰鼎(2527 戰中)

魏國器物，銘云："卅年虚鄃（令）癰、眖（視）事鉰（或釋"鳳"）、冶巡釛（鑄），庤（容）四分。"字多不清。所謂"虚"字作：▨（器銘）、▨（蓋銘）。

此字又見於同期器物卅五年虚令周▨鼎(2611)和卅五年虚令周▨盉(9449)，字作：▨、▨（下文以△代替）。

裘錫圭先生曾懷疑△是"廬"。① 李學勤先生釋爲"安"。② 黃盛璋先生主張釋"虚"。③《金文資料庫》3229 卅年鼎無釋文，云異名"卅年安令癰鼎"，3317 卅五年鼎釋爲"廬"。④ 張亞初、《集成釋文》、《通鑒》⑤ 殷周金文暨青銅器資料庫等均釋爲"虚"，釋"虚"似乎已成爲主流意見。隨着西周金文、秦漢簡牘中的"虎"字和春秋戰國金文中的"虐"字的確釋，△字從广從虐應該可以得到確認，今試作補證如下。

△從"广"，形作▨（截取自卅五年盉）。從"广"之字兩周多見，如：

▨（廣）、▨（廬）、▨（廣）、▨（廟）、▨（府）、▨（庫）、▨（牀）⑥

---

① 裘錫圭《〈武功縣出土平安君鼎〉讀後記》（原刊《考古與文物》1982 年第 2 期；《古文字論集》，中華書局 1992 年 8 月，第 487 頁）引及此銘文時，於此字釋文爲"瘴（？）"，當是對此釋尚有疑慮。

② 參李學勤《論梁十九年鼎及有關青銅器》、《〈中日歐美澳紐所見所拓所摹金文彙編〉選釋》及《〈中日歐美澳紐所見所拓所摹金文彙編〉選釋補正》，《新出青銅器研究》，文物出版社 1990 年 6 月，第 206～209、303、308 頁。李先生對釋"安"也心存疑慮，第 209 頁云："'安'字的釋讀還是可考慮的。"第 303 頁云："'安'字，或以爲從'虍'，暫釋爲'安'，地名。"認爲"安"是"安邑"省文。第 308 頁則云："地名'安'字釋讀未能確定。裘錫圭同志曾寫作從'广'從'虐'，也表示猶豫，曹錦炎同志從之。這比釋'安'要好，但這個地名一定相當重要，究係何地，尚未可知。看來此字還有待研究。"李文所提曹錦炎文，見《平陰鼎蓋考釋》，《考古》1985 年第 7 期，第 634 頁。另參李氏《湖南戰國兵器銘文選釋》，《古文字研究》第十二輯，中華書局 1985 年 10 月，第 331 頁。

③ 黃盛璋《三晉銅器的國別、年代與相關制度》，《古文字研究》第十七輯，中華書局 1989 年 6 月，第 8～11 頁。黃氏認爲△從▨從虍，虍下筆畫表虎尾。

④ 《金文資料庫》（光碟資料庫，1.0 版本），廣西教育出版社 2003 年 10 月。

⑤ 吳鎮烽《金文人名彙編》（修訂本）第 439 頁："癰，見卅年虚令癰鼎（集成 02527），戰國中期人，魏惠王三十年（前 341 年）前後，擔任虚縣縣令。"

⑥ 參容庚《金文編》（中華書局 1985 年 7 月）第 656～660 頁諸字。

兩周金文中"虖"字主要有兩種寫法：一从虍从乎，一从虍从兮，①大部分文例用於"烏虖"（舉例如下）。春秋時期産生一種加"口"旁的寫法，大概是爲"嗚呼"義造的專字。②

1. 🔳（何尊 6014 西早），🔳、🔳（沈子它簋 4330 西早），🔳（效尊 6009 西早），🔳（效卣 5433 西早），🔳（班簋 4341 西中），🔳、🔳、🔳（㣽卣，又名叔趯父卣 5428～5429 西中）。中方鼎（2751 西早）🔳（闌）之"虖"旁亦从"兮"。

2. 🔳、🔳（戎方鼎 2824 西中），🔳（寡子卣 5392 西中），🔳（禹鼎 2833 西晚），🔳（毛公鼎 2841 西晚），🔳（虖丘鼎 2082 春早），🔳（虖𠫑丘堂匜 10194 春秋）、🔳（虖③𠫑君鼎 2477 春晚），🔳（虖𠫑丘君盤，春秋中晚期）、🔳（虖台丘子俟戈，戰早），④🔳（虖台丘子俟戈《通鑒》17245 戰早），🔳（虖⑤𠫑丘君戈 11265 戰早）。⑥ 中山王器🔳與虖𠫑丘君戈寫法相同，只是"乎"字所从的左右兩撇美化成了像現在的逗號一樣。徐醓尹征城（425 春秋前期）有蟒作🔳，从虍，虖下部之"乎"的寫法跟中山王器"烏虖"字同。

卅年鼎△字所从虖旁的虍頭尚可分辨，其下部當从"乎"，但🔳（截取自卅五年盉）、🔳（截取自卅五年鼎）形與常見的"虖"相比，下部"乎"旁似少寫一橫。郭店楚簡"虖"作🔳（《語叢一》60 簡），或可提供某種參考。虖𠫑君鼎之虖形與△最近，但虖𠫑君鼎似有橫畫。不過，綜合諸器"虖"字（或偏旁）的寫法，把△字釋爲"虖"應該是没有問題的。△與伯虖父

---

① 劉釗認爲"乎"作聲符，但對演變爲从乎的原因前後説法不太一樣，一認爲从乎是形近訛變，一認爲是因形近而類化。參《古文字構形學》，福建人民出版社 2006 年 1 月，第 91、104 頁。

② 🔳（曾孫僕兒鐘，185，春晚），🔳（鄭莊公之孫鼎，《通鑒》2326，春晚，《集録》355 鼎、《彙編》1239 缶銘文泐甚）。

③ "虖"舊釋"何"，李魯滕改釋"虎（虖）"，見《"虖台（丘）"略考》，北京大學中國考古學研究中心等編《古代文明》第 6 卷，文物出版社 2007 年。按：釋"虎"不確，當直接釋爲"虖"。

④ 李魯滕《"虖台（丘）"略考》，《古代文明》第 6 卷，文物出版社 2007 年。

⑤ "虖"舊多釋"虎"，不確，單獨的"虎"字未見如此寫法。

⑥ 1935 年河南輝縣琉璃閣（今輝縣市城關鎮東新莊村）80 號戰國墓（M80.56）出土，或定爲魏國器物，參《通鑒》16675。

鼎(2535 西晚)之▢(反白▢)當是一字之異寫。

綜上，"虘"字的演變脉絡可作如下梳理：

▢—▢—▢—▢—▢、▢、▢—▢、▢—▢

"庎"，見於西周金文，作▢、▢、▢、▢(《金文編》第 336 頁)，①用爲地名或人名。此字還見於最近公佈的、據傳出自山西的西周早期器内史亳觚(自名"祼同")，字作▢，文例爲"弗敢庎"。② 秦簡"諕"作▢，"虎"作▢，漢印"跥"字所從之"虎"作▢，漢簡"虎"作▢，③北京大學藏西漢竹書《蒼頡篇》"觚"作▢，④△形與之不類。

庎之地望待考。

三、鄆孝子鼎(2574 戰中)

此銘末字(見下圖)一般釋爲"鬲"，如《商周彝器通考》⑤、張亞初、《集成釋文》⑥、《通鑒》1591、《銘文選(四)》⑦、《戰國文字編》⑧、殷周金文暨青銅器資料庫等。雖有個別學者主張釋"兩"，但目前看來，釋"鬲"已成爲主流意見。之所以很多學者都主張釋"鬲"，大概覺得"鼎鬲"的文例非常順

---

① 參林澐《新版〈金文編〉正文部分釋字商榷》，中國古文字研究會第八届學術研討會論文，江蘇太倉，1990 年。

② 參吴鎮烽《内史亳豐同的初步研究》，王占奎《讀金隨劄——内史亳同》，均載《考古與文物》2010 年第 2 期。吴文釋爲"號"，王文釋爲"虡"。此銘文資料曾被轉載於復旦大學出土文獻與古文字研究中心網站"學術討論"欄，http://www.gwz.fudan.edu.cn/ShowPost.asp？PageIndex＝1＆ThreadID＝3143，2010 年 4 月 28 日。llaogui(施謝捷)最早回帖(4月 28 日)指出："'敢'下實乃'虎'字。""虎"字還見於春秋晚期的夫跌申鼎，爲李家浩所釋，參《夫跌申鼎、自余鐘與仳子受鐘銘文研究》，北京大學考古文博學院、中國國家博物館編《俞偉超先生紀念文集·學術卷》，文物出版社 2009 年 6 月。

③ 劉釗《古文字構形學》第 320 頁、《古文字考釋叢稿》第 300 頁(嶽麓書社 2005 年)"諕"。另參湯餘惠主編《戰國文字編》第 314 頁"虎"。

④ 北京大學出土文獻研究所《北京大學藏西漢竹書概説》，《文物》2011 年第 6 期，第 50 頁圖一 2148 號簡。

⑤ 容庚《商周彝器通考》，上海人民出版社 2008 年 8 月，第 239、463 頁。"鄆孝子"誤釋爲"鄆季子"。

⑥ 注曰："鬲或釋兩。"

⑦ 馬承源主編《商周青銅器銘文選》(四)，文物出版社 1990 年，第 599 頁。

⑧ 湯餘惠主編《戰國文字編》，第 173 頁。

暢。青銅器自名有鼎稱鬲者,有鬲稱鼎者,鬲、鼎亦可連稱,①但僅見於西周早期器䛫鼎(2615)的"寶鬲鼎"之稱,除了鄿孝子鼎外,未見"鼎鬲"之名。因此,從文例上講,"鼎鬲"之稱並非没有可疑之處。

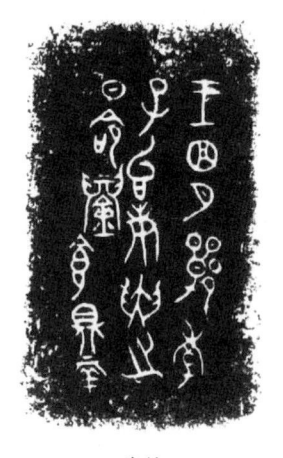

蓋銘　　　　　器銘

另外,從字形上看,如果此字釋爲"鬲",則在兩周金文中"鬲"字這樣的寫法僅見於此鼎。我們曾對兩周金文中的"鬲"字形體按分期、分域的角度進行了系統整理,②對於鄿孝子鼎,最初我們也主張釋爲"鬲",但把所有的"鬲"字形體放在一起綜合考察時,便發現雖然鄿孝子鼎中的"鬲"字整體上與常見"鬲"字形體相近,也符合常見"鬲"字的形體演變規律,但仍有不同於常見"鬲"字的特異之處。以 鬲、鬲、鬲、鬲、鬲 等形爲代表,"鬲"字結體最明顯的特徵之一是字形上部代表口、頸的部分,而鄿孝子鼎的"鬲"恰好不具備這種特徵。雖然金文中也有 鬲(庚姬鬲 637 西中)、鬲(庚姬鬲 640)的偶見寫法,但那只是一種臨時的隨意性簡寫,正規寫

---

① 参陳劍《青銅器自名代稱、連稱研究》,《中國文字研究》第 1 輯,廣西教育出版社 1999 年,第 343～346 頁。另參陳英傑《西周金文作器用途銘辭研究(上)》(綫裝書局 2009 年)第 131～153 頁《西周青銅器自名研究》和《東周金文作器用途銘辭研究》之《東周青銅器自名研究》(待刊)。

② 参拙文《談金文中一種長期被誤釋的象形"甗"字——兼談"鬲"、"甗"的形體結構》,中國文字學會第六屆學術年會論文,河北張家口,2011 年 7 月 29 日～8 月 1 日。【編按】後刊《簡帛》第七輯,上海古籍出版社 2012 年 10 月。已收入本書。

法則寫作▢（庚姬鬲 638）、▢（庚姬鬲 639），而且這是西周中期的寫法，與戰國中期的鄘孝子鼎之間缺乏字形演變的銜接鏈條。因此，從字形上講，鄘孝子鼎此字釋"鬲"亦有可疑之處。另外需要説明的是，單字字形演變證據和作爲偏旁的字形演變證據不能平等看待，由於在合體字中區別構件的增加，偏旁演變速度與演變趨向跟單字並不平行，如▢之與▢［戰國簡帛中寫作▢（郭店《窮達以時》2 簡）、▢（上博五《鬼神之明·融師有成氏》2 簡背）］。

與鄘孝子鼎寫法相同的"兩"字，常見於戰國簡牘文字，如▢（上博三《亙先》11 簡）、▢、▢、▢（包山文書 115、119、145 簡）、▢（新蔡甲三 188 簡）；亦見於貨幣文字①，作▢、▢。② 這種寫法的"兩"字下部結體的演變方式與"鬲"趨同，在此基礎上還有▢（包山卜筮祭禱 237 簡）的寫法，亦見於信陽長臺關二號墓楚簡和上博簡中。

"兩"字在金文中可表數量，如函皇父鼎（2745 西晚）"兩罍、兩壺"、叔向父簋（3870 西晚）"寶簋兩、寶鼎二"、洹子孟姜壺（9729 春晚）"兩壺、八鼎"，在賞賜、饋贈類銘文中，還有"馬兩"、"車馬兩"的説法。這些都可以證明鄘孝子鼎"飢鼎兩"文例可成立。

最後，我們對"兩"字的形體演變稍作梳理③：

1. ▢—2. ▢—3. ▢—4. ▢、▢—5. ▢—6. ▢—7. ▢

1～3 見於《金文編》第 547 頁，4 見於鄘孝子鼎，5 見於上博三《亙

---

① 參湯餘惠主編《戰國文字編》，第 538 頁。另參吳良寶《先秦貨幣文編》，福建人民出版社 2006 年 3 月，第 135 頁；又《中國東周時期金屬貨幣研究》，第 215 頁。

② 參汪慶正主編《中國歷代貨幣大系 1·先秦貨幣》（上海人民出版社 1988 年）2457、2458、2462、2465、2466、2468、2469、2471、2472、2473、2475、2476。這種"兩"字見於三孔布，是記重單位。《大系》326～335 收録的是面文爲"鬲"的平肩弧足空首布，"鬲"作▢（326）、▢（332）、▢（333）、▢（335），其中 331 作▢，此字《先秦貨幣文編》收録於第 135 頁"兩"字下，但第 41 頁"鬲"字下引自《中國錢幣大辭典·先秦編》149 的字形其實與第 135 頁引自《大系》331 的字形完全相同，只是大小有異而已，却一釋爲"兩"，一釋爲"鬲"，必有一誤。我們認爲《大系》331 當是"鬲"的缺刻筆畫字，或者説是"鬲"的誤字。"鬲"是地名，參吳良寶《平肩空首布四考》，《中國文字研究》第 5 輯，廣西教育出版社 2004 年 11 月，第 165 頁；又《中國東周時期金屬貨幣研究》，第 39 頁。

③ 曾侯乙墓竹簡作▢、▢，是另外一種演變趨向。

先》11 簡,6 見於上博一《孔子詩論》14 簡,7 見於包山卜筮祭禱 237 簡。與"鬲"字演變相比,1～3 形和 4～7 形之間尚缺演變鏈條。也有可能,類字形是在"鬲"字演變規律影響下發生的類化性的突變。

2011 年 6 月 10～17 日整理完稿
2011 年 7 月 9 日二稿
2011 年 8 月 7 日三稿

原刊《古文字研究》第二十九輯,中華書局 2012 年。

説 𢦏 *

　　學界對於𢦏①字的考釋,經過了一個比較長的過程。該字見於商代金文,但不見於甲骨文,它屬於商文字系統,並爲周文字系統所繼承。

　　　　　　　　　　一

　　清代學者在關注毛公鼎的過程中,對該字作出了最早的釋讀。吴式芬《攈古録》(光緒二十一年家刻本)卷三毛公鼎釋文已把此字釋爲"敄"。吴大澂《愙齋集古録》(光緒二十二年自序,1917年商務印書館石印本)第四册"毛公鼎釋文"第七頁認爲該字从矛从攴,疑是"矜"之古文,又説:"或云敄,務省,以鰥寡爲先務也。"吴氏《説文古籀補》(光緒二十四年增輯本)收於附録(第二頁),考釋意見與《愙齋》同,主張"矜"字古文説。劉心源《奇觚室吉金文述》(光緒二十八年石印本)卷二毛公鼎一考釋第四十八頁云:"敄,務省。《詩》'外禦其務',箋:'務,侮也。'《國語·周語》正作'外禦其侮',是'務'即'侮'也。"孫詒讓《籀高述林》(1916年刻本)卷七"毛公鼎釋文"(癸卯重定)②肯定了吴式芬"敄"之釋,孫説爲容庚《金文編》所從。清代學者(包括民國初期學者)根據文獻中"務"、"侮"異文材料,"務,侮

---

　　* 引書簡稱情况:1.中國社會科學院考古研究所《殷周金文集成》(全18册),中華書局1984—1994年。簡稱《集成》。2.吴鎮烽《商周青銅器銘文暨圖像集成》,上海古籍出版社2012年。簡稱《銘圖》。3.吴鎮烽《商周青銅器銘文暨圖像集成續編》,上海古籍出版社2016年。簡稱《銘續》。

　① 采自作册般甗(《集成》944商代晚期)。
　② "癸卯"即1903年(光緒二十九年)。

也"之訓以及古書中"不侮鰥寡"的說法,把"敄"跟"侮"聯繫起來,疏通了銘義。對於"敄(務)"、"侮"的關係,或認爲通假,或認爲音同義近。但他們都把🀄看作"矛"字古文。把🀄釋爲"敄(務)",且把左半偏旁跟"矛"聯繫,決定了後來考釋的基本方向。

日人高田忠周注意到了🀄旁與"矛"字的客觀差異,他認爲該旁上半是"矛","矛"下是"人":"因謂敄者人力所爲,从人从攴矛聲,於會意爲至順,即知敄爲敄古文也。此🀄斷不可與🀄、🀄(按:此二形均爲高氏所摹寫的'矛'字)下之🀄、🀄混矣。"他依照《説文》"敄,彊也"的訓釋,把"廼敄鰥寡"解釋爲"有所勉於救鰥寡之事也";又説,如果按劉心源讀爲務,則假借爲"懋",都是往勉强、勉勵意義上考慮的,他的析形釋義無疑基於《説文》的"敄"字解説。高田忠周錯解銘義,對字形的分析也有誤,但注意到該字左下爲人形,跟"矛"作了別異,這對以往的考釋有一種糾偏的作用。所以,《金文詁林》編者張日昇按語説:"孫詒讓釋敄是也。高田忠周謂矛下从人,敄爲敄古文。按字所从🀄,誠與楙、楘等字所从之🀄有異,疑非刺兵之矛,然亦不知其爲何。于毛公鼎讀作侮,于義可通。"①張氏是把🀄作爲整體來對待的,並認爲不是"矛",對高田忠周的説法有所糾正,他雖没有提出新説,但在字形研究上是一個新的推進。

于省吾先生《雙劍誃殷契駢枝續編·釋兜》(1941)②在考釋🀄時涉及了該字,他認爲此字的左旁🀄是由🀄③演變而來的,二者是一個字,字本象人戴羊角形之帽;由🀄演變爲🀄(🀄所从,見上都公敄人簠蓋,《集成》4183 春秋早期),是字之上半與直兵之"矛"形音俱近之故;④甲骨文中的方國🀄,即《尚書·牧誓》中隨武王伐紂之八國中的"髳"(《説文》"髳"之

---

① 參周法高主編《金文詁林》第三卷,香港中文大學出版社 1975 年,第 1882~1886 頁。

② 後來于氏《甲骨文字釋林·釋兜》(中華書局 1979 年 6 月,第 15~17 頁)即據此删改而成。

③ 此字上半所象乃據葉玉森説(象帽及帽飾),這是于先生考釋的一個重要基點。何琳儀先生則把🀄字直接釋爲"帽",參其《長沙帛書通釋校補》,《江漢考古》1989 年第 4 期。

④ 《釋林》則明確表述爲:"兜與直兵之矛形近音同,因而後世混淆不分。"

重文，經傳亦作髦）。𦫵、𦫵一字説，爲今人所不取，①但指出其形跟"矛"字的音近形訛關係，並把相關字形與《尚書》中的"髳"聯繫起來，無疑給後來的考釋提供了重要的啓示和綫索。如果把清代學者釋"敄"説看作該字考釋史上的第一個節點，于老的研究就是第二個節點。

李孝定先生肯定葉玉森、于省吾對𦫵字的構形分析，即字象人戴帽形，但批評于氏把此字跟𦫵、𦫵聯繫。② 李氏把𦫵、𦫵分開，是一個重要的意見。

1991年，李學勤先生在《〈古韻通曉〉簡評》中有一段話："按金文'敄'字左半，下皆从'人'作，像人披髮之形，當即'髳（髦）'之本字。甲骨文另有與'敄'字左半相似而下从'大'的字，係方國名，也應釋爲'髳'。至於'矛'，在甲骨文和早期金文中均像矛形，且有繫纓的環，同'敄'字無關，所以後者並不是从'矛'得聲的字。"③李先生對該字研究的推進有兩點：一是疏通了𦫵字的形音義問題，二是把𦫵跟甲骨文的𦫵字繫聯。④ 這是該字考釋史上的第三個節點。

後來張桂光先生在于説的基礎上，認爲字本象以手持棍打擊戴羊角

---

① 甲骨文中没有獨用的𦫵。𦫵，劉釗主編《新甲骨文編》（增訂本）（福建人民出版社2014年12月）置於附録（第888頁），第一版（福建人民出版社2009年5月，第851頁）同；李宗焜《甲骨文字編》（中華書局2012年3月）見於第1315頁4156號字；近謝明文先生對此字構形有新説，他把此字跟"复"、"㲋"、"奂"等字所从之𠂆相聯繫，參《甲骨文"肖"字補釋》，"第一屆文史青年論壇"論文，上海華東師範大學，2018年10月20～22日。

② 見李孝定《甲骨文字集釋》，轉引自于省吾主編《甲骨文字詁林》（中華書局1996年5月）第一册第81頁。李先生認爲這些字形是"矛"字象形文的訛變，這顛倒了字形演變關係。

③ 李學勤《〈古韻通曉〉簡評》，《中國社會科學》1991年第3期；收入氏著《擁篲集》，三秦出版社2000年10月，第205頁。劉釗先生云："'髦'字象人長髮下垂狀，舊或釋'美'，是錯誤的。……'髦'在古漢語中或指動物頸上的長毛，或指兒童頭髮下垂至眉的一種髮式，如此看來，'髦'字的字形構造理念應該與其所記録的詞義相關聯。"參《"小臣牆刻辭"新釋——揭示中國歷史上最早的祥瑞記録》，《復旦學報》2009年第1期；收入氏著《書馨集——出土文獻與古文字論叢》，上海古籍出版社2013年12月，第25頁。

④ 劉釗主編《新甲骨文編》（增訂本）即釋𦫵、𦫵、𦫵等字爲"髦"（第526頁），第一版同（第505頁）。之前的學者包括于省吾先生都是把這個字釋爲"美"的。李宗焜《甲骨文字編》則隸爲"䯧"（第一册第67頁243號），"拼音檢索"中注音爲[mao]。甲骨文另有𦫵，《新甲骨文編》（增訂本）（第111頁）釋爲僎。亢鼎（《銘圖》2420西周早期的）𦫵，一般釋爲"鬱"，芳草名，其上所从應該就是甲骨文中一般釋爲"髦"的那個字。

说 㪘 389

帽的人,會欺侮之意(所謂"戴羊角帽"之解乃從于説)。① 劉釗先生則進一步説:"從古文字看,'敄'字本不從'矛',很可能是一個會意字,象用鞭子抽打一個戴有冠飾的人,應爲'侮'的本字。字形中象戴有冠飾的人後來訛變爲'矛',應該是較晚的事。"②對於該字後來的演變,張桂光先生解釋爲音化,③而劉釗先生在談古文字中的"變形音化"時,没有談及此字。④張、劉二先生的意見可以看作該字考釋史上的第四個節點。

㪘字考釋史顯示,異文材料、古書中所記載的文字古義以及出土文獻與傳世古書之間的辭例對勘,對該字的釋讀起到了決定性的作用。在相關字形材料嚴重受限的情況下,把該字從形體上跟"敄(務)"繫聯,有一定"歪打正着"的成分。但從中也可以看出,研究者對古書的嫻熟及正確運用起着至關重要的作用。

二

作册般甗銘曰:"王宜人(夷)方無敄。"李學勤先生釋爲:"王宜人方,無敄(侮)。"⑤字又見於寝敄簋(《集成》3941 商代晚期),作 （ ），無敄簋(《集成》3664 西周中期前段)作 ,敄觶(《集成》6474 商代晚期或西周早期)作 ,敄 盉(《集成》9386 西周早期)作 ,均用作人名,觶、盉寫法略草率。無敄鼎(《集成》2432 西周早期)作 ,"無敄"二字都比較簡

---

① 張桂光《古文字中的形體訛變》,《古文字研究》第十五輯,中華書局 1986 年 6 月;收入氏著《古文字論集》,中華書局 2004 年 10 月,第 15 頁。
② 劉釗《古文字考釋叢稿·談古文字資料在古漢語研究中的重要性》,岳麓書社 2005 年 7 月,第 427 頁。劉先生此前曾説"夭乃侮字古文"(《郭店楚簡校釋》,福建人民出版社 2003 年 12 月,第 38 頁),如果按照《説文》的術語體系,這個説法未嘗不可,但據今天的文字考釋成果看,這個説法就不對了。
③ 陳斯鵬先生依從李學勤先生把見於珥生尊的 、 釋爲"柔"(讀"擾"),云:"字象木上有柔條之形,即'柔'字初文,後象柔條部分變形聲化爲'矛',正與'敄'之由' '而' '如出一轍。"參陳斯鵬、石小力、蘇清芳《新見金文字編》(福建人民出版社 2012 年)第 175 頁。似乎亦認爲由" "而" "屬變形聲化。
④ 劉釗《古文字構形學》,福建人民出版社 2006 年 1 月。
⑤ 李學勤《作册般銅黿考釋》,《中國歷史文物》2005 年第 1 期。原文"無"作"亡",非。

率,"敄"且反書。西周晚期的毛公鼎(《集成》2841)作󰀀,仍保留原始構形,銘云:"廼敄(侮)鰥寡。"西周晚期四十三年逨鼎辭例與毛公鼎同,上部則開始向"矛"形演變,①《銘圖》2512作󰀀,2509作󰀀,2507作󰀀,2506作󰀀,2505作󰀀,2503作󰀀,2504作󰀀。上鄀公敄人簋蓋作󰀀。戰國中期中山王譻壺(《集成》9735)作󰀀,銘云:"夫古之聖王敄在得賢。"左旁"矛"與"人"之間加了一橫畫。清華簡《子儀》15簡󰀀,與此形同,用爲"務"。金文中的"敄"除了人名外,則用爲"侮"和"務","務"之用法見於戰國。

金文中單獨的"矛"字,見於戜簋(《集成》4322西周中期前段),作󰀀。作爲兵器之矛的自名,多見於東周時期,有繁簡二體(有飾符者則就去除飾符後而言):競敓矛(《銘圖》17695戰國早期,楚器)󰀀;所爲矛(《銘續》1284戰國晚期,秦器)󰀀;越王諸稽矛(《銘續》1281戰國早期)󰀀;越王諸稽矛(《銘圖》17623戰國早期)󰀀;伯喪矛(《銘圖》17660春秋早期,秦器)󰀀("車矛"二字),《銘圖》17659同銘,作󰀀;佣矛(《銘圖》17601春秋晚期,楚器)󰀀(摹本);新造矛(《銘圖》17615戰國晚期,楚器)󰀀;②越王州句矛(《集成》11535戰國早期)󰀀。

金文中从矛之字,如:

1. 楙:瘋簋(《集成》4170西周中期)󰀀(蓋),4171作󰀀(器)、󰀀(蓋),4172作󰀀(器),4173作󰀀(器),4174作󰀀(器)、󰀀(蓋),4175作󰀀(器)、󰀀(蓋),4176作󰀀(器)、󰀀(蓋),4177作󰀀(器)、󰀀(蓋)有簡省,銘曰:"王對瘋楙。"瘋鐘(《集成》247)作󰀀,248作󰀀,249作󰀀,250作󰀀,銘曰:"皇王對瘋身楙。"鄭楙叔賓父壺(《集成》9631西周晚期)作󰀀,人名。齊侯盤(《集成》10117春秋中期)󰀀,齊侯匜(《集成》10242)󰀀,用於人名"楙姬",宋代摹本,有訛,但

---

① 于省吾先生曾云,此字左半與直兵之矛迥然有別,乃爲二字,但二者形近音同,因而訛混。

② 或釋"敄"。參陳斯鵬、石小力、蘇清芳《新見金文字編》,第406頁。

字形存古。司馬㮐鎛(《銘圖》15769 戰國早期)作 ▨ (人名)、▨ ("用旂吉休龤㮐茂"),符合"矛"的演變規律和時代特點。清華簡《皇門》2 簡作 ▨ ,文云:"㮐(懋)昜(揚)嘉憙(德)。"與司馬㮐鎛構形相同。

幽公盨(《銘圖》5677 西周中期)之 ▨ ("康亡不㮐"),寫法與同期器不同。

2. 懋:懋史蘇鼎(《集成》1936 西周中期) ▨ ,師旂鼎(《集成》2809 西周中期前段) ▨ 、▨ (伯懋父),伯懋父鼎(《銘圖》3888 西周早期後段,墨書) ▨ ,小臣謎簋(《集成》4238 西周早期) ▨ 、▨ ("伯懋父",器銘。蓋銘作 ▨ ,从牡之初文),小臣謎簋(《集成》4239) ▨ 、▨ (蓋銘。器銘作 ▨ 、▨)。免卣(《集成》5418 西周中期前段) ▨ ,免尊(《集成》6006)形同,人名"史懋"。史懋壺蓋(《集成》9714 西周中期) ▨ ,人名"史懋",出現三次。懋尊(《銘續》791 西周中期前段) ▨ ,人名。①

㮐多从繁寫之矛,懋多从簡寫之矛。

3. 袤:師酉鼎(《銘圖》2475 西周中期) ▨ ,"王竅(親)袤宫師酉",讀爲"懋"。

4. 遹:大盂鼎(《集成》2837 西周早期) ▨ (辭例"遹省");史牆盤(《集成》10175 西周中期) ▨ (辭例"遹征");小克鼎(《集成》2798 西周晚期) ▨ ,2797 作 ▨ ,2799 作 ▨ ,2801 作 ▨ ,2796 作 ▨ ,2800 作 ▨ ,2802 作 ▨ ,辭例"遹正";克鐘(《集成》204 西周晚期) ▨ ,206 作 ▨ ,208 作 ▨ ,遹省義;晉侯蘇鐘(《銘圖》15298 西周晚期) ▨ ,默鐘(《集成》260 西周晚期)作 ▨ ,均爲"遹省"之辭例;遹遝簋(《集成》3688 西周早期) ▨ (器)、▨ (蓋,下

_____
① 《甲骨文合集》29004 有一個地名作 ▨ (▨),高明、涂白奎《古文字類編》(增訂本)(上海古籍出版社 2008 年)第 478 頁摹作 ▨ ,李宗焜《甲骨文字編》第 724 頁 2405 號摹作 ▨ ,劉釗《新甲骨文編》(增訂本)第 617 頁作 ▨ (無名組)。諸家均釋"懋",《新甲骨文編》隸定爲"悉"。此字形體既與甲骨文中一般釋爲"髳"字者不合,也跟金文中的"懋"字不合,跟 ▨ 左旁差别也很明顯,釋"懋"可疑。諸家摹出的那一斜筆的真實情况需要進一步落實。金文中一般釋爲"柔"的字與此相似,或可參考。如珂生尊(《銘圖》11816、11817 西周晚期)之 ▨ 、▨ ,霸伯盂(《銘圖》6229 西周中期)之 ▨ ("柔鬱")。

面"止"字不清),逋簋(《集成》4207 西周中期) 〓、〓、〓,均用於人名。"逋"所從"矛"多加對稱性飾點,"口"旁可有可無,不加者多見。

鄂侯馭方鼎(《集成》2810 西周晚期) 〓(潏);①伯惢②父簋(《銘圖》5276 西周晚期) 〓,5277 作 〓;翏生盨(《集成》4461 西周晚期)作 〓(器)、〓(蓋),4460 作 〓,4459 作 〓(器)、〓(蓋)。各器之字記錄的應該是同一個地方。

寧遹簋(《集成》3632 西周早期) 〓,人名,從貝。

清華簡《耆夜》"喬"作 〓、〓(12、13 號簡),表虛詞"聿",上部即戰國文字中常見的"矛"字寫法。

5. 孟：須孟生鼎蓋(《集成》2238 戰國) 〓,多釋爲"憨",③人名。

6. 茅：奸蚉壺(《集成》9734 戰國中期) 〓,"茅蒐(蒐)狃(田)獵",用爲《爾雅·釋天》"夏獵爲苗"的"苗"。古或假"苗"爲"茅",如"草茅"寫作"草苗"、"茅茨"作"苗茨"。壺銘之"茅"可能是夏獵的專字,"矛"參與構意,與菅茅之"茅"是同形字。

7. 祝：邾諸尹鉦鋮(《集成》425 春秋早期) 〓。

三十五年虒④令鼎(《集成》2611 戰國中期,魏器) 〓⑤、〓(蓋器同銘);三十五年虒令盉(《集成》9449 戰國中期,魏器) 〓,人名,或釋"犴"。周波先生認爲字從矛聲。⑥

---

① 此字彩照及釋讀,參鞠焕文《鄂侯馭方鼎銘新識》(未刊稿)。今所見拓本作 〓,一般釋爲"僑",非是。
② 字作 〓、〓,後者中部似筆畫的穿過左右兩個構件的橫綫,當是泐痕。或釋"戕"、"戕",與字形不符。
③ 與此相類,天星觀楚簡有 〓、〓,高明、涂白奎《古文字類編》(增訂本)第 330 頁釋"希"。滕壬生《楚系簡帛文字編》(增訂本)(湖北教育出版社 2008 年 10 月)第 1179 頁則隸定爲"䘏"。
④ 字舊釋"庑"。
⑤ 或摹爲 〓,較失真。黄德寬主編《古文字譜系疏證》(商務印書館 2007 年 5 月)第一册第 729 頁作"犴"。
⑥ 周波《"侮"字歸部及其相關問題考論》,《古籍研究》2008 年第 2 期。

三

楚簡之單字芧，就是由戮所从的矛演變而來，字形上部已經寫爲"矛"，用爲"侮"或"務"。郭店楚簡《老子丙》1 簡："丌（其）即（次）學（侮）之。"郭店《成之聞之》13 簡："戎（農）夫（務）飤（食）不强耕。"《成之聞之》24＋25 簡："是以上之亘（恆）（務）才（在）信於衆。"郭店《尊德義》1 簡："爲人上者之（務）也。"上博二《從政甲》10 簡："從正（政）所（務）三。"上博二《從政乙》1 號簡："[九]曰靰（犯）人之（務）。"上博二《昔者君老》4 簡："唯邦之大（務）是敬。"①

上博五《季庚子問於孔子》4 簡以表"侮"（"驕則侮"），字从水从芧。

"芧"見於上博五《三德》15 簡（李守奎摹爲），用爲"務"（"務農敬戒"）。

清華簡《管仲》22 簡以（迕）表"務"，辵旁可能是受其上字影響而加。上博五《季庚子問於孔子》2 簡用（矛）表"務"（"此君子之大務也"），芧省爲矛。② 清華簡《程寤》6 簡"擇用周"、8 簡"何非和"，可隸爲芧，讀爲"務"。

---

① 楚簡中記錄"柔"這個詞，除了寫作"柔"字外，或寫作"矛"，或寫作"楙"。上博三《亙先》8 簡（），與"剛"相對而言，一般讀爲"柔"，可從。上博五《鬼神之明・融師有成氏》5 號簡（）下部稍泐，多讀爲"侮"（"名則可畏，謇則可侮"），但也可能讀爲"求"（郭店簡《老子》33 簡"柔"寫作，从矛从求，求表聲）。"矛"字（旁）的這種寫法，可參仰天湖楚簡的（𥷠）、（矛），參滕壬生《楚系簡帛文字編》（增訂本），第 440、1178 頁。"芧"在楚系以及非楚系文字中，上下兩部分已經被當時的人分成兩個偏旁來書寫了。這類字形尤其是的寫法，也可能受到了"芧"旁的影響，但一般與"芧"運筆有差别，並不能構成"矛"、"芧"相通的證據。類字形左半"矛"和"人"之間加一短横，也許就是爲了和類寫法的"矛"相區别。事實證明，每個時期的古文字資料都不能置於同一個層面，應分層次、多角度（如時代層次、地域層次、族屬層次等）進行研究。簡帛文字研究要注意每一篇簡文及每一個抄手的特點，這一點已逐漸成爲學界共識。參劉樂賢《北大漢簡第三册形近字辨析二則》，《先秦兩漢訛字學術研討會論文集》，北京，2018 年 7 月 14～15 日。

② 上博四《曹沫之陣》9 簡字"死"旁所从之"人"訛爲"力"，郭永秉先生認爲"芧—矛"與此情形相同。字，郭先生認爲是表示"死"義的"世"之專字，參其《試説表示"死"義的"世"字》，"第四屆出土文獻與上古漢語研究學術研討會"論文，北京，2018 年 9 月 14～16 日。

"孜"見於秦簡,作 ▢、▢(里耶第八層 1435 簡背)。"務"作 ▢(里耶第八層 454 簡),或草寫爲 ▢(里耶第八層 570 簡);睡虎地秦簡作 ▢、▢。①

楚簡中,"孜"字讀法爭議較少,"孟"、"悉"則分歧較多。

楚簡中孜字雖然是一個使用比較活躍的字,但同時也出現了孜旁簡省爲"矛"的情況,所以,楚簡中有些从"矛"形者,不宜跟"孜"截然分開。對於哪些字本从"矛",哪些字本从"孜",認識不一,相應地,這也導致了相關文字材料的釋讀分歧。《說文》"戀"或體作悉,但楚簡中的"悉"字,固有本从"矛"聲者(如文中所舉清華簡數例),但亦有从"孜"省者,二者係同形字。② 郭店《性自命出》46+47 簡:"人之悦然可與和安者,不又(有)夫懽(奮)犺(猛)之青(情)則▢。"其異文上博一《性情論》38 號簡作▢,上部即"孜",釋"侮"可從,但字形明顯縮短了高度,這個字形大概可以看作"孜"省爲"矛"的中間環節。上博二《容成氏》53 簡"絶種▢姓",一般讀爲"侮";上博三《彭祖》7 簡"▢者多憂","悉"或讀爲"務";上博三《仲弓》27+15+20 下簡"敢問民▢","悉"讀爲"務";這些"悉"字均是从"孜"省聲者。清華簡《祭公》11+12 簡"亦岜(美)妥(綏)心",用爲"戀";清華簡《皇門》"▢妻"、"▢夫"(10 簡,12 簡"▢夫"),多讀爲"媚",或讀爲"瞀";這些字均爲从矛聲者。

《說文》:"霧……霁,籀文省。"上博三《周易》38 簡 ▢(霁)即"霚"(霧)字,北大漢簡中从"孜",則作"霁"者是訛形。如果認爲由"霚"省訛爲"霁",從邏輯上不好説通,"霚"字很可能有過雺類上从雨下从孜的寫

---

① 劉洪濤先生(2018 年 11 月 20 日來信)云:"關於'矛'和'孜',我的看法是:二字作爲偏旁偶有混淆,所以秦系文字用'孜'代替'孜',以使二者相區别。但後人不察,又誤把'矛'也用'孜'代替,造成進一步的訛混。這種訛混,誠如張富海所說是減少文字構件數量,但動因往往只是字形相近,音近絶大多數只是巧合(變形音化也是巧合,我博論中有談到)。"劉先生博論即《論掌握形體特點對古文字考釋的重要性》,北京大學博士論文(指導教師:李家浩教授),2012 年 6 月。"變形音化"的討論見該文第 139~148 頁。【編按】洪濤先生的博士論文修改增訂後名爲《形體特點對古文字考釋重要性研究》,由商務印書館於 2019 年 1 月出版。"變形音化"的討論見該書第 142~151 頁。

② 魏宜輝先生説:"把'矛'和'孜'完全區分開來,楚簡文字中少量从矛之字讀作'務'聲,應該視爲'孜'之省。我一直也是這麽認爲的。"(2018 年 8 月 19 日來信)魏先生所謂的"孜"指的就是孜字。

法，"雺"當由此種寫法省變而來。① 也就是説，可能曾經有過的"雺"字在後世有兩種存在形態：一種省訛爲"雺"，一種轉寫成新的形聲新式"霧"。② "髳"演變情形與之相反，其在後世也有兩種形態：一種很可能是由於受到从"炙"之字在後世演變爲从矛和从敄兩類寫法的影響，而把"髳"錯誤地轉寫成"鬏"，這樣轉寫的原因，很可能是爲了上下構件筆畫濃密度的相對均衡；一種則是采用形聲結構的"髦"（可能是音近假借。徐鍇《説文解字繫傳》云从毛聲）。髦、髳音通，髳、鬏聲隔。"雺：霧"、"髳：鬏"不宜作爲"矛"與"炙"或"敄"聲韻溝通或字形轉寫的證據。③

![字] 是 ![字]（![字]）之省，這從字形和辭例兩個方面都可以得到證明。從相關資料看，![字]④、![字]則應該是从矛的，跟炙無關。

郭店《老子乙》13 簡"終身不![字]"，今本對應内容作"終身不勤"。或讀爲"務"，或讀爲"侮"，或釋"矜"、"岑"讀爲"勤"。上博五《鬼神之明·融師有成氏》3 簡"![字]![字]公"，楊澤生釋爲"宋穆公"，⑤李守奎、劉洪濤等從之。⑥ 整理者釋爲"榮夷公"，也有其他學者支持這種讀法。清華五《湯處於湯丘》13 簡有![字]（綛），或讀爲"瞀"。對於![字]的構形，學界尚有爭議。白於藍先生討論郭店《老子乙》13 簡時，認爲"丞"即《説文》"岑"字的原始會意

---

① 《説文》"雺，籀文省"説法，是由於没有見到"炙"字及"霧"字从"炙"的寫法而對字際關係所作的錯誤判斷。

② 上博簡 ![字] 之下部如果寫作炙，整個字就會顯得太長，這也許是其"炙"旁省爲"矛"的一個原因。

③ 劉釗先生曾把邾公敄人的"敄人"讀作"瞀人"，云《左傳·文公十八年》的公冉務人和《列子》中的伯昏瞀人（又作伯昏無人）同名，"伯昏瞀人"猶言"昏瞀人"，意爲昏瞀無知之人（參劉釗《古文字中的人名資料》，《吉林大學學報》1999 年第 1 期；收入氏著《古文字考釋叢稿》，第 377 頁）。這是没有問題的。他在討論郭店《老子乙》13 簡的"丞"字時説："丞即瞀字省文，讀爲瞀。丞從矛聲，瞀從敄聲，敄亦從矛聲，故丞可讀爲瞀。"（參《郭店楚簡校釋》，第 34 頁）這是有問題的，也跟其《談古文字資料在古漢語研究中的重要性》（收入《古文字考釋叢稿》）一文對於"敄"的字形分析相矛盾。

④ 據楚文字"矛"和"山"的寫法，該字中間一短橫，既可能屬上，也可能屬下。清華簡"矛"字有下加一短横者，如 ![字]、![字]（《皇門》），《殷高宗問於三壽》8 簡之 ![字]（"矛"，與"干"連言）可參。

⑤ 楊澤生釋爲"宋穆公"，參《説上博簡"宋穆公者，天下之亂人也"》，簡帛網，2006年3月10日，http：//www.bsm.org.cn/show_article.php？id=280#_ftnref8。

⑥ 李守奎、曲冰、孫偉龍《上海博物館藏戰國楚竹書（一～五）文字編》，作家出版社 2007 年 12 月；劉洪濤《利用古文字資料校證〈左傳〉人名一例》（未刊稿）。

初文,云:岑之本義當是指山之高鋭者,孟从山上从矛,矛爲鋒利、尖鋭之兵器,上从矛正取其鋭利之義,用以表示山勢之高聳險峻之貌。並認爲《老子》文當以"勤"爲正字,寫作"堇"或"岑"均爲借字。① 趙建偉先生認爲"孟"蓋"矜"字異形,《老子》中讀爲"勤"。② 趙彤先生(2006 年)認爲,從字形和字音兩方面考慮,"孟"可以釋爲"鋭",字从矛从山,矛爲鋭利之兵器,山字象高鋭山峰之形,"孟"字可能就是"鋭利"之"鋭"的表意字。《尚書·顧命》"執鋭"孔傳:"鋭,矛屬也。"所以,他據此又認爲,其所从之"山"也可能是象鋒芒之形,而不是"山"字,"孟"字也可能是"矛屬"之"鋭"的表意字。③ 劉洪濤先生主張字从"矛"聲,後訛爲"嵍",字之本義爲丘;郭店簡中疑讀爲"懋",與"勤"同義;上博簡中則認同讀"穆"的意見;清華簡中之"𦀚"疑是"繆"字異體,又疑讀爲"耗(眊)",均訓爲亂。④ 類形體上下兩部分未見分開書寫的,這個構形特徵是需要注意的,其本義爲丘的意見值得重視,這個字有可能是唐蘭先生所説的"聲化象意字",⑤"矛"旁很可能兼有表聲作用,同時以形表義。"嵍"訓丘,通作"旄",據"嵍"字段注,"旄丘"之名語源是"髦"。

清華五《殷高宗問於三壽》12 簡"象𡐦康𤕟",或釋爲"象矛(茂)康駬(懋)",⑥但前者明顯是犮,後者从犮可釋爲"鶩"。⑦《子儀》9 簡 字之

---

① 白於藍《郭店楚簡〈老子〉"孟"、"𡨄"、"𡍮"校釋》,《古籍整理研究學刊》2000 年第2期。
② 趙建偉《郭店竹簡〈老子〉校釋》,《道家文化研究》第十七輯(郭店楚簡專號),三聯書店 1999 年 8 月,第 286 頁。
③ 轉引自彭裕商、吳毅强《郭店楚簡老子集釋》,巴蜀書社 2011 年 11 月,第 469 頁。彭、吳二先生主張讀"孟"爲"務",云:勤,勞也;務,事也,與勞義近。魏宜輝先生在給我的來信(2018 年 8 月 19 日)中説:"古文字中的 字是一個很麻煩的字,因爲没有讀音作爲定點,到現在還是不能確定其構形。其上面的'矛'形到底是不是'矛',我到現在都表示懷疑。陳斯鵬先生在分析'柔'字構形時就認爲'柔'是屬於表意字,上部象樹木枝條,和金文中'孜'寫作从'矛'一樣,上部也類化寫作'矛'形。這個説法挺好的。我想, 會不會也屬於這種情況? 關於'孟'字,我覺得趙彤先生的看法有值得注意的地方,在郭店老子中'孟'字與'遆'押韻,我覺得'孟'可能表示的是一個讀音爲月部字、意思爲'勤'義的詞,也許讀作'勖'。但其構形該如何解釋,我還没有頭緒,趙彤的解釋肯定不妥。"
④ 劉洪濤《利用古文字資料校證〈左傳〉人名一例》(未刊稿)。
⑤ 與 結構類型相同。"聲化象意字",唐蘭先生將其作爲象意文字的一類,本質上還屬於圖畫文字。
⑥ 賈連翔、沈建華《清華大學藏戰國竹簡(肆—陸)文字編》,中西書局 2017 年 10 月。
⑦ 2018 年 10 月 25 日王挺斌先生告知,他已釋此字爲"鶩",見《清華簡〈殷高宗問於三壽〉補釋(兩則)》,《中國文字》新四十三期,藝文印書館 2017 年 3 月。

"矛"旁寫法與此有別，此字即郘諧尹鉦鍼的▢，但後者"矛"下似有短橫。

最後需要指出的是，"冘"旁在北大漢簡《蒼頡篇》中還存在，如59簡的▢（霧）、21簡的▢（蟄），"髳"從"矛"作▢（13簡），"冘"與"矛"寫法有別。① "髳"，在《説文》中爲"髣"之省文或體，引《詩》"紞彼兩髳"，今則作"髦"。劉洪濤先生據北大簡而認爲"髳"本從"矛"，作"髣"是後起訛形，應該是對的。② 把"冘"看作"髳（髦）"之象形初文，從字形上看有其合理之處。但據簡牘材料，"冘"與"務"、"侮"音同，"髳"則從矛聲，如此，"冘"跟後世的"髳（髦）"相繫聯，聲音上就有些隔閡。

應該説，在相關楚簡資料發現之前，我們對▢字的認識都是假説，直到楚簡才把"▢"和"敄"的關係給落實下來。由上文的各種字形資料看，説▢字左上逐漸演變爲從"矛"而且"矛"最終取代左半偏旁，演變爲後世的"敄"，是可信的。從文字演變的實際情況看，"敄"從矛聲是一個僞命題，這是古文字資料所證明了的。隨着"冘"字作爲單字逐漸被廢棄（其所記録的詞在後世究竟相當於哪個字，尚需進一步研究），以及作爲偏旁逐漸被"矛"取代，"冘"字和"冘"旁消失在歷史的長河之中。

綜上，▢字在演變中，左上部分逐漸與"矛"混訛，從▢、▢、▢等寫法中可以大致看出左上逐漸簡率而訛爲"矛"形的軌迹。由於"冘"字及其作爲偏旁的歷時的字形資料還不够丰富（尤其是春秋時期的字形資料還比較缺乏），這部分被誤認成"矛"並寫成"矛"的具體時間尚難以判斷，可能是進入春秋以後的事。"▢"最初演變爲"敄"，並最終省變爲"敄"，在這個演變過程中，首先是因爲書寫簡率的緣故，左上與"矛"形近，大概後世的人（很可能是春秋時期的人）就直接認作並寫成"矛"了，當"冘"參與構成上下結構的字

---

① 北京大學出土文獻研究所編《北京大學藏西漢竹書（壹）》，上海古籍出版社2015年9月。此數形爲劉洪濤先生文所揭示。

② 劉洪濤先生（2018年11月20日來信）云："'冘'字，我不同意李學勤先生的意見，是因爲這個字音上跟'髦'通，字形上《蒼頡篇》確實作'矛'，因此，'髣'是訛形，這就不能跟'冘'對應了。這個字的字形是否一定要限定在長髮飄飄，也不一定。……很多看似定論的東西，其實未必。至於從'攴'從'冘'之字，那是一個純形聲字，本義不大好判斷，如果認爲'攴'是擊打，認作欺侮之'侮'異體也未嘗不可；如果認爲'攴'作用同'又'，表行動，看作'務'本字亦未嘗不可；這種字本義很難追求，結構搞明白就行了。"另參劉洪濤《利用古文字資料校證〈左傳〉人名一例》（未刊稿）。

形時，會導致字形太長，所以進一步把其下的人形省掉，"犮"徹底變換成"矛"。"犮"轉換成"矛"，等於是廢除了一個基本構件，對文字系統具有簡化作用。① 在"𢦏—𢦏—敄"的演變過程中，書寫簡率、構件混訛（從無意到有意）、爲字形結構均衡而進行的簡化等因素在綜合起作用。聲化在西周金文中是很少見的，即使承認其演變過程中有"矛"和"𢦏"音近的因素，但對演變進程起主導作用的也應該不是聲化，在其形體演變前期主要是由於形近而導致的訛混，演變後期則是簡化（包括文字個體的簡省和文字系統的簡化）在起主要作用。再者，字形上的歷時替代有多種情形，比如結構類型的替代（表意字替換爲形聲字）、簡體與繁體的替代、古字與今字的替代、訓讀式的替代等等，因此，"敄"替代了𢦏，並非就意味着"矛"與"犮（或敄）"有可以通用的聲韻關係。② "敄"字是由於文字演變所産生的一個歷時訛字，後人之所以認爲"敄"從矛得聲，應該是在形聲字佔據文字系統主導地位的情勢下所産生的望形生音，不能據此來討論相關字的聲韻關係。

𢦏演變爲"敄"，形、音、義都被掩蓋在了歷史的塵灰之下，本文不厭其煩地冗長論述，就是爲了去除這層歷史的"塵灰"。

四

最後説一下取子敄毁鉞（《集成》11757，附圖）的問題。這件器 1980 年（或説 1982 年）在山東鄒縣廢品收購站（鄒城市張莊鎮小彦村）揀選而得。今綜合諸家意見寫釋其銘如下："於取子敄毁鑄𤔔元喬（鐈）。"於其分期大家分歧較大，早的定爲西周早期，晚的定爲春秋早期。③ 嚴志斌先

---

① 與之相類的情況，又如"潮"之象形初文逐漸被形、音皆近的"舟"取代：𠃊—𠃊—月。參李家浩《楚王孫鮪兵器與競之鮪鼎》，《先秦兩漢訛字學術研討會論文集》，清華大學，2018 年。

② 好像也並没有證據表明，在楚簡時代，"矛"和"犮"由於音同或音近而在形體上可以互作。

③ 參嚴志斌《葉家山曾國墓地出土半環形鉞及相關問題研究》，《考古》2015 年第 5 期；陳小三先生定爲西周晚期偏晚或更晚，參《韓城梁帶村 M27 出土卣、尊年代辨析——附論扇形鉞與特殊的鳳鳥紋飾》，《文博》2011 年第 1 期；張德良先生主春秋早期説，參《鄒縣所出"取子"鉞剩義》，《齊魯學刊》2014 年第 4 期。

生云："銘文書風有東周時期的特徵，年代定爲西周晚期更爲合宜。"張德良先生云："據取子鉞的形制、花紋，其時代當晚於西周早期；結合銘文語辭和字體，取子鉞當是春秋早期的器物，這也是這類異形兵器出現的最下限。"這件鉞，從銘文風格及相關用詞上，都不大可能早到西周早期，陳小三、嚴志斌、張德良等先生的判斷是可靠的，我認爲該器定爲春秋早期更爲合適。銘文首字或釋"隹（唯）"，於辭例非常順適，但於字形不合，今從"於"釋。誠如張德良先生所言，該銘"於"字是最能體現時代特徵的。這是"於"字進入東周以後的寫法。用"元"作修飾語的指物名詞，也產生得比較晚，子犯編鐘（《銘圖》15200～15215 春秋中期）云"者（諸）侯羞元金于子靶（犯）之所，用爲龢鐘九堵（堵）"，"元金"可與"元鐈"類比。"元鐈"，黃錫全先生認爲泛指好的金屬材料。① 應該是器物自名，黃先生釋"鍨"，讀爲揚鉞之揚，嚴志斌先生從之，董珊先生釋"鑱"，②訖無定論。鉞銘中取子私名中的 （ ），多釋爲"敄"。排除可能的範鑄問題，原來字形有可能是這樣的： 。左下筆畫應該還會下延些，由於鑄造原因，導致筆畫不顯。該字是"敄"的可能性很大（是"殳"的可能性較小）。如此，則這是最早的一例從矛從攴的"敄"字。但此字用於人名，且是孤例，與 的關係並非百分百的確鑿不移。

2018 年 8 月 19 日
2018 年 9 月 17 日修訂
2018 年 10 月 15 日三稿
2018 年 11 月 29 日四稿

---

① 黃錫全《"取子"所鑄鍨器考》，《中國文字》新二十四期，藝文印書館 1998 年；收入氏著《古文字與古貨幣文集》，文物出版社 2009 年 5 月，第 107～110 頁。關於金屬原料"鐈"的討論，另參謝明文《釋金文中的"鋚"字》，《中國文字》新三十九期，藝文印書館 2013 年；收入氏著《商周文字論集》，上海古籍出版社 2017 年 8 月。

② 董珊《珍秦齋藏秦伯喪戈、矛考釋》，《珍秦齋藏金·秦銅器篇》，澳門基金會，2006 年。付強先生近撰文釋"鎵"讀爲"鉞"，參《談談取子鉞的自名》，"古文字強刊"微信號，2018 年 8 月 18 日。此字右旁稍泐，從字形上看，此釋不太可靠。

附圖　取子敄毀鈹器形及銘拓

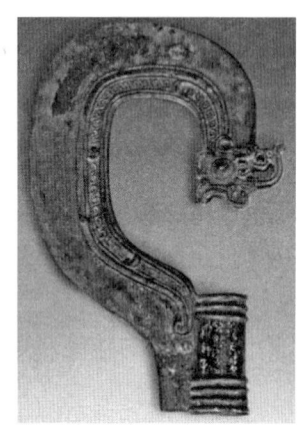

　　附記：該文乃受魏宜輝先生啓發而作。我在《談兩周金文中的訛字問題》(先秦兩漢訛字學術研討會論文,北京,2018年7月14～15日)一文中說："金文中'敄'本作𤕟,左半偏旁乃'髳'之本字,上郜公敄人簠蓋(《集成》4183春秋)寫作𤕟,左半偏旁寫作'炙'(楚簡中表示'侮'),應該是把左半偏旁改造成了形近的音符。"他看後來信說："變形音化部分,兄認爲金文'𤕟'左半偏旁乃"髳"之本字。對於這一點,我想談談我的理解。目前好像還没有在西周金文中看到獨立的'𢆶'字,基本上只有'𤕟','𢆶'與'攴'旁的組合似乎是比較固定的。針對這種情況,把'𤕟'理解爲'欺侮'之{侮}的表意本字似乎更好一些。"(2018年7月19日)爲了徹底解決"𤕟"在後世演變形體的定性問題,便產生了這篇小文。

　　文章完成後,先後呈送魏宜輝、李守奎、張富海、陳劍、劉洪濤等先生請教,他們都提供了很好的意見,使小文避免了不少錯誤,薛培武先生對小文也有所指正,在此一併表示深摯的謝意。在陳劍先生意見以及劉洪濤先生大文及其意見的基礎上,我對拙文先後作了兩次較大幅度的修改。陳劍先生意見跟張富海先生意見有關涉,今把他們寫來的原信附下：

　　張富海先生信(2018年9月21日)："敄"字本不從矛,而是從"䂦"的初文,這是古文字字形顯示的事實。爲什麼要改從矛(楚文字從矛從人,也有矛),我想主要目的是爲了減少一個不單獨成字的部件,用一個形音都近的字形來代替。語音上,"務"、"侮"是侯部,"矛"是幽部,雖然不同,但還算是相近的。而且"鍪"字從中古音來看(莫浮切),上古音也是幽部(一般都是歸幽部的),與"矛"字完全同音。所以要想從音上把"敄"與"矛"截然分開來,大概是有困難的。楚簡中有些從"矛"聲的字,從辭例上看,我覺得讀爲"務"是可以的。

陳劍先生信(2018年10月5日):近抽暇拜讀大作後,亦感提不出多少意見。我總的感覺跟文末所附富海兄的看法差不多。對"敄"字字源問題,大家現在應該都是有共識的,如兄文中所論;至楚簡中有些從"矛"形者,不宜跟"敄/務"截然分開。富海兄謂"从'矛'聲"之字"讀爲'務'是可以的",我覺得不如講爲,那些"讀爲'務'"或"侮"的所謂"从'矛'聲"之字,實爲从"敄"省——當然,此本從來即大家的一般看法——亦即主要是字形的糾葛問題(同時又音近),而不是單純的讀音相通問題(當然,富海的意思肯定也是"形音皆近"而非謂僅讀音相通的)。如第8頁脚注1所論,"上博簡[字]之下部如果寫作敄,整個字就會顯得太長,這也許是其'敄'旁省爲'矛'的一個原因",那爲什麽下脚注3所論"悉"字不能也以此爲説呢?"悉"固有本从"矛"聲者(如所舉清華簡數例),但亦不妨有从"敄"省者,二者係同形字,並不奇怪。除清華簡外的其餘數例(《性自命出》/《性情論》、《容成氏》、《彭祖》、《仲弓》),研究者多釋"侮"或"務"者,應無問題[《仲弓》[字]釋"敄(務)"則恐不可信]。上博《性情論》38簡[字],上所從"矛"形左下爲一斜筆(且右側未越過中竪筆)而非小短横,仍係从"敄"而非从"矛"者。郭店《性自命出》46+47號簡"不又(有)夫懚(奮)狣(作)之青(情)則~",論者已指出據上博簡,"狣(作)"當改釋爲"犳(猛)";"人之悦然可與和安者,不有夫奮猛之情則侮",文從字順,斷無可疑。

該文一稿題爲《[字]字跋》,提交第四届"出土文獻與上古漢語研究"學術研討會(中國社會科學院語言研究所歷史語言學研究一室主辦,2018年9月14～16日);三稿題爲《談金文中的"務"字及其相關問題》,提交"紀念清華簡入藏暨清華大學出土文獻研究與保護中心成立十周年國際學術研討會"(清華大學出土文獻研究與保護中心主辦,2018年11月17～18日)。終稿刊於中國社會科學院考古研究所編《三代考古》(第八輯),科學出版社2019年。

鄭井叔鐘之"霝鐘"正義

——兼説大克鼎之"史小臣霝鼓鐘"*

鄭井叔鐘(21～22 西晚)自名爲"霝鐘",大克鼎(2836 西中)王賜予克的物品中有"霝鼓鐘"。霝、霝,《金文編》列於"霝"字下,隸爲"霝",於克鼎下云:"方濬益以爲霝之繁文。《周禮·大司樂》'靈鼓靈鞀',注曰:'靈鼓四面。'"①《古文字譜系疏證》"霝"字下所收字形同,云"讀靈",引《周禮·春官·大司樂》和《地官·鼓人》中的"靈鼓"爲證,《地官》鄭玄注:"靈鼓,六面鼓也。"②郭沫若認爲克鼎之"霝就是靈,也就是巫。龠是籥師。鼓鐘是司鼓鐘的官"。③陳夢家認爲,克鼎"小臣、史、霝、鼓鐘"四者皆官名,鼓鐘者鼓鐘之官也;霝非合文,疑即霝字,讀若泠(原誤爲霝),即《左

---

* 本文所引器物出自《殷周金文集成》者直接標注器物編號(在需要與其他銘文著錄書區別時,簡稱《集成》),其他出處的銘文標注書名簡稱,《集錄》指劉雨、盧岩《近出殷周金文集錄》(中華書局 2004 年);《通鑒》指吴鎮烽《商周金文資料通鑒》(數據庫光盤,2007 年 1 月版);引自張亞初《〈殷周金文集成〉引得》(中華書局 2001 年)釋文者,簡稱"張亞初"。

① 容庚編著,張振林、馬國權摹補《金文編》,中華書局 1985 年,752 頁。陳漢平云:"此爲形容樂器之專用字,從龠霝聲。依《説文》、《金文編》體例,當於卷三龠部增立霝字字頭。"參《〈金文編〉訂補》,中國社會科學出版社 1993 年,131 頁。嚴志斌另立字頭,但仍歸雨部,參《四版〈金文編〉校補》,吉林大學出版社 2001 年,131～132 頁。

② 黄德寬主編《古文字譜系疏證》(三),商務印書館 2007 年,第 2179～2180 頁。釋義對應於克鼎的"靈鼓"。

③ 郭沫若《駁〈實庵字説〉》云:"又請看《大克鼎》吧,所錫的不是有'史,小臣,霝,龠,鼓鐘'嗎? 霝就是靈,也就是巫。龠是籥師。鼓鐘是司鼓鐘的官。因爲這三者都和史與小臣並列,故知必是同類。這是金文上以'巫史吏職'爲錫品的例子。"參《奴隸制時代》,人民出版社 1973 年,第 279 頁。陳獨秀曾説:"西周金文多言錫臣若干家,或錫小臣若干人。是臣由俘獲,得與車馬弓矢貝玉土田同爲錫品,巫史吏職則不如是也。"郭沫若是針對陳氏這段話而發的。

傳》、《國語》之泠人，泠人樂官，或作伶，泠人乃所以協和聲律者；凡鐘之可以作協和聲律者曰龥鐘，鄭井叔鐘曰"作龥鐘，用綏賓"；而鐘必協於龥，諸減鐘曰"擇其吉金，自作𪛗鐘，不帛不羊，不漯不彫，協于我龥，俾龢俾平（"平"原未釋）"；者減鐘四字一句，故知龥非合文，金文龠音互通，龥者疑即䪛字，《集韻》有之，注云"音也"。① 鄭井叔鐘字，張亞初、《通鑒》15139～15140 釋爲"龥（靈）冊（龢）"。《銘文選（三）》415 隸爲"䨻"，認爲是"龥"的繁體，善美之意。② 字亦見於者減鐘（193～198 春中），作 ▨（197）、▨（198），郭沫若、董楚平釋爲"龥龠"，③ 施謝捷隸爲"龥"讀靈，④ 銘云"不濁不清，協于 ▨ 龥，卑（俾）龢卑（俾）平"，⑤ 乃是形容所作樂鐘之音色與其他樂器協調之語，體會其意，此銘的"龥"指的是樂音，或可能是"龥音"之省稱。⑥

《古文四聲韻·下平聲·青韻》著録了一個見於《古老子》的靈字，作

---

① 參容媛編《國内學術界消息（二十八年一月至六月）·出版界消息·〈金文編〉》條下所引陳夢家《金文編校記》，《燕京學報》1939 年 6 月第 25 期，第 246～247 頁。"諸減鐘"、"者減鐘"，原文如此。

② 馬承源主編《商周青銅器銘文選》（三），文物出版社 1988 年。但其没有明確善美的意義指向。陳雙新亦解爲善，但同時指出此字是專門修飾樂音的，"龥鐘"是發音極好的鐘，參《兩周青銅器樂器銘辭研究》，河北大學出版社 2002 年，187～188 頁。張世超等解爲"樂音優美，此亦善義之引申"，例證爲鄭井叔鐘與秦公鎛之"𢤱（▨）音"，先此已在"解字"欄中指出鄭井叔鐘字與克鼎字同意，參《金文形義通解》（日本·中文出版社 1996 年）第 2682～2686 頁（龥字下除收鄭井叔鐘、克鼎字外，又收秦公鎛字）。張世超等解釋較優，但同時又引馬敘倫"龥鐘"即十二律之林鐘的意見，則非（馬説"鐯鐘"即林鐘則是對的）。林鐘即編鐘，林乃形容數量，與龥形容聲音不同。

③ 郭沫若《兩周金文辭大系圖録考釋》，科學出版社 2002 年，第 157 頁；董楚平《吴越徐舒金文集釋》，浙江古籍出版社 1992 年，第 32 頁。

④ 施謝捷《吴越文字彙編》，江蘇教育出版社 1998 年，第 524 頁。

⑤ 《銘文選（三）》217 頁於大克鼎字釋爲"龥龠（䶵）"，認爲是兩種樂器名，銘文中指兩種樂官。者減鐘字釋文與此同，但没有解釋，參馬承源主編《商周青銅器銘文選》（四），文物出版社 1990 年，第 363 頁。鄭井叔鐘、大克鼎、者減鐘中的這幾個字明顯是一字異體，把他們釋讀爲不同的字，不妥。

⑥ 秦公鎛（267 春早）云："作龢龢鐘，𢤱（▨）音 ▨ ▨ 雍雍。"有學者説𢤱是心靈專字，可能不妥。我們認爲此字中龥符乃用其空明之義，此字與恖（▨，參《金文編》692 頁）構形有異曲同工之妙，均與心之孔竅有關，乃形容心之通徹。▨ 爲指事字，𢤱从心从龥，龥亦聲。由心之通徹引申指樂音之空靈。對於金文恖字構形的説解，參裘錫圭《古文字論集·説字小記》，中華書局 1992 年，第 642 頁。

🀆，另有一個見於崔希裕《纂古》的隷古文作🀆。① 這兩個字形與我們討論的龗是一個字，徐在國云"龗字應徑釋爲靈"。②

此字隷爲"龗"是對的，高田忠周云："按舊釋爲霝龠合文，霝龠即靈龢也。然今審此銘(按：即鄭井叔鐘)文字佈置，此篆與他字均齊配列，斷非合文，而單字也。"③據傳抄古文資料，可知其與"靈"通用。此字當是一個專造字，專門爲表示樂音而造的一個字，"龠"乃表樂器之意符。但讀爲霝訓善，泛而不切。此字當與後世的"瓏"、"醴"表詞功能相同。

瓏同玲，《法言·五百》："瓏瓏其聲者，其質玉乎？"《集韻·青韻》："醴，音也。"霝聲系字有空明義，《説文》"櫺"段玉裁注："闌楯爲方格，又於其横直交處爲圜子，如綺文瓏玲，故曰櫺。《左傳》'車曰忽靈'，亦其意也。"《説文》："囧，窗牖麗廔闉明也。象形。"段注："麗廔雙聲，讀如離婁，謂交疏玲瓏也。闉明謂開明也。(象形)謂象窗牖玲瓏形。"櫺聲符載空明義，其爲物空疏而敞亮。艫，《集韻·青韻》："艫，舟有窗者。或從靈，從令。"《淮南子·俶真》："越舲蜀艇，不能無水而浮。"高誘注："舲，小船也。"舟有窗透明，故稱艫。輬，或作軨，《文選·揚雄〈劇秦美新〉》："式軨軒旂旗以示之，揚和驚肆夏以節之。"李善注："軨、軒，皆車也。"指有窗的車。靈，《莊子·天地》："大惑者終身不解，大愚者終身不靈。"成玄英疏："靈，知也。"王先謙集解引司馬彪曰："靈，曉也。"引申指聖明，劉向《説苑·修文》："積恩爲愛，積愛爲仁，積仁爲靈。"《詩·大雅·靈臺》傳："神之精明者稱靈。"霝聲系字又有美義，與空明義相因。醽爲美酒。酃，《説文》云"長沙縣"，《水經注·耒水》："(酃)縣有酃湖，湖中有洲，洲上民居，彼人資以給釀，酒甚醇美，謂之酃酒。"字變作醽。《文選·潘嶽〈藉田賦〉》："夫孝者，天地之性，人之所由靈也。"吕延濟注："靈，善也。言孝者是天地之性，人之所善也。"《文選·謝莊〈宋孝武宣貴妃誄〉》："祚靈集祉，慶藹迎祥。"張銑注："靈，善。"霝聲、令聲相通，艫，或作舲。輬，或作軨。醽别作醾。

———

① 這種寫法又見於碧落碑，參徐在國《傳抄古文字編》，綫裝書局2006年，第30頁。
② 參徐在國《隷定古文疏證》，安徽大學出版社2002年，第22頁。並云，克鼎的"龗鼓"就是《周禮·春官·大司樂》中的"靈鼓"。
③ 參周法高主編《金文詁林》第十二卷，香港中文大學1975年，第6447頁。高田忠周又云："此從龢省，與霝以會意也。霝爲龠省文，龢之極者靈也，所謂'八音克諧，神人以龢'是也。此曰'作龗鐘'者，正與他器云'作龢鐘'者文例亦合，豈得謂析文例乎？"

令聲系字亦有空明義,如玲、砱、䇮、昤。令聲系字亦有美妙義,如䩞、冷等。①

"玲瓏"或"瓏玲"蓋由霝、令聲系字衍化而成。② 揚雄《甘泉賦》:"前殿崔巍兮,和氏瓏玲。"一本作"玲瓏",李善注引晉灼曰:"玲瓏,明見貌也。"《文選·班固〈東都賦〉》:"鳳蓋棽麗,鑠鑾玲瓏。"李善注引《埤蒼》:"玲瓏,玉聲。"玲瓏由明見、明亮義引申指聲音之清越、空靈、美妙。

"霝"字獨用,在金文中多表概括而抽象的"善"義。在漢語詞彙發展史上,詞義由具體逐步走向概括,是詞義引申的一個普遍規律,詞義概括化後,原來的具象義多保留在以此字爲聲符的同源詞中,由原來的顯性義素轉變成爲隱性義素。要想恢復這種隱性義素,就需要繫聯相關的同源字、詞。對於"霝"字,當從霝聲系同源字和令聲系同源字中觀察其美善的具體所指。

通過上文的考察,"霝鐘"字乃是形容鐘聲之清越、空靈,《禮記·聘義》:"君子比德于玉焉……叩之,其聲清越以長。"③這種聲音空靈而美妙,"霝"字乃是形容鐘聲之音色質感的一個修飾語。樂器自名修飾語中的"錫"、"雷"、"余"均是具體說明樂鐘音色的詞語,"錫"指鐘聲高亢飛揚,"雷"指鐘聲如雷鳴般響亮,"余"指鐘聲舒緩平和。④ 至於"鎣鐘"、"協鐘"

---

① 參殷寄明《漢語同源字詞叢考》,東方出版中心 2007 年,第 569～572、132～134、137～139 頁。另參王力《同源字典》,商務印書館 1982 年,第 330 頁。

② 由單音詞音節的衍生而構成聯綿詞是聯綿詞重要構詞方式之一,單音詞音節的衍生,有音節前衍和音節後衍兩種情況。前者如眇→瞭眇,後者如闌→闌干。參郭瓏《〈文選·賦〉聯綿詞研究》,巴蜀書社 2006 年,第 121～124 頁。郭氏認爲玲瓏與離朱、離婁同源(第 183 頁)。

③ 秦景公石磬(《通鑒》19801 春晚,銘殘)云"㝸音㯱㯱 鎗鎗,允鉌又(有)龗(靈)殷(磬)",龗,從龍霝聲,《說文·玉部》:"靈,靈巫。以玉事神。从玉霝聲。𩆜,靈或从巫。"《說文·龍部》有龗,云:"龍也。从龍霝聲。"但磬銘顯非此義。《玉篇》:"龗,又作靈。神也,善也。"王輝據此認爲𩆜、靈乃一字異體,"靈磬"即美好之磬(美好具體所指未予明確),參王輝、焦南鋒、馬振智《秦公大墓石磬殘銘考釋》,《中研院歷史語言研究所集刊》第 67 本第 2 分,1996 年,第 284、301 頁。龗在秦公石磬殘銘中文例清晰的有三例,寫法相同,另外兩例是"高陽又(有)龗"(《通鑒》19778)、"左(佐)以龗神"(《通鑒》19792),其意義即either靈、神靈。我們認爲,磬銘三例龗字,意義一貫,均用《玉篇》所謂"神也"之義,玉爲祭神要之物,龍爲神異動物、靈蟲之長,在字中作意符,正與"神也"之義相符。龗與靈通,而與霝並非一字異體。"龗磬"不是說磬之樂音美妙,而是言磬之神異。

④ 參陳雙新《兩周青銅器樂器銘辭研究》,第 185～189 頁。

之龢、協,嚴格説來,並非形容鐘之聲,而是説明樂鐘本身的音樂性能。龢,《説文》云:"龢,調也,从龠禾聲,讀與和同。"《吕氏春秋·季春紀·圜道》云:"今五音之無不應也,其分審也。宫徵商羽角,各處其處,音皆調均,不可以相違,此所以無不受也。"高誘注:"受亦應也。"①經傳多假和爲龢。"龢"對應於《尚書·堯典》的"律龢聲",而"協"對應於《堯典》的"八音克諧"。"聲"指的是五聲(宫商角徵羽)或七聲(五聲加上變宫、變徵),作爲音階,宫商角徵羽等音只有相對音高,没有絶對音高,在實際音樂中,它們的音高要用律來確定,也就是古人所説的"宫商角徵羽之高下無定準,必以律管之長短定之"(元·吴澄《纂言》)。②"龢鐘"之龢是説樂鐘之音階調試準確。"八音",《書·舜典》:"三載,四海遏密八音。"孔傳:"八音:金、石、絲、竹、匏、土、革、木。"《周禮·春官·大師》:"皆播之以八音:金、石、土、革、絲、木、匏、竹。"鄭玄注:"金,鐘鎛也;石,磬也;土,塤也;革,鼓鞀也;絲,琴瑟也;木,柷敔也;匏,笙也;竹,管簫也。"《説文》:"協,衆之同和也。""協鐘"之協,金文作𠦢、𠦣等形(參《金文編》第1203頁),群犬耦耕之象,字形與《説文》之"協"有異,但表意則與之無別。協、龤義相通,《説文》:"龤,樂和龤也。《虞書》曰:'八音克龤。'"揚雄《太玄·玄瑩》云"律吕既協,十二以調",《玄數》云"聲律相協而八音生"。馬融《長笛賦》:"夔襄比律,子壄協吕。""協鐘"指的是樂鐘與其他樂器配合演奏時聲律和諧有倫次而不相侵亂。當然,龢、協的使用也寄託着作器者對"神人以和"的祈願。

克鼎之"𩵋鼓鐘"應該是一個詞,主張其"𩵋鼓"是文獻中的"靈鼓"的説法可能不妥。"鼓"在兩周金文中確定作爲器名的均見於東周銅器,如邵黛鐘(225～237 春晚)"大鐘八聿(肆),其竈四堵……大鐘既縣,玉鐺雹鼓";叔尸鎛(285 春晚)"卑(俾)若鐘鼓,外内剴屖(愷悌)";庚壺(9733 春晚)"崔子執鼓"。③ 自名爲鼓的器物則僅見於舒城九里墩

---

① 據畢沅校正本,參《吕氏春秋》(世界書局《諸子集成》本),上海書店 1986 年 7 月。陳奇猷認爲"受"爲"侵"之誤,"不受"上畢沅增"無"字非是,參《吕氏春秋新校釋》上册,上海古籍出版社 2002 年 4 月,第 186 頁注 46。

② 關於"律龢聲"的認識,參考了《尚書校釋譯論》所引各種解説,見顧頡剛、劉起釪《尚書校釋譯論》第一册,中華書局 2005 年,第 295～304 頁。

③ 據張亞初釋文。

鼓座(429春晚,自名"鼃鼓")。另外就是作動詞表示擊奏義,如"永保鼓之"、"萬年日鼓"、"子孫鼓之"、"其子子孫孫永日鼓樂兹鐘"、"萬世鼓之"等,均見於鐘銘。①

"鼓鐘"在兩周金文中共三見,二見於西周,一見於東周。師麃簋(4324～4325西晚)云"令汝司乃祖舊官小輔、鼓鐘",克鼎云"賜汝史小臣霝鼓鐘",洹子孟姜壺(9729～9730春晚)云"鼓鐘一銉(肆)"。洹子孟姜壺中"鼓鐘"以"銉"計量,指的是一種鐘,乃祭品,"鼓"蓋用彈奏、擊奏之義,"鼓鐘"即可擊奏之鐘,可以實用,而非類似明器徒具其形而無法演奏。師麃簋中乃是官名。②

克鼎的賞賜物順序是:服飾,田,史小臣霝鼓鐘,民人。銘云:"賜汝叔市、參冋、苹悤,賜汝田于埜,賜汝田于渒,賜汝井寓匐田于峻以氒臣妾,賜汝田于康,賜汝田于匽,賜汝田于陣原,賜汝田于寒山,賜汝史小臣霝鼓鐘,賜汝井徵匐人,兼賜汝井人奔于量。"③"史小臣霝鼓鐘"斷句、釋讀分歧嚴重,兹不贅述。金文中"小臣"有40多例,大多單用,但也有在"小臣"前面加上標志身份的語詞的情况,如魯内小臣厌生鼎(2354西晚)之"内小臣",晉侯蘇鐘(《集録》41、43西晚)之"大室小臣"。而且,在爲數並不算少的賞賜銘文中,"史"、"小臣"均没有作爲賞賜物賞賜給諸侯或王臣的。我們認爲"史小臣"是小臣的一種,不應析分爲"史、小臣"。金文中的賞賜物一般都是以類相從,次序井然。如果認爲"史小臣"是作爲一種人來賞賜的,那麽"霝鼓鐘"前後都是人,它自身很難理解爲指的是物,④而應該指掌管霝鼓鐘的人,是一種樂官。若此,"霝"字就應是標志鐘類别的一個詞,如果"霝"只是形容樂音而無其他特别意義,"霝鼓鐘"作爲一種官職名就不好理解。但把克鼎和鄭井叔鐘的"霝"解釋爲意義不同的字,則缺乏有利而足夠的金文和文獻證據。

---

① 參張亞初《〈殷周金文集成〉引得》,中華書局2001年,第625～626頁;華東師範大學中國文字研究與應用中心編《金文引得》(春秋戰國卷),廣西教育出版社2002年,第44頁。

② 參張亞初、劉雨《西周金文官制研究》,中華書局1986年,第2頁"輔、小輔"條、第50頁"司鼓鐘"條。

③ 最後兩句的斷句及釋讀請參裘錫圭《古文字論集·古文字釋讀三則》,第398～402頁;陳劍《甲骨金文考釋論集》,綫裝書局2007年,第232～233頁。

④ 何樹環認爲指物,參《西周錫命銘文新研》,文津出版社2007年,第210頁。

另外，鼎銘對於賞賜物品的敘述模式①也可以作爲一個内在證據：受賜的服飾作爲一類單獨敘述；所受賜七塊田，分別以"賜汝"的結構單獨敘述；受賜民人兩種，也分別單獨敘述。這至少可以説明"史小臣靁鼓鐘"是一類事物。如果是兩類不同性質的東西，按其敘述模式，應該寫爲"賜汝史小臣，賜汝靁鼓鐘"。綜上，我們認爲克鼎和鄭井叔鐘中的"靁"意義是一貫的，"史小臣靁鼓鐘"是一個整體性名詞結構，"史小臣"修飾"靁鼓鐘"，義即史小臣掌管的靁鼓鐘，"靁"字的使用意在表明克所受賜之鐘的優良品質。金文中有賞賜鐘的情況，如多友鼎（2835 西晚）"賜汝圭瓚一，湯（錫）鐘一牆（肆）"，它如師毀簋（4311 西晚）等。這樣複雜的名詞性結構金文中也有，如小臣謎簋（4238～4239 西早）之"征自五齵貝"。

綜之，"靁鐘"是聲音清越、空靈之鐘。金文中出現的三例"鼓鐘"都是指鐘的一個類別，而非指鼓和鐘二物。由物引申指掌管這種鐘的樂官，亦稱"鼓鐘"。克鼎之"史小臣靁鼓鐘"是一名詞性結構，即史小臣掌管的靁鼓鐘。"靁鼓鐘"義同於"靁鐘"。"靁"字是從"霝"派生專門表示樂音的一個字，在古文字字編中的處理，我們同意於龠部增立"靁"字頭的意見。從龠而形容樂聲的字又如"鱐"。

2011 年 11 月 30 日據舊稿增訂

補記：劉信芳《楚簡釋讀與〈方言〉補例試説》，《文獻》2010 年第 3 期，第 85 頁："鑐鈇"，簡文稱金屬製品之紋飾爲"鑐"，稱絲織品之紋飾爲"鑐"或"霝光"，蓋其紋飾爲雲氣，爲龍鳳，取其可通神靈而美善之義。

原刊華東師範大學中國文字研究與應用中心編《中國文字研究》第 17 輯，上海人民出版社 2013 年。發表後有增補，今據發表後的增補稿收入。

---

① 這種敘述模式亦見於卯簋蓋（4327 西中）"賜汝瓚璋四縠、宗彝一牆（肆）寶，賜汝馬十匹、牛十，賜于乍一田、賜于□一田、賜于陝一田，賜于戲一田"，賞賜物是：青銅和玉禮器一類，馬牛一類，田四塊，分敘。合敘而共用一個賞賜動詞的見於四十二年逑鼎（《通鑒》2067 西晚）"賚汝秬鬯一卣，田：于□卅田，于陴廿田"。

青銅盤自名考釋三則*

一、伯碩夐盤

青銅盤是商周時期重要的禮器之一,有關青銅器研究的著作均把其歸入水器類。

容庚先生云:"盤,承水之器也。用匜沃盥,而以盤承之。《禮記・内則》:'進盥,少者奉槃,長者奉水,請沃盥,盥卒,授巾。'鄭注:'槃,承盥水者。'《國語・吴語》:'一介嫡男奉槃匜以隨諸御。'韋注:'槃,承盥器。'今所見之器,每有繪魚龍龜蛙之紋於盤内者。"①馬承源先生云:"盤,承水器。商周時期宴饗用之,宴前飯後要行沃盥之禮,《禮記・内則》載:'進盥,少者奉槃,長者奉水,請沃盥,盥卒,授巾。'沃盥時盤匜(或盉、鎣)相需爲用,即用匜(或盉或鎣)澆水於手,以盤承接棄水。西周中期前段流行盤盉相配,或盤鎣相配。西周晚期到春秋戰國則多爲盤匜相配。戰國以後,沃盥之禮漸廢,盤亦被'洗'替代。"②朱鳳瀚先生云:"青銅盤有的在銘文

---

* 本文所引器物出處用簡稱,《集成》指《殷周金文集成》,《彙編》指鍾柏生、陳昭容、黄銘崇、袁國華《新收殷周青銅器銘文暨器影彙編》(藝文印書館 2006 年 5 月),《通鑒》指吴鎮烽《商周金文資料通鑒》(資料庫光碟,2012 年 2 月)。

① 容庚《商周彝器通考》,上海人民出版社 2008 年 8 月,第 346 頁。李濟先生認爲盤承盥水,也許只是其用處的一種,他説:"在漁獵時代,以魚爲食品,是人類早有傳統的一種食的文化。殷商時代,人喜飲酒,把魚用着下酒,大概已是商人的一種享受。此所以殷墟出土兩件盤形器在款識或文飾上都發生了魚關係的緣故吧?這兩器[英傑按:參本書 504 頁圖 63(3a)(3b)(4a)(4b),均有圈足]的名稱在殷商時代是否稱'盤',文字學上固然尚是待證的問題,依它的形制説,用着盛裝烹好的鮮魚,應該没有什麽問題。"參《殷墟青銅器研究》,上海人民出版社 2008 年,第 418 頁。

② 馬承源主編《中國青銅器》(修訂本),上海古籍出版社 2003 年,第 258 頁。

中自名爲盥盤……盤是盥器,即洗手用的水器,常與匜配合使用,使用時以匜往手上澆水,下以盤承接洗過手的水。考古發掘出土的匜往往置於盤中,此亦與《儀禮·既夕禮》所言之'盤匜,匜實於盤中,南流'同。青銅盤雖在屬商前期的二里岡上層期即已出現,而青銅匜的出現時間晚在西周晚期初葉,所以盤匜的配套亦在此以後。在此以前商前期與殷代多不見與盤配套使用的其他水器,推測當是以其他質料的器物作澆水器,或直接在盤中盥洗。至殷代已有少數墓中盂與盤同出於一墓之例,至西周中期墓中,盤盂較普遍地伴出,所以當時是以盂作爲澆水之器,功用同於以後的匜。西周晚期以後匜代替了盂,盤匜方成爲較固定的一套盥器。"①

從青銅器自名、文獻記載、器物組合等多方面看,盤在兩周時期主要是作爲水器來使用的,但承盥器並非其唯一用途。先秦時代體形最大的銅盤是西周晚期的虢季子白盤,通高 41.3、口橫 130.2、口縱 82.7 釐米,重 215.3 公斤。此種大盤,有學者推測是用來洗澡的。② 有些盤則可能是作爲鑒來使用的,如昶伯墉盤(《集成》10130 西周晚期,形制參圖一)自名"寶鑒(👁)"。③ 有的形制似鑒,如徐王義楚盤(《集成》10099 春秋晚期,參圖二),江西靖安縣出土,自名"盪(浣)盤"。④

圖一　昶伯墉盤

盤除作爲水器外,是不是還有其他用途呢?
1975 年湖北浠水縣朱店公社東方紅大隊 4 小隊社員王普榮整治農

---

① 朱鳳瀚《中國青銅器綜論》,上海古籍出版社 2009 年 12 月,第 280 頁。
② 參朱鳳瀚《中國青銅器綜論》,第 280 頁。
③ 或定爲春秋早期器,"鑒"或釋"盤"。
④ 通高 14、口徑 37.6 釐米,重 4.5 公斤。

圖二　徐王義楚盤　　　　圖三　伯碩孯盤、樂伯盤

田時,在一條放水溝處同時挖出兩件古代銅盤(參圖三)。兩盤形狀相似,盤內都有銘文,都有圈足和二附耳,盤壁厚度大體一致。出土時兩盤相距約 30 釐米。伯碩孯盤(《集成》10112,參圖四),通高 16、口徑 35、腹深 8 釐米,重 5.5 公斤。大口窄沿,坦腹附耳,高圈足,腹飾倒 S 形紋飾。腹內底有銘兩行 15 字。樂伯盤(《集成》10167,參圖五),通高 16、口徑 37.5、腹深 8.5 釐米,重 6 公斤。窄沿方唇,腹部有一對附耳,附耳高出器口 2 釐米。口沿下飾垂冠回首夔龍紋。腹內底有銘六行 65 字。① 此盤出土後,當地人對銘文加以刮磨,字迹筆畫受到損傷,難以拓片,縣博物館在已磨損之銘文筆畫內塗上白粉,拍成照片。②

樂伯盤云"自作朕(浣)般(盤)","朕"或釋"媵",但媵器而云"自作"者,似未見其他用例。伯碩孯盤銘文作"伯碩孯作鳌姬饔盤……",值得討論的是伯碩孯盤的自名,由於資料限制,其自名可有二解:一是自名"盤","饔"屬上讀,"鳌姬饔"爲"國名(或氏名)+姓+名"的女性稱名方式。這種稱名方式在金文中也並非罕見現象,但以从食之字作女名則罕見;一是自名"饔盤",吳鎮烽先生便認爲此器的作器對象是"鳌姬"。③ 如果按第一種理解,器之功用與器物自名不存在什麽矛盾。如果按第二種

---

① 葉向榮《浠水縣出土西周有銘銅盤》,《江漢考古》1985 年第 1 期,第 104～105 頁。圖三采自葉文。葉氏認爲二盤爲西周中期懿、孝、夷三王時代之物。《通鑒》定伯碩孯盤爲西周晚期,樂伯盤爲西周中期後段。文中有關器物的器形、紋飾説明均采自《通鑒》。

② 劉彬徽《湖北出土的兩周金文國別與年代補記》,《古文字研究》第十九輯,中華書局 1992 年。

③ 吳鎮烽《金文人名彙編》(修訂本),中華書局 2006 年 8 月,第 418 頁。

412　金文與青銅器研究論集

圖四　伯碩豦盤器影及銘拓

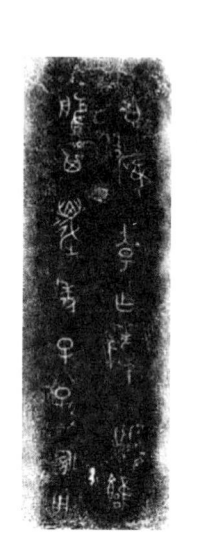

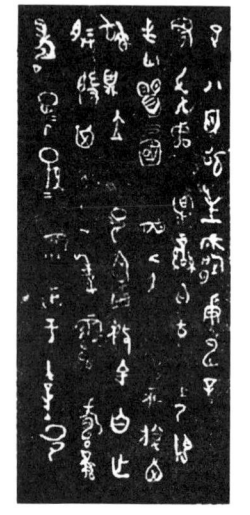

圖五　樂伯盤器影及銘文照片

理解，則關涉到青銅盤功用的新認識——青銅盤有食器功能。有一件春秋時期的黃韋俞父盤(《集成》10146)，爲方濬益、沈十峰、孟惟寅舊藏，銘云"黃韋俞父自作飤器"。惜此器不見器形著錄。方氏《綴遺齋彝器款識考釋》第七卷24頁著錄了此器銘文，云："經典中無以盤爲食器者，後世所見古器大抵皆盥盤，此銘獨曰飤器，又其形制平底三足而無耳，異於諸器，是食盤之制,周時已有之。"①看來,盤作食器雖罕見,但也並非孤例。

《說文》:"饔,孰食也。"經典作"饗",即"饔"之隸變。字亦省作"雝",隸變作"雍"。《集韻·鍾韻》:"饔饗,熟食也。一曰割烹煎和之稱。或從雍。"《周禮·天官·序官》"内饔"孫詒讓正義:"凡孰食必有割烹煎和,故謂之饔。"《國語·周語下》"佐饔者嘗焉"韋昭注:"饔,烹煎之官也。"《公羊傳·昭公二十五年》"餕饔未就"何休注:"饔,熟肉。"《左傳·桓公十四年》"曹人致饔"孔穎達疏:"饔者,煮肉之名。"先秦禮書中有"雍人"、"雍正",乃食官(或釋"廚宰之官",義同)。"饔盤"蓋謂用於烹煎之盤。徐王鼎(《集成》2675 春秋早期)曰"用雍賓客",雍通饗,或解爲"樂"。② 但從語源角度看,"用饗賓客"當是通過宴饗的方式和諧社會關係之謂,與鐘銘之"以樂嘉賓"通過音樂的演奏娛樂賓客的方式還是有區別的。今日之中國請客吃飯仍是情感溝通、協調關係的一個重要手段,古與今蓋相似。

伯碩寡盤、樂伯盤形制雖似,但用途有别,器物自名正說明了這一點。

二、蘇公盤

蘇公盤(《通鑒》14404 西周晚期,參圖六),爲西安某收藏家所藏,從海外購得。自名"䤾",从金从支,張懋鎔先生隸爲"鈘",根據文例釋爲"盤"。③

盤之自名在銅器銘文中有多種異體,一般寫作"般",其次是"盤",偶作"鎜"。蘇公盤自名之"鈘"即"盤"之異體。舊著錄有一件叔多父盤,西周晚期器,曹秋舫(曹載奎)舊藏,但無器形信息。④《通鑒》14532 新著錄了一件同銘器(參圖七),文字有剥蝕,在修補中對文字也有損傷。其自名在銘文中出現兩次,云"作朕皇考季氏寶支(䚽)"、"作兹寶支(䚽)"。"支"只能認爲是"般(盤)"之省寫。

---

① 方濬益《綴遺齋彝器款識考釋》,《國家圖書館藏金文研究資料叢刊》第 16 册,北京圖書館出版社 2004 年 3 月,第 520 頁。
② 陳初生《金文常用字典》,陝西人民出版社 2004 年 1 月,第 570 頁。
③ 張懋鎔《蘇公盤鑒賞》,《收藏界》2007 年第 4 期。"鈘"見於《上海博物館藏戰國楚竹書(八)·命》(上海古籍出版社 2011 年)第 3 簡,文云:"唯鈘於鈘慮,命勿之敢韋。"與盤名之"鈘"當是同形字。
④ 參見《通鑒》14533。

414　金文與青銅器研究論集

圖六　蘇公盤器影及銘拓

圖七　叔多父盤

　　西周中期器晉韋父盤(《彙編》1453，參圖八)自名"寶盤(月)"，"般"省寫作"舟"。金文中青銅盤的自名"般"或"盤"就是从"舟"的，如 䀇、䀇、䀇、䀇。① 所謂"舟"本是盤的象形，商代甲骨文、金文大多還保留着原來的筆意寫法，作冊般甗(《集成》944 商代晚期)之"般"寫作 䀇，所從之"凡"(盤之初文)稍有訛變，甲骨文"鳳"字聲符"凡"也有這種現象。這是因爲由多個偏旁構成的字，由於字形區別特徵的增多，其構件會發生省略或訛變。到了兩周金文中則進一步因形近而訛變爲"舟"。作公鎣(《集成》9393 西周早期，參圖九)云"作公盤鎣"，"盤"寫作"䀇"，亦是盤的象形寫法。"盤鎣"連稱又見於弭伯盤(《集成》10064 西周中期)和弭伯鎣(《集成》9409)等。但"般(盤)"省寫爲"支"，則有些匪夷所思，如果僅有銘文而沒有器形，文字將無法準確釋讀。

---

　　① 參容庚編著，張振林、馬國權摹補《金文編》，中華書局 1985 年 7 月，第 397 頁"槃"、第 611 頁"般"。

图八　晉章父盤器影及銘拓

图九　作公鎣器影及銘拓

寫作"攴"、"日"或"𣪘"，是在文字書寫求簡的總體文字發展趨勢推動下而產生的文字變易現象，但其記詞職能會造成理解上的歧異，因此只是曇花一現，未被大多數人所接受。甲骨文中有一種特殊的文字形體省略現象，但出現於對貞語境中，在正貞和反貞相互對照下，這種文字形體省略不會影響對卜辭的理解。[①]"盤"字省寫爲"攴"或"鈘"與之相類，青銅器器形構成文字形義釋讀的特定"語境"。這也提示我們，金文的研究一定要把器和銘結合起來進行探討。

三、家父盤

家父盤(《彙編》960，西周中期，參圖十)，出土於山西曲沃縣天馬-曲村西周墓葬 M6384，家父即晉叔家父。1994 年 10 月山西曲沃縣曲村鎮

[①]　參黃天樹《商代文字的構造與"二書"説》，復旦大學出土文獻與古文字研究中心網站"甲骨金文"欄目，2008 年 5 月 12 日。

北趙村晉侯墓地 M93 出有一對形制、銘文均相同的晉叔家父壺。家父盤自名"寶󰀀",通高 15.7、口徑 33.8 釐米,重 3.913 公斤。直口折沿,腹較深,矮圈足下連鑄三條高足,附耳未高出器口,腹飾雲雷紋填底的分尾長鳥紋,下有一道弦紋。我們曾對󰀀字作過釋讀,認爲字"當是从皿巴(氾所从,也即《説文》馬字)聲,這裏讀爲'盤'。《方言》卷五有'盜'('盜,椷也,自關而東,趙魏之間曰椷,或曰盞,或曰盜'),《玉篇》作盔"。① 現在看來對字形的分析是有問題的,皿中構件與古文字材料中所見的马旁寫法不類。鄔可晶先生改釋爲"盁",認爲與表血祭的"盟"表示的是同一個詞,是器名修飾語(其後省略器名)。據其自名"盁",此盤當是在祭祀或會盟時用來盛血。②

圖十 家父盤器影及銘拓

對於青銅器功用的確定,可以從多角度進行考察,或根據銘文本身(自名及其用途銘辭),或根據器物組合,尤其在銘文没有提供器用信息的情況下,通過器物組合的考察確定器物的功用便顯得非常重要。鄔文在這一點上有所忽略。

家父盤與晉仲韋父盉(參圖十一)同出於 M6384 棺槨之間的南端,二者構成一套盥洗器即盤、盉組合。③ 西周晚期,盤、匜組合逐漸取代盤、盉

---

① 參拙著《西周金文作器用途銘辭研究》,綫裝書局 2008 年 10 月,第 198 頁。
② 鄔可晶《釋青銅器銘文中處於自名位置的"盁"、"盟"等字》,《出土文獻與古文字研究》第四輯,上海古籍出版社 2011 年 12 月。
③ 盉通高 25.6、口徑 13.2 釐米,重 2.626 公斤;侈口長頸,隆起的蓋上有圓雕豬形鈕,前有管狀長流,後有獸首鋬,鋬與蓋有鏈條相連,襠部略分,襠部有一個套環鈕,四柱足,蓋上和頸飾雲雷紋填地的分尾長鳥紋,流上飾斜角雲紋。

組合。盉、匜用途相同,可以互代,青銅器銘文中盉、匜自名可以互稱,盤、盉亦可連稱,甚至有盉稱盤者。①

圖十一　晉仲韋父盉及蓋銘

　　上海博物館近年徵集了一件晉韋父盤(參圖八),通高 15、口徑 34 釐米,重 3.85 公斤。平沿方唇,淺斜腹,圈足上連鑄三條螺紋蹄足,一對圓條形附耳由盤的腹壁近底部歧出,與口沿幾乎等高。腹壁飾雲雷紋填地的長鳥紋,下飾弦紋一道,附耳飾鱗紋。鳥紋分爲兩組,前一組兩邊各有三隻鳥相向而立,後一組兩邊各有兩隻鳥相向而立。自名"寶盤(月)",未提供器用信息。家父盤與晉韋父盤均爲晉國器物,形制和紋飾完全相同,尺寸也幾乎一樣。周亞先生認爲,二盤應該是同時、同地,由同一批工匠所鑄造的,它們之間應該有比較密切的關係;晉仲韋父即晉韋父。

　　器物組合的規範形態具有規律性,即銘文或紋飾的一致性,銘文的一致性比紋飾的一致性更爲重要。周亞先生認爲,晉仲韋父盉與晉韋父盤可能不是一組器物,晉仲韋父盉無論與晉韋父盤還是與家父盤組合,都不符合器物組合的規範形態的一般規律;晉韋父當時可能製作了兩套盤、盉組合的水器,一套是器主稱爲晉仲韋父的"旅"器組,另一套是器主稱爲晉韋父的"寶"器組;晉仲韋父盉、晉韋父盤、家父盤應該是分屬於三套盤、盉組合的水器;晉仲韋父盉與家父盤是非規範形態的組合,這種組合應該是當時賵賻制度的結果,是韋父與家父合贈的一套助葬的水器。②

　　如果從禮器使用的盤、盉組合的大背景下考慮,所謂家父盤在祭祀或

---

① 朱鳳瀚《中國青銅器綜論》,第 296、297 頁。
② 周亞《晉韋父盤與盤盉組合的相關問題》,《文物》2004 年第 2 期。

會盟時用來盛血的功用，就值得商榷了。至於 🝔 到底是什麼字，則有待進一步研究。這也再次提示我們，金文的研究決不能僅僅限於銘文部分，應與器物以及器物的組合結合起來進行探討。

2013 年 2 月 21 日定稿

原刊華東師範大學中國文字研究與應用中心編《中國文字研究》第 19 輯，上海書店出版社，2014 年。

附圖　監祖丁觶銘拓

【編按】監祖丁觶（《集成》6207 商晚）中有族氏文字 🝔（銘拓見附圖），鞠煥文先生認爲：“該字所在辭例雖然不能證明其意義，但從構形來看，釋之爲'監'字應無問題。"並分析其形説：“它與通常所見'監'字唯一不同之處在於，皿中形狀不是作一點或是一横，而是作 🝔 形，表現爲一圓圈帶一尾巴，它就是其上俯身人形在水中的倒影，圓圈對應着人的腦袋，'尾巴'對應着探出的人身，而且它和其上的人形正是以水面爲界作對稱形，將'鑒照'意表現得淋漓盡致。"他以此形爲立論依據，認爲"監"字皿中有點之構形中的"一點"就是 🝔 形的簡寫，而家父盤自名之 🝔 即 🝔 字之簡省。但鞠先生在文中所引的鄔可晶先生回信的意見則認爲：“監祖丁觶的這個'監'，可能應該跟大作已經舉到的《合》27740 一形聯繫起來。後者'監'作 🝔，'目'下的一豎如果不是來自於'皿'中的水點，頗疑表示監臨時的視綫，因而指向器皿。🝔 中的'小尾巴'本來也應該跟'目'相連的（細審拓本，似乎'小尾巴'上端跟'目'存在若有若無的連綫，'目'形對準'小尾巴'的地方明顯有沖出來的筆畫），表示視綫朝向'皿'中的水。"鄔先生大概是認爲皿中之符號，圓圈與其上筆畫應分開看，其上筆畫屬於目，表示的是視綫，下面的圓圈表示的是水（或血）。鞠文從四個方面對釋"監"說逐一釋疑。參鞠煥文、張世超《釋家父盤中的自名用字"監"及相關諸字》（未刊稿）。基於青銅器這個特殊"語境",我覺得鞠説很有道理,雖然還需要進一步的確證。鞠、鄔討論中還涉及一個問題,即文字的省略機制問題。根據相關材料,甲骨文字的構形特點和省略機制與青銅器銘文是有不同的,由於文字對其所在載體的依附性,物質載體對文字的影響應該充分慮及,這種影響由於文字資料内容性質的不同以及載體的不同而有不同的表現。至於在載體限制下產生的特殊省寫字形對文字系統所可能產生的影響,即是否產生模仿效應或類推效應,當另作分析。也就是説,文字演變中出現的一些所謂"規律化"的東西,要考察它的源出"語境"。一些演變現象在始出階段具有個體性和特殊性,有的並不能成爲進行平行論證的依據。

另,在 2019 年 4 月 5 日的來信中,鞠先生認爲 䇂、䇂 當从"鞭"之初文得聲,與舊所持意見有所不同。

談青銅器中器與銘
相照應的現象

青銅器中器與銘相照應的現象並不多見,貉子卣是較早被注意的例子。[1] 方濬益[2]、鄒安[3]、郭沫若[4]、容庚、陳夢家、李學勤、朱鳳瀚等學者對此種現象均有所注意,但限於材料,尚未有人對其作全面梳理和深入分析。就我平時讀書所見,大致有三種情況:一是青銅器的形制與銘文內容照應,二是青銅器的花紋與銘文內容照應,三是青銅器花紋構圖與銘文文字構形照應。這些現象對探討銅器製作的原因、銘辭的性質以及當時人的藝術思維都很有意義。

一

銘文內容與器物形制相照應見於作册般銅黿、盠駒尊、晉侯銅人、子之弄鳥尊等。

---

[1] 本文所説器、銘照應是一種特殊現象,不包括器物自名與器物形制相應的情況,如鼎自名"鼎"、盤自名"盤"之類(鳥獸形尊是比較特殊的一種器類,其有專名者,今納入討論範圍)。

[2] 方濬益《綴遺齋彝器款識考釋》卷十二,民國二十二年上海商務印書館石印本,第12頁貉子卣;收入徐蜀選編《國家圖書館藏金文研究資料叢刊》第16~18册,北京圖書館出版社2004年3月。

[3] 鄒安《周金文存》卷五,第86頁貉子卣。據書末鄒安跋,該書丙辰年(1916年)開印,至辛酉(1921年)九月,六卷印事始竣,每年只印一卷。

[4] 郭沫若《兩周金文辭大系圖録考釋》,《郭沫若全集·考古編》第八卷,科學出版社2002年10月,第422頁貉子卣。

作册般銅黿①（圖一），中國國家博物館 2003 年徵集。器作立體鱉形，頭前伸，雙目圓睜，四足作爬行狀，短尾，背上斜插三箭，頸部左上方斜插一箭。通長 21.4、通高 10、最寬處 16 釐米。②

圖一　作册般銅黿器形及銘拓③

該器形制前所未見，對於器物的性質、銘文的斷句、文字的釋讀以及銘文所反映的史事，迄今未能取得一致意見。甲骨、西周金文中雖有文例、內容類似的材料，但對於該器，需要把銘文和形制結合起來而給予一個圓滿的解釋。銘文雖未明言商王所既賜作册般的物品是什麼，但根據文意與器形，一般都認爲就是此器所象的黿，是在洹水射獲的。④

李學勤先生認爲器屬商末，其釋文爲：“丙申，王狩于洹，隻（獲）。王

---

① 形制、大小、銘文相同的還有一件，爲私人所藏。
② 有生物學者認爲，該器所鑄之動物形象應該是黃斑巨鱉（R. swinhoei）而非亞洲圓鱉（P. cantorii），文獻記錄爲"黿"。黃斑巨鱉是世界上最大的龜鱉類之一，黃河種群自 11 世紀後未再有記載。洹水在商都安陽附近，本屬古黃河水系，今入海河。《晏子春秋》、《晉書》、《唐國史補》和《酉陽雜俎》分別提到黃河流域的河南三門峽、洛陽、山東平原縣等地有"黿"的分佈，北宋周煇《清波雜誌》記："熙寧（1068—1077 年）中，侍禁孫勉，監澶州（今河南濮陽）堤，見一黿自黃河順流而下，射殺之。"以後未再見諸文獻。參王劍、史海濤《黃斑巨鱉分佈的歷史變遷》，《動物分類學報》2011 年第 4 期，第 919~920 頁。
③ 引自吴鎮烽《商周金文資料通鑒》（光盤數據庫，2012 年 2 月，文中簡稱《通鑒》）。該器的相關器影資料另參《中國歷史文物》2005 年第 1 期封面（即本文圖 1 左）和圖版一、二（銘文 X 光片、俯視圖、底視圖和箭尾照片）；唐宇、劉桐《中國國家博物館藏青銅器賞析（上）》，《榮寶齋》2015 年第 1 期，第 133 頁。
④ 嚴志斌云："西周時期周王也常舉行射魚之禮，如井鼎、靜簋、遹簋。所獲則作爲薦品貢獻於宗廟，或賜於參與者，如公姑齋鼎、井鼎……作册般銅黿銘中所獲黿，是否也是一次禮儀活動的收穫，也是有可能的。"參《商代賞賜金文研究》，《南方文物》2008 年第 4 期，第 101 頁。嚴文還提及與黿銘近同的宰丰雕骨。

射,奴射三衞,亡(無)灋(廢)矢。王令(命)甯(寝)馗兄(貺)于乍(作)册般,曰:'奏于庸。'乍(作)母寶。""迠"讀爲過,至義。商王到洹水上,獲得此器所象的黿。"奴"讀爲贊,"贊射"即佐助王射。"衞"通率,"贊射"者三次接續"王射",故稱"三率",即三循。"亡廢矢"是説没有一箭不射中目標(即洹水的黿)。"王射"一箭,"贊射"三箭,與銅黿上箭數吻合。宰丰雕骨記商王在麥麓田獵獲兕(即野牛),命寝小狧既賜給宰丰,和黿銘王在洹水獲黿,命寝馗貺賜於作册般,情况相似。"奏于庸"是商王命寝馗把黿貺賜給作册般時傳達的指示,與"王命寝馗貺于作册般"是一件事,不是兩件事;庸即鏞,大鐘,商王可能是命作册般詠詩,記述獲黿的事迹,將之譜入以鏞爲主的音樂演奏。銅黿不屬於禮器,在祭祀中無所用之,所以,"作母寶"之母當時可能是生者,也可能已故。銅黿只是對商王貺賜的紀念物,和西周的貉子卣因王賞鹿而鑄飾鹿紋、盠駒尊因賞駒而模仿駒形一樣。宰丰雕骨也是紀念物,由於商王賜予大牛,於是保存其肋骨,雕刻紋飾銘文。黿没有適用的部分可以留藏,於是造銅黿以爲紀念。但銅黿不具有實用性,作册般只是製作一件珍貴的紀念物奉獻給母親而已。①

　　朱鳳瀚先生認爲器約在帝乙、帝辛時代。他對黿體上的箭作了詳細觀察,認爲射入黿體的非箭前部之鏃,而當是箭尾,鑄成此形當是用來顯示射箭者(商王)的孔武有力。其釋文:"丙申,王迡玨(于)洹,隻(獲)。王一射,妞射三,率亡(無)灋(廢)矢。王令(命)甯(寝)馗(馗)兄(貺)玨(于)乍(作)册般,曰:'奏玨(于)庸,乍(作)女(汝)寶。'""迡"習見於黄組卜辭,有及、至之義,實際上含有往於某地還要回歸於出發地的意思。"王迡"之地多較洹水爲遠,商王在洹水流域能射獲此較大的鱉,可證洹水當時是一條較大的河流。"獲"指獲此黿。妞讀作狃,再、又之義。"王一射,妞射三"是説王先對此黿射了一箭,接着又連射了三箭,即四箭射者皆應是王。"率亡廢矢"即無有未命中的矢。"奏于庸,作汝寶"是王對作册般所説的話(或是通過寝馗傳達給作册般)。王在賞賜給作册般其射獲的黿後,令作册般"奏于庸"。奏,書也;庸指紀功的庸器,即王命作册般將王四射皆中的精湛射術銘記於庸器上,以展現王之武功,並囑其永寶之。銘文大意

---

①　李學勤《作册般銅黿考釋》,《中國歷史文物》2005年第1期,第4～5頁。

是：丙申日，王及於洹水，獲得此黿；王先射一矢，繼而又連射三矢，皆命中而無有廢矢；王命寢馗將此黿賜於作册般，王説："（將此事）銘記於庸器，作爲你的寶物。"從相關銘文看，作册般是受到商王重用並有相當地位的貴族。朱文提及在獵物上記録商晚期商王行獵成績的六條文字資料：《懷》1915（《合集》37848 近同）雕紋虎骨、《殷契佚存》518 雕紋兕肋骨（即宰丰雕骨，《合補》11299）、《殷契佚存》427 兕肋骨、《合集》37743 鹿頭刻辭、《合集》36534 鹿頭刻辭、《合集》37398 兕頭骨刻辭。宰丰雕骨辭例尤其與黿銘相近。①

王冠英先生釋文："丙申，王迻于洹，隻（獲）。王射，般射，三，率亡瀘（廢）矢。王令寢馗兄（貺）于作册般，曰：'奏于庸。'作母寶。"迻，巡視、巡察之義。王射了一箭，般射了三箭，完全命中，没有浪費一箭。商王命寢馗把射獲的黿賜給作册般。"奏于庸"是"奏之于鏞"的意思，是説商王要作册般把射獲大黿的事創作成音樂用鐘樂演奏出來。這一方面是爲了宣傳自己的神武，另一方面可能也跟射禮有關。"作母寶"，爲紀念此事，作册般作了這個寶器獻給母親。文章還對黿身上的矢形作了深入的討論。②

裘錫圭先生認爲："丙申王迻于洹獲"，此句説明銅黿所象之物是商王在丙申日迻于洹時所捕獲的。"王一射，□射三，率無廢矢"，□可能是贊助、佐助之義，也可能是商王迻于洹時所帶隨從中的一種人的名稱（當不止一人）。"王令寢馗㫃于作册般曰：'奏于庸作，𣍘寶。'"㫃義近於"告"，"奏于庸作，𣍘寶"是商王命令寢馗告訴作册般的話，"庸"基本同於西周金文的"僕庸"之庸，𣍘爲毋，奏訓進，"庸作"猶言"庸之所作"，指庸徒們工作的地方，"奏于庸作"義即送進庸徒工作之所，可能指將捕獲的身中四矢的黿送進鑄銅作坊，以仿鑄銅黿；或送進骨角器作坊，用其甲殼製器。從商王讓作册般辦這件事來看，似乎前一種可能性較大。因爲銅黿有銘文，需要史官撰寫。"毋寶"義即不用當作寶物，應指不用把黿的甲殼保存下來當作寶物。黿銘記載了商王射獲並處理此黿的情況，可能爲作册般

---

① 朱鳳瀚《作册般黿探析》，《中國歷史文物》2005 年第 1 期，第 6～10 頁。
② 王冠英《作册般銅黿三考》，《中國歷史文物》2005 年第 1 期，第 11～13 頁。

承王意而撰，並不是作册般因爲被商王賜以死黿，感到榮幸而作的。①

董珊先生讀"迖"爲"悐"。他認爲此黿可能是先被捕獲，之後用來作爲射箭之鵠的，而並非射取，懷疑跟射禮有關。"狃(？)射"依從朱説。"乍母寶"意思是作一個象形寶物，"母"讀爲"模"。他同意朱文庸即庸器的意見，認爲銅黿的性質就是文獻中的"庸器"。作册般並非把商王賞賜當作個人榮耀，而是爲了記録商王的功庸而製作這件器物，這是他的職責。董文引及一件西周時期的晉侯銅人，認爲其與銅黿製器的立意和匠心有相似性。②

宋鎮豪先生認爲銘文反映的是商王暨各方貴族階層成員參與的弓矢競射禮，③其釋文："丙申，王迖于洰，獲。王一射，狃射三，率，亡(無)灋(廢)矢。王令寢馗兄(貺)于乍册般，曰：奏于庸。乍母寶。"迖讀陳，陳列之義；狃，贊佐、佐助之義。"無廢矢"爲班評競射優勝的贊語，形容射技精湛，箭無空射皆中目標，是射禮場合的常見用語。此銘記商王帝乙陳列於洰水舉行競射，王一射，佐助三射，皆中的，無廢矢，射獲大黿，頒功，命寢馗貺賜乍册般，譜詠其事於鏞鐘演奏。"奏于庸"，當是射後舉行享禮(享祭先祖之禮)的行儀之一。又謂"狃射三，率，無廢矢"蓋與文獻"射以擇人"同旨，三人得中。"率"指皆中的。④

袁俊傑先生釋文："丙申，王迖于洰，隹(惟)王射，奴射四，率亡(無)

---

① 裘錫圭《商銅黿銘補釋》，《中國歷史文物》2005年第6期，第4～5頁。
② 董珊《從作册般銅黿漫説"庸器"》，北京大學震旦古代文明研究中心編《古代文明研究通訊》總第24期，2005年3月，26～29頁。
③ 按照一定的規程進行弓矢競技，用以體現貴族子弟矢射技能之高下；以三番射作爲競技規則，以實射獵物爲主要形式，視射獲獵物無廢矢品論優勝，進行頒功貺賜，射後有享祭先祖之禮。宋先生對"狃射三"的解釋前後有所不同，前解釋爲三番射，後解釋爲射以擇人、三人得中。
④ 宋鎮豪《從新出甲骨金文考述晚商射禮》，《中國歷史文物》2006年第1期，第10～18頁。對於"狃射三"，宋先生游移於"佐助三射"、"三弓用射"、"三人得中"之間，看法不够明晰。韓江蘇解釋銘文云：商王到洰水上("王迖于洰")，捕獲了此只黿(商王差人把此黿送到宗廟中習射之處，以備射箭禮儀場合下使用之鵠)，射禮舉行的當日，商王先射了一箭，後三矢連續而發，箭無虚發，每箭都射中了黿；商王命令寢首把所射四箭之黿饋送給了作册般，又命令説：於設置庸處奏庸(鐘)以示射禮禮儀開始。作册般作爲參與商王所舉行射禮的官員，被商王賞賜大射之禮場合下所射之黿，他感到無比榮耀，故作銅黿以示榮耀。她把"王一射，狃射三"解釋爲"參連"射儀(前放一矢，後三矢連續而去)，認爲黿身之四箭均爲商王所射。參《從殷墟花東H3卜辭排譜看商代彈侯禮》，《殷都學刊》2009年第1期，第22～24頁。關於"迖"字，單育辰亦主此釋，但解爲"屯留"、"停留"，認爲字从倒"屯"，"屯"即聲。參《釋"迖"》，《中國文字學報》第五輯，商務印書館2014年7月。

瀘(廢)矢。王令(命)䆒(寢)馗兄(貺)于乍(作)册般,曰:'奏于庸,乍(作)女(汝)寶。'""奴"讀爲戔,戔穿義。銘文大意是説,丙申日這一天,商王到洹水上舉行射禮,商王連續穿射了四支箭,皆射中黿體,没有廢矢。王命寢馗將此黿賜予史官作册般,王説:"(將四射皆貫的射藝)銘記於庸器,作爲你的寶物。"他認爲黿是銘功的庸器,而不是莊重神奇又具有實用性的禮器;是頌揚商王射技武功的紀念物,而不是對商王貺賜的紀念物;是整體仿生的寫實性極强的再現商王射藝的實物模型,而不是田獵物模型;其銘文是記載射禮,而不是記載田獵。銅黿的銘文與造型構思所反映的史事是商代末期王在洹水進行的一次水上射禮活動。① 後把"迗"改釋爲"迏",讀爲"弋",弋射義;"隹"改釋爲"獲",獨字句。"無廢矢"是射禮文辭有别於田獵文辭的顯著標識。認爲銘文是説,丙申日這一天,商王舉行射禮,王弋射於洹水,射得;商王射黿,連續穿射了四支箭,皆貫穿黿體,没有作廢的箭。銘文記述了商王在同一日所舉行的弋射和射黿兩種射禮。並推測,當時可能是把黿用繩子綁住四條腿,頭向下,懸掛在兩根立杆之間作箭靶的。在此基礎上,進一步推測説,商周時代的射禮曾經歷了一個從田獵競射到射牲、再到射侯的發展歷程,而銅黿所反映的正是由實射動物到射侯的過渡形態。②

李凱先生認爲銘文反映了商王進行射禮的事實,而不是記載普通的田獵。作册般很可能也參加了此次射獵,因表現出色而被賞賜。"奏于庸"是商王命令進行奏祭和庸祭這樣以音樂來禮神的活動。"作母寶"即用吉金製作紀念作册般母親的彝器。該黿的性質不僅是臣下對商王賞賜而鑄造的紀念品,而且是反映了晚商射禮過程的重要材料。他認爲從洹水中獲得的大黿,在射箭之前已經被固定好,作爲靶子。這樣活的靶子是象徵性的。他説"王一射,奴射三,率亡瀘(廢)矢"不能理解爲"獲"的過程,而應該理解成順叙,即在洹河獲得大黿以後,王和隨從對已經固定好的大黿進行射禮,没有浪費一箭。"無法(廢)矢"是由"獲者"(查看射中與否的報告員)唱出的,是射禮的慣用語。③

---

① 袁俊傑《作册般銅黿所記史事的性質》,《中原文物》2006年第4期,第39~44頁。
② 袁俊傑《作册般銅黿銘文新釋補論》,《中原文物》2011年第1期,第43~52頁。
③ 李凱《試論作册般黿與晚商射禮》,《中原文物》2007年第3期,第46~50頁。另參朱琨《略論商周時期射牲禮》,《中原文物》2012年第1期,第34~35頁。朱文的觀點基本上襲自李凱之文,有些話基本雷同,有的則變换了表述方式,但其參考文獻中却没有李文。

閻志先生根據文獻中鄉飲酒禮、饗禮、燕禮和祭禮之後必有射禮（文獻中分別作鄉射、燕射和大射）以及賞賜動詞用"貺"而認爲，黿銘所記當是鄉飲酒禮之後的射禮。黿即爲賞賜物，黿不易保存，故鑄成銅器以紀念，稱爲"庸器"（按：從朱説）。商代常將銘文刻在賞賜品上，他還提及雕紋兕肋骨（即宰丰雕骨）和一件玉璧、一件玉柄形器。①

晁福林先生認爲此器與巫術有關，是厭勝之物。其釋文："丙申，王迻𨒅（于）洹，隻（獲）。王一射，殷射三，率無灋（廢）矢。王令寢馗兄（貺）乍（作）册般，曰：'奏于庸，乍（作）。母（毋）寶。'"意謂丙申這天商王到洹河田弋，王射一箭，作册般射三箭，皆命中而無虛發，商王遂命任寢職而名馗者將所射中的黿賜給作册般。"奏于庸，作"是寢馗傳達的商王給予作册般的命令。"奏于庸"義即獻牲於庸，就是用牲血衅鐘鏞，"作"謂衅鐘之事可即實行。"毋寶"是商王命令之辭的一部分，商王告訴作册般，此黿用於衅鐘之後即可隨意棄置，不作寶物對待。黿形之物非禮器，龜黿只是供占卜的用物，而非必爲寶。"毋寶"可能還有深層次的思想因素，即商代的厭勝觀念。在古人，血往往被認爲是特別神異的東西之一，衅鐘與原始巫術有關，通過這種方式可以使被衅之物擁有神異之力。銘文所載射黿之事，應是古代厭勝之術的表現，商人射龜黿所表示的蓋爲對於南方及東南方敵人的敵愾，射龜可能表示對於南方的鎮服。所謂"毋寶"此黿，其原因一方面在於龜黿從未用作禮器、祭器，另一方面應當也在於它是商王厭勝之物，表示對於敵方的鎮服。②

孫明先生采用偶像破壞理論對此進行解釋，他認爲，商王之所以令作册般作器銘功，可能是在有意打破整個社會的龜靈觀念及對龜的崇拜。他聯繫商王帝辛對祭祀、占卜傳統之破壞行爲，認爲商代晚期統治者似乎是在抵制祭祀及占卜儀式所代表的鬼神力量的實際存在，有意壓制民衆對鬼神力量的崇拜，降低宗教對國家政治及社會生活的影響力，削弱貞人集團勢力，藉此加强世俗王權。③

---

① 閻志《商代晚期賞賜銘文》，《殷都學刊》2012年第1期，第18、21、22頁。
② 晁福林《作册般黿與商代厭勝》，《中國歷史文物》2007年第6期，第48～54頁。另參王海、張利軍《伯唐父鼎與周穆王治理荒服犬戎》，《東北師大學報》（哲學社會科學版）2014年第1期，第222頁。
③ 孫明《論商代晚期的偶像破壞行爲及影響》，《殷都學刊》2014年第3期，第20～21頁。

連劭名先生釋文:"丙申,王弋于洹,獲。王射,般射三,率亡法矢。王令寢馗兄于作册般,曰:'奏于庸,作女寶。'"弋義待考,洹指洹水,獲即得。古人認爲田獵得黿是吉慶之事。"率亡法矢",讀爲"率無廢矢"。"率"如今之"一律"。"寢"是官名,相當於《周禮》中的"宮伯","馗"是人名,"兄"讀爲貺,賜予之義。"奏于庸,作女寶"是寢馗向作册般所傳達的王命,"奏"如言"告","庸"即中庸,又稱天常。"天常"即上下,上下即天地,天地源于中和,中和即中庸,上下與帝同義,"奏于庸"即告於帝。田獵得黿而告於帝,具有特殊意義,目的是爲了向上帝證明商王修身正心。射是古代貴族的必修科目,商王田獵時發矢中的,說明他能夠自求於己,反身修德,正心誠意則神不責罰,故"奏于庸"還帶有祈禱性質。商王田獵得黿而轉賜作册般,就是爲了讓他將此事寫成文辭,告於上帝,其事正符合作册的職責。古人以黿爲美味,"作女寶"之寶指食物。①

張秀華、邵清石先生認爲"奏于庸"就是"奏于庚",庚指商王盤庚。奏指向帝王上書或進言,銘中應指告慰商王。"庸"應爲"盤庚"之合文。銘文大意:丙申日這一天,商王到洹水上;商王射了一支箭,贊射者射了三支箭,皆射中黿體,沒有廢矢;王命寢馗將此黿賜於史官作册般,王說:"把這件事告訴先王盤庚。"作册般作了這個寶器獻給母親。②

沈培先生認爲,"奏于庸"到底是什麼意思,還有待進一步研究。銘文末句,他贊同朱鳳瀚先生"作汝寶"的釋讀,認爲此與中方鼎"今貺畀汝禶土,作乃采"的"作乃采"表達方式和所處語境相似。③

從上文所梳理諸家意見來看,該銘有三個關鍵問題尚未達成比較一致的意見:

一是"王射"句,這一句釋讀分歧較大,而且還涉及王射一箭還是四箭

---

① 連劭名《兩件商代青銅器銘文新證》,《中國歷史文物》2009年第6期,第70～71頁。
② 張秀華、邵清石《作册般銅黿銘文匯釋》,《黑龍江教育學院學報》2009年第1期,第100～101頁。另有李旼姈《作册般銅黿銘文研究》,《中國語文學論集》(《중국어문학논집》)第64號,2010年10月,第33～53頁;丸山啓樹《金文通解:作册般黿》,立命館大學白川静紀念東洋文字文化研究所編《漢字學研究》2014年第2期,第61～67頁。
③ 沈培《說古文字裏的"祝"及相關之字》,《簡帛》第二輯,上海古籍出版社2007年11月,第14～15頁。

的問題。這句話的意旨説不清楚，諸家對於商周禮制的討論就缺乏堅實的基礎。

二是"奏于庸"句。該句與器物性質相牽連，迄今未有一説盡愜人意，其中解"庸"爲"庸器"的説法稍勝。作爲職官的"典庸器"見於《周禮·春官》，掌藏樂器、庸器。《序官》鄭玄注引鄭司農云："庸器，有功者鑄器銘其功。《春秋傳》曰：'以所得於齊之兵作林鐘，而銘魯功焉。'"本職下鄭注："庸器，伐國所獲之器，若崇鼎、貫鼎及以其兵物所鑄銘也……陳功器，以華國也。""華國"，光耀國家之謂。據鄭注，庸器有兩種：一是"崇鼎、貫鼎"之類，即"古者伐國，遷其重器，以分同姓"（彭林先生把此類定義爲滅國分器①）；二是"以其兵物所鑄銘也"。按之兩周的實際情況，這兩類庸器都是青銅所製。彭林先生認爲晉侯蘇鐘不屬以上兩種情況，鐘爲戰爭所獲而勒晉功，亦歸庸器之列，可補經史之不備。其實蘇鐘可以看作"古者伐國，遷其重器"一類。董珊先生文所舉用以與黿類比的銅器，如師同鼎、楚王酓忎鼎、中山王方壺、陳璋方壺和圓壺、燕王職壺、晉侯蘇鐘，均記（或意在彰明）器主之事功，大概就是禮書所謂之"庸器"，且與舊注吻合。② 但董文進一步擴大了庸器的範圍，加入了因事取材（雕銘於獸骨或人骨）或取象（冶鑄象生模型）而製器的情況，如作册般銅黿、晉侯銅人、殷墟人頭骨刻辭等，把它們看作廣泛意義上的"庸器"（其性質是紀念性的），③並云"可視爲一種特殊的禮器"。這種廣義庸器説有其合理之處，對一些銘辭有很好的解讀作用。

關於器物的性質，還有紀念物、厭勝之物等不同説法。紀念物説又有不同的兩種理解，一種認爲是作册般受王賞賜而作紀念物，一種理解是頌揚商王射技武功的紀念物。厭勝之説把"奏于庸"與"茻鐘"相聯繫，其間論證彎繞太多；又云"商王朝占卜用龜主要來源於南方長江流域，射龜可能表示着對於南方的鎮服"，推測性強。黿銘已經説明此黿得於洹水，而非來自南方，而且據動物學者的意見，此物乃是生活於黄河流域的黄斑巨

---

① 彭林《聽松山房讀〈禮〉札記》，《追尋中華古代文明的蹤迹——李學勤先生學術活動五十年紀念文集》，復旦大學出版社 2002 年 8 月，第 161～162 頁。
② 諸器或以所得器物重新鎔鑄，或在所得器物上勒銘紀功。
③ 朱鳳瀚先生其實也是擴大了"庸器"的外延，他没有采用"伐國所獲之器"的舊説，而是采用了林尹"有大功而可作紀念之器物"的新説。參《作册般黿探析》，第 8 頁。

鰲。這些都是厭勝說所考慮不及的。

三是最後一句中的"王曰"之辭到底斷在何處,以及末句如何釋讀的問題。末句的釋讀與對器物性質的認識緊密關聯。末句有"作母寶"、"作汝寶"、"作模寶"、"毋寶"等不同解釋。

對於銅黿性質的討論,有三個基點是必須要考慮的:青銅質地,特異的形制和銘文內容。不同質地的器物,其使用的場合也應該是不同的,也就是說,其重要性及其功用應該有所不同。依靠銘文,對銅黿本身也能作出很好的理解,其身上的箭並不是非鑄不可,之所以要鑄出來,而且與銘文相照應,應該有其特別的意義。作爲青銅器組成的三個要素,即人(作器者)、事(銘所記之事)、器,是三位一體的,現在的各種解釋,難以把銅黿的這三種要素很好地統一起來。如果解釋爲奉獻給母親的寶物,把它看作祭器(禮器),這超出了我們已有的對於商周彝器的認識;如果認爲是弄器(假設母親健在),但銘文記錄的又是與王有關的大事(可能跟某種禮儀有關)。如果銘文中並沒有作器對象,只是紀念性的文字,其特異的形制又該如何認識。銘文的一般體例是,器物的主人和器銘所記之事是有密切關係的。如果說製作此器純爲頌揚商王之射技,作册般有責任記錄這件事,但並沒有責任製作這件器物。我們也很難找到類似的例證,即作器者製作了一件純粹爲了頌揚別人的器物。器物的製作總是有一定的目的,或爲祭祖,或因戰爭獲勝,或因册命封賞,或因贏得訴訟。而且,無論是由於作册般受到貺賜而作器,還是由於作册般參與了其中的射事而且表現優秀,爲紀念此事而作器,黿身的箭都有些特異。另外這麼長的銘文鑄於器物表面的顯眼部位,也與一般的商代銘文不同。即使有的銘文鑄於器表,也往往有意與紋飾融匯在一起(圖二),或營造出紋飾的效果(圖三)。①

----

① 圖二宁狖簋,2005年7月河南安陽市殷都區北蒙街道范家莊東北地商代墓葬出土(M4∶5),圈足上獸面紋鼻梁處爲兩組"宁狖"二字銘文。圖三亞長尊,2001年2月河南安陽市花園莊殷墟宫殿宗廟區內商代墓葬出土(M54∶84),銘文"亞長"二字在口沿下外壁蕉葉紋兩側作豎向對稱分佈。參岳洪彬主編《殷墟新出土青銅器》,雲南人民出版社2008年10月,第179、157頁。與此類似者,又如亞矣盤(《集成》10022)、 父戊盤(《集成》10042)等。唐蘭先生云:"把文字和花紋相雜,只不過藝術上的一派作風而已。"參《古文字學導論》(增訂本),齊魯書社1981年1月,第206頁。

图二　宁犾簋　　　　　　　　　　　图三　亚长尊

盠驹尊(《集成》①6011,昭穆时期),1955 年 3 月陕西郿县李村西周铜器窖藏出土 5 件铜器,两件马驹形的盠驹尊(存二盖一器身,参图四),②两件方彝,一件方尊。驹尊铭记录的是执驹礼,这是周王亲自参加的一项重要典礼。周王会把部分驹马分给大夫卿(即"颁马"),因此盠受赐驹两匹。③ 铭

图四　盠驹尊器形及器铭拓本

---

① 中国社会科学院考古研究所编《殷周金文集成》,中华书局 1984—1994 年。简称《集成》。
② 《集成》6011、6012(盖)著录。
③ 参沈文倬《"执驹"补释》,《考古》1961 年第 6 期;收入氏著《宗周礼乐文明考论》,浙江大学出版社 1999 年 12 月。

文在頸下和蓋內。方尊、方彝紋飾風格一致,銘文內容相同,記載的是周王對盠的冊命,當是成套的禮器,與駒尊性質有別,文字亦較駒尊規整。

從銘文內容性質講,盠駒尊與作冊般銅黿更相近,這可以反過來證明黿銘記錄的很可能是一種典禮(射禮),而且是作冊般由於受到王的覥賜而作器。作冊參加射禮的見於西周的麥方尊(《集成》6015 西周早期),十五年趙曹鼎(《集成》2784 恭王時期)中的史趙曹則是周王的史官。我們懷疑,駒尊和銅黿的造型大概都是跟特定的禮儀相匹配的,兼有明禮和禮的教育的功用。如果這種推測合理,黿銘之"奏于庸"的"庸"可能應該讀爲"頌",指禮容,銘文中具體指射儀。"奏"可能是書、記之類的意義。如果這樣解釋"奏于庸"是可信的,那麼末句釋爲"作汝寶"是合適的。此句意思是説,把這件事記錄進射儀當中,並當作你的寶物。但不是把射獲的實物黿作爲寶物,而是把所鑄的用於禮教的模型作爲寶物。① 如果這種推測合理的話,作冊般的身份就跟《儀禮·鄉射禮》和《大射儀》中的"司射"相當。

諸文援引用以與銅黿類比的晚商骨類刻辭資料中,現在見到的人頭骨刻辭完全是爲了祭典,是刻辭以報先人,不是留給活人看的,也非著重在紀念,而在旌揚先祖護佑之功;而且,其人頭骨無一完整,皆爲碎小片,可能在獻祭之際即已打碎。② 宰丰兕骨(圖五)辭例與黿銘的獵獲和賞賜兩項內容相近,其他內容差別甚大。其形制爲骨柶,是具有實用價值的食器。其一面刻有文字,記載帝辛將獵獲的兕覥賜宰丰之事;另一面刻獸面紋、龍紋等,並嵌有綠松石。它同時也是一件可以觀賞的藝術品。其他如虎骨刻辭(雕花骨柶,"王田于雞麓",③《懷特》1915)、雕花骨柶("獲白兕",《佚存》427)、鹿頭刻辭("王蒿

圖五　宰丰兕骨

---

① 這種情形並不能類推,比如達須蓋(《通鑒》5661～5663 西中),作冊吳盤(《通鑒》14525 西中)、盉(《通鑒》14797)均記載了執駒禮,但並未作成駒形器。賜駒又見於癲鼎(《集成》2742 西中)。

② 王宇信、楊升南主編《甲骨學一百年》,社會科學文獻出版社 1999 年 9 月,第 250 頁。

③ 此爲刻辭內容的提示,下同。

田",《合集》36534，圖六)、兕頭骨刻辭("王來正盂方伯",《合集》37398)等,這些動物均爲田獵所獲,它們和宰丰骨材質相同,記事内容相似,其性質也應該大致相同——銘功紀念。① 它們與銅黿只是點上的相似,而非面上的相同,把這些骨刻辭的性質與銅黿之間直接認同,恐怕是值得商榷的。

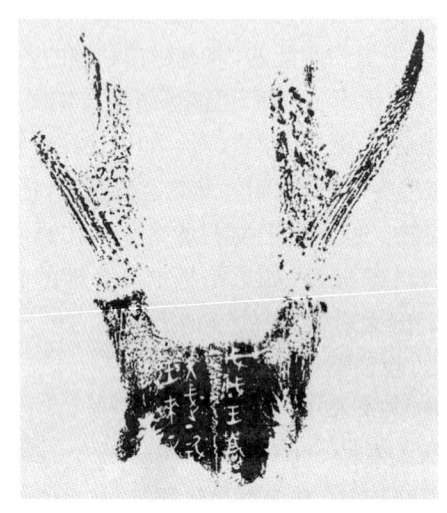

圖六　鹿頭刻辭 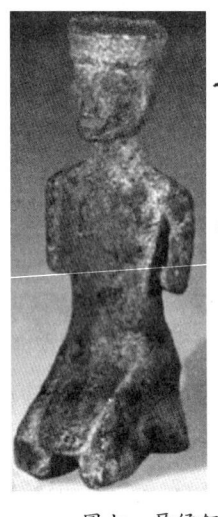 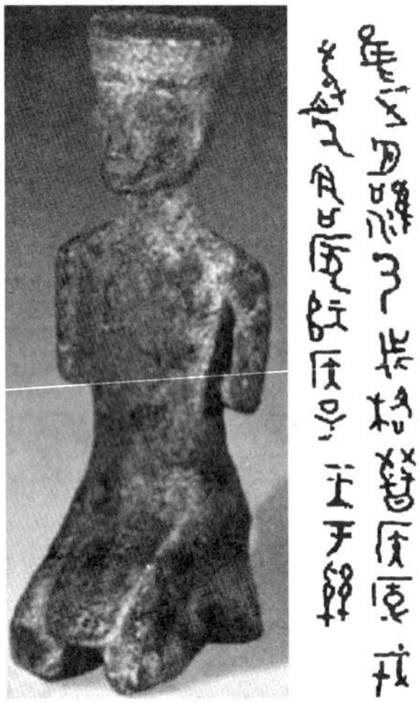　　　　圖七　晉侯銅人

晉侯銅人爲圓雕跽坐形男性人像,戴平頂帽,直鼻細眼,口用淺綫條刻畫,上身赤裸,腰帶下垂條狀敝膝,雙手反背身後。銅人身前有銘文曰:"隹(唯)五月,淮尸(夷)伐格,晉侯厝(搏)戎,隻(獲)厥(厥)君忞師,侯揚王于絲(茲)。"(參圖七)有學者指出,這個銅人就是晉侯所俘獲的淮夷君長的形象。② 銅人製作的目的,一是揚王(大概是揚王休或揚王令之省),二是揚威並對戎人進行震懾。器物性質與銅黿亦有別。

傳出於山西太原的春秋晚期器子之弄鳥尊(《集成》5761,圖八),則是弄器,項上錯金銘文四字。③ 它應該是器主所"欣賞、珍愛"的藝

---

① 此類骨刻辭資料,參王宇信、楊升南主編《甲骨學一百年》,第248～253頁。
② 參董珊《從作册般銅黿漫説"庸器"》引蘇芳淑、李零説,第27頁。
③ "之"字,近何家興先生改釋爲"延",參《〈子之弄鳥尊〉應稱〈子延弄鳥尊〉》,石立善主編《古典學集刊》第一輯,華東師範大學出版社2015年5月。此字作爲偏旁亦見於戰國時期魚鼎匕,作。

圖八　子之弄鳥尊

術品,大概是日常生活中自娛之用。①

二

青銅器的花紋與銘文内容相照應,見於貉子卣。

卣有兩件,西周早期器,著録於《西清古鑒》15.9(圖九)、15.11(圖一〇)。《周金文存》5.86 - 88(卣一: 5.86.1 蓋銘,5.86.2 器銘,5.87.1 - 2 爲蓋、器的全形

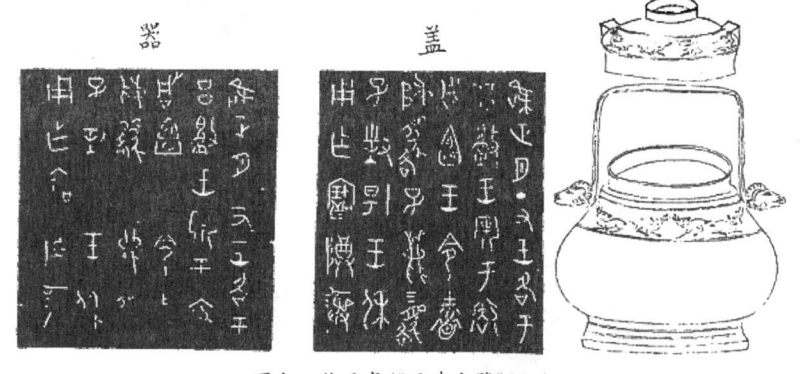

圖九　貉子卣(《西清古鑒》15.9)

---

① 參黄銘崇《殷代與東周之"弄器"及其意義》,《古今論衡》第六期,2001 年 6 月。對於"弄器"的認識,應該考慮時代、地域、器物形制以及使用場合等因素。封泥中的相關材料參陳治國《"陰御弄印"與"陽御弄印"封泥考釋》,《考古與文物》2015 年第 3 期。陳文同意"弄"解爲"賓"的意見。

拓本,參圖一一;卣二:5.88.1器銘,參圖一二),據其目錄,貉子卣一,蓋器各36字,南海李氏所藏;貉子卣二,器36字,吳縣潘氏所藏。容庚《商周彝器通考》①下編圖25(《周金文存》5.87)、附圖670著錄(失蓋,吳縣潘氏攀古樓藏器)。

圖一〇　貉子卣(《西清古鑒》15.11)

圖一一:一　《周金文存》5.86.1-2

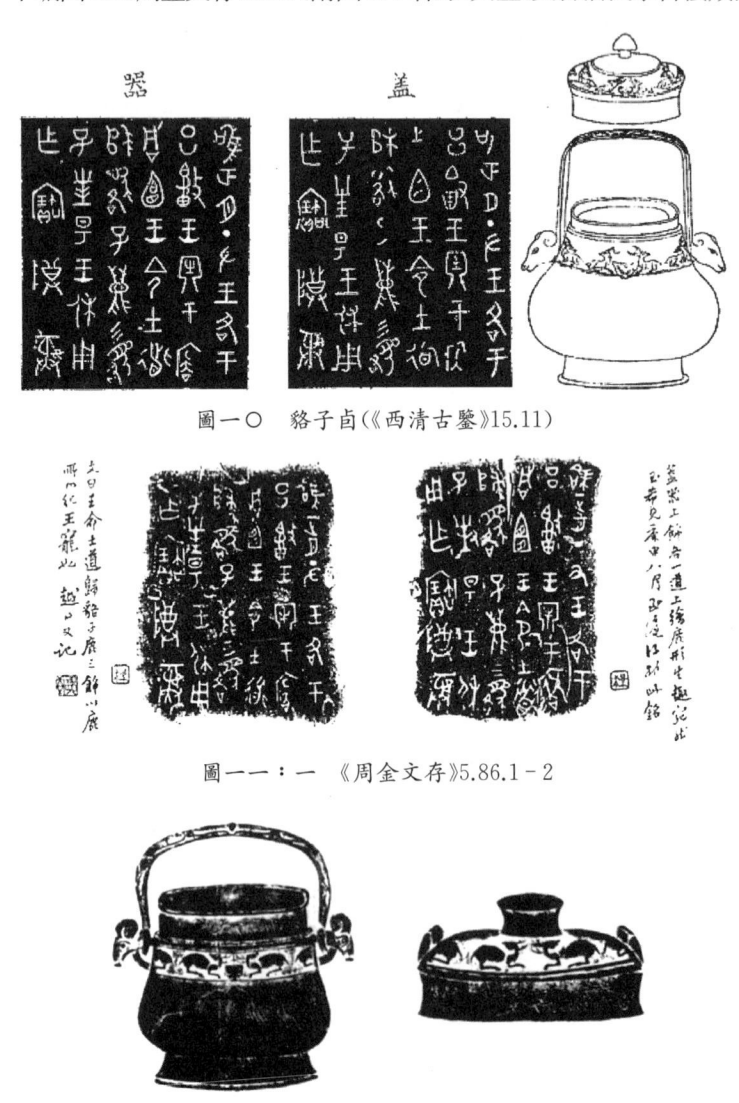

圖一一:二　《周金文存》5.87.1-2

---

① 容庚《商周彝器通考》,哈佛燕京學社1941年;上海人民出版社2008年8月(重排本),第321頁。

談青銅器中器與銘相照應的現象　　435

圖一二　《周金文存》5.88.1　　　圖一三　《美集錄》R389a(蓋銘)

圖一四　《美集錄》A626 器影

　　陳夢家《美集錄》所錄爲皮斯百所藏(參圖一三、一四)，A626 貉子卣說明："蓋：《西清》15.9，《周金》5.87a，《三代》13.41.2，《周金》5.86a，R389；器：《西清》15.11，《周金》5.87b，《三代》13.41.1，《周金》5.86b。"陳氏云："前曾數次審驗皮氏所藏器，決定蓋是真的而器是僞的。原來在清宮時，此卣共一對，其中一真(《西清》15.9)一僞(《西清》15.11)。出宮後，李宗岱得真蓋僞器，即皮氏今所存者；潘祖蔭得真器(《西清》15.9，《商周彝器通考》670、《周金》5.88a、《三代》13.40.5)，而《西清》15.11 之僞蓋，今不知所在。潘器失提梁，與李蓋字體行款相同。李、皮之器及失去的僞蓋，銘文仿刻真器而有訛誤，花文、形制亦與潘器李、皮蓋稍有不同。"①皮氏所

---

①　陳夢家《美帝國主義劫掠的我國殷周銅器集錄》，科學出版社 1962 年 8 月，第 118 頁。《集成》5409 云：清宮舊藏，原爲一真(《西清》15.9)一僞(《西清》15.11)，流出宮後，李山農得真蓋僞器，潘祖蔭得真器(《美集錄》)；現蓋藏美國米里阿波里斯美術館(皮斯柏氏藏品)，器藏上海博物館。其著錄來源：《西清》15.9，《周金》5.86.1(蓋)、88.1(器)。容庚《西清金文真僞存佚表》認爲《西清》15.9 即《周存》5.88(失蓋)，《西清》15.11 即《周存》5.86，二器皆真。劉雨《乾隆四鑒綜理表》意見同(875、876 號)，中華書局 1989 年 4 月。

卣腹及蓋各飾鹿紋一道。方濬益云："此二器器、蓋各有八鹿，正以歸鹿作器，故肖其形以爲飾歟？"②鄒安云："文曰'王命士道歸貉子鹿三'，飾以鹿，所以紀王寵也。"③郭沫若云："此因受錫鹿而作器，器上即以鹿紋爲飾。銘詞與花紋相應，僅見。"④容庚云："王令士道歸貉子鹿三，貉子對揚王休，用作寶尊彝，其花紋爲鹿形，亦一有趣事也。"（《通考》第103頁）陳夢家云："作器者因受賜鹿的殊賞而作器，並圖象鹿形於此器上，如此銘文內容與文飾的相照應之例，實所罕見。"（《美集錄》第118頁）⑤周王以其田獵所獲之鹿歸（饋）於貉子，貉子因此殊榮而作器，事情與作冊般銅黿相似，但卣屬祭器，與作爲特殊用途的銅黿性質有別。

三

花紋構圖與銘文文字構形照應的現象多見於商代器物。

銘文與器外的紋飾主體相應，如尹舟簋（《集成》3106 商晚，參圖一五）。容庚云："其狀如古舟字，縱三舟相重，橫多舟相連。花紋僅一見，銘文亦作▇字，或非普通之紋飾也。"（《通考》第97頁舟字紋）口、足紋飾同，均是三重舟字紋上下夾以圈帶紋。這種銘文紋飾化的現象極罕見，其性質與貉子卣又有所不同，而與上文提到的宁狃簋相似，體現了商代工匠的獨特匠心。

商代晚期的文父乙簋（《集成》3502，圖一六）内底有銘文六字，或云外底還有一字。古代青銅器絕大部分是用陶範法鑄成的，有的器物鑄出後，

---

① 另參陳夢家《西周銅器斷代》，中華書局 2004 年 4 月，上冊第 122～124 頁、下冊第 667 頁。
② 方濬益《綴遺齋彝器款識考釋》卷十二第 12 頁貉子卣考釋。
③ 參《周金文存》5.86.2 拓片題記，寫於庚申年（1920年）八月。
④ 參《兩周金文辭大系圖錄考釋·貉子卣》，第 422 頁。
⑤ 另參陳夢家《殷代銅器（三篇）》，《考古學報》第七冊，1954 年，第 23 頁。

外底會留下三角形或網格狀鑄痕。比如商戍戉簋（圖一七）。① 這種鑄痕一般是不打磨的。文父乙簋當是對這種鑄痕進行了打磨，而形成與族氏文字"❖"相照應的造型，是一個特殊的例子。按之通常情况，它不能被看成是字。

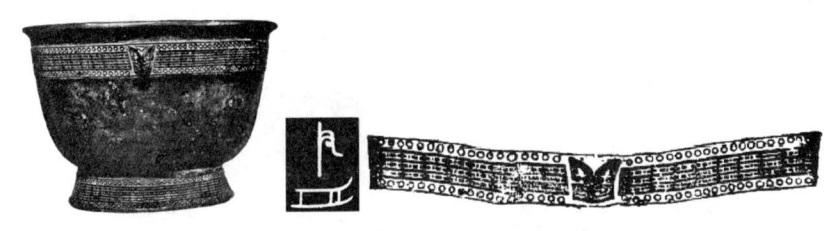

圖一五　尹舟簋器形、銘文及紋飾

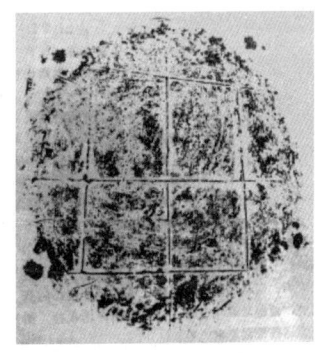

圖一六　文父乙簋　　　圖一七　戍戉簋外底拓片

1934 年秋至 1935 年底，中研院歷史語言研究所考古組對安陽殷墟進行了第 10～12 次發掘，在西北崗王陵區共挖掘出 10 座帶墓道的大墓、一座未完工的大墓，以及 1 200 多座小墓或祭祀坑。1004 號大墓是其中之一，帶有四條墓道，氣勢恢宏，雖被盜嚴重，但仍在未被盜擾的一隅出土

---

① 參程長新、王文昶、程瑞秀《銅器辨僞淺説》，文物出版社 1991 年 12 月，第 42～44 頁。其所謂戍戉簋當即《集成》3065 何戉簋。有學者認爲，呈現在青銅器底部的幾何綫條，在範芯上實際是刻畫出來的一條條凹槽，在一定的程度上增加了範和芯在底部位置的空腔空間，更有利於澆鑄時銅液在器底部位流動，減少因空氣在器底空腔無法排出進而佔據銅液空間形成澆鑄空洞的概率。即這些幾何形紋飾實際上是鑄造銅器時，爲方便底部位空腔内的空氣迅速排出而設計的交錯相通的排氣凹槽。參張俊儒《商代晚期青銅瑰寶——祖辛卣》，《文物天地》2015 年第 3 期。

了許多重要隨葬品,包括著名的牛方鼎、鹿方鼎和石磬、碧玉棒、銅冑、銅戈、銅矛頭、車飾、皮甲、盾等。該墓的年代在殷墟二期或三期的較早階段。① 一般認爲牛方鼎與鹿方鼎的銘文與器外的紋飾主題相應(參圖一八器形,圖一九銘拓)。②

圖一八　牛方鼎、鹿方鼎器影

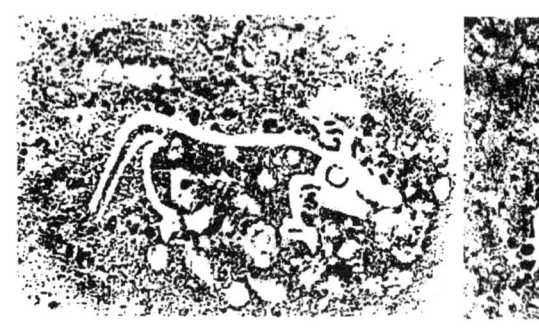

圖一九　牛方鼎、鹿方鼎銘拓

子龍鼎(圖二〇、二一),通高 103、口徑 80 釐米,重 230 公斤。據傳 19 世紀 20 年代出土於輝縣,早年流出海外,後爲日本收藏家千石唯

---

① 田建花、金正耀《南京博物院藏侯家莊 1004 號大墓出土青銅冑》,《東南文化》2014 年第 3 期,第 66 頁。另參田建花、金正耀、李瑞亮、閻立峰、崔建勇《殷墟 1004 號王墓出土青銅冑研究》,《江漢考古》2012 年第 1 期,第 92、98 頁。

② 陳夢家《殷代銅器(三篇)》,《考古學報》第七冊,第 22～24 頁。這兩件鼎的相關數據,據陳文,牛方鼎:通高 74、口徑 45×64、耳高 14 釐米;鹿方鼎:通高 62、口徑 38×52、耳高 12 釐米。唐際根《殷墟文物在臺灣》(《中國文化遺產》2006 年第 3 期,第 51 頁)云:牛鼎通高 73.3、長 64.1、寬 45.4 釐米,重 110 千克;鹿鼎通高 60.9、長 51.4、寬 37.4 釐米,重 60.49 千克。臺灣中研院歷史語言研究所歷史文物陳列館展覽的數據與唐文相同。圖十八黑白照片引自陳文。

圖二〇　子龍鼎器影及銘文拓本

圖二一　子龍鼎紋飾

司所獲（大約收藏於 20 世紀 80 年代），直至 2004 年在大阪美術館展出之後纔爲世人所知。展出後的子龍鼎流入香港，據傳國家博物館在 2006 年以 600 萬美元（當時約合 4 800 萬人民幣）購得。口沿下三組長軀獸面紋之間，各有一組窄幅的無軀獸面紋。張昌平先生認爲子龍鼎的年代當與大盂鼎（圖二二）接近而略早。① 陳佩芬先生根據該鼎造型與表面氧化層具有陝西周原一帶出土器物的特點，認爲屬於西周早期是合適的。② 朱鳳瀚先生認爲應在商

圖二二　大盂鼎

---

①　參張昌平《吉金類系——海外博物館藏中國古代青銅器（三）：獸面紋大鼎（上）》，《南方文物》2011 年第 4 期，第 144～148 頁；高至喜《賀子龍大鼎回歸》，《中國歷史文物》2006 年第 5 期，第 14 頁。另參謝小銓《子龍鼎歸國始末》，《中國歷史文物》2006 年第 5 期，第 18～19 頁。圖二〇：一、圖二一：一、二引自張文，圖二二引自劉錫榮《說鼎——榮寶齋隨筆之一》，《榮寶齋》2015 年第 9 期，第 266 頁。圖二〇：二（側面圖）、圖二一：三引自《中國歷史文物》2006 年第 5 期圖版一、封二下。

②　陳佩芬《說子龍鼎》，《中國歷史文物》2006 年第 5 期，第 6～7 頁。

晚期偏晚（近於商末），其下限也可能已入西周初年。① 吴鎮烽先生亦認爲屬商代晚期後段近於商末，並認爲子龍是商王子。②

該鼎銘文與紋飾之間的關係有多位學者指出。李學勤先生云："'龍'字雙鈎，有瓶形角，與鼎面饕餮紋間的龍首一致。這種銘文和紋飾呼應的情形，在其他商代青銅器上也出現過。"③李先生還提及新鄉市博物館收藏的一件子𦎫戈（圖二三），援本和内的一面上的龍首形花紋都飾瓶形角，顯然是與銘文呼應，與子龍鼎一樣。④ 朱鳳瀚先生云："龍"字上部之角作[字形]形，與口沿下紋飾帶中三獨立饕餮紋首部之角的形狀（作[字形]形）、特徵相近，且角部均與頭頂隔開，風格亦近同。⑤ 王冠英先生云：子龍鼎獨首無身獸面紋突出的碩大的瓶形角，與鼎銘"子龍"、"龍"字突出的瓶形角非常相似，值得人們回味思考；"龍"字頭上碩大的瓶形角突出而與龍頭不連筆，與上腹紋飾帶上獨首無身獸面紋的瓶形角非常相近。⑥

圖二三　子𦎫戈紋飾（内上）、銘文⑦

---

① 朱鳳瀚《子龍鼎的年代與銘文之内涵》，《中國歷史文物》2006 年第 5 期，第 9 頁。
② 吴鎮烽《談子龍鼎》，《中國歷史文物》2006 年第 5 期，第 13 頁。郝本性意見近同，參其《雄奇神秘子龍鼎》，《中國歷史文物》2006 年第 5 期，第 11 頁。
③ 李學勤《論子龍大鼎及有關問題》，《中國歷史文物》2006 年第 5 期；氏著《青銅器入門》，商務印書館 2013 年 5 月，第 96～100 頁。例子爲《歐洲所藏中國青銅器遺珠》第 321 頁 32 父丁觶。
④ 李先生推測子龍即子𦎫，𦎫是族氏名，𦎫子是𦎫地的君長。懷疑子𦎫戈亦出輝縣。
⑤ 朱鳳瀚《子龍鼎的年代與銘文之内涵》，《中國歷史文物》2006 年第 5 期，第 8 頁。
⑥ 王冠英《子龍鼎的年代與子龍族氏地望》，《中國歷史文物》2006 年第 5 期，第 16 頁。子𦎫諸器中"𦎫"所從之龍的造型多與子龍鼎相似，王先生認爲可能不是偶然，他把子龍鼎與所傳出土地之輝縣（古共地）聯繫起來，認爲𦎫、龍一字（從其學生孫向榮説），子龍可能是商末周初共地强族的族長。朱鳳瀚先生則主張𦎫與龍字不同，似不宜將𦎫（龔）氏與子龍氏相混，他認爲子龍觶器銘"子龍"可能是蓋銘"𦎫女子"（出生於龔氏之女子）的夫家氏名，子龍族屬於與商王室有密切關係的子姓高級貴族。
⑦ 楊清秀、賈擁軍《新鄉市博物館館藏古代兵器選介》，《中原文物》1991 年第 1 期，第 100 頁。

"龍"字(或龍旁)寫成瓶形角的,又見於子𡕥鼎(《集成》1308 商晚,輝縣出土,圖二四)①、子𡕥鼎(《集成》1307 商晚,圖二五)、子𡕥鼎(《集成》1306 商晚,圖二六)、子𡕥簋(《集成》3078 商晚,圖二七)、子𡕥尊(《集成》5543 商晚,圖二八)、𡕥子壺(《通鑒》11991 商晚,圖二九)、𡕥卣(《集成》4742 商晚,鴞形卣,圖三〇)、𡕥子鉞(《集成》11751 商晚,圖三一)、𡕥子觚(《集成》6914 商晚,圖三二)、子龍壺(《集成》9485 商晚,圖三三),但與紋飾没有呼應關係。他如龍器(《集成》10486 商晚,圖三四)、𡕥先觶(《集成》6152 商晚,圖三五)、冋𡕥觚(《集成》6940 商晚,圖三六)、𡕥女簋(《集成》3083 商晚,圖三七)等。有些銘文,瓶形角不顯,如𡕥子勺(《集成》9914 商晚)、𡕥女子觶(《集成》6349 商晚,器銘"子龍")等。也就是説,作爲族名的子𡕥或子龍的龍旁或龍字的角的形狀寫作瓶形角,其他文例的𡕥、龍一般寫作"辛"形冠。甲骨文中龍字也有這兩種形態,如 [字], [字]。②

圖二四 子𡕥鼎 　圖二五 子𡕥鼎 　圖二六 子𡕥鼎 　圖二七 子𡕥簋

圖二八 子𡕥尊 　圖二九 𡕥子壺 　圖三〇 𡕥卣(蓋) 　圖三一 𡕥子鉞③

---

① 張昌平認爲子𡕥鼎時代屬於殷墟文化晚期。參《吉金類系——海外博物館藏中國古代青銅器(三):獸面紋大鼎(下)》,《南方文物》2012 年第 1 期,第 134~135 頁。
② 李宗焜《甲骨文字編》,中華書局 2012 年 3 月,第 661 頁。
③ 𡕥子鉞中"𡕥子"二字亦兼有紋飾的作用——獸面紋的鼻梁,真是巧於構思。鉞内另一面銘作[圖]。

图三二　䘚子舻　　图三三　子龙壶　　图三四　龙器　　图三五　䘚先觯

图三六　同䘚舻　　图三七　䘚女簋　　图三八　◇铜戈

　　兽面纹作瓶形角，也见于其他器物，如◇铜戈（《通鉴》16200 商晚）援本处所饰纹饰（图三八①）、兽面纹方彝（商晚，图三九）②。很多子䘚、子龙之器并无铭文与纹饰相呼应的情况。子龙鼎兽面纹的瓶形角与铭文中的龙字构形相呼应应该是有意的。从子龙、子䘚的普遍写法看，应该是纹饰呼应铭文，而不是相反。

　　我们现在回过头再看牛方鼎、鹿方鼎的问题。陈梦家先生认为两件方鼎的铭文与纹饰呼应的性质跟尹舟簋、貉子卣不同，他认为鼎内的铭文不是族名，而是指明鼎的性质的，可能是表示烹牛烹鹿之异。③ 李济先生则看作"图腾标识"。④ 牛方鼎上的牛角形兽面纹在其他器物上

---

　　① 引自杨清秀、贾拥军《新乡市博物馆馆藏古代兵器选介》，《中原文物》1991 年第 1 期，第 100 页图二。
　　② 上海博物馆青铜器研究组编《商周青铜器纹饰》（文物出版社 1984 年 5 月，第 54 页）称之为"长颈鹿角兽面纹"。出土于湖南株洲醴陵市仙霞狮形山的象尊臀部饰有这种角的龙纹，或称之为"柱角"。参湖南省博物馆、上海博物馆《酌彼金罍——皿方罍与湖南出土青铜器精粹》，上海书画出版社 2015 年 11 月，第 114 页。
　　③ 陈梦家《殷代铜器（三篇）》，第 23 页。
　　④ 李济《殷墟青铜器研究》，上海人民出版社 2008 年 4 月，第 329～332 页。

圖三九　獸面紋方彝(腹部)

多次出現,①牛方鼎中與銘文中的角形相呼應。如果把牛方鼎的器腹紋飾看作牛頭,那就真如陳夢家先生所言,一般所説的饕餮紋或獸面紋就應該是牛頭紋了。獸面紋其實是一種藝術創造,有現實的影子,但加以指實恐怕就不符合實際情況了。但與鹿方鼎對照,説牛方鼎有意把紋飾與銘文作某種特徵上的對應,應該是没有問題的。

《歐洲所藏中國青銅器遺珠》著録一件商代後期的父丁觶(《集成》6266,圖四〇),蓋有"♠册,父丁"四字,第一字拓本上未見,器第一字則爲鏽覆。編者云:"此觶腹部紋飾極爲奇異,蕉葉呈桃形,而銘文中的族氏也作桃形,彼此應有關係,值得吟味。"②遺憾的是,我們未找到拓出第一字的拓本。

圖四〇　父丁觶及蓋、器銘

黄濬《尊古齋所見吉金圖》1.12牛首鼎,乃有蓋圓鼎,高31、口徑25.7釐米,器蓋各有一個象牛頭形的字(圖四一),陳夢家先生説:"鼎兩耳上及

---

① 參上海博物館青銅器研究組編《商周青銅器紋飾》,第75～82頁。
② 李學勤、艾蘭《歐洲所藏中國青銅器遺珠》,文物出版社1995年12月,圖32及第321頁圖版説明。或釋爲"⊞父丁",不確。

蓋頂上各立立體的牛首,而器身則是一般的獸面文。這個圓鼎的銘文與其耳上及蓋頂上的牛首也是相應的。"①對於兩耳及蓋頂上的獸頭造型,容庚云:"兩耳及蓋之正中作獸首形。"(《通考》第 229 頁)吳鎮烽《通鑒》9云:"蓋隆起,上有拱體龍形鈕。每個耳上飾一對高浮雕龍頭。"不管對其造型有何不同認識,但其角形很可能是與銘文相呼應的。

圖四一　牛首鼎及蓋、器銘

有兩件西周早期的龍爵(《集成》7533,圖四二;②7534,圖四三),7533 現藏上海博物館。上博的葛亮先生給我來信,他認爲兩件龍爵鋬内的"龍"都是紋飾,而不是字。我回信說:"兩件爵紋飾是斜條形,比較特異。初步考慮:確如您所說,不像字,而且與常見的龍字也有差異;但它又打破了紋飾帶,好像製器者又有意讓它有字的感覺。它大概是具有文字假象的紋飾。希望能找到更多類似例證。完全作裝飾的文字,見於復旦會議曹錦炎先生所說器物,③但其時代太晚。"(2016 年 1 月 12 日)葛先生認同我的說法,他回信說:"關於兩件龍爵上的龍紋,我覺得您所下的定義——'具有文字假象的紋飾'——非常準確,希望能遇到更多的例子(印象裏好像還有把蟬紋放在銘文最後,像族名一樣使用的)。"如果把鋬内的"龍"看作是字的話,此例即花紋與銘文文字構形相照應的佳例。

---

①　陳夢家《殷代銅器(三篇)》,第 23 頁。
②　《通鑒》:"腹内側有一個獸首鋬,不能容指,純屬裝飾。"
③　參曹錦炎、李則斌《盱眙江都王墓出土越國鳥蟲書錞于銘文研究》,"戰國文字研究的回顧與展望國際學術研討會"論文,上海復旦大學,2015 年 12 月 12～13 日。

圖四二　龍爵(《集成》7533)　　　圖四三　龍爵(《集成》7534)

　　與銘文文字構形相照應的花紋，有的只是個案，具有藝術上的獨特性，但缺乏通行能力，如尹舟簋的舟字紋、文父乙簋外底的網格紋、鹿方鼎的鹿紋、父丁觶的桃形蕉葉紋；有的紋飾則有自己的演變序列，與銘文文字構形相應，當是出於銅器製作(設計)者的精心選擇和安排，如子龍鼎和牛方鼎上的獸面紋。

　　上文共梳理 15 件器與銘相照應的青銅器實例，區分爲三種類型，第一種類型 4 見，第二種類型 1 見，以第三種類型爲多，共 10 見。第二、第三兩種情況體現了當時的一種藝術造型上的審美特點，這種對應應該從藝術的角度加以解釋，不必過於猜度。研究難點集中在第一種情況，四件器物，各自的性質均不相同，而且還與當時的禮制、文化心理有關聯，這是以後研究所需要注意的。

2015 年 12 月 2 日寫畢
2015 年 12 月 9 日修訂
2016 年 2 月 6 日三稿

　　附記一：本文一稿提交"文字·文本·文明：出土文獻研究青年論壇"，北京：中國社會科學院簡帛研究中心、中國社會科學院歷史研究所戰國秦漢史研究室，2015 年 12 月 5～6 日；二稿提交"第二屆古文字學青年論壇"，臺灣：中研院歷史語言研究所，2016 年 1 月 28～29 日。文經徐少華、劉釗、陳昭容、董珊、劉源、陳穎飛、陶曲勇、葛亮等先生提供寶貴意見。陶曲勇、葛亮二位先生在給我的郵件中都提到了西周早期的兩件龍爵。這兩件爵，我雖也查及，但未予以足夠注意。文父乙簋亦蒙葛亮先生提示。在此一併致以謝忱！

劉釗先生提示我，作册般銅黿可能反映了古人的祥瑞觀念。董珊先生力主庸器説，他認爲銅黿、宰丰雕骨、晉侯銅人反映的思維方式是一致的。對於龍爵鋬内的"龍"，陳昭容先生主張是字，而不是紋飾。

2016 年 2 月 6 日補記

附記二：至於花紋與器物用途相應的情況，也是青銅器研究者比較關注的問題。容庚《商周彝器通考》（上海人民出版社 2008 年 8 月）第 348 頁蛙藻紋盤（附圖 830）云："腹内中央於蟠龍紋之上作一張足之蛙，外飾水藻紋，以示盛水之意。"容庚、張維持《殷周青銅器通論》（中華書局 2012 年 1 月）第 113 頁："魚、龍都是水族，故魚紋及蟠龍紋都飾於盤中。"第 117 頁："魚紋多施於盤上，因盤爲承水之器，可見器物的造型和器物的裝飾是密切結合的。"①馬承源主編《中國青銅器》（修訂本，上海古籍出版社 2003 年 1 月）提到器物用途與紋飾相呼應的情況，見於第三章"青銅器紋飾"。第 324 頁："鷺鳥紋。鷺是鳴聲優美的神鳥，形象如鷄，舉首而立，多飾在樂器鐘的鼓右打擊處。鷺鳥鳴聲如音樂，這是用途和紋飾相應的實例。"第 330 頁："火紋舊稱圓渦紋、渦紋或囧紋……火紋是太陽的標誌……商代晚期和西周早期火紋的裝飾以鼎、簋的腹部爲多，其他酒器、水器上比較少見，這可能是食物的烹煮與火有關。"該書第 326 頁"鹿紋"也提到了貉子卣銘文所記贈鹿之事與器物所飾鹿紋相應。

2016 年 9 月 30 日補記

該文曾提交"文字・文本・文明：出土文獻研究青年論壇"（2015 年 12 月 4～6 日，北京）、"第二屆古文字學青年論壇"（2016 年 1 月 28～29 日，臺灣中研院史語所）宣讀。後刊西南大學出土文獻綜合研究中心、西南大學漢語言文獻研究所主辦《出土文獻綜合研究集刊》第四輯，

---

① 李濟認爲，盤盛盥水只是其用處的一種，魚紋飾表示其用來盛裝烹好的鮮魚。參《殷墟青銅器研究》，上海人民出版社 2008 年 4 月，第 418 頁。

巴蜀書社,2016年。刊發後又略有增補,今據發表後的修訂稿收入。

【編按】1. 循着本文思路,有學者又指出了其他器與銘相照應的例子,如付強《談談霸伯山簋的自名和青銅器中舊稱所謂的波曲紋》,http://www.gwz.fudan.edu.cn/Web/Show/4245,2018年4月28日。付文認爲,霸伯山簋自名"寶山簋"的"山"字所指即該器的主體紋飾(舊稱波曲紋、環帶紋),據此自名,該種紋飾當稱爲山紋,象山巒起伏的形狀。《中國國家博物館館刊》2019年第1期刊發了李零先生的文章《山紋考——説環帶紋、波紋、波曲紋、波浪紋應正名爲山紋》,文云:"'山簋'指此簋的山形紐和與之對應的山形紋,可見舊之所謂環帶紋、波紋、波曲紋、波浪紋,其實應改叫山紋、山形紋或連山紋。"

霸伯山簋器形和紋飾見下(轉引自李文):

霸伯山簋器形 　　　器銘拓本 　　　蓋銘拓本

霸伯山簋"山"字形蓋紐紋飾截圖(正面和背面)

2. 周亞先生對貉子卣真僞問題重新作了檢討,參《貉子卣真僞之我見》,《青銅器與金文》第二輯,上海古籍出版社2018年。其結論是:(1)上海博物館藏的貉子卣器身,即所謂《西清古鑒》15.9的器,也即陳夢家所説的"潘器",是一件贗品,是後人用失蠟法仿製的(據周文,吉林大學博士生馬立志對此器真僞也有討論,意見與周文相同),而明尼阿波利斯

卣無論器、蓋均爲真品。陳夢家的鑒定意見是錯誤的。(2)從大小尺寸看,明尼阿波利斯卣的蓋不可能是上博卣的蓋,而是《西清》15.9 貉子卣一的蓋;上博卣應該不是《西清》15.9 著録的那件貉子卣。(3)《西清》著録的兩件貉子卣大小(尺寸相同)、形制,不符合西周時期一對青銅卣應該形制、紋飾、銘文相同的器制,很有可能其中有一件是後仿的。但有一個問題尚需解決:明尼阿波利斯博物館所藏的貉子卣分別是《西清》15.9 的蓋和《西清》15.11 的器,均爲真品,該如何解釋?

3. 馬立志《貉子卣拓本校訂》,《中國文字》新四十五期,藝文印書館 2019 年。

從金文"辟"字所關涉的人物關係看"辟"的身份性質

　　金文中的人物關係是金文研究的一項重要課題,人物關係的正確考定,是研究當時政治制度、宗法關係、家族形態等内容的一個重要基礎。金文人物關係中親屬關係最顯眼,這跟銅器製作的目的有關,如"子、孫、祖、妣、考、母、兄、弟、姑"等都是親屬關係詞。但在金文的記事中,還涉及王臣關係、[①]同僚關係、宗法關係、婚姻關係等,問題非常複雜。金文中的稱謂有君統稱謂,也有宗統稱謂,這兩種稱謂在同一篇銘文中或混合使用,或前後文進行敘述上的轉換,轉換的原因既涉及書寫者的問題,也涉及以第幾人稱敘述和面向誰敘述(指銘文内容說給誰聽)的問題。這都影響對相關人物關係的確定。我曾經全面地梳理過金文中"君"、"辟"、"史"等字詞,涉及了人物關係問題,但當時注重詞義的訓釋,人物關係並沒有作爲考察的重點。[②] 張懷通先生在拙文對金文"辟"字詞義考釋的基礎上,曾做出如下判斷:"首先,辟在先秦時代不僅僅是君王個人的稱呼,而是所有發號施令者的通稱。其次,辟既可以指稱丈夫、父親、宗子或君長,也可以指稱國王、諸侯、官吏,表明辟是一個兼攝宗統與君統、族權與政權的尊號,反映了先秦時代家國一體的社會政治結構。第三,由丈夫、父親、宗子或君長的義項出現得較早看,辟的含義的發展可能經歷了一個從家

　　[①] 周王稱"王"、"皇王"、"天子"等,"天子"是周王獨享的稱謂。後世帝國背景下的"君臣關係"是戰國以來逐步形成的,不適合西周的情況。戰國中期的中山王器始出現"君臣"連用對舉之詞。整個兩周時期的金文都没有稱周王爲"君"的,稱"君王"則始見於西周晚期。
　　[②] 陳英傑《金文中"君"字之意義及相關問題探析》,《中國文字》新三十三期,藝文印書館 2007 年;《談金文中"辟"字的意義》,《中國文字學報》第二輯,商務印書館 2008 年;《史、吏、事、使分化時代層次考》,《中國文字》新四十期,藝文印書館 2014 年。

族推及國家的過程。"他説:"以這樣的判斷爲基礎……我們就應對辟的宗統屬性給予格外關注。"①本文的撰寫,是想在原來詞義考釋的基礎上,重新審視金文中相關人物的身份關係,以進一步確定"辟"的身份性質。

1. 夫妻關係:"辟"指丈夫,死稱、他稱

1.1　亞婦觚(《殷周金文集成》②7312,商代晚期):"甲午,亞婦易(賜)貝于孠,用作辟日乙尊彝。臤(族名)。"亞婦爵(《集成》9029、9030):"亞婦辟彝。羣(族名)。"《禮記·曲禮下》記載,祭祀時妻稱已故的丈夫曰"皇辟"。③ 所謂"亞"字分別作 （觚）、 、（爵），顯然是一個字。吳鎮烽先生則分別隸爲"亞"(《銘圖》9854)、"亀"(《銘圖》8464～8465)，④而且把亞婦觚的族名擬補爲"[鑊]臤"。所謂"[鑊]臤"見於臤父丁鼎(《集成》1852)和仲子賓汙觚(《集成》9298)，1926～1928年間在陝西寶雞縣戴家灣盜掘出土;又見於汙鼎(《集成》2318)，與仲子賓汙觚爲同一人。金文中還有更多的"臤"族器,且有與羣族同出者,如臤父辛爵(《集成》8613)與羣父癸尊(《集成》5665)同坑出土(1953年陝西岐山縣京當鄉禮村)，另同出者還有矢宁父乙鼎(《集成》1825)、冉父乙觚(《集成》7100)、魚父癸觶(《集成》6343)，均是同時代的器物。觚銘的"孠"跟鳳簋(《集成》3712)"孠易(賜)鳳玉,用作祖癸彝,臤"中的"孠"可能是同一個人。⑤ 亞婦觚族名擬補爲"[鑊]臤"，缺乏道理。

亞婦觚與亞婦爵，觚、爵族名文字不同。如果認爲亞是婦所出之族國,那麼這兩個亞婦就是不同的兩個人,出自同一族的兩個亞婦分別出嫁到臤族和羣族。

1.2　庚姬尊(《集成》5997，西周早期,又名商尊)、庚姬卣(《集成》5404，又名商卣):"隹五月,辰才(在)丁亥,帝司賞庚姬貝卅朋,

---

① 張懷通《〈洪範〉"三德"章新釋》,《中國經學》第二十四輯,廣西師範大學出版社2019年。
② 下簡稱《集成》。
③ 另參黃銘崇《論殷周金文中以"辟"爲丈夫歿稱的用法》,《中研院歷史語言研究所集刊》第72本第2分,2001年。
④ 吳鎮烽《商周青銅器銘文暨圖像集成》,上海古籍出版社2012年,文中簡稱《銘圖》;《商周青銅器銘文暨圖像集成續編》,上海古籍出版社2016年,文中簡稱《銘續》。
⑤ 關於"孠"的身份,參李學勤《殷商至周初的孠與孠臣》,《殷都學刊》2008年第3期。

丝(絲)廿孚(鋅)商(賞),用作文辟日丁寶尊彝。𢦒。"尊、卣與牆盤等微史家族器物同出於陝西扶風莊白一號窖藏。該銘結構與麋婦觚同,學界對銘文的理解及作器者的判定頗多爭議。① 庚姬是姬姓女子嫁予庚氏者,"文辟日丁"爲庚姬的丈夫。庚氏屬於𢦒族的一個分支,曾與周人及其他異姓貴族通婚。②

1.3　婦傳尊(《銘續》785,西周早期):"婦傳作辟日己𩰾(鬱)尊彝。"

1.4　南姞甗(《銘圖》3355,西周中期):"南姞肇作皇辟伯氏寶鼒彝。"是南姞爲其丈夫"皇辟伯氏"作器。"伯氏"在金文中經常指大宗宗子。"皇辟"與"伯氏"連用,說明其内涵應各有所指。"伯氏"屬於宗法性質的稱謂。

1.5　孟姬𠭯簠(《集成》4071～4072,西周晚期):"孟姬𠭯自作饙簠,其用追考(孝)于其辟君武公,孟姬其子孫永寶。"③西周中期的縣妃簋(《集成》4269)中縣妃稱自己的丈夫縣伯爲"君"。"君"在金文中可指王后及周天子之外的所有官員,"辟君"連稱,應看作同義連文。

1.6　晉姜鼎(《集成》2826,春秋早期):"隹九月丁亥,晉姜曰:余隹司(嗣)朕先姑君晉邦,余不叚妄寧,至(經)雝(雍)明德,宣卲我猷,用鹽匹

---

① 參陳英傑《西周金文作器用途銘辭研究》,綫裝書局 2008 年,第 65、109、884 頁;何景成《商末周初的舉族研究》,《考古》2008 年第 11 期;黃錦前《京師畯尊讀釋》,《文物春秋》2017 年第 1 期。趙慶淼先生看過拙文後說:"竊疑'弋絲廿鋅商',或可讀爲'式絲廿鋅賞'。裘先生在討論虛詞'式'、'異'與'唯'的用法相近時,曾舉出一些典籍所見'唯……是……'結構的賓語前置文例,我推測本銘的'式'字用法與上述'唯'可能是相同的,'式絲廿鋅賞'也許就是'式賞絲廿鋅'的倒裝,表示補充說明'貝卅朋'之外的賞賜。"(2018 年 10 月 3 日來信)趙先生的說法有道理。他所說裘先生文即《卜辭"異"字和詩、書裏的"式"字》(《中國語言學報》第 1 期,商務印書館 1983 年),收入《裘錫圭學術文集》第一卷,復旦大學出版社 2012 年。裘先生認爲卜辭裏的虛詞"異"的語法性質跟"唯"、"允"相近,卜辭、金文、古書裏的"異、翼、式、弋"等不同的寫法實際上代表同一個詞(至少可以說"式-弋"和"異-翼"代表一對語法性質十分接近的親屬詞),其可以表示可能、意願、勸令等意義,除此之外,有的用例跟"乃"意義相近,有的還不好解釋。據裘先生的研究,"異"、"式"跟"唯"的用法十分接近,但不是同一個詞,用法上有區別,裘先生所舉"唯……是……"的辭例,都是與"非"或"匪"對言,意在通過與它們相對應的否定詞的不同,說明"異"與"唯"的區別。不過,庚姬尊銘中"𢼧"讀爲"式"是合適的,可以解釋爲"乃",該句動詞賓語"絲廿孚"前置,但提賓好像不是"𢼧"的作用。

② 朱鳳瀚《商周家族形態研究》(增訂本),天津古籍出版社 2004 年,第 266 頁。

③ 出土於湖北棗陽,與陽飤生簠、匜同出。參王少泉《湖北穀城、棗陽出土周代青銅器》,《考古》1987 年第 5 期。劉彬徽先生認爲"辟君武公"乃孟姬父祖輩先君,或爲其丈夫之官號。參《湖北出土的兩周金文國別與年代補記》,《古文字研究》第十九輯,中華書局 1992 年。

辟辟……"晉姜是晉文侯夫人,"辟"即其夫文侯,作器是在文侯身後,其子昭侯在位的時期。①

用"辟"指稱丈夫多見於非姬姓族銅器銘文中,且均爲死稱。姬姓女子稱其夫爲"辟",可以看作是入鄉隨俗。

2. 父子關係:"辟"指父親,死稱、他稱

戜方鼎(《集成》2824,西周中期):"戜曰:烏虖!王唯念戜辟剌(烈)考甲公,王用肇使乃子戜率虎臣御(禦)淮戎。戜曰:烏虖!朕文考甲公、文母日庚……唯㽞使乃子戜萬年辟事天子,毋又(有)叟(啟-愍)②于㽞身。戜拜稽首,對揚王令,用作文母日庚寶尊鬻彝。"戜家族爲非姬姓族。該器1975年3月出土於陝西扶風縣法門鎮莊白村西周墓葬,同出有戜方鼎(《集成》2789,作器對象是"文祖乙公、文妣日戊")、戜方鼎(《集成》2824,銘中出現"文考甲公、文母日庚","文考甲公"又稱"剌考甲公",作器對象是"文母日庚")、戜鼎(《集成》2074)、戜簋(《集成》4322,作器對象是"文母日庚")、伯戜簋(《集成》3489)、戜甗(《集成》837)、伯戜飲毀(《集成》6454,自名"飲毀")、伯戜飲毀(《集成》6455,自名"旅彝")、伯雍父盤(《集成》10074)等。③ 戜又稱伯戜,伯雍父爲其字,應該是繼承其父爲宗子,其爲王臣,官職爲師氏,故又稱師雍父。④ 由彔尊(《集成》5419)、彔卣(《集成》5420,舊稱彔戜卣)可知,⑤彔爲其家臣。由毀

---

① 李學勤《戎生編鐘論釋》,《文物》1999年第9期。另參吳毅強《晉姜鼎補論》,《中國歷史文物》2009年第6期;趙劍莉《晉國夫人考》,《内蒙古農業大學學報》2012年第1期。或認爲晉姜是文侯之父晉穆侯夫人。
② 陳劍《甲骨金文舊釋"尤"之字及相關諸字新釋》,《北京大學中國古文獻研究中心集刊》第4輯,北京大學出版社2004年;收入氏著《甲骨金文考釋論集》,綫裝書局2007年。
③ 參羅西章、吳鎮烽、雒忠如《陝西扶風出土西周伯戜諸器》,《文物》1976年第6期。
④ 關於戜和雍父稱名的關係,參李學勤《從新出青銅器看長江下游文化的發展》,《文物》1980年第8期;收入氏著《新出青銅器研究》,人民美術出版社2016年,第224頁;朱鳳瀚《商周家族形態研究》(增訂本),第363頁。
⑤ 銘曰:"王令戜曰:歔淮尸(夷)敢伐内國,汝其以成周師氏戍于由自(師)。伯雍父蔑彔曆,易貝十朋,彔拜稽首,對揚伯休,用作文考乙公寶尊彝。""對揚伯休"的"伯"是尊稱,即指伯雍父。

鼎(《集成》2721)、①遇甗(《集成》948)②知,䣄(亦作遇)也是伯雍父家臣。"辟刺考"連稱,"考"是親屬稱謂詞。

3. 王臣關係:"辟"指周王,指先王、時王均可

3.1 大盂鼎(《集成》2837,西周早期),周王對盂自稱"余乃辟一人",生稱。盂之祖爲"南公",屬南宮氏,姬姓。③ 銘云"隹殷邊侯、田(甸)雩(與)殷正百辟,率肆于酉(酒)","殷正百辟"指殷王朝百官。④

3.2 太保罍(《銘圖》13831,西周早期)、盉(《銘圖》14789):"王曰:'大保,隹乃明乃心,享于乃辟。'余大對乃享,令克侯于匽(燕)。"太保指召公,"乃辟"指周王,指先王。召公族姓有歧説,多認爲屬姬姓(或以爲被周王室賜予姬姓)。

3.3 師詢簋(《集成》4342,西周中期):"王若曰:師詢,丕顯文、武,膺受天令(命),亦則繇汝乃聖祖考克股肱先王,作厥爪牙,用夾䣩厥辟,奠大令(命),盩龢雩(于)政,肆皇帝亡斁,臨保我有周,雩四方民亡不康靜。王曰:師詢……嚮汝彶屯(純)卹(恤)周邦,妥立余小子,䚃乃事……敬明乃心,率以乃友干(捍)害(禦)王身,欲汝弗以乃辟圅(陷)于艱……詢頜首,敢對揚天子休,用作朕剌(烈)祖乙伯、𦅫益姬寶簋。"詢爲師西之子。師西鼎(《銘圖》2475,西周中期)云:"隹王四祀九月初吉丁亥,王各于大室,使師俗召師西。王寴(親)袞(懋)宣師西,易(賜)豹裘。曰:圝夙夜辟事我一人。西敢拜頜首,對揚皇天子丕顯休,用作朕文考乙伯、冕姬寶尊鼎。"

---

① 銘曰:"隹十又一月,師雍父省道至于䣄,䣄從,其父蔑䣄曆,易金,對揚其父休,用作寶鼎。""其父"即師雍父。

② 銘曰:"隹六月既死霸丙寅,師雍父戍才(在)由(師),遇從師雍父,肩史(使)遇事于䣄侯,侯蔑遇曆,易遇金,用作旅甗。"鼎、甗光緒二十二年(1896年)同出土於山東黃縣之萊陰。

③ 朱鳳瀚《商周家族形態研究》(增訂本),第339頁;黄鳳春、胡剛《説西周金文中的"南公"——兼論隨州葉家山西周曾國墓地的族屬》,《江漢考古》2014年第2期;樊森、黃勁偉《西周早期"南公"家族世系探略》,《西南大學學報》2016年第5期。韓巍主張南宮氏是源出東方而被周王室"賜予"姬姓的異族,參《從葉家山墓地看西周南宫氏與曾國——兼論"周初賜姓說"》,《青銅器與金文》第一輯,上海古籍出版社2017年。

④ 秦公鎛(《集成》270,春秋晚期)中的"百辟"即是百官的意思,鈴鎛(《集成》271,春秋中期)"齊辟鼄(鮑)叔之孫"的"辟"義同,高官、大官之謂。

師西家族屬非姬姓貴族,與姬姓族通婚,師詢、師酉都是王臣。師酉對於周天子使用"辟事"用語,周天子對師詢稱自己爲"乃辟"、"厥辟"。

辟事義,又見於瘋簋(《集成》4170,西周中期):"瘋曰:顪皇祖考嗣威儀,用辟先王。"瘋家族爲殷遺民,另參瘋鐘(《集成》247～250)。又如㽙盨(《集成》4469,西周晚期):"王曰:㽙,敬明乃心,用辟我一人,善效(教)乃友内(入)辟……叔邦父、叔姑萬年子子孫孫永寶用。"㽙盨即銘中的叔邦父,駒父盨蓋(《集成》4464)中稱南仲邦父,①當是姬姓族。

3.4 史牆盤(《集成》10175,西周中期):"述匹氒辟……龕(堪)事氒辟。""辟"均指周王。史牆家族是殷遺民,非姬姓,擔任王官。銘中"隹辟孝啻(友)"的"辟"是動詞"以爲法則"之義。

3.5 逨盤(《銘圖》14543,西周晚期):"匍保氒辟考(孝)王、㝨(夷)王,又(有)成于周邦。"另"用辟龏王、懿王"、"享辟剌(厲)王"之"辟"則是辟事義。逨鐘(《銘圖》15634～15636,西周晚期)云:"逨曰:丕顯朕皇考,克咎明氒心,帥用氒先祖考政德,享辟先王;逨御于氒辟,不敢豙(惰)②。"逨屬姬姓族。

3.6 大克鼎(《集成》2836,西周晚期)云:"克曰:穆穆朕文祖師華父,悤(聰)🈳(或隸𧰨,或以爲下从兔)氒心,宧静于猷,盄(淑)悊(慎)③氒德,肆克龏(恭)保氒辟龏(恭)王,諫(敕)辪王家,叀(惠)于萬民……永念于氒孫辟天子。"稱恭王爲"辟"。小克鼎(《集成》2796～2802,西周晚期)云:"隹(唯)王二十又三年九月,王在宗周,王命善夫克舍令于成周,遹正八𠂤(師)之年,克作朕皇祖釐季寶宗彝。克其日用䵼朕辟魯休,用匄康勳、屯右、䞕壽、永令(命)、霝終,萬年無疆,克其子子孫孫永寶用。"據大克鼎,這裏的"朕辟"指的應該是周王。朱鳳瀚先生認爲,克家族當非姬姓。郭沫若認爲伯克壺(《集成》9725,西周中期後段)的伯克就是大克鼎的克,朱先生從之。④伯克稱對其賞賜的伯大師爲"天君王伯",則伯克當爲伯大師家臣,後被晉升爲膳夫,成爲王朝重臣。克之子梁其也是王朝重臣。

---

① 馬承源主編《商周青銅器銘文選》(三),文物出版社1988年,第313頁。
② 陳劍《金文"豙"字考釋》,《甲骨金文考釋論集》,綫裝書局2007年。
③ 陳劍《説慎》,《簡帛研究二〇〇一》,廣西師範大學出版社2001年;收入氏著《甲骨金文考釋論集》,綫裝書局2007年。
④ 朱鳳瀚《商周家族形態研究》(增訂本),第341、346頁。

3.7 毛公鼎(《集成》2841,西周晚期)"王若曰：……亦唯先正□辥氒辟"、"欲汝弗以乃辟陷于艱"。"氒辟"指"先正"(前代官長)所輔佐之周王,王對毛公講話自稱"乃辟"。毛公曆爲周王室宗親。"先正"不一定是姬姓。

3.8 虢叔旅鐘(《集成》238－242,西周晚期)："虢叔旅曰：丕顯皇考惠叔,穆=(穆穆)秉元明德,御于氒辟,皇屯(純)亡敃(愍)。旅敢肇帥井(型)皇考威義(儀),□御于天子。廼天子多易旅休。旅對天子魯休揚,用作朕皇考惠叔大蠆龢鐘。"上言其考"御于氒辟",下言其自己"御于天子","厥辟"與"天子"變文同義。虢叔爲姬姓。

3.9 作册䰧卣(《集成》5432,西周早期)："隹公大史見服于宗周年。才(在)二月既望乙亥,公大史咸見服于辟王,辨于多正。零四月既生霸庚午,王遣公大史。公大史在豐,賞作册䰧馬。揚公休,用作日已旅尊彝。"

伯碩父鼎(《銘圖》2438,西周晚期)："隹王三月初吉辛丑,伯碩父作尊鼎,用道用行,用考(孝)用享于卿事、辟王、庶弟、元覟(兄),我用與䚿□戎䘌方。伯碩父䰜(申)姜其受萬福無疆……""卿事、辟王"爲押韻而調換次序。伯公父簠(《集成》4628,西周晚期)："伯大師小子伯公父作簠……我用召卿事、辟王。"亦有韻。叔多父盤(《銘圖》14532、14533,西周晚期)則曰"辟王、卿事"。

3.10 眉壽鐘(《集成》40、41,西周晚期)："龕事朕辟皇王。""朕辟皇王"與獻簋"朕辟天子"結構相同。但鐘銘殘,器主身份不明。

4. 侯臣關係："辟"指諸侯

4.1 麥尊(《集成》6015,西周早期)云："王令辟井(邢)侯……作册麥易金于辟侯,麥揚,用作寶尊彝,用🅰侯逆🅱,遲明令,唯天子休于麥辟侯之年鑄。"稱邢侯爲"辟邢侯"、"辟侯"、"侯"、"麥辟侯"。

麥方彝(《集成》9893,西周早期)："辟井(邢)侯光氒正事,🅰于麥宮(宮),易金,用作尊彝,用🅱井(邢)侯出入遘令。"

臣諫簋(《集成》4237,西周中期)中的"皇辟侯"指邢侯。

4.2 叔趯父卣(《集成》5428、5429,西周中期,又稱條卣)："叔趯父曰：……汝其用饗乃辟軝侯逆洀出入事人。"李學勤先生認爲臣諫與叔趯父是一個人，一名一字。① 李先生認爲叔趯父是焂之兄的依據是"余覭爲汝茲小鬱彝"這句話，讀"覭"爲"兄"。② 這個字謝明文先生認爲是一個虛詞。③

4.3 叔卣（《銘圖》13327、13328，西周中期）："侯曰：……叔對揚辟君休，用作朕文考寶尊彝。""辟君"即銘文開首的"侯"，是魯侯。另參叔卣（《銘圖》13347）。

4.4 叔夷鎛（《集成》285，春秋晚期）"對揚朕辟皇君之易休命"，叔夷是商人後裔，爲齊國臣子，"朕辟皇君"指齊靈公。

4.5 驫羌鐘（《集成》157～161，戰國早期）"罕辟韓宗徹"，辟指韓景侯。

4.6 梁十九年亡智鼎（《集成》2746，戰國中期）"穆=魯辟"，辟指魏惠王。

5. 主臣關係："辟"指家主，臣包括血緣關係的宗親和非血緣關係的家臣

5.1 師訇鼎（《集成》2830，西周中期）："唯王八祀正月，辰才（在）丁卯。王曰：'師訇！女（汝）克盡（蓋）乃身，臣朕皇考穆=王；用乃孔德，琔（遜）屯（純）乃用心，引正乃辟安德。叀余小子肇盛（淑）先王德，易（賜）女（汝）……大師金膺、鋚勒。用井（型）乃聖祖考陆明毅辟前王，事余一人。'訇拜頴首，休伯大師肩姗訇臣皇辟，天子亦弗諠公上父敉德，訇穫厤，伯大師不自作。小子夙夕尃由先祖剌（烈）德，用臣皇辟；伯亦克恝（款）由先祖璺，孫子一姗皇辟懿德，用保王身。訇敢鼇王，卑（俾）天子萬年，束韡

---

① 李學勤、唐雲明《元氏銅器與西周的邢國》，《考古》1979年第1期；另參楊文山《青銅器叔趯父卣與邢、軝關係——兩周邢國歷史綜合研究之六》，《文物春秋》2007年第5期。
② 朱鳳瀚先生亦主兄弟説，認爲這一組同銘酒器（二卣、一尊）是作爲宗子的叔趯父爲其弟焂所作器，參《金文所見西周貴族家族作器制度》，《青銅器與金文》第一輯，上海古籍出版社2017年。
③ 謝明文《臣諫簋銘文補釋》，《中國國家博物館館刊》2014年第3期；收入氏著《商周文字論集》，上海古籍出版社2017年。

伯大師武,臣保天子,用𠦪剌(烈)祖叩(孚)①德。覷敢對王休,用妥作公上父尊于朕考𩫇(郭)季易父𣪘宗。"師望鼎(《集成》2812,西周中期):"大師小子師望曰:不顯皇考宄公,穆穆克盟(明)𠦪心,惎(慎)𠦪德,用辟于先王,囊屯亡敃(愍),望肇帥井(型)皇考,虔夙夜出内王命,不敢不筍不𡱈,王用弗䛬聖人之後,多蔑曆易(賜)休,望敢對揚天子不顯魯休,用作朕皇考宄公尊鼎。"該鼎與師覷鼎屬同一家族,"宄公"是師覷的諡。虢季是虢國公族,周王室宗親。"師"是"大師"的屬官,師覷是伯大師的屬臣,自稱"伯大師"的"小子"。② 朱鳳瀚先生認爲,"小子"是貴族家族成員,"伯大師"是師覷的兄輩,他們共祖(公上父)但不同父,伯大師與之是同祖的從兄弟,伯大師一支屬此一家族中大宗本家,世代繼承大師職,師望一支則是此一家族中小宗分支。③ 師覷跟伯大師是直接隸屬關係,跟周王是間接隸屬關係,師覷侍奉穆王、恭王兩朝,從銘文看,他同樣也侍奉伯大師及其父,銘文中師覷既要感謝伯大師,也要感謝周天子。周王所說的"引正乃辟安德"的"乃辟"不會是穆王,而應該是師覷的上司(可能是伯大師之父)。"休伯大師肩毗覷臣皇辟"的"皇辟"指的是伯大師,是師覷對伯大師讓自己繼續作爲屬臣的感謝。"小子夙夕尃由先祖剌(烈)德,用臣皇辟;伯亦克䜌(款)由先祖叠,孫子一毗皇辟懿德,用保王身",這句話前一句說的是師覷自己,後一句是對伯大師的頌揚,"用保王身"是總括師覷和伯大師而言的,其中的"皇辟"都指的是伯大師。前一句是師覷自己表明決心,臣事伯大師;後一句是說伯大師繼承先祖之事業,其子孫也承受他的美德,以保王身。把銘文中的"皇辟"解爲周王,可能是不妥的。

5.2　召圜器(《集成》10360,西周早期):"隹十又二月初吉丁卯,盠肇進事,旋(奔)④走事皇辟君,休王自穀事(使)賞畢土方五十里,盠弗敢䛬(忘)王休異,用作𤞷宫旅彝。"河南洛陽出土的尊(《集成》6004,西周早

---

① "叩"之釋讀,參裘錫圭《虩公盨銘文考釋》,《中國歷史文物》2002 年第 6 期;收入《裘錫圭學術文集》第三卷,復旦大學出版社 2012 年。
② 李學勤《西周中期青銅器的重要標尺——周原莊白、強家兩處青銅器窖藏的綜合研究》,《中國歷史博物館館刊》1979 年第 1 期;收入氏著《新出青銅器研究》,人民美術出版社 2016 年,第 73 頁。
③ 參朱鳳瀚《商周家族形態研究》(增訂本),第 313、359 頁。
④ 釋"旋"爲"奔",最早似見於容庚《海外吉金圖錄》(1935 年)121 麥盉考釋中,文云:"旋疑奔字。"

期)、卣(《集成》5416),與此爲同一人所作,銘云:"唯九月,才(在)炎自(師),甲午,伯懋父賜(賜)盠白馬。"①盠可能是伯懋父的家臣。②"皇辟君"應該是其家主之尊稱。

5.3 獻簋(《集成》4205,西周早期):"佳九月既望庚寅,楷伯于遘王,休亡尤,朕辟天子、楷伯令氒臣獻金車,對朕辟休,作朕文考光父乙,十枻(世)不忞(忘)獻身才(在)畢公家,受天子休。"對於"朕辟天子、楷伯"的結構,我們認爲"朕辟"包括天子和楷伯。③ 馬承源先生認爲楷伯爲畢公的高等家臣,又是器主獻的上司。④ 陳夢家先生認爲楷伯即畢公之子畢仲,⑤朱鳳瀚先生據之而認爲楷伯當屬畢公家族之小宗分支,獻是殷遺民,爲楷伯家臣。⑥ 畢公係文王第十五子,身歷文武成康四代。李學勤先生根據清華簡《耆夜》認爲,獻簋中的獻是楷伯之臣,而自稱"不忘獻身在畢公家",表明楷伯是畢公別子,分封於楷。周朝建立之後,將畢公一子分封到畢公征服過的黎國,簋銘的楷(黎)伯是畢公之子,他與成王是同輩兄弟,如果王是康王,那就更低一輩了。⑦ 我們認爲,"獻"爲楷伯異姓家臣、楷伯爲畢公之子的説法是可信的。

5.4 禹鼎(《集成》2833,西周晚期):"禹曰:'丕顯趄=皇祖穆公,克夾盠先王,奠四方,肆武公亦弗叚望(忘)朕聖祖考幽大叔、懿叔,命禹屍(纘)朕聖祖考,政于井(邢)邦。肆禹亦弗敢惷,賜(惕)共(供)朕辟之命。'……王迺命西六自(師)、殷八自(師)……肆武公迺遣禹率公戎車百乘,斯(厮)馭二百、徒千……肆禹又(有)成。敢對揚武公丕顯耿光。用作大寶鼎。"禹是武公的家臣,其家族屬井氏,姬姓。⑧ 由多友鼎(《集成》2835)可知,

---

① 陳夢家《西周銅器斷代(二)》,《考古》1955年第10册,第79頁;馬承源《商周青銅器銘文選》(三),第72頁。
② 陳夢家懷疑盠是畢公高,參《西周銅器斷代(二)》第105頁。
③ 陳英傑《西周金文作器用途銘辭研究》,綫裝書局2008年,第775頁。
④ 馬承源主編《商周青銅器銘文選》(三),第56頁。杜勇認同"楷伯爲畢公的高等家臣"的説法,但他依據張政烺先生的意見把銘中的兩個"獻"看作動詞,認爲獻爲器主,楷非姬姓,參《從清華簡〈耆夜〉看古書的形成》,《中原文化研究》2013年第6期。
⑤ 陳夢家《西周銅器斷代(二)》,《考古》1955年第10册,第106~107頁。
⑥ 朱鳳瀚《商周家族形態研究》(增訂本),第316頁。
⑦ 李學勤《從清華簡談到周代黎國》,《出土文獻》第一輯,中西書局2010年;另參陳民鎮、江林昌《"西伯戡黎"新證——從清華簡〈耆夜〉看周人伐黎的史事》,《東嶽論叢》2011年第10期。
⑧ 參朱鳳瀚《商周家族形態研究》(增訂本),第348頁。

多友亦是武公家臣。銘中武公"廼命向父佋(召)多友"的"向父"即禹(叔向父)。① 這說明,顯赫的王臣由於勢力衰落,其身份轉換成爲其他顯貴的臣屬。

5.5 師害簋(《集成》4116,西周晚期):"麋生曶父師害□仲曶,以召其辟,休毕成事。"召爲輔佐義。

5.6 釀京鼎(《集成》2398,西周早期)銘殘,云:"……釀京……[揚]辟商(賞)……用作享……尊彝。"依據其他相關文例,這裏的"辟"很可能指家主。

綜上,金文中的"辟"字關涉的人物關係有五種:夫妻關係、父子關係、王臣關係、侯臣關係、主臣關係,"辟"字集政權、族權、夫權、父權於一身。指稱周王的用詞有單稱之"王"以及"天子"、"余一人",這些詞其他人是絕對不能用的(周王之外的王稱都有限定詞),而"辟"可以用來指周王(先王或時王)。姬姓王臣和非姬姓王臣都可以稱周王爲"辟"。王臣的家臣也可以稱周王爲"辟",但金文中僅見獻簋一例。以"辟"稱周天子,帶人稱代詞的有"乃辟"、"厥辟"、"朕辟",也可以"辟王"、"朕辟皇王"連稱,西周晚期產生"君王"一詞。師𩛙鼎的"皇辟",召圜器的"皇辟君",若説指稱周王,尚缺乏確鑿的證據。我們傾向於認爲,"皇辟"不用以指稱周王。另外還有一個值得注意的用詞現象,西周金文中凡用爲動詞辟事意義的"辟",其對象只用於周天子。

"辟"可以跟其他稱謂詞合用,如指丈夫的"皇辟伯氏","伯氏"是宗法稱謂;"辟君武公"之"武公"是謚稱,"辟君"是同義連文,但並非等義。稱父親的"辟剌考","剌考"是親族稱謂;稱諸侯的"辟侯","侯"是爵稱;"朕辟皇君"可以看作"辟君"的擴展詞。"皇辟君"、"皇辟"之"皇"是美大之辭。也就是説,"辟"是不同於宗法稱謂、親族稱謂、爵稱、謚稱的一個詞,它代表着權力、權威,周天子可以説是天下萬民所有人的"辟"。這是其他跟"辟"詞義有交叉的詞如"君"、"尹"、"公"等所不具備的。所以,《洪範》九疇中的第六疇云:"惟辟作福,惟辟作威,惟辟玉食;臣無有作福、作威、玉食。"從金文材料可以看出,"辟"的權威意涵是有層次的,周天子是所有人的"辟",諸侯只能是其臣下的辟,家主只能是家臣的辟,父親是兒子的

---

① 李先登《禹鼎集釋》,《中國歷史博物館館刊》1984年第6期。

辟,丈夫是妻子的辟。就現有材料看,"辟"的這種用法是進入周代新出現的,但金文材料似乎並不能證明它是一個宗統屬性的稱謂(即"宗子辟")。"辟"所從之辛旁是由丂訛變來的,它的構形理據尚難以圓滿解釋,但由從丂之字(如辭、嗣、宰、辨等)及辟字的用法來看,《爾雅·釋詁》"辟,法也"的意義應該是比較古老的。

由克器可知,當時各宗族的家臣是可以通過某種途徑而進行身份轉換成爲王臣的。由師𩛩鼎和師望鼎、獻簋看,血緣關係的小宗和非血緣關係的家臣,直接臣服於大宗宗子和家主,同時又奉周天子於宗子和家主之上,以顯示周天子對所有宗族及其同姓和異姓成員的絕對統治權威。①

2018 年 10 月 4 日急就
2019 年 3 月 31 日修訂

該文曾在"青銅器·金文與齊魯文化"學術研討會上宣讀,2018 年 10 月 18~20 日,山東濰坊。刊於北京大學出土文獻研究所編《青銅器與金文》第三輯,上海古籍出版社 2019 年。今據發表後的增訂稿收入。

---

① 朱鳳瀚先生曾根據獻簋說:"此是西周早期器,故知家臣制於西周早期即已存在。由此銘亦可見,當時家臣雖直接臣服於家主,但仍尊崇天子,奉天子於家主之上。"參《商周家族形態研究》(增訂本),第 316 頁。我們這段話是在朱先生判斷基礎上進一步推衍的。但朱先生以"朕"爲獻自稱,"辟"解爲動詞"進見君王"之義,與我們看法有別(該書第 336 頁注 16)。金文中"朕"均作領格,沒有主格用法。

容庚《商周彝器通考・上編・第十二章〈辨僞〉》校補

　　容庚先生是中國青銅器學的奠基者,在青銅器辨僞方面作出了重要貢獻。他對宋代以迄民國的青銅器及銘文著錄書籍(包括國外的)作了全面的清理與鑒別。《商周彝器通考》①的出版代表容老辨僞思想的成熟並已形成系統建構,該書在總結歷代辨僞經驗的基礎上提煉了辨別僞器的若干重要方法,並首次對僞器作了比較科學的分期,使辨僞走出主要依據個人經驗與直覺的空泛階段,進入綜合經驗、器物的出土地、製造年代、器形、花紋、銘文等多種要素辨僞的科學階段。容老在各種著作中辨別商周秦漢疑僞之器千件左右(商周彝器辨僞代表他辨僞的最高成就),集歷代銅器辨僞成果之大成,代表了二十世紀四五十年代青銅器辨僞的最高水平。我們曾對容老的青銅器辨僞成果及其辨僞成就進行過細緻的梳理和全面的總結,敬請參看。②

　　《商周彝器通考》第十二章"辨僞"是能反映容老辨僞思想並代表其辨僞成就的一篇重要文獻,其辨僞的具體成果在這一章也比較集中。容老的辨僞工作主要針對各時期的重要青銅器著錄專書,如清代的西清四

---

　　①　容庚《商周彝器通考》,哈佛燕京學社鉛印本,1941 年 3 月;中華書局 2012 年 1 月版"容庚學術著作全集"本,即據此影印。上海人民出版社 2008 年 8 月出版重排本(繁體橫排)。本文於各器出處所標頁碼有兩種,以/隔開,前爲初版頁碼(即全集本頁碼),後爲重排本頁碼,以便檢核。文中簡稱《通考》。本文四鑒所用簡稱:《西清古鑒》——《古鑒》,《寧壽鑒古》——《鑒古》,《西清續鑒甲編》——《續甲》,《西清續鑒乙編》——《續乙》。《通考》把《西清續鑒甲編》簡稱爲《續鑒》,《寧壽鑒古》簡稱爲《寧壽》。

　　②　參陳英傑主編《容庚青銅器學》(學苑出版社 2015 年)上編第九章《容庚先生的青銅器辨僞研究》、下編第三章《容庚先生所辨青銅疑僞器綜理表》,以及附錄一《校訂重編〈西清金文真僞存佚表〉》。

鑒(《西清古鑒》、《寧壽鑒古》、《西清續鑒》甲、乙編)、阮元《積古齋鐘鼎彝器款識》、朱善旂《敬吾心室彝器款識》、吳雲《兩罍軒彝器圖釋》,民國時期的劉體智《善齋吉金錄》、周慶雲《夢坡室獲古叢編》、李泰棻《痴盦藏金》等。該章對西清四鑒所著錄銅器的辨僞,不但是對 1929 年發表的《西清金文真僞存佚表》①一文的補充和修正,而且其體現出的辨僞思想和辨僞方法,較之《存佚表》均有較大的提升:第一,由有銘器的考辨擴大到無銘器;第二,注意器物形制、花紋、銘文以及裝飾工藝的内在統一性。但容老所舉很多器例不注出處,標注出處的個別器例又有錯誤,甚至行文也有不甚明晰的地方,因此該章最不便利用的就是這部分内容。本文所説的"校補"實際上就是針對這部分内容,旨在爲學界研究、利用容老的辨僞成果提供一些方便。

《存佚表》統計所辨西清四鑒有銘銅器 1 176 器(114 件鏡鑒除外),真者 657 器,疑者 190 器,僞者 329 器。② 重訂之後的統計,《殷周青銅器通論》云疑者 173 器,僞者 317 器,真者 686 器。③ 但據《通考》,原以爲真而實僞者 2 器,原以爲疑而實真者 27 器,原以爲僞而實真者 14 器。據此計算,重訂之後的真疑僞數據應該是:疑者 163 器,僞者 317 器,真者 696 器。

一

《通考》頁 197/159～160 云:

> 余嘗作《西清金文真僞存佚表》,就銘文之真僞而辨別之。四書通計有銘者 1 176 器,定爲疑者 190 器,僞者 329 器。今複按之,有以爲真而實僞者,如商䕇鼎(周饕餮鼎一④,續乙 2.4),商令簋(周主孫彝,續乙 6.37)二器。

---

① 容庚《西清金文真僞存佚表》,《燕京學報》1929 年第 5 期。文中簡稱《存佚表》、容表。
② 我們重新統計,實際應爲疑者 189 器,僞者 330 器。
③ 容庚、張維持《殷周青銅器通論》,文物出版社 1984 年 10 月,第 134 頁;2012 年 1 月版"容庚學術著作全集"本,即據此影印。
④ 括號内爲四鑒原定名,括號外爲容老新訂之器名。下同。

容庚《商周彝器通考·上編·第十二章〈辨僞〉》校補　463

　　有以爲疑而實真者，如商[囗]方鼎一①(周亞鼎三，古鑒4.13)，商[囗]鼎一(周舉鼎七，古鑒3.8)，商[囗]册鼎(周子鼎一，鑒古1.23)，商[囗]父丁鼎一(商父丁鼎二，鑒古1.3)，商亞形中父戊鼎(商父戊鼎，古鑒1.10)，商亞形中母乙甗(周亞甗，續甲13.29)，周作寶彝甗(二器)(周寶甗，鑒古12.14；周寶甗二，續甲13.27)，商[囗]方簋(周亞方彝，續甲7.18)，商[囗]父癸簋(周鬲彝，古鑒13.24)，周艾②簋(周錫貝彝，續甲6.42)，商子刀盤(周立戈盤，鑒古13.1)③，商[囗]卣(二器)(周舉卣一，古鑒16.14；周舉卣，續甲8.19)，商[囗]卣(周禾卣二，古鑒16.11)，商父己[囗]子[囗]卣(商父己卣二，鑒古7.2)，商才④父乙爵(周父乙爵，續甲11.1)，商[囗]觚(周子觚一，鑒古10.16)⑤，商父史觚(周史觚，鑒古10.24)⑥，商秉[囗]觶(周秉仲觶，鑒古11.2)，周作寶尊彝觶二(周寶尊，續甲5.25)，商[囗]尊一二兩器(周亞尊五，古鑒10.9；周亞尊一，鑒古4.2)，商[囗]方彝二(周亞方彝二，古鑒14.3)，商叔方彝(續甲6.31)，漢聖得鐙(古鑒30.30)，漢楊氏缶(續甲16.26)二十七器。

　　有以爲僞而實真者，如商㚤父癸鼎(周瞿鼎二，續甲2.20)，商㚤父鼎(周瞿鼎一，續甲2.19)⑦，周作寶彝鼎(周寶彝三，古鑒14.6)⑧，周[囗]方鼎(周太保鼎一，續甲1.10)，周[囗]鼎(周太保鼎二，續甲1.12)，商木觚(周木觚一，鑒古10.22)，商父[囗]觚(周主觚，鑒

————————
① "一"指在《存佚表》中的先後次序。下同例。該表中鼎類"疑者"部分商[囗]方鼎有三件。
② 字作[囗]，即焚(榮)。
③ 《通考》云："乃器蓋非盤。"
④ 字作[囗]。
⑤ 《存佚表》之疑器商[囗]觚有二件，序次相連，下一件即商[囗]觚(周子觚三，鑒古10.18)，《通考》沒具體說指哪一件，但應該是一件。劉雨認爲指兩件，參《乾隆四鑒綜理表》883、884號，中華書局1989年4月。
⑥ 《通考》云："父下脫丁字。"
⑦ 《存佚表》云："同上器(按：即商㚤父癸鼎)，缺癸字。"《通考》云："原器有癸字。"
⑧ 《通考》云："乃卣蓋，後加三足兩耳以爲鼎。"

古 10.26)①，商父丁子▨觚（商父丁觚，鑒古 10.12），商亞形中尊彝觚（周亞觚一，古鑒 24.22），商史尊（周史尊，續甲 5.26），商▨尊（周車尊，古鑒 8.40），商▨父癸尊（周父癸尊，鑒古 3.20），商作父己尊（商父己尊，鑒古 3.6），周永寶用鐘（古鑒 36.25）十四器。

以上 43 器原均未標注出處，其中表示某器在《存佚表》中的次序的表述沒有任何說明，易滋歧解。今隨文補注四鑒出處如上。至於個別如商▨觚之類，《存佚表》有一件以上，《通考》行文所指不明。

二

基於四鑒，《通考》提出六條鑒定文字真偽之法，第一條云"凡銘文與宋代著錄之器相同者，除商器之常見銘辭如'史、戈、▨、▨、▨、▨'之類間有真者外，其餘多字之器，或銘文同而形狀花紋異之器皆偽……周公鼎同銘者多至十五器，泉旁仲駒父簋同銘者多至十器，尤其仿作之鐵證。"（頁 197～198/160）

按：所謂"周公鼎同銘者多至十五器，泉旁仲駒父簋同銘者多至十器"，即：

表 一

編號	器　名	字　數	著　錄	辨偽說明	容表意見
1	周周公方鼎（周文鼎一）	存五字	古鑒 3.16	仿宋	偽
2	周周公鼎（周文鼎二）	存五字	古鑒 3.17	仿宋	偽
3	周周公鼎（周文鼎三）	存三字	古鑒 3.18	仿宋	偽
4	周周公方鼎（周文王鼎一）	七字	古鑒 2.1	仿宋	偽
5	周周公鼎（周文王鼎二）	七字	古鑒 2.3	仿宋	偽
6	周周公方鼎（周文王鼎三）	七字	古鑒 2.4	仿宋	偽

---

① 《通考》云："▨乃丁字之誤。"

容庚《商周彝器通考·上編·第十二章〈辨僞〉》校補　465

續　表

編號	器　名	字　數	著　録	辨僞説明	容表意見
7	周周公方鼎(周文王鼎四)	七字	古鑒 2.5	仿宋	僞
8	周周公方鼎(周文王鼎一)	七字	鑒古 1.12	仿宋	僞
9	周周公方鼎(周文王鼎二)	七字	鑒古 1.13	仿宋	僞
10	周周公方鼎(周魯鼎)	存四字	鑒古 1.26	仿宋	僞
11	周周公方鼎(周文王鼎一)	七字	續甲 1.5	仿宋	僞
12	周周公方鼎(周文王鼎二)	七字	續甲 1.6	仿宋	僞
13	周周公方鼎(周文王鼎三)	七字	續甲 1.7	仿宋	僞
14	周周公方鼎(周文王鼎一)	七字	續乙 1.4	仿宋	僞
15	周周公方鼎(周文王鼎二)	七字	續乙 1.5	仿宋	僞

表　二

編號	器　名	字　數	著　録	辨僞説明	容表意見
1	周彔旁仲駒父簋(周仲駒敦)	各十八字	古鑒 28.11	仿宋	僞
2	周彔旁仲駒父簋(周仲駒彝)	十八字	續甲 7.16	仿宋	僞
3	周彔旁仲駒父簋(周仲駒敦一)	各十八字	續甲 12.28	仿宋	僞
4	周彔旁仲駒父簋(周仲駒敦二)	各十八字	續甲 12.29	仿宋	僞
5	周彔旁仲駒父簋(周仲駒敦三)	各十八字	續甲 12.30	仿宋	僞
6	周彔旁仲駒父簋(周仲駒敦一)	十八字	續乙 12.18	仿宋	僞
7	周彔旁仲駒父簋(周仲駒敦二)	十八字	續乙 12.19	仿宋	僞
8	周彔旁仲駒父簋(周仲駒敦三)	各十八字	續乙 12.20	仿宋	僞
9	周彔旁仲駒父簋(周仲駒敦四)	各十八字	續乙 12.21	仿宋	僞
10	周彔旁仲駒父簋(周仲駒敦五)	各十八字	續乙 12.22	仿宋	僞

又第四條云："凡文句不合於銘辭體例者皆僞。(甲)如'子子孫孫永寶用'('永'或作'作'，此銘僞者最多，有鼎三，甗一，簋一，豆一，壺四，卣八，尊四，故不備舉)……(丁)如伯穌父鼎(續鑒 1.9，續乙 1.19，又有壺三，

卣一,匜一,尊二文同)於'伯穌父若曰'之下即接以'乃頴首敢對揚皇君休',缺去命詞一段,'用作'之下缺去器名,此乃仿師㝨敦銘而文義不通者。"(頁199/161)

按：甲條所說22器、丁條所說7器,既無器名,亦無出處。經查四鑒和《存佚表》,其具體情況爲:

表 三

編號	器　　名	字　數	著　　錄	容表意見
1	周子孫方鼎(周鳳文鼎)	七字	古鑒4.20	僞
2	周子孫方鼎(周饕餮鼎三)	七字	古鑒5.5	僞
3	周子孫鼎	七字	續乙1.40	僞
4	周子孫甗(周寶甗)	七字	續乙13.16	僞
5	周子孫簠(周雷紋簠)	七字	古鑒29.17	僞
6	周子孫豆(周子孫鋪)	各七字	續乙13.10	僞
7	周子孫壺(周饕餮尊五)	七字	續乙5.35	僞
8	周子孫壺(漢蟠夔尊二)	七字	續乙6.7	僞
9	周子孫壺(周寶壺一)	各七字	續乙8.35	僞
10	周子孫壺(周寶壺二)	七字	續乙8.36	僞
11	周子孫卣(周鳳紋卣二)	各七字	古鑒17.2	僞
12	周子孫卣(周螭梁卣)	各七字	古鑒17.13	僞
13	周子孫卣(周環梁卣一)	各七字	古鑒17.14	僞
14	周子孫卣(周環梁卣二)	各七字	古鑒17.15	僞
15	周子孫卣(周寶卣)	各七字	續甲8.18	僞
16	周子孫卣(周寶卣一)	各七字	續乙8.15	僞
17	周子孫卣(周寶卣二)	各七字	續乙8.16	僞
18	周子孫卣(周寶卣三)	各七字	續乙8.17	僞
19	周子孫方尊(周夔龍尊)	七字	古鑒10.17	僞
20	周子孫尊(周子孫尊一)	七字	鑒古3.36	僞
21	周子孫尊(周子孫尊二)	七字	鑒古3.37	僞
22	周子孫尊(周寶尊)	七字	續乙5.23	僞

表 四

編號	器 名	字 數	著 錄	辨偽說明	容表意見
1	周伯穌父壺(周伯和尊二)	各卅五字	古鑒 8.28		偽
2	周伯穌父壺(周伯和尊三)	卅五字	古鑒 8.30		偽
3	周伯穌父壺(周伯和尊)	卅七字	續乙 5.6		偽
4	周伯穌父卣(周伯和卣)	蓋存卅字,器存十九字	古鑒 15.15	仿宋	偽
5	周伯穌父觥(周伯和匜)	各卅七字	古鑒 32.7		偽
6	周伯穌父尊(周伯和尊一)	卅五字	古鑒 8.26		偽
7	周伯穌父尊(周伯和尊)①	存卅六字	鑒古 3.25		偽

又第六條云:"凡銘辭僅云'作寶彝'者多偽。如寶彝一,寶彝二,寶彝五,寶彝六(均《古鑒》卷十四),寶彝一,寶彝四(均《續乙》卷七),其形制如出一手。又寶彝七,寶彝八(均《古鑒》卷十四),寶彝二,寶彝三(均《續乙》卷七),寶彝四(續鑒 7.4),亦偽。"(頁 199～200/161)

表 五

編號	器 名	字 數	著 錄	容表意見
1	周作寶彝簋(周寶彝一)	三字	古鑒 14.4	偽
2	周作寶彝簋(周寶彝二)	三字	古鑒 14.5	偽
3	周作寶彝簋(周寶彝五)	三字	古鑒 14.8	偽
4	周作寶彝簋(周寶彝六)	三字	古鑒 14.9	偽
5	周作寶彝簋(周寶彝七)	三字	古鑒 14.10	偽
6	周作寶彝簋(周寶彝八)	三字	古鑒 14.11	偽
7	周作寶彝簋(周寶彝一)	三字	續乙 7.1	偽
8	周作寶彝簋(周寶彝四)	三字	續乙 7.4	偽
9	周作寶彝簋(周寶彝二)	三字	續乙 7.2	偽
10	周作寶尊彝簋(周寶彝三)	四字	續乙 7.3	偽

---

① 據《通考》,1～7 號器均爲仿師𣪊敦銘而文義不通者。伯和尊三爲金銀錯(見《通考》P200/162)。

《續乙》7.1～7.4，其中除 7.3 銘"作寶尊彝"四字外，其他均銘"作寶彝"三字，劉雨均改爲真（參《乾隆四鑒綜理表》407、406、431、405 號）。從形制、紋飾看，均爲西周早期特徵，劉先生的判定是可信的。其形分別作：

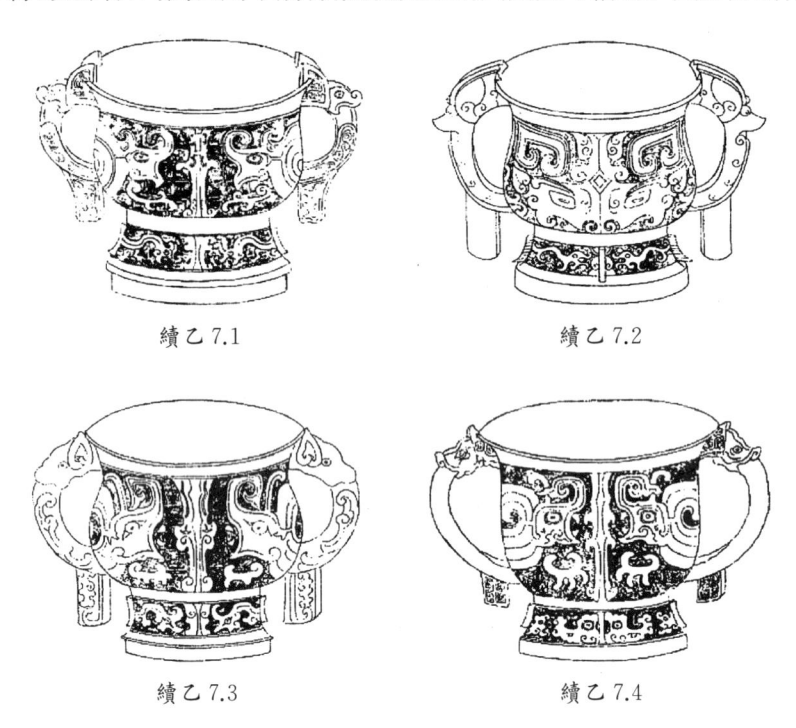

續乙 7.1

續乙 7.2

續乙 7.3

續乙 7.4

三

容老還從形制、花紋、裝飾工藝角度進行辨僞，提出從四個方面進行考辨，其中第二條云："犧尊，象尊，雞尊，天雞尊，鳧尊皆僞。四書中七十六器，真者殆一雞尊（《寧壽》4.25），一虎尊（《續鑒》6.1）耳。"（頁 200/162）

按：我們在四鑒中共找到 79 件鳥獸形尊：《古鑒》尊在八～十一卷，其中鳥獸形尊第九卷 19 器，第十一卷 9 器，計有 28 器；《續甲》尊在五、六卷，第五卷 8 器，第六卷 4 器，計有 12 器；《續乙》尊在五、六卷，第五卷 3 器，第六卷 3 器，計有 6 器；《鑒古》尊在三～五卷，第四卷 20 器，第五卷 13 器，計有 33 器；其中漢器 24 件，唐器 5 件，宋器 1 件。所謂漢或唐，均爲原書所定。其中宋嘉禮犧尊(周犧尊一，古鑒 9.27，見於《存佚表》)、雞尊(鑒古 4.25)、虎尊(續甲 6.1)3 件容老明確定爲眞器。由於容老沒有標明另外 74 器的具體出處，除其提到的兩件眞器外，我們只能推測四書中標註時代爲周的鳥獸形尊均爲僞器。爲查檢計，今把漢唐宋器附於表後(於疑僞不再標注)。

表　六

編號	器　　名	四鑒著錄	眞/僞/疑
1	周象尊一	古鑒 9.25	僞
2	周象尊二	古鑒 9.26	僞
3	周犧尊二	古鑒 9.29	僞
4	周犧尊三	古鑒 9.30	僞
5	周犧尊四	古鑒 9.31	僞
6	周犧尊五	古鑒 9.32	僞
7	周犧尊六	古鑒 9.33	僞
8	周犧尊七	古鑒 9.34	僞
9	周犧尊八	古鑒 9.35	僞
10	周犧尊九	古鑒 9.36	僞
11	周犧尊十	古鑒 9.37	僞
12	周犧尊十一	古鑒 9.38	僞
13	周犧尊十二	古鑒 9.39	僞
14	周犧尊十五	古鑒 9.42	僞
15	周雞尊一	古鑒 9.43	僞
16	周雞尊二	古鑒 9.44	僞
17	周鳧尊一	古鑒 9.45	《存佚表》定疑
18	周鳧尊二	古鑒 9.46	僞
19	周犧尊一	鑒古 4.9	僞
20	周犧尊二	鑒古 4.10	僞

續表

編號	器　名	四鑒著錄	真/僞/疑
21	周犧尊三	鑒古 4.11	僞
22	周犧尊四	鑒古 4.12	僞
23	周犧尊五	鑒古 4.13	僞
24	周犧尊六	鑒古 4.14	僞
25	周犧尊七	鑒古 4.15	僞
26	周犧尊八	鑒古 4.16	僞
27	周犧尊九	鑒古 4.17	僞
28	周犧尊十	鑒古 4.18	僞
29	周犧尊十一	鑒古 4.19	僞
30	周犧尊十二	鑒古 4.20	僞
31	周犧尊十三	鑒古 4.21	僞
32	周犧尊十四	鑒古 4.22	僞
33	周犧尊十五	鑒古 4.23	僞
34	周天雞尊	鑒古 4.24	僞
35	雞尊	鑒古 4.25	真
36	周鳧尊一	鑒古 4.26	僞
37	周鳧尊二	鑒古 4.27	僞
38	周鳧尊三	鑒古 4.28	僞
39	周犧尊一	續甲 5.27	僞
40	周犧尊二	續甲 5.28	僞
41	周犧尊三	續甲 5.29	僞
42	周犧尊四	續甲 5.30	僞
43	周犧尊五	續甲 5.31	僞
44	周犧尊六	續甲 5.32	僞
45	周犧尊七	續甲 5.33	僞

續 表

編號	器　名	四鑒著錄	真/偽/疑
46	周雞尊	續甲 5.53	偽
47	虎尊	續甲 6.1	真
48	周犧尊	續乙 5.25	偽
49	周天雞尊	續乙 5.28	偽

表 七

編號	器　名	著　錄	其他說明	真/偽/疑
1	漢鳩尊一	古鑒 11.27		
2	漢鳩尊二	古鑒 11.28		
3	漢鳩車尊	古鑒 11.29		
4	漢天雞尊一	古鑒 11.30		
5	漢天雞尊二	古鑒 11.31		
6	漢瑞獸尊	古鑒 11.32		
7	漢芝鹿尊	鑒古 5.20		
8	漢天雞尊一	鑒古 5.22		
9	漢天雞尊二	鑒古 5.23		
10	漢雞尊	鑒古 5.24		
11	漢鳩尊	鑒古 5.25		
12	漢鳧尊一	鑒古 5.26		
13	漢鳧尊二	鑒古 5.27		
14	漢犧尊一	鑒古 5.28		
15	漢犧尊二	鑒古 5.29		
16	漢犧尊三	鑒古 5.30		
17	漢犧尊四	鑒古 5.31		
18	漢虎尊	鑒古 5.34		
19	漢天雞尊	續甲 6.8		

續　表

編號	器　名	著　錄	其他説明	真/僞/疑
20	漢鳧尊	續甲 6.10		
21	漢犧尊	續乙 5.52		
22	漢天雞尊一	續乙 6.2		
23	漢天雞尊二	續乙 6.3		
24	漢鳧尊	續乙 6.5		
25	唐龍鳳尊	古鑒 11.34		
26	唐鹿尊一	古鑒 11.35		
27	唐鹿尊二	古鑒 11.36		
28	唐天雞尊	鑒古 5.40		
29	唐天雞尊	續甲 6.14		
30	宋嘉禮犧尊（周犧尊一）	古鑒 9.27	乃趙宋器	真

另，"丁亥鼎（《古鑒》3.20）"（頁 198 倒數第二行/161 第一行），出處應爲"《古鑒》3.41"。"即月尊（《古鑒》9.17）"（頁 199 第四條倒數第三行/161 第四條倒數第三行），出處應爲"《古鑒》9.16"。"饕餮鼎二，饕餮鼎九（《古鑒》5.2,11）"（頁 200 倒數第五行/162 第七行），出處應爲"《古鑒》5.4,11"。

以上共校補 189 器。

原刊《古文字研究》第三十一輯，中華書局 2016 年 10 月。

後　　記

　　本書共收論文18篇，是从2012—2019年間所發表的論文中選輯而成。回過頭看，這些文章雖然提出並也思考了一些問題，但還存在着這樣或那樣的不足，此次大膽結集，主要是想在理論觀點和研究方法等方面得到師友的指正，以期我未來的學術道路走得更穩、更長遠。

　　其中大部分論文基本屬於金文文字學的研究範疇，偏重於立足金文文字的構形系統和形義系統，從時代、地域、族屬、文字正俗、社會發展變化對語言文字的影響、文本對載體的依附性、審美和認知心理等不同維度，來討論相關的字際關係、文字構形、語詞分化、金文文字形義系統的演變機制及其制約因素，以及利用文字學方法進行銅器斷代等問題。字際關係是我一直關注的一個重要内容，異體字是我進行文字形義系統研究的一個重要的切入點。所收文章，既有具體字例的窮盡式研究，也有針對某些層面問題的宏觀論述。其中貫穿的一個核心思路是：漢字系統是動態發展的，每一個時代有每一個時代的文字構形系統和形義系統，無論是文字構形的分析，還是語詞意義的訓釋，都應該立足於具體文字所在的構形系統和形義系統；科學的斷代文字學理論的建構要以具體字例（經常表現爲字際關係）的全部字形（相對而言）的窮盡分析爲材料基礎。

　　最後五篇文章主題稍顯分散。《青銅盤自名考釋三則》、《談青銅器中器與銘相照應的現象》兩篇都跟器物學有關涉，《鄭井叔鐘之"霝鐘"正義——兼説大克鼎之"史小臣䚘鼓鐘"》純粹是語言文字學角度的語詞考釋,但討論的是青銅器的自名問題,所以我把它歸在青銅器學研究一類中。《容庚〈商周彝器通考・上編・第十二章・辨僞〉校補》是寫作《容庚青銅器學》(學苑出版社 2015 年 10 月)一書時的副產品,是爲個人研究方便而作的讀書筆記,整理成文,是希望能給利用《通考》的人提供一些便利。跟前一類相比,這些文章尚缺乏系統性,但體現了我近幾年在金文研究上一些新的努力的方向。貫穿其中的一個核心思路是:金文研究一定要把器和銘結合起來進行探討,器可以爲銘的釋讀提供特定"語境"。我在《容庚青銅器學》"後記"的初稿中曾寫下這樣一段話:"金文作爲一種史料,其研究應該金(青銅器)與文(銘文)並重。據我個人的讀書感覺,器的重要性要高於銘的重要性,器居於主導地位,銘則是附屬於器的。清以前的銅器著録書籍有銘無銘皆兼收並蓄,清末以來收器始以文字爲主,其流弊影響至今。銘文研究應該是附屬於青銅器學的一個分支,其研究理應在青銅器學的範疇中深入開展。脱離器物的銘文學(或金文學)其實是不能成立的。……我個人覺得,《容庚青銅器學》一書既是在總結和闡釋容老的青銅器研究體系,也是爲我試圖建構的'大金文'觀念所努力的一部分。"我試圖把青銅器學研究的三個主要領域——歷史學(史料)、語言學(語料)和器物學——打通。這些想法有些不自量力,自身知識結構的局限也經常讓研究陷入窘境,但這些想法確實一直在激勵着我,並讓我爲之不懈努力。

　　在我初次進入古文字研究領域時,張振林師的研究觀點和治學路徑給了我很大的影響,我至今仍在受益。2005 年下半年進入首都師範大學從事博士後研究,2008 年正式調入首師大,這十幾年中,我又受到黃天樹師爲人和治學的薰陶。來到北京後,同時也由於"高等學校創新能力提升計劃"(2011 計劃)實施的緣故,我開始有機會跟朱鳳瀚先生有了較多的接觸。承蒙先生擡愛,先生博士的開題、預答辯、答辯,我多次參加,這無疑是近距離向先生學習的好機會。我近幾年研究興趣的變化,以及研究思路的拓展,受到了朱先生的較多影響。朱先生非常嚴謹認真,先生對這些不成熟的小文章提了不少意見,有些我已加進"編按"中。2015年10月我和李守奎老師一同去香港開會,那是初識李老師,並有較多的交流,他的性情和研究路數對我很有感染力。這次文章結集,我向朱先生和李老師請序時,他們都欣然答應。在此,向兩位先生表示深摯的感謝!

感謝黃錫全先生爲小書題簽,使小書大爲增色。

感謝上海古籍出版社顧莉丹女士的邀約,是她促成小書的結集。感謝石帥帥先生的精心編輯,他是最辛苦的。

2018年8月6日初稿
2020年10月15日修訂